岳池年鉴

YUE CHI YEARBOOK

中　共　岳　池　县　委
岳　池　县　人　民　政　府　　主办

《岳池年鉴》编纂委员会　　编纂

2015

方志出版社
Publishing House of Local Records

图书在版编目(CIP)数据

岳池年鉴.2015/《岳池年鉴》编纂委员会编.—
北京:方志出版社,2015.12

ISBN 978-7-5144-1882-8

Ⅰ.①岳… Ⅱ.①岳… Ⅲ.①岳池县—2015—年鉴
Ⅳ.①Z527.14

中国版本图书馆CIP数据核字(2015)第306996号

岳池年鉴(2015)

编　　者:《岳池年鉴》编纂委员会
责任编辑:何明忠

出 版 人:冀祥德
出 版 者:方志出版社
　　地址　北京市朝阳区潘家园东里9号(国家方志馆4层)
　　邮编　100021
　　网址　http://www.fzph.org
发　　行:方志出版社发行中心
　　(010)67110500
经　　销:各地新华书店
印　　刷:成都现代印务有限公司

开　　本:889×1194　1/16
印　　张:25.75
字　　数:724千
版　　次:2015年12月第1版　2015年12月第1次印刷
印　　数:0001~1300册

ISBN 978-7-5144-1882-8　定价:208.00元

岳池县行政区划图

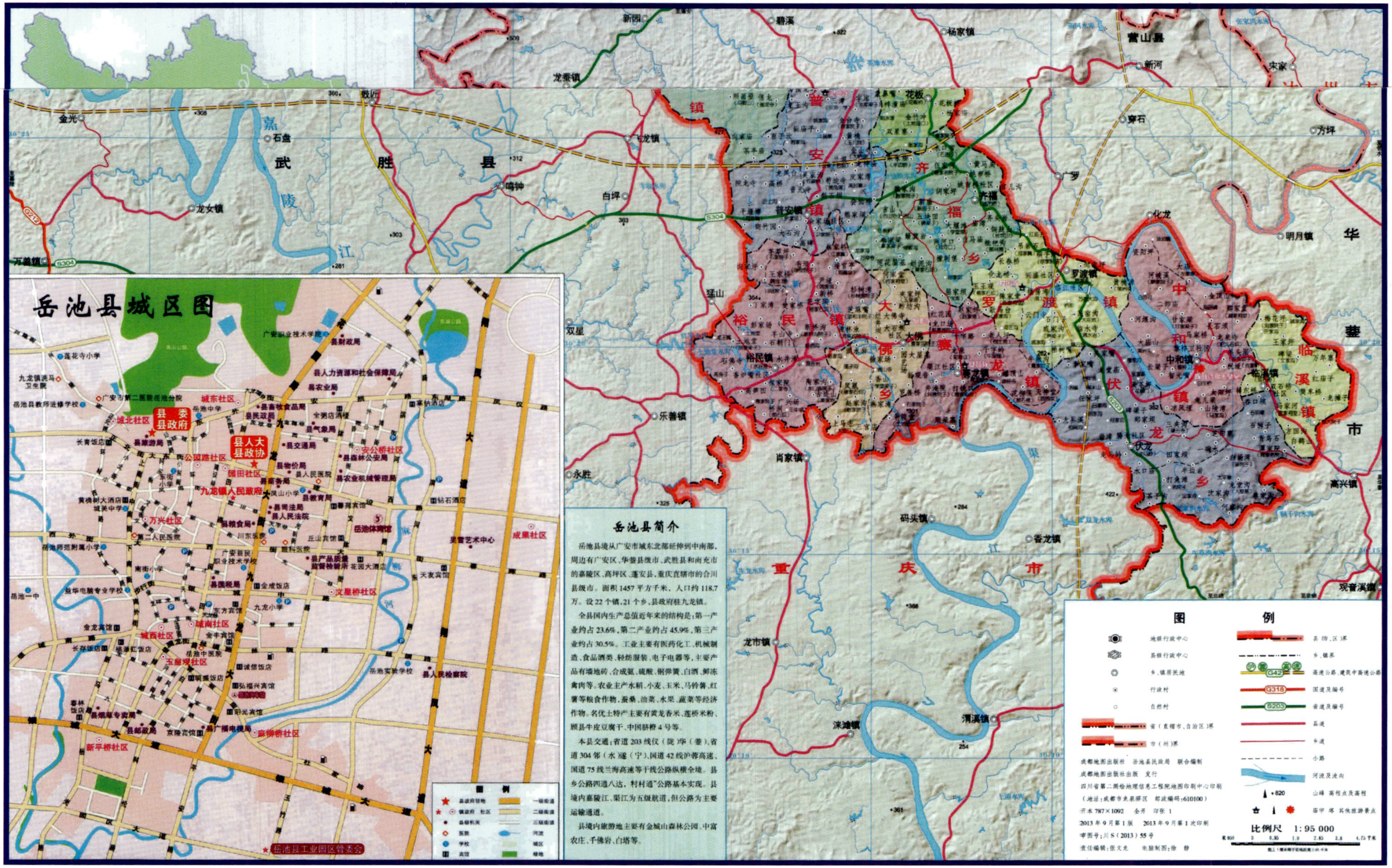

岳池县简介

岳池县境从广安市城东北部延伸到中南部，周边有广安区、华蓥县级市、武胜县和南充市的嘉陵区、高坪区、蓬安县，重庆直辖市的合川县级市。面积 1457 平方千米，人口约 118.7 万。设 22 个镇，21 个乡，县政府驻九龙镇。

全县国内生产总值近年来的结构是：第一产业约占 23.6%，第二产业约占 45.9%，第三产业约占 30.5%。工业主要有医药化工、机械制造、食品酒类、轻纺服装、电子电器等，主要产品有墙地砖、合成氨、硫酸、钢弹簧、白酒、鲜冻禽肉等。农业主产水稻、小麦、玉米、马铃薯、红薯等粮食作物，蚕桑、油菜、水果、蔬菜等经济作物。名优土特产主要有黄龙香米、莲桥米粉、顾县牛皮豆腐干、中国脐橙 4 号等。

本县交通：省道 203 线仪（陇）华（蓥）、省道 304 邻（水）遂（宁）、国道 42 线沪蓉高速、国道 75 线兰海高速等干线公路纵横全境。县乡公路四通八达，村村通"公路基本实现。县境内嘉陵江、渠江为五级航道，但公路为主要运输通道。

县境内旅游地主要有金城山森林公园、中富农庄、千佛岩、白塔等。

成都地图出版社　岳池县民政局　联合编制
成都地图出版社出版　发行
四川省第二测绘地理信息工程院地图印刷中心印刷
（地址：成都市龙泉驿区　邮政编码：610100）
开本 787×1092　全开　印张 1
2013 年 9 月第 1 版　2013 年 9 月第 1 次印刷
审图号：川 S（2013）55 号
责任编辑：张文龙　电脑制图：徐　静

岳池县城区图

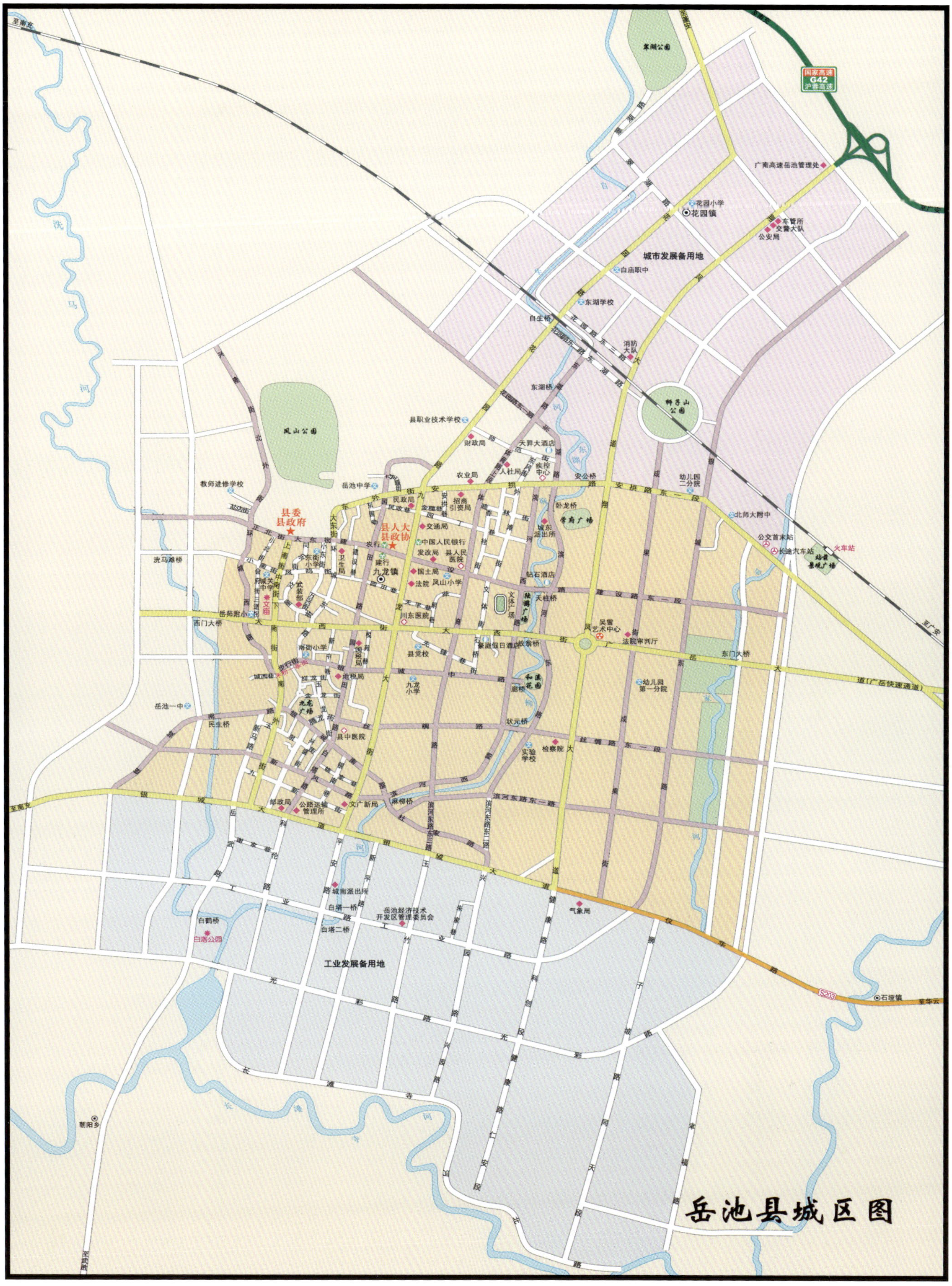

至南充
国家高速
G42
沪蓉高速
广南高速岳池管理处
花园小学
花园镇
车管所
交警大队
公安局
城市发展备用地
白庙职中
东湖学校
自生桥
消防大队
东湖桥
狮子山公园
县职业技术学校
凤山公园
财政局
天羿大酒店
疾控中心
农业局
人社局
安公桥
幼儿园二分院
教师进修学校
岳池中学
民政局
招商引资局
卧龙桥
北师大附中
县委
县政府
县人大
县政协
中国人民银行
交通局
公交首末站
长途汽车站
火车站
洗马滩桥
卫生局
农行
发改局
县人民医院
城东派出所
建行
九龙镇
国土局
钻石酒店
法院
凤山小学
文体广场
天柱桥
岳师附小
川东医院
西门大桥
吴雪艺术中心
法院审判厅
南街小学
县党校
东门大桥
城西桥
地税局
九龙小学
和滨花园
幼儿园第一分院
岳池一中
民生桥
状元桥
县中医院
检察院
实验学校
邮政局
公路运输管理所
文广新局
麻柳桥
城南派出所
白塔一桥
岳池经济技术开发区管理委员会
白塔二桥
白鹤桥
白塔公园
气象局
工业发展备用地
石垭镇
至华云
朝阳乡
至武胜
岳池县城区图

2014年4月17日，省委常委、省纪委书记王怀臣（前中）到岳池县调研党的群众路线教育实践活动开展情况

2014年2月14日，省食品药品监管局党组书记、局长崔兆全（前中）一行到岳池县调研医药产业园区发展情况

2014年6月7日，省交通运输厅党组书记、厅长彭琳（左三）深入岳池县实地察看重点交通在建项目巴广渝高速公路岳池段建设情况

2014年5月15日，省农业厅厅长任永昌(前中)一行到岳池县调研农业生产和现代农业发展情况

2014年3月13日，团省委书记刘会英（前中）一行在市委常委、总工会主席甘用德和团市委书记韩刚的陪同下，到岳池县调研留守学生学习、生活等情况

2014年4月22日，省委第十三督导组组长、省直机关工委副书记汤建平（左三）一行到岳池县检查指导党的群众路线教育实践活动开展情况

2014年4月22日，市委书记侯晓春到岳池县石垭镇调研现代农业生产情况

2014年7月31日，市委副书记、市长罗增斌到岳池县调研大春粮食生产情况

2014年4月22日，市人大常委会主任余仪到岳池县检查《中华人民共和国食品安全法》实施情况

2014年9月18日，市政协主席刘凤成等领导参观岳池县庆祝人民政协成立65周年诗书画影作品展览

2014年1月26日，中国共产党岳池县第十一届委员会第十二次全体会议在吴雪艺术中心召开

2014年2月26日，中国共产党岳池县第十一届纪律检查委员会第四次全体会议在吴雪艺术中心召开

2014年2月11日至12日，岳池县第十六届人民代表大会第四次会议在吴雪艺术中心召开

2014年2月10日至11日，政协岳池县第十三届委员会第五次会议在吴雪艺术中心召开

2014年11月28日，县委在吴雪艺术中心召开全县领导干部大会。传达市委关于清理机关事业单位人员在编不在岗、整治庸懒散浮拖、公车治理、乱发钱物整治等会议精神

2014年12月17日，县政府在吴雪艺术中心召开深入推进“双违”(违法建设、违法用地)治理工作大会

2014年11月13日，岳池县人大常委会在吴雪艺术中心召开2014年度工作评议大会

2014年10月29日，岳池县正风肃纪满意度集中测评暨党风廉政建设社会评价工作会在吴雪艺术中心召开

2014年11月14日，岳池县妇女第九次代表大会在吴雪艺术中心召开

2014年11月6日至7日，省卫计委副主任杜波带领省级卫生县城复审考核组到岳池，对岳池县创建省级卫生县城工作进行全面复审考核测评

▲ 2014年2月27日，岳池县党的群众路线教育实践活动工作会议在吴雪艺术中心召开

► 2014年3月28日，全国道德模范吴天祥在中共岳池县委党的群众路线教育实践活动理论学习中心组会议上作报告

2014年4月26日，省委组织部干部四处副处长卢燕（右一）一行在翠管会调研党的群众路线教育实践活动开展情况

2014年3月11日，副市长、市公安局长邓文国（左三）在粽粑乡调研党的群众路线教育实践活动开展情况

根据中央和省委、市委关于开展第二批党的群众路线教育实践活动的部署，岳池县党的群众路线教育实践活动从2014年2月启动。全县1702个党组织、4万余名党员干部积极参与，采取学习教育、听取意见，查摆问题、开展批评，整改落实、建章立制三个环节；着力解决“四风”突出问题，群众反映强烈的切身利益问题，联系服务群众“最后一公里”问题。全县第二批教育实践活动于10月底圆满结束。

▲ 2014年7月30日，县“四大班子”领导在县人武部会议室组织召开岳池县2014年“八一”慰问座谈会

► 2014年1月29日，县委书记李永平，县委副书记、县长汤才勇等领导在“好又多”超市调研

▼ 2014年6月3日，县委书记李永平，县委副书记、县长汤才勇调研城市建设工作

2014年10月22日，县委书记李永平、县长汤才勇一行到县公安局城东派出所检查指导工作

2014年6月7日，县委副书记、县长汤才勇，县人大常委会主任张永辉等领导巡视高考考点

2014年12月1日，县政协主席曾邦才视察工业园区

2014年3月12日，广安市2014年春耕生产现场会在岳池县召开。市委常委、政法委书记肖雷，副市长钟志荣出席会议

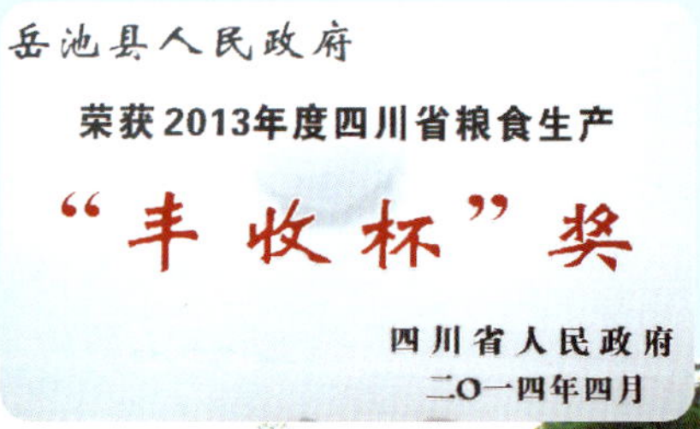

▼“千斤粮万元钱”粮油高产示范片（岳池县现代农业示范园区）

◀ 绿琪农业主要种植产品——紫山药

▼ 位于石垭镇的广安市绿琪农业科技有限公司

石垭镇张口楼村养殖场沼气工程

岳池县万亩血橙基地位于石垭镇梨子园村、马纳沟村、玉屏山村和徐家坝村，总体规划为1万亩，于2013年开始第一期种植。目前，种植面积4000余亩，基地内生产便道、灌溉、运输、储藏等基础设施完善。该基地种植品种塔罗科血橙新系，为意大利血橙品种，具有果大无核、晚熟丰产、脆嫩浓甜的特点，色、香、味具佳，营养价值较高，具有较大的竞争优势。

岳池县大龙山花椒种植专业合作社位于粽粑乡姚石桥村，组建于2007年10月，主要从事优质鲜花椒种植、销售、育苗、技术服务。2010年9月，注册商标“麻广广”。2014年，基地种植面积3500亩，年产鲜花椒600余吨，年销售收入达2500万元。

岳池县紫晶葡萄种植专业合作社位于石垭镇张口楼村3、4组，组建于2012年12月，主要从事优质鲜食葡萄种植、销售、育苗、技术服务。合作社根据当前市场消费需求引进优质鲜食葡萄品种5个，主要种植有“夏黑”、“美人指”、“红地球”、“醉金香”、“巨玫瑰”等优良品种，种植面积302亩。2014年8月，合作社所产“夏黑”品种参加全国优质葡萄评比获得金奖。

岳池县按照“政府引导、群众主体、先改后建、先建后补”的原则，实施中央小农水建设项目，完成以新建渠道配套、改造山平塘、新建蓄水池为主的小微型水利项目建设，项目区基本实现“全域灌溉”。2014年6月28日，四川省财政厅、四川省水利厅对第三批中央财政小型农田水利重点县2013年度县级绩效考评结果通报，岳池县被评为全省“小农水”绩效考评优秀县，绩效考评评分名列全省第二名。

玉屏湖幸福美丽新村位于石垭镇玉屏湖乡村旅游景区环线内，占地60.68亩，建设户数50户，建设面积9066平方米。该新村依托玉屏湖乡村旅游景区，高标准规划，与景区整体打造，协调统一。新村房屋全部采用具有安全、节能、环保、低碳、舒适、生态六大特点的新型建材，建造样式属一楼一底的联排简欧风格，充分体现现代农村建筑的时代风貌

石垭镇张口楼农民新村距石垭场镇约2公里，整个新村占地38.43亩，房屋建筑面积7920平方米，建成独栋二层小楼36栋，户均占地约1.07亩。新村按照“统一规划、统一建设”的原则，以“业兴、家富、人和、村美”为目标，采取“政府统筹、农户自建”的方式建设，以新村池塘为中心，呈半圆形环绕池塘梯层建造一楼一底的独栋小别墅，极富现代民居特色

2014年11月11日，县政府在县经开区举行岳池县2014年第四季度重大项目（一新药业、宏益药业、康安生物制药、科创胶囊生产线等15个）集中开工仪式

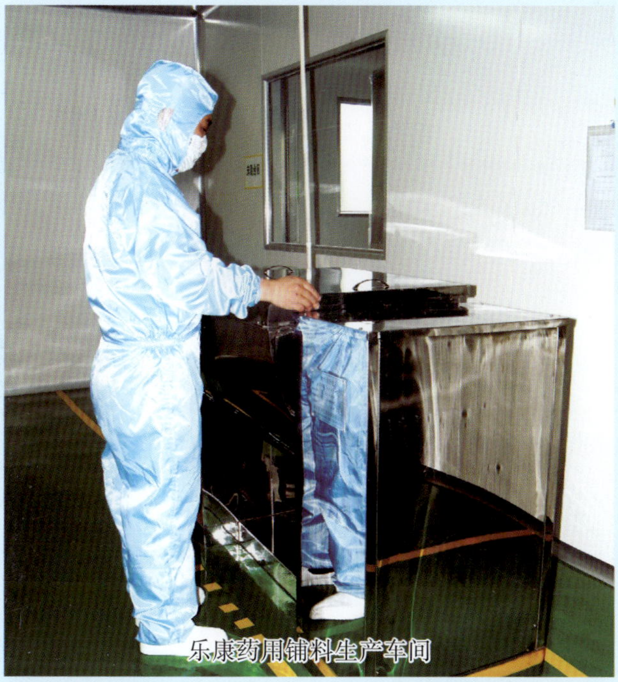
乐康药用铺料生产车间

银丰米粉生产场景

康发中药生产车间

科伦药业生产场景

▲ 2014年4月12日，省医药发展促进会会长王玉生一行到岳池县考察药用辅料生产、中药饮片生产、医药器械制造、中药材种植等医药产业发展情况

► 2014年5月30日，获得美国及国际上28项专利的美国著名医疗器材发明家、LeoMed和BinLad公司总经理班杜拉威杰专程从美国到岳池参观考察医药产业投资环境

▼ 2014年8月11日，杭州市医药行业协会陈秀珍会长一行参观考察县医药产业园区，并召开座谈会

2014年10月22日至11月3日，县委、县政府组团参加在成都举行的第十五届中国西部国际博览会。24日，在成都成功举行“川渝合作示范区·广安岳池医药产业投资促进推介会暨项目签约仪式”，共签约医药中间体生产、化学新药原料生产、中药健身产品生产等6个项目、资金39.2亿元

2014年5月16日，岳池县借势“渝洽会”平台在重庆市君顿两江酒店成功举办“岳池县投资促进推介会暨项目签约仪式”，县委副书记、县长汤才勇出席投资促进推介会暨项目签约仪式并讲话

岳池亿联建材家居五金城位于县城迎宾大道以东、安拱路延伸段以北城区，占地面积136.05亩，总建筑面积13.6万平方米，其中地上建筑面积12.7万平方米、地下建筑（停车库）面积0.9万平方米。主要建筑内容包括建材家居五金集中商城及商铺、电子商务中心、物流配送中心、商务办公等纯商业业态。累计完成投资7.5亿元。

▲ 2014年3月19日，省交通运输厅副厅长张琪等一行督导广岳大道建设工作

◄ 2014年12月22日，市政协副主席刘儒贤带领市政协委员视察广岳大道建设工作

▼ 2014年7月13日，市委副书记、市长罗增斌调研广岳大道建设情况

▲ 岳池火车站及站前广场

► 2014年8月8日，兰渝铁路南高支线“和谐号”动车组正式开通运营

▼ 岳池县现代农业园区环形公路（石垭镇徐家坝村）

中国下一代教育基金会留守儿童教育救助项目四川捐赠仪式

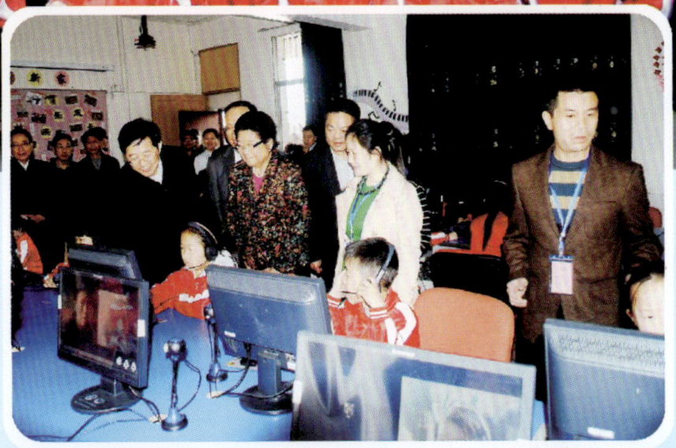

2014年3月30日，中国下一代教育基金会留守儿童教育救助项目四川捐赠仪式在岳池县顾县小学举行。第十届全国人大常委会副委员长、中国关心下一代工作委员会主任、中国下一代教育基金会名誉理事长顾秀莲，原全国工商联副主席、中国下一代教育基金会副理事长沈建国等出席捐赠仪式

2014年10月27日，市委常委、宣传部部长唐雄兴一行调研岳池教育工作

◄ 2014年9月10日，县委、县政府在吴雪艺术中心举行庆祝2014年教师节表彰大会暨第二届中小学生艺术节优秀节目汇演

▼ 2014年12月1日，县教育局召开“庸懒散浮拖”专项整治工作会

2014年4月12日，实验学校师生开展远足活动

2014年12月5日，岳池县城关中学举办学生模拟法庭进校园活动

▲ 2014年8月19日，县委、县政府在吴雪艺术中心举行“感恩小平·唱响岳池·同心共筑中国梦”歌咏会

◀ 2014年7月7日，县委宣传部在吴雪艺术中心举行“岳池县纪念邓小平同志诞辰110周年”音乐会

▼ 2014年5月16日，县文学艺术界联合会在吴雪艺术中心举行“感恩小平心系群众”合唱音乐会

2014年7月1日，县委在吴雪艺术中心举行“纪念建党93周年暨用生命担当责任的好干部沈乾文同志”文艺汇演

2014年12月16日，县委、县政府在县文体广场举行“岳池县群众广场舞”大赛

2014年12月24日，乔家镇在南山村农家文化广场举行“欢乐农家大赛”

2014年6月27日，县人社局在吴雪艺术中心举行“将心比心”演讲比赛

2014年4月15日至18日，由四川省文联、四川省曲艺家协会主办，四川省曲艺研究院、中共岳池县委宣传部承办的“践行群众路线，畅想春天故事——四川曲艺伟人故里行巡演”活动分别在石垭镇、中和镇、兴隆镇、酉溪镇、顾县镇、苟角镇等乡镇巡回演出。图为顾县镇演出现场

四川车灯《好吃嘴》（省曲研院表演）

小品《宝贝》（省曲研院表演）

秋 江

相声《戏曲漫谈》（省曲研院表演）

2014年6月19日，县教育局在吴雪艺术中心举行岳池县第二届“新华文轩杯”中小学艺术节暨纪念邓小平诞辰110周年优秀节目展演。

2014年5月15日，广安市曲艺家协会成立大会在岳池县吴雪艺术中心多功能厅举行。市文联领导向广安市曲艺家协会授牌、授印。省曲协副主席、秘书长李蓉，市文联主席童光辉等领导出席成立大会。

▲ 2014年1月20日，岳池县“‘廉’接你我他，共建靠大家”活动启动暨“清风杯”第二届广安市书法篆刻展开展仪式在县文庙举行。县委书记李永平出席活动并讲话；市纪委副书记张超，县委副书记李国生，县委常委、县纪委书记李廷远参加仪式

► 2014年9月18日，县政协主席曾邦才为岳池县政协诗书画院授牌

2014年9月19日至21日，港华燃气西南区域第三届员工运动会在岳池县隆重举行，该集团云、贵、川、渝、鄂的23支代表队近600人参加运动会，县委副书记、县长汤才勇，县委常委、副县长张学谦，县人大常委会副主任黄褐，副县长任仕金分别出席欢迎晚宴、开闭幕式及欢送宴会

2014年5月9日，县政府组织在中和镇渠江中码头及附近水域举行抗洪抢险大演练。县委常委、副县长欧彦主持活动，县委副书记、县长汤才勇，县委副书记李国生出席演练活动。

2014年2月19日，岳池县“四大班子”领导率各乡镇、部门负责人代表在邓小平铜像前举行献花仪式，表达岳池县人民对邓小平的缅怀和感恩之情

2014年9月30日，岳池县烈士公祭活动在翔凤山烈士陵园纪念碑前举行。县委书记李永平敬献花篮，县委副书记、县长汤才勇主持仪式

2014年1月12日，县委书记李永平，县委副书记、县长汤才勇一行深入万塔观、千佛寺、观音寺等地，调研宗教活动场所建设管理情况

▲ 2014年5月30日，市委常委、宣传部部长唐雄兴在岳池县委书记李永平、县委常委、宣传部部长陈莉陪同下慰问少年儿童

► 2014年3月5日，县文明委在文体广场举行“向雷锋同志学习”暨第十三个“公民道德建设宣传教育月”活动启动仪式，县委副书记、县长汤才勇出席并宣布活动正式启动

▼ 2014年3月5日，志愿者在横幅上签名

2014年11月8日，县工商业联合会、县妇联等单位在豪庭假日酒店吉祥厅为困难群众、孤寡老人、尿毒症患者等举行慈善义卖义捐活动

2014年12月5日，县法院干部在县城大东街开展“12·5”国际志愿者日宣传活动

2014年5月28日，县委宣传部举行“道德模范”和“身边好人”进村镇巡讲巡演活动

东湖

禹山寺一角（兴隆镇）

灵泉寺摩崖石刻（秦溪镇）

长滩寺古桥瀑布（九龙镇）

▲ 永清寨寨门

► 洞宾观一角

▼ 万塔观内景

《岳池年鉴（2015）》编纂委员会

顾　　问：	郑鹏程	县委书记
	张永辉	县人大常委会主任
	曾邦才	县政协主席
主　　任：	汤才勇	县委副书记、县长
副 主 任：	李国生	县委副书记
	钟爱平	县委常委、副县长
成　　员：	廖洪波	县委办公室主任
	刘永红	县政府办公室主任
	代应华	县委县政府督查办公室主任
	文勇军	县政府办公室副主任
	刘明富	县党史县志办主任
	张智林	县发展和改革局局长
	吴　焱	县财政局局长
	聂长江	县统计局局长
	陈琼芳	县档案局局长

《岳池年鉴（2015）》编辑部

主　　编：刘明富

编　　辑：田　华　戴苏岳　蒋芝全　蔡勤忠　袁晓霞

封面题字：黄工乐

编辑说明

《岳池年鉴》的编辑，以中国特色社会主义理论体系为指导，是中共岳池县委、岳池县人民政府主办，由岳池年鉴编纂委员会下设的编辑部编辑的反映岳池县情的大型资料性工具书。它逐年全面、系统、翔实、准确记述岳池县改革开放、经济建设和社会事业的发展状况，收录年度性主要文献和重要资料。编纂出版该书旨在供机关、团体、研究部门、企事业单位及社会各界人士了解和研究岳池时参考使用。

《岳池年鉴（2015）》记载的时限为2014年1月1日至2014年12月31日，为保持事件的完整性，个别地方有适当上溯或下延。

《岳池年鉴（2015）》采用条目体，分类方法进行编辑，主体内容分为类目、分目、条目三个层次，条目下层次较多的分段记述，条目标题一般采用名词或名词性词组为主。其所用文字资料，由县内各乡镇、县级部门及省、市驻岳单位组织专人征集、撰写，并经所在单位领导审核、签章确认后提供。使用《岳池县统计年鉴》数据；未纳入统计的，使用经核实的乡镇、部门数据。除特殊注明外，“省”为四川省，“市”为广安市，“县”为岳池县。

《岳池年鉴（2015）》的编辑出版工作得到各撰稿单位及各方面的热情关怀和支持，谨此深表感谢。对本书的疏漏之处，敬请读者批评指正。

《岳池年鉴》编辑部

2015年7月

目 录
Contents

特 载
Special Issues

大事记
Chronicle of Events

概 述
Overview

政 治
Politics

民盟·工商联
The NLD · Association of Industry and Commerce

群众团体
Mass organizations

法 治
Treatment

武 装
Military

经 济
Economics

城市建设·城市管理·环境保护
City construction · city management · environment protection

交通·通信·邮政
Transportation · postal · communication

财税管理
Fiscal management

金　融

Finance

经济管理与监督

Economic management and supervision

教科文卫

Science and technology education culture health

社会民生
The livelihood of the people

乡镇简介
Overview of Township

专题记述
Monographic description

附 录
Appendix

索 引
Indexes

特 载

Te Zai

在十一届县委第十五次全体会议上的讲话

郑鹏程

(2015 年 1 月 22 日)

同志们:

现在,我代表县委常委会,向全委会报告工作。

一、2014 年常委会工作回顾

2014 年,县委常委会以习近平系列重要讲话精神为引领,全面贯彻落实中央和省委、市委决策部署,按照“工业主导、三化联动、弘文兴教、富民强县”发展思路,保持专注发展定力,全面深化各项改革,认真开展党的群众路线教育实践活动,“零容忍”惩治腐败,全县呈现出经济社会科学发展、党风政风持续改善、人民幸福指数不断提升的良好局面。

(一)突出感恩作贡献,汇聚起发展正能量

2014 年,是邓小平同志诞辰 110 周年。市委、市政府高度重视,县委常委会积极响应,精心筹备、有序实施各项纪念工作。

按照“隆重热烈、务实简朴”的要求,组织开展了丰富多彩的主题纪念活动,成功举办“第二届‘岳池杯’中国曲艺之乡曲艺大赛”“四川曲艺伟人故里行巡演”“县外媒体看岳池”等 10 余项纪念活动,车灯《岳池米粉》荣获第二届四川省少儿曲艺大赛二等奖,荷叶《秋江》赴法国参加文化交流演出,荣获银奖,岳池曲艺走出国门,掀起了为邓小平同志诞辰 110 周年献礼的热潮。

积极响应“感恩小平 · 我为小平家乡发展作贡献”号召,广泛引导和动员全县人民感恩作贡献,确保了献礼项目按时按质完成。罗渡堤防工程即将完工,防洪能力提升至 20 年一遇。县医院住院综合楼投入使用,群众就医更加方便。火车站及站前广场提前完工,4 组动车经停岳池,岳池迈入“动车时代”;广岳大道即将通车,同城发展迈出坚实步伐。

在推进纪念活动中,县委带领全县干部群众,面对复杂的局面,坚持直面挑战、迎难而上,面对

艰巨的任务，坚持超常工作、加倍付出，形成了人心思变、人心思干的良好氛围，凝聚起了“逢山开路、遇水架桥、风雨无阻、昼夜兼程”的感恩精神，这一宝贵财富，必将永久激励岳池人民务实进取、开拓创新。

(二)突出产业支撑，县域经济持续健康发展

经济实力不断增强。始终坚持稳中求进工作基调，认真落实稳增长措施及一系列配套政策，经济保持平稳健康发展。预计全年实现地区生产总值172.7亿元、增长9.3%，总量居全市第三；全社会固定资产投资134.6亿元、增长29.6%，分别居全市第二、第一；实现地方公共财政收入7.5亿元、增长17.9%，分别居全市第一、第三。县域经济综合实力上升至全省第79位，被评为全省县域经济发展先进县。

工业经济速效双增。预计全县规上工业企业实现总产值180.6亿元，增长14.7%，实现工业增加值增幅9.3%，工业税收达2.48亿元。医药产业集群效应初显，引进南松医药等医药企业9户，仁安药业等医药企业进入试生产；医药产业实现产值20.9亿元、税收1.57亿元。科伦药业实现亩产值上千万、利税上百万，成为全市工业企业的标杆。医药专业污水处理厂、分布式能源项目加快推进，园区展示厅、小微企业孵化中心建成投入使用。新拓展园区面积7平方千米，园区承载能力及整体形象有效提升。

现代农业提质增效。粮食总产实现稳量提质，被评为“全国粮食生产先进县”。优质粮油、优质果蔬、优质畜禽等优势产业蓬勃发展，优质干果、中药材等特色产业快速发展，全年实现农业增加值37.7亿元、增长4.2%。全面启动“111”工程建设，现代农业园区面积新拓展3万亩。大力发展劳务经济，实现劳务收入54.5亿元、增长45.3%。积极探索新型农业经营模式，三安农业专业合作社联合社、兴达养殖专业合作社被评为国家级示范合作社，合作社联合社模式得到省委王东明书记的充分肯定。

商贸经济繁荣发展。市场体系不断健全，亿联建材家居五金城正式营业，东湖城市综合体天羿大酒店即将开业，环东湖城市商圈初步形成；新改建场镇特色街区4条、农贸市场7个，发展农家超市、农家店812家，商贸服务更加便民。全年新培育限上商务企业11户，新发展物流企业3家。积极发展电子商务，62户企业成功入驻“天虎云商”。金融工作成效显著，新增存款额、新增贷款额、金融机构引进个数均位居全市第一。旅游业加快发展，全年累计接待游客220万人次，实现旅游收入15.9亿元。

(三)突出统筹联动，城乡一体步伐加快

“东扩西靓”齐头并进。加快“城市东扩”步伐，城东道路骨架基本成形，余家河景观带启动建设，县城新拓展2平方千米，城镇化率达37.3%。洗马河片区环境整治有序推进，北街、大西街危房和棚户区改造顺利实施，新建棚户区改造住房2620套、公租房900套。

特色集镇及新村建设有序推进。全面推进顾县、罗渡、西溪等10个特色集镇“七个一”工程建设。集中开展“双违”治理专项行动，立案查处“双违”建设项目23个，场镇建设秩序更加规范。全年新(改、扩)建新村122个、幸福美丽新村6个，在全市率先完成新型材料房屋新村建设。

基础配套不断完善。加强农田水利基础设施建设，建成高标准农田1.5万亩，治理水土流失面积5.4平方千米。加快完善城乡路网，新建通村水泥路120千米，改建县乡道73千米，安装公路波形防护栏143千米。加强公共生活设施建设，建成乡镇标准化公厕22座、乡镇污水处理站15座、压缩式垃圾中转站1座。深入开展“五乱”治理，成功创建省级环境优美示范县城。

(四)突出改革开放，发展活力不断增强

各项改革稳步推进。完成工商、食品药监、卫生等部门职能调整，精简县本级行政审批项目21项。县级公立医院综合改革稳步推进，药品加成全面取消。加快土地承包经营权确权颁证，完成长田乡试点，并在全县全面铺开。深化财税制度改革，完善结构性减税政策，全年实现“营改增”收

入800万元。

项目工作成效显著。围绕基础设施、民生工程等重点领域,包装储备项目350个。加大向上汇报衔接力度,争取中省项目294个,到位资金18亿元。加快重点项目建设,实施重点项目60个,完成投资59.2亿元。

对外开放不断扩大。主动融入渝广合作、深广合作,成功举办"重大医药企业对接会"等投资促进活动20余场次,引进特色原料药生产基地、生物制药一体化生产等重点项目55个、到位资金117亿元。

(五)突出共建共享,社会大局安定有序

民主法治纵深推进。认真贯彻依法治国方略,深入推进法律"七进"活动,启动东湖法治文化主题公园、麻柳河法治文化长廊和玉屏湖法治文化示范村建设,开播《法治聚焦》电视栏目。县人大及其常委会依法行使监督、决定、任免等职权,围绕中心、服务大局卓有成效。县政协认真履行政治协商、民主监督、参政议政职能,增进了共识、助推了发展。基层民主不断扩大,民主党派、工商联和群团组织联系群众的桥梁纽带作用充分发挥。党管武装坚强有力。

民计民生持续改善。大力实施民生工程,完成140项省市县民生工程任务,全年投入26.5亿元用于民生支出。社会保障更加健全,积极落实就业政策,全年新增就业1.1万人,城镇登记失业率控制在3.7%以内。实施连片扶贫开发、整村推进扶贫等项目,帮助1.6万人实现脱贫。加强精神文明建设,成功创建为省级文明城市。深入推进部省共建教育改革发展试验区建设和教育综合改革,新建公办幼儿园3所,东湖学校开班行课,北师大广安附属学校开工建设。县级医疗卫生机构全面升级达标。竞技体育和群众性体育协调发展,在省十二运会上夺得3金2银的历史最好成绩。积极开展"洁净水"行动,完成江河湖库船网取缔工作,建成张口楼、玉屏湖新村生态污水处理系统。

社会大局和谐稳定。开展"无信访乡镇、无信访村(社区)"创建活动,深化网格化服务管理,成功化解了一大批信访突出问题,矛盾纠纷化解率达98.8%。深入推进平安建设,现行命案破案率连续八年达100%,群众安全感持续增强。加强食品药品安全治理,群众满意度大幅提升。强化安全生产监管,安全生产形势持续好转,全年未发生较大以上安全生产责任事故。

(六)突出从严治党,党风政风持续好转

群教活动扎实开展。坚持"为民、务实、清廉"主题,按照"照镜子、正衣冠、洗洗澡、治治病"总要求,带头开好专题民主生活会,查找县委常委班子问题11条,研究提出整改措施17条,已完成整改任务17项。深入推进正风肃纪"9+3+2"问题专项整治,对省委第三巡视组、市委督导组反馈和交办的问题,逐一整改落实,查处"四风"典型案例38起,全县会议和文件数量分别下降18%、7%,"三公"经费大幅下降,正风肃纪群众满意度居全市第一。创新推行"一线工作法",深入开展"三进三同三促""走基层"等活动,打通了联系服务群众"最后一千米",涌现出沈乾文、杨淑芹等先进典型。群教活动受到中省市督导组一致好评。

党的建设全面加强。切实履行党建工作主体责任,定期研究党建工作。新建村级活动阵地32个,整顿软弱涣散基层党组织119个。选优配强干部队伍,建立科级领导班子结构模型,实施年轻干部递进培养计划,选人用人工作受到中组部检查组高度评价。引进急需紧缺高层次人才15名,以李英富等7名博士为核心的高层次创新创业团队落户岳池。

廉政建设纵深推进。认真落实"两个责任",扎实开展反腐败和惩防体系建设,排查廉政风险点3500余个;深入推进"广土工程",精心打造"八大廉洁基石"示范点25个,党风廉政建设社会满意度评价排名全省第35位,创历史最好水平。逗硬案件查办,党纪处分154人,其中科级干部22人,党风政风更加优良。

总结过去一年的工作,我们也清醒地看到,岳池发展还存在不少困难和问题。一是产业支撑能

力弱，经济总量小、链条短，龙头企业带动能力弱，迈入全省县域经济发展第一方阵的任务艰巨。二是投资率不高，结构不优，缺乏重大骨干项目，拉动能力不强，经济下行压力仍然较大。三是社会管理、民生改善等方面问题仍然较为突出。四是从严治党大格局尚未完全形成，“天成指数”仍然偏高，庸懒散浮拖现象仍然存在。面对这些问题，县委常委会一定保持清醒头脑，肩负职责使命，一心一意谋发展，聚精会神抓党建，不断开创岳池工作新局面。

二、准确把握当前经济社会发展新常态

去年11月，习近平总书记在亚太经合组织(APEC)工商领导人峰会上，鲜明提出我国经济正处于增长速度换挡期、结构调整阵痛期、前期刺激政策消化期的三期叠加阶段，科学分析了新常态下“速度变化、结构优化、动力转换”三大特点。特别是在中央经济工作会议上系统阐述了新常态带来的“九个趋势性变化”。

把握新机遇、谋求新发展，已经成为全省、全市经济发展的新常态。省委王东明书记立足四川实际，在省委经济工作会议上提出了“五个方向性要求”，鲜明指出，新常态，绝不意味着可以放松发展；新常态，更需要加大力度；新常态，需要保持一个高于全国的合理增长。在市委四届八次全会上，侯晓春书记强调，认识新常态、适应新常态、引领新常态，是当前和今后一个时期经济发展的大逻辑，新常态下的广安，必须快节奏、高速度、超常规发展，保持一个高于全国全省的增长。

加快发展，必须认清岳池的基本县情。目前，岳池经济总量偏小、速度偏慢、质量不高、结构不优。但是，用哲学的观点看，我们的劣势，恰恰又是发展的优势，说明岳池在地区生产总值、固定资产投资、公共财政收入等方面，可深度挖掘的潜力还很巨大，说明岳池跨越发展的空间仍然十分广阔。与全省21个百万人口大县相比，排位靠后的现实催促着我们加快发展；与全市各区市县相比，竞相发展的态势倒逼着我们加快发展；从县内看，120万人民对幸福生活的期盼，迫切需要我们加快发展。因此，保持专注发展定力，快节奏、高速度、超常规的发展要求，也顺理成章地成为岳池发展的新常态；高于全市的增长，加压驱动、高位求进，也毋庸置疑地成为岳池发展的主旋律。

加快发展，必须抓住机遇寻找增长点。从发展机遇看，岳池地处川渝合作示范区腹心地带，是川东北经济区的重要节点，省委加快培育新兴增长极、深化川渝合作示范区(广安片区)和国家承接产业转移示范区建设、支持百万人口大县改革发展、加快县域经济发展等机遇相互叠加，表明岳池正处在经济发展的历史最好机遇期。同时，岳池还具备良好的发展条件，医药产业独树一帜，与省市发展高端产业战略相一致，具有广阔的市场空间；广岳大道、成南广动车组、罗渡港拉近了岳池与广安、成都、重庆的时空距离；持续繁荣的商贸经济，为发展电子商务、现代物流奠定了基础；中国农家乐之源、中国曲艺之乡等文化品牌，为都市农业、乡村旅游发展提供了充足的资源。

加快发展，必须提振干部精气神。在工作中必须“实”字当头，在落实中必须“干”字为先。贯彻部署要实，把市委、县委的决策部署具体化，做到有目标、有重点、有抓手、有形象进度要求，不能大而化之、笼而统之。推进工作要实，发扬昼夜兼程、食不甘味的拼搏精神，解放思想、轻装上阵，勇于担当职责，放开手脚工作，坚决反对为官不为和庸懒散浮拖。

总之，面对经济发展新常态，我们要始终坚持发展第一要务，严格按照市委“快节奏、高速度、超常规发展”的总要求，以等不起的紧迫感，慢不得的危机感，坐不住的责任感，发扬“逢山开路、遇水架桥、风雨无阻、昼夜兼程”的精神，推动岳池经济跨越发展。

三、2015年经济工作安排

2015年经济工作的总体要求是：全面贯彻落

实中共中央十八届三中、四中全会，省委十届五次全会和市委四届八次全会精神，深入学习习近平总书记系列重要讲话，主动引领经济发展新常态，始终坚持“快节奏、高速度、超常规”工作基调，奋力攻坚，突出多点支撑、引资引智、产业升级、两城同创、全面改革、富民惠民六大核心任务，为实现“两个率先”（即：在全市各区市县中 GDP 率先突破 200 亿元，公共财政收入率先突破 10 亿元）奠定坚实基础。

县委考虑，全县主要经济指标预期是：全县地区生产总值增长 10%，力争 10.5%；全社会固定资产投资增长 25%，力争 30%；地方公共财政收入增长 18%，力争 20%；社会消费品零售总额增长 12%，力争 13.5%；规模以上工业增加值增长 10.5%，力争 11%；城镇居民人均可支配收入增长 10%，力争 11%；农民人均纯收入增长 11%，力争 13%。这些目标的确定，是县委把握经济新常态的工作取向，是贯彻市委工作部署的具体行动，更是对百万人民期盼过上更加幸福生活的积极回应。要实现这些目标，重点要抓好以下六个方面的工作。

第一，突出规划引领，做实多点多极

牢固树立规划引领发展的理念，科学定位县域发展的形态和走势，形成一二三产业科学布局、县乡村统筹协调的“一盘棋”全域规划体系。要聘请一流的专家团队，组织全县精兵强将，精心编制岳池全域战略空间规划，完善土地利用规划、产业规划和生态规划，提高规划的档次和水平，努力做到多规合一，实现县域规划的重大突破。

深入实施多点支撑发展战略，科学谋划县域经济发展布局。坚持从中省市发展战略中争支持，从县域经济发展的薄弱环节中挖潜力，从资源、产业、市场等比较优势中找出路。按照中等城市定位，做优县城空间布局，把县城区建成核心增长点；完善园区体制机制，提升岳池经济技术开发区、罗渡高新技术开发区综合实力，做强工业经济增长点；充分利用广岳大道连接广岳两城区位优势，建设以生态、智慧、观光、休闲农业为主要业态的现代都市农业体验区，打造现代农业增长点；抢抓新兴先导型服务业发展机遇，推进城东商贸物流园和文化旅游产业园建设，构建现代服务业增长点；充分运用市场法则，整合现有资源，筹建建设公司、投资公司，打造县域经济新的支撑点，着力构建多点驱动发展新格局。

“三分规划，七分执行”。强化“规划即法”的理念，加强规划的约束性，维护规划的严肃性，提升规划执行力，确保规划得到全面落实。筹建岳池规划展览馆，采取现代展示手法，全方位展示岳池县域经济的发展理念、发展模式与发展目标，打造宣传岳池的窗口、接待来宾的客厅、旅游观光的景点、招商引资的平台。

第二，实施“双百”投资，狠抓项目工作

树立“抓项目就是抓发展，抓大项目就是加快发展，抓好项目就是科学发展”的理念，加大项目争取、招引和建设力度，夯实快节奏、高速度、超常规发展基础。

积极向上汇报争取。把项目争取作为经济工作的主引擎。推荐优秀干部到上级部门挂职锻炼，争取更多干部下派，掌握项目争取和经济发展的关键信息。深入研究中省产业政策，准确把握投资方向，围绕产业、民生、基础设施、生态环保等建设重点，精心包装储备项目，争取更多的项目纳入中省盘子，力争全年包装项目 400 个，争取到位资金 20 亿元以上。

狠抓招商引资引智。把招商引资作为经济工作的生命线。准确把握国家调整和收缩优惠政策新常态，立足“招商引税、招商引财、招商引智”，围绕生物医药、电子商务、现代物流等战略性新兴产业和先导型服务业，认真分析产业、行业和企业，吃透产业政策，紧盯行业龙头，瞄准知名企业，实现招商引资更大突破。深化对外开放和区域合作，加强与科研院所、民间商会、专业招商机构、友好区市县的合作，拓宽招商渠道，力争招商引资到位资金 135 亿元以上。

推进重大项目建设。把项目建设作为经济工作的主战场。实行县级领导联系重大项目制度，主动跟踪督促，确保签约项目早开工、在建项目早投产、投产项目早见效。实施“双百”工程，全年全县重点推进100个重大项目，重大项目完成年度投资100亿元。其中，南松医药、光电科技产业园等41个重大产业项目完成投资63.5亿元，余家河景观带、分布式能源等32个重大基础设施项目完成投资28.2亿元，城西棚户区改造、白庙职中迁建等27个重大民生及社会事业项目完成投资8.3亿元。

第三，坚持产业兴县，构建产业体系

牢固树立速度、质量、效益并重的发展理念，着力把工业做强、农业做优、服务业做活，促进全县经济协调可持续发展。

突出发展生物医药产业。持续壮大产业集群，帮助仁安药业等在建项目建成投产，南松医药等签约项目开工建设。纵向延伸产业链条，发展药物开发研制、中药材种植、医药物流等配套产业，力争全年医药产业产值突破25亿元、税收2亿元以上；横向拓展产品种类，积极引进保健食品、药用洗护用品等互补产业，实现多元化发展，打造大健康产业。大力发展院士、博士经济，抓好侯曙光、彭立增、李英富等博士研发团队平台建设，加速科研成果、专利技术的转化利用，增强医药产业核心竞争力。把PPP模式引入园区建设，加快医药产业示范园区、罗渡高新区提档升级，优化园区发展环境，提升园区承载能力，力争新拓展园区面积5平方千米，积极争创省级经济开发区。

加快转变农业发展方式。提高粮食综合生产能力和储运能力，保证粮食安全。重点抓好“111”工程建设，推进农业经营产业化、生产标准化、销售品牌化。做大做强“岳池米粉”“黄龙贡米”“银特”等农产品品牌，积极申报无公害农（畜）产品和绿色食品认证。大力培育新型农业经营主体，提升产业化水平。抓好三安农业专业合作社联合社提档升级，打造集农业示范、体验采摘、观光休闲等功能于一体的乡村旅游景区。抓好广岳大道沿线产业发展，重点布局以生态农业、智慧农业、观光农业、休闲农业为主要业态的现代都市农业，提升农业现代化水平。

大力发展现代服务业。抢抓市委发展六大新兴先导型服务业机遇，支持亿联建材家居五金城、岳池米粉等企业开展电子商务业务，推进传统产业与电子商务融合发展；积极引进知名电商企业，加快智慧城市大数据平台和e消费项目建设。按照“文旅相融、农旅结合”思路，制定完善旅游发展规划，启动玉屏湖景区创A工作。加快城东现代商贸物流园、汇通物流园等重点项目建设，力争年内新引进投资5亿元以上服务业项目2个。

第四，注重以人为本，推动城乡统筹发展

准确把握岳池城镇化发展的阶段性特征，坚持规模扩张与品质提升并重，全面提升新型城镇化水平。

坚持规划先行。按照先规划、后建设的原则，完善凤舞新城、凤翔绿水控制性详规、绿地系统专项规划编制，高品质完成城东新区控制性详规和形象设计、北外街片区改造概念性设计，精心设计城市天际线，形成错落有致的城市轮廓，打破“乡村版”格局。完成乡镇场镇总规及重点乡镇控制性详规编制，形成以县城为中心、重点镇为支撑、农民新村为基础的层级规划体系。坚持先规划、后拍卖的原则，用规划引导土地招拍挂，严禁没有形成规划就拍卖土地。

加快县城建设。坚持广岳同城发展方向，大力实施“东扩西靓”城市发展战略，将新区建设与旧城改造同步规划、同步推进，完成余家河景观带、麻柳河农贸市场等城东基础设施建设，启动大西街、北外街片区旧改工程，完成洗马河片区景观打造，力争县城区面积拓展2平方千米，城镇化率提高3.6个百分点。完善城市功能，加快城市绿化、亮化、净化等基础设施建设，完成园田路、丝绸路等城区雨污管网改造，解决城市内涝问题。

培育特色集镇。推进西溪、石垭、坪滩等10个特色集镇建设，抓好罗渡、顾县“百镇建设行动”，增强承载能力和辐射带动能力，建成一批宜居宜业宜人的特色集镇。推动偏远乡镇走差异化、特色化之路，加大项目、资金、人才等方面的支持力度,促进乡镇均衡发展。

打造幸福美丽新村。坚持统筹规划、成片推进,以“房前屋后、瓜果梨桃、鸟语花香”的田园风为标准,全年新(改扩)建新村111个,新建新型房屋新村1个。重点抓好周锣铺村新建与旧院改造试点,保护历史记忆,凸显地域特色。深入实施“洁净水”行动,抓好城乡生活污水、工业污染、畜禽养殖污染等八大专项整治。推进节能减排,争创省级生态县。

强力推进“双违”整治。始终保持防违、控违、打违的高压态势,下决心、出重拳,发现一起、拆除一起;制定出台《城乡规划区村民建房管理办法》,建立“双违”整治长效机制,实现“双违”治理常态化、规范化。

第五,全面深化改革,破除县域经济发展障碍

认真落实市委促进县域经济发展的21条改革措施,全面深化改革,以改革促开放、增活力,不断增强县域经济发展内生动力。

加快园区体制机制改革。理顺发展体制,权限内扩大园区管委会经济管理权限,依法赋予园区管委会在辖区内行使社会管理职能,努力构建精简、高效、统一的园区服务管理体制。创新园区基础设施建设投入机制,推行PPP模式,建立产业发展基金,为园区发展提供资金保障。建立以项目引进、签约、落地、投产为主要内容的绩效考核体系,让每个园区干部都有经济发展任务,激发干部创业激情,释放园区发展活力。

做实建设发展平台。坚持市场法则和经营理念,整合现有建设和投资公司等资源,组建新的发展建设公司及投资公司,履行投资建设、市场融资、资产管理等职能,发挥财政资金的杠杆放大效应,提高重大项目建设效率,不断激发县域经济活力。

大胆探索实践,努力在农业农村、财税金融、社会保障、绩效考核等重点领域与关键环节的机制体制改革上取得突破,为快节奏、高速度、超常规发展松绑减负。

第六,切实改善和保障民生,提升群众幸福指数

全面推进社会事业发展。加强精神文明建设,培育和践行社会主义核心价值观,启动全国卫生城市、全国文明城市“两城同创”工作。抢抓部省共建广安教育改革试验区机遇,提升教育教学质量。繁荣文化产业,积极筹备第六届农家文化旅游节和第三届“岳池杯”曲艺大赛;整合民间文化元素,建设创意文化产业园,做响做亮中国农家乐之源、中国曲艺之乡两大品牌。完善卫生公共服务体系,促进城乡医疗服务均衡发展。强化党管武装,统筹抓好科技、群团、统战、双拥等工作。

大力实施惠民工程。加大民生投入,确保民生支出占地方公共财政支出70%以上,全面完成省市民生工程任务。自我加压,办好农村客运、基层医疗、公共文化、环境保护等一批关系群众切身利益的惠民工程。深入实施扶贫开发,加大连片扶贫、整村推进、移民后扶等项目争取和实施力度,全方位、多角度精准扶贫,力争贫困村减少15%,贫困人口减少1.7万人。

健全社会保障体系。落实积极就业政策,鼓励全民创业、万众创新,统筹抓好高校毕业生、失地农民、就业困难人员、退役军人等重点群体就业创业工作,加大农村剩余劳动力转移就业扶持力度。完善特殊困难群体救助帮扶机制,扩大社会保障覆盖面。

四、推进依法治县、从严治党,为经济社会发展保驾护航

加强党委对各项工作的领导,深入推进依法治县、从严治党,营造良好的法治环境和政治生态,为经济发展提供坚强保障。

第一,积极适应新常态,切实加强和改进党对经济工作的领导

要勤于学习,提升能力。通过中心组、培训轮训、走出去请进来等形式,加强对经济、金融、法律、文化、科技、管理等领域知识的学习,做到既研究宏观经济的发展规律,又熟悉微观经济的运行法则,确保领导和决策体现时代性、把握规律性、富于创造性。坚持学以致用,把所学知识运用到

实际工作中去，提高引领全县经济社会科学发展、加快发展的能力。

要善抓大事，理清脉络。工作千头万绪，要区分轻重缓急。坚持常委会集体研究经济领域的重大问题，建立各级党组织向县委常委会报告工作制度，发挥党委总揽全局、协调各方的领导核心作用。建立既有分工又有协作的领导机制，各负其责，协调配合，共同把工作做好。对全局性、阶段性的重点任务，要发扬“钉钉子”精神，拿出“一万年太久，只争朝夕”的拼劲，扭住不放，一个一个去研究，一项一项去推动，形成围绕重点任务抓落实的合力。

要有当代思维，世界眼光。登泰山而小天下。各级领导干部要站在战略的高度，以世界眼光去认识政治形势、把握经济走势、了解文化态势，用战略思维去观察当今时代、洞悉发展趋势，经常向高端专家、专业团队借智借脑，拓宽眼界，跳出岳池看岳池，努力探索有岳池特色的发展之路。

第二，加快推进依法治县进程，着力构建尚法守制、公平正义的法治社会

加强法治宣传。扎实开展平安岳池、法律“七进”“六五”普法等活动，办好《法治聚焦》栏目，建成东湖法治文化主题公园、麻柳河法治文化长廊，创作一批法治文艺作品，营造浓厚的法治文化氛围。加强舆论引导，第一时间发出正面声音，凝聚加快经济社会发展的正能量。

坚持依法执政。充分发挥法律顾问的作用，建立党委内部重大决策合法性审查制度，落实重大决策终身责任追究、责任倒查和社会稳定风险评估机制。领导干部要带头遵守法律，带头依法办事，把对经济工作的领导纳入法制化轨道，切实为民执好政、掌好权。

推进依法行政。加快建设法治政府，坚持职责法定，做到法定职责必须为、法无授权不可为。建设诚信政府，促进社会诚信体系建设。规范和完善行政审批、行政执法、行政权利公开、公共资源交易服务、行政执法自由裁量权等执法程序，提高服务经济发展的能力水平。

强化公正司法。着力推进“阳光司法”，进一步优化司法职权配置，完善行政诉讼体制机制，改革法院案件受理制度。加强对司法活动的监督，坚决防止司法腐败。旗帜鲜明支持司法机关依法履职，建立并严格执行领导干部插手干预司法的记录、通报和责任追究制度。

注重依法治理。运用法治思维和法治方式，化解矛盾突出问题，引导群众依法依规合理反映诉求，切实转变“信访不信法”的观念。强化社会治安，深入开展“反邪教”专项行动，严厉打击刑事犯罪。加强安全生产监管，维护校园安全、网络安全和食品药品安全，保障人民群众生命财产安全。

新常态下，领导干部要提高运用法治思维和法治方式深化改革、推动发展、化解矛盾、维护稳定的能力，把营造良好的法治环境作为吸引投资客商、壮大实体经济的重要竞争力，推动形成崇法尚德、公平正义、平安和谐的法治格局，为快节奏、高速度、超常规发展提供法治保障。

第三，抓牢党建第一责任，突出党要管党、从严治党主线，营造良好政治生态

认真落实“八个务必从严”要求，把党的建设摆在与经济发展同等重要的位置，以从严治党的政治自觉推动基层党建走在全市前列。力争党建工作实现“9535”工作目标，即：各领域“三型”党组织覆盖率90%以上，消除集体经济“空壳村”50%以上，党风廉政建设社会满意度评价进入全省前30名，培育县以上“四有”先进典型50个。

落实党建责任。强化“抓好党建是本职、抓不好党建是失职、不抓党建是渎职”的责任意识，严格执行《岳池县党建工作责任制五项规定》，进一步明确党组织抓党建的主体责任、党委（党组）书记的第一责任，构建党委抓、书记抓、班子成员分头抓，一级抓一级、层层抓落实的工作格局。开展党建工作联述联评联考，落实党组织党建工作专题述职制度，健全党建工作述职考评和问责机制，以责任落实推动党建工作抓落实。

强化思想建设。深入学习党的十八届三中、四中全会和习近平总书记系列重要讲话精神，扎

实开展“三严三实”专题教育，坚定政治立场，切实解决“总开关”问题。加强革命传统教育，深入挖掘柴云振、吴雪等革命先辈和文化名人的先进事迹，大力弘扬爱国主义精神，引导党员干部始终保持奋发进取的精神状态，牢固树立争先进位的进取意识、勇于担当的责任意识和同舟共济的大局意识。

建强干部队伍。建立科学有效的选人用人机制，注重选拔使用受到表彰的优秀党组织书记、优秀人才和有功人员，让好干部选得出来、用得起来，为实施强县战略调兵遣将、排兵布阵。实施年轻干部递进培养计划，有针对性地选派培养对象到上级部门、产业园区、招商前沿、信访一线挂职。加强干部队伍监督管理，建立科学的考核评价体系，严惩领导干部为官不为、庸懒散浮拖，使干部心有所畏、言有所戒、行有所止。

创新组织建设。推进“三型”党组织建设，提升基层党组织服务发展、服务民生、服务群众、服务党员的能力。健全党建经费保障机制，切实抓好基层党组织活动阵地建设。深化非公党建“长板凳计划”，探索建立“园区党建联盟”“特色街区党建”“商圈党建”等新模式，培育塑造有影响力的先进典型。强力整顿软弱涣散基层党组织，建强基层堡垒。

加强制度建设。把制度建设作为治党之本。建立党委(党组)会前学规学纪学法制度。健全拟提拔党员领导干部党规党纪考试制度，建立为官不为教育、帮助、惩戒制度，筑牢制度防线。强化制度执行，严格遵守党的政治纪律、组织纪律、财经纪律和工作纪律，对有令不行、有禁不止的，严肃问责，推动形成守纪律、讲规矩、懂章法的意识和习惯。

强力惩治腐败。深入贯彻中纪委第五次全会精神，严格落实“两个责任”，深化纪检体制改革，突出纪检监察机关监督、执法、检查、问责的主责主业，充分发挥纪检监察机关服务保障经济发展的作用。深入推进惩防体系建设，加强党风廉政宣传教育，提升领导干部廉政意识；深化廉政风险防控机制建设，进行廉政风险直接管理、迹象管理；深入推进预防腐败“广土”工程，夯实廉洁基石，培育廉洁土壤。持续开展正风肃纪“9＋3＋2”专项整治，扎实抓好领导干部拉票、脱离群众、插手工程等问题整改，重点解决“天成指数”过高的问题。始终保持惩治腐败高压态势，加大对公共资金、国有资产、国有资源和领导干部履行经济责任情况的审计监督力度；对影响经济社会发展、损害群众切身利益的违纪违规违法行为，发现一起，查处一起，绝不姑息，绝不手软。

总之，我们要通过党要管党、从严治党，引导全县党员干部始终保持专注发展定力，打造出一支信念坚定、为民服务、勤政务实、敢于担当、清正廉洁的好干部队伍，为经济社会发展营造出风清气正、开拓创新、团结奋进的良好环境。

同志们，适应经济发展新常态，做好2015年各项工作，任务艰巨、责任重大。我们一定要紧密团结在以习近平同志为总书记的党中央周围，认真贯彻落实市委、市政府的决策部署，一心一意谋发展、聚精会神抓党建，增强大局意识、法治意识、责任意识，坚定信心、奋发有为，干在实处、走在前列，为谱写中国梦岳池篇章而努力奋斗。

政府工作报告

2015 年 2 月 4 日
在岳池县第十六届人民代表大会第五次会议上
岳池县人民政府县长　汤才勇

各位代表：

现在，我代表县人民政府向大会报告工作，请予审查，并请列席会议的县政协委员和其他同志提出意见。

2014 年工作回顾

2014 年，县政府在市委、市政府和县委的坚强领导下，在县人大和县政协的监督支持下，认真贯彻落实中省市和县委的决策部署，把握稳中求进工作基调，高举“感恩·作贡献”旗帜，按照既定发展思路，保持专注发展定力，坚持在调结构、促改革、惠民生协同并进中稳增长，较好地完成了各项目标任务，全县经济稳中有进、民生持续改善、社会和谐稳定，保持了平稳较快的发展态势，岳池发展进入历史最好时期。

经济发展逆势增长。在宏观经济下行的环境下，全县实现地区生产总值 172.8 亿元、增长 9.7%，总量位居全市第三；完成全社会固定资产投资 134.6 亿元、增长 29.6%，总量位居全市第二，增幅位居六区市县第一；实现社会消费品零售总额 75.5 亿元、增长 13%；完成地方公共财政收入 7.5 亿元、增长 17.9%，总量位居全市第一，增幅位居全市第三；城镇居民人均可支配收入达 23232 元、增长 10%；农民人均纯收入达 9747 元、增长 12.1%，增幅位居全市第二。主要经济指标增幅高于全国、全省平均水平，县域经济综合实力上升至全省第 79 位，被评为全省县域经济发展先进县。

产业结构转型优化。三次产业结构比优化为 21.7 ∶ 46.2 ∶ 32.1，二、三产业比重分别上升 0.2 个、1 个百分点。特色效益农业成为农业经济增长的主要动力，农业园区成为现代农业发展的主要载体，岳池被评为全国粮食生产先进县、全国农村集体“三资”（指农村集体资金、集体资产、集体资源）管理工作先进县。医药制造业实现产值 20.9 亿元、税收 1.57 亿元，分别增长 37%、21%，成为工业增长的重要支撑。新型服务业占比提高 28 个百分点，玉屏湖景区成为“5·19”中国旅游日推介景点。

城乡面貌变化巨大。城镇面积拓展 3 平方千米，城镇化率提高至 37.3%，成功创建为省级环境优美示范县城。新（改、扩）建新村 122 个，建成新型材料房屋新村 1 个、幸福美丽新村 6 个。新建通村水泥路 120 千米，改善县乡道 73 千米，升级国省干道 6 条，广岳大道建成通车，广高路改造即将完工，广安港罗渡作业区通行千吨级船舶，兰渝铁路广南支线全面竣工，岳池迈入“动车时代”。坚持山水田林路综合治理，农村生产生活条件进一步改善。

社会事业取得突破。成功创建为省级文明城市。引进北师大、川师大开办附属实验学校，填补了私立名校空白。县级医疗卫生机构全面升级达标。岳池曲艺走出国门，《秋江》获得第七届巴黎中国曲艺节银奖；“岳池曲剧”列入省级非物质文化遗产名录，岳池被命名为四川省民间文化艺术县。岳池健儿在省十二运会、省八届残运会上分别夺得 2 金 3 银、4 金 2 银，创造历史最好成绩。

民生改善卓有成效。安排民生资金26.5亿元,完成民生工程140项,1.6万人脱贫解困,6.9万人纳入城乡低保,近万名重度残疾人获得国家护理补助,应急救助5899人次,济困帮扶8229人次,惠民医疗5.3万人次,安居解困1462户,新增城镇就业1.1万人,五项社会保险覆盖52.2万人,新农合参合率达99.7%,五保集中供养率达49%。

一年来,县政府主要抓了以下工作。

第一,综合施策稳增长,积极应对经济下行影响。坚持把稳增长摆在突出位置,贯彻落实中省市稳增长措施,研究出台稳增长20条配套政策,有效解决了经济运行中的突出问题。充分发挥投资对稳增长的关键作用。加强纵向衔接汇报,成功争取广高路改造、灵泉寺水库、渠江中和堤防等项目294个,到位专项资金18亿元。大抓项目建设,建成了5大类62个献礼项目和60个市列重点项目,完成基础建设投资42亿元、民生及社会事业投资40亿元、产业投资33.3亿元,分别增长12%、12.6%、25.8%,项目投资拉动GDP增长5.5个百分点。充分发挥消费对稳增长的基础作用。巩固提升餐饮、住宿等传统服务业,大力培育汽车、物流、电子商务、健康养老等新兴消费,积极参与"川货全国行"等活动,适时开展农超对接、送货下乡等促销活动,充分激发市场消费活力,服务业对GDP增长的贡献率达36.2%。充分发挥工业对稳增长的主体作用。深入开展"入企结对帮扶稳增长"活动,帮助企业摆脱困境,企业亏损面大幅下降。加大企业培育力度,全年新增规上工业企业7户、亿元产值企业9户,规上工业增加值增长9.3%,工业经济拉动GDP增长3.2个百分点。充分发挥要素供给对稳增长的保障作用。积极搭建银企合作平台,成都银行岳池支行开业运营,全县新增存、贷款额均居全市第一,存贷比提高至33.3%。实施工矿废弃地复垦项目3个、城乡建设用地增减挂钩项目4个,新征土地3536亩,储备土地指标3000余亩;新增天然气调剂指标1.2亿立方米,秦溪、团结等10个乡镇开通天然气。

第二,调优结构促转型,加速构建多点支撑格局。坚持走转型发展之路,注重在扩大增量中调优结构,努力构建多点支撑的产业体系和格局。以城镇建设为支撑,带动第三产业发展。坚持以人的城镇化为核心,建城镇、集人气、聚商气,促进城镇建设与第三产业良性互动发展。着力推进"东扩西靓",城东骨架道路全面打通,火车站站前广场投入使用,洗马河片区综合治理有序推进,危旧房和棚户区改造顺利实施,输变电总部大厦一期工程主体完工,东湖城市综合体天羿酒店即将开业,亿联建材家居五金城全面营运,德克士、法国欧尚等知名品牌落户县城。大力建设特色集镇,罗渡镇纳入全省百镇建设示范试点,顾县、坪滩等10个特色集镇基本完成"七个一"(指一条特色街区、一处以上休闲广场、一所公办幼儿园、一个标准化农贸市场、一座以上标准化公厕、一座压缩式垃圾中转站、一座污水处理厂)工程配套,升级改造农贸市场7个,新(改)建农产品产地批发市场2个。扎实推进省级服务业综合改革试点,成功培育A级物流企业1户、限上商贸企业11户、规上服务业企业16户,实现服务业增加值55.4亿元、增长11.2%。以工业园区为支撑,加速新型工业发展。坚持政策向园区倾斜、资源向园区聚集、项目向园区集中,大力推进经开区、罗渡高新区建设,医药污水处理厂、分布式能源项目加快推进,园区展示厅、省级小微企业孵化中心投入使用,新建标准化厂房62万平方米,新拓展园区面积7平方千米。南松、森骏等9户医药企业落户园区,入园医药企业总数达31户,康发中药饮片、福鼎中药饮片项目通过GMP认证,仁安药业一期、圣上大健康项目获得药品生产许可,医药产业综合实力排名全省前列。科伦药业实现亩产值上千万、亩平税收上百万,成为全市工业企业的标杆。机械制造、食品酒类工业保持稳步发展。以示范基地为支撑,引领现代农业发展。精心打造核心示范区,全面启动"111"工程〔指一个大环线(环绕广安区、前锋区、华蓥市、岳池县、武胜县的产业发展带)、一个单元(邻水县产业带环线)、一条连接线(连接大环线和单元之间的产业带)〕建设,新建“千万工程”粮经复合型产业基地2.5万亩,15万亩现代农业示范园区实现无缝衔接。加速拓展特色示范区,在北部山区发展干果3万亩,形成连片经果林基地13万亩,兴隆核桃、长田藤椒、粽粑花椒成为全市特色效益农业典范。规范发展标准示范园,提质改造葡萄、猕猴桃、西瓜等示范园区5个、6.3万亩。创新农业经营体系,新培育龙头企业2户、家庭农场25个、专合组织25个,三安农业专业合作社联合社、兴达养殖专业合作社创建为国家级示范合作社。

第三,改革开放增后劲,着力破除经济发展障碍。深化各项改革,推动全域开放,注重创新引领,增强了经济发展后劲。在重点领域改革方面,加快行政管理体制改革,食品药监、工商、质监、卫生完成职能调整,工商、质检划归地方管理;理顺园区管理体制,组建罗渡高新区管委会;推进行政审批制度改革、工商登记制度改革、财税体制改革、投融资体制改革,民间投资活力加快释放;农村综合配套改革全面铺开,社会事业领域改革统筹推进。在对外开放合作方面,主动借力广渝、广深合作,全面融入川渝合作示范区、承接产业转移示范区、川东北经济区建设,持续深化与全国工商联医药业商会、省工商联、省食品药品监管局的合作,借助西部汽车产业发展四川峰会、中外知名企业广安行等平台,组织投资促进活动20余场,全年引进重大项目55个、到位资金117亿元。成建制输出岳池输变电工等品牌劳务,实现劳务收入54.5亿元。在实施创新驱动方面,大力支持企业创新,投入技改资金19亿元,实施技改项目35个;强化科技成果转化应用,申请专利122个,转化运用科技成果5项,高新技术产业总产值达11.6亿元、增长22%。

第四,共建共享惠民生,不断增进广大群众福祉。始终把保障和改善民生作为工作的出发点和落脚点,努力实现发展成果全民共享。加快实施民生工程,大力推进扶贫开发,扎实开展惠民帮扶,在学有所教、劳有所得、病有所医、老有所养、住有所居上取得了新进展。着力健全社保体系,就业促进、社会保险、救济救助等工作进一步强化。协调发展社会事业,办学条件得到改善,公共卫生和公共文化服务体系进一步完善,公共服务能力得到增强。坚持计划生育基本国策,“单独二孩”政策全面落实。不断加强生态建设,“洁净水”行动纵深推进,江河湖库网箱养鱼全部取缔,西溪河、麻柳河流域水污染综合治理全面完成,建成污水处理站15座,县城和场镇集中式饮用水源水质达标率分别为100%、85%,森林覆盖率提高至32.6%,空气达标330天以上。

第五,依法治理促和谐,全面维护社会安宁团结。深入实施依法治县,纵深推进“六五”普法和法治示范创建活动,法治精神深入人心。扎实推进平安建设,开展平安和谐“三级联创”活动,推行社会稳定风险评估,实施网格化服务管理,构建一体化防控体系,严厉打击违法犯罪行为,全县治安形势稳定向好,岳池被评为全省平安建设先进县。强力抓好安全生产,落实“党政同责”“一岗双责”,着力夯实安全生产基层基础,突出抓好安全生产教育培训和隐患排查整治,未发生较大及以上安全生产责任事故,安全生产形势持续平稳好转,九龙镇成功创建省级安全社区,非煤矿山企业全部达到国家三级安全生产标准。加强食品药品安全监管,保障了“舌尖上的安全”。加强应急管理工作,成功应对“9·13”特大暴雨等自然灾害,突发事件风险防范和应急处置能力不断提升。妥善解决群众诉求,创新开展“无信访乡镇、无信访村(社区)”创建活动,信访维稳形势较为平稳。

第六,转变作风提效能,不断加强政府自身建设。扎实开展党的群众路线教育实践活动,持续深化正风肃纪专项治理,整改突出问题32个,查处“四风”典型案例38起,正风肃纪群众满意度测评位居全市第一,群众路线教育实践活动得到上级好评。全面推进依法行政,成立县政府法律顾问团,建立政府常务会学法制度,坚持行政权力公开透明运行和政务公开,依法履行政府职能,依法科学民主决策，严格规范行政执法，大力加强财政监督、审计监督和行政监察，自觉接受县人大法律监督、工作监督和县政协民主监督，主动接受社会监督和舆论监督，促进了行政权力的规范运行。高度重视人大代表建议、政协委员提案办理工作，建议、提案办复率均达100%。加强效能建设，开展转作风提效能专项教育活动；深入推进“两集中、两到位”（指一个单位的所有行政审批事项向政务服务股集中，政务服务股向政务服务中心集中；所有行政审批事项向窗口授权到位，行政审批事项在窗口办理到位），认真落实并联审批制度，行政审批办理提速88%。全面落实党风廉政建设“两个责任”（指落实党风廉政建设责任制，党委负主体责任，纪委负监督责任），着力构建“不想腐、不能腐、不敢腐”的反腐工作格局，全县党风廉政建设社会满意度进一步提高。

与此同时，国防建设、民兵预备役、双拥、人民防空等工作得到加强，耕地保护、统计服务、国资管理、粮食储备、防震减灾、外事侨务、民族宗教、工商联、无线电、地方志、消防、供销、气象、保密、档案、邮政、老龄、妇女儿童、文联、红十字会等工作取得新成绩。

各位代表，过去一年的成绩来之不易。这是市委、市政府坚强领导、关心支持的结果，是县委统揽全局、科学决策的结果，是全县人民克难攻坚、共同奋斗的结果。在此，我代表县人民政府，向全县干部群众，向人大代表、政协委员，向各民主党派、工商联、无党派人士、人民团体，向驻岳部队、武警官兵、消防官兵和公安民警，向所有支持岳池改革发展的各界人士，表示衷心的感谢！

各位代表，在看到成绩的同时，我们也清醒地认识到，岳池经济社会发展还面临不少困难和问题，主要表现为：经济总量不大，龙头企业带动作用和产业支撑能力较弱，加速发展压力较大，迈入全省县域经济发展第一方阵的任务艰巨；公共服务不能完全满足群众需求，民生改善与群众期盼还有一定差距；一些领域信访问题呈现多发趋势，社会管理方面问题较为突出；干部队伍还存在庸懒散浮拖等问题，效能建设和廉政建设还需进一步加强。对此，县政府高度重视，将采取有力措施认真加以解决。

2015 年工作安排

2015年，是经济发展进入新常态的转折年。我们必须认识新常态、适应新常态、引领新常态，牢固树立“转型才能更好发展，后发也要高点起步”的工作理念，始终保持专注发展定力，紧紧抓住发展第一要务，顺势而为、积极作为、奋发有为，推动岳池经济社会跨越发展。

2015年政府工作的总体要求是：高举中国特色社会主义伟大旗帜，以邓小平理论、“三个代表”重要思想、科学发展观为指导，全面贯彻落实党的十八届三中、四中全会和省委十届五次全会、市委四届八次全会、县委十一届十五次全会精神，深入学习习近平总书记系列重要讲话，主动引领经济社会发展新常态，坚持“快节奏、高速度、超常规”工作基调，突出多点支撑、引资引智、产业升级、两城同创、全面改革、富民惠民六大核心任务，开拓进取，奋力攻坚，为实现“两个率先”（指GDP在全市率先突破200亿元，公共财政收入率先突破10亿元）奠定坚实基础。

2015年经济社会发展的预期目标是：地区生产总值增长9%以上，全社会固定资产投资增长15%以上，地方公共财政收入增长12%以上，社会消费品零售总额增长12%以上，城镇居民人均可支配收入增长10%以上，农民人均纯收入增长11%以上，城镇登记失业率控制在4%以内，人口自然增长率控制在5.5‰以内，完成省市下达的节能减排目标任务。

为实现上述目标，要重点抓好以下五个方面的工作。

一、挖潜力与借外力并举，稳定经济增长态势

注重借势借力发展，坚持上争外引添动力，深化改革破束缚，继续保持平稳较快的发展势头。

突出投资拉动。充分发挥项目投资主引擎作用，以大项目推动大投入，以大投入推动大发展。着眼国家产业政策争取投资，围绕生态环保、重大水利、交通、能源等7个重点领域，包装储备项目400个以上，确保全民水库移民避险解困、中医医院迁建、工矿废弃地复垦等重大项目挤进中省计划"盘子"，力争到位项目资金20亿元以上。强化政府投资的引导作用，鼓励民间和社会资本参与重点建设，全年实施重点项目100个以上、完成重点项目投资100亿元以上。尽快启动红星大桥、渠江中和堤防、应急抗旱水源、灵泉寺水库等中省投资项目，落地建设南松医药等签约项目，加快推进回龙寺水库、巴广渝高速公路岳池段等续建项目，全面建成光电科技产业园、白庙职中迁建等重点项目，确保全社会固定资产投资完成155亿元以上。

扩大开放带动。把招商引资作为经济工作的生命线，大力推动横向的经济联系，以全域开放促进广泛合作，以广泛合作推动共赢发展。全面融入广渝、广深合作和川东北经济区建设，主动接受长三角、珠三角、成渝等发达地区要素溢出和文明辐射。立足"招商引税、招商引财、招商引智"，围绕生物医药、机械制造、电子商务、现代物流等重点领域，借力与友好单位的战略合作优势，利用西博会、渝洽会等平台，大力实施全民招商，积极开展感恩招商，重点对接行业龙头企业、产业链顶端企业，招大引强、招新引优、招群引链，力争签约西南制药一厂、百信制药、宝光制药等在谈项目，确保全年引进5亿元投资项目5个以上、亿元投资项目30个以上，到位资金135亿元以上，争取在招引世界500强、央企上取得突破。大力发展院士经济、博士经济，通过引进院士、博士等高层次人才吸引项目和资金，实现"引智"与"引资"双赢。

深化改革驱动。推进行政管理体制改革，深化事业单位分类改革。稳妥推进公务用车制度改革。深化财税体制改革，继续开展"营改增"等税制改革，改革完善政府预算体系和控制方式。推进金融改革，支持岳池农村信用联社改制；建立和完善金融风险防范机制，深化信用体系建设，打造诚信岳池。深化农村改革，加快实施农村集体土地所有权、农村土地承包经营权、农村集体建设用地使用权等多权同确。有序推动户籍制度改革，促进农业转移人口市民化。深化工业领域改革，扩大园区管委会管理权限，建立产业发展基金，创新工业绩效考核体系，完善工业低效闲置土地清理退出机制。积极探索政府和社会资本合作机制，推行PPP模式（指政府与私人组织之间，为了合作建设城市基础设施项目，或是为了提供某种公共物品和服务，以特许权协议为基础，彼此之间形成一种伙伴式的合作关系），鼓励社会资本参与公共服务设施、市政基础设施、生态环保等项目的投资、建设和运营。整合现有资源，组建新的发展建设公司、投资公司，做实建设发展平台。积极稳妥推进价格改革，放开竞争性环节价格，建立健全居民生活用气、用电、用水阶梯价格制度。统筹推进教育、卫生、文化等领域改革。

二、增总量与提质量并重，推动产业转型升级

更加注重发展质量和效益，着力推进重点产业高端化，加快构建现代产业发展新体系，努力推动经济总量、发展质量和人均均量"三量齐升"。

加速壮大工业经济。着力完善产业配套，构建特色鲜明、结构优化的新型工业体系，实现工业总产值205亿元以上，规上工业增加值增长10.5%以上。同步推进经开区、罗渡高新区基础配套，加快建设天然气分布式能源、医化废水处理厂、生产生活服务中心、罗渡高新大道等项目，全年新建标准化厂房20万平方米以上，新增建成区面积2平方千米以上，提升园区承载能力，做强工业经济增长点，力争把经开区创建为省级经济技术开发区。突出发展医药产业，积极引进一批高附加值医药项目和高知名度医药企业，开工建设宏益生物、博斯威尔等签约项目，建成投产一新医药、五星金方等续建项目，确保规上医药企业实现产值25亿元以上、税收2亿元以上。抓好专利技

术和产业项目的转化利用，探索建立药品研发检测中试平台政企共建模式，鼓励现有医药企业研发科技含量高、处于价值链高端的产品，提升医药企业的核心竞争力。改造提升机械制造、食品酒类等传统产业，积极引导企业技改扩能，提升“岳池造”产品市场竞争力。实施大集团大企业培育计划，全年新培育规上工业企业10户以上。实施小微企业拓展计划，全年新增小微企业205户以上。

加快发展现代农业。加快转变农业发展方式，拓宽农业发展空间和农民增收渠道。扩面提质产业基地，精心打造广岳大道沿线产业带，在九龙镇、石垭镇、大石乡建设以生态、智慧、观光、休闲农业为主要业态的现代都市农业体验区，培育现代农业增长点；加快实施“111”工程，新建现代农业产业基地2.5万亩、现代林业产业基地2万亩，新改建标准化规模养殖场20个。着力壮大增收产业，规模发展蔬菜、柑桔等优势产业，突出发展干果、中药材等特色产业，提质发展生猪、小家禽、草食牲畜等现代畜牧业；稳定粮食生产，确保粮食安全。加快构建现代农业经营体系，发展适度规模经营，力争全年培育新型农业经营主体70户、规模流转土地3万亩，提升农业生产的组织化水平。创新农产品营销模式，积极推行网上营销。强化农产品品牌创建，做优“黄龙贡米”“岳池米粉”等品牌。大力发展村集体经济，消除50%以上的“空壳村”。

提质发展第三产业。把服务业作为转型发展的突破口，着力推动服务业发展提速、比重提升、水平提高，实现服务业增加值62亿元以上。推进服务业综合改革试点，规划建设城东现代商贸物流园，加快建设东湖城市综合体、城东综合农贸市场，提档升级财富中心、九龙广场等城市核心商圈，繁荣发展南宋文化街、环东湖新兴商圈，初步建成广安组团城市商贸服务次中心，构建现代服务业增长极。加快建设智慧城市大数据平台和e消费项目，突出发展电子商务、现代物流、现代金融、科技服务、养老健康服务、通信6大新兴先导型服务业，扩大旅游休闲、住房、教育文化体育等领域消费，满足群众多层次、多元化消费需求。适时开展惠民购物、送货下乡、农超对接等促销活动，实现社会消费品零售总额84.6亿元以上。做好农旅结合、文旅结合文章，精心打造乡村旅游环线，启动玉屏湖景区创A工作，实现旅游收入21亿元以上。

三、靓城镇与美乡村并进，促进城乡统筹发展

科学实施全域规划，主动融入广安组团城市建设，着力推进农村城镇化、城市生态化，加快新型城镇化步伐，大力改善城乡人居环境，逐步缩小城乡差距。

坚持规划引领。牢固树立规划引领发展理念，科学定位县域发展形态和走势，严格按照先规划、后建设的发展模式，建立包含总体规划、控制性规划、创意规划的层级规划体系。聘请一流专家团队，精心编制全县“十三五”发展规划、全域战略空间规划、点极支撑布局规划，促进土地利用规划、产业规划和生态规划“多规合一”。完善城镇规划，重点编制城东新区4.21平方千米控制性详细规划、北外街片区旧城改造概念设计、场镇控制性详细规划、农民新村等规划，逐步形成县乡村统筹协调“一盘棋”的规划格局。

加快城镇建设。以人的城镇化为核心，统筹推进城镇建设，着力增强发展承载能力，新增城镇面积3平方千米以上，城镇化率提高3.6个百分点。提质扩容县城。坚持基础先行，继续拓展城东骨架道路，加快建设余家河特色商业景观带、麻柳桥农贸市场、汇通天下物流等重点项目，完成洗马河景观打造和综合治理，推进北外街、大西街、东门外片区旧改工程；加强功能配套，统筹推进学校、医院、车站、人民防空设施等公共配套设施建设，强化城市精细管理，建设宜居宜业的现代化城市。培育特色集镇。围绕“培育产业、完善功能、挖掘文化、突出特色”思路，推进西溪、白庙、齐福等10个特色集镇建设，抓好顾县、罗渡“百镇建设行动”，引导偏远乡镇特色化发展，建成一批环境

优美、承载力强、特色各异的集镇。强力推进城乡环境综合治理,逗硬整治违法用地、违法建设行为,规范城镇建设和管理秩序。

打造秀美乡村。以改造提升农村基础条件为重点,按照“产村融合、农旅结合、标准建设、成片推进”的理念,建设“业兴、家富、人和、村美”的新农村。坚持“整体规划、分步实施、注重实效”的原则,围绕新村发展产业、配套基础,新(改、扩)建农民新村111个以上,建成具有历史记忆、地域特色、民俗特点、乡村情趣的幸福美丽新村3个以上。充分发挥“一事一议”财政奖补资金杠杆作用,持续加大对偏远镇村基础建设投入力度。加快构建“环网相连、互融互通”的城乡交通网络,打通农村断头路,完成广高路西溪至同兴段改造、仪华路大中修,改善农村公路100千米以上,新建通村水泥路100千米以上。坚持山水田林路综合治理,加快实施中央小农水、坡耕地水土流失综合治理、高标准农田建设等项目,进一步提高农业综合生产能力。

构建宜居生态。建设“天蓝、地绿、水净”的生态岳池,促进人与自然和谐发展,努力满足群众健康生活、安全舒适与自然友好相处的需要。加强环境保护,坚守生态底线,划定生态红线,注重管控源头,落实企业环评“三同时”(指建设项目需要配置的环境保护设施必须与主体工程同时设计、同时施工、同时投产使用)制度,建立环境污染、水土流失公共监测预警机制,强化环境安全监测监察,依法查处环境违法行为。推进节能减排,抓好淘汰落后产能工作,确保生产能耗下降和排放达标。扎实开展“洁净水”行动,改善水系、水面、水质、水岸环境质量,努力实现“清三河、四覆盖、两提升、两转型”(指治理黑河、臭河、垃圾河;农村生产生活污水治理、城镇污水主管网、畜禽养殖场整治、河道保清保洁全覆盖;提升水源地水质达标率和供水水质合格率;农业和工业实现转型升级),还一汪清水于民。实施大气污染防治行动计划,确保环境空气达标超过330天。实施退耕还林、城乡绿化、水土保持、地质灾害治理和生态环境修复工程,努力创建省级生态县。

四、惠民生与解民忧并为,提升群众幸福指数

紧盯民生社会事业底线,更加注重保障基本生计,扩大公共服务有效供给,让人民群众共享改革发展红利。

做实民生工作。建立民生工程投入稳步增长机制,确保70%以上的新增财力投向民生领域。在全面完成省定10大类民生工程、20件民生实事和市级民生工程任务的基础上,办好县城区内涝整治、农村敬老院新建、幼儿园新(改、扩)建等县级自办民生项目。健全多元筹措的惠民帮扶投入机制,加快构建“大帮扶”工作格局,让农村贫困人口和城市困难群众生活得到保障、心灵充满温暖。大力实施扶贫攻坚,精准定位“扶真贫、真扶贫”,切实抓好秦巴山区连片扶贫开发,加快实施移民整村推进项目,同步推进“五大扶贫工程”,因户施策、因人施治地开展个性化帮扶,确保贫困村减少15%以上、贫困人口减少1.7万人以上。

提升公共服务。培育和践行社会主义核心价值观,启动全国文明城市、全国卫生城市“双城”同创工作,提升公共文明指数。办好人民满意教育,加大义务教育学校标准化、信息化建设力度,深入实施第二轮学前教育三年行动计划,改造农村薄弱学校20个,新建公办幼儿园4个,加快推进北师大、川师大附属实验学校建设。加强教育教学管理,强化师德师风建设,着力提升办学水平。完善公共卫生服务体系,推进县妇幼保健院、坪滩中心卫生院、中和中心卫生院搬迁工作,改(扩、建)乡镇卫生院4个,新建村卫生室48个。强化医疗服务行为监管,合理控制医药费用,减轻群众就医负担,构建和谐医患关系。实施“文化惠民”工程,同步推动文化基础设施建设、文化活动开展和文化产业发展。深入挖掘以曲艺文化、农家文化为核心的地域特色文化内涵,启动建设创意文化产业园,积极筹备第六届农家文化旅游节、第三届“岳池杯”中国曲艺之乡曲艺大赛。继续实施农村广播“村村响”、电视“户户通”、电影“月月放”工

程，提升农村公共文化产品供给能力。广泛开展群众性体育活动，增强群众身体素质。

强化社会保障。围绕人人享有基本社会保障目标，着力健全社保体系，全面提升社会保障水平。实施积极的就业促进政策，促进失业人员再就业；坚持创业带动就业，支持高校毕业生自主创业，鼓励农民工回乡创业；加强职业技能培训，提高重点人员再就业、转岗就业能力，全年新增城镇就业7800人以上。推进机关事业单位和企业职工养老保险并轨，完善城乡居民大病救助制度，不断扩大五项社会保险覆盖面和受益面。抓实低保提标扩面工作，适当提高城乡低保水平。完善城乡社会救助制度，做好孤儿、残疾人、五保户、流浪乞讨人员、精神病人等困难群体的救助工作。

五、保平安与促和谐并行，维护社会大局稳定

坚持以人为本、综合施治，深化平安建设，着力提升社会治理能力，营造公平正义、安全稳定的社会环境。

创新社会治理。坚持用法治思维和方式化解社会矛盾，促进社会和谐、群众和睦。健全法律服务体系，扩大法律援助覆盖面，确保符合条件的法律援助申请受理率达100%。积极帮助群众依法维权，妥善调处征地拆迁、环境治理、民间融资等领域矛盾纠纷，维护社会公平正义。认真开展重大决策社会稳定风险评估，重视网络舆情研判、引导和处置，积极预防群体性事件。完善大调解工作体系，落实开门接访、包案化解、涉法涉诉信访依法终结等制度，切实解决涉及群众切身利益的问题。推动政府治理和社会自我调节、行业自律、居民自治良性互动，支持工会、共青团、妇联、工商联等人民团体参与社会治理，形成多元共治局面。

加强安全生产。坚持安全第一、预防为主、综合治理方针，狠抓安全监管，夯实安全基础，推进安全发展。贯彻落实新《安全生产法》和“党政同责”“一岗双责”责任制，加强对水陆交通、企业生产、建筑施工、危化品、非煤矿山等重点领域的安全监管，持续深化道路交通安全综合整治，扎实开展重大火灾隐患和劳动密集型企业消防安全专项整治，推进“打非治违”常态化，坚决遏制较大及以上安全事故发生。加强食品药品监管，保障群众饮食和用药安全。完善防灾减灾和应急救援体系，继续抓好地质灾害防治，有效防范和应对重大自然灾害。

深化平安建设。健全立体化治安防控体系，加快扩建升级“天网”工程，充分整合社会技防资源及防控力量，巩固群防群治工作格局。深入实施民生警务，推进网格化服务管理建设提档升级，提升社区矫正人员、流动人口等特殊人群服务管理水平。依法打击违法犯罪，强化反恐防暴工作，力争刑事发案、可防性案件分别下降5%以上，保持良好的社会治安秩序。认真落实民族宗教政策，加强国防动员和后备力量建设，做好人民防空、国家安全和保密工作，维护社会大局稳定。

加强自身建设

建设人民满意政府，是发展的要求、群众的期盼。在新的一年里，我们将牢记使命、勇于担当、主动作为，不断加强自身建设，进一步提升政府的决策力、执行力和公信力。

坚持依法行政。推进依法治县，深入开展“六五”普法，扎实推进法律“七进”（指进机关、进学校、进乡村、进社区、进寺庙、进企业、进单位）、法治示范创建等活动，增强全民法治意识。加快建设法治政府，全面提升依法管理社会事务的水平。推进依法决策，坚持重大事项集体决策、公示与听证制度，健全政府系统学法制度、政府法律顾问制度，确保决策合法。规范行政执法行为，健全行政执法与刑事司法衔接机制，加强对重点领域执法的监督，营造公平公正的执法环境。严格按照法定权限和程序行使职权、履行职责，坚决服从县委领导，自觉接受县人大及其常委会的法律监督、工作监督和县政协的民主监督，主动接受群众和舆论监督。加强政府信息公开，进一步推进行政权力公开透明运行，依法保障群众知情权、监督权、

参与权和表达权。

坚持务实勤政。大力倡导求真务实的工作作风，主动想事，主动谋事，主动干事，讲实话，办实事，求实效，以实干促发展。牢记宗旨使命，坚持从群众反映最强烈的问题抓起，从群众最期盼的事情做起，尽心竭力为群众办好事、解难事。坚持零距离服务群众，推行一线工作法，大力开展“走基层、解难题、办实事、惠民生”活动，及时帮助基层解决困难和问题，做到情况在一线掌握、工作在一线推进、问题在一线解决。强化责任分工，严格执行重大项目、重点工作跟踪落实和责任追究制度，形成言必责实、行必责实、功必责实的良好风气。

坚持高效理政。加强经济形势和经济运行分析预判，及时发现各类苗头性、倾向性问题，掌握主动权，提高把握大局、应对复杂局面的能力。推进机制创新，进一步解放思想，破除言必寻据、行必问典的束缚，以思想大解放促进观念大更新，以举措大创新促进经济社会大跨越。加快政府职能转变，进一步简政放权，最大限度减少对微观事务的管理。深化行政审批制度改革，严格执行“两集中、两到位”和并联审批制度，优化办事流程，简化审批程序。大力整治庸懒散浮拖，进一步提高机关行政效能和办事效率。

坚持廉洁从政。严格执行《落实党建工作责任制五项规定》，落实党风廉政建设“两个责任”，深入推进“广土”工程（指在全社会广泛培植崇廉尚洁、风清气正的“廉洁土壤”），在政府系统形成崇廉尚洁的风尚和土壤。强化财政监督、审计监督和行政监察，突出抓好工程建设、土地出让、征地拆迁、政府采购等重要领域和关键环节的监督，加强对公共资金、国有资产、国有资源和领导干部履行经济责任等情况的审计，坚决消除权力设租寻租空间。推进公共资源交易市场规范化建设，完善电子招投标交易平台、公共服务平台和行政监督平台，确保公共资源公平交易。贯彻执行《关于坚持思想建党与制度治党紧密结合全面推进从严治党的实施意见》，坚持八个务必从严（指思想教育从严、干部选用从严、管理监督从严、惩治腐败从严、改进作风从严、制度治党从严、纪律约束从严、落实责任从严），扎实开展“三严三实”专项教育，深入推进正风肃纪专项整治，持续整治“四风”，巩固党的群众路线教育实践活动成果。

各位代表，时代激励我们改革创新，责任鞭策我们砥砺前行。让我们在县委的坚强领导下，以踏石留印、抓铁有痕的决心，以迎难而上、奋勇争先的锐气，埋头苦干，开拓进取，为全面建成小康社会而努力奋斗！

大事记

Da Shi Ji

1 月

3 日，市委常委、秘书长杨利民到岳池调研农业农村工作，并参观九龙镇合家欢家庭农场。

3 日，县公安局在县公安局大院举行乡镇消防摩托车发放仪式，将首批采购的 16 辆消防摩托车配发给 16 个乡镇政府义务消防队。市公安消防支队支队长李涛、参谋长权少平，县委常委、政法委书记谢帮勇，县级相关部门负责人和 16 个乡镇分管领导及人员参加发放仪式。

6 日，县委常委、副县长、县第三次全国经济普查领导小组组长欧彦一行到九龙镇公园路社区妇幼保健站、宜美日化等单位现场指导经济普查入户登记工作，慰问普查工作人员，了解 PDA 定位、拍照、采集数据、现场上报等有关情况。

6 日，广安市 2014 年度农田水利基本建设、现代农业发展暨农村产权改革工作现场会在岳池县召开。会议传达全省农田水利基本建设暨农村饮水安全现场会议精神，总结 2013 年全市农田水利基本建设、现代农业发展、农村产权改革工作，安排部署 2014 年工作。市委副书记、市长罗增斌，市委常委、政法委书记肖雷，副市长刘和斌，县委副书记、县长汤才勇，县委副书记李国生，县人大常委会副主任黄褐，副县长姚长琼，县政协副主席冯雏等出席会议。

7 日，市考核组一行到岳池就 2013 年度市绩效目标进行集中现场考核。考核组听取岳池县工作汇报，并分成 7 个小组深入全县各地，就 2013 年度绩效评估、重点项目建设、农业农村和为民办实事等多项工作进行考核验收。县委书记李永平，县委副书记、县长汤才勇及县领导李国生、欧彦、张学谦、唐协民、钟爱平等陪同检查。

8 日，县委、县政府召开安全生产工作会议。学习传达全市安全生产工作紧急会议精神，并就春节期间全县道路交通、消防、民爆物品、建筑施工和城镇燃气等行业领域安全生产工作做出安排部署。县委常委、组织部部长廖和民主持会议，县委常委、副县长唐协民出席会议并讲话。

12 日，县委书记李永平，县委副书记、县长汤才勇一行深入万塔观、千佛寺、观音寺等地，就宗教活动场所建设管理情况进行调研。李永平一行实地察看各宗教场活动场所建设情况，看望并慰问宗教活动场所管理人员及教职人员。县人大常委会主任张永辉，县政协主席曾邦才，县委副书记李国生，县委常委、副县长欧彦，县政协副主席、统战部长徐天翠等参加调研。

13 日，县委书记李永平在县政府四楼会议室主持召开全县经济工作专题会议。县经信局等 41 个相关单位主要负责人参会。会议要求，要狠抓招商引资和项目投资，大力培育现代产业体系，发展医药产业，积极推进园区生产性、生活服务配套建设，确保 2014 年经济工作目标全面实现。

14 日，省卫生厅检查组到岳池县检查 2013 年艾滋病防治工作。检查组到县人民医院、县妇幼保健院、县疾控中心等单位检查艾滋病病例报告、预防艾滋病梅毒乙肝母婴传播、高危行为干预、初筛和确认实验室建设与管理等情况。县委常委、宣传部部长陈莉等陪同检查。

16日,县委书记李永平率县安监局、县公安局相关人员深入沪蓉高速公路岳池出入口春运联合执勤点,检查春运交通管理工作,看望战斗在春运交通安全工作一线的工作人员。

20日,“‘廉’接你我他、共建靠大家”活动启动暨“清风杯”第二届广安市书法篆刻展开展仪式在县文庙举行。县委书记李永平出席活动并讲话;市纪委副书记张超,县委副书记李国生,县委常委、县纪委书记李廷远参加仪式。

21日,省水利厅水资源处处长高镔一行到岳池县调研节水型社会建设工作。县委副书记李国生、副县长姚长琼等陪同调研。

21日,县委书记李永平在县老干部活动中心六楼会议室主持召开2014年春节全县老干部会。向全县离休和县级以上退休干部通报2013年全县社会经济工作情况,并向全县离退休老干部及其亲属致以节日问候。县委副书记李国生,县委常委、组织部部长廖和民参加会议。

22日,县委常委、副县长欧彦带领县民政局、县安监局相关负责人看望西溪镇、恐龙乡的困难党员、城乡低保户、优抚对象、孤儿、残疾人、贫困学生、“五保”对象,并为他们送去慰问品和慰问金。

22日,县委常委、副县长欧彦带领县经信局、县发改局、县扶贫移民办、县石油公司相关负责人到天平镇蒋山镇村开展“三联五帮”走访慰问活动。欧彦一行对该村贫困学生、“五保”老人、残疾人、重症病人、贫困党员进行慰问,并为他们送去慰问金和慰问品。还对该村扶贫帮扶、产业发展、农民增产增收情况进行调研和指导。

24日,县“四大班子”领导在县人武部民兵训练基地3楼会议室向县人武部、县武警中队、县消防大队、县军休所及优抚对象、退休军干、现役军人开展2014年春节“双拥”集中慰问活动。

24日至25日,县商务局组织县内10家企业参加在广安市思源广场举行的广安市2014年迎春购物月活动,展示展销获评邓小平故里名优特产的岳池特曲酒、天登牌酱油、黄龙贡米、银特果蔬、杨门牌豆腐干、顾县豆腐干、莲子米线等产品40余种。

25日,县委副书记、县长汤才勇一行深入烟花爆竹经营企业、非煤矿山、车站码头、酒店餐饮企业检查安全生产工作。

26日,中国共产党岳池县第十一届委员会第十二次全体会议在吴雪艺术中心召开。县委书记李永平代表县委常委会向全委会报告工作。全会要求,各级各部门要重点做好“感恩”文章,实现对外影响力大提升;做好“兴业”文章,实现经济发展力大提升;做好“改革”文章,实现创新驱动力大提升;做好“统筹”文章,实现城乡竞争力大提升;做好“和谐”文章,实现社会凝聚力大提升;做好“党建”文章,实现党的执政力大提升“六篇文章”实现“六大提升”。

26日,市委常委、组织部部长黄秀川,市委常委、市纪委书记刘光辉分别到岳池开展2014年春节慰问活动,并到九龙镇慰问优秀人才代表、离退休老干部、困难劳模、职工、残疾人等。

27日,县委副书记李国生带领县农业局、质监局和商务局等部门负责人深入到岳池县伯涛农资有限公司、恒丰种子经营部、三安合作社蔬菜生产基地,开展2014年春节前大春生产农资市场的种子、农药、肥料等农资产品集中检查。

27日,岳池县与四川才华集团举行北京师范大学广安附属实验学校办学协议签字仪式。县委常委、宣传部部长陈莉出席仪式并讲话,县人大常委会副主任黄褐、副县长任仕金、县政协副主席冯雒等出席签字仪式。

28日,副县长姚长琼带领县粮食局、县农业局、县医院、县人保财险公司相关负责人到坪滩镇冉家店村开展“挂包帮”走访慰问活动。

28日,县人武部领导班子调整命令大会在县人武部会议室召开,市委常委、军分区司令员张志权,县委书记李永平出席会议并发表讲话。广安军分区政治部主任蒲伦富宣读转业干部通知以及成都军区,广安军分区和军分区党委通知。宣布县人武部原政治委员赵宗亮转业离任、新任政治委员张海峰就职。县委副书记、县长汤才勇,县委常委、副县长欧彦,县委常委、组织部部长廖和民出席会议。

28日,市委常委、市纪委书记刘光辉一行到岳池召开在外务工乡友座谈会,并到九龙镇慰问在外务工乡友。

31日,县文广新局在陆游广场组织参加“美丽岳池”新春广场文艺演出。

2月

7日,市委副书记、市长罗增斌深入广岳大道岳池段工程建设现场调研。市委常委、副市长肖友才,副市长钟志荣,县委书记李永平,县委副书记、县长汤才勇,县委常委、副县长唐协民等陪同调研。

8日,县委常委、副县长欧彦主持召开2014年一季度经济工作“开门红”专题会议。县委常委、副县长张学谦、唐协民,副县长任仕金、姚长琼、汪勇等出席会议并讲话。

9日,县政府在县城文体广场举办2014年“就业援助暨春风行动”现场招聘会。招聘会进场企业55家,其中县内企业42家、县外企业13家,提供就业岗位5000余个,涵盖制药、制造、纺织等10余个行业,3000余人进场求职,初步达成意向900余人。县委常委、副县长欧彦,副县长汪勇等出席活动。

10日至11日,政协岳池县第十三届委员会第五次会议在吴雪艺术中心召开。县政协主席曾邦才作《中国人民政治协商会议四川省岳池县第十三届委员会常务委员会工作报告》,县政协副主席胡安贵作《中国人民政治协商会议四川省岳池县第十三届委员会常务委员会关于十三届四次会议以来提案工作情况的报告》。

11日至12日,岳池县第十六届人民代表大会第四次会议在吴雪艺术中心召开。会议听取和审议县人大常委会和“一府两院”的工作报告以及县政府关于办理落实县十六届人大三次会议《关于加强农业灌溉设施建设的议案》的报告,审查并批准2013年国民经济和社会发展计划执行情况的报告、2014年国民经济和社会发展计划,审查并批准2013年财政预算执行情况的报告和2014年财政预算,通过相关工作报告的决议。

11日,副市长席世洪率市旅游局负责人等到岳池县调研玉屏湖景区建设工作。县委常委、副县长唐协民,副县长姚长琼等陪同调研。

11日,省农业厅副厅长张强一行到岳池县石垭镇玉屏湖休闲农业区、张口楼葡萄基地、朝阳雨台山村油菜示范片、富民农业公司蔬菜育苗基地、乔家三安联合社农业生态园调研。副市长钟志荣,副县长姚长琼等陪同调研。

12日,省政府经济普查指导组深入苟角镇、顾县镇、九龙镇实地调研第三次经济普查工作开展情况。

13日,县委在县政府四楼会议室召开政法、信访维稳工作专题会议。县委书记李永平主持会议。会议听取全县2013年政法、信访维稳工作情况汇报及2014年工作打算。

13日,县政府在县政府四楼会议室召开省级环境优美示范县城创建工作动员会。

13日,市委书记侯晓春率队前往岳池县三安农业专业合作社联合社就工农业经济和旅游产业发展等情况进行调研,市领导肖雷、杨利民等随同调研。

14日,省食品药品监管局党组书记、局长崔兆全一行到岳池县科伦药业广安分公司、科创药业、仁安药业岳池项目医药产业基地调研医药产业园区发展情况。市委常委、总工会主席甘用德,副市长刘和斌,县委书记李永平,副县长张学谦等陪同调研。

19日,县“四大班子”领导率各乡镇、部门负责人代表在邓小平铜像前举行献花仪式,表达岳池县人民对邓小平的缅怀和感恩之情,激励全县人民奋发有为,实现邓小平“一定要把广安建设好”的夙愿。

25日,县委书记李永平在吴雪艺术中心二会议室主持召开市委党的群众路线教育实践活动第四督导组工作见面会。

25日,县委副书记、县长汤才勇在县政府三楼会议室主持召开2014年重点水利工程专题会。就回龙寺水库建设、罗渡堤防工程(二期)、回龙集中供水工程、洗马河城区段防洪治理工程、西溪河西板段堤防工程等重大水利项目进行专题研究。

26日,中国共产党岳池县第十一届纪律检查委员会第四次全体会议在吴雪艺术中心召开,表决通过县纪委十一届四次全会工作报告和县纪委十一届四次全会决议。

26日,岳池县在广武路岳池段隆重举行道路交通安全“千人整治”行动,市委副书记、市长罗增斌,副市长、公安局局长邓文国,市公安局党委副书记、常务副局长杨天荣,县委副书记、县长汤才勇,副县长、公安局局长胡成毅等出席行动,县安监、公安、交通运输、运管等部门相关人员及3000余名群众参加行动。

27日,岳池县党的群众路线教育实践活动工作会议在吴雪艺术中心召开。县委副书记李国生主持会议,会议对全县党的群众路线教育实践活动作出具体安排,县委书记李永平出席会议并讲话。

28日,2014年全县政府系统廉政工作会在吴雪艺术中心召开,县委副书记、县长汤才勇出席会议并讲话。会议传达中央省、市纪委三次全会和国务院、省政府、市政府廉政工作会议精神,总结回顾过去一年的政府系统廉政工作,并对2014年政府系统廉政工作进行安排部署。县委常委、副县长欧彦主持会议,县委常委、副县长唐协民,副县长任仕金、姚长琼、胡成毅等出席会议。

3月

4日,市卫生调研组到岳池县调研指导疾控工作。调研组在听取岳池县工作情况汇报后,对岳池县在传染病处置、预防接种、重性精神病人管理、慢性病管理、健康教育等方面工作取得的成绩给予充分肯定,认为岳池县组织有力、措施到位、成效明显,要求县疾控中心要振奋精神,坚定信心,确保疾控中心等级达标创建工作顺利通过。

5日,县文明委在县文体广场举行“向雷锋同志学习”暨第十三个“公民道德建设宣传教育月”活动启动仪式,县委副书记、县长汤才勇出席并宣布活动正式启动。县委常委、宣传部部长陈莉,副县长任仕金出席活动仪式。

5日,岳池县庆祝“三八”国际劳动妇女节104周年暨总结表彰大会在吴雪艺术中心多功能会议室召开,表彰2013年妇女工作先进集体和先进个人。

6日,市委常委、组织部部长、市委党的群众路线教育实践活动领导小组副组长兼办公室主任黄秀川深入岳池县教育实践活动联系点(罗渡镇)进行调研指导。

7日,县委理论学习中心组2014年第一季度学习会在吴雪艺术中心召开,会议组织学习《习近平同志在党的群众路线教育实践活动第一批总结暨第二批部署会议上的讲话》,并就“如何看待群众观”做学习心得交流发言。

7日,市人大常委会主任余仪一行到岳池县调研新农合工作。县人大常委会主任张永辉、副县长任仕金等陪同调研。

9日,副市长、公安局局长邓文国到岳池县检查指导货车“双超”治理工作。

10日,县委书记李永平,县委副书记、县长汤才勇深入石垭镇、九龙镇、朝阳乡、乔家镇等地调研全县春耕生产工作。副县长姚长琼等参加调研。

11日,县委书记李永平,县委副书记、县长汤才勇,县人大常委会主任张永辉,县政协主席曾邦才等到石垭镇梨子园村,与广大干部群众一起参加义务植树活动。

11日,县委书记李永平,县委副书记、县长汤才勇,县政协主席曾邦才一行到东湖城市综合体、亿联建材家居五金城、火车站站前广场、汽车站新址、广岳大道、洗马河片区整治项目等重点项目现场进行调研，详细了解各项目建设的进展情况。

11日，副市长、公安局局长邓文国带领市、县相关部门负责人到粽粑乡开展党的群众路线教育实践活动调研工作，县委书记李永平、县人大常委会副主任秦宴菊等陪同。

12日，广安市2014年春耕生产现场会在岳池召开。市委常委、政法委书记肖雷，副市长钟志荣出席会议。参会人员深入朝阳乡秦家店村蔬菜育苗现场、石垭镇丁家村柑橘间种蔬菜基地、九龙镇九道拐村水稻集中育苗点、石垭镇梨子园村新型房屋和柑橘春植现场进行实地察看，并对岳池县春耕工作、新型房屋建设及产村互动相融工作给予高度评价。县委副书记李国生，副县长姚长琼等参加会议。

13日，团省委书记刘会英，在市委常委、总工会主席甘用德、团市委书记韩刚的陪同下，到岳池调研留守学生学习情况。县委书记李永平、副县长任仕金陪同。

14日，县委书记李永平，县委副书记、县长汤才勇一行深入乔家镇、东湖公园等地，调研农业产业发展和城市建设工作。

17日，县农业局在县农业局五楼会议室组织召开2014年大春生产会议，安排部署2014年大春生产工作。县委副书记李国生、副县长姚长琼出席会议。

17日，副县长、公安局局长胡成毅率领县政府办公室、县公安局相关工作人员，深入顾县镇开展党的群众路线教育实践活动调研。

18日，省委书记王东明到岳池调研工业发展情况。视察东湖下沉式广场建设及科伦药业。市委书记侯晓春，县委书记李永平及市、县相关领导陪同调研。

18日，市委党的群众路线教育实践活动督导组到西板乡调研。市委督导组听取西板乡党委关于党的群众路线教育实践活动的情况汇报后，到真武山村、桂花园村，与村党员干部、群众亲切座谈，聆听基层干部群众心声，充分征求群众对开展党的群众路线教育实践活动的意见建议，共商转变作风办法和举措。

19日，省水利厅助理巡视员卜冀滨、省农水局副局长陈阳、市水务局局长徐元武到岳池县视察洗马河提防工程建设情况。

20日，县委常委、副县长张学谦带领县环保、住建等相关部门工作人员调研罗渡镇场镇污水处理站选址和规划设计工作。

20日，省水利厅副厅长张强言一行深入岳池县普安镇农发水保工程项目区、石垭农建综合示范区、大高滩水库农发中型灌区节水改造项目区、大高滩集中供水工程制水区、西溪河流域水利技术推广站调研农村水利工作，对岳池县农村水利工作给予充分肯定和高度评价。市政府副秘书长杨毅，市水务局局长徐元武，县委书记李永平，县委副书记李国生等陪同调研。

20日，县委副书记、县长汤才勇一行深入罗渡镇调研高新技术产业开发区规划建设工作。汤才勇现场查看罗渡高新技术产业开发区各项工作开展情况，并召开专题会议，听取相关负责人就高新区规划编制、拆迁动员、新区建设、人员组织等各方面情况的详细汇报，协调解决相关问题。县委常委、副县长张学谦，县人大常委会副主任秦宴菊，副县长汪勇，县政协副主席伍艳等参加调研。

24日，岳池县召开农村小额人身保险工作会，学习传达全市“新农小”工作专题会精神，总结2013年全县农村小额人身保险工作，并对2013年农村小额人身保险工作中涌现的的先进单位和个人进行表彰。县委常委、副县长唐协民出席会议并讲话，县委常委、县纪委书记李廷远主持会议。

25日，市委第四督导组组长杨胜林一行对同兴镇党的群众路线教育实践工作进行调研指导，视察同兴小学营养餐工程和蒲家沟村蜜桃产业。督导组在听取该镇工作汇报后，对活动开展成效给予充分肯定，并就下阶段工作的开展和推进提出具体要求。

26日，省信访局副局长、省委“走基层”活动指导二组副组长赵红丽一行到岳池县,就“走基层、解难题、办实事、惠民生”活动开展情况进行检查指导。

28日,岳池县党的群众路线教育实践活动“巡回宣讲经验学习身边典型”启动仪式在吴雪艺术中心举行。县委书记李永平出席启动仪式并讲话。要求全县广大党员干部要以此次巡回宣讲活动为契机,切实加强自身学习,认真投身工作实践,真正将群众路线植根于思想中、体现在行动上、落实在工作中,以自己的实际行动赢得群众的拥护,为全县经济社会科学发展、加快发展作出新的更大的贡献。市委第四督导组组长、原市人大常委会副主任杨胜林,县委副书记、县长汤才勇,县人大常委会主任张永辉,县政协主席曾邦才,县委副书记李国生等出席会议。

28日,县委理论学习中心组党的群众路线教育实践活动专题学习会议在吴雪艺术中心主会议室召开,全国劳模吴天祥作专题报告。

30日,中国下一代教育基金会留守儿童教育救助项目四川捐赠仪式在岳池县顾县小学举行。第十届全国人大常委会副委员长、中国关心下一代工作委员会主任、中国下一代教育基金会名誉理事长顾秀莲,原全国工商联副主席、中国下一代教育基金会副理事长沈建国等出席捐赠仪式。在捐赠仪式上,中国下一代教育基金会向四川省包括顾县小学校在内的9所受助学校捐赠价值50万元的“留守儿童教育帮扶中心”和价值20余万元的物资。幸福教育基金总顾问、重向教育投资集团有限公司总顾问曹志斌,省人大常委会副秘书长何晓迎,省委教育工委副书记王晓都以及市县领导杨利民、康永恒、陈全禄、汤才勇、廖和民、任仕金等出席仪式。

31日,县委常委、副县长张学谦带领县政府办、县投资促进局、县工商联、县统计局、县邮政局、县残联、县委农工委、县农业局、县畜牧食品局的负责人到裕民镇开展“三进三同三促”活动。

同月,县公安局破获钻石酒店婚礼礼金被盗案,抓获犯罪嫌疑人曾某某(重庆市大足县人),追缴被盗现金11.82万元。

4月

1日,市委常委、组织部部长黄秀川到罗渡镇就当前如何开展好群众路线教育实践活动作专题辅导报告。

1日,省委常委、农工委主任李昌平一行到岳池县就新农村建设情况进行调研。在市委常委、副市长肖友才,市委常委、政法委书记肖雷,副市长钟志荣及县委书记李永平、县委副书记李国生等的陪同下,李昌平一行到石垭镇烂洞坝村实地查看新型房屋建设情况,详细了解全县新村建设经验。

1日,县委副书记李国生一行到苟角镇水浮山、南溪桥等村现场查看畜禽养殖场污染情况,在苟角镇会议室主持召开全民水库周边及西溪河流域畜禽养殖污染治理专题工作会。会议组织学习治理工作方案,安排部署治理工作。副县长姚长琼出席会议。

1日,市政协主席刘凤成一行到岳池县就岳池县政协2013年亮点、重点工作,以及对市政协党组搞好党的群众路线教育实践活动的意见和建议进行调研座谈,并对岳池县政协2013年工作给予高度肯定。县政协副主席胡安贵、伍艳、徐天翠、冯雏等出席座谈会。

1日,市委第四督导组组长杨胜林一行到岳池县督导县政府党的群众路线教育实践活动开展情况。

2日,省环保厅在成都组织召开《四川仁安药业有限责任公司新建原料药生产项目环境影响报告书》技术审查会议。该项目位于岳池县经开区医药产业园内,是岳池县重大招商引资项目,占地面积185.27亩,项目总投资3.23亿元,主要产品为马来酸麦角新碱,羟乙基淀粉,伊曲康挫,维生素K1、K3、K4等12种原料药品种。县委常委、副县长张学谦出席审查会。

2日,县委副书记、县长汤才勇深入花园镇田坝寺村开展党的群众路线走访调研活动。

4日，县政府组织召开创建全国社会主义新农村建设档案工作示范县推进会，县委常委、副县长欧彦出席并讲话。会议要求，各级各部门要突出重点，强化措施，确保顺利完成创建任务，要建成标准化档案室，广泛收集档案资料，实行规范化档案管理和积极开展查档利用。

8日，县委副书记、县长汤才勇在县政府三楼会议室主持研究广岳大道岳池段工程建设工作，就工程建设中的相关问题进行研究部署。

9日，县政府在乔家镇三安农业专业合作社会议室，举办2014年全县“农超对接”洽谈会暨签约仪式。县委常委、副县长唐协民，县政府副县长姚长琼，县政府办、县商务局、县委农工委、县农业局、县畜牧食品局、县林业局、县水务局、石垭镇、乔家镇、朝阳乡和全县大中型超市、餐饮店、学校食堂、农产品生产基地等单位负责人65人参加会议。20余家岳池种养业主与境内商场、超市签订购销合作协议，签约金额近2亿元。

10日，省编办主任张明一行到岳池县罗渡镇，就全省百镇建设试点镇体制机制创新工作开展调研。张明对罗渡镇在扩权强镇创新体制机制方面所做的工作给予充分肯定，并指出：推进百镇建设试点镇创新体制机制要有思路、有重点、有创新、有特色、有效果，要做到思路清晰、目标明确、过程平稳有序、发展效果明显、人民安居乐业。县委副书记、县长汤才勇等陪同调研。

10日，市发改委调研组到岳池县调研2014年一季度经济工作。在县委常委、副县长欧彦的陪同下深入白庙“千万工程”现场、城南工业园区和在建的输变电总部经济大厦，详细了解岳池县一季度农业、工业、城市建设等方面工作开展情况，认真听取全县一季度经济运行情况的介绍。

10日，省委、省政府召开全省精神文明建设工作表彰大会，对第三届四川省文明城市进行表彰，岳池县荣获“四川省文明城市”荣誉称号。

11日，市委常委、宣传部部长唐雄兴深入岳池县东街小学，就学校周边环境综合治理工作进行调研，县委书记李永平，县委常委、宣传部部长陈莉，副县长任仕金等陪同调研。

12日，省医药发展促进会会长王玉生一行到岳池考察药用辅料生产、中药饮片生产、医药器械制造、中药材种植等医药产业发展情况，并召开座谈会。县委副书记、县长汤才勇，县委常委、副县长张学谦等陪同考察。

15日，广安市曲艺家协会成立大会在岳池县吴雪艺术中心多功能厅举行。会议通过《广安市曲艺家协会章程》《广安市曲艺家协会选举办法》，选举协会理事、主席、副主席、秘书长，市文联领导向广安市曲艺家协会授牌、授印。省曲协副主席、秘书长李蓉，市文联主席童光辉等领导出席成立大会。当日晚，由四川省文联、四川省曲艺家协会主办，四川省曲艺研究院、中共岳池县委宣传部承办的“践行群众路线，畅想春天故事——四川曲艺伟人故里行巡演”活动在吴雪艺术中心举行。15日至18日，演出队分别在石垭镇、中和镇、兴隆镇、西溪镇、顾县镇、苟角镇等乡镇巡回演出7场。

15日，县委副书记、县长汤才勇在花园镇组织召开党的群众路线教育实践活动征求意见座谈会，九龙、朝阳等6个县城周边乡镇的主要领导、机关干部代表、村干部代表、群众代表参加会议。收集到涉及农业生产、公民道德建设、民生工程、社会管理等方面的意见建议20余条。

15日，县委常委、副县长张学谦主持召开2014年主要污染物总量减排会议，并就2014年主要污染物总量减排工作做安排、部署。县人大、县政协相关领导出席会议，县相关部门、乡镇与有关企业也参加会议。会上，县政府与住房和城乡规划建设局等相关部门、乡镇及企业签订目标责任书。

15日，岳池县政法信访维稳暨推进依法治县工作会议在吴雪艺术中心主会议室召开。会议总结2013年全县政法、信访维稳工作，安排部署2014年全县政法、信访维稳以及依法治县工作，表彰2013年政法信访维稳工作先进集体和先进个人。

15日，省发改委以《四川发展和改革委员会关于＜岳池县回龙寺水库工程可行性研究报告＞的批复》(川发改农经〔2014〕242号)批准岳池县回龙寺水库工程立项。该水库总库容2007万立方米,设计洪水库容1717万立方米。回龙寺水库工程项目是一项有农业灌溉、乡村供水等综合利用的中型水库工程,作为岳池县县城应急水源。

15日,省农业厅粮油处调研员刘宇一行到岳池县调研水稻生产情况,重点调研水稻集中育秧示范工作开展情况。

16日,副市长席世洪到岳池县乔家、朝阳2个城乡建设用地增减挂钩项目施工现场开展调研,实地了解项目进展情况。在项目建设现场,席世洪认真听取县级有关部门关于挂钩项目进度情况的汇报,并详细了解项目实施过程中农户拆旧和房屋补偿的有关情况。县委常委、总工会主席钟爱平,副县长汪勇等陪同调研。

16日,省农业厅粮油处调研员刘宇一行到岳池县石垭镇和九龙镇水稻集中育秧示范片就水稻生产情况,特别是对水稻集中育秧示范工作开展调研。

16日至17日,岳池县纪念邓小平诞辰110周年国际女子篮球对抗赛在县体育馆举行。省篮管中心主任段渝川,市委第四督导组组长、原市人大常委会副主任杨胜林出席开幕式并观看比赛。县委副书记李国生致开幕词,县委常委、副县长欧彦主持开幕式。

17日,省委常委、省纪委书记王怀臣率队到岳池县调研在党的群众路线教育实践活动中深化正风肃纪工作开展情况。

17日,市委第四督导组组长、市人大原副主任杨胜林在县公安局十楼学术报告厅为政法系统党员干部开展党课辅导。县公安局、检察院、法院及司法局班子成员及科股室负责人100余人参加会议。

17日,市政协副主席周派国带领调研组到岳池县,就乡镇供水工程饮用水源保护工作进行调研。

17日至18日,广安市特种设备安全监察暨检测培训会在岳池召开,全市特种设备安全监察及检测人员参加会议。

18日,县委书记李永平深入基层开展党的群众路线教育实践活动,通过拜访老干部,听取联系乡镇情况汇报和与老百姓面对面交流座谈、实地调研了解等方式,广泛征求各层面代表对教育实践活动的意见建议,问计于民、问需于民。

18日,县委召开党的群众路线教育实践活动座谈会,市委第四督导组组长、市人大常委会原副主任杨胜林,县委常委、组织部部长廖和民出席会议并讲话。会上,各参会单位、乡镇负责人就党的群众路线教育实践活动"学习教育、听取意见"环节工作开展情况作出发言,并就活动中总结出的好经验和下一步工作打算进行交流。

18日,岳池宏宇汽车运业有限公司获"国家A级物流企业"称号。为广安市首家国家A级物流企业,实现广安市A级物流企业零突破。

21日,省委副秘书长、省依法治省领导小组办公室主任杨天宗一行到岳池县,就依法治校工作进行调研。在市委常委、秘书长杨利民,副市长、公安局长邓文国以及县委常委、政法委书记谢邦勇,副县长、公安局局长胡成毅等的陪同下,杨天宗一行深入岳池县实验学校,通过实地查看、看资料、听介绍等方式,详细了解岳池县依法治校工作开展情况。

22日,市委书记侯晓春深入岳池县石垭镇石马沟村和玉屏湖幸福美丽新村调研现代农业、幸福美丽新村建设工作。

22日,县委书记李永平在县政府四楼会议室主持召开群众路线教育实践活动意见征求会。会议通报各单位针对"四风"问题、最后一公里、群众反映强烈的突出问题收集整理建立的台账,各单位、部门针对关于自己的意见,一一作出整改落实发言。会议要求各单位、各部门要继续深入基层到群众跟前面对面的征求意见,领导干部要不断深入联系点、联系村征求群众的意见,收集第一手资料;领导班子及成员的"四风"问题,要按照群众路线总的要求,结合"三进三同三促"等活动,做到边学边查边改,立说立改。县“四大班子”领导,县人民法院、县人民检察院、县公安局、县人武部等领导出席会议。

22日,市人大常委会主任余仪到岳池县检查《中华人民共和国食品安全法》实施情况。余仪实地查看好又多超市、朝阳乡大屋树村生猪集中养殖小区、朝阳小学,并在县政府三楼会议室主持召开《中华人民共和国食品安全法》情况汇报会。县人大常委会副主任黄褐陪同检查。

22日,省委第十三督导组组长、省直机关工委副书记汤建平一行到岳池县检查指导党的群众路线教育实践活动开展情况。

23日,县政协主席曾邦才带领相关单位负责人深入镇龙乡开展“三进三同三促”活动。

24日,县人大常委会主任张永辉率人大视察组一行在副县长、公安局局长胡成毅的陪同下,就县公安局城东派出所、看守所、执法办案中心、涉案财物保管中心、110指挥中心的工作进行视察调研。

24日,县防汛抗旱指挥部指挥长、副县长姚长琼深入天平镇、鱼峰乡检查指导防汛工作。

24日,县政协组织召开岳池县政协践行党的群众路线“两联一进”活动(“机关联系委员、委员联系群众”和“委员进千家、情系老百姓”)推进会议,县政协主席会议成员出席会议,各委室主任及政协机关有关人员,委员活动小组组长、副组长,各专委会兼职副主任,政协委员代表参加会议。

25日,广安市群众工作先进事迹报告会(岳池专场)在吴雪艺术中心主会议室隆重举行。县委书记、县委党的群众路线教育实践活动领导小组组长李永平主持报告会并作重要讲话。

26日,省委组织部干部四处副处长卢燕一行在翠管会调研党的群众路动。

28日,由省政协农业、工商联、合作社界别委员组成的调研组一行到岳池县,就农村信用联社改革发展与服务地方经济情况进行调研。市政协副主席刘儒贤、周派国,县委常委、副县长欧彦,县政协副主席伍艳等陪同调研。

28日,四川省国家农业综合开发水土保持项目实用技术培训会在岳池县召开。来自全省各地市州的参会代表实地参观普安镇会仙桥水土保持示范片工程项目区建设情况。

29日,市委副书记、市长罗增斌带领市级相关部门负责人深入岳池县九龙镇等乡镇调研棚户区改造工作。罗增斌实地察看棚户区改造进展情况,现场解决岳池县工作中的实际困难。市领导黄秀川、蔡学勤、席世洪,县委书记李永平等陪同调研。

29日,县委副书记、县长汤才勇深入罗渡镇,检查汛期前安全生产工作,查看防洪物资的储备情况,并了解富流滩电站船闸改建工程的建设情况。

29日,省公安厅“三化办”副主任、副厅级侦察员周朝坤一行到岳池县公安局调研“三化”建设工作。市公安局常务副局长杨天荣、市公安局“三化办”相关领导,副县长、公安局局长胡成毅,县公安局党委副书记、政委张小松陪同调研并出席座谈会。

29日,岳池县召开创建省级环境优美示范县迎检工作会,县委书记李永平出席会议并作重要讲话。副县长汪勇、县政协副主席伍艳等出席会议。

5月

4日,县委副书记、县长汤才勇在县政府三楼会议室召开专题会议,研究部分学校债务化解事宜。

4日至6日,由省水利厅、省财政厅相关专家组成的绩效考评组,采取看现场、访群众、查资料、听汇报等方式,对岳池县2013年度中央财政小型农田水利重点县建设进行省级绩效考评。副县长姚长琼等陪同考评。

6日,省考核验收组一行到岳池县,通过看现场、查资料、听汇报等方式,对岳池县创建省级环境优美示范县城相关工作进行考核验收。通过检查,检查组一致认为,岳池县城市空间布局合理,城市基础设施投入力度大、城市建设管理规范有序、城市建设发展快、亮点多,城乡环境综合整治体制、机制完善有效,全县创建工作推进有力、成效明显。县委常委、宣传部部长陈莉主持汇报会,县人大常委会副主任黄雪兰、县政协副主席伍艳等出席汇报会。

7日,环保部西南督查中心督察组蒲斌一行到岳池县对银泰污水处理厂、白庙污水处理站进行检查,市环保局主要负责人,县委常委、副县长张学谦,县环保局及县住建局负责人陪同检查。

7日,县政协组织部分政协委员深入罗渡镇黄角湾村,开展"两联一进"结对帮扶活动,给当地群众送去复合肥1.35吨,与27户村民结成帮扶对子,帮助缺劳户插秧、除草,深受当地群众欢迎和好评,群众赠与"两联一进零距离乃人民政协本色,扶危济困送温暖为罗渡群众造福"锦旗一面。

9日,县政府组织在中和镇渠江中码头及附近水域举行抗洪抢险大演练。县委常委、副县长欧彦主持活动,县委副书记、县长汤才勇,县委副书记李国生出席演练活动。近400人参加演练。

9日,县委常委、副县长欧彦到联系后进基层党组织调查指导工作。欧彦深入到西溪镇刘仁沟村、唐家坝村实地走访,查看党支部整顿工作台账建立情况、党支部集中整顿进展相关软件资料,听取党支部整顿工作进展情况汇报和群众提出需要解决的问题。

9日,县委、县政府在吴雪艺术中心第二会议室召开"感恩小平·共建广安"企业座谈会。县政协副主席、县委统战部部长徐天翠传达广安市2013年8月22日"感恩小平·共建广安"启动仪式会议精神和广安市2013年1月19日迎春茶话座谈会精神,要求全市广大企业家积极投身"感恩小平·共建广安"活动,奉献爱心,以实际行动支持小平家乡建设。县委常委、组织部部长廖和民,县政协主席曾邦才出席会议并作重要讲话。

12日,县委书记李永平在县政府四楼会议室主持召开工业暨招商引资工作专题会议。县领导汤才勇、曾邦才、张学谦、秦宴菊、李桂新、伍艳、杜宇出席会议。会议决定成立县经济技术开发区推进工作领导小组,县长汤才勇任组长,县"四大班子"分管工业领导、工业园区管委会主任胡伟任副组长,县经信局及相关部门领导为成员。会议同意将"岳池县工业园区"变更为"岳池县经济技术开发区",挂"川渝合作(广安)医药产业示范园区"牌子。

13日,县人大常委会组织省、市、县部分人大代表对岳池县的干果产业发展情况进行视察。

14日,县委副书记、县长汤才勇深入花园镇田坝寺、挖断山村开展后进党组织整顿及党的群众路线教育实践活动调研。

15日,省农业厅厅长任永昌一行到岳池县调研农业生产和现代农业发展情况。在县委书记李永平的陪同下,任永昌一行深入岳池县乔家镇三安合作社气调库、泡菜厂、田头市场及乡村旅游现场,九龙镇横山寺村水稻规模栽插及田坎利用现场,石垭镇丁家村幼林果园套作瓜菜现场,石垭镇紫山药生产基地进行调研。县委副书记李国生,副县长姚长琼陪同调研。

15日,广安市曲艺家协会成立大会在岳池县吴雪艺术中心多功能厅举行。会议通过《广安市曲艺家协会章程》《广安市曲艺家协会选举办法》,选举协会理事、主席、副主席、秘书长,市文联领导向广安市曲艺家协会授牌、授印。省曲协副主席、秘书长李蓉,市文联主席童光辉等领导出席成立大会。

15日至18日,县委、县政府组团参加在重庆召开的第十七届"渝洽会"。县委书记李永平,县长汤才勇任团长,县领导张学谦、唐协民、李桂新、杜宇任副团长,县商务局局长段清华及相关部门及乡镇领导26人为成员。县商务局负责展位设计、装修及展场安排、组织、协调和服务工作。期间,市委副书记、市长罗增斌前往第十七届"渝洽会"会场,视察岳池县展品布展及展出情况。罗增斌在听取岳池县对岳池特曲系列酒、莲桥米粉、金线莲、银特蔬菜的参展情况介绍后,鼓励企业负责人和工作人员在注重产品质量的前提下加大宣传力度，既要稳定现有客户，又要积极拓展市场，打响自有品牌，努力使岳池县产品通过“渝洽会”平台走向全国、走向世界；岳池特曲特系列酒、莲桥米粉、金线莲、银特蔬菜等土特产品与山东、重庆等地客商签订订单2600余万元。16日，岳池县借势“渝洽会”平台在重庆市君顿两江酒店举办“岳池县投资促进推介会暨项目签约仪式”，县委副书记、县长汤才勇出席投资促进推介会暨项目签约仪式并讲话。省人民政府驻渝办事处、重庆医药协会、重庆四川商会、重庆广安商会、重庆磊洲机械制造、康施恩化工、南松医药科技、渝科商贸等机构及企业150余人参加推介会暨项目签约仪式。会议重点介绍川渝合作(广安)医药产业园和罗渡高新技术产业区的区位优势、配套条件、政务服务，推介24个重点项目，现场签订摩托车保险杠、医药生产项目、汇通物流园3个项目，协议引资11.9亿元。

16日，县文学艺术界联合会在吴雪艺术中心举行“感恩小平心系群众”合唱音乐会。

19日，省发改委副主任赵辉到岳池县调研医药产业发展情况。赵辉参观县经开区展示中心、科伦药业有限公司，深入了解医药产业发展的现状、方向及前景，并听取岳池县关于医药产业情况汇报。县委常委、副县长欧彦、张学谦陪同调研。

19日，省投促局副巡视员黄建军一行到岳池县，通过查阅档案资料、听工作汇报、实地查看项目进度等方式，对岳池县2013年省级重大活动签约项目落实情况及2014年中外知名企业四川行活动签约项目情况进行督查。

20日，省财政厅企业处副处长陈玫一行到岳池县，对苟角镇移民后扶整村推进示范片建设进行检查，市扶贫移民局相关领导，副县长姚长琼，县财政局及县扶贫移民办负责人陪同检查。

21日，市领导甘用德、张建华、刘和斌、江陵带领出席全市商务经济工作现场会的与会人员到岳池县，在县委书记李永平，县委副书记、县长汤才勇等的陪同下，深入东湖城市综合体、南宋文化一条街、输变电总部经济大厦、亿联建材家居五金城等地，实地查看岳池县在建的大型商务项目，详细了解岳池县商务经济发展情况。

22日，中央电视台中文国际频道《远方的家》栏目组到岳池县，拍摄相关节目素材。在花园镇老农家的院坝内，栏目组的编导、记者用镜头记录岳池县传统的曲艺文化和独具特色的川东人文风情。

22日至23日，全国工商联医药商会副秘书长李忠泽率中国医药集团、华氏医药等12家知名医药企业负责人到岳池县考察。县委副书记、县长汤才勇陪同考察团一行参观科创药业、仁安药业、科伦药业，并在吴雪艺术中心举行座谈会。县委常委、副县长张学谦，县人大常委会副主任秦宴菊等陪同考察。

23日，县委副书记、县长汤才勇在吴雪艺术中心十一会议室(广岳大道岳池段工程建设指挥部办公室)主持召开会议，研究部署广岳大道岳池段工程建设相关工作。

26日，县政府在县政府四楼会议室组织召开生态县建设推进会，副县长杜宇主持会议，县委常委、副县长张学谦出席会议并讲话。会议通报全县省级生态县创建工作的进展情况，相关部门和乡镇领导在会上分别做表态性发言。县人大常委会副主任黄雪兰、县政协副主席冯雏参加会议。

28日，副市长席世洪到岳池县调研新型城镇化工作，在吴雪艺术中心二会议室召开专题会议，市政府副秘书长、区域合作办主任赵胜强、市住建局局长王小兵、市规划局局长滕继平、市房管局局长王祥永等出席会议。县委书记李永平等陪同。

29日，县委书记李永平主持召开县委常委扩大会议，传达中央第四巡视组在广安督导的相关精神，安排部署当前和下一阶段岳池县党的群众路线教育实践活动相关工作。会议还传达中央第四巡视组在广安督导期间的讲话精神。

29日，市发改委党组成员、市项目办主任杨先国一行到岳池县，对岳池县2014年度列市考核的投资千万以上重大项目建设暨向中央、省争取资金项目工作推进情况进行督查。

30日，县政府在吴雪艺术中心多功能厅组织召开安全生产工作会议。会议由县委常委、副县长欧彦主持，县委副书记、县长汤才勇出席会议并讲话；会议分析当前安全生产形势，安排部署"安全生产月"活动和下步安全工作。

30日，县政府在苟角镇回龙寺村举行"岳池县回龙寺水库工程开工仪式"，市水务局局长徐元武、市扶贫移民局局长王建玲、县委副书记李国生、副县长姚长琼、县政协副主席冯雏及广安区政府分管领导等出席开工仪式，苟角镇、天平镇干部群众代表及广安区悦来镇、兴平镇的部分镇领导参加开工仪式。回龙寺水库开发任务为农业灌溉、乡村供水等综合利用，并作为岳池县城应急备用水源，总库容2007万立方米，具有多年调节能力。年均供水量1160万立方米，其中用于农业灌溉787万立方米，用于乡镇和农村人畜373万立方米。供水范围包括岳池县苟角、花园、镇龙、大石、石垭和广安区悦来、彭家等乡镇，设计灌溉面积6.3万亩。

30日，获得美国及国际上28项专利的美国著名医疗器材发明家、LeoMed和BinLad公司总经理班杜拉威杰专程从美国到岳池，参观考察医药产业投资环境。

30日，市委常委、宣传部部长唐雄兴，县委书记李永平等市、县领导率队深入顾县小学和实验小学，看望慰问少年儿童，给他们送去节日的祝福。

6月

3日，县委书记李永平，县委副书记、县长汤才勇，县人大常委会主任张永辉，县政协主席曾邦才一行深入洗马河堤防工程、亿联建材家居五金城、火车站站前广场等工程现场调研，详细了解项目建设进度，现场研究解决项目建设中存在的问题。

3日，市委常委、政法委书记肖雷，副市长钟志荣带领市级相关部门负责人，在县委书记李永平、县委副书记李国生等的陪同下，深入岳池县石垭镇调研农业农村工作。肖雷、钟志荣一行到石垭镇张口楼村、梨子园村、大邑山村，详细了解岳池县农业产业发展情况，并就如何与广安区龙安乡搞好连片开发作出安排部署。县人大常委副主任李桂新，副县长姚长琼等陪同调研。

4日，县教育局在杜家小学举行杜家小学、九龙镇阳角庙村紧急避险疏散联合演练。演练模拟当岳池县附近发生地震后，杜家小学、九龙镇阳角庙村震感强烈，组织师生与村民实施紧急避险疏散，共演练拉响防灾警报、组织撤离、灾情汇总、抢险救灾工作部署等科目。市政府副秘书长、市政府应急办主任陈文华，县委常委、副县长欧彦，副县长任仕金出席演练活动。

4日，县政府与重庆南松医药科技股份有限公司签订《医药中间体生产项目协议》。项目选址于县经开区，总投资3.8亿元，占地115亩，新建氯喹侧琏车间、羟基氯喹侧琏车间、四乙酰/五乙酰车间、多功能车间等。县委书记李永平，县委副书记、县长汤才勇，县委常委、副县长张学谦出席活动。

5日，市委副秘书长、市投促委主任罗海波带队到岳池县调研部分招商项目推进情况和罗渡高新技术产业开发区规划建设情况。调研组一行深入岳池县污水处理厂、仁安药业、科创胶囊制剂生产、同天生物制药等在建企业和罗渡高新技术产业开发区现场，听取相关负责人的详细介绍，了解企业的建设情况和存在的具体问题及罗渡高新技术产业开发区规划建设情况。县委常委、副县长张学谦陪同调研。

6日，县委副书记、县长汤才勇，县人大常委会主任张永辉，县政协主席曾邦才，县委常委、宣传部部长陈莉，副县长任仕金等领导到岳池中学、岳池一中考点实地检查指导高考考区备考工作，在听取两个考点备考准备工作有关情况汇报后，仔细查看并了解考试组织安排、考场布置、考试监控等情况。

7日，省交通运输厅党组书记、厅长彭琳深入岳池县实地察看巴广渝高速公路岳池段重点交通在建项目建设情况，并与市委书记侯晓春，市委副书记、市长罗增斌就推动广安加快构建区域综合交通枢纽相关工作进行深入交流。

8日，市委书记侯晓春，市委副书记、市长罗增斌率领中共广安市委四届七次全体会议与会代表到岳池县参观。在县委书记李永平，县委副书记、县长汤才勇等的陪同下，与会代表乘车沿途参观岳池县麻柳河两岸城市景观打造，并到兰渝铁路岳池火车站站前广场建设现场，实地了解岳池县城镇化发展新气象、新成效，感受岳池县多点多极支撑发展取得的显著成效，亲身体会岳池县县域经济发展呈现出的蓬勃生机和强大活力。市人大常委会主任余仪，市政协主席刘凤成，市委副书记袁险峰等市、县领导参加活动。

9日，为迎接2014年“6·9”国际档案日，县政府以“走进档案”为主题，组织县档案局、县国土局、县人社局等25个单位相关人员，在县城大东街集中进行“国际档案日”系列宣传活动。

13日，县委、县政府在吴雪艺术中心多功能厅召开2014年禁毒工作会，会议由县委常委、政法委书记、县禁毒委副主任谢帮勇主持，县委常委、副县长、县禁毒委主任欧彦出席会议并作重要讲话。

18日，副市长、公安局局长邓文国率群众路线教育活动市委督导组及市公安局群众路线教育实践活动办公室、教育处等相关部门负责人深入岳池县粽粑乡调研党的群众路线教育实践活动。县人大常委会副主任秦宴菊，副县长、公安局局长胡成毅等陪同调研。

19日，副市长、公安局局长邓文国率领全市道路交通安全综合整治工作现场推进会与会人员到岳池县石垭镇参观指导。与会代表参观石垭镇道路交通安全管理工作现场。副县长、公安局局长胡成毅陪同参观。

19日，县教育局在吴雪艺术中心举行岳池县第二届“新华文轩杯“中小学艺术节暨纪念小平诞辰110周年优秀节目展演。

20日，市委常委、组织部部长黄秀川一行到岳池县罗渡镇指导党的群众路线教育实践活动工作。黄秀川深入到罗渡镇瓦窑沟村进行实地调研，与村支部班子成员及党员代表进行亲切交谈，详细了解该村的发展情况。县委书记李永平，县委常委、组织部部长廖和民等参加调研。

20日，岳池县第四批廉租住房实物配租选房现场会在体育馆举行。县监察局、县财政局、县民政局、县国土局、县公安局、县电视台、九龙镇、县城各社区工作人员及参加抽号选房的家庭出席会议。此次活动共有679户困难家庭拿到住房通知。

20日，县委副书记、县长汤才勇在县政府三楼会议室主持召开广岳大道岳池段工程建设专题会议，就工程建设中的相关问题进行研究部署。

23日，省水利厅党组成员、省政府防汛抗旱指挥部办公室主任谭小平到岳池县检查水库安全度汛工作。在市水务局局长徐元武、县人大常委会副主任黄雪兰等陪同下，谭小平深入响水滩水库，查看水库大坝、溢洪道、放水洞、水文站、防汛物质储备室，详细检查水库防汛制度建设、防汛措施和责任落实、防汛抢险预案编制、防汛物质储备和值班人员到岗到位以及防汛资料日常收集等情况。

23日，四川省人民政府批准“岳池曲剧”为省级非物质文化遗产项目名录（川府函〔2014〕114号）。

24日，市政协副主席、市委统战部部长欧太元一行到岳池县调研统战及民族宗教工作。欧太元一行在县委书记李永平、县政协主席曾邦才等的陪同下，深入输变电总部经济大厦、县经开区展示厅、仁安药业、五星金方药业及万塔观等地，详细了解岳池县非公经济发展情况及民族宗教等工作。

25日，市人大常委会主任余仪一行到岳池视察城镇生活污水治理和饮用水源保护工作。

27日，县委书记李永平深入基层开展“七一”慰问活动，为部分贫困党员、老党员以及离退休老干部送去节日的祝福和党组织的温暖。

28日，省财政厅、水利厅对第三批中央财政小型农田水利重点县2013年度县级绩效考评结果通报，岳池县被评为全省“小农水”绩效考评优秀县，绩效考评评分名列全省第二名。

是月，四川省银丰食品有限公司生产的“莲桥”米粉在香港知识产权署成功注册“莲桥”商标证，成为岳池县工商局首个引导并成功获准的首枚香港商标，也是广安市第一件在香港注册的商标。

是月，2013年度四川省“环境优美示范镇”和“美丽乡村”拟命名名单出炉，岳池县罗渡镇被拟命名为“环境优美示范（乡镇）”，罗渡镇桐子坪村、临水寺村拟命名为“美丽乡村”。

7月

1日，市委常委、组织部部长黄秀川，市委常委、总工会主席甘用德一行到岳池县走访慰问老党员、困难党员。

1日，县委在吴雪艺术中心举行“纪念建党93周年暨用生命担当责任的好干部沈乾文同志”文艺汇演。

2日，副市长席世洪带领市国土资源局、市住建局等相关单位负责人，深入岳池县石垭镇、秦溪镇，调研城镇建设及地质灾害防治工作。

2日，由中国文联、中国曲艺家协会联合推选的岳池县曲艺节目——四川荷叶《秋江》，在参加第七届巴黎中国曲艺节文化交流演出中荣获银奖。

7日，副市长陈捷，市经信委、市统计局、市环保局、市金融办等部门的领导到岳池调研工业经济运行及发展情况。县委副书记、县长汤长勇，县委常委、副县长张学谦陪同调研。陈捷指出：岳池务必突出医药产业优势，大力发展主导产业，着力打造产业品牌和龙头企业，形成产业集群，支撑产业发展。并强调，要加强工业经济运行监测，全面完成年度目标考核任务。

7日，省委、省政府印发《中共四川省委四川省人民政府关于表扬2013年县域经济发展先进县（市、区）的决定》，对全省涌现出的35个县域经济发展先进县（市、区）予以通报表扬。岳池县获表彰。

7日，县委宣传部在吴雪艺术中心举办纪念邓小平诞辰110周年音乐会。笛子独奏、男女声独唱、器乐合奏、混声合唱等16个节目交替进行，时而激昂，时而婉转，让人赏心悦目。

9日，国家开发银行四川省分行处长於新军一行到岳池县检查棚户区改造项目。现场察看九龙镇九龙堰、自生等8个棚户区改造片区，对岳池县棚户区改造建设进度及实施情况给予充分肯定。於新军指出，岳池县棚户区改造项目进度快，拆迁效果明显，现场建设规范，走在全市的前列，并要求岳池县加快剩余被征收房屋的拆除进度，保证被征收户尽早入住。

9日，四川岳池爱众电力有限公司城东变电站突发故障，致使城区大部分地区及部分乡镇突然停电。事故发生后，迅速启动应急预案，采取有效措施，全力以赴抢险，努力把故障带来的供电影响降到最低限度。

13日，市委副书记、市长罗增斌到岳池调研广岳大道岳池段建设情况。调研组一行前往广岳大道起点（九龙镇赵角垭原砖厂）、广岳大道与广高路交叉口处详细了解工程建设的基本情况、进展情况以及下一步工作打算后，充分肯定岳池县取得的成绩。市委常委、总工会主席甘用德，县委副书记、县长汤才勇，县委常委、副县长欧彦等领导陪同调研。

14日，县委书记李永平为九龙镇、县国土局干部职工宣讲解读省委《关于落实党风廉政建设党委主体责任和纪委监督责任的意见（试行）》和市委《落实党委主体责任和纪委监督责任实施方案》。会上，九龙镇党委书记、县国土局党组书记还分别就落实“两个责任”作出表态性发言。九龙镇干部职工、村（社区）干部及县国土局干部职工参加宣讲会。

14日，县委副书记、县长汤才勇为花园镇、县财政局干部职工宣讲解读省委《关于落实党风廉政建设党委主体责任和纪委监督责任的意见（试行）》和市委《落实党委主体责任和纪委监督责任实施方案》。会上，花园镇党委书记、县财政局党组书记还分别就落实“两个责任”作出表态性发言。花园镇干部职工、村(社区)干部及县财政局干部职工参加宣讲会。

15日,县公安局在全县正式启动电动自行车注册登记管理工作。

18日,县委书记李永平到县经开区调研园区企业生产经营情况。指出,经开区是岳池工业战线的主战场,担子重、责任大,要扎实搞好招商引资,优化入园企业服务,为建设四川医药产业强县做出积极贡献。

20日,在遂宁市蓬溪县举行的第十二届省运动会女子散打52公斤级决赛中,岳池县17岁小将曹萱以2∶0战胜对手获得金牌,成功实现省运会金牌“零”的突破。

22日,住房和城乡建设部住宅产业化促进中心副主任文林峰一行赴岳池县石垭镇玉屏湖幸福美丽新村考察住宅产业现代化试点工作。文林峰强调,加快住宅产业化发展是新时期住宅发展的必然趋势,对于加快城市现代化进程,提升住宅品质,推进房地产业健康发展有着重要作用。文林峰对岳池县在住宅产业化工作所取得的成绩予以高度肯定,并对岳池县的住宅产业化发展提出建议。县委书记李永平、县人大常委会副主任李桂新、副县长汪勇等陪同考察。

23日至24日,县委常委班子召开专题民主生活会。省委第十三督导组组长汤建平,市委常委、组织部部长黄秀川,市委第四督导组组长杨胜林出席会议。

28日,县委副书记、县长汤才勇在县政府四楼会议室主持召开会议,研究安置房和保障性住房物业管理等工作。

30日,县“四大班子”领导在县人武部会议室组织召开岳池县2014年“八一”慰问座谈会。

30日,县委副书记、县长汤才勇,在副县长汪勇、县政府办公室主任莫如他,以及县城管局、城区清扫保洁作业承包公司相关负责人的陪同下,深入城区南街、文体广场等地慰问坚守在一线的环卫工人,为在酷暑炎热中仍坚守在环卫一线的环卫工人发放慰问品。

31日,市委副书记、市长罗增斌率队到岳池县调研大春粮食生产情况。罗增斌强调,各级各有关部门要按照习近平“自己的饭碗主要要装自己生产的粮食”要求,始终坚持把农业放在基础性战略地位,抓好粮食生产、流通等领域的关键环节,做好做强优势农产业,确保大春粮食增产,农民增收。市领导肖雷、钟志荣,县委书记李永平,县委副书记、县长汤才勇,县委副书记李国生随同调研。

31日,副市长钟志荣赴岳池县调研广岳大道建设情况,仔细听取项目建设情况汇报,了解建设过程中存在的困难和问题。

是月,九龙镇、顾县镇、罗渡镇三镇入选住房和城乡建设部等7个部委共同公布的全国重点镇名单。

8月

1日,县委副书记、县长汤才勇在县政府四楼会议室主持召开专题会,就广高路升级改造工程中的相关问题进行研究部署。

2日,市委书记侯晓春深入岳池县,就“洁水”行动进行专题调研。

4日,市委副书记、市长罗增斌率队到岳池县召开五排水水库及长滩寺河流域污染治理议案提案现场办理会。罗增斌强调,岳池县及相关部门要把五排水水库及长滩寺河流域污染治理,作为回应人大代表、政协委员关切,解决广大群众所盼和“洁水行动”的民生工程,要上下联动、标本兼治,打一场污染治理攻坚战,确保五排水水库及长滩寺河流域水质明显好转。副市长陈捷、钟志荣参加现场办理会。

4日,县文广新局组织师范附小参加第六届全国少儿曲艺大赛,车灯《岳池米粉》获二等奖。

4日,岳池县首次优质葡萄品鉴会在石垭镇张口楼村举行。

6日,县委副书记、县长汤才勇在县政府四楼会议室主持召开回龙寺水库工程建设工作专题会。

8日，兰渝铁路南高支线“和谐号”动车组正式开通运营，将成都至岳池的旅行时间缩短至2小时左右，让广大旅客的出行变得更加方便快捷。

11日，杭州市医药行业协会会长陈秀珍一行到岳池县经开区考察医药企业。实地参观考察仁安、南松、一新、龙舵、宏益药业及医药污水处理厂，听取各业主的情况介绍。考察组认为，园区基础配套完善，产业聚集初现，表示将进一步加强双方合作与交流。县委常委、副县长张学谦陪同考察。

11日至14日，在成都彭州举行的第六届全国少儿曲艺大赛上，岳池少儿曲艺节目——四川车灯《岳池米粉》荣获二等奖。

12日，县委副书记、县长汤才勇在县政府三楼会议室主持召开专题会议，研究深入推进义务教育均衡发展工作。

14日，四川异地商会考察团一行50人到岳池参观考察川渝合作（广安）医药产业示范园。考察团参观考察岳池县省级小企业创业示范基地和科创、五星金方、同天生物、道福堂、宏益、南松、一新、仁安等药业厂区。考察团医药企业代表表示愿进一步加强交流合作，争取达成合作意向。市委副秘书长罗海波，市政府副秘书长田运富，县委常委、副县长张学谦陪同考察。

14日，农业部下发《关于开展向沈乾文同志学习活动的通知》（农办发〔2014〕10号），决定在全国农业系统开展向岳池县农业局干部沈乾文学习活动。

19日，在省十二届运动会的男子乙组的400米栏决赛中，岳池中学高二学生宋乾坤（苟角镇人）以55.3秒的成绩获得该项目的冠军。岳池县运动健儿在本届省运动会中获2金2银的佳绩，出色的完成市政府下达岳池县的省运会目标任务，在广安市6县市区中名列第二。

19日，县委、县政府在吴雪艺术中心主会场举办“感恩小平·唱响岳池·同心共筑中国梦”大型歌咏会。10个乡镇代表队和8个县城代表队参赛。

21日，省政府教育督导团到岳池县九龙镇银塔小学开展农村义务教育学校基本办学条件和教育信息化建设督导。

21日至22日，省水利厅副巡视员卜冀滨一行到岳池县九龙镇横山寺村，对岳池县2013年度高标准农田建设工作开展考核评价，县委副书记、县长汤才勇等相关领导陪同检查。

25日，市委书记侯晓春深入岳池县朝阳、石垭等乡镇，就“111”工程（一个大环线、一个单元、一条连接线工程）建设和农业机械化生产等进行调研。市领导肖雷、钟志荣随同调研。

27日，市人大常委会副主任蔡学勤、市农委主任委员杨润生带领市经信局、市妇联、市农业局、市水利局等相关部门到粽粑乡开展贫困户帮扶工作。

28日至9月6日，岳池县组队参加省八届残运会，岳池县残疾人运动员赵茜勇夺女子铅球、铁饼、标枪三项冠军，李江波获得男子200米跑冠军、100米跑、跳远第二名。

29日，县委书记李永平主持召开县委理论学习中心组2014年第三季度学习会暨党的群众路线教育实践活动第三环节工作会，省互信办网评处处长谢锦蓉就如何应对媒体记者、舆情处置及网评引导作专题讲座。

是月，《岳池曲剧》被省人民政府公布为第四批四川省非物质文化遗产代表性项目。

9月

4日，县委副书记、县长汤才勇带领县级相关部门、相关乡镇负责人实地查看朝阳乡大屋村猕猴桃基地、玉屏湖景区、红庙至龙安乡拟修建公路等现场，并在县政府三楼会议室召开岳池县玉屏湖景区、“111”工程及新村建设推进会。

4日，县政协主席会议成员率领部分市、县政协委员对广岳大道建设情况进行集中视察和专题协商。

5日，县政府印发《关于取消和调整县本级行政审批项目的决定》。调整后，县本级保留行政审批项目79项、转变管理方式行政审批项目（公共服务类）81项、日常行政管理审批项目17项。

10日，省民政厅救灾处副处长任俊一行到岳池县九龙镇麻柳桥社区检查综合减灾示范社区创建工作。

10日，县委、县政府在吴雪艺术中心举行庆祝2014年教师节表彰大会暨第二届中小学生艺术节优秀节目汇演。

11日，市委副书记袁险峰一行到九龙镇园田社区视察"法律进社区工作"。

13日，持续的强降雨，袭击岳池县各地，由于积水不能及时排除，一些城郊地区的河水出现倒灌，县城区部分街道内涝严重。

16日，岳池县法学会成立大会暨第一次会员代表大会在吴雪艺术中心召开。市委政法委副县级纪检员于伟亲临会议指导工作，全县法学界、法律界150名会员代表参加会议。会议听取县法学会筹建工作报告，审议通过《岳池县法学会第一届理事会常务理事会及领导班子组成人员选举办法》《岳池县法学会会费管理办法》，选举产生岳池县法学会第一届理事会理事、常务理事、会长、副会长、秘书长。县委常委、政法委书记谢帮勇当选县法学会会长。

18日，县政协在吴雪艺术中心召开岳池县庆祝人民政协成立65周年暨诗书画院成立大会。市政协主席刘凤成，市政协原副主席李成轩，市政协秘书长李全富，县委常委、宣传部部长陈莉，县人大常委会副主任黄褐，县政协主席会议成员等市、县领导出席大会。会后，举办庆祝人民政协成立65周年诗书画影作品展览，评选表彰20件优秀作品。

19日至20日，省统计局副局长黄国芹一行到岳池调研投资项目进展和现代农业发展情况。

19日至21日，县委、县政府组团参加在成都举办的第十届中国食品博览会。副县长汪勇任团长，县商务局局长段清华及相关部门领导6人为成员。县商务局负责整个活动的统筹协调，展位内外设计装修，展位分配和后勤服务工作。组织15户企业和40种特色产品参展，展销额170万元；签约项目8个，合同金额1亿元。

19日至21日，港华燃气西南区域第三届员工运动会在岳池县举行。参加运动会的代表队有云、贵、川、渝、鄂的23支代表队，到访人数近600人；县委副书记、县长汤才勇，县委常委、副县长张学谦，县人大副主任黄褐，副县长任仕金分别出席欢迎晚宴、开闭幕式及欢送宴会；县公安、消防、医疗、文广新、安监等部门负责人与承办单位岳池港华燃气有限公司为运动会圆满召开保驾护航。

23日，省食品药品监管局王勇一行到岳池县经开区调研。首先到县经开区展示厅听取经开区基础建设和医药产业发展情况汇报，随后实地参观考察仁安药业、科伦药业广安分公司等重点医药企业。市食品药品监管局唐协民、县委书记李永平、副县长杜宇、县食品药品监管局齐建辉等陪同调研。

24日至26日，县委宣传部协助中国曲协、省文联组织"我们的价值观——曲艺走基层全国百场地巡演（四川·岳池）"专场演出，分别到镇龙乡、新场镇、中和镇演出3场。

25日，围绕培育和践行社会主义核心价值观，以"国是家""勤为本""俭养德""诚立身""孝当先"为主题的"我们的核心价值观——曲艺走基层全国百场巡演四川（新场）专场"文艺活动在断桥中学内举行。活动由中国曲艺家协会、四川省文联主办，四川省曲艺家协会、广安市曲艺家协会、中共岳池县委宣传部、岳池县文联、岳池县文广新局、岳池县曲艺家协会、中共岳池县新场镇委员会、新场镇人民政府联合承办。市曲艺协会副主席、县文联主席陈德舜的讲话拉开演出的序幕。

28日，县委副书记、县长汤才勇带领县食品药品监管局及相关部门负责人深入豪庭假日酒店、科伦药业、美好家园超市等企业开展节前食品药品安全监督检查。

29日，市委副书记、市长罗增斌率队到岳池县开展"国庆节"暨"老年节"走访慰问活动。

30日，岳池县烈士公祭活动在翔凤山烈士陵园纪念碑前举行。县委副书记、县长汤才勇主持仪式，县委书记李永平敬献花篮并宣读祭文。县人大常委会主任张永辉，县政协主席曾邦才，县委副书记李国生等领导出席公祭活动。

30日，县委书记李永平，县委副书记、县长汤才勇一行到乔家镇敬老院开展“国庆”“重阳”慰问“五保”老人活动。

30日，县委副书记、县长汤才勇在县政府四楼会议室主持召开回龙寺水库工程建设移民安置工作专题会议。

10月

9日，市委常委、市纪委书记刘光辉到岳池县粽粑乡蒋家沟村、姚石桥村开展扶贫调研。县委副书记、县长汤才勇陪同。

14日，副市长钟志荣一行到岳池县就社会主义新农村建设和农业产业发展工作进行调研。县委副书记、县长汤才勇，县委副书记李国生陪同调研。

14日，广安市第九届青少年书信文化活动表彰大会暨第十一届青少年儿童书信文化活动启动仪式在岳池中学举行。副县长任仕金出席仪式并致辞。

16日，岳池县优秀年轻干部人才递进培养计划第二期培训班在县委党校举行开班典礼，县委常委、组织部部长、党校校长廖和民出席开班仪式并讲话。公开遴选的99名优秀年轻干部参加开学典礼。此次集中培训主要为全面提高年轻干部的理论水平和能力素质，将参加为期三个半月的学习培训，分为党校理论学习、高校集中学习和挂职实践锻炼三个阶段。

21日，县委在吴雪艺术中心组织召开党的群众路线教育实践活动总结大会，省委第十三督导组、市委第四督导组、市委群教办领导到会指导。会上，组织学习贯彻中央、省、市教育实践活动总结会精神，县委书记李永平全面总结全县教育实践活动经验成效，对巩固拓展活动成果、推进从严治党、作风建设进行部署。

21日，省环保厅总量处处长蒲斌、机动车污染防治中心主任周劲戈一行检查岳池县减排重点工程和县机动车环保检测线建设工作。

21日至29日，县文广新局组织参加在江苏连云港市的中国曲协第八届中国曲艺节和山西长治举办的“中国曲艺之乡创建20周年”系列活动，荷叶《秋江》参加南方片区的曲艺专场演出。邓庆贵获“创建中国曲艺之乡优秀曲艺工作者”称号。

22日至11月3日，县委、县政府组团参加在成都举行的第十五届中国西部国际博览会。24日，岳池县借助在第十五届西博会搭建的交流合作平台，在成都成功举行“川渝合作示范区·广安岳池医药产业投资促进推介会暨项目签约仪式”，共签约医药中间体生产、化学新药原料生产、中药健身产品生产等6个项目，签约资金39.2亿元。市委常委、总工会主席甘用德出席仪式。其间组织21户企业106个名优特新产品参展，展销额216万元；签订贸易合同15个，贸易金额6.74亿元。

23日，县食品药品监管局组织康发药业、科伦医贸岳池第三批发部、县人民医院、县中医院等16家药品经营、使用单位在大东街联合开展安全用药宣传活动。

24日，广安市总工会、岳池县总工会、经信局、司法局等单位在岳池联合举办企业诚信守法经营法制培训会，邀请岳池县丘山律师事务所主任岳豪对20户工业企业、10户商务企业、5户建筑企业、5户药品餐饮企业、4家医疗卫生机构的负责人进行诚信守法经营法制培训。市总工会副主席李健、县总工会副主席滕云、县经信局副局长齐新民等领导出席培训会。

25日，县委组织部在吴雪艺术中心主会议室举行岳池中学、岳池一中两所省级重点中学中层干部竞聘无领导小组讨论集体面试，分别来自这两所学校的各17名教师参加竞聘面试。两所学校竞聘分别经过近三个小时激烈角逐，最后根据得分高低确定岳池中学邓鸣凤等11名教师以及岳池一中彭礼勤等11名教师作为考察对象，进入考察环节。

27日，市委常委、宣传部部长唐雄兴到岳池县，就全县教育工作进行调研。

29日，岳池县正风肃纪满意度集中测评暨党风廉政建设社会评价工作会在吴雪艺术中心召开

30日，广安市公安机关全面深化公安改革工作现场会在岳池县召开，副市长、公安局局长邓文国以及市公安局党委成员，市公安局各部门主要领导，改革办、三化办全体成员，各区、市、县公安（分）局局长、政委，指挥中心、改革办、三化办主任以及城区派出所所长100余人到岳池县公安局城东派出所和城东派出所文星桥警务室参观。

31日，县政府在吴雪艺术中心多功能会议厅举行岳池县第二期经济适用房销售现场会，县财政局、县卫生局、县司法局、县公安局、县民政局、县住建局和九龙镇的领导及各社区工作人员及参加抽号选房的家庭出席会议。有119户低收入家庭享受到经济适用房。

31日，市政协副主席江陵带领市政协港澳台侨外事和民宗委、市政协研究室、市商务局等相关人员到岳池县顾县镇、亿联建材家居五金城、好又多超市、钻石酒店、银都电影院等地调研商务经济发展情况。县政协主席曾邦才、县委副书记张艳萍、县政府副县长汪勇、县政协副主席伍艳等陪同调研。

是月，县公安局研发“警务回访系统”，率先在全省建成警务回访中心，充分利用现代化手段深化作风建设。系统运行以来，日均电话回访群众近220人，回访成功率达78.83%。

是月，九龙镇创建为省级安全社区。罗渡镇、苟角镇、石垭镇、中和镇、裕民镇、酉溪镇、兴隆镇、坪滩镇创建为市级安全社区。

11月

1日至2日，由四川省人民政府、中国交通运输协会、中国对外应用技术交流促进会主办的第三届中国（四川）国际物流博览会在遂宁市举行。岳池代表团在县委副书记张艳萍的带领下，与深圳市汇通天下国际货运代理有限公司洽谈“在岳池投资建设汇通物流园区项目”的相关事宜。

3日，县委召开第十五次全体（扩大）会议，传达学习党的十八届四中全会精神，贯彻落实省委、市委常委会议精神，安排部署当前工作。会议指出，践行“法治中国”路线图是当前及今后一个时期的首要工作，全县上下必须围绕“学深吃透”下工夫，准确把握全会精神；必须注重“学用结合”抓落实，加快推进依法治县进程；必须围绕“学以致用”做文章，扎实抓好当前重点工作。会议要求全县各级各部门把学习宣传贯彻全会精神与抓好当前各项工作紧密结合起来，找差距、添措施，打好冲刺目标攻坚战，圆满完成全年目标任务。

5日，市政府副秘书长、金融办主任田运富率市经信委、市投促委、市督查办等相关部门负责人到岳池督查重大工业招商引资项目落地实施情况。督查组一行在县委常委、副县长张学谦，县政府副县长王雪飞的陪同下，参观城南工业园区仁安药业、道福堂等新引进重大工业项目施工现场，听取岳池县关于项目落地实施情况的汇报。

6日至7日，省卫计委副主任杜波带领省级卫生县城复审考核组到岳池，对岳池县创建省级卫生县城工作进行全面复审考核测评。复审组认为，岳池县委、县政府把创建省级卫生县城作为树立和落实科学发展观，构建和谐社会，加快经济发展，扩大对外开放，提升城市形象的一项重大举措，发动广大群众，实行标本兼治，综合治理，依法管理，城区卫生水平整体提高；创卫工作取得显著成绩，达到《四川省卫生城市标准》要求。县委副书记、县长汤才勇出席复审考核汇报会。县领导陈莉、黄褐、任仕金、冯雏等陪同复审考核。16日，岳池县通过省级卫生县城复审。

8日，县工商业联合会、县妇联等单位在豪庭假日酒店吉祥厅为困难群众、孤寡老人、尿毒症患者等举行慈善义卖义捐活动。

11日，一新药业、宏益药业、康安生物制药、科创胶囊生产线等15个重大项目在县经开区举行

集中开工仪式。市委常委、宣传部部长唐雄兴，市人大常委会副主任蔡学勤，县委副书记、县长汤才勇，县人大常委会主任张永辉出席开工仪式。项目总投资33.9亿元。

11日，市委常委、政法委书记肖雷带领出席全市“111”工程现场会的与会人员到岳池县参观，安排部署全市“111”工程下阶段工作。县委副书记、县长汤才勇，县委副书记李国生等陪同参观。

12日，省卫计委巡视员仝来龙一行到石垭中心卫生院、九龙镇阳角庙村卫生室、顾县中心卫生院、县人民医院、县中医医院调研卫生重点工作。

13日，岳池县人大常委会在吴雪艺术中心召开2014年度工作评议大会。

14日，岳池县妇女第九次代表大会在吴雪艺术中心召开，全县各行各业、各条战线的185名妇女代表参会。会议选举产生县妇联第九届执行委员会委员29名，以无记名投票方式选举出新一届妇联主席、副主席及9名常务委员。龙丽君当选为县妇联主席，江俊华当选为副主席，丁敏、马小燕、田利华等9人当选为县妇联第九届执行委员会常务委员。县委副书记、县长汤才勇出席大会并作重要讲话，市妇联党组成员、副主席任景佩亲临开幕式现场并致辞。

14日，省人力资源和社会保障厅党组成员、省社保局局长董宏杰一行到岳池县调研社会保险工作，市人社局党组成员、副局长廖杰，县委常委、副县长欧彦及县人社局负责人等陪同调研。董宏杰一行实地察看岳池县人社局的社保、城乡居保两个经办机构的服务大厅和档案室，就人员配置、窗口服务、基层平台建设和信息化建设等情况进行重点了解。在社保局经办窗口，董宏杰同前来办事的群众就社保经办服务和办事流程进行面对面的交流，并在城乡居保局服务大厅现场查看金保网网络运行情况和工作人员的在网业务办理操作。

21日，县委常委、副县长欧彦在吴雪艺术中心主持召开全县公务用车改革摸底统计工作培训会。岳池县公车改革正式启动。

24日，县政府在吴雪艺术中心召开“宽带乡村”工程启动大会。会议要求，广泛动员和利用社会力量，齐抓共管，打好总体战和配合战，高标准完成各项任务，加快推进“智慧岳池”建设，实现农村宽带网络普及和运用，带动农村经济转型发展，将岳池打造成为中西部农村地区宽带应用展示窗口，努力推动全县经济社会加快发展。

25日至29日，岳池县组团参加重庆中国（重庆）国际物流博览会（简称“物博会”）。在本届“物博会”上，岳池县与深圳市汇通天下物流有限公司成功签约，签约项目投资10亿元，占地150亩，建筑面积20万平方米，建成投产后，将结束岳池县无上规模专业物流园的历史。

26日，岳池县重点水利项目暨“洁净水”行动集中开工仪式在顾县镇举行。副市长钟志荣，县委常委、副县长张学谦出席开工仪式。此次集中开工的是顾县堤防工程、顾县污水处理厂和岳池经济技术开发区污水处理厂3个重大项目，累计投资金额2.5亿元，项目建成后，将为全县保护水体质量、保障饮用水安全、保护人民群众身体健康起到积极作用。

28日，县委、县政府在吴雪艺术中心组织召开全县领导干部大会。县委副书记、县长汤才勇主持大会并作重要讲话。会议传达市委关于清理机关事业单位人员在编不在岗、整治庸懒散浮拖等问题的会议精神和市委关于公车治理、乱发钱物整治等问题的有关要求，并就岳池县相关工作进行安排部署。汤才勇在讲话中指出，专项整治所涉及的问题是中央巡视组反馈并要求整改的问题，是我们必须完成的重大政治任务。各乡镇、各部门务必深刻认识抓好专项整治工作的极端重要性，把思想行动统一到省委、市委和县委的要求部署上来，切实增强思想自觉和行动自觉性，以更加坚决的态度、更加有力的举措，切实抓好问题整改。汤才勇要求，县上的牵头领导和各单位主要负责人要切实履行职责，真抓整改、落到实处。各乡镇、各部门务必按照相关文件要求，认真开展自查清理，客观真实反映本单位存在的问题。对存在的问题要按要求进行整改，做到该纠正的必须纠正、该整改的必须整改、该清退的必须清退。汤才勇强调，当前正处于深化党的群众路线教育实践活动、学习贯彻党的十八届四中全会精神、奋力冲刺年度目标任务的关键时期，各乡镇、各部门要把专项整治工作与学习贯彻十八届四中全会精神结合起来，与教育实践活动整改落实和“回头看”结合起来，与推动本乡镇、本部门中心工作结合起来，坚持两手抓、两不误、两促进，不断巩固治理成效，确保圆满完成全年目标任务。县“四大班子”在家领导，县人武部政委，县法院院长，县检察院检察长，县公安局政委出席会议；县级各部门、各群团组织、省市驻岳单位主要负责人，各乡镇党委书记、乡镇长参加会议。

12 月

1 日，中国数字图书馆有限责任公司环保项目部总经理杜毅成一行到岳池县考察。杜毅成一行首先在岳池经开区展示厅听取川渝合作（广安）医药产业示范园的建设发展情况后，来到城南医药产业园。杜毅成对城南医药产业园的发展前景及配套给予赞许，并对投资岳池表示浓厚兴趣。随后，杜毅成一行参观岳池火车站，听取岳池县城市建设基本情况后在吴雪艺术中心召开座谈会。

3 日，市惠民办到岳池县检查验收 2014 年提前完成的省市民生工程项目建设情况及资金执行情况。检查组通过查看资料、走访群众、交流座谈等方式对全县民生工程和惠民帮扶给予充分肯定。县委副书记、县长汤才勇，县委副书记张艳萍，县委常委、副县长欧彦陪同。

5 日，县政府在县农业局会议室组织召开全县农村土地承包经营权确权登记工作动员会。县农业局局长针对全县农村土地承包经营权确权登记颁证工作进行发言，县档案局对档案管理作出工作安排，长田乡作工作试点经验交流发言。副县长姚长琼强调：统一思想，提高认识；突出重点，快速推进；强化保障，务求实效；加强督查，及时通报。最后，对项目实施业主代表进行业务培训。

5 日，岳池义工联被评为“四川省十佳志愿服务组织”。

10 日，西南政法大学行政学院副院长、教授、宪法与行政法专业博士生导师王学辉到岳池作《加强宪法实施和监督全面推进依法治国》专题讲座。

14 日，市委书记侯晓春率队到岳池县调研“洁净水”行动推进工作。要求各级各部门高度重视，采取切实有效措施，着力打造“天蓝、地绿、水清”优美生态环境，努力构建群众幸福家园，为广安科学发展、加快发展、又好又快发展贡献力量。市委常委、政法委书记肖雷，市人大常委会副主任蔡学勤，市政协副主席周派国，县委副书记、县长汤才勇，县委副书记李国生等陪同调研。

16 日，全市政协人口资源环境工作座谈会在岳池县召开，来自广安市六区、市、县政协分管副主席、专委会主任及市政协人口环境资源委员会相关界别市政协委员参加会议。

16 日至 17 日，国家农业产业技术体系四川油菜创新团队岗位专家、四川省农业机械研究院农机研究所所长刘征明高级工程师带领创新团队技术专家到岳池县开展油菜机械化生产试验示范调研。刘征明一行深入到朝阳、坪滩、西板等乡镇详细了解大面积油菜生产和机播机收油菜品种种植以及浅免耕直播油菜长势等情况，充分肯定岳池县在油菜高产示范区建设和产业化发展方面取得的突出成绩，并对岳池县油菜机械化生产提出科学建议。

17 日，县政府在吴雪艺术中心组织召开深入推进“双违”（违法建设、违法用地）治理工作大会，县委副书记、县长汤才勇出席大会并做重要讲话。会议传达广安市“双违”治理工作动员大会精神，安排部署岳池县“双违”治理工作；县住房城乡规划建设局、九龙镇分别代表县级部门和乡镇作表态发言。会议指出，开展“双违”治理，事关发展、民生、稳定，也是推进新型工业化、新型城镇化必须破解的一道难题。全县各乡镇、各部门和广大干部群众要统一思想，深刻认识开展“双违”治理的重要性、艰巨性、长期性和复杂性，坚定治理工作的信心和决心，凝心聚力，打好“双违”治理攻坚战，坚决遏制其蔓延势头，切实规范用地和建设秩序，为城镇建设步入良性发展轨道奠定坚实基础。

22日至23日，四川餐饮文化投促会副会长、成都怡养山珍餐饮管理有限公司董事长李帝身一行到岳池考察抗癌类保健品、检测仪及抗癌类药物研发、生产项目，县委常委、副县长张学谦，县政府副县长王雪飞以及县级相关部门负责人陪同考察。

23日，四川省广安市岳池质量技术监督局行政管理关系正式调整由岳池县人民政府管理。根据中共广安市委机构编制委员会《关于分配下达工商质监部门编制的通知》（广委编发〔2014〕50号）文件，划转岳池质监部门行政编制20名，工勤人员事业编制（控制数）2名，事业编制16名。同时，岳池县质监局将生产环节食品安全监督管理职责划归岳池县食品药监局，岳池质监局负责食品包装材料、容器、食品生产经营工具等食品相关产品生产加工的监管。

30日，县委、县政府在吴雪艺术中心召开领导干部大会，市委组织部宣布省委决定，郑鹏程任中共岳池县委常委、书记。

30日，回龙寺水库枢纽工程开工仪式在天平镇蒋山镇村举行，市水务局局长徐元武，县委副书记李国生、政协副主席冯雏出席开工仪式。

31日，县委副书记、县长汤才勇带领食品药品监管局、畜牧食品局、商务局、工商局等部门负责人对节前食品药品安全进行联合大检查。

31日，广场舞《桂花香》获广安市《金曲迎春·舞动广安》广场舞大赛特等奖。

是月，县委、县政府在石垭镇玉屏湖新村、普安镇干堰塘村、乔家镇南山村举办“欢乐农家大赛”。

是月，广安市发展和改革委员会以广安发改函〔2014〕95号文批准新建岳池县灵泉寺水库工程，这标志该项目相关前期工作正式启动。县水务局完成勘察设计招标工作。该项目位于渠江支流新民河下游的裕民镇茅草坪村，具有城镇供水、防洪、灌溉效益等综合利用任务。控制流域面积3.5平方千米，工程建成后，既能保证裕民、大佛等灌区的4400亩农业灌溉和场镇、乡村供水，促进水资源开发，减少洪水灾害，保障人民生命财产安全，又能改善灌区内生态环境。灵泉寺水库校核洪水318.5米，总库容约220万立方米，死库容30万立方米，估算工程静态总投资为15200万元。主要建设内容为：新建大坝、溢洪道、放水设施、进库公路、观测及管理设施等。

概 述

Gai Shu

自然环境

【地理位置】

岳池县位于四川盆地东部，渠江和嘉陵江汇合处的三角台地，北纬30°15′~30°48′，东经106°7′~106°44′。东与广安区相邻，东南与华蓥市毗邻，南与重庆市合川区接壤，西南与武胜县相连，西北与南充市嘉陵区交界，北与南充市高坪区毗连，东北与南充市蓬安县相倚。县境南北长59.66千米，东西宽59千米，辖区面积1479平方千米；县人民政府驻九龙镇。

【地形地貌】

岳池县地处华蓥山、龙女寺、黄龙寨、金城山背斜之间的向斜地带，境内无完整的山脉；地势由西北向东南倾斜，地形渐次呈低山、中丘、平坝三种类型，中丘占全县面积的71.43%，平坝占6.62%，低山占21.95%。一般海拔250~400米，北部金城山云盘寨海拔824.6米，为最高点；南部赛龙镇丹溪口海拔207.8米，为最低点。南北相对高差616.8米，坡度一般3°~60°之间，相对高度50~100米。

【气候特征】

岳池县属典型的中亚热带季风湿润气候区，具有四川盆地共同的气候特征，四季分明、风速小、日照少、云量多、湿度大，春旱、夏热、秋凉、冬暖。春季回暖早，但不稳定；夏季长而炎热，入夏后，晴朗天气较多，常有旱情出现，局部地区偶有大风、暴雨、冰雹；秋季降温快，低温来得早，常有秋绵雨“烂秋”天气；冬短而暖，少霜雪，日平均气温在6℃以上。因受地形影响，北部与东南部的气候垂直差异明显，北部地区气温较低，且雨量偏少；东南丘陵区，气温较高，雨量较多。农作物种植季节，南部比北部早10—15天。2014年，总日照时数1117.4小时；年平均气温16.9℃，年极端最高气温38.5℃（8月6日），年极端最低气温-1.1℃（1月1日）；年总降水量1455.7毫米。

【自然资源】

岳池耕地面积为804805亩。分为4个土类、6亚类、12个土属、44个土种、47个变种。据其肥力状况，分为5个级别：潮沙泥、大眼泥和黑油沙田土等12个土种为一级占耕地面积的43.53%；半沙半泥、夹沙泥、红沙泥、黄沙泥田土等9个土种为二级土，占耕地的28.44%；黄泥、紫黄泥、白沙泥、红石骨沙田土等8个土种，占耕地的11.15%；冷水田、烂泥田、紧口沙田、卵石黄泥田土等4个土种为三级土，占耕地的4.98%；肥力好的和比较好的一、二、三级田土，占耕地的83.48%；肥力较差的四、五级田土，占耕地的16.52%。

岳池平均径流深300~350毫米径流总量为

4.725 亿立方米，年平均利用率为 35%。县内河流分布呈树枝状，共 26 条，分别注入嘉陵江、渠江。集雨面积在 50 平方千米以上的有清溪河、西溪河、长滩寺河、三溪河、西溪河、新民河、罗渡河、临溪河，总长 617.8 千米，流域面积 1449.8 平方千米，水域面积 1.4 万亩。嘉陵江由石鼓西南入境，经镇裕、坪滩出境，县辖段长 50 千米。年流量 91 立方米/秒，年均径流总量 278 亿立方米。渠江从广安区鱼家嘴入县境，由东北向东南横贯中和、罗渡，至赛龙乡老隍观流出，县辖段长 40 千米，宽 500～700 米，水域面积 1.3 万亩，平均径流量 730 立方米/秒，年均径流总量 200 亿立方米。境内地下水资源，因受红层风化带裂隙发育程度和丘陵条件的制约，一般不构成区域性径流与物质物质循环，富水重要条件差。年平均地下径流总量为 2485.24 万立方米/秒。多为浅层孔裂隙水，水质较好，适宜人、畜饮用。

石油、天然气、囟水等地下资源丰富，银杏、黄桷树、柑橘、柏树、刺梨、山楂、半夏、灯草等野生植物 700 余种，黄鼠狼、松鼠、秧鸡、燕、白鹭、江团、青鱼等野生动物 12 纲 18 目 25 科 38 属 300 种。

【旅游资源】

岳池县旅游资源丰富，南宋爱国诗人陆游曾赋诗《岳池农家》赞美岳池田园风光。岳池县 2002 年举办第一届岳池农家文化旅游节以来，逐年打造县城至翠湖 7 千米长的“农家文化旅游带”，农家第一庄、水泊人家、丘山人家、岳池老家、金果生态园、馨盛庄等数十家“农家乐”星罗棋布；先后建成县城农家文化主题公园、吴雪艺术中心、麻柳河景观带、中国曲艺之乡牌坊、东湖公园等农家文化特色鲜明的旅游景观。

金城山国家级森林公园、静谧深幽的象鼻河、川东水上明珠翠湖、凤山公园乃川东旅游胜地，境内有千佛寺摩崖石刻、灵泉寺王羲之兰亭序石刻、文明塔、安公桥、赵椿桥、亮坝、岳池文庙等众多著名历史文化遗迹。

发展乡村旅游，提升金果生态园、廖坝新村乡约园接待能力，精心打造石垭玉屏湖景区。坚持产村相融、农旅结合发展理念，加快建设幸福美丽新村；高标准、高规格打造朝阳乔家蔬菜产业园，建设粮经复合型产业基地；巩固提升石垭镇张口楼葡萄基地、丁家村血橙基地、玉屏湖血橙基地，整体打造三安体验采摘园，形成“现代农业产业园区旅游带”。

政区设置

【建置沿革】

唐武周万岁通天二年（697 年）置岳池县，治所在思岳池，属剑南道果州郡；唐开元二十年（732 年），治所迁至伏江里；明洪武四年（1371 年），属顺庆府广安州，治所迁翔凤山南麓（今九龙镇）至今。北宋开宝二年（969 年）隶广安军，北宋咸平四年（1001 年）属梓州路潼川府果州。元至元十八年（1281 年）属广安府；元至元二十年（1283 年），撤新明（唐武德二年分石镜县置）、和溪（南宋开禧三年升和溪镇为县）县，并入岳池。明洪武四年（1371 年），属顺庆府广安州。清康熙七年（1668 年）并入广安州，康熙六十年（1721 年）复置岳池县，隶川北道顺庆府。清宣统三年（1911 年），大竹县人余临川率义军进驻岳池，结束清王朝在岳池的统治，隶大汉蜀北军政府。民国元年（1912 年），隶大汉四川军政府；4 月，隶四川都督府。民国 2 年（1913 年），隶属嘉陵道。民国 7 年（1918 年），四川军阀割据，属第三防区。民国 24 年（1935 年），属第十一行政督察区。1949 年 12 月 16 日，岳池解放。1950 年 1 月属川北行署南充专区。1952 年 9 月，撤川北行政区，属四川省南充专区。1968 年，南充专区改为南充地区，属南充地区。1993 年 7 月，成立广安地区，岳池县划归广安地区管辖。1998 年 7 月，广安地区撤地建市，岳池县隶属广安市至今。

2014 年年末，全县共辖 21 个乡，22 个镇，1 个景区管理委员会，827 个村民委员会，52 个社区居民委员会,6216个村民小组,207个居民小组。

表1 2013年岳池县乡镇行政区划一览表

乡 镇	村民委员会		社区居委会
	个数	名 称	
九龙镇	47	九龙堰、五里牌、三合寨、棱角桥、大坪、金弹场、张家湾、七里沟、双大路、土门铺、向家沟、即显庙、民生桥、范家沟、石庙子、百步梯、洗马滩、菊花山、赵椿桥、曾家堰、莲花寺、高垭口、大坟宝、遇仙桥、粟家坝、回龙沟、长滩寺、万塔山、界牌、香堂山、窑罐厂、白鹤桥、长河、长坡、雁落坝、凤凰山、白塔、川主庙、火盆山、阳角庙、杜家桥、九道拐、横山寺、胡家岩、打石窝、赵家河、狮子坡	新平桥、城南、城东、城北、成果、安公桥、万兴、文星桥、玉皇观、城西、公园路、园田、麻柳桥
花园镇	26	杨家坡、官大田、马家井、火塘坝、肖家井、高石梯、临江寺、磨滩河、花朝门、古井沟、桑树垭、大匾山、太平沟、唐家巷、高坑桥、万寿寺、两不来、挖断山、五元坟、田坝寺、三元、油坊店、茶园、苏麻沟、松马鞍、红坡盖	自生
朝阳乡	12	雨台山、长深、高井圈、秦家店、高店子、观音庵、肖家店、龙马、武云寺、牛王庙、天王庙、大屋	
北城乡	11	普阉寺、张仙坝、耿家店、璧山庙、土桥寺、千佛寺、石院墙、金沟、三元桥、庙儿坝、高木桥	
镇龙乡	13	王家场、观音岩、三合桥、丁家店、包锣田、平原、鸡公岭、马鞍寨、双河口、梨园、百家沟、漏山寺、大峰山	义兴
石垭镇	33	油坊沟、石坳、社红庙、中学、雷家堡、新龙庙、石马沟、烂洞坝、三块碑、分水岭、石龙庙、长石、张口楼、大城、雨台山、云峰、丁家、打锣山、梅子、罗安、罗家堂、王家沟、梨子园、马纳沟、玉屏山、徐家坝、吕家桥、陈家沟、大邑山、周锣铺、立石山、王家院、双河口	温家堡、石平
普安镇	29	八一、高碑、熊家坝、会仙桥、兰坝、金山寺、皮家湾、龙神庙、苟迪寺、普光寺、斜石坝、吴家沟、院龙寺、高桥、干堰塘、斑竹园、大石沟、龙凤台、白庙子、接龙岭、龙王沟、百子坎、新庙子、三湾、黄桷、字库、三官庙、黄泥墙、金台寺	余家场
乔家镇	13	杨坝、秀才、廖坝、南山、董家、陈家湾、双桥、催龙、灵官庙、水桶庙、照画壁、向家庙、茶亭庙	太平
花板乡	12	花板桥、观音堂、龙泉罐、狮子宝、柏林、翘家桥、玉皇庙、象鼻嘴、梓桐庙、双星寨、金竹冲、杨家庙	
大石乡	15	曹家沟、营山铺、大冲沟、狮子磅、白鹤嘴、漏山沟、福寿寨、双龙桥、花园坪、石堰塘、五里堆、皮家沟、游家沟、晏家沟、马鞍山	玉龙
白庙镇	25	黄莲桥、新店子、玉皇沟、长深沟、九洞桥、郭家坝、李家店、陆墙院、金竹沟、白龙桥、杨柳、莲花台、安家观、三溪口、安宁寺、舞凤山、冬笋沟、郑家、龙音寺、鲁班迹、瞿家店、李白寺、拱桥、三教寺、菊花	白玉
新场镇	25	梓桐寺、大石坝、冉家沟、新场、杜家寺、贺家堂、红关寨、黄家梁、老庙子、瓦盖墙、坨甲桥、断桥、韩家院、水洞桥、董家梁、踏水桥、圣兴寺、大桥、七星照月、佛保寨、张家坝、黄桷树、宝珠寺、梁家垭、报慈寺	永胜
粽粑乡	18	粽粑、水竹林、万家寨、盘龙、花墙院、画龙、罗家院、合兴、桐麻山、金龙寺、龙山院、皂角树、廖家沟、姚石桥、蒋家沟、蒋家院、金竹、董家沟	六角丘
坪滩镇	26	五郎庙、陆家桥、马家沟、石牌楼、大平桥、扯渡河、芭蕉湾、双河口、轿顶坡、保华寺、冉家店、马鞍寨、义学堂、帅坨寺、骑龙寨、小龙沟、仁和寨、水月寺、低坑、高坑、何家坝、莲花寺、关口村、双堰塘、石船沟、陆家沟	兴坪

续上表

乡镇	村民委员会		社区居委会
	个数	名称	
龙孔镇	23	金龙、黑塘、杨家湾、文家沟、金虎桥、杨拱桥、紫极观、柏林湾、银虎、庆龙寨、艾家场、曙光、龙岩、武圣宫、皇姑庵、摇钱碑、转山、雷峰寨、三层堂、新观、洞庭罐、王家庙、冯家坝	来龙
镇裕镇	12	瓦店子、香炉山、丁家石盘、半沟、大田湾、胡家桥、中渡沟、七龙寺、尹家沟、斋公坝、龙家浩、油榨溪	裕安
排楼乡	13	花院墙、云盘、朝阳寺、人和、龙井沟、石龙河、雪山寺、大水河、汪家岩、三王庙、白虎梁、洪恩寺、沙帽头	盘龙
西板乡	21	真武山、高峰池、梅家沟、牛场寨、石门寺、火焰山、长沟、老罐溪、玉屏寺、桂花园、鼓楼坡、观音阁、宋家沟、金子沟、河湾、殷家沟、经三场、河堰口、牛栏坎、老关寨、高岩山	板桥
石鼓乡	9	歹溪、万鼓桥、石鼓锤、酢坊、石鼓、高屋基、沈拱桥、八角、田坝	
嘉陵乡	8	石盘堰、万家沟、了解庵、白沙坨、福兴寺、东岩寺、三星庙、白羊盖	石盘
酉溪镇	21	老石桥、狮子山、刘仁沟、双石沟、林檎山、螺丝岩、石猪庵、寇家坝、野猫滩、罗家垭、黄家堰、刘家塘、安子沟、太平寨、唐家坝、药铺、桥村坝、火场、刘家坝、双龙寨、学堂沟	兴酉、佳和
同兴镇	12	沙坝、尹家坝、罗家沟、李坝、齐福寨、韩坡坳、元庚塘、大石、蒲家沟、安家沟、袁家店、茶盘	果兴
恐龙乡	11	半边街、补家坝、石门、唐家盖、文昌寨、墙干、河北滩、秀观音、五通塘、黄花岭、胡家沟	石龙
平安乡	9	黑水河、平安寺、李家坪、长沟店、二圣庙、猫儿洞、柳树湾、老山、林场	长安
兴隆镇	16	八角亭、大仓沟、百家店、金台山、断碑、方家沟、五通庙、陈家梁、汉山观、龙王井、香积寺、陈家坡、粑粑店、杨房沟、禹山寺、四合村	兴旺
秦溪镇	19	清桥、油坊、大柏坡、青山、石堰塘、万年桥、邹家沟、宝箱寺、四方寨、龙王庙、周家坝、仙潭寺、龙石口、黄石岩、小清溪、观音桥、南桥河、八角庙、峰山寺	清溪
团结乡	9	张家堂、成家岭、穿石孔、自长坪、檬子桥、朝门、曹家岩、柏杨沟、小岭	
黄龙乡	10	柏树坝、小白岩、樟木桥、石马山、龙门、杨家沟、滑石板、铺芽山、玉瓶寨、大地坝	
顾县镇	34	广佛寺、丰谷寺、大坝、干坝子、罗家坪、桐子树、骑龙庙、李家堂、付家坳、蒙家湾、大圆岽、南桥坝、鹿子坝、石庙沟、小门路、羊山观、小羊山、梁家坳、马家、团坝、真武桥、红庙寺、大梨、冯家坳、刘家庙、偏旗山、南岳庙、朝阳、火烧坡、胡家庙、石鹤嘴、和平、姜家庙、汪家沟	顾兴
双鄢乡	12	赵家坝、石桥坪、白羊庙、寺神庙、中和庙、壶瓶沟、保全寺、三清庙、二郎庙、龙家桥、下马沟、余家庙	双龙
东板乡	10	新桥河、三拱桥、好强沟、东板、大屋场、罐子垭、红坡、小尖坡、回龙庵、郭家庙	金城山

续上表

乡 镇	村民委员会		社区居委会
	个数	名 称	
长田乡	11	赵伯庙、烂堰、庆余、道庆寺、将军、长田、木鱼井、黑山、红坡梁、顺天寨、朝天寺	
苟角镇	50	饭滩桥、羊子山、雷打石、石龙桥、花庙子、倒碑、老面房、红土地、烂朝门、懒土地、白云观、乡里祠、白鹤观、小麦山、灯草行、水浮山、方石坝、大梨树、古坟梁、杨家桥、蛤蟆口、官斗山、墨斗溪、马应山、朱家坝、庵堂沟、南溪桥、范家坝、双土地、回龙庙、安家坝、曾拱桥、薛家坪、圣德山、熊家沟、凉水井、石板坡、回龙寺、吴家坡、红朝门、高岩头、桂林桥、风门坳、安乐寨、关公庙、走马坪、长五间、猫儿石、四方井、三清	龙桥、金龙
天平镇	35	蒋家庙、唐家店、垭口、罗家坝、高坝嘴、胜利、石家沟、土地坳、回龙、金龙庙、五圣庙、张家沟、黎家沟、团坝子、八块田、戴家梁、杨家堂、白纸山、干井、长河扁、莫家河、印家坝、王家岩、先锋观、何家坳、土地沟、英角、桥亭子、李家坝、胡家庵、金龟桥、新安寺、秦家垭、水口、蒋山镇	滨河
鱼峰乡	14	骑龙、川主、华凤庵、大石门、金城、顺天、老门垭、八桅、周家寨、鱼峰、打鼓寨、周家堂、临碑匾、龙泉沟	龙凤
罗渡镇	16	邹家坪、黄桷湾、瓦窑沟、柏树嘴、石门子、戚家沟、云门寺、楼房湾、陈家堂、歇马台、玉王观、长春桥、吊岩石、化龙桥、临水寺、桐子坪	兴盛、临江
裕民镇	26	广兴场、桥洞、祖家院、高笋田、石佛寺、土地堂、石朝门、丁家湾、羊山寺、水井湾、古迹山、彭家场、向家坪、王家桥、茅草坪、毛坝、接官亭、蔡家桥、杉树湾、尹垭、流杯池、陶家沟、断桥沟、芝字坝、樊家桥、新桥	香炉嘴
赛龙镇	16	老隍堂、顺梁寨、井淹院、打铁口、花柳溪、天神堂、牛敞沟、罐顶山、千字岭、龙泉、老人坪、赵家坪、红花园、十字路、龙口场、新观音	渠江
大佛乡	17	园艺场、烂井坝、芝麻嘴、酢坊沟、何家堂、夹家坪、徐家场、大佛寺、大屋基、滴水岩、凤凰、香山、赵家沟、上马寺、三官店、燕家湾、罗善桥	大石坝
齐福乡	24	庙湾、官儿沟、姚市桥、黄马头、水口店、伍家河、胡家坪、大堰滩、两河口、白马庙、檬刺堡、枇杷沟、铜鼓山、齐头岩、吉山、魏家沟、朱家庙、新庙、五块田、簸箕岩、烂泥沟、屈家坝、莲花屋基、奉家梁	姚市桥
中和镇	20	羊头坝、祝垭、太阳坪、山陵湾、兔儿梁、凉风垭、大庙山、河堰沟、长梁子、智光嘴、长石坝、龙泉寺、卿家堂、金鼎山、甘家梁、左家寨、马家桥、大庙、资阳坪、河峡溪、二郎庙	黎梓卫
临溪镇	11	转东桥、筒车桥、冯家河、方田沟、白鹤山、龙摊子、万年寨、红庙子、碑梁、王家坪、梅花坪	双石桥
伏龙乡	27	打渔滩、田家坝、茶子沟、水口庙、走马岭、郑家坝、碑梁子、天苍坪、龙堂庙、关家嘴、李家嘴、任家坪、大界溪、岩湾、沈家沟、白杨湾、龙堂沟、何家沟、一碗水、半边岩、三夹沟、芝杨寨、青鸟石、吞口坝、石狮子、谭家院、蔡家沟	腾龙
翠管会	6	白岩沟、伍家沟、龙华山、奶山坡、金鳌寺、响水滩	

【民族】

除汉族外，居住在岳池的少数民族有蒙古族、回族、藏族、维吾尔族、苗族、彝族、壮族、布依族、朝鲜族、满族、侗族、瑶族、黎族、白族、土家族、哈尼族、哈萨克族、傣族、傈僳族、佤族、拉祜族、水族、纳西族、景颇族、土族、羌族、布朗族、撒拉族、仡佬族、普米族、怒族、门马族、哈萨克族、毛南族、独龙族、京族共1914人。

经济概览

【综合指标】

2014年，全县实现地区生产总值（GDP）1728227万元，按可比价计算，同比增长9.7%。其中：第一产业增加值375042万元，增长4.2%；第二产业增加值799007万元，同比增长11%；第三产业增加值554178万元，同比增长11.2%，产业结构由2013年的22.9∶46∶31.1调整为21.7∶46.2∶32.1。三次产业对GDP的贡献率分别为8.8%、55%、36.2%，依次拉动经济增长0.86个百分点、5.33个百分点和3.51个百分点。

全年实现民营经济增加值937492万元，同比增长11.1%。占GDP的54.2%，对GDP增长的贡献率为64.6%。其中，第一产业民营经济增加值90780万元，同比增长4.7%；第二产业民营经济增加值494209万元，同比增长12.5%；第三产业民营经济增加值352503万元，同比增长10.8%。

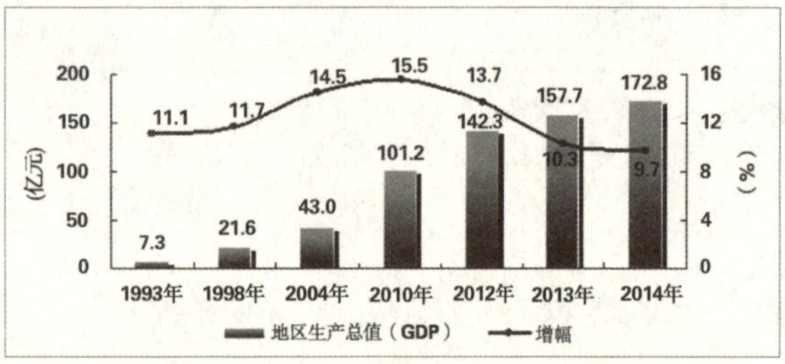

图一 岳池县1993－2014年GDP及增速

【农业】

2014年，全县实现农林牧渔业总产值621971万元，同比增长4.3%。其中农业产值实现315143万元，同比增长3.65%；林业产值11346万元，同比增长6.2%；畜牧业产值243186万元，同比增长4.52%；渔业产值36039万元，同比增长8.0%；农林牧渔服务业产值16257万元，同比增长5%。

2014年，粮食总产量51.65万吨，同比下降0.5%；其中：水稻总产量31.16万吨，同比下降1.6%，玉米总产量5.59万吨，同比下降0.2%；油料作物总产量2.94万吨，同比增长4.6%。

全县出栏生猪98.63万头，同比增长1.9%；家禽出栏659.29万只，同比增长2.5%；肉牛出栏5838头，同比增长4.4%；羊出栏43583头，同比增长3.3%；肉兔出栏61.71万只，同比增长3.5%；肉类总产量8.05万吨，同比增长2%。坚持畜牧业规模化、集约化、产业化发展思路，发展规模养殖场（小区）。全县现有畜禽标准化规模养殖场（小区）553个，新建规模养殖场（小区）29个，创建部级示范场1个，省级示范场2个，生猪、家禽规模养殖出栏比重不断提高。

坚持“产村相融、农旅结合、标准建设、成片推进”，全年新（改、扩）建新村111个，其中新建新村2个，改扩建新村109个；新建新型房屋新村1个、新农村综合体1个，试点示范建设幸福美丽新村6个。

加快农村产权制度改革，引导土地有序流转，发展壮大集体经济。长田乡土地承包经营权确权颁证全面结束，其余乡镇正在进行航拍和调查摸底，全面启动土地承包经营权确权登记颁证工作。加快农村经营体制改革，新发展规模以上龙头企业2家，新注册农民专业合作组织30个、家庭农场25个，新申报西瓜、藤椒等无公害农（畜）产品产地及产品认证9个，申报大米及紫山药绿色食品2个，金馨园林专业合作社被评为省级示范合作社，三安联合社、兴达养殖专业合作社被评为国家级示范合作社。

全面完成省、市、县140项民生工程，全县推进移民扶贫整村推进和扶贫连片开发，实现1.61万农村贫困人口脱贫；新建大高滩、回龙集中供水工程，改善13.6万人饮水安全。支持农民新建户用沼气池1720口，其中玻璃钢拱盖沼气池1400口，新建沼气村级服务网点10处。贯彻落实各类强农惠农政策性补贴，全年落实粮食补贴面积71.5万亩，涉及25.3万农户，通过“一折（卡）通”账户，发放种粮农民补贴资金10137万元，其中发放粮食直补资金905万元，发放农资综合直补资金 9232 万元。

【工业和建筑业】

2014 年年末，实现全口径工业增加值 569169 万元，同比增长 9.1%，对全县经济增长的贡献率达到 33.1%，拉动 GDP 增长 3.21 个百分点。

2014 年，全县共有规模以上工业企业（年主营业务收入 2000 万元以上）80 家（包括 9 家保留在规上工业企业名录库的停产企业），其中年内新增规上工业企业 5 家。全年实现工业总产值 182.59 亿元，增长 14.71%；实现增加值增幅 9.3%；实现主营业务收入 177.95 亿元，同比增长 10.20%；实现利税总额 22.14 亿元，同比增长 2.1%，利润总额 10.33 亿元，同比下降 16.34%；应收账款净额 0.48 亿元，同比增长 14.25%；负债总额 21.06 亿元，同比增长 7.52 个百分点。

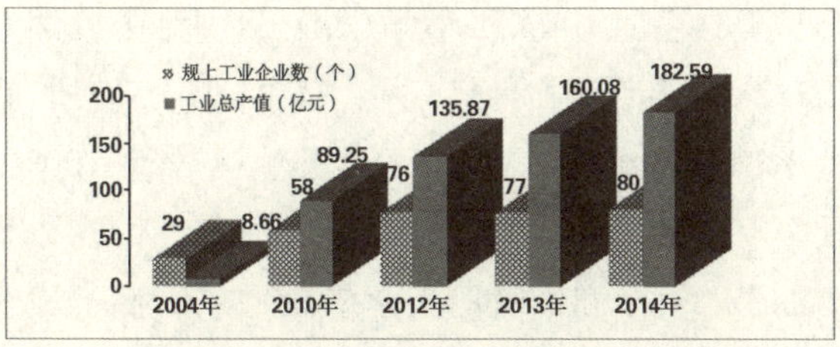

2004－2014 年岳池县工业对比图

2014 年，广安市回乡创业园基础设施建设投入 78380 万元，园区规划面积 21.58 平方千米，已开发面积 15.04 平方千米，建成投产面积 12.81 平方千米。入园企业投资额达 783810 万元，增长 44.92%。园区企业实现营业收入 1307568.1 万元，同比增长 22.8%。

全年四级以上资质等级建筑企业 16 户（不含劳务分包企业），完成建筑业总产值 60.65 亿元，同比增长 21.6%。房屋建筑施工面积 122.1 万平方米，同比增长 50.2%；房屋建筑竣工面积 67 万平方米，同比增长 15.1%，竣工房屋价值 6.83 亿元，同比增长 22.2%。

【固定资产投资】

全年完成全社会固定资产投资 1345613 万元，同比增长 29.6%。从三次产业结构来看，投资结构呈现“三二一”格局，全年三次产业完成投资额占固定资产投资总额的比重依次为 4.83%：22.46%：72.71%。其中：第一产业完成投资 64956 万元，同比增长 117.8%；第二产业完成投资 302215 万元，同比增长 17.8%；第三产业完成投资 978442 万元，同比增长 25.7%。二、三产业投资的稳定增长，成为拉动投资增长最重要的力量。

全年全县固定资产投资项目总数 598 个，同比增长 29.4%；其中新开工项目 297 个；新项目计划投资入库总量 151.73 亿元，占总计划投资的 39.11%。

全年全县基础设施建设投资 42 亿元，同比增长 12%，占全社会投资总额的 31.18%。产业投资完成 33.4 亿元，同比增长 25.8%；其他投资完成 2.1 亿元，同比增长 247.2%。基本建设投资依旧是全县固定资产投资的主力军。

全年全县房地产开发投资完成 20.2 亿元，同比增长 214.2%。商品房开发与销售形势良好，全年全县商品房销售面积达到 37.8 万平方米，同比增长 11.3%，商品房新开工面积 125.8 万平方米，同比增长 60.5%。

全年全县工业投资累计完成 302215 万元，同比增长 30.2%，工业性投资占全部投资的比重达到 22.46%。其中医药项目建设快速推进，全年医药产业项目完成投资 10.4 亿元，同比增长 19.8%，占工业总投资的 34.4%。医药行业投资成为拉动全县工业投资增长的重要力量。

【国内贸易和对外经济】

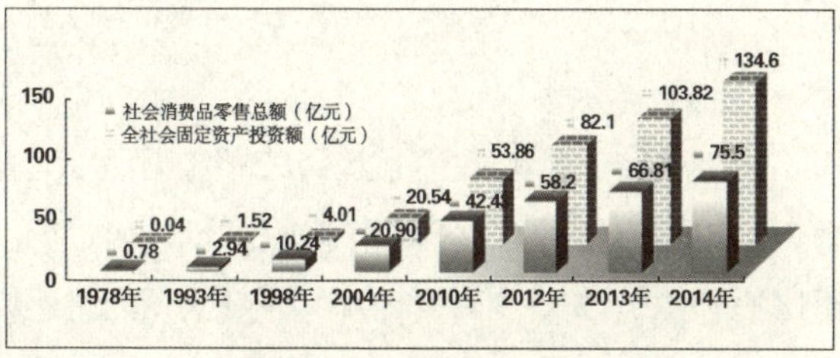

1978－2014 岳池县消费投资对比图

全年实现社会消费品零售总额 754640.1 万

元,同比增长13%。分城乡看:城镇消费品零售额548698.9万元,乡村消费品零售额205941.2万元,分别增长12.8%和13.3%;分行业看:批发业、零售业、住宿业、餐饮业分别实现销售额181964万元、483352.9万元、6154万元、83169.2万元,分别同比增长12.3%、12.8%、10%、15.7%。

全年限上企业实现零售额346057.8万元,同比增长23.6%。限额以上商贸企业零售额占全县社会消费品零售总额的比重达到45.9%,同比下降1.8%。限上零售企业零售额280855.6万元,同比增长23.3%,占社会消费品零售额的比重为37.2%;限上餐饮企业零售额达65202.2万元,同比增长24.7%,占社会消费品零售额的比重为8.6%。

全年招商引资到位资金116.13亿元,引进国内省外到位资金75.96亿元,固定资产投资类到位资金60.08亿元。

2014年,全县实现外贸出口1.44亿美元,同比增长3.4%。

【交通、邮电和旅游】

全年交通运输、仓储和邮政业实现增加值51223万元,同比增长9.4%,年末境内公路总里程3438.9千米,其中,高速公路55.7千米,等级公路(含高级、一至四级公路)2984.2千米。

全年年末固定电话用户5.1万户;年末移动电话用户44.3万户;宽带用户5.4万户。

全年共接待旅游总人数232.66万人次,同比增长23.6%;实现旅游总收入15.9亿元,同比增长34.1%。

【财政、金融】

2014年,全县财政总收入192978万元,同比增长13%。完成地方公共财政收入75114万元,同比增长17.9%。其中增值税2942万元,同比增长28.3%;营业税15912万元,同比增长25.8%;企业所得税6127万元,同比增长49.6%;个人所得税803万元,同比下降3.7%。公共财政支出352076万元,同比增长12.7%。

2014年年末,金融机构各项存款余额2523167万元,比年初增加278448万元,同比增长12.4%;各项贷款余额839710万元,比年初增加160665万元,同比增长23.7%,其中,中长期贷款余额676737万元,增加133620万元,同比增长24.6%。

年末城乡居民储蓄存款余额1978845万元,比年初增加229512万元,同比增长13.1%。其中,定期储蓄存款余额1491827万元,比年初增长16.3%。

社会事业

【教育和科学技术】

全县普通中学和小学学校88所,在校学生72222人,专任教师4375人。其中,小学76所,在校小学生60838人,小学学龄儿童入学率100%,其中女童入学率100%。普通中学12所,在校学生11384人。高中阶段入学率85.13%,高等教育入学率89.06%。

全年科技总投入8900万元,申请专利122件,高技术产业总产值9.62亿元。

【文化、卫生】

全县有体育场馆1个,影院2个,文化馆(岳池县非物质文化遗产保护中心)、图书馆(县级文化资源共享支中心)各1个,公共图书馆藏书15.2万册。全县共建成44个乡镇综合文化站(含3个省级示范乡镇综合文化站)、827个农家书屋、827个村级文化活动室(含30个规范化村级文化活动室)、49个社区书屋和9个乡镇文化站书屋。

2014年年末,全县卫生机构61个,床位2484张,较2013年增加98张;卫生技术人员2350人,其中执业(助理)医师1002人。参加农村合作医疗人数89万人。

【人口、人民生活和社会保障】

年末全县总户数373498户，总人口119.2万人，其中农业人口101.1万人。城镇化率32.9%，同比增长1.52%。

全年城镇居民人均可支配收入23232元，比2013年同期增加2104.5元，同比增长10%。其中，人均工资性收入为14090元，比2013年同期增加1154元，同比增长10%，工资性收入占家庭总收入的比重为57.8%。人均消费支出为13087.1元，比2013年同期增加1415.6元，增长11.2%。城镇居民恩格尔系数为44.4%。

2014年，全县农民人均纯收入9747元，同比增加1049元，增幅12.1%。其中，工资性收入为4961.8元，同比增长27.8%，占农民人均纯收入的50.9%；家庭经营性收入为3849.2元，同比下降5.9%，占人均纯收入的39.5%，财产性收入为199.4元，同比增长4.4%，占人均纯收入的2.0%，转移性收入为736.1元，同比增长37.5%，占人均纯收入的7.6%。农村居民人均生活消费支出6720元，比2013年增加1490.8元，同比增长28.5%。其中，食品消费支出达3058.5元，比2013年增加314.5元，居住消费支出1121.7元，比2013年增加173.6元，家庭设备、用品消费支出527.5元，比2013年增加176.2元，文化教育、娱乐消费支出416.2元，比2013年增长127.8元。农村居民恩格尔系数为45.5%。

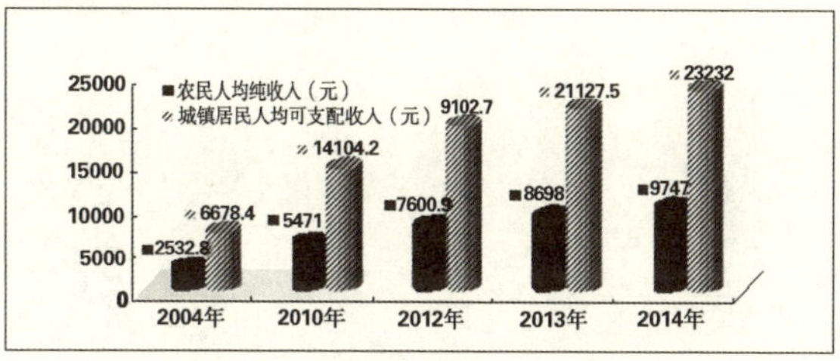

2004－2014年岳池县城乡居民收入对比图

2014年年末，社会职工基本养老保险参保人数5.17万人，失业保险参保人数1.52万人，职工医疗保险参保人数4.43万人，城镇登记失业人员数2739人。年末全县拥有社会福利性收养单位43个，床位数3641张。城镇居民享受最低生活保障人数31918人，农村居民享受最低生活保障人数44194人，农村传统救济人数267人。

【环境保护和安全生产】

全年减排化学需氧量1601.9吨、氨氮66.22吨。城区生活垃圾无害化处置率达92%，生活污水集中收集处理率达85%，县城集中式饮用水源水质达标率达95%，渠江出川断面水质稳定达到地表水III类水质标准，县城PM10浓度下降2%，环境空气达标天数达330天，城市区域环境噪声平均值低于56分贝。全年交通事故死亡人数2人。

政 治

Zheng Zhi

中共岳池县委

综 述

【全委(扩大)会议】

2014年1月26日,十一届县委第十二次会议在吴雪艺术中心召开。出席会议的有县委委员(38人)、县委候补委员(6人),相关人员列席会议。会议审议并通过《中共岳池县委十一届十二次全体会议工作报告》《中共岳池县委十一届十二次全体会议决议》。县委书记李永平作重要讲话,县委副书记、县长汤才勇安排2014年经济工作并作个人述职,九龙镇、坪滩镇、县卫生局党委书记进行工作述职,开展民主测评。

3月1日,十一届县委第十三次全委会议在县政府三楼会议室召开。出席会议的有县委常委、县委委员、县委候补委员,列席人员尹礼。会议票决部分乡镇党政正职人选。

8月20日,十一届县委第十四次全体会议在吴雪艺术中心主会议室召开。出席会议的有县委常委、县委委员、县委候补委员。列席会议的有:不是县委委员、候补委员的县级各部门各群团组织,县属各企事业单位、省市驻岳单位主要负责人,县委统战部部长,县工商联党组书记。会议传达全国全省干部监督工作会议精神。

【常委会议】

2014年1月8日,十一届县委第43次常委会议在县政府三楼会议室召开。出席会议的领导有李永平、欧彦、谢帮勇、李廷远、廖和民、陈莉、张学谦、唐协民、付全林、钟爱平,列席人员有张永辉、曾邦才、徐天翠;会议听取李永平关于2名副县级领导干部人选推荐情况的通报,研究确定人大政协副职领导干部考察对象建议人选。

1月15日,十一届县委第44次常委会议在县政府四楼会议室召开。出席会议的领导有李永平、汤才勇、李国生、欧彦、谢帮勇、李廷远、廖和民、陈莉、张学谦、唐协民,列席人员有张永辉、曾邦才、姚长琼、汪勇、孙永红、谭安民、徐天翠、李桂新、魏海军、余君、杨明、蒋维业、文淞、莫如他、杨林、刘昭成、龙绪高、余杰、宋宣明、张智林、孙跃辉、赵玉林、周恒、吴焱、高利秋、范秀骑、何朝晖、陈自力、贺志辉、严福寿、毛传江、黄雪兰、唐小明、廖爱民、杨松、黄洪全、熊湘、吴拥军、蒋永春、唐静;会议审议通过《中共岳池县委十一届十二次全体会议工作报告(征求意见稿)》《2014年工作安排意见(讨论稿)》《政府工作报告(讨论稿)》《县人大常委会工作报告(讨论稿)》《政协岳池县第十三届委员会常务委员会工作报告(讨论稿)》《县法院工作报告(讨论稿)》《县检察院工作报告

（讨论稿）》，研究有关人事问题。

1月26日，十一届县委第45次常委会议在吴雪艺术中心五会议室召开。出席会议领导有李永平、汤才勇、李国生、欧彦、谢帮勇、陈莉、张学谦、唐协民、付全林、钟爱平，列席人员有张永辉、曾邦才、李桂新、徐天翠、莫如他、杨林、胡伟、贺志辉、齐建辉、何朝晖、范秀骑、廖洪波、寇正荣、彭善平、唐涌、刘永生、杨淑芹；会议听取县委十一届十二次全体会议各组召集人关于《县委工作报告（讨论稿）》《中共岳池县委十一届十二次全体会议决议（草案）》和《中共岳池县委2014年工作安排意见（讨论稿）》讨论情况的汇报。

2月15日，十一届县委第46次常委会议在县政府三楼会议室召开。出席会议领导有李永平、汤才勇、李国生、欧彦、谢帮勇、李廷远、廖和民、陈莉、唐协民、付全林、钟爱平，列席人员有张永辉、曾邦才、李桂新、任仕金、姚长琼、胡成毅、徐天翠、孙永红、谭安民、张小松、魏海军、杨明、蒋维业、文淞、莫如他、杨林、唐敏、舒联华、王平、唐静、罗隽华、杨帅、宋宣明、王岳川、何朝晖、陈自力、唐小明、陈杰、刘昌华、张洪友、胡伟、廖爱民、邹云超、杨松、苏再新、杨丹、郭波；县长汤才勇传达广安市委第67次常委会议相关精神，研究省委书记王东明到岳池调研相关准备工作，副县长姚长琼传达市委农村工作会议精神，县委常委、组织部部长廖和民组织学习《魏宏省长在全省学习贯彻习近平总书记关于安全生产工作重要讲话精神电视电话会上的讲话》，县委常委、政法委书记谢帮勇组织学习《中共四川省委关于印发<四川省依法治省纲要>的通知》，审定党的群众路线教育实践活动相关事项，研究《岳池县科级领导班子和干部日常考核实施办法》，县委常委、组织部部长廖和民通报岳池县面向全社会公开遴选优秀干部人才工作的情况，县委常委、纪委书记李廷远传达市纪委四届四次全会精神，研究《关于给予岳池县交通局原党委书记（局长）汤其虎党纪处分的请示》《关于给予岳池县天平镇原党委副书记（镇长）郑俊党纪处分的请示》。

3月1日，十一届县委第47次常委会议在县政府四楼会议室召开。出席会议领导有李永平、汤才勇、李国生、欧彦、谢帮勇、李廷远、廖和民、陈莉、张学谦、钟爱平，列席人员有张永辉、曾邦才、李桂新、黄雪兰、任仕金、姚长琼、汪勇、胡成毅、徐天翠、魏海军、余君、杨明、蒋维业、文淞、莫如他、杨林、陈胜军、陈安敏、舒联华、段清华、付正旺、聂长江、余杰、龙绪高、江敏、尹培宇、唐静、宋宣明、孙跃辉、张智林、吴焱、陈宗春、严福寿、周恒、高利秋、毛传江、赵彬、张洪友、吴军校、胡伟、赵文森、杨帅、廖爱民、邹云超、杨松、姚勇刚、李勇、苏再新、黄洪全、何平；县委常委、副县长欧彦、张学谦传达市上相关会议精神，县委副书记李国生交办所征集的2013年度县委领导班子民主生活会、人大代表、政协委员的意见建议，研究2013年度绩效目标考核定等相关事宜，研究《关于给予杨珂撤销党内职务处分的请示》《关于给予李建波撤销党内职务处分的请示》，研究有关人事问题。

3月20日，十一届县委第48次常委会议在县政府四楼会议室召开。出席会议领导有李永平、汤才勇、李国生、欧彦、谢帮勇、李廷远、廖和民、陈莉、张学谦、唐协民、钟爱平，列席人员有张永辉、曾邦才、秦宴菊、黄褐、李桂新、任仕金、汪勇、胡安贵、伍艳、徐天翠、孙永红、谭安民、张小松、余君、杨明、文淞、莫如他、杨林、吴焱、杨帅、何春、吴兵；县委常委、组织部部长廖和民领学几代领袖对党的群众路线的重要论述，县委常委、纪委书记李廷远领学《省委办公厅省政府办公厅关于印发<关于贯彻执行中央八项规定精神情况的报告>的通知》，县委常委、组织部部长廖和民传达全省组织部长培训会议和市委组织工作会议精神，审议并通过2014年财政收支预算安排，研究依法治县相关事宜，集中观看党内参考片《较量——正在进行》。

3月28日，十一届县委第49次常委会议在县政府四楼会议室召开。出席会议领导有李永平、汤才勇、李国生、欧彦、谢帮勇、廖和民、陈莉、张学谦、唐协民、付全林，列席人员有张永辉、曾邦才、秦宴菊、黄褐、李桂新、胡安贵、伍艳、徐天翠、冯雏、汪勇、孙永红、谭安民、张小松、唐敏、余君、杨明、蒋维业、文淞、莫如他、杨林、张崇良、赵玉林、江树华、谢德高、王德富、肖勇；县委书记李永平同志传达省委书记王东明到广安调研的重要指示精神和川东北经济区工作座谈会议精神，县委常委、宣传部部长陈莉组织学习《中共中央办公厅关于培育和践行社会主义核心价值观的意见》《中共四川省委关于加强和改进宣传思想工作的意见》，研究省委第三巡视组反馈问题的整改责任分工，县委常委、组织部部长廖和民组织学习《党政领导干部选拔任用条例》，安排部署全县老干部工作。

4月19日，十一届县委第50次常委会议在县政府四楼会议室召开。出席会议领导有李永平、汤才勇、李国生、欧彦、谢帮勇、李廷远、廖和民、陈莉、张学谦、付全林、钟爱平，列席人员有张永辉、曾邦才、秦宴菊、黄褐、李桂新、任仕金、姚长琼、汪勇、胡成毅、胡安贵、伍艳、徐天翠、冯雏、谭安民、张小松、余君、杨明、蒋维业、文淞、莫如他、杨林、唐敏、王顺林、齐小云、唐静、李红军、杨世伟、刘明府；县委常委、组织部部长廖和民组织学习省委组织部部长范锐平在川东北片区党的群众路线教育实践活动座谈会上的讲话精神、《在兰考县常委扩大会议上的讲话》及《关于组织学习新华社长篇通讯<面向未来的赶考>的通知》，组织部副部长罗隽华传达广安市关于省委督导组到岳池开展督导工作会议精神，审议并通过省委第三巡视组反馈问题整改措施，审议并通过市管干部及全县正科级领导干部2013年年度考核等次相关事宜，审定《岳池县第四届百名优秀人才建议名单》，研究有关人事问题。

4月30日，十一届县委第51次常委会议在县委三楼常委会议室召开。出席会议领导有李永平、汤才勇、李国生、欧彦、谢帮勇、李廷远、廖和民、陈莉、张学谦、唐协民、付全林、钟爱平，列席人员有张永辉、曾邦才、徐天翠、唐静；会议研究有关人事问题。

5月14日，十一届县委第52次常委会议在县政府四楼会议室召开。出席会议领导有李永平、汤才勇、李国生、欧彦、谢帮勇、李廷远、廖和民、陈莉、张学谦、唐协民、付全林、钟爱平，列席人员有曾邦才、李桂新、徐天翠、余君、杨明、蒋维业、文淞、莫如他、杨林、罗隽华、唐静；会议研究县委常委班子“四风”问题具体表现和有关人事问题。

5月18日，十一届县委第53次常委会议在县政府四楼会议室召开。出席会议领导有李永平、汤才勇、李国生、欧彦、谢帮勇、李廷远、廖和民、陈莉、张学谦、唐协民、付全林、钟爱平，列席人员有张永辉、曾邦才；会议审定推荐省委表彰的优秀乡镇、村(社区)党组书记人选。

5月29日，十一届县委第54次常委会议在县政府四楼会议室召开。出席会议领导有李永平、汤才勇、李国生、欧彦、谢帮勇、李廷远、廖和民、陈莉、付全林、钟爱平，列席人员有张永辉、曾邦才、秦宴菊、黄褐、李桂新、黄雪兰、姚长琼、汪勇、杜宇、伍艳、徐天翠、冯雏、孙永红、谭安民、张小松、余君、杨明、蒋维业、文淞、莫如他、杨林、罗隽华、张崇良、张智林、吴焱、王岳川、范秀骑、陈宗春、伍刚、蒋永春、廖洪波、宋勇、杨磊；县委书记李永平，县委常委、组织部部长廖和民分别组织学习《习近平总书记在兰考县委常委扩大会议上的讲话》《习近平总书记在参加兰考县委常委班子专题民主生活会时的讲话》，县委常委、副县长欧彦组织学习《王东明同志在全省县域经济工作会议上的讲话》，审定《岳池县余家河特色景观区BT项目融资建设方案》，县委常委、政法委书记谢帮勇组织学习《四川省社会稳定风险评估责任追究暂行办法》、汇报全县社会稳定风险评估工作开展情况，审定创建省级文明城市拟表彰先进单位等相关事宜和推荐市委表彰的优秀乡镇、村(社区)党组织书记名单。

5月29日，十一届县委第55次常委(扩大)会议在吴雪艺术中心主会议室召开。县“四大班子”领导、县人武部政委、县法院院长、县检察院检察长、县公安局政委、县人武部副部长出席会议，县级各部门、各群团组织、省市驻岳单位主要负责人,各乡镇党委书记及县群办全体工作人员参加会议;县委常委、组织部部长廖和民传达中央督导组在广安督导的相关精神,市委第四督导组组长杨胜林就全县如何进一步深入开展党的群众路线教育实践活动提出工作新要求,县委书记李永平就落实中央督导组副组长李川、市委第四督导组组长杨胜林讲话提出贯彻意见,对有关工作进行部署。

6月16日,十一届县委第56次常委(扩大)会议在县政府四楼会议室召开。出席会议领导有李永平、汤才勇、李国生、欧彦、谢帮勇、李廷远、廖和民、张学谦、唐协民,列席人员有张永辉、曾邦才、秦宴菊、黄禤、李桂新、黄雪兰、任仕金、胡成毅、杜宇、胡安贵、伍艳、徐天翠、冯雏、孙永红、谭安民、张小松、余君、杨明、蒋维业、文淞、莫如他、杨林、代应华、余杰、唐敏、付莲、周云文、宋宣明、张智林、孙跃辉、刘雪平、高利秋、王岳川、范秀骑、李万平、何朝晖、陈自力、严福寿、陈杰、唐小明、廖爱明、赵文森、刘昌华、卿超、段清华、蒋永春、唐生华、伍刚、李斌;县委副书记、县长汤才勇传达市委全委(扩大)会议精神,审定《岳池县2014年度绩效目标管理考核办法》,县委常委、纪委书记李廷远组织学习《广安市重大项目建设消极作为问责办法》,集体观看警示教育片《阳光下的黑幕》,研究有关人事问题。

7月1日,十一届县委第57次常委会议在县政府三楼会议室召开。出席会议领导有李永平、汤才勇、李国生、欧彦、谢帮勇、李廷远、廖和民、张学谦、付全林、钟爱平,列席人员有张永辉、曾邦才、秦宴菊、黄禤、李桂新、任仕金、胡成毅、杜宇、胡安贵、伍艳、徐天翠、冯雏、孙永红、谭安民、张小松、余君、杨明、蒋维业、文淞、莫如他、齐小云、罗隽华、唐静、宋宣明、孙跃辉、吴焱、高利秋、何朝晖、唐小明、陈自力、卿超、刘昌华、王岳川、廖爱明、胡伟、邵建平、蒋永春、魏海军、苏再新、王德富、伍强;会议研究有关人事问题,县委书记李永平通报市委督导组交换意见的情况,县委副书记李国生汇报县委常委班子对照检查材料、传达市委农业工作会议精神、通报中国食品工业集团与岳特集团合作事宜,县委常委、副县长欧彦汇报关于赴京考察保利文化集团相关事宜,研究县广播电视台关于新增《法治聚焦》等三档栏目需要解决人员及经费的请示,学习省委、市委关于“两个责任”相关文件和《广安市国家公职人员公务时间休闲娱乐责任追究暂行办法》。

7月14日,十一届县委第58次常委会议在县政府三楼会议室召开。出席会议领导有李永平、汤才勇、李国生、欧彦、谢帮勇、李廷远、廖和民、陈莉、张学谦、付全林、钟爱平,列席人员有张永辉、曾邦才、徐天翠、文淞、唐静、宋勇;会议研究有关人事问题,修改县委常委班子专题民主生活会拟提批评意见。

7月21日,十一届县委第59次常委会议在县委三楼常委会议室召开。出席会议领导有李永平、汤才勇、李国生、欧彦、谢帮勇、李廷远、廖和民、陈莉、张学谦、付全林、钟爱平,列席人员有张永辉、曾邦才、唐静;会议研究有关人事问题。

8月15日,十一届县委第60次常委会议在县政府四楼会议室召开。出席会议领导有李永平、汤才勇、李国生、欧彦、谢帮勇、李廷远、陈莉、付全林、钟爱平,列席人员有曾邦才、李桂新、姚长琼、汪勇、胡成毅、杜宇、徐天翠、余君、杨明、蒋维业、文淞、莫如他、唐敏、齐小云、任德、唐静、周云文、胡伟;会议研究省委第三巡视组反馈问题的整改工作,县委常委、政法委书记谢帮勇传达市上信访维稳工作会议精神,审议并通过《中共岳池县工业园区工作委员会关于园区党工委纪工委更名及职数配备有关事宜的请示》,县委副书记李国生组织学习《关于加强和改进优秀年轻干部培养选拔工作的实施意见》。

8月20日,十一届县委第61次常委会议在县政府四楼会议室召开。出席会议领导有李永平、汤才勇、李国生、欧彦、谢帮勇、李廷远、廖和民、陈莉、付全林、钟爱平,列席人员有张永辉、曾邦才、秦宴菊、黄禤、李桂新、黄雪兰、任仕金、汪勇、胡成毅、伍艳、徐天翠、冯雏、孙永红、谭安民、张小松、余君、杨明、文淞、莫如他、杨林、代应华、唐强云、唐静、宋宣明、尹培宇、张智林、孙跃辉、吴焱、赵玉林、周恒、高利秋、王岳川、陈宗春、何朝晖、陈自力、贺志辉、熊能、毛传江、邵建平、唐小明、赵文森、刘昌华、段清华、赵彬、蒋金财、胡伟、吴军校、何雪松、胡军、王波、蒋永春、彭业蜀、付彪、李锐、廖洪波、李俊;县委书记李永平传达四届市委第84次常委会议精神,县委副书记李国生,县委常委、纪委书记李廷远分别组织学习《中共四川省委关于认真贯彻"三严三实"要求进一步加强党员干部教育管理监督的意见》《中共四川省委关于建立健全作风建设长效机制的意见》,审议并通过《岳池县投资促进优惠政策》。

9月11日,十一届县委第62次常委会议在县政府三楼会议室召开。出席会议领导有李永平、汤才勇、李国生、欧彦、谢帮勇、李廷远、廖和民、陈莉、付全林、钟爱平,列席人员有曾邦才、唐静;会议研究有关人事问题。

9月18日,十一届县委第63次常委会议在县政府三楼会议室召开。出席会议领导有李永平、汤才勇、李国生、欧彦、谢帮勇、李廷远、廖和民、陈莉、张学谦、付全林,列席人员有张永辉、曾邦才、徐天翠;会议听取李永平关于1名副县级领导干部人选推荐情况的通报,研究确定作为副县级领导干部考察对象建议人选。

9月29日,十一届县委第64次常委会议在县政府四楼会议室召开。出席会议领导有李永平、汤才勇、张艳萍、欧彦、谢帮勇、李廷远、廖和民、陈莉、张学谦、付全林、钟爱平,列席人员有张永辉、曾邦才、黄褐、李桂新、黄雪兰、任仕金、汪勇、伍艳、冯雒、谭安民、余君、杨明、文淞、莫如他、杨林、唐敏、罗隽华、唐静、王丽蓉、张崇良、尹培宇、宋宣明、雷才明、郑仁辉、张智林、廖爱明、吴焱、王岳川、姚勇刚、陈宗春、范秀骑、何朝晖、毛传江、陈自力、唐小明、杨利君、江俊华、周云文、赵玉林、贺志辉、吴军校、陈胜军、伍刚、段清华、李斌、蒋跃辉、丁敏及县依法治县办公室工作人员;会议研究有关人事问题,县委常委、组织部长廖和民组织学习《关于认真学习贯彻习近平总书记在听取兰考县委和河南省委党的群众路线教育实践活动情况汇报时重要讲话精神的通知》,县人大副主任、县委办主任李桂新组织学习《中共中央办公厅国务院办公厅关于印发<手机使用保密管理规定>的通知》,县委书记李永平传达贯彻市委"洁净水"行动会议精神,审议并通过《中共岳池县委全面深化改革工作方案》《县妇女联合会关于召开岳池县妇女第九次代表大会的请示》。

10月13日,十一届县委第65次常委(扩大)会议在县政府四楼会议室召开。出席会议领导有李永平、张艳萍、李国生、谢帮勇、廖和民、陈莉,列席人员有黄褐、李桂新、黄雪兰、任仕金、姚长琼、汪勇、杜宇、王雪飞、胡安贵、孙永红、蒋维业、文淞、黄莹、唐敏、罗隽华、宋勇;县委副书记张艳萍,县委副书记李国生,县委常委、组织部部长廖和民分别组织学习《习近平在党的群众路线教育实践活动总结大会上的讲话》《王东明在四川省党的群众路线教育实践活动总结大会上的讲话》《张维庆在四川省党的群众路线教育实践活动总结大会上的讲话》,审定《推荐县委表彰全县先进基层党组织、优秀基层党组织书记、优秀党务工作者、优秀共产党员拟表彰对象》。

10月22日,十一届县委第66次常委会议在县政府三楼会议室召开。出席会议领导有李永平、汤才勇、张艳萍、李国生、欧彦、李廷远、廖和民、张学谦、付全林,列席人员有张永辉、李桂新、任仕金、姚长琼、汪勇、胡成毅、王雪飞、蒋维业、文淞、黄莹、王顺林、唐静、雷才明、龙丽君、江俊华、尹礼、毛传江、王岳川、陈宗春、唐小明、张洪友、何朝晖、胡伟、刘雪平、蒲银昇;会议审议《岳池县"洁净水"行动实施方案》,审议并通过《县妇女联合会党组关于提名岳池县妇联第九届执行委员会委员、常委候选人的请示》,县委常委、纪委书记李廷远组织学习《关于禁止乱发钱物的通知》和通报《2014年上半年党风廉政建设社会评价结果》,县委书记李永平安排部署当前工作。

11月3日,十一届县委第67次常委(扩大)会议在县政府四楼会议室召开。出席会议领导有汤才勇、张艳萍、李国生、谢帮勇、李廷远、廖和民、陈莉、张学谦，列席人员有张永辉、秦宴菊、黄褐、黄雪兰、任仕金、姚长琼、汪勇、胡成毅、王雪飞、胡安贵、伍艳、徐天翠、冯雏、孙永红、谭安民；县委常委、宣传部部长陈莉组织学习《中国共产党第十八届中央委员会第四次全体会议公报》《中共中央关于全面推进依法治国若干重大问题的决定》。

11月20日，十一届县委第68次常委会议在县政府三楼会议室召开。出席会议领导有汤才勇、李国生、欧彦、谢帮勇、李廷远、廖和民、陈莉、张学谦，列席人员有张海峰、黄褐、李桂新、黄雪兰、任仕金、汪勇、胡成毅、王雪飞、胡安贵、伍艳、徐天翠、冯雏、孙永红、余杰、唐强云、罗隽华、王顺林、赵彬；市委常委、组织部部长黄秀川宣读省委同意免去李永平岳池县委书记职务的决定，并宣布在新任岳池县委书记产生前，由县委副书记、县长汤才勇主持县委全面工作；县安监局局长赵彬组织学习《中华人民共和国安全生产法》；县委常委、纪委书记李廷远组织学习《中共四川省办公厅关于做好<中共中央关于湖南衡阳破坏选举案处理情况及其教训警示的通报>传达贯彻工作的通知》和传达近期市纪委党风廉政建设有关会议精神；审定《岳池县非定向推荐科级领导干部拟提拔使用人选办法（试行）》；县委常委、宣传部部长陈莉组织学习省委、省政府《关于建立健全信息发布和政策解读机制的实施意见》，并提请审议《关于建立党委新闻发言人制度的实施意见》；县委副书记、县长汤才勇安排部署工作。

11月28日，十一届县委第69次常委会议在县政府四楼会议室召开。出席会议领导有汤才勇、谢帮勇、李廷远、廖和民、付全林，列席人员有张永辉、曾邦才、李桂新、任仕金、姚长琼、汪勇、杜宇、徐天翠、蒋维业、文淞、莫如他、代应华、唐敏、齐小云、吴焱、高丽秋、严福寿；县委副书记、县长汤才勇传达省委十届五次全会精神，听取各专项整治工作组工作情况的汇报，县委常委、组织部部长廖和民传达全市领导干部大会精神，县委常委、组织部部长廖和民通报岳池县党政干部在企业兼职清理情况，县委常委、组织部部长廖和民传达全省组织系统落实巡视检查整改暨选人用人问题专项整治工作电视电话会议精神，县委副书记、县长汤才勇安排部署当前工作。

【主要工作成绩】

工业经济。全县规上工业企业总产值177.9亿元，增长10.2%，工业增加值增幅9.3%，工业税收达2.48亿元。医药产业集群效应初显，引进南松医药等医药企业9户，仁安药业等医药企业进入试生产；医药产业产值20.9亿元、税收1.57亿元。科伦药业亩产值上千万、利税上百万，成为全市工业企业的标杆。医药专业污水处理厂、分布式能源项目加快推进，园区展示厅、小微企业孵化中心建成投入使用。新拓展园区面积7平方千米，园区承载能力及整体形象有效提升。

现代农业。粮食总产实现稳量提质，被评为“全国粮食生产先进县”。优质粮油、优质果蔬、优质畜禽等优势产业蓬勃发展，优质干果、中药材等特色产业快速发展，全年农业增加值37.7亿元、增长4.2%。全面启动“111”工程建设，现代农业园区面积新拓展3万亩。发展劳务经济，实现劳务收入54.5亿元、增长45.3%。探索新型农业经营模式，三安农业专业合作社联合社、兴达养殖专业合作社被评为国家级示范合作社，合作社联合社模式得到省委书记王东明的充分肯定。

商贸经济。市场体系不断健全，亿联建材家居五金城正式营业，东湖城市综合体天羿大酒店即将开业，环东湖城市商圈初步形成；新改建场镇特色街区4条、农贸市场7个，发展农家超市、农家店812家，商贸服务更加便民。全年新培育限上商务企业11户，新发展物流企业3家。积极发展电子商务，62户企业成功入驻“天虎云商”。金融工作成效显著，新增存款额、新增贷款额、金融机构引进个数均位居全市第一。旅游业加快发展，全年累计接待游客220万人次，实现旅游收入15.9亿元。

基础设施建设。加快“城市东扩”步伐，城东道路骨架基本成形，余家河景观带启动建设，县城新拓展2平方千米，城镇化率达37.3%。洗马河片区环境整治有序推进，北街、大西街危房和棚户区改造顺利实施，新建棚户区改造住房2620套、公租房900套。全面推进顾县、罗渡、酉溪等10个特色集镇“七个一”工程建设。集中开展“双违”治理专项行动，立案查处“双违”建设项目23个，场镇建设秩序更加规范。全年新（改、扩）建新村122个、幸福美丽新村6个，在全市率先完成新型材料房屋新村建设。火车站及站前广场提前完工，4组动车经停岳池，岳池迈入“动车时代”；广岳大道即将通车，同城发展发展迈出坚实步伐。加强农田水利基础设施建设，建成高标准农田1.5万亩，治理水土流失面积5.4平方千米。加快完善城乡路网，新建通村水泥路120千米，改建县乡道73千米，安装公路波形防护栏143千米。加强公共生活设施建设，建成乡镇标准化公厕22座、乡镇污水处理站15座、压缩式垃圾中转站1座。深入开展“五乱”治理，成功创建省级环境优美示范县城。

改革工作。完成工商、食品药监、卫生等部门职能调整，精简县本级行政审批项目21项。县级公立医院综合改革稳步推进，药品加成全面取消。加快土地承包经营权确权颁证，完成长田乡试点，并在全县全面铺开。深化财税制度改革，完善结构性减税政策，全年实现“营改增”收入800万元。

招商引资。主动融入渝广合作、深广合作，成功举办“重大医药企业对接会”等投资促进活动20余场次，引进特色原料药生产基地、生物制药一体化生产等重点项目55个、到位资金117亿元。围绕基础设施、民生工程等重点领域，包装储备项目350个。加大向上汇报衔接力度，争取中省项目294个，到位资金18亿元。加快重点项目建设，实施重点项目60个，完成投资59.2亿元。

社会事业。按照“隆重热烈、务实简朴”的要求，组织开展丰富多彩纪念邓小平诞辰110周年活动，成功举办“四川曲艺伟人故里行巡演”“县外媒体看岳池”等10余项纪念活动，车灯《岳池米粉》在第二届四川省少儿曲艺大赛中荣获二等奖，荷叶《秋江》在法国文化交流演出中荣获银奖，岳池曲艺走出国门，掀起纪念邓小平诞辰110周年献礼的热潮。积极响应“感恩小平·我为小平家乡发展作贡献”号召，广泛引导和动员全县人民感恩作贡献，确保了献礼项目按时按质完成。县医院住院综合楼投入使用，群众就医更加方便。

民主法治建设。贯彻依法治国方略，深入推进法律“七进”活动，启动东湖法治文化主题公园、麻柳河法治文化长廊和玉屏湖法治文化示范村建设，开播《法治聚焦》电视栏目。县人大及其常委会依法行使监督、决定、任免等职权，围绕中心、服务大局卓有成效。县政协认真履行政治协商、民主监督、参政议政职能，增进了共识、助推了发展。基层民主不断扩大，民主党派、工商联和群团组织联系群众的桥梁纽带作用充分发挥。党管武装坚强有力。

民生工作。大力实施民生工程，完成140项省市县民生工程任务，全年投入26.5亿元用于民生支出。社会保障更加健全，积极落实就业政策，全年新增就业1.1万人，城镇登记失业率控制在3.7%以内。实施连片扶贫开发、整村推进扶贫等项目，帮助1.6万人实现脱贫。加强精神文明建设，成功创建为省级文明城市。深入推进部省共建教育改革发展试验区建设和教育综合改革，新建公办幼儿园3所，东湖学校开班行课，北师大广安附属学校开工建设。县级医疗卫生机构全面升级达标。竞技体育和群众性体育协调发展，在省十二运会上取得2金3银的好成绩。开展“洁净水”行动，完成江河湖库船网取缔工作，建成张口楼、玉屏湖新村生态污水处理系统。

安全稳定。开展“无信访乡镇、无信访村（社区）”创建活动，深化网格化服务管理，成功化解了一大批信访突出问题，矛盾纠纷化解率达98.8%。深入推进平安建设，现行命案破案率连续八年达100%，群众安全感持续增强。加强食品药品安全治理，群众满意度大幅提升。强化安全生产监管，安全生产形势持续好转，全年未发生较大以上安全生产责任事故。

群教活动。坚持“为民、务实、清廉”主题，按照“照镜子、正衣冠、洗洗澡、治治病”总要求，带头开好专题民主生活会，查找县委常委班子问题11条，研究提出整改措施17条，已完成整改任务17项。深入推进正风肃纪“9+3+2”问题专项整治，对省委第三巡视组、市委督导组反馈和交办的问题，逐一整改落实，查处“四风”典型案例38起，全县会议和文件数量分别下降18%、7%，“三公”经费大幅下降，正风肃纪群众满意度居全市第一。创新推行“一线工作法”，深入开展“三进三同三促”“走基层”等活动，打通联系服务群众“最后一公里”，涌现出沈乾文、杨淑芹等先进典型。群教活动受到中省市督导组一致好评。

党的建设。切实履行党建工作主体责任，定期研究党建工作。新建村级活动阵地32个，整顿软弱涣散基层党组织119个。选优配强干部队伍，建立科级领导班子结构模型，实施年轻干部递进培养计划，选人用人工作受到中组部检查组高度评价。引进急需紧缺高层次人才15名，以李英富等7名博士为核心的高层次创新创业团队落户岳池。认真落实“两个责任”，扎实开展反腐败和惩防体系建设，排查廉政风险点3500余个；深入推进“广土工程”，精心打造“八大廉洁基石”示范点25个，党风廉政建设社会满意度评价排名全省第35位，创历史最好水平。逗硬案件查办，党纪处分154人，其中科级干部22人，党风政风更加优良。

【重要决策】

2014年1月7日，县委、县政府印发《中共岳池县委岳池县人民政府关于加快罗渡高新技术产业开发区建设的意见》（岳委发〔2014〕1号）文件。提出，坚持以邓小平理论、“三个代表”重要思想和科学发展观为指导，认真贯彻落实中共中央十八大、十八届三中全会精神和省委“多点多极支撑发展”战略，按照“政府引导、市场运作、多元投入、以园养园”的发展思路，遵循园区、城区、港区、景区“四区合一、产城一体”的发展理念，依托区位条件，整合优势资源，创新体制机制，统筹建设发展，着力打造岳池副中心、广安南组团、川渝桥头堡、重庆后花园，将罗渡高新区建成川渝合作示范区内有重要影响力的先行先试实验区、区域合作先导区、产城一体示范区。

2月14日，县委印发《中共岳池县委2014年工作安排意见》（岳委发〔2014〕3号）文件。提出，全面贯彻落实党的十八大、十八届三中全会精神，高举中国特色社会主义伟大旗帜，以邓小平理论、“三个代表”重要思想和科学发展观为指导，以改革统领经济社会发展全局，坚持“稳中求进”工作基调，按照“工业主导、三化联动、弘文兴教、富民强县”发展思路，扎实做好“六篇文章”，努力实现“六大提升”，为跻身全省县域经济第一方阵、全面建成小康社会而努力奋斗。

2月20日，县委、县政府印发《中共岳池县委岳池县人民政府2014年安全生产工作意见》（岳委发〔2014〕4号）文件。提出，深入学习贯彻十八届三中全会精神，牢固树立以人为本、安全发展理念，自觉坚持“安全第一、预防为主、综合治理”方针，以强化和落实企业主体责任、部门监管责任为重点，不断加强安全生产基层基础；以事故预防为主攻方向，建立完善以隐患排查治理为核心的安全生产长效机制；以规范安全生产为保障，不断推进企业安全标准化建设；以科技进步为支撑，不断提升企业安全生产水平；认真落实安全生产各项措施，标本廉治、综合治理，有效防范各类生产安全事故，坚决遏制较大及以上事故，为岳池的经济社会发展创造安全稳定的环境。

2月26日，县委印发《中共岳池县委关于深入开展党的群众路线教育实践活动的实施意见》（岳委发〔2014〕5号）文件。提出，群众路线是党的生命线和根本工作路线，在全党深入开展以为民务实清廉为主要内容的党的群众路线教育实践活动，是新形势下坚持党要管党、从严治党的重大决策，是顺应群众期盼、加强学习型服务型创新型马克思主义执政党建设的重大部署,是永葆党的青春活力和战斗力的传家宝。全县各级党组织和广大党员干部要切实增强开展教育实践活动的自觉性和坚定性,紧紧抓住邓小平诞辰110周年和川渝合作示范区、西部承接产业转移示范区建设等机遇,有效解决各级领导班子、领导干部和党员队伍中存在的“四风”突出问题,以实际行动密切党群干群关系,为全面深化改革增添强劲动力,努力实现对外影响力、经济发展力、创新驱动力、城乡竞争力、社会凝聚力、党的执政力“六大提升”,凝聚实现“富裕文明活力幸福新岳池”奋斗目标的强大力量,奋力跻身全省县域经济第一方阵。

3月1日,县委、县政府印发《中共岳池县委岳池县人民政府关于加强和改进群众工作方法解决信访突出问题的意见》(岳委〔2014〕22号)文件。提出,深入贯彻落实党的十八大和十八届三中全会精神,坚持用群众工作统筹信访工作,解决好人民群众最关心、最直接、最现实的利益问题,密切党同人民群众的血肉联系,夯实党的执政基础,促进社会和谐稳定。

3月6日,县委、县政府印发《中共岳池县委岳池县人民政府2014年农业农村工作意见》(岳委发〔2014〕6号)文件。提出,坚持以中央1号文件精神为指引,全面贯彻中央、省、市委农村工作会议决策部署,抢抓邓小平诞辰110周年新机遇,以全面深化农村改革为抓手,以成片推进产村相融为重点,以粮增产、钱增收为目标,围绕“2+1+3+6”(两园一线、三带六片)农业产业发展布局,进一步夯实农业农村基础,大力发展多点多极效益农业,加快建设幸福美丽新村,深入推进扶贫开发,努力推动“三农”工作再上新台阶。

3月17日,县委印发《中共岳池县委关于县委理论学习中心组2014年理论学习安排的意见》(岳委发〔2014〕8号)文件。提出,高举中国特色社会主义伟大旗帜,以邓小平理论、“三个代表”重要思想、科学发展观为指导,深入贯彻落实党的十八大、十八届三中全会精神,紧紧围绕县委、县政府中心工作,不断推动理论创新、思路创新、工作创新。坚持用马克思主义中国化的最新成果武装头脑、指导实践、推动工作,进一步加强领导班子党风廉政建设,牢固树立社会主义核心价值观。坚持理论联系实际的马克思主义学风,大力推进学习型党组织建设,科学掌握和运用新思想、新知识、新经验,增强创新能力,为加快建设富裕文明活力幸福新岳池提供坚强的思想保证和理论支持。

4月1日,县委印发《中共岳池县委2014年统战民族宗教工作意见》(岳委发〔2014〕9号)文件。提出,以邓小平理论、“三个代表”重要思想和科学发展观为指导,深入学习贯彻党的十八届三中全会、省委十届四次全会、市委四届六次全会、县委十一届十二次全会精神和中央、省、市统战工作会议精神,以大团结为主题,以服务全面深化改革为主线,围绕省委提出的多点多极支撑发展战略,找准服务县域经济发展的对接点,引导广大统战成员为全面建设小康社会贡献力量。

4月1日,县委、县政府印发《中共岳池县委岳池县人民政府关于2014年大春生产工作的意见》(岳委发〔2014〕10号)文件。提出,以深入贯彻落实党的十八届三中全会和中央一号文件精神为指针,以确保粮食安全、促进农民增收为目标,以改革为动力,以农业产业化经营为路径,稳定播种面积,强化技术配套,改善生产条件,大力发展优质粮油、优质畜禽、优质果蔬、品牌劳务四大主导产业,积极发展核桃、花椒等特色效益农业,促进大春生产又好又快发展。

4月1日,县委、县政府印发《中共岳池县委岳池县人民政府关于创建“无信访乡镇、无信访村(社区)”的实施意见》(岳委发〔2014〕11号)文件。提出,以邓小平理论、“三个代表”重要思想和科学发展观为指导,深入贯彻落实党的十八大和十八届三中全会精神,紧紧围绕全县“保增长、保民生、保稳定”工作大局,紧密结合党的群众路线教育实践活动,进一步畅通信访渠道,维护群众权益,促进社会和谐,努力形成信访问题依法按政策及时就地解决、群众信访依法有序的良好局面,为

“四县”建设创造更加和谐稳定的社会环境。

4月1日，县委、县政府印发《中共岳池县委岳池县人民政府关于2014年工业工作的意见》（岳委发〔2014〕12号）文件。提出，以党的十八大和十八届三中全会精神为统领，以纪念邓小平诞辰110周年为契机，坚持“工业主导、两化互动、产城一体”发展理念，突出“园区配套、产业提升、项目推进、企业培育、投资促进”五大重点，强化科技创新和节能降耗，加快工业化、信息化融合，着力解决制约工业发展的瓶颈问题，促进工业结构转型和产业升级，努力构建工业经济多点多极支撑发展新格局。

4月4日，县委办、县政府办印发《中共岳池县委办公室岳池县人民政府办公室关于2014年新村建设整体性安排的意见》（岳委办发〔2014〕1号）文件。提出，以邓小平理论、“三个代表”重要思想和科学发展观为指导，坚持把新村建设摆在更加突出的位置，并作为农业农村工作的首要任务来抓，按照“产村相融、美丽乡村、田园风光、休闲生态”的工作思路，切实落实工作举措，着力协调推进、分类指导、整体联动，加速、提质、增效促进产村相融，不断推动全县新农村建设持续健康发展。

4月10日，县委办、县政府办印发《中共岳池县委办公室岳池县人民政府办公室关于2014年环境保护工作的意见》（岳委办发〔2014〕2号）文件。提出，以党的十八大和十八届三中全会精神为指导，紧紧围绕国家环境保护总体要求和县委、县政府中心工作，以生态文明建设为统领，以环境管理转型为目标导向，以解决环境问题为突破口，以污染防治、生态保护、环境安全为重点，以总量控制、环境影响评价、清洁生产为调控手段，以环境监测、环境执法、依法行政为保障，努力削减排污总量、大力腾出环境容量、坚决遏制重大环境违法行为、不断改善环境质量，努力提升人民群众环境满意度，优化县域发展环境。

4月15日，县委办、县政府办印发《中共岳池县委办公室岳池县人民政府办公室关于岳池县2014年主要污染物总量减排的实施意见》（岳委办发〔2014〕3号）文件。提出，以党的十八大和十八届三中全会精神为指导，紧紧围绕国家环境保护总体要求，以生态文明建设为统领，努力削减排污总量，大力腾出环境容量，强化结构减排、细化工程减排、实化管理减排，明确主要污染物总量控制目标要求、重点任务和保障措施，健全机制、完善政策、落实责任、加大投入，确保顺利完成减排目标任务，推动全县经济又快又好发展。

5月27日，县委办、县政府办印发《中共岳池县委办公室岳池县人民政府办公室关于深入推进“全民投资促进”工作的实施意见》（岳委办发〔2014〕5号）文件。提出，全县上下以深入学习贯彻党的十八大、十八届三中全会精神为主线，紧紧围绕“工业主导、三化联动、弘文兴教、富民强县”发展思路，借助纪念邓小平诞辰110周年献礼活动等重大机遇，坚持三大产业联动引进，致力“招大引强、招群引链、招新引高、招才引智”，重点突出生物医药、装备制造、食品酒类产业，着力引进一批具有方向性、领军性的重大项目，促进主导产业大提升，推动县域经济大发展。

6月3日，县委办、县政府办印发《中共岳池县委办公室岳池县人民政府办公室关于加强农业招商引资工作的意见》（岳委办发〔2014〕6号）文件。提出，以加快全县现代农业主导产业和特色产业集群发展为目标，以市场为导向，以资源为依托，以政策为保障，以龙头企业为主体，以引进大企业、大项目、农产品精深加工项目为主攻方向，创新招商引资机制、改进招商引资方式、拓宽招商引资渠道、扩大招商引资领域、改善招商引资环境，努力实现农业招商引资工作新突破，推动全县现代农业快速发展。

7月9日，县委、县政府印发《中共岳池县委岳池县人民政府关于2014年党风廉政建设和反腐败工作的意见》（岳委发〔2014〕13号）文件。提出，深入学习贯彻党的十八届三中全会精神，认真落实十八届中央纪委三次全会、省纪委十届三次全会、市纪委四届四次全会、县委十一届十二次全会和县纪委十一届四次全会部署，坚持聚焦中心任务，坚守责任担当，创新反腐败工作机制，严明党的各项纪律，坚持不懈纠正“四风”，严厉惩治腐败，深入推进惩防体系建设，营造风清气正的社会环境，为邓小平诞辰110周年纪念活动和建设富裕文明活力幸福新岳池提供坚强的保障。

9月11日，县委办、县政府办印发《中共岳池县委办公室岳池县人民政府办公室关于开展“四千干部齐下乡、三万农户奔小康”活动的实施意见》（岳委办发〔2014〕9号）文件。提出，深入贯彻党的十八大和十八届三中全会、省委十届四次全会、市委四届六次、七次全会精神，全面落实习近平等中央领导关于扶贫开发工作的一系列重要指示，把扶贫开发作为全县全面建成小康社会的重要突破口，坚持“实事求是、因地制宜、分类指导、精准扶贫”，坚持引领发展、服务群众、转变作风、锻炼干部，增强内生动力和发展活力，改善贫困地区发展条件，提高贫困群众生活水平，为实施“三大战略”、推进“两个跨越”夯实基础。

9月11日，县委、县政府印发《中共岳池县委岳池县人民政府印发＜关于创新机制扎实推进农村扶贫开发工作的意见＞的通知》（岳委〔2014〕199号）文件。提出，全面贯彻《中国农村扶贫开发纲要（2011—2020）》，以增收减贫为核心，强化基础设施建设，着力培育富民产业，注重提高贫困人口综合素质，加速城乡公共服务均等化，稳步推进精准扶贫、个性化扶贫，大力提升扶贫开发整体效益，确保2020年全面建成小康社会目标实现。

10月22日，县委印发《中共岳池县委关于全面深化改革工作的实施意见》（岳委发〔2014〕14号）文件。提出，高举中国特色社会主义伟大旗帜，以马克思列宁主义、毛泽东思想、邓小平理论、“三个代表”重要思想、科学发展观为指导，贯彻落实习近平总书记系列讲话精神，坚持社会主义市场经济改革方向，以促进社会公平正义、增进人民福祉为出发点和落脚点，进一步解放思想、解放和发展社会生产力、解放和增强社会活力，统筹推进“五位一体”改革和党的建设制度改革，坚决破除各方面体制机制弊端，为推进“两个跨越”和岳池经济社会科学发展、加快发展提供强大动力。

11月4日，县委、县政府印发《中共岳池县委岳池县人民政府关于加快推进特色集镇建设的意见》（岳委发〔2014〕15号）文件。提出，贯彻党的十八大、十八届三中全会和中央、省、市城镇化工作会议精神，按照“突出规划引领、谋划集镇特色、培育产业优势、突出功能配套、建设洁美家园”的工作思路，坚持全域统筹，把加快特色集镇建设作为推进新型城镇化、促进城乡一体化发展的重要战略支撑，通过政府推动、创新驱动、投资拉动、产业带动和区域联动，加快特色集镇人口集中、产业集聚、功能集成、要素集约，使特色集镇建设在推进经济发展、环境改善和群众生活质量提高中发挥更加重要的作用，加快推进县域经济又好又快发展。

12月16日，县委办、县政府办印发《中共岳池县委办公室岳池县人民政府办公室关于建立健全诉讼与非诉讼相衔接的矛盾纠纷解决机制的实施意见》（岳委办发〔2014〕12号）文件。提出，深入贯彻党的十八大和十八届三中、四中全会精神，推进依法治国、依法治省、依法治市、依法治县进程，落实社会治理创新有关要求，以法治的方式巩固和深化“大调解”工作成果，实现司法裁判与政府治理、居民自治的良性互动，有效化解社会矛盾，促进社会和谐稳定。

【重要活动】

1月12日，县委书记李永平，县委副书记、县长汤才勇一行深入万塔观、千佛寺、观音寺等地，就宗教活动场所建设管理情况进行调研。1月13日，县委书记李永平在县政府四楼会议室主持召开全县经济工作专题会议。经信局等41个相关单位主要负责人参加。1月20日，岳池县“‘廉’接你我他，共建靠大家”活动启动暨“清风杯”第二届广安市书法篆刻展开展仪式在县文庙举行。县委书记李永平出席活动并讲话。市纪委副书记张超，县委副书记李国生，县委常委、县纪委书记李廷远参加仪式。1 月 21 日，县委书记李永平在县老干部活动中心六楼会议室主持召开 2014 年春节全县老干部会。县委副书记李国生，县委常委、组织部部长廖和民参加会议。

2 月 7 日，市委副书记、市长罗增斌深入岳池广岳大道工程建设现场等重点交通项目建设现场调研。市委常委、副市长肖友才，副市长钟志荣，县委书记李永平，县委副书记、县长汤才勇，县委常委、副县长唐协民等陪同调研。2 月 25 日，县委书记李永平在吴雪艺术中心二会议室主持召开市委党的群众路线教育实践活动第四督导组工作见面会。

3 月 7 日，中共岳池县委理论学习中心组 2014 年第一季度学习会在吴雪艺术中心举行，会议组织学习《习近平同志在党的群众路线教育实践活动第一批总结暨第二批部署会议上的讲话》，并就“如何看待群众观”做了学习心得交流发言。3 月 28 日，岳池县党的群众路线教育实践活动“巡回宣讲经验学习身边典型”启动仪式在吴雪艺术中心举行。县委书记李永平出席启动仪式并讲话。3 月 28 日，中共岳池县委理论学习中心组党的群众路线教育实践活动专题学习会议在吴雪艺术中心主会议室召开，全国劳模吴天祥作专题报告。

4 月 18 日，县委书记李永平深入各地开展党的群众路线教育实践活动，通过拜访老干部，听取联系乡镇情况汇报和与老百姓面对面交流座谈、实地调研了解等方式，广泛征求各层面代表对教育实践活动的意见建议，问计于民、问需于民。4 月 22 日，县委书记李永平在县政府四楼会议室主持召开群众路线教育实践活动意见征求会。会议通报各单位针对“四风”问题、最后一千米、群众反映强烈的突出问题收集整理建立的台账，各单位、部门针对关于自己的意见，一一作出整改落实发言。县“四大班子”领导，县人民法院、县人民检察院、县公安局、县人武部等领导出席会议。4 月 23 日，县委书记李永平主持召开校园及周边环境治理工作专题会。4 月 25 日，广安市群众工作先进事迹报告会岳池专场在吴雪艺术中心主会议室隆重举行。县委书记、县委党的群众路线教育实践活动领导小组组长李永平主持报告会并作重要讲话。4 月 26 日，县委书记李永平主持召开一季度经济形势分析会。

5 月 12 日，县委书记李永平在县政府四楼会议室主持召开工业暨招商引资工作专题会议。县领导汤才勇、曾邦才、张学谦、秦安菊、李桂新、伍艳、杜宇出席会议。5 月 29 日，县委书记李永平主持召开县委常委扩大会议，传达中央第四巡回督导组在广安督导的相关精神，安排部署当前和下一阶段岳池县党的群众路线教育实践活动相关工作。会议还传达中央第四巡回督导组在广安督导期间的讲话精神。

6 月 3 日，县委书记李永平，县委副书记、县长汤才勇，县人大常委会主任张永辉，县政协主席曾邦才一行深入洗马河堤防工程、亿联建材家居五金城、火车站站前广场等工程现场进行调研，详细了解项目建设进度，现场研究解决项目建设中存在的问题。6 月 8 日，市委书记侯晓春，市委副书记、市长罗增斌率领中共广安市委四届七次全体会议与会代表到岳池县参观。在县委书记李永平，县委副书记、县长汤才勇等的陪同下，与会代表乘车沿途参观麻柳河两岸城市景观打造，并到兰渝铁路岳池火车站站前广场建设现场，实地了解全县城镇化发展新气象、新成效。市人大常委会主任余仪，市政协主席刘凤成，市委副书记袁险峰等市县领导参加活动。

7 月 18 日，县委书记李永平到县经开区调研园区企业生产经营情况。7 月 23 日至 24 日，岳池县委常委班子召开专题民主生活会。省委第十三督导组组长汤建平，市委常委、组织部部长黄秀川，市委第四督导组组长杨胜林出席会议。

8 月 29 日，县委书记李永平主持召开县委理论学习中心组 2014 年第三季度学习会暨党的群众路线教育实践活动第三环节工作会。

9 月 30 日，岳池县烈士公祭活动在烈士陵园纪念碑前纪念广场隆重举行。县委书记李永平敬献花篮，县委副书记、县长汤才勇主持仪式。县人大常委会主任张永辉，县政协主席曾邦才，县委副书记李国生等领导出席公祭活动。

10 月 21 日，岳池县召开党的群众路线教育实践活动总结大会，省委第十三督导组、市委第四督导组、市委群教办领导莅会指导。会上，组织学习贯彻中央、省、市教育实践活动总结会精神，县委书记李永平全面总结全县教育实践活动经验成效，对巩固拓展活动成果、推进从严治党、作风建设进行部署。

11 月 3 日，中共岳池县委召开第十五次全体（扩大）会议，传达学习党的十八届四中全会精神，贯彻落实省委、市委常委会议精神，安排部署当前工作。11 月 28 日，岳池县在吴雪艺术中心召开全县领导干部大会。县委副书记、县长汤才勇主持大会并作重要讲话。会议传达市委关于清理机关事业单位人员在编不在岗、整治庸懒散浮拖等问题的会议精神和市委关于公车治理、乱发钱物整治等问题的有关要求，并就全县相关工作进行安排部署。县“四大班子”领导，县人武部政委，县法院院长，县检察院检察长，县公安局政委出席会议；县级各部门、各群团组织、省市驻岳单位主要负责人，各乡镇党委书记、乡镇长参加会议。

12 月 30 日，岳池县召开领导干部大会，市委组织部宣布省委决定，郑鹏程任岳池县委常委、书记。

（县委办公室）

中共岳池县委办公室

【信息调研】

推行全员办信息制度，整合壮大信息工作力量，制定信息工作考核奖惩办法，拓宽信息渠道，做到目标、责任、奖惩到位，上报省、市信息位居全市前列。围绕县委重大决策部署，采取年初计划出题、领导随时点题、自己按需拟题等形式，积极谋划，有目的、有计划、有针对性地深入基层、深入群众、深入实际调查研究，全年开展调研活动 30 余次，撰写《岳池县基层医改现状分析》《还权—放权——扩权——关于罗渡镇开展“扩权强镇”试点的思考与建议》《岳池县“五化建设”促进网格化服务管理工作》等调研报告 5 篇，全年上报中央、省、市党委信息 3000 余条，完成市及市以上党委信息 1411 分；编发《信息快报》37 期、《信息快报（增刊）》11 期。

【文稿服务】

注重捕捉领导思想火花，探寻领导思维脉络，准确把握领导意图，按照“分块写——统一改——全员校——层层审”程序，反复打磨，字斟句酌，全年撰写汇报材料、领导讲话等文稿 200 余篇。实行办公室领导政策把关、文秘人员文字把关、文书会务股格式印刷层层把关制度，全年县委及县委办公室共发文 413 件。扎实做好发文登记、传阅、回收、归档等各项工作，全年传阅文件 1100 余份，未发生文件丢失及泄密事件。

【督查督办】

围绕县委重大决策、县委中心工作、领导批办事项抓督查，加大督办通报力度，确保各项工作落实到位。全年开展各类督查 220 余起，其中重大决策及重要工作部署督查 60 余起、重点工作及重大工程建设督查 80 余起、县委常委会及专题会议定事项督查 20 余起、现场点筹备督查 20 余起、领导批交办事项及群众反映的热点难点问题督查 40 余起。编发《岳池督查》21 期，上报《督查落实情况报告书》16 期，印发《督办通知》12 期，电话短信向领导报告工作落实情况 60 余次。

【机要保密】

加强电子政务建设，建立完善密码安全预警机制和信息安全突发事件应急预案，加大对涉密网络的管理和检查力度。坚持 24 小时机要值班制度，确保各类重大活动、突发事件、自然灾害期间密码通信安全畅通。严格执行保密制度和机要文电办理流程，做到随收随办、急件急办，全年未发生一起失密泄密事件。全力为全县党政网用户搞好服务，确保党政网络的安全畅通，达到保密、优质、高速、无事故的要求。

【会务接待】

精心筹办会议，加强会前对会议通知、人员核查、材料发放等环节的周密准备和衔接，做到会场布置整洁庄严、服务细致周到，全年共承办县委全委扩大会、全县领导干部大会等重要会议50余场。坚持热情、周到、满意、节俭的原则，明确接待范围，严格接待标准，规范接待程序，创新接待举措，完善接待制度，圆满完成中央、省、市及兄弟区（市、县）领导到岳池视察接待任务。

（县委办公室）

纪检监察

【全委会议】

2月26日，中国共产党岳池县第十一届纪律检查委员会第四次全体会议在岳池县会展中心主会议室举行。26名县纪委委员参加会议（共30名，4人请假）；县委、人大、政府、政协在家县级领导和县人民法院、县人民检察院、县人武部、县公安局主要领导出席会议；县监察局党外副局长，不是县纪委委员的各乡镇（翠管会）党委书记、乡镇长（主任），不是县纪委委员的县级各部门、各群团组织、县属各企事业单位、省市驻岳单位主要负责人和有关方面负责人列席会议。会议贯彻落实党的十八大、十八届三中全会、十八届中纪委三次全会、省纪委十届三次全会、市纪委四届四次和县委十一届十四次全会精神，总结2013年党风廉政建设和反腐败工作，研究部署2014年工作任务。会议审议通过县委常委、纪委书记李廷远代表县纪委常委会作的《坚守责任担当，护航科学发展，深入推进党风廉政建设和反腐败斗争》的工作报告和《中国共产党岳池县第十一届纪律检查委员会第四次全体会议决议》。

【党风廉政建设】

县委将党风廉政建设和反腐败工作放在更加重要的位置，及时召开县委常委会（扩大会）专题学习省、市“两个责任”相关文件，研究部署贯彻落实意见，印发《岳池县落实党委主体责任和纪委监督责任实施方案》，明确党委、纪委及其班子成员责任，并将落实“两个责任”工作纳入党风廉政建设责任制考核内容。县委主要领导认真落实“四个亲自”要求，县委书记主持专题研究反腐倡廉工作4次、集中约谈所有乡镇党委书记、跟踪督办违纪案件10件。县委常委、县政府党员副县长带领15个“两个责任”宣讲团，深入112个单位宣讲“两个责任”，约谈党政主要领导、纪检组织负责人267人，签订履行党委主体责任和纪委监督责任承诺书216份，督促责任落实到位。深入落实省委“两个意见”，加强党员干部作风建设和教育监管。全面推行“三述”制度，开展党风廉政建设社会评价、政风行风群众满意度测评，并约谈排名后3位单位的主要领导。分级、分块、分项细化党风廉政建设工作任务，组织县、乡、村层层签订党风廉政建设责任书12461份，6个单位、7个部门因党风廉政建设工作落实不到位导致领导班子成员违纪，年终绩效考核被一票否决，19个单位党委（党组）书记因天成指数过高、党风廉政建设社会评价过低、2013年年度责任制考核靠后被县委书记约谈。深化农村党风廉政建设，评选“勤廉双优”基层党组织50个、基层党员干部50人，表彰农村基层优秀“三员”180人。严把干部提拔任用和先进表彰审批关，审核干部选拔任用党风廉政建设意见98人次，建议不提拔任用4人；审核先进单位350次、先进个人904人，暂缓表彰先进集体3个、先进个人7人。

【正风肃纪】

结合党的群众路线教育实践活动、贯彻落实中央八项规定、中央巡视组在四川巡视反馈问题整改和省委巡视组反馈问题整改，扎实开展正风肃纪，切实解决“9+3+2”突出问题，持之以恒反对并纠正“四风”。建立“四风”问题严查快处机制，坚持日常监督与重点监督相结合，密集开展明察暗访，严肃查处公款吃喝、违规购置使用公车、在编不在岗、乱发钱物、公款旅游、利用婚丧喜庆事宜敛财等违纪违规行为，查处“四风”问题48件，处理78人，点名道姓公开曝光典型案件9件。严格执行廉洁自律相关规定，855名科级领导干部自觉报告个人有关重大事项，6895名干部职工填报《个人会员卡零持有报告》并作出零持有承诺，869名副科级以上党员领导干部作出不出入私人会所、不接受和持有私人会所会员卡承诺，5141名干部职工公开承诺拒收送红包礼金，立案查处住建局原副局长胡恩云收受红包礼金案。开展“将心比心换位体验、转变作风提升效能”主题活动，排查整改“素质不高、作风不硬、办事不快、落实不力、政务不明”问题3600余个。强化县政务服务中心和乡镇便民服务中心的监督管理，解决便民中心不便民问题，27个乡镇因违反值班制度、干扰电子监控设备被全县通报，67名工作人员被问责。加强行政审批监察，推动效率提升，承诺件平均办结时间2.43个工作日，提速率78.26%，按时办结率100%。深入推进效能投诉满意办理活动，依托“96960”效能投诉电话平台，接听群众来电200余次，受理各种投诉11件，问责3人。

【监督检查】

强化重大决策部署监督检查。县纪委会同县发改、环保、国土、水利等部门，围绕节能减排和环境保护政策、规范和节约用地政策、水利改革发展政策等国家转变经济发展方式政策贯彻落实情况，开展监督检查30余次，督促整改问题117个。专项督查市委、市政府确定的岳池县21个邓小平诞辰110周年纪念活动重大项目，重点督查广岳大道建设工程、工业园区综合服务平台和现代农业示范园等项目，对进展缓慢、任务落实不到位的5个建设项目在全县范围内进行通报，督促问题整改5个。加大县委县政府重点工作监督检查力度，检查“两化互动”“一区三园”、城市东扩等重点工作，确保县委、县政府决策部署良性推动。

强化民计民生事项监督检查。强化对粮食直补、退耕还林款发放、低保评定、大病救助、农村公路硬化、农机补贴等强农利农惠农政策监督检查，查处违纪违规行为13起，涉及金额120余万元。加强市场调控工作监督检查，开展物价检查3次，严肃查处哄抬物价、串通涨价、囤积居奇等违法违规行为3起，切实维护市场正常价格秩序。开展“双违”建筑专项治理，对违法用地和违法建设专项整治的监督检查，清查外地建筑施工企业在岳池设立分公司12家；深入治理教育经费乱投入和使用、有偿补课、违规征订教辅资料等教育领域不正之风，4所学校6名教师因违规推销教辅资料被处罚，涉及金额1.32万元。

强化公共资源交易监督管理。制定《工程建设项目招投标流程》《投标人须知》等规章制度19个，构建“三位一体”的交易监管体系，确保公共资源交易公正公平公开。加大标后执法检查力度，严肃查处土地矿权出让中违反招标拍卖挂牌出让规定、国有产权交易中暗箱操作等违纪违规行为，调查处理九龙镇凤凰山村等5个村级道路问题信访举报件5件。监督建设工程项目261个，节约资金3073.95万元，节资率8.1%。监督政府采购项目186个，节约资金3568.3万元，节资率16.72%。监督土地矿权交易7宗，成交金额12345.85万元，增资率61.8%。

【信访举报】

开展“查隐患、清积案、净环境”专项治理，重点处理群众违法到省进京越级访案件，解决九龙镇棱角桥村吴让发案、伏龙乡一碗水村江显亮案等积案（旧案）3起。开展“重点乡镇（部门）信访举报突出问题治理”工作，着重剖析解决县教育局、朝阳乡、伏龙乡、粽粑乡等10个单位信访举报突出问题，维护社会稳定。加大基层信访举报工作检查指导力度，深入各个乡镇现场剖析，蹲点指导,提升基层处理信访举报能力。对同兴镇纪委书记处置信访举报件不当进行诫勉谈话。全面推行“天成指数”动态预警,每季度全县通报信访举报工作开展较好单位和信访案件办理质量较差单位,分别下发纪律检查建议书,督促加强教育、规范管理。2014 年,受理群众信访举报284 件(次),同比下降 4.1% 。

【违纪案件查办】

坚持有案必查、有贪必肃、有腐必反,始终保持惩治腐败强劲势头,立案 130 件,给予党纪政纪处分 163 人,其中科级干部 22 人,分别同比增长 6.6% 、16.4% 、100% ,立案数全市排名第一。发挥反腐败协调小组作用,建立办案人才库,整合公安、检察、审计等资源,推动全县案件查办工作。改进纪律审查方式,发挥信访主渠道作用,拓展案件线索收集渠道,建立案件限时办结机制。严守办案“二十四字”方针,始终做到安全文明办案、依纪依法办案。严肃查处天平镇原党委书记王鸿受贿、临溪镇民政所原所长卿宪富损害群众切身利益、顾县镇派出所原副所长周震川失职渎职、县气象局原局长刘春兰违反廉洁自律规定等案件,腐败现象得到一定遏制。注重办案实效,回访教育受处分人员 29 人。

【惩治和预防腐败】

全面贯彻中央惩防体系建设 2013—2017 年《工作规划》及省市《实施办法》,制发《建立健全惩治和预防腐败体系 2013—2017 年工作方案》,抓好廉政风险直接管理、迹象管理、动态管理、精细管理,加强和改进对主要领导干部行使权力的监督制约,选择 4 个单位一把手实行廉政风险直接管理,督促各级各部门排查廉政风险点 3500 余个,制定风险迹象管理办法 96 个,对 37 个行政执法部门 5171 项行政权力事项进行公开透明监管。针对乡镇财务管理混乱等问题,督促相关单位建立《乡镇财务管理办法》《村级办公经费管理使用办法(试行)》等制度 11 项,涵盖津补贴发放、公务接待、财务公开、政府采购等方面,有效扎紧制度“笼子”。全面推行“天成指数”动态预警,实行信访举报工作开展较好单位和信访案件办理质量较差单位季度通报,对县教育局、九龙镇、朝阳乡等 16 个“天成指数”较高单位及时启动动态预警,分别下发纪律检查建议书,督促加强整改。强力推进预防腐败“广土”工程,将任务分解为 4 大类 53 项,逐一落实到牵头部门和委局责任室;打造“八大廉洁基石”示范点 25 个,召开“广土”工程现场推进会 1 次,全力将“广土”工程融入党的干部队伍建设、思想建设、作风建设和诚信社会建设,根植于各行业各系统的具体工作、日常业务中,在全社会培育崇廉尚洁、风清气正的廉洁土壤。依托岳池县纪检监察网、岳池正能量官方微博,以读廉书、看廉片、受廉教、倡廉议、育廉苗等活动为载体,打造文庙廉政教育基地,广泛开展“廉接你我他、共建靠大家”活动,组织干部观看《阳光下的黑幕》,营造崇廉尚洁社会氛围。2014 年,被采用外宣稿件 276 篇,其中国家级媒体 5 篇、省级媒体 20 篇;被上级采用信息 420 条,其中省级 50 条。

【自身建设】

深化“三项建设”,深入推进“三转”,率先在全市改革内设机构,县纪委纪检监察室由 3 个增至 5 个,从事一线监督执纪问责人员占总人数的 70% 以上。清理牵头或参与的议事协调机构 97 个,保留 15 个,精简率 86.6%。严格纪委书记(纪检组长)工作职责,确保全力抓好主责主业。加强派驻纪检机构监督管理和乡镇纪检组织规范化建设,明确职能职责、规范制度机制、加强后勤保障。升级“岳池县纪检监察网”,开通“岳池正能量”官方微博,塑造开门反腐新形象。深入开展纪检监察系统党的群众路线教育实践活动和“安辑 · 砺炼”专项行动,督促认真践行“六项承诺”,开展纪检干部作风巡察 23 次,整治履职不力等问题 19 个。

(县纪委:黄梅、易顺、荣杨)

宣传工作

【理论学习】

2014年,认真落实中心组学习"一把手"负责制,加强学习情况的检查指导,推动了各级各单位的理论学习。集中开展"感恩小平·中国梦在广安·岳池篇章"专题学习活动,重点抓好了党的十八大、十八届三中及四中全会、省委十届四次及五次全会、习近平系列重要讲话精神的学习贯彻,全年县委中心组集中学习5次,交流发言10人次,邀请全国劳模、专家学者作专题报告4场。围绕"纪念邓小平同志诞辰110周年,我们如何干?"主题,通过举办专题讲座、座谈会、演讲比赛等方式,全面开展"中国梦在广安"群众性主题教育大讨论活动,收到心得体会、理论文章110余篇,《和谐岳池》、县电视台、县政府门户网站开设专栏择优刊发20余篇。开展市委、县委宣讲团"走基层"宣讲20余场次,开展县级领导讲党课32场次,直接受教育党员群众达40万人次。

【思想政治教育】

采取电视、橱窗、标语等形式,宣传思想政治工作,发挥党校教师、社科理论工作者的作用。采取领导报告、专题辅导等形式,邀请市委党的群众路线教育实践活动督导组领导举行"党的群众路线教育实践活动""邓小平把党的群众路线推向新的高峰"等形势政治专题讲座4场。与县委组织部联合组织群众工作先进典型事迹巡回报告团赴乡镇、部门开展巡回演讲,赴九龙镇等10个中心镇12个社区对社区党支部开展思想政治工作的情况进行督查和调研,指导乡镇党委、县级各部门党组(党委)开展每季度一次的形势政策教育报告。

【文艺宣传】

组织文化、科技、卫生、法律战线的专业人员和文艺队伍开展"四下乡"活动,在陆游广场举办"2014新春文艺展演"。4月,省曲协、省曲艺研究院与县委宣传部联合举办"四川曲艺伟人故里行巡演"活动,演出队伍深入基层一线演出8场次,观看群众2万余人次。6月,组织编排节目参加"广安市纪念邓小平诞辰110周年文艺调演"活动,歌伴舞《唱起春天的故事》、舞蹈《海之歌》获最佳表演奖;6月30日至7月2日,曲艺荷叶《秋江》获法国第七届巴黎中国曲艺节文化交流演出银奖。7月1日,举办"纪念建党93周年暨'用生命担当责任的好干部'沈乾文同志文艺汇演";7日,举办"纪念邓小平同志诞辰110周年"专题音乐会。8月,车灯《岳池米粉》获第六届全国少儿曲艺大赛二等奖;8月19日,隆重举行"感恩小平·唱响岳池·同心共筑中国梦—纪念邓小平同志诞辰110周年大型歌咏会",有10个乡镇代表队、8个县城代表队分组参赛,表达全县人民对邓小平深切怀念。9月,深入镇龙乡、新场镇、中和乡组织开展"我们的价值观曲艺走基层·全国百场巡演(岳池)专场"演出活动。10月28日,参加中国曲协在山西长治举办的中国曲艺之乡创建20周年表彰、展演、研讨等系列主题活动,县委宣传部获"创建中国曲艺之乡工作标兵单位"称号,雷允树获"中国曲艺之乡工作先进个人"称号,邓庆贵获"中国曲艺之乡工作先进工作者"称号。12月24日,举办有21支队伍参加的岳池县"金曲迎春·舞动银城·共圆中国梦"广场舞大赛,择优推荐4支队伍赴广安参赛;12月31日,广场舞《桂花香》《看山看水看四川》《吉祥藏历年》分获广安市"金曲迎春·舞动广安"广场舞大赛一、二、三等奖。

【新闻外宣】

全县对外宣传工作以学习宣传贯彻党的十八大、十八届三中及四中全会精神为主线,突出宣传"感恩小平·我为小平家乡发展作贡献""凝聚正能量·展示新形象"等,讲好岳池故事,展示岳池形象。全年在中央、省、市报刊台网用稿9634条(次)。其中:人民日报5条,中央电视台5条,中央人民广播电台35条,新华社9条,中新社65条,《四川日报》40条,四川电视台32条,四川人民广播电台58条,人民网160条,中国新闻网80条,新华网85条。第六届广安新闻奖评选中,报送的中新社消息《广安岳池1680名农民在家成了"签约工人"》获特等奖,《人民日报》通讯《亩产千斤粮亩收万元钱》获一等奖、中央电视台新闻《最美农技员沈乾文》获二等奖。

"感党恩·做贡献"宣传浓墨重彩。围绕纪念邓小平诞辰110周年活动,在人民网、中国新闻网、《四川日报》等中央、省、市主要媒体刊(播)发《岳池县举办"感恩小平·唱响岳池·同心共筑中国梦"大型歌咏会》《岳池大型歌咏会纪念小平》《岳池举办纪念邓小平同志诞辰110周年音乐会》等新闻稿件,宣传全县多种形式纪念邓小平、缅怀邓小平的高尚情怀。

"兴产业·促发展"宣传特色突出。突出做大做强医药产业、加速壮大现代农业、培育发展特色旅游业和文化产业等宣传主题,在中央、省、市主流媒体刊(播)发《绿了荒山富了群众——岳池县发展干果产业纪实》《演绎底部突围的岳池精彩》等新闻,宣传兴产业、促发展的举措和成效。

"抓党建·惠民生"宣传声势强劲。突出加强思想政治和干部队伍建设、同心共筑中国梦等宣传主题,在中央、省、市主流媒体刊(播)发《给一把手"钉"框框避免走过场》《干部沉到院坝头实事办到心坎头》《党员干部下基层以泥腿丈量民情》等新闻,宣传全县夯实基层党组织建设工作成效及亮点。

"树新风·美农家"宣传影响广泛。突出实施产村相融、环境综合整治、讲文明树新风宣传主题,在中央、省、市主流媒体刊(播)发《四川岳池:种植田坎丝瓜80万株》《岳池:农民的幸福生活》等新闻,宣传农村的新风貌、村民的新生活。

"找好人·学先进"宣传凝声聚力。结合好人榜、道德模范评选活动,宣传报道沈乾文等"中国好人""四川好人""广安好人"25人;在《广安在线》等市、县媒体开辟"向身边先进学习"专栏,将《人民日报》报道的《黄龙乡真的变了样》等宣传为民务实清廉先进典型及群众工作先进经验的中央、省媒体稿件转发,传播正能量。

"创特色·普新篇"宣传浓墨重彩。邀请《四川日报》等媒体记者走进苟角镇等特色集镇采访,刊发《岳池县苟角镇打造"书法名镇"》《顾县古镇小微企业助发展跨越》等新闻,宣传全县加快特色集镇建设的特色亮点。

"讲法治·促和谐"宣传绘声绘色。结合依法治县,新创办《法治聚焦》栏目,教育引导观众知法、懂法、守法;结合岳池本土风情,创办《美丽岳池我的家》栏目,让观众了解岳池、知晓岳池、激发干事创业的热情;结合舆论监督,创办《新闻360》社会民生类新闻栏目,重点关注民生。

"新视角·全方位"宣传岳池新貌。新制作全县对外形象宣传片《天上瑶池人间岳池》,以全新的视角展示了岳池县文化建设、城市建设、产业发展、文明和谐等新成就及百姓新生活。

【网信工作】

实行轮流值班制度,做到每天24小时监看网络舆情,全年编印《网络舆情》102期。妥善处置"顾县派出所丢枪事件""田德兰坠楼事件""新闻零距离记者到石垭镇采访"等社会关注度较高的网络舆情,完成省两会期间、全市经济工作会议期间、"六四"敏感期、"七五"敏感期、十八届四中全会期间的网络舆情监控工作。出台《岳池县网络舆情收集处置办法》和《关于加强网络安全和信息化工作的实施意见》,规范网络舆情处置工作。出台《关于成立县委网络安全和信息化领导小组及专项小组的通知》,成立网络安全和信息化建设领导小组,加强网络舆情工作的指导。组织网评员围绕"省两会""全市经济工作会议""习总书记出席索契冬奥会""省委十届四次全会""中央网络安全和信息化领导小组第一次会议""昆明暴恐事件""党的群众路线教育实践活动""纪念小平同志诞辰110周年""世界反法西斯战争胜利69周年""十八届四中全会"等主题发表网评文章90余篇，有统计跟帖1000余条。8月29日，县委理论学习中心组2014年第三季度学习会议在吴雪艺术中心举行，省互信办专家就媒体应对、网络舆情处置及网络评论引导进行专题培训。

【文联工作】

组织县曲协、音协、摄协、书协参加春节文艺系列活动，为群众表演节目、照全家福，为群众书写、赠送春联1800余幅。3月，中国文史出版社出版周鹏编著的巴蜀奇缘之声《广安市原创歌曲作品集》。5月，举办"感恩小平·心系群众"合唱音乐会，岳池文化馆蓝森林室内合唱团为上千市民带来13首优美动听的中外合唱歌曲；开展"画广安·颂小平"之"魅力岳池行"系列美术采风活动，广安市内美术家齐聚岳池举行大型笔会；推荐县内优秀文艺作品参加广安市第七届"五个一工程奖"的评选。6月，组织县作协、曲协、音协、诗词学会创作出讴歌党的好干部沈乾文诗词、歌曲、舞蹈、三句半等多种文艺作品；举办"感恩共产党·弘扬正能量"诗歌吟唱会，创作《长歌一曲祭小平》《百姓公仆沈乾文》等50多件优秀诗篇，缅怀伟人、弘扬先进、传递正能量。8月，举办"迎中秋诗歌吟唱会"。9月，举办"庆国庆·迎重阳"诗歌采风吟诵会。10月，组织开展创建"四川省书法家协会篆刻艺术创作培训基地"系列活动，成功迎接11月省书协副主席戴跃一行到岳池检查指导"基地"建设工作。11月，岳池县1件篆刻作品在中国书协主办的第四届西部书法篆刻作品展中入展；组织召开学习贯彻落实习近平在文艺工作座谈会上讲话精神的座谈会；组织召开由省文联、省电影家协会、市文联、市作协、峨眉电影制片厂的领导和专家及岳池县文学工作者参加的电影文学剧本《走出国门》研讨会。12月，县文联获四川省文联系统先进集体殊荣。2014年，重点创作小说《铁嘴尹向平》《光耀川北》《渴望轮回》，故事集《邓小平的传说》，民俗文化集《广安方言与民俗词典》，歌曲《岳池美》《爱情湾的传说》《美丽岳池我的家》《大爱》《饮水思源》，戏剧《仇县令治衙》《两条白绫》《双枪三震尚司令》《路迢迢兮梦平安》《"广土工程"进农家》，小品《交班》，诗词集《翠湖诗苑》等30余部（件）文艺作品；完成"翔凤文韵"系列丛书（12册/套）编辑排版；入展川渝书画联展作品9件；获广安市文艺奖4人，"五个一工程"奖5人；第二届岳池文艺奖评奖28人。

【社科联工作】

印发《2014年县级社科规划项目课题指南》，县级社科课题立项14个，报送市级社科课题12个，立项6个，《和谐岳池》办刊4期、选评优秀文章10篇。与县科技局等单位采取科技下乡和知识讲座等形式，广泛开展社科理论和科学知识宣传普及活动，发放资料10万余册（份），赠送价值8000余元刊物。加强学（协）会培育、服务和管理，在各学（协）会、研究会及相关单位开展"创新发展·争先评优"活动。通过加强业务指导和追踪督导，形成《解决"四风"问题长效机制研究》《新形势下农村党群干群存在的问题及对策思考》《对"三严三实"与"最后一公里"的思考》《创新调解机制化解矛盾纠纷》等理论与实践相结合的应用对策性研讨成果30余篇。

【精神文明建设】

公民思想道德教育持续深入。3月，开展"向雷锋同志学习"暨"第十三个公民道德建设宣传月"系列活动；9月，开展以"公共文明交通引导""生态文明""健康保护""法律援助""关爱他人""关爱山川河流""科普宣传"等七个方面的第十二个公民道德宣传日志愿服务宣传活动。开展"我推荐、我评议身边好人"等活动，设"岳池好人榜"暨"岳池善行义举榜"1203个，上报好人67人，敬业奉献类好人沈乾文荣登"中国好人榜"、7人荣登"四川好人榜"、23人被评为广安好人。开展"道德模范"和"身边好人"进村镇巡讲巡演活动，开展"我们的节日""网上祭英烈""中华经典诵读""端午—母亲教我包粽子""向国旗敬礼"等20多个主题活动；出台《关于推进诚信建设制度化的意见》《关于建立2014年诚信"红黑榜"发布制度工作的通知》等文件,"红黑榜"发布得到常态开展;制定《关于深入开展"讲文明树新风"公益广告宣传的实施意见》《关于做好社会主义核心价值观"24"字年画和剪纸公益广告宣传工作的通知》等文件,加强公益广告工作部署。

精神文明创建活动深入开展。2月,第三届四川省文明城市成功命名(在42个县级城市中位列第10位)。石垭镇玉屏湖新村、普安镇干堰塘村、乔家镇南山村被列为首批"幸福美丽新村",将乔家镇南山村作为全国文明村进行推荐;在做好基础设施和队伍建设的基础上,开展群众性精神文明创建活动,广泛开展十星文明户、五星文明户、新"三户"、好婆婆、好媳妇、好孝子等创评工作,举行"欢乐农家"大赛;出台《岳池县志愿者服务组织管理办法》《关于做好志愿服务需求信息发布和对接工作的通知》等文件,组建10支行业志愿者和26支专业志愿服务队,开展邻里守望、"寻找身边的活雷锋""学雷锋,树新风""'码上'学雷锋""'码上'圆梦""12·5国际志愿者日"等系列活动,岳池县余玲获2013年度广安市"最美志愿者"称号。

未成年人思想道德建设稳步提升。建成乡村(城市)学校少年宫53个,实现各乡镇"乡村学校少年宫"全覆盖,其中中央项目学校8个;开展"心海护航"工程,建设心理健康辅导中心45个,打造"小记者学校""儿童跳蚤市场"等益德益智的第二课堂;开展"缅怀伟人·纪念先烈·报效祖国·圆梦中华"清明祭英烈、第三届优秀童谣征集和传唱活动,开展"童心向党""向国旗敬礼""做一个有道德的人""日行一善""洒扫应对""小手牵大手、文明行为伴我行"等道德实践活动;推荐表彰18名"小平故里五星美德少年"、100名岳池县"小平故里四星美德少年",举办第二届中华经典诵读大赛,《天地·诗文》获市第二届中华经典诵读大赛获一等奖。

(县委宣传部)

组织工作

【党员发展与教育】

强化党员发展与教育管理,全年新发展党员549人。扎实开展党员民主评议工作,评议出不合格党员23人,限期改正22人,党内除名1人。强化党员服务管理,完善流动党员管理台账和信息库。全县慰问老党员、贫困党员、党内先进典型、优秀人才1253人次,发放慰问金、慰问品41.37万元。开展社区"双报到"活动,带动全县163个机关党组织和2768名在职党员认领志愿服务岗位3100余个。狠抓远程教育站点升级改造,落实日常维护经费175.8万元,对442个站点设备进行更新,876个站点播放功能正常率达到95%。

【基层党组织建设】

强力整顿后进班子队伍,坚持多方联动、分类指导,县级领导每人联系3个以上后进村(社区),90个机关党组织与后进村(社区)党组织结成双联单位,帮助规划落实各类基础设施建设项目160余个、筹集帮扶资金200余万元,选派90名机关党员干部到后进村(社区)担任"第一书记",调整后进党组织书记29人,帮扶教育后进党组织班子61个,落实党委书记包村限时、组织部长督办等制度,实行台账式管理,全县软弱涣散党组织转化率达100%。制定《岳池县规范村干部日常办公管理暂行办法(试行)》,严格村干部坐班值班制度,村级组织运行更加规范。深化党内基层民主,落实"四议两公开一监督"、党员旁听基层党委会议等制度。推进"五型"社区建设,推广"五清五联五直"社区群众工作模式。深入实施"长板凳计划",选聘非公企业党建指导员20人,全县非公有制企业、新社会组织党组织覆盖率分别提高到85.2%、81.6%。落实村级组织办公经费1758万元,服务群众专项经费村均达到5万元,投入党员教育培训经费80余万元,确保党建工作的正常开展。拨付财政资金600余万元，及时落实在职社区常职干部养老保险和医疗保险补贴，足额发放正常离职村干部生活补助。投入177万元，统筹解决32个村无活动场所问题，完成170个村级活动场所提档升级。

【领导班子及干部队伍建设】

实施干部人才递进培养计划，采取"3+2"模式遴选第二批培养对象115名，举办优秀年轻干部人才递进培养计划培训班2期，培训各类优秀干部人才230人。全年举办培训班1期，培训党务工作者、年轻干部84人，指导县级部门培训干部6000余人次。配合市委组织部培训各级干部44人次。推荐3名副科级领导干部上挂市级部门，选派5名优秀年轻干部到藏区挂职锻炼，遴选10名干部到信访、招商等岗位锻炼。探索构建科级领导班子结构模型，县住建局、石垭镇等8个试点单位领导班子结构模型基本建成，完成对全县科级领导班子运行情况的分析研判。学习贯彻新《干部任用条例》，举办各类学习培训班30余次，印发学习资料1000余册，发送手机短信4000余条，确保学习培训全覆盖。出台《岳池县非定向推荐科级领导干部拟提拔使用人选办法（试行）》，全年调整领导干部232人，其中提拔81名，交流或兼职105人，降免职46人。完成中央巡视组和中组部干部选任专项检查各项工作，干部选任工作得到检查组的充分肯定。加大竞争性选拔干部力度，选拔县公安局科级中层干部15人，学校中层干部22人。对优秀干部人才实行动态管理、重点培养，8名优秀干部人才得到提拔重用。牵头开展"5+3+2"专项整治和"六个专项治理"，重点对巡视组和中组部检查反馈的2个问题进行彻底整改，处置"在编不在岗"101人，清理纠正违规兼职人员4人，免去超职数配备干部1人。贯彻落实领导干部诫勉谈话、回复组织函询等监督制度，全年函询干部3人，提醒谈话14人，诫勉谈话4人；对11名领导干部进行经济责任审计，督促12名党政"一把手"做好离任经济责任事项交接工作，对5件涉及领导干部问题的举报进行调查处理。

【人才开发与知识分子工作】

落实全县人才发展中长期规划纲要，全面完成《2014年人才工作要点》各项重点任务，督促指导各部门抓好人才规划的落实。加大人才工作经费投入，专项资金单独列入财政预算，全年落实人才工作专项资金400余万元。推进"优秀人才引进"工程，通过集中引才与常年引才、考核招聘相结合的方式，引进急需紧缺高层次人才15人、教育卫生硕士以上专业技术人才14人，柔性引进高层次创新创业团队2个。深入实施"优秀人才培养激励"工程，高效完成"万名人才大培训"工作，培训五支人才队伍5万余人次，推荐5人参加西南大学综合素质提升示范培训，1人到后进村担任村支部书记挂职锻炼，定向选拔1名副科级领导干部。狠抓"优秀人才服务为民"工程，"名医名师结队帮扶"活动成效明显，全县百名医生、百名教师各自结成师徒帮扶对子，"传帮带"效果更加显现。选派的30名优秀科技人才作用发挥良好，引进农业新品种13个，转化农业科技成果11项，开展农村实用技术培训30期，实地指导200余场次。全面落实引进人才搬迁安置补助、生活补助、住房补贴等待遇，实施引进人才"五个一"管理服务。完善人才激励政策，开展"第四届百名优秀人才"评选表彰活动，75名优秀人才受到县委、县政府表彰。

表2　2014年全县党员统计表

总数	性别		民族		年龄			文化程度				
	男	女	汉族	少数民族	35岁以下	36－54岁	55岁以上	研究生	本科	大专	高中（中专）	初中以下
42449	34272	8177	42434	15	7623	13008	21818	72	3867	4923	8038	25519

表 3 2014 年全县发展党员统计表

总数	性别		民族		年龄			文化程度				
	男	女	汉族	少数民族	35 岁以下	36－54 岁	55 岁以上	研究生	本科	大专	高中（中专）	初中以下
549	363	186	549	0	377	172	0	4	128	108	130	151

（县委组织部）

统战工作

【指导民盟工作】

组织盟员参加县委、县政府工作报告意见征求会、社会经济发展座谈会、法检两院和党风廉政建设、反腐败工作等情况通报会，并就经济社会发展、政府工作报告、多党合作等方面的重大问题，提出意见和建议，得到县委、县政府的高度重视和肯定，部分意见和建议被相关部门采纳。春节期间组织盟员中的书法爱好者 10 余人在文庙开展“送春联、送文化、送祝福”活动，送出春联 400 余幅，深受群众好评。组织岳池一中的 7 名盟员教师和入盟积极分子，采取相互听课、交流探讨的方式，赴顾县中学开展义务支教活动。组织县农业局、县林业局、县畜牧局、县医院、县中医院等单位的盟员、入盟积极分子和专业技术人员 10 人，深入临溪镇开展科技卫生下乡服务活动，义务咨询 140 人次，测血压、义诊 100 人次，发放农、林、牧、交通、环保、医疗等各种科技宣传资料、书刊 1000 余份（册）。组织盟员到南充、西充张澜故居、张澜纪念馆、阆中红色革命根据地参观学习，接受传统教育；组织盟员前往武胜县白坪乡参观、考察新农村建设，亲身感受农村改革开放新面貌。

【党外干部管理】

落实全市统战工作座谈会议精神。摸排统计全县党外后备干部情况，及时更新党外后备干部信息。提拔 1 名正科级党外领导干部任副县级领导干部，从乡镇交流 1 名副科级党外领导干部到部门任职，选送 1 名党外副科级领导到市文广新局上挂锻炼，选送 1 名党外副科级领导到成都招商锻炼。召开座谈会、情况通报会 6 次，向党外代表人士通报全县经济社会发展情况，听取和了解他们的思想状况和工作表现，动员广大党外代表人士围绕全县中心工作积极为党委、政府献计献策。组织党外政协委员、人大代表积极参与全县公路建设巡查工作，有效保证工程建设质量、进度和安全。在司法、教育、卫生、组织人事和市政服务等领域广泛开展特约监督工作，促进政务公开、法律公正、社会公平。

【非公有制经济代表人士工作】

“三八”国际劳动妇女节，在乔家镇乡约园举行联谊活动，直属会员、政协委员、人大代表及会员家属共 90 余人参加活动，通过活动，增强大家凝聚力。为响应县委“走基层、送服务”专题活动号召，落实“三进三同三促”，组织金草师傅（金线莲）茶叶、希路美酒庄、招商国旅、成都银行和岳池百兴医院等 10 余家爱心企业为全县困难群众、孤寡老人、留守儿童、精神病、尿毒症患者义捐义卖，共募集资金 4.39 万元；为裕民镇、黄龙乡贫困群众送去 7.5 吨化肥，为新民小学和黄龙小学全体学生及黄龙乡敬老院送去 700 余条裤子，并鼓励他们自力更生，早日脱贫致富。到西板乡鼓楼坡村慰问 5 户贫困户，为贫困户送去慰问金 1000 元及菜油、猪肉等物资。资助顾县中学 3 名高中生，为每人送去现金 500 元。到兴隆镇慰问 12 户贫困户，每人资助现金 200 元及棉絮 1 床。广大企业家积极投身“感恩小平 · 共建广安”活动，奉献爱心，以实际行动支持小平家乡广安建设，筹集资金127.5万元，上交广安市工商联（红十字会）41.7万元，将其余资金在县工商联（总商会）建立爱心基金，常年接受社会及企业家捐赠，主要用于全县民生工程、助学、困难群众、精神病患者、尿毒症患者等需要帮助的群体。输变电技能培训中心大楼主体工程已建成，协会运转正常。加强外出经营管理税宣传发动，在外非公企业家全年共缴纳外出经营管理税6185万元，同比增长10.4%。

（县委统战部：杨黎）

县直机关党建

【概况】

2014年，中共岳池县直属机关工作委员会下辖16个党委，16个党总支，218个党支部，3711名党员。其中女党员751人，少数民族党员5人，35岁以下党员858人，大专以上学历的党员2503人。

【思想建设】

县直机关各党组织坚持“三会一课”（党小组会、支委会、党员大会和党课）制度，组织党员干部学习贯彻邓小平理论和“三个代表”重要思想，学习党的十八大及十八届四中全会精神，以及《党章》《中国共产党党和国家机关基层组织工作条例》等资料，提高党员理论水平和政治素质。各单位根据实际，利用春节、清明节、重阳节等传统节日，开展传统文化教育普及活动。“七一”期间，县直机关工委组织300余名党员干部开展十八大知识竞赛、150余人参加的“党在我心中”主题演讲比赛等活动。以建设学习型党组织为抓手，加强党员干部教育培训，县直机关工委于4月和10月分别培训党务干部80人次、入党积极分子125人次。

【组织建设】

新成立中共岳池县委宣传部退休支部委员会等3个支部委员会，撤销中共岳池县电影公司支部委员会，届满换届党总支6个、党支部46个；发展党员60人，审批预备党员转正59人，培养入党积极分子65人，接转党组织关系258人；表彰先进基层党组织40个、优秀共产党员58名、优秀党务工作者58名。

【党风廉政建设】

组织党员干部学习《廉政准则》，观看警示片；组织党员干部联系个人实际，查找思想、作风、组织、纪律等方面存在问题。落实党风廉政建设责任制，层层签订党风廉政建设责任书。加强廉政风险防控机制建设，从权力行使，制度建设和思想道德三个方面，深入找准廉政风险。

【系列活动】

“七一”期间，开展纪念党的生日主题教育实践系列活动，组织新发展党员进行入党宣誓，组织老党员“重温入党誓词”“缅怀革命先烈”等革命传统教育，举办“党的知识”竞赛；组织机关党员干部开展“向雷锋同志学习”暨第十三个“公民道德建设宣传月”系列活动。“七一”、春节期间组织走访特困党员，开展送温暖活动，县直机关各党组织走访慰问贫困党员和老党员350人，发放慰问金70万元。

（县直属机关工委）

机构编制

【机构改革】

2014年，岳池县人民政府职能转变和机构改革重点围绕转变政府职能和理顺职责关系，强化职责和机构整合，稳步推进大部门制。经市委、市政府批准，县政府工作部门设24个。将四川省广安市岳池质量技术监督局、四川省广安市岳池县工商行政管理局由市级以下垂直管理调整为县政府管理，并将其职责整合组建县工商质监局，为县政府工作部门；组建县卫生和计划生育局、县教育科技体育局，不再保留县卫生局、县人口和计划生育局、县教育局、县科学技术局，同时将县畜牧食品局的行政管理职责、县农业机械管理局的行政管理职责、县商务局的生猪屠宰管理职责、县水务局的水产渔政行政管理职能整合划入县农业局；将县文化广播影视新闻出版局的体育职责划入县教育科技体育局，并将县文化广播影视新闻出版局更名为县文化广电新闻出版局。

【机构变化情况】

新增机构：设立岳池县法学会机关、岳池县政协委员联络委员会、县人力资源服务中心，单设人大信访室，恢复洗马小学校。

新增股室：县住房和城乡规划建设局增设物业管理股，县财政局增设信息股，县人力资源和社会保障局增设信访股，县农产品质量安全监督检验检测站设立办公室、业务股及检测室，县现代农业园区管理办公室增设综合股，县惠民工作办公室设立综合股和督办股，县中医医院增设健康体检科和血透室，县人民医院增设120指挥中心，县疾控中心设置12个内部科室。

机构更名：广安市回乡创业园区管理委员会投资服务中心更名为岳池经济技术开发区管理委员会投资服务中心，全民水库岳池水域管理站更名为岳池县回龙寺水库管理所，岳池县测绘管理办公室更名为岳池县测绘地理信息局，岳池县食品药品稽查大队更名为岳池县食品药品监督稽查大队，岳池县机动车安全技术检测中心更名为岳池县机动车检验监管中心。

撤销机构：岳池县人才交流中心。

【编制变化情况】

行政编制变化情况：增加县政协机关行政编制1名。

机关工勤人员控制数：核定县委县政府督查办机关工勤人员控制数1名。

调整事业编制：根据工作需要，合理整合资源，重点向公共教育、医疗卫生、食品安全、社会民生等重点领域倾斜，增加实验学校、双鄢小学校、普安小学校、齐福小学校等9所学校的事业编制；对县环境监测站、县新型农村合作医疗办公室、县人民医院、县学生资助管理中心、县城市管理综合执法大队、县公路管理养护二段、县蔬菜局、罗渡镇宣传文化体育服务中心、罗渡镇就业和社会保障服务中心、乔家镇宣传文化体育服务中心等单位编制进行调增；核减县公路管理养护一段和县果树站的事业编制。

【领导职数变化情况】

县林业局设立总工程师1名（副科级），县政协委员联络委员会设主任1名（正科级），县法学会机关设专职副会长兼秘书长1名（副科级），县项目办公室增设副主任2名，县环境卫生管理所增加副所长1名，明确县农业局下属事业单位领导职数。

【事业单位管理】

做好党政机关网站建设工作。联合县经信局对建设互联网网站的党政机关、事业单位进行网站开办审核，加强对全县各单位机关网站的管理。

完善网上年检工作。2013年度岳池县事业单位法人年检合格335家，新登记4家，冻结20家。

（县委编办：徐敏、胡梦玥）

群众和信访工作

【概况】

2014年，接待群众来信来访2610批次3020人次，同比分别下降15.26%、15.12%。其中，来信716件（次），同比下降18.26%；来访489批次899人次，同比分别下降7.91%、10.9%；网络信访1405件次，同比下降16.02%，其中接听处理“12345”市民信访热线124件次。全年办理上级交办案件79件，已按时办结73件，6件正在办理中；受理复查复核信访案件12件。对进京访19批次24人次，以及到省上访36批次43人次进行处理。

【矛盾纠纷排查化解】

坚持经常性排查与集中排查相结合，形成属地为主、条块结合的全覆盖、无疏漏矛盾纠纷大排查网络。在坚持“村组每天一排查，乡镇每旬一排查，县上每月一汇总、每季一分解”制度的基础上，在各级重大政治活动、节假日期间等重点时段，专门组织人员，对信访老缠访户、涉法涉诉、利益群体等重点对象进行专项排查，确保不留死角。日常排查16次，特殊敏感时期排查3次，排查矛盾纠纷237件，对排查出来的问题，逐案逐人建立台账，落实办理责任，进行挂牌督办，做到办结一件销号一件。

【创建“无信访乡镇、无信访村（社区）】

从2014年起，在全县创建“无信访乡镇、无信访村（社区）”活动。以“五个注重”（注重源头预防，从根本上减少社会矛盾；注重“事要解决”，切实维护群众合法权益；注重机制制度创新，提升整体水平；注重方式方法，依法妥善处置群体性事件和非正常上访；注重强化责任，确保工作落到实处）为原则，以提高“五率”（初信初访处理率、案件办结率、积案化解率、上访老户稳控率、重要信息上报率）为重点，以强化“五个落实”（组织机构落实、办公地点落实、规章制度落实、工作人员落实、工作经费落实）为保障，以达到“五无”（无进京赴省到市越级上访、无历史遗留信访积案、无信访群体恶性事件、无到中省市县集访、无中省网络信访投诉件）为标准，实现“一控制一下降一提高”（进京上访有效控制、信访总量明显下降、群众满意度逐步提高）的目标。

【领导包案】

按照“属地管理、分级负责”及“谁主管、谁负责”的原则，落实“五包”责任制（包掌握情况、包稳控管理、包教育转化、包依法处理、包解决困难）。中央、省、市县挂牌督办的56件信访案件，其中省信访联席办交办件22件、市信访联席办交办件21件、县信访联席办交办件13件，落实县级包案领导8人，责任单位28个。

【信访积案化解】

按照信访积案化解要求，明确责任主体、承办人员、化解措施、办结时限，因案施策、逐案化解。对“无头案”“钉子案”“骨头案”，按照“一人一策、一案一议”的办法，通过运用低保、“五保”、大病救助、救灾救济、节假日慰问和特殊疑难信访问题专项资金等综合手段，消化特殊群体的困难和问题，确保“案结事了”。使用特殊疑难信访问题专项资金化解但汉群、尹秀容、郭金洪等一批信访积案。

【稳控劝返工作】

全力做好信访重点人员、重点群体的教育稳控工作。对排查出的无理缠访、闹访，曾进京到省上访或有过违法滋事行为的重点人员，特殊群体的核心骨干和活跃分子，建立稳控工作小组，全部进行“包保”，采取特殊措施，全力做好全国“两会”期间及重大节日等敏感时期信访维稳工作。继续做好“驻京、驻蓉”和特殊敏感时期的设卡值守劝返工作，加强与中央、省、市信访等相关职能部门的协调沟通，查明失控漏管人员下落，确保第一时间疏导劝返赴省进京上访群众。

（县委群工局）

老干部工作

【老干部政治待遇】

组织老干部集中政治理论学习13次、参学1935人次，征求并听取老干部意见和建议10次；县委、县政府主要领导向老干部通报工作6次，召开春节老干部团拜会1次、重阳节座谈会1次；28名县级领导分别与32名老干部结对联系；7月，老干部合唱队参加县上举办“纪念小平同志诞辰110周年”和“纪念建党93周年”文艺汇演演出，其他20名老干部代表被邀请就座。邀请德高望重老干部代表文阳清、彭家荣、雷允树、蒋道忠、李开平等参加县委党的群众路线教育实践活动系列会议及理论宣讲等。为老干部阅览室订阅党报党刊和生活杂志20余种，为每位老干部订阅《党的建设》《晚霞》杂志各1份，给老干部发放自行购买书报费每人每年150元。

【老干部生活待遇】

为45名离休干部增发护理费，其中抗日战争时期参加革命工作者每人每月增发600元，解放战争时期参加革命工作者每人每月增发400元，共增发24万元。由县委组织部牵头，与县财政局、人力资源和社会保障局、卫生局联合行文制定《关于对岳池县建国初期参加革命工作的部分退休干部给予适当医疗照顾的实施意见》，对153名新中国成立初期参工的退休干部报销门诊费、住院费25万元；对生活不能自理申请享受特殊生活困难补助的57人，落实每人每月200元的特殊困难补助，自2015年1月起发放。县“四大班子”主要领导和县委、县政府分管领导对地厅级离退休干部及德高望重的老干部代表等登门慰问19人次。春节期间，县老干部局领导带队对享受地厅级待遇的老干部、卧床不起、行动不便、长期生病在家休养、生活困难和异地回岳池安置的49名老干部以及11名2013年度已故老干部遗属，进行上门慰问；“七一”“八一”“重阳”和纪念“小平同志诞辰110周年”和“建党93周年”走访慰问老干部76人次；全年探望住院老干部109人次，恭贺老干部生日51人，悼念逝世老干部13人。为57名身患癌症晚期等重大疾病患者及重大疾病长期卧床等造成家庭特别困难的老干部及遗孀予以特殊困难帮扶资金19.8万元。

【老干部文体活动】

组织老干部开展摸奖、掷飞镖、丢圈套物等游园活动和门球、麻将、书画、川牌、台球、乒乓球、象棋等比赛共63场次，参赛1725人次，获等级奖485人次；举办太极拳剑培训班8期，门球技能培训7次，象棋攻防战术培训4次，乒乓球技能培训4次。3月，组织100余名75岁以上不能外出参观的老干部到“岳池老家”农家乐开展游园活动；5月和10月，分两期组织60名行动方便的老干部赴蜀南竹海每期四天的考察学习。

以纪念“小平同志诞辰110周年”“建党93周年”和“群众路线教育”为契机，开展丰富多彩活动。6月，组织70名副县级以上的离退休干部、局退休职工和老干局职工到小平故居和红色影视城参观，向邓小平铜像敬献花篮、三鞠躬，重温入党誓词，表达出对邓小平的无限深情和真切的怀念。7月，老干部们与川北医学院新党员一起联合举行“坚持走群众路线，努力实践中国梦”主题文艺演出，召开座谈会，双方还就党的群众路线教育实践活动展开热烈的讨论。8月，承办纪念邓小平诞辰110周年老年书画展，参展作品共36幅。7月和8月，组织老干部合唱队、乐队30余人参加广安市、岳池县纪念邓小平诞辰110周年文艺汇演，获得了市、县领导及观众好评。开展纪念邓小平同志诞辰110周年暨党的群众路线教育实践活动征文比赛，获一等奖2篇，二等奖3篇，三等奖5篇。10月，岳池县老干部门球、太极拳剑和象棋队员赴邻水参加全市老干部运动会门球、太极拳剑和象棋比赛，均获得优胜奖。

【党建工作】

按照支部班子建设好、党员队伍管理好、特色活动开展好、各项制度建设好、思想工作做得好的“五好”标准逐步规范各单位离退休党支部的建设。开展党的群众路线教育实践活动，召开民主生活会和组织生活会，党支部书记吴小平给职工及老干部们上党课，开展专题讲座，邀请县党的群众路线教育实践活动宣讲团成员文阳清在重阳节老干部大会上为大家以“人民群众是共产党的执政基础群众路线是党的生命线”为主题作宣讲报告。“七一”期间，组织全局党员干部和老干部代表召开组织生活会，重温入党誓词，开展群众路线教育实践活动和门球、乒乓球和象棋等比赛活动。4月，对在2013年老干部党支部活动、政治学习、发挥作用、开展文体活动等工作中表现突出的10个先进集体和28名先进个人进行表彰，颁发荣誉证书、奖金和奖品。县委老干部局帮扶郭家庙村、东板村、九龙镇园田及玉皇观社区、高桥小学、岳池中学等的贫困户、贫困党员、贫困学生资金8300元，深受群众的好评。

【老干部发挥余热】

老干部在群众路线、关心下一代、社区服务、科技下乡和服务“三农”等方面发挥余热，深受社会各界的好评。老干部们在党的群众路线教育实践活动中，主动参与、积极建言，确保教育实践活动顺利完成。雷允树、罗崇杰、唐昌雄等多名老干部自发组织成立的革命传统教育宣讲团，分组为各部门乡镇建立关工委组织和关心下一代进行具体指导；为留守儿童建起“留守儿童之家”和“假日乐园”；开展道德法制宣讲；建起“岳池县关爱青少年专项资金”，救助孤儿病残儿童30多人，帮扶贫困青少年300多人，支持贫困大学生“圆梦大学”20多人，帮扶矫正失足青年15人。老干部们创建的岳池小记者学校招收培训南街小学三至六年级在校学生145人，现已结业83名小记者，编印《岳池小记者报》63期。5月17日田德兰意外坠楼后，群众聚集，部分老干部主动深入社区院落和大街小巷正面引导，为及时平息事件起到十分重要的作用。开展老干部牵手大学生村官调研，协调相关部门支持大学生村官干事创业，促进他们健康成长。文阳清牵手联系西板乡大学生村官杨宏林，办成红心猕猴桃种植基地，杨宏林被省、市、县评为优秀村党支部书记。县畜牧局退休老干部曾传富与花园镇大学生村官刘学杰共同策划鹌鹑养殖，协调镇、村关系，使刘学杰的养殖场每年盈利6万元。在党的群众路线和纪念邓小平诞辰110周年，老干部对岳池建设和发展提出宝贵建议8条，呈报县委、县政府并得以采纳。

【老干部学习活动阵地建设】

加强活动中心硬件设施建设，县财政拨专款27万元，对1000平方米的两个沙地门球场升级改造为人工草坪门球场，11月投入使用；县财政拨专款9万元，为老干部乐队添置音箱、话筒、二胡、萨克斯、笛子、电子琴等设备，丰富老干部文娱活动。

（县委老干部局：刘玉梅）

党校工作

【干部培训】

举办优秀年轻干部和人才递进培养计划第一期、第二期培训班，培训187人；举办党务干部培训班1期，培训34人；举办青年干部培训班1期，培训49人；举办党员发展对象培训班1期，培训193人；举办村（社区）暨“两新”组织党组织书记示范培训班1期，培训191人。在全县开展党的群众路线教育实践活动中，郭旭、吴健、严世军、雷建春到乡镇或部门宣讲40余场次。

【理论研讨】

吴健负责的社科课题“岳池县村支两委队伍建设的调查研究”、文六林负责的社科课题“城镇化进程中农村转移人口土地问题的调查与思考——以岳池为例”被市委党校评审结项，郭旭负责的社科课题“对‘三严三实’与‘最后一公里’的思考”、蔡华春负责的社科课题“关于岳池县创建省级文明城市的启示与思考”被市委党校、市、县社科联评审结项；王俊撰写的《广安全面深化改革的路径选择》1篇理论文章被广安市委党校开展的“广安市学习贯彻党的十八大精神理论研讨会”评为优秀论文；郭旭撰写的《广安如何在改革开放中用好几大红利》，吴健撰写的《全面深化改革必须加强党的领导》，严世军、邹丽红撰写的《广安如何在党的十八届三中全会精神的指引下走在全省改革开放前列》，蔡华春撰写的《深化生态文明体制改革建设美丽新广安》等4篇理论文章被广安市委党校开展的“广安市学习贯彻党的十八大精神理论研讨会”评为入选论文；吴健、文六林、雷建春联合撰写的调研报告《城镇化进程中生活垃圾处理问题的调查与思考》与王俊撰写的调研报告《广安全面路径深化改革的路径选择》分别发表在《广安论坛》2014年第1期和第3期，郭旭、雷建春、蔡华春联合撰写的调研报告《西部地区老龄化社会养老问题的调查与研究》在《和谐岳池》2014第3期发表，王俊、严世军、严华强联合撰写的调研报告《对岳池坪滩镇海椒专业合作社的调查与思考》、王俊独撰的论文《坚持改革不动摇》分别被岳池县人民政府评为岳池县第二次社会优秀科研成果优秀奖和二等奖。

（县委党校：蔡华春）

岳池县人大常委会

重要会议

【岳池县第十六届人民代表大会第四次会议】

2014年2月10日至12日，岳池县第十六届人民代表大会第四次会议在县城（吴雪艺术中心）召开，会期3天，出席会议的县人大代表应到337名，实到321名。部分省十二届人大代表，不是县十六届人大代表的县委、县政府、县政协领导；不是县十六届人大代表的县委有关部门及群团组织、民主党派负责人，县政府各部门、军事机关及政法部门主要负责人，中央、省、市驻岳单位负责人和县属企事业单位负责人；不是县十六届人大代表的乡镇长；不是县十六届人大代表的县人大常委会、县政协部分老领导和县政协十三届全体委员共91人列席会议。

会议听取和审议县人民政府、县人大常委会、县人民法院、县人民检察院4个工作报告；会议还审议岳池县2013年国民经济和社会发展计划执行情况及2014年计划（草案）的报告、岳池县2013年财政决算和2014年财政预算（草案）的报告；会议听取岳池县人民政府关于办理落实县十六届人大三次会议《关于加强农业灌溉设施建设的议案》的报告；会议补选岳池县第十六届人大常委会副主任2名、补选岳池县第十六届人大常委会委员4名。通过上述6个工作报告的决议。

政府报告主要内容：2014年经济社会发展主要目标是地区生产总值增长11%、力争达到11.5%；地方财政收入增长15%、力争达到18%；固定资产投资增长30%、力争达到35%；社会消费品零售总额增长13.5%、力争达到14%；城镇居民人均可支配收入增长11%、力争达到12%；农民人均纯收入增长13.5%、力争达到15.4%；城镇登记失业率控制在4%以内，人口自然增长率控制在5‰以内，全面完成省、市下达的节能减排任务。深化改革开放，强化投资拉动，增添发展动力；强化点极支撑，加速转型升级，壮大产业经济；坚持城乡统筹，共融互动发展，建设美丽家园；践行为民宗旨，努力改善民生，构建和谐社会，提升能力，履职尽责，建设人民满意政府。

政府报告决议主要内容：县人民政府要把握“稳中求进、改革创新、发展惠民、强基固本”的工作基调，坚定目标不动摇，咬定发展不放松，以更大的气魄，更科学的措施，推动岳池经济社会更好更快发展。要切实转变发展方式，打造集群，加速发展新型工业；特色引领，不断壮大现代农业；发挥优势，持续繁荣第三产业；统筹建设，着力改善城乡面貌；改善民生，促进社会和谐进步，为全面建成小康社会奠定更加坚实的基础。

【常委会会议】

县第十六届人大常委会第十五次会议。1月14日举行，会议听取和审议岳池县十六届人大四次会议筹备方案及通过关于召开县十六届人大四次会议的决定，通过《岳池县人大常委会工作报告（草案）》，听取并通过岳池县人大常委会2014年工作要点，听取县十六届人大资格审查委员会关于相关代表资格终止的报告，通过县人大常委会主任会议提请补选县第十六届人大代表的报告，表决通过其他人事任免事项。

县第十六届人大常委会第十六次会议。3月21日举行，会议审查批准部门预算，听取县人大常委会办公室刘昭成所作的关于2013年下半年“一府两院”办理落实审议意见情况的报告，听取2013年工作评议被评部门办理落实人大评议意见情况的报告，听取和审议县人民法院司法为民工作报告；会议对《岳池县人民法院司法为民工作报告》进行满意度测评，作出《岳池县人大常委会关于〈岳池县人民法院司法为民工作报告〉的审议意见》，讨论通过《岳池县人大常委会专题询问实施办法》，表决通过其他人事任免事项。

县第十六届人大常委会第十七次会议。5月28日举行，会议听取审议县人大常委会副主任黄雪兰所作的关于《中华人民共和国城乡规划法》实施情况执法检查的报告，听取和审议《岳池县人民政府关于畜禽规模养殖污染防治工作情况的报告》《岳池县人民政府关于保障性住房建设与管理工作情况的报告》，会议对《岳池县人民政府关于畜禽规模养殖污染防治工作情况的报告》《岳池县人民政府关于保障性住房建设与管理工作情况的报告》进行满意度测评，作出《岳池县人大常委会关于〈岳池县人民政府关于畜禽规模养殖污染防治工作情况报告〉的审议意见》《岳池县人大常委会关于〈岳池县人民政府关于保障性住房建设与管理工作情况报告〉的审议意见》，表决通过其他人事任免事项。

县第十六届人大常委会第十八会议。7月27日举行，会议听取和审议了岳池县发展和改革局张智林所作的2014年上半年国民经济和社会发展计划执行情况的报告，听取和审议岳池县财政局局长吴焱所作的2014年上半年财政预算收支执行情况的报告，审查批准2013年财政决算，听取和审议2013年度县级财政预算执行情况和其他财政收支的审计工作报告，听取和审议《岳池县人民政府关于农村土地承包经营权流转情况的报告》，会议对《岳池县2014年上半年国民经济和社会发展计划执行情况的报告》《岳池县人民政府关于2014年上半年财政预算收支执行情况的报告》《岳池县人民政府2013年度县级财政预算执行情况和其他财政收支的审计工作报告》和《岳池县人民政府关于农村土地承包经营权流转情况的报告》进行满意度测评，作出《岳池县人大常委会关于批准〈岳池县2013年财政决算〉的决议》《岳池县人大常委会关于〈岳池县2013年度县级财政预算执行和其他财政收支审计工作报告〉的审议意见》《岳池县人大常委会关于〈岳池县人民政府关于农村土地承包经营权流转情况的报告〉的审议意见》，听取和审议县人大常委会执法检查组关于《中华人民共和国环境保护法》实施情况的执法检查报告，表决通过其他人事任免事项。

县第十六届人大常委会第十九次会议。9月24日举行，会议听取县人大常委会办公室主任刘昭成所作的《岳池县人大常委会办公室关于2014年上半年“一府两院”办理落实审议意见情况的报告》，听取县人大常委会副主任黄雪兰所作的《岳池县人大常委会执法检查组关于〈中华人民共和国渔业法〉执法检查情况的报告》，听取和审议《岳池县人民政府关于十六届人大四次会议代表所提议案、建议、批评和意见办理情况的报告》，会议对《岳池县人民政府关于十六届人大四次会议代表所提议案、建议、批评和意见办理情况的报告》进行满意度测评，表决通过其他人事任免事项。

县第十六届人大常委会第二十次会议。11月26日举行，会议听取审查批准了县人民政府2014年财政预算支出调整方案，听取和审议了县人民政府关于落实县人大常委会对2013年审计工作报告的审议意见的报告，听取和审议《岳池县人民政府关于“一事一议”政策的贯彻落实情况报告》，听取和审议《岳池县人民政府关于畜禽规模养殖污染治理情况审议意见的整改落实情况的报告》，听取和审议《县人民检察院关于开展民事行政检察工作情况的报告》，会议对《岳池县人民政府关于落实县人大常委会对2013年审计工作报告的审议意见的报告》《岳池县人民政府关于"一事一议"政策的落实情况报告》《岳池县人民政府关于畜禽规模养殖污染治理情况审议意见的整改落实情况的报告》和《县人民检察院关于开展民事行政检察工作情况的报告》进行满意度测评，作出《岳池县人大常委会关于批准调整〈岳池县人民政府2014年财政预算支出〉的决议》《岳池县人大常委会关于〈岳池县人民政府关于"一事一议"政策的落实情况报告〉的审议意见》。

【重大事项】

1月14日，岳池县第十六届人大常委会第十五次会议作出《关于召开岳池县第十六届人民代表大会第四次会议的决定》。

3月21日，岳池县第十六届人大常委会第十六次会议作出《岳池县人大常委会关于批准岳池县2014年部门预算的决定》。

7月27日，岳池县第十六届人大常委会第十八次会议作出《岳池县人大常委会关于批准2013年财政决算的决定》。

11月26日，岳池县第十六届人大常委会第二十次会议作出《岳池县人大常委会关于批准调整岳池县人民政府2014年财政预算支出的决议》。

人大工作

【人事任免】

1月14日，岳池县第十六届人大常委会第十五次会议决定。

任命：胡成毅为岳池县人民政府副县长、公安局局长，丁进为岳池县人大常委会法制工作委员会副主任。

免去：罗红云的岳池县人大常委会办公室副主任职务。接受：胡云平、黄中良辞去县十六届人民代表大会代表职务。

3月21日，岳池县第十六届人大常委会第十六次会议决定。

任命：王岳川为岳池县住房和城乡规划建设局局长，陈宗春为岳池县水务局局长，段清华为岳池县商务局局长，聂长江为岳池县统计局局长，刘兴源为县人民法院行政审判庭庭长，向贵钦为县人民法院执行庭庭长，邹明武为县人民法院民事审判第三庭庭长，张勇刚为县人民法院刑事审判庭庭长，郑仲为县人民法院民事审判第一庭庭长，龚兴忠为县人民法院民事审判第二庭庭长，粟海燕为县人民法院审判委员会委员、立案庭庭长，杨平为县人民法院罗渡法庭副庭长，段瑜为县人民法院民事审判第二庭副庭长，王永艳为县人民法院审判员，刘文建为县人民法院审判员，张力向新为县人民法院审判员，宋四维为县人民法院审判员，马莉为岳池县人民检察院检委会委员，唐江为岳池县人民检察院检委会委员。

免去：王岳川的岳池县水务局局长职务，胡伟的岳池县商务局局长职务，黄雪兰的岳池县统计局局长职务，吴建华的县人民法院审判委员会委员职务，王华的县人民法院民事审判第三庭庭长职务，刘兴源的县人民法院执行庭庭长职务，向贵钦的县人民法院立案庭庭长职务，邹明武的县人民法院民事审判第二庭庭长职务，吴凌云的县人民法院民事审判第二庭副庭长职务，郑仲的县人民法院行政审判庭庭长职务，龚兴忠的县人民法院民事审判第一庭庭长职务，粟海燕的县人民法院刑事审判庭庭长职务，王纯兵的县人民法院罗渡法庭副庭长、审判员职务，邹波的县人民法院石垭法庭副庭长、审判员职务，杨平的县人民法院坪滩法庭副庭长职务，丁进的岳池县人民检察院检委会委员职务，黄学勤的岳池县人民检察院检委会委员职务。接受：李秉科辞去县十六届人民代表大会代表职务。

5月28日，岳池县第十六届人大常委会第十七次会议决定。

任命：文双平、邓献春、向义高、刘文志、张远川、吴其胜、何春红、邹深波、杨玉兰、周发明、胡建忠、唐协生、唐祖明、黄超14人为人民陪审员，邓岚、吴建鸿、严贤友、周朝海、罗敬哲为县人民检察院检察员。

免去：赵宗亮的岳池县第十六届人大常委会委员职务。

7月27日，岳池县第十六届人大常委会第十八次会议决定。

任命：杜宇为岳池县人民政府副县长，杨超龙为岳池县人大常委会信访室主任，屈环宇为岳池县人大常委会办公室副主任，杨天明为岳池县人民法院罗渡法庭庭长，吴佑兰为岳池县人民法院顾县法庭庭长。

免去：屈环宇的岳池县人大常委会办公室信访工作室主任职务，张勇刚岳池县人民法院西溪法庭庭长职务。接受：唐协民辞去岳池县人民政府副县长职务。

9月24日，岳池县第十六届人大常委会第十九次会议决定。

任命：王雪飞为岳池县人民政府副县长；王承邦、王昭元、王喜全、古远芳、成代贵、伍远江、刘三清、刘志强、李高平、杨和评、杨顺长、杨建中、何仕元、何熙建、邹书华、张洁、张辉、张万平、张亚北、张孝平、张绍辉、林尚华、罗心元、赵志华、秦本森、唐亮、唐中平、黄安江、黄雨全、黄晓琼、黄素琼、陶太国、游得荣、曾探华、雷三仕、廖志军、谭伟、滕明泽为县人民法院人民陪审员。

【代表视察】

4月，县人大常委会组织部分常委会组成人员和县人大代表对公安工作进行视察。

5月，县人大常委会组织部分常委会组成人员和县人大代表对全县干果产业发展情况进行视察。

8月，县人大常委会组织部分常委会组成人员和县人大代表对交通建设重点项目实施情况进行视察。

9月，县人大常委会组织部分常委会组成人员和县人大代表对县城周边河流污染治理情况进行视察。

【执法检查】

4月，县人大常委会组成执法检查组对《中华人民共和国城乡规划法》实施情况进行执法检查。

6月，县人大常委会组成执法检查组对《中华人民共和国环境保护法》实施情况进行执法检查。

8月，县人大常委会组成执法检查组对《中华人民共和国渔业法》实施情况进行执法检查。

【工作评议】

10月，县人大常委会对县林业局、县环保局、县卫生局、县经信局4个部门开展工作评议。工作评议将部门贯彻执行有关法律、法规，依法行政、公正执法情况；贯彻执行县人大常委会决议、决定情况；围绕全县中心工作依法履职情况和办理人大代表议案、建议、批评和意见情况作为评议的重点，全方位开展评议。通过部门自查、常委会组织调查、走访、发放问卷调查表和召开座谈会等方式及时发现部门工作中存在的问题和薄弱环节。召开评议大会，对各被评议单位进行面对面的评议，向被评议单位提出具体整改意见，130名县人大代表对被评单位进行满意度测评。各被评议单位针对评议工作中发现的问题制定整改方案，落实整改措施，对问题切实进行整改。

【建议意见办理】

经县第十六届人民代表大会第四次会议议案组整理，属县政府及其工作部门办理答复的人大代表建议共74件。截至9月15日，全部在规定时间内办理完毕，办结率为100%。

（县人大办：袁芳）

岳池县人民政府

综　述

【常务会议】

2014年1月13日，召开十六届岳池县人民政府第24次常务会议。会议集体学习《国有土地上房屋征收与补偿条例》《党政机关厉行节约反对浪费条例》和《中共中央办公厅国务院办公厅关于领导干部带头在公共场所禁烟有关事项的通知》，研究关于实施照明、饮水、消暑工程相关事宜和有关人事问题，审议《关于加快推进旅游产业发展的意见（送审稿）》《政府工作报告（讨论稿）》《岳池县2013年国民经济和社会发展计划执行情况及2014年国民经济和社会发展计划（草案）的报告》《岳池县2013年财政预算执行情况和2014年财政预算（草案）的报告》及其他有关事宜。

2月21日，召开十六届岳池县人民政府第25次常务会议。会议集体学习《行政许可法》；传达贯彻中、省、市纪委全会和国务院、省、市政府廉政工作会议精神，全国、全省、全市审计工作会议精神；研究岳池县九龙镇棚户区改造安置房及公共租赁住房项目（九龙堰村建设点）等有关事宜及有关人事问题，安排部署当前工作。

3月19日，召开十六届岳池县人民政府第26次常务会议。会议集体学习《行政处罚法》《论群众路线——重要论述摘编》《中共四川省委四川省人民政府关于全省政府职能转变和机构改革的实施意见》和关于群众路线的重要论述，研究《岳池县城区25辆出租汽车经营权到期重新配置实施方案》、九龙镇棚户区改造安置房及公共租赁住房项目（九龙堰建设点）变更工程相关事宜、城东新区电力管线入地相关事宜和有关人事问题，审议《岳池县2014年财政收支预算安排》。

4月23日，召开十六届岳池县人民政府第27次常务会议。会议集体学习《行政复议法》，通报省委党的群众路线教育实践活动第十三督导组督导岳池情况、2013年度全县行政案件司法审查意见，“集体议”县政府党组党的群众路线教育实践活动开展以来征求到的各类问题，研究组建岳池县首届县政府法律顾问团、设立岳池县政府质量奖、解决四川岳池九龙省粮食储备库安全隐患相关事宜以及当前经济工作、关于授予尹斌“见义勇为”公民荣誉称号和有关人事问题，审议《关于深入推进“全民投资促进”工作的实施意见》。

5月21日，召开十六届岳池县人民政府第28次常务会议。会议集体学习《国家赔偿法》，研究组建岳池县罗渡高新发展有限公司、启动灵泉寺水库工程前期工作、余家河特色景观区BT项目模式融资建设、城南工业园区医药产业污水处理厂BOT项目和人工湿地公园BT项目建设、北京师范大学广安附属实验学校项目相关事宜和有关人事问题，审议《岳池县新型农村合作医疗管理办法（试行）》。

6月23日，召开十六届岳池县人民政府第29次常务会议。会议集体学习《中华人民共和国统计法》《广安市国家公职人员公务时间休闲娱乐责任追究暂行办法》和《广安市党政机关国内公务接待管理办法》，研究贯彻落实中央、省、市关于促进当前经济稳增长工作措施、参加四川省第十二届青少年运动会奖励相关事宜和有关人事问题，审议《岳池县政府投资工程施工设计与预算方案评审管理办法》、九龙镇向家沟村兰渝铁路拆迁安置房工程变更项目纳入竣工结算造价相关事宜。

7月16日，召开十六届岳池县人民政府第30次常务会议。会议集体学习《四川省政府投资建设项目审计条例》；研究成立岳池县建设工程质量检测公司相关事宜，城南工业园道路名称相关事宜，翔凤大道分段编号和苟角镇、乔家镇、长田乡部分乡镇街道命名相关事宜和有关人事问题；审议《岳池县投资促进优惠政策》《关于深入推进义务教育均衡发展的实施意见》《关于加快教育信息化建设的实施意见》和《岳池县差旅费管理办法》。

8月19日，召开十六届岳池县人民政府第31次常务会议。会议集体学习《中华人民共和国政府信息公开条例》，听取乡镇财务管理规范化建设示范试点工作情况汇报，研究南广高速公路岳池连接线拓宽工程完善变更项目审批手续、2014年土地承包经营确权登记工作有关事宜和有关人事问题，审议《岳池县殡仪馆特殊遗体处理工作方案》。

9月3日，召开十六届岳池县人民政府第32

次常务会议。会议集体学习《中华人民共和国物权法》，研究给予赵行齐嘉奖、岳池县汽车尾气检测中心建设、服务业综合改革试点工作有关事宜和有关人事问题，听取乡镇污水处理站建设及运行管理情况汇报和稳增长政策落实情况汇报。

10月21日，召开十六届岳池县人民政府第33次常务会议。会议集体学习中央、省、市领导在党的群众路线教育实践活动总结会上的讲话精神，听取全县招商引资签约重点项目跟进落实情况汇报，研究80岁至89岁老年人高龄补贴、农村集体土地大比例尺图实测和确权登记发证有关事宜和有关人事问题，审议《新建四川省岳池县汽车运输站BT项目融资建设方案》《岳池县重性精神病人救治救助办法》和《关于加快推进特色集镇建设的意见》。

11月26日，召开十六届岳池县人民政府第34次常务会议。会议集体学习《中华人民共和国预算法》；研究顾县镇、罗渡镇部分街道命名相关事宜，岳池县非居民天然气价格调整相关事宜，给予四川仁安药业新建原料药生产项目省级战略性新兴产业发展专项资金地方配套资金相关事宜，解决吉恩田信访问题相关事宜，县城区拆迁安置房“两证”办理有关事宜，城南工业园区污水处理厂尾水排放项目付家大沟隧洞工程增加投资有关事宜；审议《关于推进依法治县加快法治政府建设的实施意见》《岳池县商务企业培育及统计指导服务工作考核奖励办法》《岳池县洗马河（大西街过河桥上游约200米处至银城大道段）滨河景观带及管网新建工程BT项目融资建设方案》和《岳池县火车站站前景观大道二段和银城大道东延伸段道路工程BT项目融资建设方案》。

12月26日，召开十六届岳池县人民政府第35次常务会议。会议集体学习国务院及省、市政府关于进一步规范税收优惠政策、土地利用管理、矿产资源开发管理、政府采购监督管理、政务公开等16个文件精神，传达省委经济工作会议精神并研究岳池县贯彻意见；研究2015年县委、县政府自办民生工程项目相关事宜，岳池县公路路政管理工作相关事宜，调整岳池县2014年国民经济和社会发展计划部分指标相关事宜；听取县安全监管局关于全县安全生产工作的汇报。

【全体会议】

1月27日，县委副书记、县长汤才勇主持召开十六届岳池县人民政府第四次全体会议。会议审议《政府工作报告（征求意见稿）》。县委常委、副县长欧彦，县委常委、副县长张学谦、唐协民，县委常委、人武部部长赵宗亮，县人大常委会副主任秦宴菊，县政府副县长任仕金、姚长琼、汪勇、胡成毅，县政协副主席胡安贵，县法院院长孙永红，县检察院检察长谭安民出席会议。

8月5日，县委副书记、县长汤才勇在吴雪艺术中心主持召开十六届岳池县人民政府第五次全体会议。会议学习市委四届七次全会、四届市政府第五次全体会和省市县上半年经济形势分析会精神，通报上半年全县经济运行和社会发展情况，认真分析经济社会发展形势，明确下半年重点工作任务，动员全县上下进一步认清形势，攻坚克难，确保年度各项目标任务顺利实现。县委常委、副县长欧彦，县委常委、副县长张学谦，县政府副县长任仕金、姚长琼、汪勇、胡成毅、杜宇出席会议。

【专题会议】

1月16日，受县委副书记、县长、县城乡规划管理委员会主任汤才勇委托，县委常委钟爱平在县政府四楼会议室主持召开岳池县城乡规划管理委员会第52次会议。会议审议“城东中医院、妇幼保健院、卫生及环保执法业务用地”规划条件拟调整方案，“北外街杨维春等私人联合建房”用地规划条件拟调整方案，“丝绸路193号何英辉、何英群等私人危房联建”用地规划条件拟调整方案，“大西街洗马河河道整治拆迁安置房”建设项目设计方案，“玉皇观新增拆迁安置房（50米大街）”建设项目设计方案，“五里牌村2014年新增安置房（安拱路延伸段、火车站站前广场及站前道路拆迁安置房)”建设项目设计方案,“五里牌村6组新增安置房”建设项目设计方案,县“疾控中心综合楼”建设项目设计方案,“翔凤大道加油站”建设项目设计方案,“四川农信办公楼”建设项目设计方案,“东湖逸景”建设项目设计方案,“全粥店危改”建设项目设计方案,罗渡镇“罗城印象”建设项目设计方案,苟角镇“小城明珠”建设项目设计方案,双鄢乡“财富苑”建设项目设计方案,临溪镇“荣禾春天”建设项目设计方案,岳池县“城南工业园展示厅等业务用房”规划条件调整方案及设计方案。

1月22日,县委常委、副县长张学谦在县工业园区管委会三楼会议室主持召开城南工业园环境治理工作专题会议。

2月13日,县委常委、副县长张学谦在县政府二楼会议室主持召开医药污水处理厂尾水排放工程推进会议,研究工程实施中存在的问题。

2月25日,县委副书记、县长汤才勇在县政府三楼会议室主持召开2014年重点水利工程专题会。会议就回龙寺水库建设、罗渡堤防工程(二期)、回龙集中供水工程、洗马河城区段防洪治理工程、西溪河西板段堤防工程等重大水利项目进行专题研究。

3月31日,县委常委、副县长欧彦在县政府四楼会议室主持召开新农村档案工作示范县创建专题会。会议听取县档案局的工作汇报,研究全县档案工作和示范县创建工作存在的具体问题。

4月8日,县委副书记、县长汤才勇在县政府三楼会议室主持研究广岳大道岳池段工程建设工作,就工程建设中的相关问题进行研究部署。

4月9日,县委副书记、县长汤才勇在县政府四楼会议室主持召开岳池县城乡规划管理委员会第53次会议。会议审议“余家河景观带”规划设计方案,“东湖彼岸南侧用地”规划条件拟调整方案,“城东变电站北侧约110亩、东北侧约50亩土地”规划条件拟调整方案,“城南工业园区约55亩国有用地”规划条件拟调整方案,“工业园区综合服务中心”用地规划条件调整方案及建设项目设计方案,“九龙镇棚户区改造(工业园区骨架道路建设点)”建设项目设计方案,“北师大岳池附属实验学校”建设项目设计方案,“九龙镇棚户区改造(岳一中东侧建设点)”建设项目设计方案,“花园路加油站迁建”用地规划条件拟调整方案,“花园镇棚户区改造(东湖公园北侧建设点)”建设项目设计方案,“花园镇棚户区改造(新建白庙职中东侧建设点)”建设项目设计方案,县“疾控中心综合楼”建设项目设计方案,中和镇“中心卫生院”建设项目设计方案,镇裕镇“镇西花园”建设项目设计方案,西溪镇“龙祥佳苑”建设项目设计方案,坪滩镇“黄金口岸”建设项目设计方案。

5月4日,县委副书记、县长汤才勇在县政府三楼会议室召开专题会议,研究部分学校债务化解有关事宜。

5月23日,县委副书记、县长汤才勇在吴雪艺术中心十一会议室(广岳大道岳池段工程建设指挥部办公室)主持召开会议,研究部署广岳大道岳池段工程建设相关问题。

6月20日,县委副书记、县长汤才勇在县政府三楼会议室主持召开广岳大道岳池段工程建设专题会议,就工程建设中的相关问题进行研究部署。

6月16日,县委副书记、县长汤才勇在县政府四楼会议室主持召开岳池县城乡规划管理委员会第54次会议。会议审议“余家河特色商业街”规划设计方案、“南街小学教学楼”置换土地用地性质调整方案和建设项目设计方案、“城东新区棚户区(约127亩)改造项目”建设项目设计方案、“五里牌新增棚户区改造安置房(地块二)”建设项目设计方案、“北京师范大学广安附属学校配套商服地块”建设项目设计方案、“信用联社办公楼”建设项目设计方案、“瑞鼎·星都会”建设项目设计方案、“中医院迁建用地、卫生环保司法业务用房用地”规划条件调整方案。

6月30日,县委副书记、县长汤才勇在县政府三楼会议室主持召开专题办公会议,研究政法信访工作。

7月18日,县委常委、副县长张学谦在县政府三楼会议室,主持召开“7·11”特大洪水损毁县经开区医药污水处理系统尾水排放工程专题会议。会议听取县水务局、施工单位和监理单位关于尾水排放工程受灾情况的详细汇报,研究相关处置措施。

7月28日,县委副书记、县长汤才勇在县政府四楼会议室主持召开会议,研究安置房和保障性住房物业管理等工作。

8月1日,县委副书记、县长汤才勇和县委常委、副县长欧彦分别主持召开广岳大道岳池段工程建设专题会,就工程建设中的有关问题进行研究部署。

8月1日,县委副书记、县长汤才勇在县政府四楼会议室主持召开专题会,就广高路升级改造工程中的相关问题进行研究部署。

8月6日,县委副书记、县长汤才勇在县政府四楼会议室主持召开回龙寺水库工程建设工作专题会。

8月11日,县委常委、副县长张学谦在县政府三楼会议室主持召开麻柳河流域污染源治理专题会议,研究部署下步治理工作。

8月12日,县委副书记、县长汤才勇在县政府三楼会议室主持召开专题会议,研究深入推进义务教育均衡发展工作。

8月25日,县政府副县长、公安局局长胡成毅在县政府四楼会议室主持召开全县"天网"工程建设协调会,对有关问题进行研究部署。

8月28日,县委副书记、县长、县城乡规划管理委员会主任汤才勇在县政府四楼会议室主持召开岳池县城乡规划管理委员会第55次会议。会议审议"洗马河景观带"规划设计方案,"银城大道(五十米大道)延伸段和站前广场景观大道二段道路"规划设计方案,"汽车运输站"用地规划条件拟调整方案及规划设计方案,"城中派出所(火车站旁)"用地规划条件拟调整方案,"城东压缩式垃圾中转站"用地规划条件拟调整方案,"五里牌新增棚户区改造安置房(地块二)"建设项目设计方案,"即显庙8组棚户区安置房(城东变电站旁)"建设项目设计方案,"林牧双源产业化工程商业中心"建设项目设计方案,"东湖加油站"建设项目设计方案,"城市领地"建设项目设计方案,"聚鑫佳园二期"建设项目设计方案,张川拟置换用地规划条件拟调整方案,张明用地规划条件拟调整方案,"北师大广安附属学校"建筑设计优化调整方案,"瑞鼎·星都会"建筑设计优化调整方案,"环保卫生司法业务用房"建设项目设计方案,石垭镇"天城一品"建设项目设计方案,西板乡"板桥新城"建设项目设计方案,石垭镇维康陶瓷厂拟拍卖土地规划条件调整方案。

9月4日,县委副书记、县长汤才勇带领县级相关部门、相关乡镇负责人实地查看朝阳乡大屋村猕猴桃基地、玉屏湖景区、红庙至龙安乡拟修建公路等现场,并在县政府三楼会议室召开玉屏湖景区、"111"工程及新村建设推进会。

9月12日,县委常委、副县长欧彦在县政府三楼会议室主持召开全县交通运输工作专题会,会议研究四川岳池康顺运业有限公司大修厂建设租地有关事宜,岳池汽车运输站建设有关事宜,顾县、东板、长田、双鄢片区农村客运发展有关事宜,取消政府还贷二级公路收费所人员安置有关事宜,岳池县机动车检测社会化有关事宜,加强农村道路交通安全管理有关事宜。

9月30日,县委副书记、县长汤才勇在县政府四楼会议室主持召开回龙寺水库工程建设移民安置工作专题会议。

10月9日,县政府副县长汪勇在县政府三楼会议室组织召开顾县镇城乡建设用地增减挂钩项目推进会议。

12月3日,县委副书记、县长汤才勇在县政府三楼会议室主持召开岳池县扶贫开发工作专题会议。会议听取县扶贫移民办关于全县扶贫开发工作的汇报。

12月15日,受县委副书记、县长汤才勇委托,县委常委、副县长欧彦在县政府三楼会议室主持召开广岳大道岳池段工程建设专题会议,研究工程建设中的相关问题。

【重要决策】

2月11日，县政府办公室印发《关于进一步加强财政扶贫项目资金监督管理的意见》，对规范扶贫项目资金监督管理、扶贫资金拨付与管理提出明确要求。

2月17日，县政府印发《2014年县政府工作要点》，对全县2014年经济社会发展做安排部署。

3月10日，县政府办公室印发《岳池县工矿废弃地复垦利用试点项目工作方案》，遵循先易后难的原则，到2015年，规划工矿废弃地复垦利用规模为819公顷，拟申请挂钩周转指标573公顷，分为22个项目逐年实施。

3月28日，县政府印发《岳池县人民政府关于加快推进旅游产业发展的实施意见》，通过推进项目建设、推动产业融合、优化旅游环境、加强宣传营销等措施，力争到2017年，全县旅游收入达到50亿元，培育国家AAAA级景区1个、AAA级景区1个、乡村旅游示范点1个、三星级及以上农家乐5家、星级饭店2家，旅行社1家。

4月1日，县政府办公室印发《关于促进电子商务健康快速发展的实施意见》，对电子商务载体建设、普及深化电子商务应用、鼓励发展跨境电子商务、完善电子商务支撑保障体系提出明确要求。到2017年，引进3户以上国内外知名电子商务企业入驻岳池，55户企业、13个农民专业合作组织建成电子商务网站（店），全县700个村（社区）建成电子商务服务点；全县电子商务交易额达到15亿元，电子商务规模与应用水平在全省31个试点县中位列前15位。

5月5日，县政府印发《岳池县人民政府关于进一步加强和改进最低生活保障工作的意见》，对完善工作机制、强化工作保障、落实工作责任提出明确要求。

5月7日，县政府印发《岳池县人民政府关于进一步加强乡镇国土资源管理工作的意见》，对加强耕地保护、地灾防治、执法监管提出明确要求，要进一步强化工作保障、严格工作奖惩，确保取得实效。

5月22日，县政府办公室印发《岳池县物业服务及收费管理实施细则》，对全县物业服务管理和收费行为提出明确要求，实施细则有效期5年。

5月28日，县政府印发《岳池县人民政府关于加快供销合作社改革发展的实施意见》，明确加快供销合作社改革发展的重大意义和总体要求，对加快供销合作社农村现代流通服务网络建设、加快构建农村社会化服务基层体系和加大对供销合作社改革发展的支持力度提出具体要求。

6月3日，县政府印发《岳池县质量奖评审管理办法》，对组织管理、申报条件、评审程序、奖励经费和监督管理提出明确要求，有助于引导和激励全县企业加强质量管理，提高产品、工程和服务质量，增强自主创新能力和市场竞争力，促进全县经济社会发展。该办法有效期5年。

6月24日，县政府印发《岳池县人民政府关于促进当前经济稳增长工作措施的通知》，对加大投资力度、加快推进省市重点工业项目和技术改造项目、开展“入企结对帮扶稳增长”活动、加大企业培育力度等20条措施提出具体要求。

7月2日，县政府印发《关于成立岳池县人民政府法律顾问团的通知》，明确岳池县人民政府法律顾问团组成人员和工作规则。

7月2日，县政府办公室印发《关于进一步规范政府采购监督管理工作的意见》，对规范政府采购职能职责、政府采购监督管理、规范采购文件编制管理、政府采购评审管理、政府采购履约管理提出具体要求。

7月15日，县政府办公室印发《岳池县政府投资工程施工设计与预算方案评审管理办法》，对评审范围、组织形式、评审重点、评审程序和评审人员提出明确要求。

7月17日，县政府印发《回龙寺水库工程建设征地移民安置实施方案》，对移民安置原则、征地移民范围和补偿补助依据、安置方式及条件、安置程序和要求、补偿补助标准提出具体要求。

7月23日，县政府办公室印发《岳池县人民政府办公室关于认真贯彻落实〈四川省政府投资建设项目审计条例〉的通知》，要求各乡镇、各部门充分认识《条例》颁布实施的重大意义，准确把握并严格执行各项规定，不断规范政府投资建设项目审计行为。

8月4日，县政府办公室印发《关于加强农产品质量安全监管工作的通知》，要求相关单位强化农产品质量安全属地管理责任、扎实推进农业标准化品牌化建设、加强农产品质量安全全程监管，用5至8年时间，使全县农产品质量安全全程监管体系基本健全，标准化生产全面普及，农产品质量安全监管执法能力全面提高。

8月25日，县政府印发《关于加快教育信息化建设的实施意见》，力争到2017年，形成“设施完备、功能齐全、运行高效、应用广泛”的教育信息化格局，持续提升全县教育信息化水平，基本实现教育现代化。

8月26日，县政府印发《关于深入推进义务教育均衡发展的实施意见》，对规范推进布局调整、大力加强标准化建设、全力提升信息化水平、着力促进师资均衡配置、扩大和共享优质教育资源、加强和改进学校管理等内容提出明确要求，力争到2017年实现义务教育基本均衡发展目标。

9月1日，县政府印发《关于进一步加强食品药品安全工作的意见》，对提升监管能力、消除安全隐患、健全监管体系、落实举措等内容提出明确要求，到2017年，全县食品药品监管机构更加健全，基层执法力量得到加强，公众饮食用药安全保障水平进一步提高。

9月1日，县政府印发《岳池县新型农村合作医疗管理办法(试行)》，对新农合管理、经办机构及其职责，参合工作要求，基金管理，定点医疗机构监管和责任追究提出明确要求，本办法有效期2年。

9月5日，县政府印发《关于取消和调整县本级行政审批项目的决定》。调整后，县本级保留行政审批项目79项、转变管理方式行政审批项目(公共服务类)81项、日常行政管理审批项目17项。

9月12日，县政府办公室印发《岳池县依法治旅规范市场工作方案(2014—2016)》，对旅游市场治标工作、旅游市场治本工作提出明确要求。

9月16日，县政府办公室印发《关于做好服务业综合改革试点工作的通知》，对培育壮大主导产业、加快发展新型服务业、培育引进大型骨干企业、提升服务业发展承载能力和推进改革创新发展提出明确要求，到2017年，力争全县服务业增加值突破70亿元，年均增长10%以上。

10月9日，县政府印发《关于进一步做好农民工工作的意见》，对稳定和扩大农民工就业创业、维护农民工的劳动和社会保障权益、推动农民工基本享受城镇公共服务和落户城镇、促进农民工社会融合等内容提出具体要求，本意见有效期5年。

10月10日，县政府印发《岳池县投资促进优惠政策》，明确全县工业生产型项目、现代农业、现代服务业、社会事业、旅游业、基础设施投资促进优惠政策。

10月20日，县政府印发《岳池县大气污染防治行动计划实施细则》，通过开展工业污染治理、城市环境综合管理、统筹城市交通管理、淘汰落后产能等活动，力争到2017年，全县空气质量总体改善，消除重污染天气，县城空气质量优良天数占比达90%。

10月24日，县政府办公室印发《关于进一步加强老年人优待工作的意见》，开展政务服务优待、卫生保健优待、交通出行优待、商业服务优待、文体休闲优待等活动，保障老年人的合法权益。

11月29日，县政府印发《关于建立统一的城乡居民基本养老保险制度的实施意见》，对参保范围、基金筹集、养老保险待遇及调整、领取条件等作出明确要求，到2020年，全面建成公平、统一、规范的城乡居民养老保险制度。

12月2日，县政府印发《关于推进依法治县加快法治政府建设的实施意见》，对加快转变政府职能、坚持依法科学决策、切实规范行政执法行为、强化行政权力监督制约、提高制度建设质量、预防化解行政争议和社会矛盾、落实法治政府建设保障措施提出具体要求。

12月15日,县政府办公室印发《关于进一步加快农村客运发展的实施意见》,到2016年,全县农村客运发展更加协调、网络衔接更加顺畅、政策保障更加到位,服务广度和深度逐步提升,服务质量显著改善,可持续发展能力明显增强。

12月31日,县政府办公室印发《岳池县安全生产“一岗双责”实施办法》,对领导干部安全生产工作职责和监督落实与责任追究提出明确要求。

【领导活动】

县委副书记、县长汤才勇:

1月13日,出席全县2014年经济工作会议。1月24日,到花园镇开展2014年春节慰问。2月19日,到广安参加低碳智慧城市发展论坛。2月26日,陪同市政府市长罗增斌到齐福乡调研道路交通安全“千人整治”行动。3月5日,出席岳池县“向雷锋同志学习”暨“第十三个公民道德建设教育宣传月活动”启动仪式。3月11日,到石垭镇开展义务植树活动。3月28日,出席全县群众路线中心组学习暨“巡回宣传经验、学习身边典型”启动仪式。4月2日至3日,到达州市宣汉县参加川东北片区助农增收现场会。4月16日至18日,到厦门出席岳池县招商引资推介会暨乌木艺术博物馆项目签约仪式。5月9日,到中和镇出席抗洪抢险演练。5月19日,在小平故居参加“5·19”旅游日广安主会场活动。5月26日,到华蓥市观摩抗御特大地质灾害综合实战演练活动。6月7日,到高考考点巡考。6月20日,主持召开广岳大道工程建设专题会。7月1日,出席岳池县纪念建党93周年暨沈乾文先进事迹文艺汇演。7月17日,陪同市委常委甘用德调研岳池火车站建设情况。8月4日,到武胜县参加五排水水库污染治理现场办公会。8月13日,到花园镇指导召开民主生活会。8月22日,到小平故居为邓小平110周年诞辰敬献花篮。9月4日,主持召开玉屏湖、“111”工程及新村建设推进会。9月22日,赴遂宁大英、南充蓬溪考察学习深化农村改革经验。9月30日,在县烈士墓主持公祭活动。10月9日,踏勘市委深化农村改革现场,到粽粑乡调研扶贫工作。10月10日至12日,到广州参加泛珠三角区域合作经贸洽谈会。11月6日,到石垭镇调研特色集镇建设。11月11日,出席第四季度重大项目集中开工仪式暨一新医药科技项目奠基仪式。11月26日,参加全市重大水利工程暨“洁净水”行动项目集中开工仪式。12月14日,陪同市委书记侯晓春到顾县、花园、朝阳等地调研“洁净水”工程。12月18日,到花园镇开展“走基层”活动。

县委常委、副县长欧彦:

1月8日,主持召开政府信息公开工作专题会议。1月18日,出席岳池县回龙寺水库建设专题会议。1月27日,检查2014年春节期间食品安全工作。2月8日,主持召开2014年一季度经济工作“开门红”会议。2月28日,主持召开2014年全县政府系统廉政工作会议。3月14日,出席岳池县2014年民生工作会议。3月18日,主持召开岳池县新农村建设档案工作示范县创建推进暨业务培训会议。3月26日,主持召开岳池县2014年食品药品安全工作会议。4月16日,主持岳池县纪念邓小平诞辰110周年国际女子篮球对抗赛开幕式。4月25日,主持召开广高路改造工程推进会议。4月30日,检查2014年“5·1”节前安全生产工作。5月9日,出席岳池县2014年“5·9”抗洪抢险大演练活动。5月22日,主持召开岳池县2014年机关事业单位清理在编不在岗工作暨人力资源和社会保障工作会议。5月26日,赴华蓥市观摩全市抗御特大地质灾害综合实战演练活动。6月16日,主持召开2014年乡镇财务管理工作暨业务培训会议。6月17日,主持召开岳池县2014年经济工作“双过半”推进会议。6月27日,出席岳池县“将心比心换位体验、转变作风提升效能”演讲比赛总决赛活动。7月14日,开展落实“两个责任”集中宣讲(约谈)。7月28日,主持召开全县安全生产暨食品药品安全工作会议。8月6日,出席“2014年高校毕业生就业促进·民营企业招聘周”岳池现场招聘会。8月15日，主持召开岳池县贯彻执行中央八项规定严肃财经纪律暨“小金库”专项治理工作会议。8月22日，主持召开岳池县中央、省下达资金项目建设工作专题会议。9月18日，主持召开岳池县“9·13”特大暴雨灾后重建暨安全生产工作会议。9月26日，主持召开岳池县2014年政务服务作风建设暨业务培训会议。10月15日，出席岳池县扶贫攻坚专题会议。10月23日，主持召开申报PPP项目工作会议。10月27日，主持召开岳池县政府及办公室党的群众路线教育实践活动总结大会。11月13日至14日，出席岳池县妇女联合会第九次代表大会。11月21日，主持召开岳池县公务用车制度改革摸底统计工作培训会议。11月27日，出席贫困县农村扶贫开发工作考核专题会议。12月4日，主持召开岳池县医疗纠纷人民调解工作会议。12月17日，主持召开岳池县深入推进“双违”治理工作大会。12月29日，主持召开全县安全生产、今冬明春火灾防控暨劳动密集型企业消防安全专项治理工作会议。

县委常委、副县长张学谦：

1月17日，赴成都考察倍特药业。1月24日，主持召开工业园区企业新春座谈会。1月27日，开展春节期间食品安全检查。2月9日，出席2014年“就业援助暨春风行动”现场招聘活动。2月14日，陪同省食品药品监管局党组书记、局长姚兆全一行到岳池调研。2月27日至28日，赴北京拜会全国工商联医药商会。3月12日至15日，参加第十八届中国西部国际装备制造业博览会暨中国欧亚国际工业博览会。3月17日，主持召开罗渡高新技术开发区现场办公会议。4月3日，出席岳池县招商引资企业促进发展座谈会。4月4日至9日，参加“中外知名企业四川行”活动。4月12日，陪同省医药发展促进会到岳池考察。4月13日，主持召开工业系统工作专题会议。5月7日至9日，赴华南地区开展小分队招商活动。5月14日至17日，参加第十七届“渝洽会”。5月22日，陪同全国工商联医药商会到岳池考察。5月26日，主持召开岳池县生态县建设工作推进会议。6月4日，出席重庆南松医药科技股份有限公司在岳池项目的签约仪式。7月7日，参加全市2014年投资促进半年工作会议。7月28日，出席全县安全生产工作会议。8月6日，主持召开麻柳河污染源治理专题会议。8月10日，陪同杭州市医药行业协会、保健品行业协会到岳池考察。8月14日，陪同省环保厅、省财政厅在岳调研乡镇生活污水处理站PPP项目建设情况。9月3日至10日，赴长春参加东北亚医药健康产品交易会暨东北亚国际商品展览会。10月17日，赴北京拜会全国知名医药企业。10月23日至26日，参加第十五届“西博会”。11月11日，主持召开工业系统第四季度工作推进会议。11月19日，陪同泸州市医药产业协会到岳池考察。11月21日，主持召开县经开区规划修编专家评审会议。12月24日，主持召开工业系统研究全年工作专题会议。12月26日，到联系乡镇开展“走基层”活动。

县委常委、副县长唐协民：

1月3日，主持岳池县乡镇消防摩托车发放仪式。1月16日，开展春节期间安全生产检查。1月23日，主持召开岳池县道路交通安全综合整治攻坚年行动专题会议。1月28日，陪同市政府副市长邓文国到岳池检查安全生产工作。2月10日，陪同市政府市长罗增斌调研广岳大道建设情况。2月11日，陪同市政府副市长席世洪调研旅游工作。2月21日，参加全市商贸流通工作会议。2月25日，出席岳池县乡村旅游产业园总体规划初审暨岳池县玉屏湖景区建设专题会议。3月6日，出席岳池县农村小额人身保险工作会议。3月9日，陪同市政府副市长邓文国到岳池督查“双超”治理工作。3月21日，出席岳池县校车安全管理暨校园及周边环境整治工作专题会议。4月9日，主持召开广高路改造暨县乡道改造、整治工程动员会议。4月14日，主持召开外滩农贸市场建设专题会。4月15日，陪同市人大常委会在岳视察农村公路建设与客运网络发展情况。4月18日，主持召开岳池亿联国际商贸城项目概念性规划初审会议。4月30日，出席全县安全生产、消防安全暨食品药品监管工作大会。5月4日，主持召开全县旅游市场秩序综合治理专题会议。5月13日，检查老牛湾水库汛期防洪度汛工作。5月14日至19日，参加第十七届"渝洽会"。5月21日，参加全市商贸流通大会。6月18日至24日，赴东南三省参加广安市旅游宣传活动。

县政府副县长任仕金：

1月3日，主持研究北师大广安附属实验学校合作办学协议。1月27日，出席北师大广安附属实验学校办学协议签订仪式。2月11日，出席全县宣传思想暨社会事业工作会议。2月18日，参加全省残疾人工作电视电话会仪。3月7日，陪同市人大调研新农合工作。3月13日，陪同团省委调研关爱留守学生工作。4月4日，参加全国县级公立医院改革电视电话会议。4月24日，出席岳池文化产业招商引资专题会议。4月27日，赴坪滩镇调研坪滩中心卫生院迁建工作。4月30日，主持召开全县残疾人工作会议。5月4日，专题研究部分学校债务化解工作。6月7日，带队巡查2014年普通高校招生考试。6月20日，陪同市人大调研组调研医德医风建设情况。7月10日，陪同市政府教育督导团督导教育工作。7月17日，参加海航集团投资办学洽谈会议。8月6日，出席全县2014年红烛奖评审工作会议。8月12日，出席全县推进义务教育均衡发展专题会议。8月14日，出席全县宣传教科文卫系统工作专题会议。8月16日，带队慰问参加省十二运会运动员。9月1日至20日，参加北京市海淀区委党校县处级领导干部专题培训班培训。9月25日，主持召开村卫生室项目建设协调会议。10月23日，陪同市检查组检查文物保护工作。10月29日，陪同市政府督查组督查县级公立医院综合改革推进情况。11月6日，陪同省复审工作组复审省级卫生县城创建工作。11月18日，专题研究坪滩中心卫生院迁建工作。11月26日，陪同市政府督查组督查老年体育工作。12月12日，研究观音寺改扩建工程遗留问题。12月17日，专题研究解决民办教师、代课教师、乡镇电影放映员信访问题。

县政府副县长姚长琼：

1月7日至8日，赴成都参加回龙寺水库评审会议。1月13日，到朝阳乔家调研新农村建设情况。1月22日至23日，到省扶贫移民局汇报工作。2月7日，参加广安市委农村工作会议。2月22日，出席玉屏湖景区违法建房问题专题会。2月28日，在苟角镇召开全民水库增容改造工作会议。3月3日至5日，赴沐川县考察中型水库建设情况。3月12日，参加全县义务植树活动。3月15日，参加广安市西溪河治理工作会议。4月18日，主持召开水务工作专题会议。4月25日，赴普安镇调研金山寺村扶贫工作。5月6日，赴东板乡督查森林防火工作。5月9日，赴中和镇开展抗洪抢险应急演练活动。5月22日至24日，赴省发展改革委衔接汇报回龙寺水库立项工作。6月19日至20日，赴南充顺庆、西充等地考察新农村建设情况。6月27日，到苟角镇调研城乡用地移民扶贫连片开发项目建设工作。7月7日，到顾县镇调研增减挂钩项目建设工作。7月18日至19日，到成都参加中央小农水项目竞争立项会议。8月5日，出席麻柳河污染源治理专题会。8月28日，出席岳池县扶贫开发暨"精准扶贫"专题会。9月4日，出席111工程建设现场办公会。9月13日至14日，到罗渡镇组织开展抗洪抢险工作。9月22日，到遂宁市考察农村改革工作开展情况。10月15日至17日，参加全省乐山片区扶贫培训会。10月20日，参加全市深化农村改革现场会。10月30日至31日，参加西部农业博览会。11月7日，到苟角镇现场规划大中型水库移民避险解困项目。11月12日，到石垭镇督查111工程建设情况。12月5日，到苟角镇调研全民水库库区帮扶工作。12月14日，陪同市委书记侯晓春调研顾县镇、石垭镇洁净水行动情况。12月29日，督查罗渡堤防工程建设工作。

县政府副县长、公安局局长胡成毅：

1月28日，陪同市政府副市长邓文国开展安全生产大检查。2月14日，出席广岳大道岳池段工程建设工作例会。2月26日，组织开展广武路（岳池段）交通安全“千人”整治行动。2月28日，出席岳池县统一清理规范街道、路巷标识牌和楼门牌工作推进暨业务培训会。3月12日，到石垭镇梨子园村参加义务植树活动。3月18日，赴顾县镇调研党的群众路线教育实践活动开展情况。3月20日，出席县城区临街面外置防护窗（栏）整治工作专题会议。4月8日，出席凤山小学、东街小学周边环境整治现场办公会议。4月9日，出席广高路改造暨2014年县乡道改造、整治工程动员会议。4月30日，出席岳池县安全生产工作、消防工作暨食品药品安全工作会议。5月14日，观摩全市反恐防暴暨应急处突汇报演习。6月17日，主持召开九龙镇征地拆迁区新生婴儿落户问题专题会议。7月24日，出席岳池县2015至2017年农村公路提升完善工程摸底调查协调会议。8月22日，到邓小平故居为邓小平110周年诞辰敬献花篮。8月25日，主持召开“天网”工程建设协调会。9月2日，出席岳池县交通运输工作专题会。9月18日，出席岳池县“9·13”特大暴雨灾后重建暨安全生产工作会议。9月26日，开展国庆节安全生产检查。9月30日，出席岳池县“九九消防平安行动”启动仪式。10月10日，组织召开岳池县流动人口信息登记工作推进暨业务培训会议。11月14日，出席全县道路交通安全综合整治工作推进会议。11月18日，出席新《安全生产法》培训会议。12月15日，出席原城南派出所办公用房及职工住房改造专题会。12月18日，出席校车安全管理工作专题会。

县政府副县长汪勇：

1月16日，主持召开县城区临时垃圾处理场选址建设工作专题会议、西溪镇博雅豪园项目办证及黄凯土地置换有关问题处理专题会议。2月8日，出席被征地农民社会保障资金欠费补缴问题处置专题会议。2月17日至3月17日，到市纪委监察局挂职学习。3月28日，出席2014年全县政府系统廉政工作会议。4月4日，到县城管局开展党的群众路线教育实践活动并作专题辅导报告。4月9日，出席岳池县城乡规划管理委员会第53次会议。4月16日，陪同副市长席世洪调研岳池城乡建设增减挂钩项目、工矿废弃地复垦项目。4月30日，出席岳池县“双违”集中专项治理工作动员会。5月5日至7日，接待省级环境优美示范县城省级考核验收。5月16日至17日，接待青海省互助县土族自治县到岳考察学习。6月8日，接待市委全委会与会人员现场参观岳池点（麻柳河沿线城市建设、火车站站前广场、城东新区建设），并作现场解说。6月9日至20日，参加四川行政学院第25期县（市、区）长“政府职能转变”专题研讨班培训。6月26日，接待邻水县考察组一行到岳池考察麻柳河沿线城市建设。7月2日，陪同副市长席世洪调研石垭镇“七个一”工程建设情况和秦溪镇地质灾害防治工作。7月17日，出席研究动车开行相关问题专题会议。7月22日，陪同住建部产业促进中心副主任文林峰一行到岳池调研石垭镇玉屏湖幸福美丽新村。7月25日至26日，出席中共岳池县人民政府党组党的群众路线教育实践活动专题民主生活会。7月28日，主持召开罗渡镇、中和镇“两证”办理专题会议。8月5日，出席中共岳池县政府党组班子专题民主生活会情况通报会、十六届岳池县人民政府第五次全体会议。8月6日，出席“2014年高校毕业生就业促进民营企业招聘周”岳池现场招聘会活动。8月7日，陪同省委党校党委委员、教育长一行调研岳池新型城镇建设。8月8日，在广安南站参加成广动车首发仪式。8月17日，陪同中国建材集团有限公司董事长宋志平一行到岳池考察新型材料房屋示范项目。8月27日，陪同省商务厅外经处处长陆平一行到岳池考察对外劳务合作平台建设工作。9月4日，陪同深圳市汇通天下物流公司负责人到岳池考察洽谈综合物流园区项目。9月16日，陪同市督查组王山一行到岳池督查规模以上服务业企业培育暨商标工作情况。9月18日，参加全市特色集镇建设工作专题会。10月8日，参加中央党的群众路线教育实践活动总结大会。10月10日，陪同四川智源对外经济技术合作公司董事长姜平一行到岳池考察洽谈对外劳务服务合作平台项目。10月31日,陪同市政协副主席江陵一行到岳池调研商务经济工作。11月7日,出席四川省落实巡视整改暨党的群众路线教育实践活动整改深化工作电视电话会议。11月24日,主持召开岳池县"宽带乡村"工程启动会议。12月1日,出席岳池县农村集体土地房屋拆迁相关事宜专题会。12月9日,主持召开岳池县城市建设座谈会。12月10日,参加广安市"双违"治理工作动员大会。12月17日,出席岳池县深入推进"双违"集中治理工作大会。

县政府副县长杜宇:

4月7日至9日,参加"中外知名企业四川行"活动。4月14日,出席工业系统工作专题会。4月16日至18日,参加岳池县招商引资推介会及乌木艺术博物馆项目签约仪式。5月8日,接待省食品药品监管局局长姚义贤一行到岳池调研。5月14日,接待省经济和信息化委督查组到岳池实地督查工业园区建设工作。5月22日至24日,接待全国工商联医药业商会到岳池考察。5月26日,主持召开岳池县生态县建设工作推进会。6月4日,调研工业园区污水处理厂系统工程建设情况。6月12日,赴广汉考察德阳联合传热有限公司投资的蒸发式冷凝器生产基地建设项目。6月17日,出席10千伏莲花线、莲水线双回线路施工协调会议。6月27日,接待市督查组到岳池督查川渝合作示范区(广安片区)建设情况。7月7日,接待副市长陈捷到岳池调研工业经济工作。7月9日,接待市发改委到岳调研上半年国民经济和社会发展计划执行情况。7月17日至21日,赴华南地区开展小分队招商活动。7月23日,接待宜宾市南溪区副区长张志华一行到岳池考察。8月5日,接待省市稳增长措施落实情况专项督查。8月10日至12日,接待杭州市医药行业协会、保健品行业协会及会员企业到岳池考察。8月12日,接待川东油气矿总会计师王清一行到岳池考察。8月22日,出席岳池县中省下达资金项目建设工作专题会议。9月2日,赴华蓥市考察学习食品药品监管及协管员队伍建设。9月4日至5日,赴成都考察洽谈生物制药一体化、医疗器械、中药材及天然植物有效成分提取等项目。9月17日至18日,接待双流工商联到岳池考察。10月16日,接待广东客商到岳池考察高新电子生产项目。10月22日至26日,赴成都参加第十五届"西博会"。10月29日,出席同天生物科技项目推进会。11月6日,参加广安市猪肉质量追溯体系建设工作会议。11月10日,主持召开生物医药研发中心项目协调会。11月11日,出席岳池县四季度重大项目集中开工仪式。11月12日至14日,赴重庆、成都开展小分队招商活动。11月17日至18日,赴省食品药品监管局汇报工作及赴江油市考察。12月8日,接待中国社科院工业经济研究所课题组到岳池调研医药产业。12月10日,接待省档案局检查组到岳池检查验收社会主义新农村建设档案工作省级示范县创建工作。12月12日至14日,赴泸州参加医药研发与投融资论坛暨项目对接考察工作。12月17日,接待重庆青阳药业到岳池考察合成药项目。

县政府副县长王雪飞:

9月22日,接待水利部领导到岳池督查工作。9月23日,主持召开园区展示厅LED显示屏采购专题会。9月30日,带队检查国庆期间食品药品安全工作。10月11日,参加广安市环境保护工作推进会。10月17日,主持召开县城区燃煤锅炉污染治理专题会议。10月22日至26日,赴成都参加第十五届"西博会"。10月26日,接待广东客商及四川省驻广东领导到岳池考察。10月27日,参加全市工业系统前三季度总结暨第四季度工作推进会。11月7日,召开湿地公园用地问题专题会。11月13日,出席湿地公园监理合同会审会议。11月14日,接待省环科院到岳池考察超高浓度医化废水处理站项目。11月19日,接待泸州市医药产业发展协会到岳池考察医药产业。11月21日,出席县经开区规划修编专家评审会。12月8日,接待中国社科院工业经济研究所课题组到岳池调研医药产业。12月17日,接待省市经信委到岳池考察生产性服务业配套示范园建设发展情况。12月19日，参加全市整顿民间投融资中介服务市场秩序工作领导小组会议。12月20日，接待省发改委能源处到岳池考察县经开区分布式能源项目。12月29日，接待省投资促进委机关党委书记吴燕翔一行到岳池调研医药产业。12月30日，主持回龙寺水利枢纽开工仪式。

【年度主要工作】

工业经济。坚持政策向园区倾斜、资源向园区聚集、项目向园区集中，推进经开区、罗渡高新区建设，医药污水处理厂、分布式能源项目加快推进，园区展示厅、省级小微企业孵化中心投入使用，新建标准化厂房62万平方米，新拓展园区面积7平方千米。南松、森骏等9户医药企业落户园区，入园医药企业总数31户，康发中药饮片、福鼎中药饮片项目通过GMP认证，仁安药业一期、圣上大健康项目获得药品生产许可，医药产业综合实力排名全省前列。科伦药业实现亩产值上千万、亩平税收上百万，成为全市工业企业的标杆。机械制造、食品酒类工业保持稳步发展。加大企业培育力度，全年新增规模以上工业企业7户、亿元产值企业9户，规模以上工业增加值增长9.3%，工业经济拉动GDP增长3.2个百分点。

现代农业。精心打造核心示范区，全面启动“111”工程建设，新建“千万工程”粮经复合型产业基地2.5万亩，15万亩现代农业示范园区实现无缝衔接。加速拓展特色示范区，在北部山区发展干果3万亩，形成连片经果林基地13万亩，兴隆核桃、长田藤椒、粽粑花椒成为全市特色效益农业典范。规范发展标准示范园，提质改造葡萄、猕猴桃、西瓜等示范园区5个6.3万亩。创新农业经营体系，新培育龙头企业2户、家庭农场25个、专合组织25个，三安农业专业合作社联合社、兴达养殖专业合作社创建为国家级示范合作社。

商贸旅游。巩固提升餐饮、住宿等传统服务业，培育汽车、物流、电子商务、健康养老等新兴消费，参与“川货全国行”等活动，适时开展农超对接、送货下乡等促销活动，激发市场消费活力，服务业对GDP增长的贡献率达36.2%。推进省级服务业综合改革试点，成功培育A级物流企业1户、限上商贸企业11户、规模以上服务业企业16户，实现服务业增加值55.4亿元、同比增长11.2%。乡村旅游快速发展，玉屏湖景区成为“5·19”中国旅游日推介景点。

基础建设。城镇面积拓展3平方千米，城镇化率提高至37.3%，成功创建为省级环境优美示范县城。推进“东扩西靓”，城东骨架道路全面打通，火车站站前广场投入使用，洗马河片区综合治理有序推进，危旧房和棚户区改造顺利实施。建设特色集镇，罗渡镇纳入全省百镇建设示范试点，顾县、坪滩等10个特色集镇基本完成“七个一”工程配套设施。加强生态建设，“洁净水”行动纵深推进，建成污水处理站15座，县城和场镇集中式饮用水源水质达标率分别为100%、85%，森林覆盖率提高至32.6%，空气达标330天以上。推进幸福美丽新村建设，新(改、扩)建新村122个，建成新型材料房屋新村1个、幸福美丽新村6个。加快改善城乡路网，新建通村水泥路120千米，改善县乡道73千米，升级国省干道6条，广岳大道建成通车，广高路改造即将完工，广安港罗渡作业区通行千吨级船舶，兰渝铁路广南支线全面竣工，岳池迈入“动车时代”。

改革开放。深化各项改革，推动全域开放，注重创新引领，增强经济发展后劲。在重点领域改革方面，加快行政管理体制改革，食品药监、工商、质监、卫生完成职能调整，工商、质检划归地方管理；理顺园区管理体制，组建罗渡高新区管委会；推进行政审批制度改革、工商登记制度改革、财税体制改革、投融资体制改革，民间投资活力加快释放；农村综合配套改革全面铺开，社会事业领域改革统筹推进。在对外开放合作方面，主动借力广渝、广深合作，全面融入川渝合作示范区、承接产业转移示范区、川东北经济区建设，持续深化与全国工商联医药业商会、省工商联、省食品药品监管局的合作，借助西部汽车产业发展四川峰会、中外知名企业广安行等平台，组织投资促进活动20余场，全年引进重大项目55个、到位资金117亿元。成建制输出岳池输变电工等品牌劳务，实现劳务收入54.5亿元。在实施创新驱动方面，支持企业创新，投入技改资金19亿元，实施技改项目35个；强化科技成果转化应用，申请专利122个，转化运用科技成果5项，高新技术产业总产值达11.6亿元、同比增长22%。

民生工程。把保障和改善民生作为工作的出发点和落脚点，实现发展成果全民共享。加快实施民生工程，推进扶贫开发，开展惠民帮扶，在学有所教、劳有所得、病有所医、老有所养、住有所居上取得新进展。着力健全社保体系，就业促进、社会保险、救济救助等工作进一步强化。安排民生资金26.5亿元，完成民生工程140项，1.6万人脱贫解困，6.9万人纳入城乡低保，近万名重度残疾人获得国家护理补助，应急救助5899人次，济困帮扶8229人次，惠民医疗5.3万人次，安居解困1462户，新增城镇就业1.1万人，五项社会保险覆盖52.2万人，新农合参合率达99.7%，“五保”集中供养率达49%。

社会事业。协调发展社会事业，办学条件得到改善，公共卫生和公共文化服务体系进一步完善，公共服务能力得到增强。成功创建为省级文明城市。引进川师大附属实验学校，填补私立名校空白。县级医疗卫生机构全面升级达标。岳池曲艺走出国门，《秋江》获得第七届巴黎中国曲艺节银奖；“岳池曲剧”列入省级非物质文化遗产名录，岳池被命名为四川省民间文化艺术县。岳池健儿在省十二运会、省八届残运会上分别夺得2金3银、4金2银，创造历史好成绩。坚持计划生育基本国策，“单独二孩”政策全面落实。

社会维稳。实施依法治县，纵深推进“六五”普法和法治示范创建活动，法治精神深入人心。推进平安建设，开展平安和谐“三级联创”活动，推行社会稳定风险评估，实施网格化服务管理，构建一体化防控体系，打击违法犯罪行为，全县治安形势稳定向好，岳池被评为全省平安建设先进县。强力抓好安全生产，落实“党政同责”“一岗双责”，着力夯实安全生产基层基础，突出抓好安全生产教育培训和隐患排查整治，未发生较大及以上安全生产责任事故，安全生产形势持续平稳好转。九龙镇成功创建省级安全社区，非煤矿山企业全部达到国家三级安全生产标准。加强食品药品安全监管，保障“舌尖上的安全”。加强应急管理工作，成功应对“9·13”特大暴雨等自然灾害，突发事件风险防范和应急处置能力不断提升。妥善解决群众诉求，创新开展“无信访乡镇、无信访村（社区）”创建活动，信访维稳形势较为平稳。

（县政府办公室）

岳池县人民政府办公室

【政务督查】

2014年，开展专项督查活动61次，完成领导交办督查事项68件，编发《政务督查》15期，发出《政务督办通知》33件。市人大代表建议2件、市政协提案5件，县人大代表建议67件，县政协委员提案110件，按时办结率100%。

【信息调研】

向省、市报送信息3615条、专报19条，被省政府办公厅采用信息5条、市政府办公室采用信息738条，信息采用得分927分，被市政府评为政务信息工作先进集体；共编发《政务快报》42期、《政务参阅》4期、《政务调研》4期，汇编《岳池县2014年度政务调研成果》资料1册，撰写调研（署名）文章22篇，被国家、省、市级刊物采用7篇。建立全县信息员跟班学习制度，组织轮训12人次。

【电子政务】

通过政府网站、新闻媒体、微博微信、公开栏（屏）等多种方式，主动公开政府信息13692条。其中：概况信息类1258条，占9.19%；计划总结类1253条，占9.15%；工作信息类9290条，占

67.87%；行政执法类82条，占0.6%；人事信息类124条，占0.91%；财政信息类140条，占1.02%；其他信息类1540条，占11.25%。通过政府网站民意征集栏目和百度贴吧等媒体，开展民意征集5条（次）；提供查阅、咨询服务10万余人次；重点领域政府信息公开677条；办理依申请公开3件。网站绩效评估网站管理指标全省第一名。

集中清理40个部门的行政权力事项，清理出非涉密行政权力事项5171项，其中行政处罚4808项、行政强制133项、行政征收38项、行政裁决4项、行政确认39项、行政给付23项、其他行政行为126项，在县政府门户网站进行公布。全面完成电子政务大厅建设并在门户网站运行，在电子政务大厅依法规范公开行政权力，网上录入的已办理行政权力事项2822条，办结2792条。

【文秘工作】

编发《工作通报》12期，撰写《政府工作报告》以及政府全体会等领导讲话材料186篇，完成各类汇报材料400余篇。草拟处理各类公文1300余件，起草整理县政府常务会议纪要12件，收转各类请示报告380件，收转部门、上级文件8000余件，查阅档案资料180人次，完成23个大型会议筹备及服务工作。执行节假日领导带班制度，做到及时准确地下情上传、上情下达，确保信息畅通、政令畅通。办文、办会、办事妥帖周到，协调服务积极主动，无重大失误。

【外事侨务对台工作】

严格把好因公出国（境）审批关，严格执行逐级审核审批制度。加强因公出国（境）证照管理。办理因公出国（境）3批次5人次。做好外事侨务港澳台的接待工作，接待侨台胞60人次，接待侨台胞眷属100人次。接待台湾中旺媒体集团12人次到岳池采访。

【应急管理】

4月12日至5月12日，集中组织开展抗洪抢险、森林防火、危险化学品泄露抢险、疾病预防控制、地质灾害抢险、核与辐射事故、燃气抢险救援等各类应急演练313次，其中县级大演练1次、基层自主演练160次、行业级自主演练152次，参加演练133479人。

全县43个乡镇（翠管会）82.04万人次不同程度遭受旱灾、暴雨、洪涝等自然灾害，紧急转移安置1.35万人次，农作物受灾面积48170千公顷、成灾面积17600千公顷、绝收面积8070千公顷，倒塌房屋383间，损坏房屋1878间，造成直接经济损失2.87亿元。面对严重的灾情，全县积极应对，出动救灾人员1万余人次，解决救灾救助资金1320万元，救助困难群众8.5万人次。

完善应急管理体制机制建设，成立岳池县应急管理委员会；全面开展基层应急管理规范化建设，涵盖各个乡镇及其行政村、102所公办学校、49个公立卫生医疗机构、44户规模以上企业，规范各乡镇应急管理办公室设置。修订完善总体预案1个、专项预案22个，完成全县突发公共事件应急预案手册修订、汇编工作，并印制分发至各个乡镇及相关部门；制定《岳池火车站应急预案》《广安市2015年农业博览会暨邓小平故里华蓥山优质农产品公用品牌推介会应急预案》等应急预案5个。以公安消防部队为依托，组建县级综合应急救援大队；依据部门职责分工，分行业领域建立专业应急救援队伍14支、应急救援分队44个，队员1200余人；依托企业、学校、社区等基层单位，发挥民间组织的作用，成立志愿者救援队伍。建有体育广场、火车站广场等应急避难场所10余个，储备有各类应急物资1万余件，应对突发事件能力显著提升。完善突发公共卫生事件与传染病疫情监测、医疗和报告网络；严格落实24小时应急值守制度，对各种突发事件做到应急充分准备和有效控制。

（县政府办公室）

人力资源管理工作

【人力资源开发工作】

公务员管理。发函审查先进集体44个,先进个人70名。办理县人大、县政府人事任免人员62人的有关资料准备和文件起草工作。审查嘉奖2013年年度考核优秀公务员113人、记三等功14人。新录取公务员54名,办理22名试用期满公务员的转正任职手续;严格审核上报了59名需要登记的试用期满公务员的相关材料,辞退公务员1名。严格中层干部任免程序,按照《广安市党政机关竞争上岗实施办法(试行)》有关规定及干部管理权限,审查批准县级机关及事业单位中层干部任免202人次。创新培训模式、精选培训机构,借力大学培训师资力量,提高公务员培训水平,选派59名机关事业单位工作人员赴西南大学参加能力培训和素质提升。完成2013年公务员年报工作,截至2014年12月31日,全县公务员总数2400人。

事业单位人员管理。为机关事业单位引进急需紧缺专业技术人才17人,办理人事代理辞聘、解聘人员101人。为岳中、岳池一中考核招聘师范类硕士及以上研究生13人,考核招聘免费师范生3人。核发2013年度机关事业单位工人技术等级资格证书200本。坚持分类管理原则,加强和规范了机关、事业单位人员管理,严格按照编制、定员和人员比例安排进人计划。出台《机关事业单位不在岗人员(聘用临时人员)申报备案制度》,清理在编不在岗人员,解聘违纪、违规事业单位工作人员21名,审查鉴证辞职80名。完成事业单位任免165人次。

专业技术人员队伍建设。对全县专业技术人员所取得的资格证书进行清理,没有发现违纪违规现象。更新专业技术人员数据库,全县现有专业技术人才10850人。推荐上报高级职称78人,中级职称276人,评定初级职称212人。办理职称确认73人,其中初级64人、中级9人。办理各类职业资格证书共180人。开展了高层次人才信息采集工作。向省、市推荐省本年度中青年优秀高级专家1人。举办100名骨干专技人员培训班和引进人才培训班。清退中、初级职称档案463个。

就业促进工作。全年向上争取再就业专项资金1249万元,全县城镇新增就业11760人,其中城镇失业人员再就业3316人,就业困难人员再就业1966人。城镇登记失业率控制在3.7%以内。发放小额担保贷款905万元,没有出现违约现象。出台《就业困难人员申请认定办法》和《就业困难人员公益性岗位就业管理暂行办法》,加强公益性岗位管理,全年开发公益性岗位733个,拨付公益性岗位及社保补贴941.55万元。与公安、工商部门成立联合执法检查小组对各类职业中介机构、招工用人单位逐户进行检查。认真开展职业技能鉴定站质量管理评估工作,对9个职业培训学校和2个人力资源服务机构进行了年检;品牌培训310人;青年劳动力技能培训1931人;创业培训553人。做好劳务转移输出,与都江堰市、福建石狮市签订劳务合作框架协议,掌握外界用工信息,有针对性地开展培训和劳务转移输出,农村劳动力实名制登记入库45.3万人,其中转移输出农村劳动力39.8万人,为全年目标37.87万人的104.33%,劳务总收入达54.5亿元。

【工资福利】

完成2014年调资工作和2013年度工资统计年报,为2013年度考核称职以上等次人员兑现了年终一次性奖金。对照中央、省、市津补贴及福利政策,做好义务教育学校绩效工资、公共卫生与基层医疗卫生事业单位的绩效工资、其他事业单位绩效工资和公务员地方津补贴及福利待遇的审核工作。严格监督各部门落实职工死亡抚恤、遗属生活困难补助、带薪年休假、婚假、产假、探亲假等福利待遇。在企业工资方面,对现行月最低工资标准和非全日制用工小时最低工资标准进行调整,调整后全县月最低工资标准为每月1250元

（每日 57.5 元），调整后全县非全日制用工小时最低工资标准为每小时 13.2 元。加强企业工资宏观管理，完善职工工资支付保障机制，积极推进工资集体协商，及时发布企业工资指导线，要求企业合理确定本企业职工工资增长幅度及分配水平，建立健全职工工资正常增长机制、随经济效益协商调整机制和重实绩、重贡献的分配激励机制，提高劳动报酬在初次分配中的比重，切实保障职工权益。企业退休、退职 597 人（其中：正常退休 550 人、提前退休 62 人、病退 4 人、退职 1 人）；工龄认定 271 人次；工伤认定受理 29 件，办结 29 件。行政调解工伤事故 1 起；代理劳动能力鉴定 9 人。

【军转安置】

2014 年，全县接收军队转业干部计划分配安置 3 名、自主择业 2 名，按期完成安置任务；对 26 名自主择业军队转业干部进行年度登记。

【人才交流与人才市场】

机构整合。2014 年 10 月，根据岳池县机构编制委员会《关于设立岳池县人力资源服务中心的批复》（岳编发〔2014〕41 号）精神，整合原人才交流中心、就业促进股和就业局相关职能，成立县人力资源服务中心，为用人单位和求职人员提供服务平台。

人才服务。利用人力资源网站和人力资源市场服务平台，大力拓展人力资源服务功能，对回本地报到的大中专毕业生和其他流动人员严格按照有关规定实行人事代理，对实行人事代理的人员，提供相应的核定档案工资、职称评定、转正定级、人才推荐等人事服务。建成高校毕业生就业见习基地 12 个，促进高校毕业生见习 61 人。印制《岳池县高校毕业生报到、就业和创业服务指南》，充分发挥创业示范园的示范带动作用，大力宣传创业典型，提供创业援助，引导大学生积极创业，扶持高校毕业生实现创业 32 人。通过网上发布招聘信息，积极为未就业的大学生提供免费求职服务。

人事考试。开展了“人事考试安全年”活动，建立了县人事考试联席会议组织机构。全年组织各类事业单位工作人员招聘考试 3 次，参考人员 1751 人，招聘成功 247 人。聘任“大学生到村（社区）任职”和“三支一扶”22 人。

【自身建设】

深入开展党的群众路线教育实践活动，针对“四风”突出问题，科学制定《班子整改方案》《9 + 3 + 2 专题整改方案》和《制度建设计划》，狠抓整改落实，得到省、市督导组的肯定。扎实开展庸懒散浮拖问题专项治理，常态化整肃作风，庸懒散浮拖现象得到有效遏止。建立“局领导定点联系基层、园区工作制度”“领导干部窗口坐班制度”“局领导班子轮流值班巡察制度”等制度，坚持以制度管人管事，服务效能显著提高。出台《全局新闻宣传和信息调研工作考核办法》，在各级新闻媒体刊载稿件 80 余件，编发《岳池县人社工作简报》10 期，信息工作被省人社厅、市人社局通报表扬。

（县人社局）

政务服务中心

【办证状况】

推进政务服务标准化建设和乡镇便民服务中心规范化建设，构建起县、乡、村三级政务服务网络。2014 年政务服务中心受理行政审批和公共服务事项 322828 件，办结 322782 件，承诺提速 78.26%，办理提速 88.5%，平均办结 2.3 个工作日，提前办结率 100%，按时办结率 100%，现场办结率 100%，群众满意率 99.96%，无超期件和违纪行为的发生。

【政务服务大厅建设】

按照标准化建设要求，投资 20 万元，加强政务服务中心标准化建设；添置大厅便民设施，优化政务服务中心办公场地；采用 LED 吊牌显示、安装智能叫号系统，方便群众办事；完善网上政务服务大厅建设;规范办事制度;装修、改造中心机房,保障正常办公;按照“硬件从实、软件从严”要求,实现政务服务中心大厅办公设施标准化。

【行政审批项目】

县政务服务中心配合县法制办对行政审批项目进行再清理,县本级保留行政审批项目79项,公共服务项目81项,新增和转变管理方式行政审批项目17项,暂停审批的行政审批项目22项;实施行政审批提速工作,实现承诺提速78.26%。对所有项目按照“项目名称、申报条件、所需材料、办理程序、承诺时限、收费标准及法律依据”等“公开”原则统一编制办事流程和指南。

【服务创新】

完善大厅接待服务、全程代办服务、延时办理服务、预约办理服务、并联审批、特别通道服务、上门办理服务和信息查询服务等标准化服务模式。推行电子政务服务,完善网上政务服务大厅,逐步做好行政审批事项的网上咨询、受理、投诉、预审、办理。积极推行行政审批制度改革,开展重点投资项目审批服务代办工作,成立投资服务代办股。强化并联审批工作,完善企业投资建设项目和企业设立登记的并联审批工作,协调投资项目并联审批部门、拓展并联审批项目范围,优化并联审批流程。实施“绿色畅通”工程,为外来投资企业提供“一站式”“保姆式”全程代办服务,快捷高效服务企业。深化政务服务进园区工作,带领相关部门窗口人员定期或不定期到园区现场办公,解决实际问题。

【制度建设】

完善“首问责任制、限时办结制、责任追究制”,完善《县政务服务中心窗口工作人员考核办法》《政务大厅巡查工作制度》等涉及中心运行、监督管理、行为约束、机关管理、设备管理“3+12”管理制度体系,做到有制度可查、违规有处罚的监督管理和考核激励机制。县政务服务中心对大厅运行情况进行定时和不定时巡查,重点检查窗口工作人员在岗情况、工作状态、坐姿形态、有无上网聊天、看电影、打游戏等情况。确保工作人员准时到岗,杜绝无故缺席、脱岗离岗、工作不在状态等不良现象。每月对窗口工作人员实行绩效考评、动态考核管理,对工作人员每月的总体表现逐一量化打分考核并进行通报。全年,完成巡查820次,纠正违规事项21人次,发出政务通报12期。县政务服务中心按照《关于印发岳池县“两集中、两到位”工作实施方案的通知》《岳池县政务服务中心行政效能考核办法(试行)》《岳池县政务服务群众满意度现场监督评议暂行办法》和《岳池县政务服务工作规范》等制度和办法,规范进驻人员、进驻项目、窗口设置、窗口授权和运行机制,47个部门和单位进驻县政务服务中心,进驻窗口工作人员80余人,县本级保留的行政审批项目,公共服务项目,转变管理方式的行政项目全部进驻。大胆创新,撤销部分单位办事大厅,实行整体进驻中心,分别设立劳动和社会保障、交警、国税、地税等4个分中心。

【乡镇便民服务中心建设】

完善全县43个乡镇(含翠管会)便民服务中心,实现县乡联网办公。重点打造西溪、中和、顾县、排楼等7个乡镇便民服务中心的规范化建设,基本达到要求,进行复查验收。50%的村级便民服务代办点达到“八有”建设标准。全县43个乡镇(含翠管会)受理行政审批和公共服务事项286906件,办结286952件,按时办结率100%,现场办结率100%,无超期件发生。

(县政务服务中心:彭霞玲)

公共资源交易

【建设工程项目招投标】

优化建设工程招投标程序,提升服务质量。规范运行《广安市市级及以下政府投资项目采用抽签招标确定中标人办法》(试行)。创新政府投资工程建设项目竞争性谈判交易模式，参照固定价比选模式，在财政评审基础上下浮一定比例，随机抽签摇号确定中标人。2014年完成建设工程类项目273个，中标金额45641.81万元，节约资金3418.57万元，节资率7.5%。

【政府采购】

坚持规范采购行为，不断拓宽采购范围，规范编制采购文件，规范政府采购操作程序，积极完善政府采购监督管理中的薄弱环节，提升服务效率。2014年完成政府采购类项目185个，中标金额2.06亿元，节约资金3484.53万元，节资率16.88%。

【土地矿权交易】

加强土地矿权交易管理，建立和完善土地拍卖挂牌出让制度，规范土地矿权交易服务行为，推行“阳光”交易，确保交易过程公开透明、公平、公正。2014年完成土地矿权交易项目20宗，交易额61973.22万元，溢价资金15231万元，溢价率32.59%。

【国有产权交易】

严格规范交易项目信息发布，加大信息公开，广泛发布信息，扩大信息覆盖面。完善竞租竞拍程序，加强交易程序管理监督，完善国有产权交易机制。2014年共完成国有产权交易项目13宗，交易金额146.09万元，增值51.11万元，增值率53.78%。

（县公共资源交易中心：杨珂）

政协岳池县委员会

重要会议

【全体会议】

2014年2月9日至11日，十三届县政协五次全会在吴雪艺术中心召开。大会应到委员283人，实到271人。会议听取、审议并通过县政协主席曾邦才代表常务委员会所作的工作报告和副主席胡安贵代表常务委员会所作的十三届四次会议以来提案工作情况的报告。常委会工作报告从同心聚合力、履职促发展、倾情惠民生、创新求实效、正风强素质等五个方面客观全面总结县政协2013年工作，深刻分析当前面临的形势和工作中存在的具体问题，明确提出2014年县政协工作的总体要求。要求指出，全面贯彻落实党的十八大、十八届三中全会精神和县委十一届十二次全会精神，高举中国特色社会主义伟大旗帜，坚持团结、民主两大主题，以邓小平理论、“三个代表”重要思想和科学发展观为指导，在中共岳池县委的正确领导下，扎实开展党的群众路线教育实践活动，把握“稳中求进”工作基调，遵循“工业主导、三化联动、弘文兴教、富民强县”发展思路，围绕中心，服务大局，主动作为，努力推动岳池县成功跻身全省县域经济第一方阵。

全体委员列席十六届县人大四次会议，听取并赞同县长汤才勇所作的政府工作报告，对法院、检察院以及计划、财政工作予以充分肯定。全会号召广大政协委员和政协工作者团结在以习近平为总书记的中共中央周围，在中共岳池县委的坚强领导下，切实履行政治协商、民主监督、参政议政职能，为建设富裕文明活力幸福新岳池，谱写“中国梦”壮美岳池篇章而努力奋斗。会议还对《关于加强对钻石酒店等BOT项目国有资产管理的建议》等6件优秀提案、《关于我县闲散青少年教育和管理的调研报告》等5篇优秀调研视察报告和第五委员活动小组等3个先进委员活动小组进行通报表彰。

【常委会议】

4月15日，十三届县政协十一次常委会议在吴雪艺术中心一会议室召开。会议邀请县纪委通报全县2013年党风廉政建设及反腐败工作情况，邀请县政府通报全县物业管理工作情况和体育工作情况，审议通过《关于我县物业管理工作的调研报告》和《关于我县体育工作的调研报告》，集体学习党的群众路线教育实践活动有关文章（新华社通讯《面向未来的赶考》），县政协深入开展党的群众路线教育实践活动征求参会人员意见建议，审议通过县政协"两联一进"活动方案，通过刘星鹏任县政协研究室主任的决定。

6月25日，十三届县政协十二次常委会议在吴雪艺术中心一会议室召开。会议邀请县政府通报县委批转县政协2013年调研视察报告办理落实情况、全县农业机械化发展现状、医药产业发展情况和公安队伍建设情况，审议通过《关于我县农业机械化发展现状的调研报告》《关于我县医药产业发展情况的调研报告》《关于我县公安队伍建设情况的调研报告》，通报县编委关于增设县政协委员联络委员会的批复文件。

9月29日，十三届县政协十三次常委会议在吴雪艺术中心一会议室召开。会议邀请县政府通报关于县政协十三届五次会议以来提案办理落实情况和全县残疾人权益保护情况，书面通报主席会议成员视察岳池县乡村旅游发展情况，审议通过《关于我县残疾人权益保护情况的调研报告》，接受黄雪兰辞去政协岳池县第十三届委员会委员、常委职务的事项，接受冯代明、毛朝华、唐先斌三人辞去政协岳池县第十三届委员会委员职务，免去王鸿政协岳池县第十三届委员会委员职务，增补李强、兰诗成、谢桥三人为政协岳池县第十三届委员会委员，通报其他人事事项。

12月29日，十三届县政协十四次常委会议在吴雪艺术中心一会议室召开。会议听取县法院、县检察院2014年工作报告，听取县政府关于全县新农合运行情况和干果产业发展情况的通报，审议通过《关于我县新农合运行情况的调研报告》和《关于全县干果产业发展情况调研报告》，书面通报主席会议成员视察全县多点多极支撑发展战略实施情况，审议通过《关于表彰2014年度优秀提案、优秀调研视察报告、优秀社情民意及先进委员活动小组的决定》，审议通过《十三届县政协第六次全体会议工作方案》《政协岳池县第十三届委员会常务委员会工作报告（审议稿）》和《政协岳池县第十三届委员会常务委员会关于十三届五次会议以来提案工作情况的报告（审议稿）》，审议通过《关于授权主席会议审议政协岳池县第十三届委员会常务委员会第十四次会议未尽事宜的决定》。

【主席会议】

1月6日，十三届县政协三十二次主席会议在县政协二楼会议室召开。会议研究关于岳池县政协诗书画院筹备工作、县政协十三届五次全会筹备工作和2013年度先进职工、优秀共产党员及先进委室的评选等事项，研究有关人事问题。

1月14日，十三届县政协三十三次主席会议在县政协二楼会议室召开。会议研究遴选机关工作人员、确定机关干部年度考核等次、民主推荐县政协办公室副主任科员人选等事项。

1月22日，十三届县政协三十四次主席会议在县政协二楼会议室召开。会议研究县政协十三届五次全会各项准备工作，根据县委提名文件，研究决定刘星鹏任县政协研究室主任。

4月1日，十三届县政协三十五次主席会议在县政协二楼会议室召开。会议研究县政协领导班子开展党的群众路线教育实践活动有关事宜，协商讨论"两联一进"活动方案及《关于我县物业管理工作的调研报告（讨论稿）》《关于我县体育工作的调研报告（讨论稿）》，同意将两份调研报告提交十三届县政协十一次常委会议审议，审议通过十三届县政协十一次次常委会议议程，研究研究室与办公室运行机制、县政协诗书画院筹备事项等工作。

4月11日，十三届县政协三十六次主席会议在县政协二楼会议室召开。会议研究县政协机关2013年度绩效目标考核有关事宜。

6月10日，十三届县政协三十七次主席会议在县政协二楼会议室召开。会议研究关于党的群众路线教育实践活动个人对照检查材料撰写工作及县政协对广岳大道工程建设组织监督巡查工作有关事宜。

6月17日，十三届县政协三十八次主席会议在县政协四楼会议室召开。会议协商讨论《关于我县农业机械化发展现状的调研报告（讨论稿）》《关于我县医药产业发展情况的调研报告（讨论稿）》和《关于我县公安队伍建设情况的调研报告（讨论稿）》，同意将三份调研报告提交十三届县政协十二次常委会议审议，审议通过县政协2014年度重点督办提案、退休党支部及机关党支部庆“七一”活动方案和十三届县政协十二次次常委会议议程。

6月30日，十三届县政协三十九次主席会议在县政协二楼会议室召开。会议研究开展人民政协成立65周年系列纪念活动及筹备诗书画院有关事宜，研究有关人事事项。

7月21日，十三届县政协四十次主席会议在县政协二楼会议室召开。会议研究增免部分政协委员、广岳大道监督巡查工作，协商讨论《岳池县政协关于纪念人民政协成立65周年活动方案》，根据县委提名文件，主席会议研究决定谢桥任县政协办公室副主任，同意提交十三届县政协十三次常委会予以追认。

8月6日，十三届县政协四十一次主席会议在县政协二楼会议室召开。会议研究县政协机关出差管理办法等工作。

9月22日，十三届县政协四十二次主席会议在县政协四楼会议室召开。学习《关于出差人员交纳伙食费的通知》，研究增免部分政协委员等事宜，协商讨论《关于我县残疾人权益保护情况的调研报告（讨论稿）》，同意提交十三届县政协十三次常委会审议，审议通过《关于我县乡村旅游发展情况的视察报告》和县政协十三届十三次常委会议议程。

10月11日，十三届县政协四十三次主席会议在县政协二楼会议室召开。会议集体学习习近平在党的群众路线教育实践活动总结大会上的重要讲话，研究县政协党的群众路线教育实践活动建章立制相关工作以及2014年第四季度相关工作。

11月4日，十三届县政协四十四次主席会议在县政协二楼会议室召开。会议集体学习党的十八届四中全会公报和《中共中央关于全面推进依法治国若干重大问题的决定》，研究市政协第十一委员活动小组（岳池组）活动方案，审议《关于加强对钻石酒店、和溪曲苑、廊桥等BOT项目国有资产监督管理的建议案（审议稿）》。

11月24日，十三届县政协四十五次主席会议在县政协二楼会议室召开。会议传达学习中央、省巡视组反馈问题专项治理有关会议精神，研究县政协党组及机关开展庸懒散浮拖专项治理工作情况。

12月10日，十三届县政协四十六次主席会议在县政协二楼会议室召开。会议协商讨论县政协2015年调研视察及专题民主协商课题、十三届县政协第六次全体会议筹备工作方案和成立政协理论研究会相关事宜，研究机关档案管理等工作，再次审议《关于加强对钻石酒店、和溪曲苑、廊桥等BOT项目国有资产监督管理的建议案（审议稿）》。

12月23日，十三届县政协四十七次主席会议在县政协二楼会议室召开。会议研究2014年度优秀提案、优秀调研视察报告、优秀社情民意及先进委员活动小组和县政协2015年重点工作，协商讨论《关于我县新农合运行情况的调研报告（讨论稿）》《关于全县干果产业发展情况的调研报告（讨论稿）》《政协岳池县第十三届委员会常务委员会工作报告（讨论稿）》和《政协岳池县第十三届委员会常务委员会关于十三届五次会议以来提案工作情况的报告（讨论稿）》，同意提交十三届县政协十四次常委会议审议，审议通过《关于我县多点多极支撑发展战略实施情况的视察报告》和十三届县政协十四次常委会议议程。

政协工作

【政治协商】

在十三届县政协五次会议上，委员们围绕“一府两院”以及计划、财政报告深入协商讨论，在城乡建设、工业发展、“三农工作”、社会事业、生态文明和民生工程等方面取得重要协商成果，整理汇编委员意见建议115条，送县委、县政府决策参考。常委会围绕重大调研课题和关系经济社会发展的长远问题进行重点协商，全年常委会对县政协年初安排的8个调研课题、党风廉政建设及反腐败工作、县法院、检察院工作进行重点协商，在完善协商形式、扩大协商范围的基础上，取得重要的协商成果，一些协商成果被转化成县委、县政府及有关部门的决策。在对广岳大道工程建设监督巡查的基础上，多次召开专题协商会议，围绕工程质量问题建言献策，有力助推广岳大道高质量、高标准建设。

【参政议政】

2014年，各专委会根据年初工作要点，分别牵头组织开展物业管理工作、体育工作、公安队伍建设、医药产业发展、农业机械化发展情况、全县干果产业发展情况、新农合运行情况、残疾人权益保护情况的调研活动，全年向县委报送8篇调研报告，均得到县委主要领导的肯定性批示，为县委、县政府科学决策、民主决策提供重要参考。加强社情民意信息收集和报送工作，全年收集到社情民意78条，经整理提炼向县委、县政府和市政协报送有价值的社情民意38条。

【民主监督】

主席会议成员分别对全县乡村旅游发展、多点多极支撑发展战略实施情况和广岳大道工程建设情况等工作进行重点视察，所形成的3篇视察报告得到县委主要领导的肯定。县政协与县纪委在重点工程建设领域和民计民生领域的合作监督初见成效。坚持"围绕中心、服务大局、提高质量、讲求实效"的提案工作方针，针对全县经济社会发展中的重要问题和涉及群众切身利益的实际问题，积极运用提案履行职责、建言献策。全年县政协收到委员提案122件，经审查，立案118件，并全部办复完毕。继续坚持和完善人民陪审员制度，参与法院案件审理，充分发挥人民监督员的作用，选派政治素质好、业务能力强的政协委员参与价格听证、行风评议、项目监督等工作，有效促进政风行风的转变。

【文史宣传】

全年共征集文史稿件56篇，整理编辑《岳池县政协文史资料（征求意见稿）》4期，完成《岳池年鉴（2014年卷）》政协部分的编撰。在《人民政协报》《四川政协报》《四川政协》杂志、四川政协网、《广安日报》《广安政协》杂志等各种媒介上刊发稿件60余篇，撰写理论文章20余篇。县政协被省政协办公厅评为信息宣传工作先进单位，被市政协评为信息宣传先进单位。

【队伍建设】

以开展党的群众路线教育实践活动为契机，扎实开展"两联一进"活动，召开高标准的专题民主生活会和组织生活会。狠抓建章立制工作，对相关规章制度进行废、改、立，完善专项检查评议、提案建议督办、人民监督员、社情民意反映制度、委员参加调研（视察）活动、先进委员活动小组评选表彰、党政重点工作通报等26项工作制度，新建社情民意反映、主席会议成员走访委员等8项工作制度。县编委批复县政协设立委员联络委员会，增加1名行政编制，年内推荐提拔副科级领导干部1名，推荐副主任科员1名，选调2名年轻干部充实到机关从事文秘工作，提高机关工作效率和服务保障能力。

【惠民帮扶】

开展"两联一进"、新一轮"挂包帮""走基层、解难题、办实事、惠民生""四千干部齐下乡、三万农户奔小康"和定点联系贫困村等活动，引导各委员活动小组开展慰问贫困户、送物资下乡等内容丰富、形式多样的惠民帮扶活动，赢得社会各界群众的普遍赞誉。县政协全年协调落实项目资金315万元，捐助扶贫物资28万元；"两联一进"结对帮扶群众852户，落实帮扶资金85万元；动员工商联界政协委员和企业捐款127.5万元。

（县政协办：谢桥）

民盟·工商联

Min Meng Gong Shang Lian

中国民主同盟岳池县委员会

【机构设置及人员发展】

2014 年年末，全县共有盟员 171 人，下辖 6 个支部。其中：副县级领导 2 人，正科级领导 3 人。高级职称 71 人（正高 2 人）、中级职称 53 人；平均年龄 50.8 岁。2014 年，发展新盟员 11 人，其中：大学本科 7 人、硕士研究生 2 人，中、高级职称 6 人，公务员 3 人，新盟员平均年龄 33.3 岁；考察入盟积极分子 17 人。

【盟县委获得荣誉】

2014 年，盟县委荣获盟省委先进基层组织、机关建设优秀单位和优秀调研报告等荣誉称号，被民盟广安市委评为组织工作先进集体、参政议政先进集体、社会服务先进集体。

【民盟思想建设】

民盟各支部按照盟县委要求，坚持定期召开盟员组织生活学习会，不定期开展盟员学习考察活动，号召全体盟员自觉学习民盟先辈的道德风尚，自觉传承民盟先辈的优良传统。盟县委协助民盟广安市委举办新盟员培训班 1 期，选送 24 名新盟员参加培训，并组织到西充张澜故居参观学习，接受传统教育；民盟科技支部、机关支部组织盟员前往石垭镇参观、考察新农村和乡村旅游建设情况，亲身感受农村改革开放新面貌。

6 月，盟县委指导民盟岳池一中支部选举产生第八届支部领导班子。民盟岳池一中支部 2014 年被盟省委授予基层组织建设先进单位。2014 年下半年，经盟县委委员会研究决定，向中共岳池县委统战部推荐盟员殷帮梅担任乡镇正科级实质领导，推荐邓晨、兰晓明、谭红婷、杨春煜、邓馨等 5 名为副科级后备干部。

【参政议政】

县民盟利用文化教育、科技、法制方面的智力优势，发挥盟内人大代表、政协委员、政府部门任职盟员的作用，针对人民群众关心的热点、难点问题，积极建言献策。2014 年，全县盟员中的市、县人大代表、政协委员在“两会”中提出提案、建议 49 件，内容涉及工业、农业、畜牧、文化、教育、交通、环保、社会保障、城市建设等方面，为广安和岳池经济社会发展献智出力。其中：盟县委集体提案“关于加大农村养殖污染治理力度的建议”获县政协优秀提案奖，被盟省委采用为省政协集体提案；盟员刘文庭“关于加快推进组团城市通道综合建设的建议”、彭邦银“关于加强对居民小区的指导协调和管理的建议”及唐彪（教）“关于打造教育品牌吸收优质生源的建议”等提案，获得 2014 年县政协优秀提案奖。

【社会服务】

1月23日，民盟文艺支部组织盟员中书法爱好者10余人在文庙开展节前送春联活动，历时3个多小时，共送出春联400余幅。3月18日，民盟岳池一中支部组织7名盟员教师和入盟积极分子，采取相互听课、交流探讨的方式，赴顾县中学开展义务支教活动。盟员黄绍田、王方涛分别为顾县中学全体英语、数学教师献上一堂英语和数学观摩课。其余教师相互听课，并进行简短的教学培训和交流探讨，提高顾县中学教师的素质，促进顾县中学数学、英语两个学科的教学工作，受到顾县中学领导和师生的好评。县农业、林业、畜牧、交通、环保、法院、检察院、人民医院、中医院等单位的盟员，立足本职，服务基层，深入九龙镇、坪滩镇开展科技卫生下乡服务活动。接待咨询人员300余人次，开展义务测血压、义诊200余人次，发放农、林、牧、交通、环保、司法、医疗等各种科技宣传资料、书刊5000余份(册)。

【开展“农村教育烛光行动暨校园文化建设”专题活动】

12月13日，民盟四川省委“农村教育烛光行动暨校园文化建设”系列专题活动在岳池县吴雪艺术中心举行。民盟四川省委驻会副主委、省政协副秘书长田继万，民盟广安市委主委、市政协副主席袁继林，县委常委、宣传部部长陈莉，县人大常委会副主任、民盟岳池县委主委黄禤等市、县领导出席活动。

活动由民盟四川省委主办，民盟广安市委、民盟岳池县委、岳池县教育局协办。“农村教育烛光行动”是民盟中央在多年农村支教工作的基础上，组织开展的一项旨在“帮助农村教师队伍建设，提高农村办学水平”的帮扶计划，该计划为提高农村教师素质和农村教育水平，在社会主义新农村建设和全面建设小康社会中作出民盟应有的贡献。

活动由中国著名基础教育专家、成都师范学院研究员、中国陶行知研究会理事、四川陶行知研究会副会长姚文忠教授主讲，作《校园文化建设》专题讲座。岳池县城各学校中层以上干部，乡镇各学校校领导，各督导责任区督导组长，盟县委领导和县教育局全体机关干部参加培训。

【纪念邓小平诞辰110周年音乐会】

7月7日晚，由民盟岳池县委主委、岳池县音乐舞蹈家协会主席黄禤担任总策划，岳池县音乐舞蹈家协会副主席、盟员周鹏担任艺术顾问的纪念邓小平诞辰110周年音乐会，在岳池县吴雪艺术中心举行。音乐会汇聚广安市文联、作协、音乐协会，南充市文化音乐爱好者、广安区、武胜县等音乐文化界朋友100余人，观众1000余人。广安市人大常委会主任余仪、岳池四大班子在家领导应邀观看音乐会。

音乐会上，民盟岳池县委主委黄禤自始至终担任乐队指挥，并单独表演二胡独奏《赛马》；盟员周鹏作曲的《岳池美》进行女声独唱，均获得观众雷鸣般的掌声。音乐会历时两个多小时，把观众带入音乐的至高境界，令人赏心悦目，为广大群众献上丰盛的文化大餐。

【推进扶贫济困工作】

盟县委机关深入朝阳乡资助现金1500元，购买种子、化肥等农资，对10户农户进行结对帮扶；资助帮扶九龙镇社区1000元。盟员黄禤、王泽全、刘文庭、李滨全等资助金额8000余元，解决20余名贫困学生上学难问题。

3月19日，盟县委与政协岳池县第十三届委员会第二小组一道，组织开展慰问贫困户活动。盟员齐新民、邓献春、蒋世安、彭邦银、唐彪(教)、郑仁军、姜亚军、邓晨等委员，与小组其他成员一道前往同兴镇蒲家沟村，对5户贫困户进行慰问，并赠送肥料650公斤，帮助他们开展春播工作。

【建功立业】

广大盟员朋友在各自的工作岗位上，履职尽责，爱岗敬业，勤勤恳恳，任劳任怨，为岳池经济社会发展做出应有的贡献。全年盟员获得县级以上表彰、奖励的达到37人次，其中市级8人次，部省级2人次；盟员在省级以上报刊、杂志上发表论文、作品100余件。

9月，盟员彭耀武、王勇领衔主演的曲艺节目《秋江》，代表四川省参加法国巴黎"中法文化交流年"活动荣获国际银奖。盟员宋康熙发挥余热，传授太极拳剑、传统拳剑技术，5月22日至24日在成都以教练身份带队参加四川中老年人太极拳剑及传统拳剑比赛，分别获得女子太极剑、传统拳金牌和男子传统剑、传统拳金牌。盟员周鹏热心音乐创作，全年创作歌曲41首，20余首各类不同风格的作品分别发表在《广播歌选》《音乐教育与创作》《星座标》《乐苑》等杂志上，其余作品由中国文史出版社专著出版发行，歌曲《把平安带回家》荣获2014年度文化部"群星奖"三等奖。

（民盟岳池县委）

工商业联合会

【组织建设】

按照《章程》召开十四届四次执委会和两次常委会，在届中对岳池县工商联（总商会）第十四届常委、副会长进行调整，新吸收郑志伟、郑艳梅、王丽萍等15人为岳池县工商联（总商会）直属会员。

【成功筹办岳池县招商引资企业座谈会】

2014年4月16日，县工商联筹办的岳池县招商引资企业家座谈会在吴雪艺术中心第一会议室召开，县内重点招商引资企业代表50人出席会议，县委常委、副县长欧彦介绍岳池经济社会发展情况后，与会企业提出水、电、气价格过高，企业用地难，办理房产、土地"两证"难，融资难，产品销售难，窗口服务等问题；县委书记李永平在听取企业代表的意见、建议后，作出重要讲话。指出：感谢企业家们选择岳池，企业家们的到来是岳池的荣幸；企业家们在岳池发展发财是我们共同的意愿；企业家们在岳池所受的委屈，我们感同身受。并鼓励企业家们安心发展，大胆发展，县委、县政府全力维护其合法权益，并将企业家们提出的宝贵意见、建议一一地认真解决落实，让企业家们满意。会后，县工商联对各企业的发言、意见、建议认真梳理，把提出需要解决的问题、列表、分表，落实相关领导和责任部门负责限时解决办理。

【开展慰问活动】

响应县委"走基层、送服务"专题活动号召，落实"三进三同三促"。11月8日下午，县工商联组织金草师傅（金线莲）茶叶、希路美酒庄、招商国旅、成都银行和岳池百兴医院等10余家爱心企业在豪庭假日酒店吉祥厅为岳池困难群众、孤寡老人、留守儿童、精神病、尿毒症患者义捐义卖，募集资金4.39万元；3月18日和5月16日，到裕民镇、黄龙乡开展"走基层"活动，为裕民镇、黄龙乡贫困群众送去7.5吨化肥，为新民小学和黄龙小学部分学生及黄龙乡敬老院的"五保"老人送去700余条裤子。

12月7日至10日，县工商联组织开展慰问活动。7日，到西板乡鼓楼坡村慰问5户贫困户，每人200元、1桶菜油和2.5斤猪肉；,8日到顾县中学支助3名高中生，每人500元；9日，到兴隆镇慰问12户贫困户，每人资助200元及1床棉絮；10日，县工商联领导班子及部分民营企业家到裕民镇新民小学支助15名贫困学生，每人300元扶助款，并慰问当地的5户贫困户，每人支助200元及1床棉絮；其间，岳池县百兴医院到西板乡鼓楼坡村、裕民镇就医送药，义诊人数300人次。12月31日，县工商联随县委常委、副县长张学谦一行到裕民镇、大伏乡慰问"纪账户"，为两个"纪账户"送去现金600元。

【成功召开"感恩小平·共建广安"企业家座谈会】

5月9日上午，县委、县政府在吴雪艺术中心第二会议室召开"感恩小平·共建广安"企业座谈会。县政协副主席、县委统战部部长徐天翠传达广安市2013年8月22日“感恩小平·共建广安”启动仪式会议精神和广安市2013年1月19日迎春茶话座谈会精神，要求全市广大企业家积极投身“感恩小平·共建广安”活动，奉献爱心，以实际行动支持邓小平家乡广安建设。与会企业家代表积极踊跃发言，大家纷纷表示愿意以实际行动感恩，实现邓小平“ 定要把广安建设好”的嘱托。其中，成都岳池商会认捐50万元，科伦药业认捐30万元，科创集团认捐22万元，亿联置业认捐20万元，龙行房地产认捐10万元，输变电协会认捐10万元，天弈商贸有限责任公司认捐10万元，博雅血浆、昆明、重庆、遵义商会各认捐5万元，岳池爱众电力和水务公司各认捐3万元，岳池港华燃气认捐1万元。

县委常委、组织部部长廖和民代表出席领导作重要讲话，要求与会人员要增强参与“感恩小平·共建广安”活动的政治责任感和使命感，鞠躬感谢广大与会企业家献出的爱心。县政协主席曾邦才强调，要心怀感念，感恩小平；携手共进，共建广安；诚信认捐，多少不限。并要求各位企业家将感恩之情转化为建设广安的强大力量，用实际行动感恩，实现邓小平“一定要把广安建设好”的嘱托。

截至2014年8月22日，全县共筹集117.48万元，已按规定上解至岳池县工商联（总商会）爱心基金。即将成立的爱心基金会，常年接受社会及企业家捐赠；其资金主要用于岳池县民生工程、助学、困难群众、精神病患者、尿毒症患者等需要帮助的群体。

【会员活动】

3月8日，县工商联在岳池县乔家镇乡约园举行联谊活动，隆重庆祝第104个“三八”国际劳动妇女节，县工商联直属会员、政协委员、人大代表及会员家属90余人参加活动。联谊会上，开展党的群众路线教育实践活动知识竞赛，开展“小兔子运粮”“两人三足”和扎彩气球活动比赛，表演舞蹈等文艺节目。

4月17日上午组织工商联（总商会）常委以上直属会员及工商联界政协委员20余人与县人武部联合开展国防教育打靶活动。

【开展招商引资工作】

县工商联发挥商会联系面广、交流空间大的优势，在抓异地商会建立发展中，开展对外宣传岳池投资环境和优惠政策，收集招商引资信息，开展招商引资工作。在筹备贵阳岳池商会时，宣传岳池经济发展情况，吸引7名岳池籍在贵阳发展的企业家于6月13日回岳实池地考察。各异地商会也向组织成员广泛宣传，鼓励回乡创业，为家乡经济社会发展作贡献。

【异地商会会长会议】

5月9日上午，在“感恩小平·共建广安”企业座谈会后，召开岳池县工商联（总商会）异地商会会长会议。会上，昆明、重庆、遵义、成都岳池商会会长汇报各商会工作开展情况；县工商联（总商会）主席（会长）胡曲波作详细的安排，指出：商会是以“会”立会，以“活动”兴会，没有“活动”、没有“会议”商会就不会有活力、凝聚力，商会也难以办好，难以壮大；异地商会是所在地广大岳池乡友及商会会员的“娘家”，是他们的避风港湾，是他们在外创业发展的平台；会长是他们的主心骨和精神支托，是广大会员举手选出来的，会长要对广大会员负责，对上级组织负责，为商会多奉献，牺牲更多的时间和付出更多的心血。县政协副主席、统战部部长徐天翠强调：各异地商会在抓好各项工作的基础之上能抱团发展、发挥各自的优势把商会办好做大做强；并提议各异地商会聚力回家乡创业兴办实体，做一个有形象和影响力的城市综合体大项目，为家乡发展作贡献。各位会长当即响应，并进行城市新区考察活动。

（县工商联）

群众团体

Qun Zhong Tuan Ti

总工会

【组织建设】

新建岳池县金融系统工会等6家基层工会，指导岳池县养路一段工会等8家基层工会进行换届。着力打造银泰污水公司工会、爱众电力公司工会、花园镇工会等6个基层工会标准化建设示范点。开展“双措并举、二次覆盖”工作，推行区域性、行业性工会联合会等多种建会形式，最大限度地扩大工会的覆盖面。2014年，全县有工会组织1036个，会员16150人，建会率与会员入会率均达到100%。

【竞赛活动】

实施职工经济技术创新工程，把提高职工技术素质、开展岗位技能竞赛作为职工经济技术创新工程的核心内容来抓，充分发挥工人阶级主力军作用。经县工会推荐，爱众水务公司维修测试被省总工会表彰为“安康杯竞赛优胜班组”，县人民医院职工黄晶被省总工会表彰为“安康杯竞赛组织工作先进个人”。县总工会号召47户企（事）业单位开展“安康杯”竞赛活动，增强职工安全生产意识。全县“十个一”活动参加人数达420人次，接受安全卫生教育培训960人次，其中农民工240人次。成功举办庆“五一”职工趣味运动会，来自全县企事业单位共18个代表参加运动会。

【维权工作】

推行“一企一策”工资集体协商模式，对生产经营正常、效益较好的企业，实行重点协商，提高职工待遇，使企业经营者和劳动者共享发展成果，增强企业凝聚力，提高劳动者的积极性。对生产经营困难、效益较差的企业，重点解决工资支付办法、保证就业岗位等问题；加强与劳动保障部门、企业家协会以及工商联组织的联系，就职工工资、劳动保护和劳动保障等涉及职工权益的问题进行研究和调处，维护职工合法权益。全县单独签订集体合同65份，新签行业（区域）性工资专项集体合同2份，覆盖企业400余家，涉及职工9104人，签订率达100%。已签订女职工专项集体合同51份、行业（区域）性女职工专项集体合同12份，实现综合签订率98.98%。

【服务职工】

完成资助困难职工子女上学260人，其中高中生240人，大学生20人；对70名困难职工实施生活救助，对8名困难职工实施医疗救助，对120名职工进行再就业培训。实施医疗互助行动，实现职工住院医疗互助保险新参保1704份，为困难职工解决医疗费用7.5万元。

春节期间，筹资5万余元，走访慰问劳模41人，慰问困难职工、困难农民工50人；为43个乡镇和13个社区筹集工会专项补助资金28.14万元;争取中央、省、市专项帮扶资金70余万元,帮扶救助困难职工(农民工)700余人,为省部级劳模发放补助5.62万元。

【自身建设】

按照“照镜子、正衣冠、洗洗澡、治治病”的要求,以为民务实清廉为主题,以反对“四风”、强化“三严三实”为重点,深入开展党的群众路线教育实践活动。通过自己找、领导点、群众提、互相帮、民主评等形式,广泛查摆问题,共查摆问题14项26条。领导班子制定整改措施13项,专项整改措施4项,班子个人整改清单共提出整改措施24项。做好制度“废、改、立”工作,建立和完善制度16项,其中新建制度2项、改善制度14项。加强工会干部队伍建设,对全县80余名工会干部进行工运理论和工会业务知识培训,提高全县工会干部队伍的整体素质。

(县总工会:文仕军)

共青团

【团组织建设】

2014年,开展乡镇团的组织格局创新和实体化“大团委”建设“回头看”工作,深化团的基层组织建设和基层工作,扩大团的工作有效覆盖面,增强团组织的吸引力和凝聚力。全县乡镇团的组织全部做到有班子、有牌子、有阵地、有制度、有活动,有力地提高乡镇团的工作效率,真正起到引导、团结、凝聚、服务青年的作用。通过采取组织办班、专题讲座、参加学习等形式,培训团干部158人次。在党的群众路线教育实践活动中,全县各级团组织为群众办实事1240件。

【青少年思想道德建设】

抓住“五四”“七一”“十一”等节日,组织青少年学习党的十八大、十八届三中、四中全会,团的十七大以及习近平系列重要讲话精神,努力构筑当代岳池青少年的思想基石。“五四”期间,组织全县各级团青组织广泛开展各种纪念活动,以“学党史、知党情、跟党走”为主题,通过举办“红领巾心向党”“我与祖国共奋进”形式政策教育,开展“老少共话中国梦”“缅怀小平·党团员理想信念教育”等活动,引导和帮助广大青少年学习了解党的光辉历史,坚定跟党走的信念和信心。通过开展“五四红旗团委(团支部)”“优秀共青团干部”“优秀共青团员”等评选表彰活动,宣传先进集体典型经验和优秀青年先进事迹,营造“学先进、赶先进、超先进”的良好氛围,激发全县青年奋发进取、奉献社会。承办团市委组织的“青春·忠诚”知团情晓团史知识竞赛活动,在未成年人活动中心开展“火红五月·激情飞扬”未成年人才艺展示,在各中小学校开展“践行核心价值观·争当美德青少年”主题演讲比赛等活动。

【青年志愿服务】

弘扬“奉献、友爱、互助、进步”志愿服务精神,开展各项志愿服务行动,全力打造志愿者服务品牌。招募西部计划大学生志愿者17人。依托县青年志愿者协会,围绕省级环境优美示范县城创建、麻柳河污染整治、高南铁路动车开通等开展各类志愿服务活动,组织青年志愿者开展各类志愿服务15场次。

【青年就业创业】

深化农村青年劳动技能培训工程,依托农广校、职业中学和青苹果职业技术学校等社会资源,对返乡适龄青年开展家政服务、家电维修、计算技术等实用技能培训,对农村“两后生”进行劳动预备制培训,提高农村青年的就业创业能力。全县各级团组织通过独立办班或联合劳动保障就业、扶贫劳务输出等部门合作,举办青年创业就业培训32期,有1000余名农村青年接受培训,经推荐均实现就业。搭建青年创业融资平台,通过与涉农金融机构衔接,为30名创业青年找到融资渠道，提供创业资金800余万元。依托青苹果职业技能培训学校、县人民医院、县中医医院等就业见习基地，为大专中院校毕业生提供就业前见习岗位100余个；牵头实施逐梦计划——大学生暑期社会实践工作，向川内外高校在校大学生提供40个社会实践岗位。

【评优活动】

“五四”期间，开展推荐典型、学习先进、争做榜样评选表彰活动，开展第十一届“岳池县十佳（优秀）青年”评选表彰活动，评选出第十一届“岳池县十佳青年”10人、“岳池县优秀青年”10人，对优秀共青团干部、优秀共青团员、“五四”红旗团委（支部）等先进集体和个人进行表彰。向上级推荐优秀青年参加优秀团员、团干评选，大石乡团委、爱众电力团委等4个集体、3人次受到团省委表彰。

【关心下一代工作】

以“六好关工委”创建活动为抓手，加强班子和队伍建设，竭力为青少年健康成长办实事、做好事，促进全县青少年健康成长。按照“八有”（有牌子、有班子、有队伍、有阵地、有制度、有经费、有活动、有档案）标准，全县所有部门、乡镇、学校、村（社区）都建立关工委组织。加大关心下一代专项资金募集力度，资金规模达到290万元，其中岳池亿联置业有限公司向关心下一代专项资金一次性捐赠100万元，累计捐赠150万元。开展困难青少年救助活动，资助贫困留守学生178人，资助患重病青少年3人，资助残疾儿童2人，资助贫困高中生10人，资助贫困大学生48人，发放资助金和物资价值46.78万元。

【预防青少年违法犯罪】

集中开展“青春自护·暑期安全”为主题的系列青少年自护教育活动，促进全社会共同关注青少年安全问题，营造青少年健康成长的良好社会环境。依托乡镇留守学生之家，开展“安全预防、从小抓起”主题公共安全预防与自救图书免费赠阅活动，向青少年免费发放《青少年公共安全预防与自救》彩色图书1000本。组建“快乐学校”志愿服务队，走进青少年，开展为期一周的亲情陪伴、兴趣培养、安全教育、法制讲座、爱心捐赠等活动。组织开展“依法禁毒、构建和谐”主题宣传活动，帮助中小学生树立禁毒意识，在全县范围内招募禁毒志愿者45人。联合有关部门加大对经营性网吧的执法检查，加强对校园周边环境的整治，着力帮助未成年人增强识别能力，提高自我保护意识。

【维护青少年合法权益】

依托岳池县青少年法律知识咨询室、困难青少年救助平台、青少年心理咨询室、青少年服务中心等多种渠道，全面提高全县未成年人的帮助和扶持力度，提供更加专业的服务。与县检察院一起，在全市试点建立未成年附条件不起诉工作站，招募阳光帮教员对帮教对象开展帮教。全年对4名帮教对象开展帮教并免于起诉，取得较好效果。开展留守学生关爱工作，组织各级团组织、青年志愿者、“五老”志愿者开展留守学生关爱活动，全年团县委开展关爱留守学生活动12次，其他团组织组织关爱留守学生活动37次，使留守学生关爱受益面不断扩大，活动质量不断提高，社会效益不断增强。3月，中国关工委主任顾秀莲、团省委书记刘会英先后到岳池县就留守学生关爱进行专题调研，充分肯定全县关爱留守学生活动取得的实效。

【青少年服务阵地】

争取中央彩票公益金支持，开办岳池县未成年人活动中心；活动中心开设有声乐、器乐、书画等13个兴趣爱好培训班，聘请相关课程的专业教师，每周六、日对未成年人进行免费公益性开放，切实解决县城区未成年人周末无地方可去、培养兴趣爱好花费高、学习技能没有人指导等现实困惑，全年有500余名未成年人参加学习。在新平桥社区建立“关爱”小屋（社区青少年宫），为社区留守学生进行作业辅导、趣味活动、技能传授、文明教育等志愿服务，全年吸收社区留守学生50余人参与。创建星级留守学生之家8所，全县共有留守学生之家41所。

【希望工程】

搭建工作平台，联系县外公益组织到岳池县开展活动，提高共青团工作社会化程度。全年争取到省青基会、“阳光利群”助学组织、“明日阳光”助学组织等资金25万元，资助贫困学生428人。

（团县委）

妇女联合会

【妇女组织建设】

2014年11月14日，岳池县妇女第九次代表大会召开，全县各行各业、各条战线的185名妇女代表参会。会议选举产生县妇联第九届执行委员会委员29名，以无记名投票方式选举出新一届妇联主席、副主席及9名常务委员。龙丽君当选为县妇联主席，江俊华当选为副主席，丁敏、马小燕、田利华等9人当选为县妇联第九届执行委员会常务委员。县委副书记、县长汤才勇出席大会并作重要讲话，市妇联党组成员、副主席任景佩亲临开幕式现场并致辞。

指导县委办、组织部、信访局、公安局、九龙镇、苟角镇等基层妇联组织成功改选。积极整合乡镇文化站的资源，在西溪、白庙、乔家、大石等乡镇新建12个乡镇“妇女儿童之家”，为妇女儿童打造温馨家园。

【妇女教育发展】

对新选任的村妇女主任进行上岗业务培训，并与各村妇女主任巧搭平台，帮助农村留守妇女实现居家灵活就业。通过人才递进培养计划对60名女干部进行为期3个月的“县委党校—高校—基层实践”培训，培训结业合格纳入党政后备干部人才库。组织妇联系统9名妇女干部赴省委党校、省妇干校、市委组织部等机构进修学习。1月15日，组织长田乡11个村妇女主任开展“把妇女工作落实到基层”座谈会，就家庭教育的重要性、农村学校食品卫生安全、农村留守孩子德育美育、家庭拒绝邪教等内容进行热烈的探讨与交流。

【帮扶困难妇女儿童】

春节期间，开展“走基层、访妇情、惠民生”活动，为长田乡黄开秀、杨中菊、杨治兰3名贫困女党员送去被子、食用油等物资，为乔家镇身患乳腺癌又双目失明的李安菊送去慰问金2000元。“三八”节期间，走访慰问两名“两癌”妇女干部，送去慰问金2000元；与贫困户杨召平家庭建立走基层活动帮扶登记卡，并发放1000元帮扶救助金；为贫困学生寇霞、杨明星，以及失明女孩吴楠共送去帮扶资金4500元；为长田乡、天平镇贫困妇女赠送母亲邮包10套（折价2000元）。“六一”期间，为罗渡中学6名贫困学生发放助学金3000元，为5名贫困两癌母亲发放救助金5万元，为粽粑乡蒋家院村送去帮扶资金2万元，与县工商联联合发动成都银行、金线莲有限公司等爱心企业及个人，为孤寡老人、留守儿童、贫困妇女捐赠救助专项资金3.5万元。

【妇女就业再就业】

组织专场招聘会1次，成功介绍女性就业人数640人，联合县人社局、畜牧局开展家政服务培训、种养殖培训等128期，培训女性学员1940人次。选送3名女业主参加全省首届女企业家电子商务培训班、巾帼合作组织负责人培训班、生态养殖业发展促进会会员大会。在岳池特驱家禽养殖有限公司、浪琪服装有限公司新建市级“居家灵活就业基地”2个，在隆全生态种植专业合作社、紫晶葡萄专业合作社新建市级“巾帼创业就业示范基地”2个，创建市级巾帼文明岗7个。

【维权工作】

2月28日，县妇联邀请大调解中心“调解花”梁玉及百名优秀人才、丘山律师事务所所长岳豪分别从“新时期基层妇女干部如何发挥维护社会稳定作用和法律视野下解读当前维权疑难杂症”2个课题，为44名乡镇妇联主席开展维权知识培训。

3月6日，组织县法院、检察院、公安局、民政局、人社局、农业局、卫生局等22个成员单位在县城大东街开展以“深化妇女普法教育、携手共建法治岳池”为主题的集中普法宣传活动。现场悬挂涉及群众路线、环境整治、家庭美德、节约粮食等内容横幅22条，为过往群众发放围裙150条、叶酸200盒、计生用品3000只，发放各类法律宣传资料2.5万份，接受咨询500余人。

全年接待来信来访51件，其中婚姻家庭类35件、劳动保障类5件、人身权益类4件、财产权益类和文化教育权益各2件、其他5件。

【专项活动】

利用“三八”维权周、志愿者宣传日、法制宣传日等节日，开展廉洁家庭集中宣传，发放“家庭廉洁承诺书、廉政文化进家庭倡议书”2000多份，为党员领导干部赠阅《廉政瞭望》《纪检监察》《纪检监察报》等廉政书籍400余份。结合开展建设廉洁村庄、廉洁社区活动，推进廉洁文化进家庭活动，打造黄龙乡党委书记杨淑芹、县人民医院工会主席黄晶、九龙镇城西社区书记古远芳3个廉洁家庭示范点，与3个家庭签订“家庭廉洁承诺书”，并邀请县文化馆书法家为每个家庭书写一副廉政字画，力求通过3个示范点家庭的示范带动作用将廉洁家庭创建活动在全县纵深推广，以点带面，全面推开。在全县机关企事业单位科级领导干部中开展廉洁家庭知识竞赛活动，有400名领导干部参与，对提高职工的预防腐败知识水平，鼓励和发动职工建设廉洁家庭起到积极的推动作用。

依托妇女之家、妇女儿童之家，深入挖掘身边的好人好事，征集“最美家庭”典型130户，收集优秀家规家训45条，其中，三十年如一日照顾瘫痪丈夫的农妇吴金蓉当选“四川省最美家庭”。

（县妇联）

科学技术协会

【提升全民科学素质】

2014年，按照“政府推动、全民参与、提升素质、促进和谐”的方针，县科协代全民科学素质工作领导小组办公室对成员单位2014年全民科学素质行动计划纲要的工作任务进行分解，落实相关单位的责任，保证全民科学素质工作的顺利开展。各相关部门根据自身实际，制定本单位全民科学素质的贯彻实施意见，进行认真贯彻执行。县委组织部、县人社局等成员单位把全民科学素质工作列入干部、公务员培训内容；县农业局、县科技局、县科协等单位发挥科技工作者和科普志愿者的作用，对广大农民开展实用技术培训。县人社局对农民工和城镇失业人员开展技术培训，县教育局及各中小学结合青少年科普文化节把科普工作开展得有声有色。1月，中国科协对2011年至2015年度全国科普示范县（市、区）中期评估，岳池县顺利通过评估。

【实施科普惠农兴村建设和社区益民计划】

县科协为落实好“十二五”惠农行动规划，在农村大力倡导“科学生产、文明生活”的新风尚。在农村开展乡村科普活动站、科普宣传栏和科普员队伍建设（简称“一站一栏一员”），在县城新建标准化科普画廊5个，长75延米；加强对农村专业技术协会和科普示范基地的指导，促进农村专合组织规范化、制度化建设，注重发挥协会、基地和农村科普带头人的科技示范和引领辐射作用。开展社区科普活动，创造社区品牌科普活动，向省、市科协推荐科普示范社区。3月县科协向省科协推荐科普示范社区3个。九龙镇安公桥社区被省科协表彰为全省科普示范社区，又被中国科协和财政部表彰为全国科普示范社区，大石乡草莓协会、石垭镇梨子园村科普带头人朱小平获省科协和省财政厅表彰，乔家镇廖坝村被确定为省科协“计划生育三结合”工作帮扶点。

【开展科普宣传活动】

县科协通过组织科技人员和科普志愿者，开展各种形式的科普宣传活动。在三月科技之春活动月期间，发放宣传资料 1.65 万份。在五月科技活动周及九月科普活动日期间，组织宣传队深入社区向广大市民讲授抗震救灾、医疗保险、饮食卫生、环保节能等科普知识，展示“科学生活、反对邪教”“突发地震灾害自救知识”挂图。开展科技服务“三农”，科技进社区、进校园、进企业等系列科普活动，全年展出科普挂图 680 套(幅)，设立宣传橱窗 35 个，青少年学生接受科普教育 6000 人次，科技咨询 8600 人次，宣传实用技术 38 种，义务诊病 2100 人次，发放科技资料和科技书刊 8700(份)册；在广播电视台播出《科普大蓬车》科普宣传节目 A 版 9－20 期，B 版 9－20 期。

【组织参加青少年科技创新大赛】

为提高青少年科学素质，促进全县青少年科技事业的繁荣与发展，增强中小学生的科技创新意识和能力，县科协与县教育局组织全县部分中小学的青少年学生，参加广安市 2014 年第十七届、四川省第二十九届青少年科技创新大赛，获市级一等奖 1 件、二等奖 1 件、三等奖 2 件，获优秀科技铺导员 1 人。

(县科协)

残疾人联合会

【残疾人工作网络】

2014 年，根据《中国残疾人联合会章程》，设县、乡(镇)残疾人联合会，村(社区)居民委员会设残疾人小组(或协会)。县残联设盲人协会、聋人协会、肢残人协会、智力残疾人及亲友协会、精神残疾人及亲友协会等专门协会。县人民政府设残疾人工作委员会和康复办公室，常设办事机构于县残联。

【残疾人分布状况】

根据四川省统计局公布的第二次全国残疾人抽样调查四川省主要数据公报，全县有 87938 名残疾人，占总人口的 7.57%。各类残疾人数量分别是：视力残疾 17157 人，听力残疾 20859 人，言语残疾 1161 人，肢体残疾 21729 人，智力残疾 5751 人，精神残疾 7264 人，多重残疾 14017 人(多重残疾指某个残疾人具有两种或两种以上残疾)。

【民生工程】

完成省委、省政府下达全县“阳光家园”居家托养 311 人，资助残疾人托养机构 1 家；残疾人居家灵活就业 7523 人，帮助 1302 名残疾人发展生产；救助贫困家庭脑瘫儿童 50 人，救助贫困贫困家庭听力残疾儿童 13 人；实施重度(一、二级)残疾人护理补贴制度，为 9637 名重度残疾人发放护理补贴 707 万元，为 125 户残疾人家庭实施无障改造。

【康复工作】

全年完成白内障复明手术 300 例，其中为贫困患者实施免费手术 100 例；救助 100 名贫困精神病残疾人；培训低视力儿童家长 12 人，新收训聋儿 10 人，为 3 名聋儿佩戴助听器；培训社区康复指导员和聋儿家长 150 人，社区培训聋儿 50 人；为 10 名肢体残疾人安装大(小)腿假肢，为 5 名畸残儿童实施矫治手术，对 30 名肢体残疾人、65 名脑瘫儿童、8 名智障儿童进行社区康复训练，为有需求的各类残疾人配发辅助器具 625 件。

【残疾人文化教育】

完善残疾人教育管理体制和工作运行机制，形成政府统一领导和协调，将残疾儿童少年教育纳入“普九”义务教育规划。县特殊教育学校招收智障、聋哑等特殊残疾人儿童(少年)80 人，组织参加各级各类技术技能培训残疾人 1200 人，开展盲人按摩初级培训10人,资助22名特困残疾人(残疾人家庭)学生入学;开展《<中华人民共和国残疾人保障法>四川省实施办法》《残疾人教育条例》等宣传5次,发放宣传资料5000余份。

【残疾人就业】

贯彻落实国务院《残疾人就业条例》,执行县政府《关于印发岳池县残疾人就业保障金征收管理实施细则的通知》和县委《代征代扣残疾人就业保障金专题会议纪要》,督促各乡镇、机关、企事业单位、个体私营业主和集体经济组织按规定缴纳残疾人就业保障金,征收残疾人就业保障金230万元。全年通过各种渠道和形式,推荐安置残疾人就业150人,其中集中安置30人,推荐到重庆、成都、资阳外地就业的60人。

【残疾人扶贫解困】

把帮助农村残疾人发展生产、改善生产生活条件作为残疾人扶贫工作的重点,纳入政府大扶贫统一规划,统筹安排,同步实施;采取集中与分散相结合的方式进行扶贫,开展贫困残疾人“帮、包、带、扶”活动;协调县民政局做好残疾人低保、“五保”供养工作,做到应保尽保,逐步建立残疾人社会保障体系;建立扶贫资金,按一定比例用于贫困残疾人;在“全国助残日”、元旦、春节期间县“四大班子”领导、残联领导走访慰问特困残疾人,开展“温暖万家行”活动,为1050户贫困残疾人家庭送去慰问金和物资折款共计20余万元。

【残疾人服务】

全年新(换)办全国第二代“残疾人证”0.5万个,接受求职登记60人次,接受咨询220人次,受理残疾人来信来访230件,办结率为100%,全县未出现残疾人重大上访事件和重大侵权行为。

(县残联)

法 治

FA ZHI

政法委、综治、维稳、大调解

【政法工作】

2014年,贯彻落实依法治县工作,推动建立依法治县组织机构,出台《岳池县依法治县纲要》《岳池县依法治县2014年工作要点》等文件规定,规划打造岳池东湖法治主题公园、岳池护城河岸法治长廊。县公安局推进破案攻坚等专项行动,破获各类刑事案件1565件,摧毁犯罪团伙33个112人,刑事拘留582人,同比上升62.6%;批准逮捕299人,同比上升52.6%;移送起诉529人,同比上升22.5%;抓获网上逃犯290人,同比上升19.80%。坚持命案必破,破获现行命案6件,现行命案破案率连续八年达100%。查处行政案件4271件3217人次,其中行政拘留1050人。县检察院严厉打击严重刑事犯罪,全年受理审查批准逮捕案件248件397人,批准逮捕185件296人;受理移送审查起诉案件325件599人,提起公诉293件514人。依法立案查办职务犯罪案件11件16人。重点打击黑恶势力犯罪和故意杀人、故意伤害、强奸等影响人民群众人身安全的严重暴力犯罪;突出打击"两抢一盗"、诈骗等影响人民群众财产安全的多发性犯罪。县法院依法打击刑事犯罪,全年受理各类刑事案件296件,审结291件,结案率98.3%。重点打击暴力犯罪、盗窃犯罪、强迫交易犯罪以及破坏社会主义市场经济秩序的犯罪。其中依法审理国家工作人员贪污、贿赂、挪用公款犯罪和渎职犯罪案件11件12人,审结赌博、容留卖淫和吸毒等妨害社会管理秩序犯罪案件28件。县司法局组织依法治县集中宣传活动,推进"法治乡镇""法治示范单位""民主法治村(社区)"的法治创建工作;推进专业性、行业性调委会建设,成立岳池县医疗纠纷人民调解委员会,组建由24名法律类专家、39名医学类专家组成的专家库。全年受理法律援助案件447件,累计受援人次5751件(次),完成全年目标任务的179.7%。全县推进涉法涉诉信访改革,将涉及民商事、行政、刑事等诉讼权利救济的信访事项从普通信访体制中分离出来,由政法机关依法处理;开展"坚决纠正涉法涉诉中侵害群众利益问题"专项整治活动,清理涉法涉诉信访积案9件;县上开展司法救助工作,发放救助资金11.3万元,救助案件11件11人,化解案件11件。推动成立岳池县法学会,并召开第一次会员代表大会,整合全县法学法律专业力量,现发展团体会员37个,有个人会员239人;组织会员参加首届四川省"治蜀兴川"法治论坛征文活动,有一篇论文获得一等奖。2月至9月,全县政法系统开展党的群众路线教育实践活动,根据"照镜子、正衣冠、洗洗澡、治治病"总要求,按照学习教育、听取意见,查摆问题、开展批评,整改落实、建章立制三个环节,组织全体政法干警查找解决"四风"(形式主义、官僚主义、享乐主义和奢靡之风)方面存在的突出问题。推进“转变作风、司法为民”“广土工程”等活动,加强纪律作风和党风廉政建设,严肃查纠违法违纪问题,党纪处分政法干警2人,“双开”民警1人,解聘协警9人。

【社会管理综合治理工作】

全县推动平安建设,将平安建设作为“一把手”工程摆在突出位置,与经济社会发展同安排、同部署、同考核、同奖惩。县上成立由县委书记任组长,县长及县“四大班子”分管领导为副组长,县级相关部门主要领导为成员的平安建设工作领导小组,下设办公室于县综治办;县委、县政府与市综治委和各乡镇、县级各部门分别签订《平安建设工作目标责任书》,层层落实工作责任;每个乡镇均配备分管综治工作的副书记,县财政将县级综治工作经费按人均0.3元的标准纳入预算,县绩效办将平安建设工作纳入年度绩效目标管理;县上建立党政主要领导、分管领导综治实绩档案,坚持党政主要领导、分管领导晋职晋级征求综治机构意见和五部委联系会议制度,严格实施“一票否决权制”和重大案(事)件责任查究制。全面推进网格化服务管理工作,县上以“管好一张网、服务一座城、惠及百万人”为总体目标,完成县、乡镇、村(社区)、网格四级平台体系建设,实现城乡网格化服务管理全覆盖。全县共划分网格2548个,其中城区129个、农村2419个,并配齐网格服务管理员。县上成立县网格化服务管理监管中心,负责待办事项的分流、督办和考核等工作;制定《岳池县农村网格化体系建设方案》《岳池县网格化服务管理考核办法(试行)》《岳池县网格化服务管理工作相关职责制度》。纳入网格化信息系统的27个职能部门负责及时处理分流到本单位的相关事项。43个乡镇(含翠管会)和1个工业园区均设置网格化服务管理中心,各村(社区)全部建立网格服务管理站,负责及时处理本级相关事件。全县网格化服务有序推进,走在全市前列。开展基层平安创建,维护良好社会治安秩序。强化社会治安防控体系建设,完善街面防控、社区(村组)防控、单位内保防控、视频监控、区域警务协作和网络虚拟社会防控“六张网”建设;建立覆盖全县的“红袖标”巡逻队伍,强化道路交通安全监管,做好平安铁路岳池境内48.6公里沿线的安全,维护全县“三电”设施安全运行,坚持24小时不间断网上巡控。严打整治社会治安突出问题,开展“扫黄打非”“打黑除恶”等专项行动,遏制重点领域的违法犯罪;开展重点地区排查整治,挂牌整治县城南宋文化一条街打架斗殴频发和石垭场镇偷盗严重问题,限期改变治安面貌。开展综治宣传月活动、依法治县集中宣传、铁路护路集中宣传、“三电”安保集中宣传等一系列平安建设宣传,提高群众对平安创建的知晓率和参与率;开展平安创建示范点建设,完成县城翔凤大道两旁房屋防护栏撤换工作;开展平安乡镇、平安村(社区)、平安学校、平安医院、平安市场、平安家庭和平安铁道线、超特高压平安乡镇等“平安细胞”创建活动。元旦、春节期间,省、市、县先后慰问见义勇为人员或其家属15人次,发放慰问金2.1万元。

【维护社会稳定工作】

落实党政“一把手”责任和班子其他成员“一岗双责”(一个岗位既要抓业务又要抓业务涉及的维稳工作)要求,通过全县政法维稳信访工作会议下达年度维稳工作目标任务,将维稳工作纳入干部述职和考核内容,作为干部考核、评价、晋职、晋级和奖惩的重要依据。在全国两会、十八届四中全会、北京APCE会议等重大政治活动和敏感时期,启动维稳“日排查日报告”制度,组织信息收集研判、驻点值守接待劝返、依法治访处突和维稳督导检查等专项工作组,及时掌握处理维稳动态情况,维护全县社会大局稳定。强化涉稳内幕性、行动性、预警性情报信息搜集,掌握维护社会稳定主动权,执行《岳池县涉稳情报信息奖励办法(试行)》,兑现维稳信息员奖金2.5万元。坚持从源头上预防和减少不稳定因素,督查重大项目、重大活动涉及的社会稳定风险评估工作;县维稳办收到重大事项风险评估63个，通过组织论证暂缓实施1个；全县每月开展一次不稳定因素集中排查化解，并将不稳定因素汇总后录入工作台账，实行动态管理；在重大敏感时期，对重点人员建立台账，落实各责任单位负责稳控。全年开展月排查11次、专项排查3次，成功劝阻非正常进京访11批次12人次，成功处置群体性闹事苗头64起。坚持运用多种措施化解涉稳隐患，畅通群众诉求渠道，每周定期由1名县级领导在县接访中心接待来访群众，当场做出处理意见；开展“无信访乡镇、村、社区的创建活动”，把群众反映的问题解决在家门口；落实“五包”责任制（包掌握情况、包稳控管理、包教育转化、包依法处理、包解决困难），做到不办结不脱钩；推进信访积案化解工作，全年受理中央、省、市挂牌督办积案6件，化解3件；快速处置群体性事件，未发生打砸抢烧恶性案事件或个人极端事件。夯实维稳基层基础工作，加强维稳队伍建设、政法维稳专网应用、涉稳舆情管控和社会稳定风险评估业务培训。完善维稳定期联系、协作联动、保障投入、责任查究等工作机制，推进维稳常态化建设。

【矛盾纠纷大调解工作】

大调解工作体系和网格化服务管理体系有效对接，将排查调处矛盾纠纷作为网格服务管理员工作重要内容。全县选聘网格服务管理员2548人，其中九龙镇城区专职129人。深化调解和谐文化建设，全县在岳武路、南前路、仪华路规划建设调解文化示范带5个，在九龙镇规划建设调解文化示范片2个，建成示范性调解文化大院（小区）240个。运用群众代表参与调解评议制度化解信访案件6件。在农村集体土地征用等16类重点领域建立矛盾纠纷专业调解组织16个。推进医疗纠纷专业调解“第三方调解、保险公司理赔”机制建设，在县人民医院、中医院、妇幼保健院3家公立医院和百姓医院、阳光医院、眼科医院等12家私立医院、10个中心镇医院签订《医疗责任保险》协议。开展矛盾纠纷“攻坚破难”专项行动，依法调处重大复杂疑难矛盾纠纷52件。开展大调解宣传活动，印发《大调解工作小知识》、大调解宣传手提袋、大调解知识挂历等资料，提高大调解知晓率。开展“优秀调解案例”评选活动，总结推广不同类型矛盾纠纷调解“案例工作法”。在县级财政设立社会调解工作专项基金50万元，探索政府购买社会组织专业调解服务模式，推动社会矛盾纠纷多元化解。全县全年排查矛盾纠纷6430件，调解6315件，调解成功6226件，调解成功率99%。其中县、乡两级大调解协调中心排查受理462件，化解439件，调解成功率95%。

【内设机构】

2月17日，成立共青团中共岳池县政法委员会支部委员会。2月28日，设立岳池县社区网格化监管中心，在县矛盾纠纷大调解协调中心挂牌。5月7日，成立岳池县网格化服务管理监管中心，设在县委办，负责全县网格化服务管理的督促、指导、培训、考核等工作。6月20日，设立岳池县法学会机关，作为岳池县法学会的工作机构，纳入县委管理的群团组织，由县委政法委代管。9月16日，成立县法学会，并召开第一次会员代表大会，选举产生岳池县法学会第一届理事会理事、常务理事、会长、副会长、秘书长。7月8日，县综治委决定成立铁路护路联防工作领导小组，下设办公室于县综治办。

（县委政法委：宋学）

公安工作

【治安管理】

2014年，县公安局开展社会治安突出问题整治“百日攻坚行动”、治爆缉枪、“打四黑除四害”“扫黄赌·铲源头”、校园周边和文化市场环境综合整治等专项行动，查处行政案件4271起3217人次，行政拘留1050人。以“扫黄赌·铲源头”等行动为载体，强化娱乐服务、出租房屋等场所治安管理，健全查禁黄赌毒问题属地责任制，严格涉黄赌毒问题失职、渎职责任追究，严打违法犯罪行为。全年破获“黄赌毒”刑事案件40起，批准逮捕25人；查处“黄赌毒”行政案件590起，行政拘留598人；捣毁赌博窝点23个，收缴赌博游戏机500余台；查破涉校刑事、行政案件26起，打击处理22人。开展治爆缉枪专项行动，积极防范和打击涉枪、涉爆违法犯罪活动，落实涉枪、涉爆重点人员管控措施，加强枪爆危化物品安全管理，督促从业单位落实安全管理制度，对全县涉爆、涉危化物品单位全面开展检查，发现整改安全隐患23起，破获涉枪刑事案件16起，有罪判决3人，收缴违法枪支18支。10月，县公安局组织开展烟花爆竹大排查大整治行动，严厉查处打击各类违法行为，查获并收缴烟花200余件、爆竹230余件。全县建成15个社区警务室、1个园区警务室、2个医院警务室、2个学校警务室、21个农村警务室，社区、农村警务室分别按2+4+N、1+2+N模式配备警力，明确专职社区民警工作职责，推进社区警务与社区事务一体化运作。推进“五小”问题解决，把做实“五小”警务作为解决服务群众“最后一公里”的突破口，办理小案件538起，调解小纠纷1145起，整治小隐患734个，解决小困难1357个、小问题431个。抓实“一标三实”基础信息采集，推动全警、全社会参与采集，落实信息质量终身负责制，全年采集标准地址信息51.57万条，实有单位信息2万条，实有房屋信息33.1万条，实有人口信息47.11万条，从业人员信息8.69万条。深化流动人口信息登记，广泛宣传流动人口信息登记申报工作，定期组织民警深入用工单位、营业场所、出租房屋、中小旅店进行查验复核，对未能履行申报的用人单位进行严肃处理。全年流动人口申报登记信息23953条，其中租住信息4259条、就业信息2686条、滞留信息17008条。督导用工单位主动申报415家，查处不按规定申报登记推送流动人口信息的宾馆1家，发出整改通知书28份。

【治安保卫】

制定《岳池县公安局“14—32”安全警卫工作方案》《“感谢有您”2014和谐·花漾城大型群星演唱会安全保卫方案》等安全警（保）卫方案26个，制定《2014年“5·19”中国旅游日活动维稳处突工作预案》等维稳处突预案17个，制定社会治安集中清查行动等清查方案6个，认真开展大型会议、文体商贸、上级领导调研等活动的安全警（保）卫工作53起。

【治安巡逻】

出台《关于进一步加强社会治安防控工作的通知》，将县城区社会视频监控、治安辅助力量建设、可防性发案率等工作纳入综治考核，形成“党政主导、公安牵头、乡镇主抓、部门配合、社会联动”的社会防控格局。按照“网格布警、动态巡防、快速反应、等级防控、专群结合”工作要求，推进“点线圈面”立体治安防控体系建设，现场挡获违法犯罪嫌疑人158人，制止街面打架斗殴16起、寻衅滋事22起；查处行政案件4271起3217人次，其中行政拘留1050人。

【户政管理】

全年换发“二代证”2.36万人次，16周岁及以上人像采集率达97.6%，户口清理整治注销重户55人，更正户口姓名、年龄583人。加强重点人员清理管控，成立帮教小组25个，对重点人员进行帮教；摸排出重点人员1170人，新列管重点人员658人，撤管721人，重点人员列管率达98%。受理、审核出国（境）27909人次。

【交通管理】

以道路交通安全综合整治攻坚年为契机，推进货车“双超”治理，完善地方公安、交通运输、高速交管和高速路营公司等部门联合执勤长效机制，确保高速治超工作常态化。整治各类交通违法行为，推进道路交通安全隐患整改，加强道路交通安全宣传，全面完成“交管办”规范化建设，确保全县道路交通安全形势持续平稳。全年检查货车7.34万台次，强制卸货875辆，劝返4100余台次；查纠道路交通违法行为17.47万起，行政拘留217人，全年未发生一起较大以上道路交通安全事故。

【监所管理】

坚持监所精细化管理，推进监所思想纪律作风专项整顿活动，杜绝监管民警、辅警发生违法违纪行为；加强监所隐患整改，强化在押人员思想转化和心理帮教，确保监所"零事故"。

【消防监管】

全面推行乡(镇)、村、社区消防安全网格化管理，持续开展火灾隐患排查整治，强化灭火救援演练，全县未发生一起消防安全责任事故。全年检查重点单位、行业场所679个(次)，整改隐患168起，责令"三停"单位15家，临时查封场所6家；办理行政案件40起，行政拘留2人。

【110服务】

按照"职级不变、机构与职能整合"的原则，成立警务指挥部，下设指挥调度中心、情报信息中心和科技通信中心，实行合署办公，归并管理。指挥调度中心内设警务指挥室、视频巡控室和警情研判室，负责全局指挥调度、指令跟踪、视频巡控、警情研判、勤务管理等工作；强化警务指挥、协调调度职能，完善指挥调度、请示报告、信息反馈、检查监督等工作机制，确保接警规范，指挥顺畅，调度有序。全年接警22359起，其中故意杀人3起，抢劫(夺)78起，盗窃1614起，诈骗347起，治安案件3955起，火灾270起，灾害6起，交通警情5209起，求助4118起，纠纷4860起，其他1899起；无效报警1237起。

【案件侦破】

以"破案攻坚""严厉打击刑事犯罪"等专项行动为载体，破获各类刑事案件1565起，摧毁犯罪团伙33个112人，刑事拘留582人，同比上升62.6%；批准逮捕299人，同比上升52.6%；移送起诉529人，同比上升22.5%；抓获网上逃犯290人，同比上升19.8%，现行命案破案率连续八年达100%。"破案攻坚"专项行动排名全市第一。严打黑恶犯罪，先后打掉以曹某某等为首的恶势力团伙6个，破获涉恶势力案件52起，打击处理43人。严打经济犯罪，破获经济类案件22起，刑事拘留33人，提请批准逮捕10人，移送起诉15人，挽回经济损失2500余万元。深入推进"双违"治理，立案3起，结案2起，收缴非法所得60余万元。

【专项打击行动】

开展严打"两抢两盗一诈骗"等多发性侵财犯罪专项行动，将群众密切关注的多发性侵财犯罪作为打击重点，破获侵财类案件1343起，提请批准逮捕118人，打掉犯罪团伙26个78人。2月，县公安局在陆游广场举行赃物返还大会，将追回的1辆大众轿车、20余辆电动摩托车、10余件贵重首饰、6.5万元现金等赃款赃物返还受害群众。严打涉毒犯罪，深入开展"飓风扫毒"等专项行动，破获刑事案件45起，批准逮捕28人，行政拘留322人，缴获毒品900余克。严打涉网犯罪，破获涉网案件21起，抓获CCIC网上逃犯51人，扩大破案增长点。

【天网工程】

新增高清监控点位217个、治安交通综合卡口6个，升级改造标清监控点位301个、治安交通综合卡口6个，实现案件高发路段、重点单位、重点部位高清监控全覆盖。运行350M模拟基站7个，350M数字基站1个。

【警务改革】

推进警务运行机制改革，争取党政重视支持，将全县45个派出所收缩整合为25个派出所，在城区派出所设立"三队一室"，中心场镇及其他派出所设立"两队一室""一队一室"，盘活警力资源，增强警务效能，回归基层派出所职能，提升警务实战效能。10月,全市公安机关全面深化公安改革工作现场会在县公安局召开,县公安局派出所警务运行机制改革模式全市推广。推进积分管理,将接处警、案件办理、执法质量、队伍管理等10大类43小项作为派出所考核指标,积分考核,形成数字说话、实绩用人的良好导向。成立警务回访中心,落实6名专职人员负责警务回访工作,建立信访当事人必访、案件当事人回访、警情当事人抽访、"两代表一委员"必访的"四访"制度,对调查回访情况纳入绩效考核,实现"警务工作—民意反馈—内部考核—优化模式—和谐警民关系"的良性互动发展。"警情回访系统"运行以来,回访群众6118余人次。

【基础设施建设】

县公安局购置装甲突击车、武装巡逻车、防暴盾牌、防暴头盔等反恐维稳装备,有效提升公安快速反应、灵活处置能力。11月,县公安消防站正式完成建设并投入使用,新增一台价值200余万元城市主战消防车,采购消防员个人防护装备及特勤消防器材400件。

【案例选录】

1月,县公安局破获城区系列飞车抢夺案,抓获两名犯罪嫌疑人曾某(西溪镇人)、刘某某(西溪镇人),涉案金额10万余元;1月,县公安局破获"邹建林被杀案",抓获犯罪嫌疑人杨某(九龙镇人)。2月,县公安局打掉一电信诈骗团伙,抓获犯罪嫌疑人7人,收缴话机、电脑等设备6套,涉案金额150万元。3月,县公安局破获钻石酒店婚礼礼金被盗案,抓获犯罪嫌疑人曾某某(重庆市大足县人),追缴被盗现金11.82万元,带破系列盗窃礼金案82起,涉案金额380余万元;3月,县公安局破获系列入室盗窃案,抓获犯罪嫌疑人冯某(邻水县丰和镇人)涉案价值5万余元。5月,县公安局成功破获系列盗窃案,抓获犯罪嫌疑人粟某某(石垭镇人)、唐某某(华蓥市阳和镇人),涉案价值7万余元。6月,县公安局端掉一赌博窝点,抓获违法犯罪嫌疑人20余人,现场扣押赌资17万余元、涉案车辆4台。6月,县公安局成功破获城区系列放火案,抓获犯罪嫌疑人李某某(新场镇人)。7月,县公安局在48小时内快速侦破一重大盗窃车内物品案,抓获犯罪嫌疑人滕某某(华蓥市人),追回被盗现金10.7万元。8月,县公安局成功打掉一盗窃、抢夺团伙,抓获犯罪嫌疑人3人,扣押作案摩托车2辆及大量赃物及作案工具,涉案价值10余万元;8月,县公安局用3小时成功破获"廖某某被杀案",抓获犯罪嫌疑人沈某(嘉陵乡人)。9月,县公安局成功侦破系列销售假药案,抓获犯罪嫌疑人6人,当场缴获药品120盒,涉案价值2万余元。11月,县公安局成功制止一起藏汉聚众斗殴事件,抓获犯罪嫌疑人19人,缴获钢管、砍刀等作案物品20余件。12月,县公安局成功打掉一盗窃团伙,抓获犯罪嫌疑人3人,涉嫌价值20余万元;12月,县公安局成功侦破广安与重庆、辽宁等地警方联办的公安部"2014-750"制贩毒案件,抓获犯罪嫌疑人8人,查获冰毒溶液30公斤、冰毒17克、麻古1985颗,扣押涉案车辆2辆。

(县公安局:马燕)

检察工作

【刑事检察工作】

全年受理移送审查起诉案件325件599人,提起公诉293件514人。重点打击黑恶势力犯罪和故意杀人、故意伤害、强奸等影响人民群众人身安全的严重暴力犯罪,批准逮捕48人,提起公诉74人;突出打击"两抢一盗"、诈骗等影响人民群众财产安全的多发性犯罪,批准逮捕111人,提起公诉113人;依法打击寻衅滋事、聚众斗殴等严重扰乱公共秩序的犯罪,批准逮捕171人,提起公诉185人,有力提升人民群众的安全感。

运用不批捕、不起诉等职能对轻微犯罪人员依法从轻从宽处理,注重化解社会矛盾,减少社会对抗。对偶犯、初犯、未成年人、老年人等涉及的轻微刑事案件，依法不批准逮捕71人，不起诉24人；促成刑事和解、化解各类矛盾37件47人。

【查办和预防职务犯罪】

全年，初查职务犯罪案件线索28件，立案16件17人，查办科级干部6人，为国家避免和挽回经济损失800余万元。其中立案查处渎职案件3件4人，受贿案件5件5人，贪污案件4件4人，行贿案件3件3人，挪用公款案件1件1人。成功查处天平镇原党委书记王某涉嫌受贿案，罗渡镇原党委副书记杨某某涉嫌贪污、受贿案；查办县民政局付某某、县国税局张某及许某滥用职权、收受贿赂为县内两家“假福利企业”骗取退税窝案，为国家挽回经济损失300万元。

开展“侦防一体化”的职务犯罪预防体系建设，开展预防职务犯罪法制讲座5次，受理行贿犯罪档案查询18次，进行预防宣传和警示教育16次，发出检察建议6件，撰写的调研报告得到县委、县政府主要领导肯定性批示。

【诉讼法律监督】

加强立案监督、侦查活动监督、审判监督和执行监督，对人民群众反映强烈的执法不严、执法不公等问题，加大监督力度，不断增强监督实效，切实维护当事人的合法权益。立案监督9件9人，纠正漏捕漏罪漏诉21件40人，纠正违法7件，提起刑事抗诉案件3件3人，改判2件2人。

全年受理各类民事行政监督案件15件，其中办理民事执行监督7件，民事诉讼结果监督1件，审判人员及审判程序违法6件，支持民事起诉1件。

监督监外执行罪犯670人次，受理捕后羁押必要性审查案件30件54人，对看守所开展安全检查18次。强化监外罪犯社区矫正监督，发出检察建议36人次，建议撤销缓刑5人。

受理人民群众来信来访73件85人次，其中来信55件、来访18件，根据“归口办理、分级负责”的原则，转本院自侦部门处理58件，转有管辖权的单位处理15件。控申接待室继续保持“全国文明接待室”荣誉称号。办理不服法院生效刑事裁判的申诉案件1件，审查后建议法院再审。推进刑事被害人救助工作，完善配套工作制度，办理刑事被害人救助案件4件，为被害人家庭提供司法救助，发动社会募捐为1被害人的2名孩子募捐学费。

【自身监督】

推进案件管理方式改革，全面运行检察机关统一业务应用系统，案件从受理到办结全程网上运行，实现动态监督。统一受理案件551件950人，接待律师45人次，发出流程监控和预警通知292份，考核评查案件302件。规范职务犯罪侦查工作，对线索管理、案件初查、侦查措施、赃款赃物处理等方面提出要求。执行讯问全程同步录音录像制度，开展检务督察，促进规范文明执法。

建立检务公开门户网站和短信平台，公开案件办理流程，方便当事人和诉讼代理人了解案件办理情况。公开法律文书10份、办案流程156条、重大案件信息8条。自觉接受人大法律监督、政协民主监督和社会监督，健全代表委员联络制度，采用报告工作、通报情况、邀请人大代表来院视察等方式，主动接受监督。依托控申接待室、案件管理办公室和检务公开查询平台宣传检察工作，受理群众举报、控告、申诉案件42件，畅通人民群众的诉求渠道。

【检察改革】

制定《岳池县人民检察院侦查人员旁听庭审制度》，让侦查人员更好地掌握职务犯罪证据要求和证明标准。侦查人员参与庭审旁听34人次，增强证据意识和规则意识，提升干警的侦查水平和对自侦案件的整体把握能力，确保办案质量和效果。此做法得到上级检察机关的充分肯定。

在全市率先成立多部门参与的岳池县附条件不起诉帮教考察工作站，组建由教师、心理咨询师、律师、司法人员等参与的阳光帮教员队伍。对4名附条件不起诉的未成年人实施帮教考察12次,使其主动远离犯罪,回归正常生活。全县附条件不起诉未成年人帮教考察工作得到各方肯定,工作模式在全市范围内推广。

制定《关于办理老年人公诉案件刑事和解的规定(试行)》《老年人刑事法律援助实施细则(试行)》等工作机制,将"人性、效率、保障、教育、宽容"理念贯穿始终,全年对老年人涉嫌刑事犯罪不起诉5件7人,提供法律援助4人,对起诉的老年人建议法院从轻处理均被采纳,积极参与老年人社区矫正回访工作。此做法受到最高人民检察院、省检察院的充分肯定。

【队伍建设】

全院党员干警积极参加党的群众路线教育实践活动,党组带头重点整治"四风"问题,学习文件、领导讲话等材料38篇,深入查摆问题,切实整改,建章立制19项,开展"走基层、解难题、办实事、惠民生"活动,为民办实事22件,帮助解决问题16个,开展法律服务、排查矛盾隐患、调处各类纠纷、为民做实事办好事,切实解决服务群众的"最后一公里"问题。

严格执行中央"八项规定",认真落实党政领导干部廉政责任制,公正廉洁执法,公道正派办事。开展理想信念、法治理念、群众观念、职业道德教育,引导干警坚守廉洁从检"十不准"、政法干警"四条禁令",坚决克服要特权和逞霸道等不良作风,杜绝吃、拿、卡、要。突出抓好纪律作风教育整顿,开展"庸懒散浮拖"问题专项整治。开展以评选"十大标兵"为主导的创先争优、岗位练兵、技能比武等系列活动,凝聚人心,增强团队活力,激发工作热情。

【内设机构】

2014年11月16日,经中共岳池县委机构编制委员会2014年第四次会议研究决定,调整岳池县人民检察院设置内设机构为11个。即:政治处(挂法警大队牌子)、监察室(与纪检组合署办公)、办公室(法律政策研究室)、侦查监督科、公诉科、反贪污贿赂局、反渎职侵权局、监所检察科、民事行政检察科、控告申诉检察科(挂岳池县人民检察院举报中心和刑事赔偿办公室牌子)、案件管理办公室。

(县检察院:杨文虎)

法院工作

【概况】

2014年,县法院受理各类案件6428件,审、执结6314件,审、执结率98.22%。荣获全市法院争创"两个一流"综合一等奖。

【刑事审判】

全年受理各类刑事案件296件,审结291件,结案率98.30%。把维护社会稳定放在审判工作首位,积极推进审判方式改革,推行合议庭和主审法官负责制,重点打击暴力犯罪、盗窃犯罪、强迫交易犯罪以及破坏社会主义市场经济秩序的犯罪,依法审结四川惠众医药公司虚开增值税专用发票案。强力惩治职务犯罪,依法审理国家工作人员贪污、贿赂、挪用公款犯罪和渎职犯罪案件11件12人。审结赌博、容留卖淫、容留吸毒等妨害社会管理秩序犯罪案件28件。全面推行轻微刑事案件快速办理机制,审结轻微刑事案件113件,调解撤诉刑事附带民事案件33件。妥善处理未成年人犯罪案件,全年受理未成年人犯罪案件38件58人,判处非监禁刑23人,均征求社区矫正意见。

【民事审判】

全年受理民事案件5135件,审结5054件,结案率98.42%。调解撤诉4054件,调解撤诉率80.21%。审结医疗损害赔偿纠纷、食品安全和道路交通事故损害赔偿案件167件,婚姻继承、赡养抚养、相邻关系纠纷案件852件;对农民工追讨劳动报酬等案件快立、快审、快执,全年审结劳动争议案件17件,维护正常用工秩序,保护劳动者合法权益。审结合同纠纷案件2770件,其中涉及房地产开发、建设工程等案件16件,金融债权、担保、保险等案件773件,房屋买卖租赁等案件36件。审结民间借贷纠纷案件345件,维护正常金融市场秩序。

【行政审查】

全年审查非诉执行案件210件,结案210件,结案率100%。以县城东扩为抓手,关口前移,抽调审判经验丰富的法官,派驻县征地拆迁办公室,对行政非诉执行案件进行严格审查。积极响应全市法院行政案件集中管辖试点改革,探索建立非诉执行案件协调工作机制,通过开展以案释法工作,让行政管理相对人从思想认识上减少对立,监督行政机关规范执法方式及程序,针对行政执法存在的普遍性问题,发出司法建议3条,促进行政机关与行政管理相对人的关系良性发展。成立岳池法院国赔小组,处理国赔案件4件。深入开展法制讲座进政府常务会、进行政单位等“法律七进”活动,促进依法行政。

【案件执行】

全年受理执行案件787件,执结759件,执结率96.44%,执结标的2300余万元。按照最高法院“一性两化”工作要求,推进“点对点”执行网络查控系统的全面运用,坚持依法强制执行、规范文明执行,坚决打击拒执行为,维护法律权威和当事人胜诉权益。全年运用点对点查控机制查询6824次,查到财产线索435条。开展“集中打击拒不执行判决、裁定等犯罪行为”专项行动,依法纳入失信名单90人,司法拘留8人,移送公安刑事侦查6人,对下落不明的40名被执行人移送公安机关进行查控。

【审判管理】

推进司法规范化建设,依托网上办案系统,完善流程节点设置,规范监督各个程序环节,以严格规范的办案程序提升司法公信。全年网上随机评查案件5504件,重点评查案件77件,评查裁判文书424份。被上级法院发回重审或改判的案件,审管办会同业务庭室件件剖析,并责令承办法官进行自我剖析,对确有过错的案件实行错案责任追究,杜绝类似问题再次发生。建立临近审限预警提示、重大案件督查督办等多项制度,每月通报各部门结案进度,从源头上加强审限管理。全年发出临近审限预警提示62次,院领导督查督办重大案件68件。

(县法院:刘杰)

司法行政工作

【普法宣传】

贯彻《四川省依法治省纲要》,掀起集中学习宣传教育热潮。县委第45次常委会专题研究普法及依法治县工作。印发《岳池县依法治县纲要》《岳池县依法治县2014年工作要点》,县司法局与依法治县领导小组办公室联合印发《岳池县“法律七进”实施方案》《岳池县2014年度普法法治创建工作要点》。县司法局与县委组织部配合,对全县副科级以上实职领导干部、全县从事依法治县工作人员500余人进行集中培训。组织全县领导干部、公务员、企事业单位管理人员、在校学生、村与社区干部5000余人参加省委治省办与《四川法制报社》联合主办的《依法治省专题知识竞赛》。县司法局牵头组织依法治县集中宣传活动,组织45个依法治县领导小组成员单位在县城举办2场依法治县集中宣传咨询活动。组织人员编写《推进依法治县:建设法治岳池——公民应知应会法律法规宣传手册》,首印10万份,向群众发放。

组织岳池律师宣讲队,深入西溪、同兴、罗渡、兴隆、秦溪等10个乡镇及学校开展巡回法治讲座。县司法局与县民宗局对全县佛教、道教、天主教、基督教等宗教人士进行集中法治培训,打造千佛寺等5所法治培训宗教场所。开展"法律七进"活动,牵头组织打造梨子园村民主法治示范村、园田社区、检察院、实验学校、爱众电力公司等法治示范工作亮点。规划并启动岳池东湖法治主题公园、岳池护城河岸法治长廊。在县广播电视台开播《法治聚焦》栏目。打造户外法治公益广告,在高速路段、岳池翔凤大道设立大型户外法制宣传广告4幅。县司法局收集整理法律法规的案例漫画,制作长100米的流动的法治漫画,在广场、校园、车站、码头、农贸市场等公众聚集地进行宣传10场次,并在实验学校、文体广场、苟角龙桥社区展出,受教育群众1万人次。以开展"法制宣传进万家"活动为契机,元旦、春节期间,开展返乡民工法律知识宣传,安排工作人员56人次参与宣传活动,出动警车12车次,设立法律咨询站11个,赠送法制年画3万份和《公民应知会法律知识》小手册1.5万册,解答法律咨询2000人次。开展"12·4"宪法宣传日宣传活动,在兴隆、苟角、顾县举办法治文艺(送法下乡)巡回演出,干部群众1万余人观看演出。组织全县国家公职人员、基层干部、企事业管理人员2万人进行"六五"普法年度考试。做好岳池县法治示范县、检察院法治机关、顾县镇法治乡镇创建工作。

【社区矫正工作】

创新社区矫正工作机制,提升监管执法水平。结合社区矫正工作实际,创新建立专群结合的社区矫正工作机制,即以公、检、法、司等专门机关为主导,司法行政机关为执法主体,财政、民政等相关部门为保障,司法所工作人员为主力军,社会志愿者为补充的专群结合的社区矫正工作新机制,落实村居(社区)矫正责任,组织800余村(居)干部开展社区矫正培训,并与村(居)签订社区矫正责任书800余份,形成全社会齐抓共管的工作格局。为解决基层司法所社区矫正工作中人手不足的问题,争取县政府支持,通过政府购买服务的方式增加10名社会司法工作者,充实到基层一线从事社区矫正工作,增加社区矫正工作监管力量。

县司法局规范调查评估机制,对所有进行调查评估的拟适用社区矫正的人员都必须有近亲属和村(居)委会干部提供担保,并做好谈话笔录,调查被告人平时的表现情况,邻里、村(居)委会的意见,辖区派出所出具的有无犯罪记录及是否愿意协助监管意见,办理审前评估131起,被采纳121起。对社区矫正对象实施动态化监督管理,对不予遵守社区矫正规定的监管对象依法予以申请收监。全年对6名违反社区矫正管理办法的社区矫正监管对象依法执行收监处理。

以社区矫正工作实际需求为导向,按照简便管用的原则,完善系统,优化功能,提升信息化与业务工作的融合度。全县矫正人员信息录入170人,信息录入率100%。

全年新接收社区矫正人员214人,到期解除矫正208人,现在矫社区人员442人;全年新接收安置帮教人员326人,帮教323人,安置316人。

【人民调解】

加强基层司法所的规范化建设,全力打造优质的基层工作品牌,九龙、坪滩、酉溪、顾县等司法所不断创新工作理念和发展思路,结合实际,突出特色,打造工作亮点,创出具有自身特色的工作品牌,不断扩大基层司法所的影响力。

县司法局对全县879个村(社区)人民调解委员会进行一次全面整顿和调整,规范人民调解员的选任条件。配合县法院做好人民陪审员的选任工作,选取30余名思想素质高、工作能力强的人民调解员担任人民陪审员。各级调委会充分发挥人民调解扎根基层、贴进群众、便民利民、方便快捷的特点和优势,在认真开展每月一次的矛盾纠纷排查调处的基础上,狠抓重大节点时期的矛盾纠纷排查化解工作。县司法局及时出台《关于切实做好元旦春节期间矛盾纠纷排查调处专项活动的通知》《关于"六·四"期间集中开展矛盾纠纷排查调处活动的通知》《关于切实做好邓小平诞辰110周年纪念日期间矛盾纠纷排查调处专项活动的通知》《关于切实做好"国庆""十八届四中全会"期间矛盾纠纷排查调处专项活动的通知》等文件,对各项工作提出具体要求,确保矛盾纠纷发生一起,化解一起。推进专业性、行业性人民调解委员会建设,组建成立岳池县医疗纠纷人民调解委员会,聘请3名专职调解员,组建由24名法律类专家、39名医学类专家组成的专家库,制定《岳池县医疗纠纷人民调解委员会操作规则》,规范医调委工作流程、工作制度、工作职责及调解文书。出台《岳池县人民调解委员会联合会关于做好人民调解员培训工作的通知》文件,健全人民调解员管理培训机制,逐步提高人民调解员的综合素质和调解技能。全年组织全县性人民调解员骨干培训1次,各司法所联合各乡镇开展辖区人民调解员培训20余场次,培训人民调解员达600人。在乔家镇南山村建设人民调解、依法治理、防邪、反腐倡廉等于一体的文化大院,将"法为上、和为贵、调为先、让为贤"的人民调解文化理念融入到基层民主法治建设和人民生产生活中。在石垭镇梨子园村民主法治示范村建设中融入人民调解文化,使群众在潜移默化中得到教育,自觉提高法律意识和法制观念。

全年全县各级人民调解组织排查矛盾纠纷6297件,成功化解6157件,调解成功率达97.78%。其中各司法所参与或指导化解重大疑难纠纷100余件,非正常死亡纠纷15件、涉及15人。

【法律援助工作】

加强法律援助工作的宣传和组织领导,完善构建"一小时法律援助服务圈",开展法律援助便民服务活动,深化法律援助服务,打造法律援助工作示范窗口。全年完成法律咨询、代书4857人次,受理法律援助案件447件。新增苟角、石垭2个规范化法律援助工作站,在云南省昆明市设立岳池县法律援助中心驻云南省法律援助工作站。

【法律服务】

县公证处利用乡镇集会日、下乡普法宣传日、公证便民服务接待日等时间,开展各种形式的公证服务宣传,制作并发放宣传年画2万余份,宣传围裙3000条,宣传环保袋5000只,翻印赠送公证常识问答手册1.5万册,到各乡镇进行公证服务宣传5场次。

办理居民住房买卖各类财产继承公证300余件。在所办公证1977件案件中,经市司法局质量检查,未发现不合格案件。开展公证绿色通道,为老弱病残等困难群众预约上门公证服务73件。

充分发挥律师在预防纠纷,减少诉讼,稳定社会经济、民事秩序,保护公民、法人的合法权益等方面的职能作用,不断转变服务观念,有效维护各方当事人的合法权益。引导律师、公证员、基层法律服务工作者发挥专业优势,参与重大疑难矛盾纠纷化解和涉法涉诉信访工作处置,全力保障当事人合法权益。

推进村(社区)义务法律顾问制度建设,发挥律师、基层法律服务工作者、司法助理员作用,为全县879个村(社区)选派义务法律顾问,免费提供法律咨询、法制宣传、法律审查建议、法律援助、人民调解等法律服务工作。

(县司法局)

法治政府建设

【法制宣传】

通过岳池县公众信息网、报纸、电视媒体和发放传单等多种方式,宣传重要法律法规,以"综治宣传月""12·4"全国法制宣传日等重要法律宣传时间点为契机,开展"法律七进"活动182场次,开展法制宣传活动172场次,出动宣传车56辆次,参加人员3000余人次,印发《公民应知应会法律读本》10万册,发放法制年画6万份,宣传单15万余份,接待群众法律咨询6000余人次。建立领导干部学法制度,出台《岳池县人民政府办公室关于印发2014年岳池县人民政府常务会议集体学法方案的通知》,政府常务会学习《行政许可法》《行政处罚法》等12部法律法规，促进依法行政工作深入推进。依托县委党校，定期邀请市政府法制办领导、知名专家、法学教授为领导干部进行专题法制讲座机关干部的法律素养、依法行政水平和能力不断增强。

【行政审批制度改革】

规范行政权力运行，先后两次清理行政权力事项，清理出县级行政执法部门行政权力总数5171项，其中行政处罚4808项、行政强制133项、行政征收38项、行政裁决4项、行政确认39项、行政给付23项、其他行政行为126项。在电子政务大厅公布5171项行政权力事项。印发《岳池县人民政府关于取消和调整县本级行政审批项目的决定》，取消县本级行政审批项目4项，新增行政审批项目2项，新增转变管理方式的行政审批项目5项，承接市政府委托县本级实施的行政审批项目3项，调整岳府办发〔2012〕128号文件行政审批项目7项，暂停审批的行政审批项目22项，驻岳中央、省、市部门自行依法实施的行政审批项目1项。结果是县本级现行保留行政审批项目由100项减少至79项，精简21%，转变管理方式行政审批（公共服务类）项目由95项减少至81项，精简15%，暂停行政审批项目39项。加强政务服务大厅标准化建设，完善县、乡、村三级政务服务体系建设，落实“两集中、两到位”制度。全县共受理行政审批和公共服务事项253702件，办结252853件，承诺提速78.26%，办理提速88%，平均受理时间0.06个工作日，平均办结2.4个工作日，提前办结率100%，按时办结率为100%，现场办结率100%，无超期件和违纪行为的发生。

【行政复议与行政调解】

行政复议工作。按照《中华人民共和国行政复议法实施条例》确立的“方便申请、积极受理”的原则，主动受理行政复议案件。规范行政复议办案流程，出台行政复议案件受理、审查、听证、处理、调解等程序的工作制度，努力提高办案质量和效率。全年受理行政复议案件7件，其中维持2件、不予受理1件、调解结案4件。行政复议定期限办结率达100%。

规范行政调解工作。落实专人负责行政调解工作，派往省上专门培训。协调县信访局、大调解中心建立信息沟通机制，整合优化调解资源，有效配合，共同开展调解工作。全年全县各级行政机关调解酒疯466起，其中调解成功439起，调解成功率94%。全县有行政调解组织186个，挂牌设立专门行政调解室186个，行政调解员414名。

信访办理工作。全县接待群众来信来访2610批次3020人次，同比分别下降15.26%、15.12%。其中，来信716件（次），同比下降18.26%，来访489批次899人次，同比分别下降7.91%、10.90%；网络信访1405件次，同比下降16.02%，其中接听处理“12345”市民信访热线124件次。上级交办案件79件，按时办结73件。

【行政执法】

组织县级部门、乡镇245名拟从事行政执法工作人员参加2014年度全省行政执法资格考试，103个人通过，过关率42%，同时启用最新行政执法证，年审、新办执法证件835本，注销行政执法证件168本。加大对执法岗位工作人员培训力度，定期对全县行政执法人员进行专题培训，共组织700余人次进行通用法律知识和专业法律知识专题培训。下达《关于开展2014年度“两法衔接”案件评查工作的通知》，对县环保局、县卫生局、县教育局等8个行政执法部门开展行政执法案件自查工作。建立食品安全联席会议制度，县食品药品监督管理局与县检察院、县法制办、县公安局等部门定期召开“两法衔接”联席会议，加强行政执法与刑事司法衔接，强化食品药品监督部门与司法机关的沟通协调。根据《岳池县人民政府依法行政工作领导小组关于做好依法行政突出问题承诺整改工作的通知》要求，全县各单位先后召开征集意见会议13场次,发放征求意见表24份,通过梳理共征集到不同类型的意见81条,梳理出55个群众反映的突出问题,落实71条整改措施,群众测评满意度95%。严格执行《广安市人民政府法制办公室关于做好重大行政处罚行政强制备案工作的通知》,加大对重大行政处罚、重大行政强制行为的监督,维护公民、法人和其他组织的合法权益。全年登记备案行政处罚案卷84宗,重大行政强制案卷11宗。

【规范性文件管理】

印发《岳池县人民政府办公室关于报送2014年度县政府规范性文件制定计划项目的通知》,明确未经立项的规范性文件草案不得进入本年度规范性文件制定程序。县政府及县级部门、乡镇制定的规范性文件事前由县政府法制办进行合法性论证;重大或者关系人民群众切身利益的规范性文件草案,采取听证会、论证会、座谈会或者向社会公布草案等方式向社会广泛听取意见,全年因不合法不予出台的规范性文件2件,纠正5件。按照《岳池县人民政府办公室关于进一步规范政府规范性文件审查工作的通知》要求做好规范性文件备案工作,全年共制定规范性文件16件,其中县级政府7件,县直部门3件,乡(镇)政府6件,全部按规定上报市政府、县人大备案审查。

(县法制办)

武　装

Jun Shi

岳池县人民武装部

【后勤装备建设】

对所有营产进行登记造册、定人管理,建立损坏赔偿制度。完成民兵教育训练基地装修、招租,整治维修干部周转房、营区大门和操场外墙,规范、整修车库、战备器材室等各类库室。及时修订完善车辆动用管理规定,加强军车动用派遣,加强对驾驶员防酒后开车、开英雄车、开特权车等思想教育。圆满完成市、县防灾减灾应急演练、民兵军事训练、三级指挥所带实兵演习等重大活动。

【动员准备工作】

2月,县人武部及时下发民兵整组工作指示和潜力调查通知,对相关工作进行安排部署。3月中旬,组织相关部门及专武部长对民兵整组和潜力调查工作进行业务培训。5月末,完成数据采集,并一次性上报通过民兵整组和国防动员潜力调查工作。

抓好的宣传政审工作。5月下旬,联合县教育局深入县内所有高中学校,广泛开展报考军队院校和国防生的政审及直招士官相关政策宣传,对前来咨询和报名的人员提出的问题逐一进行解答,并做好报名人员的政审工作。

加强组织领导,县、乡镇、村层层签定责任书,在运用传统标语、电视等进行宣传的基础上,广泛运用网络、和公共大屏幕显示器等多种新型媒介,对《兵役法》、军人军属优抚待遇、大学生入伍优惠政策等进行高密度、多层次、宽领域的宣传动员,超额完成兵员征集任务。

【参建参治】

县人武部与县交通局、气象局、林业局等联系单位深入基层,认真调研、座谈,并解决许多实实在在的问题。对兴隆镇、黄龙乡继续进行扶贫帮困,组织基层党员干部集体上党课2次,提供有价值的致富信息6条,帮助群众增收致富和排忧解难,捐赠资金2.36万元。县人武部牵头,筹集资金5万元,为棕粑乡皂角树村修建断头路,彻底解决村民出行难的问题。

先后为空军少校胡弘春家人关于土地增减挂钩项目和士官唐清母亲龙小菊关于兰渝铁路征地补偿等事启动涉军维权机制,维护军人军属的合法权益。

落实县委、县政府双拥共建工作安排,关爱驻地弱势群体,免费为退伍老兵查阅档案。组织民兵为缺劳少劳农户助耕。免费赠送东板乡50名留守儿童学习用具。

【开展党的群众路线教育实践活动】

在活动开展过程中,人武部领导班子一班人坚持做到“五个带头”,即:带头认真学习,提高思想认识，增强党性修养；带头查找问题，从思想根源入手，深入分析问题背后的原因；带头抓好整改，敢于直面问题、解决问题。带头深入调研，及时掌握干部职工、群众和基层所思所盼；带头参加各种活动，做好表率，敢于叫响“看我的”“跟我来”。

组织人武部干部职工、全县专武干部、民兵骨干100余人，携带随行装具，途步拉练30公里，并中途组织野炊，在整个活动中，没有一人叫苦，没有一人掉队，大家都真切体味“一不怕苦、二不怕死”的革命英雄主义气概；组织干部职工到九龙镇敬老院进行慰问，开展“幸福生活勿忘党恩”座谈会，深刻体会党的先进性和社会主义制度的优越性；组织40余只民兵助耕队200余人，在春耕时节帮助缺劳户、困难户适时播种，干部职工和民兵在干农活、体民情中接受党的群众路线教育。清明节前，组织人武部干部职工到岳池烈士陵园扫墓，深切缅怀革命先烈，重温入党誓词，继承发扬革命先烈的优良传统，更加坚定共产主义理想信念。

【民兵军事训练】

按照军分区《二〇一四年军事训练工作指示》要求，围绕“能打仗、打胜仗”的目标，紧贴任务重点，按照军分区下达全县基干民兵训练任务数，坚持党委统揽、科学筹划、严密组织实施。针对往年民兵军事训练“人员集中难、场地保障难、训练落实难”等问题，按照共同科目分散训，重点、难点科目集中训的方式，采取同步展开、分散训练、抽查点验、集中演练、统一考核的方法进行。从3月初至6月中旬，集中对市民兵应急第二连、县综合应急连、通信连、工兵连、联合防空分队、交通运输分队、迫击炮分队等进行基础和专业训练，提高民兵分队应急应战能力。

【全民国防教育】

4月28日，是《国防教育法》颁布十周年纪念日，为了更好地开展全民国防教育，普及国防知识，增强全民国防观念，县人武部积极协调县委宣传部共同研究国防教育要点，拟定宣传方案。在纪念日前后，县电视台在黄金时间滚动播出国防教育宣传标语，并开辟国防教育专题节目；县电信、移动公司向社会群发国防教育宣传短信；各乡镇在辖区交通要道醒目位置悬挂横幅和张贴标语；县属学校开展以“强我国防、兴我中华”为主题的国防教育系列活动，组织中小学生到县革命烈士陵园进行宣誓和升国旗仪式；县国防教育讲师团深入乡村、社区、学校等单位进行国防知识讲座、邀请抗美援朝一级战斗英雄、特等功臣柴云振为人武部干部职工、基层专武干部、民兵骨干和在校学生讲故事、作辅导。在纪念日当天，县国教委成员单位还组织干部职工上街进行宣传，发放宣传资料1万余份，接受群众咨询800人次。

【演训结合】

按照“能打仗、打胜仗”的要求，探索训练编组方法，完善训练内容，创新组训模式，加强训练保障，规范训练秩序，按照实战化要求组织民兵军事训练，提高民兵预备役人员实战化水平。5月，出动民兵60人参加市防灾减灾演练、组织民兵100人参加县抗洪抢险大演练，操练在各种复杂情况下抢险救援时的组织指挥、协同和后勤保障程序，完善抢险救灾方（预备）案，培养一批民兵抢险救援骨干。7月，组织民兵水上救援排共68人在翠湖水域进行为期一周的以水情监测、组织群众撤离、搜救、转移被洪水围困群众、打捞落水群众为重点的针对性演练，进行冲锋舟和橡皮艇拆装与驾驶等水上抢险救灾基本常识及基本技能的学习、培训。

【学生军训】

8月中下旬，按照高中学生军事训练大纲要求，组织90余名退伍民兵骨干担任教员，按照“有计划、有部署、有组织、有检查”的“四有”要求。对全县4个普通高级中学6000余名高一新生进行军事训练，取得显著效果，得到师生、学生家长和军地领导的赞扬。

（县人武部）

武警岳池县中队

【概述】

2014年，武警中队贯彻落实三级党委扩大会议精神，按照“备战、整顿、改革、规划”的总基调，紧紧围绕“有灵魂、有本事、有血性、有品德”的新“四有”标准，抢抓机遇，乘势发展，部队全面建设呈稳步推进、协调发展的良好态势。部队连续19年被总队评为“基层建设先进中队”，连续10年被评为“基层建设标兵中队”。

【军事训练】

坚持战斗力这一根本唯一标准，从实战需要出发，从难从严训练，严格按照上级关于军事训练“八落实”严扣细训。建立健全训练组织领导，年初中队结合实际情况，成立以中队长陈之路、指导员沈力为组长，其他干部、骨干为成员的军事训练领导小组，明确教学分工，编纂训练教案；狠抓训练制度落实，认真完成训练任务。中队按照年初开训动员会和军事工作指示精神，精心拟制阶段性和年度训练计划，把执勤处突和反恐作战作为训练的根本出发点，依据新大纲规定的内容，严格按纲施训，落实干部跟班组训，随队作业等规定，重点抓好新、难点课目训练，全年利用100多个训练日，约870小时，主要进行队列、通信常识、观察与报知、防暴（防护）器材的使用以及战术、勤务、体能、射击动作、擒敌术、处置突发事件等科目的军事训练，重点突出做好官兵在训练过程中的思想引导工作，从实战的要求出发筑牢官兵“练为战”的思想，激发训练动力，活用“五小练兵”载体，提高官兵的整体军事素质和执勤处突能力；突出干部和士官的训练，坚持落实干部跟班跟训、官兵分训、士官组训。干部重点进行军事理论学习和指挥技能训练，士官重点进行手中武器和专业技能训练，在培养“四会”教练员的能力上下功夫，结合开展两次为期一周的领班员岗前培训，从学习上级精神和规章制度入手，培养抓中心工作的明白人，从组织指挥、训练和管理部属的能力入手，培养抓中心工作的实干家。

【政治工作】

根据全军政治工作会议精神，按照支队年度政治工作部署，始终贯穿一条主线、抓住一个根本、突出重点，坚持在推动部队建设科学发展、安全发展、创新发展上下功夫，实现“两个确保”目标。重点进行“学习践行强军目标，做新一代革命军人”主题教育，在干部、党员队伍中进行“强党性刹歪风树正气”教育，开展密切内部关系、防间保密、心理健康、时事政策等经常性教育，解决部分官兵的模糊认识，激发学习训练热情。结合中队连续10年创标兵的实际，进行“双争（争创先进中队、争当优秀士兵）”教育，以及“反骄破满”“光荣传统”“如何以实际行动维护中队荣誉”的教育讨论，增强官兵的集体荣誉感。为满足官兵的物质文化需求，中队投资1.5万元，定购官兵喜爱的书籍、报刊，并开展周末育才培训，与共建单位开展文体活动。

【执勤工作】

坚持中心居中的主导地位，以实现“两个确保”的目标，中队利用50个训练日，进行勤务训练，主要进行以“四哨动作”“情况处置”“反恐处突”为核心内容的专勤专训，提高官兵执勤、处突能力。主要抓“能力基础、隐患治理、任务牵引”三个方面工作。在能力基础方面，以参加正规化执勤等级评定和选评“执勤双十佳”活动为载体，激发官兵练好功、站好岗、执好勤的内在动力，两次组织干部、骨干进行“四会”教练员考核，重点抓好新增科目训练。在隐患治理方面，结合“三员一兵一组”组勤模式，按照总队指示，投入22万余元，对备勤室建设以及执勤台、监控系统进行更新改造；给自卫哨配备防弹盾牌、防爆隔离网、防刺手套、电击枪、石灰包、遥控阻车钉等器材，确保中队营区和执勤目标的安全；指定专人负责每月定期对执勤“五大系统”进行维修保养，确保中队执勤“五大系统”的正常运作，打好执勤的硬件基础，增强“物防”的有效性，为官兵营造良好的执勤环境。积极与目标单位对所有执勤设施进行逐一鉴定，规范哨兵“四哨”动作和执勤秩序，与目标单位召开联防会议23次，联合方案演练17次，请目标单位上课13次，清监25次，保证执勤目标绝对安全。在临时勤务方面，加大力量建设，调配反恐班兵力；适时完善预案、加强实战演练，中队党支部始终将临时勤务与固定执勤目标任务同等对待，圆满完成警卫、安全保卫、武装警戒、城市武装巡逻、抗洪抢险等临时勤务，以良好的形象、过硬的素质赢得县委、县政府和全县人民群众的赞誉。

【战备工作】

根据上级战备方案和县辖区的社情、民情情况，制定处突、抢险救灾等战备方案，并进行针对性的演练。落实日常战备制度，武器完好率达到95%，落实24小时干部、应急分队担负战备值班任务。

【警民共建】

县武警中队与广安职业技术学院、县邮政局、城东工商所、农业银行岳池县支行、新华书店岳池店等单位保持警民共建关系，并开展活动。县武警中队累计为广安职业技术学院、凤山小学、县公安局巡警大队、交警大队等单位进行军训6500余人，为储备国防后备力量奠定坚实的基础。元旦期间，与广安职业技术学院举行“庆元旦迎新春”警民联欢晚会，“八一”期间，与驻地联办“感恩小平、鱼水情深”警民联欢晚会。县武警中队经常看望花园敬老院孤寡老人，为老人看病、理发、打扫卫生，与老人谈心等，为驻地中小学进行爱国主义教育，并通过军训增强学生的组织纪律意识。

（武警岳池县中队：张文煌）

经 济

Jing Ji

农村工作与农村经济

农村工作

【概况】

2014年，围绕“两园一线三带六片”发展布局〔“两园”即现代农业核心园及乡村旅游产业园；“一线”即以石普路为轴心的10公里特种水果示范长廊；“三带”即南广高速公路沿线的东板、顾县、苟角、石垭（红庙）等乡镇优质粮油产业示范带，石垭、花板、普安、裕民、大佛、伏龙等乡镇优质畜禽产业示范带，粽粑、恐龙、秦溪、黄龙、兴隆、长田、北城等乡镇优质干果产业示范带；“六片”即渠江流域乡镇生态林业产业片，全民水库库区乡镇优质葡萄特色产业片，北部山区乡镇林下养殖产业片，坪滩、西板、镇裕等乡镇优质油菜产业片，同兴、西溪、白庙等乡镇优质果桑产业片，石垭、乔家、花园、翠管会等乡镇休闲农业与乡村旅游产业片〕，狠抓基地建设、产业发展及新村建设。全年实现农业总产值62.65亿元，同比增长4.5%；实现农业增加值37.69亿元，同比增长4.2%；农民人均纯收入9747元，同比增长12.1%。为全市深化改革现场会、“111”工程〔指一个大环线（环绕广安区、前锋区、华蓥市、岳池县、武胜县的产业发展带）、一个单元（邻水县产业带环线）、一条连接线（连接大环线和单元之间的产业带）〕现场会等重大会议提供高质量参观现场，农民增收工作得到省委、省政府的肯定，被四川省委农村工作领导小组评为2014年度农民增收工作先进县。

【产业发展】

全县实现粮食总产量52.37万吨，同比增长0.9%，实现“八连增”；蔬菜总产量132万吨，同比增长1.5%；出栏生猪106.73万头、家禽707.29万只、草食牲畜68.13万只（头），同比分别增长10.26%、35.79%、5.34%；转移农村剩余劳动力39.8万人，实现劳务收入54.47亿元，同比分别增长1.14%、45.3%。全面启动“111”工程建设，新拓展现代农业园区面积3万亩，新建粮经复合基地2.5万亩、紫山药基地5000亩、水果基地1.8万亩、干果基地3万亩、中药材基地1.5万亩，改造提升优质蔬菜基地3.7万亩，提质建设万亩现代农业示范区5个6.3万亩，新建畜禽规模养殖场44个、渔业基地2个。

【新村建设】

按照“业兴、家富、人和、村美”建设幸福美丽新村的要求，坚持“产村相融、农旅结合、标准建设、成片推进”理念，全年新（改、扩）建新村122个，其中新建新村3个、改扩建新村119个，新建新型房屋新村1个、新农村综合体1个、试点示范建设幸福美丽新村6个。坚持建管并重，扎实开展依法治村、民主管村，实现村民自我教育、自我管理、自我监督。开展“洁净水”行动，在石垭张口楼、玉屏湖新村建设无动力湿地净化污水处理系统，实现新村生活污水生态处理、循环利用。

【调查研究】

开展“村庄变迁”、村集体经济发展等问题调研，代县委、县政府起草《2014年农业农村工作意见》《岳池县现代农业园区管理办法》等涉农政策性文件，起草大型会议讲话材料、汇报材料、经验总结、一般性文件等；提出玉屏湖乡村旅游建设、现代农业园区管理、乡村旅游园区规划等建设性意见建议10余条，编发《岳池三农》简报9期，为县委、县政府准确把握“三农”发展脉搏、制定“三农”发展重大决策提供有价值的参考依据。

【产业化经营】

新发展规模以上龙头企业2家，规模以上龙头企业达48户，其中省级3户、市级21户、县级24户。新注册农民专业合作组织30个、家庭农场22个，新申报西瓜、藤椒等无公害农(畜)产品产地及产品认证9个，申报大米及紫山药绿色食品2个，金馨园林专业合作社被评为省级示范合作社，三安联合社、兴达养殖专业合作社被评为国家级示范合作社；新(改、扩)建农产品批发市场、综合市场2个；新建农经网市级示范乡镇2个，培育农产品营销组织(大户)35个，发展农村专业大户150户、农业经纪人115人。

【项目及农业招商成效】

成功争取项目99个，到位资金5.02亿元，应急抗旱水源工程、灵泉寺工程成功立项，回龙寺水库、西板乡西溪河防洪、第二批秦巴山区连片扶贫开发等重大项目有序推进。成功引进绿琪农业、超奇果业等农业企业35个，协议资金28亿元。

【现代农业园区建管】

以“111”工程环线为重点，整合涉农项目资金，新建25千米产业大道，田土调型1.14万亩，新建渠道75千米、小型水源工程35处、沿山沟3千米、生产便道25千米、护坡1.2万平方米、配套建筑物800座、机耕道8.5千米。改造岳武路沿线大棚设施，建成5000吨气调库1座、泡菜加工厂2个。重点布局园区设施蔬菜、粮经复合、经果林、乡村旅游四大优势产业。以九龙、朝阳、乔家现代农业核心示范园及省级新农村示范片为核心，改造提升岳武路沿线大棚设施，引进“名、优、特、新”蔬菜品种，示范推广优质蔬菜1万亩；以朝阳乡大屋村、长深村、雨台山村，九龙镇横山寺村、九道拐村，石垭镇雨台村、大城村、云峰村等为轴线，依托“千万工程”建设，连片推广“稻－菜－菜”“稻－鸭－菜”“稻－菇”等复合模式，提升粮经复合基地1万亩；以乔家乡约园、朝阳采摘园、石垭玉屏湖珍稀林木基地及紫山药基地为依托，进行农业招商引资，引进超奇果业等企业，拓展石垭张口楼葡萄、丁家村血橙、玉屏湖血橙等经果林及乡村旅游基地1.2万亩，园区规模达到15万亩。完善园区管理台账，制订《岳池县现代农业园区管理办法》，加强园区督查整改。督促落实朝阳天王庙村循环农业管道修复、三安气调库设备安装调试、乔家南山村和朝阳武云寺村垮塌大棚撤除等工作。加强业主培训，加大政策宣传力度，及时核实验收兑现园区奖补政策，促进园区产业提档升级和可持续健康发展。

【农村改革】

推进农村产权制度改革，全面开展农村土地承包经营权、农村集体土地所有权、农村集体建设用地使用权、农村房屋宅基地使用权等“多权同确”。确权登记试点已结束，规划区已完成第二批农村产权制度改革动员和技术培训，正在进村入户核实。推进农村经营体制改革，引导农民将土地有序流转给村集体或新型农业经营主体，发展适度规模经营。全年规模流转土地22万亩，成功引进绿琪农业、华西希望特驱集团等农业龙头企业2个，培育新型农业经营主体165户。在利益联结机制上，探索参股合作型、订单生产型、保底分红型等农民利益联结模式和资产投入型、组织服务型、实物分红型等集体收益联结模式。在三安联合社成功试点农村经营方式改革，创新“一统一分、一纵一横、一分一返”经营机制；联合社总产值达9000万元，各成员户年人均纯收入达1.2万元，高出全县农民人均纯收入23%。石垭镇在连片发展柠檬产业时，提取年收益的1%～3%作为村集体收入，村集体逐年增收，逐渐消灭空壳村。探索农村社会化服务改革，健全完善农业信息、农技推广、农村金融、农机、农产品质量监管等服务网络，延伸至田间地头，全面加速农业现代化进程。

（县委农工委：屈莉、杨丽君）

农村经济

【农业生产与农技推广】

2014年，全县播栽粮食作物133.54万亩，总产量51.54万吨，同比减少0.37万吨。小春粮食作物37.22万亩，其中小麦19.28万亩、马铃薯15.28万亩；小春粮食作物总产量8.29万吨，其中小麦4.96万吨、马铃薯2.93万吨。大春粮食作物96.32万亩，其中水稻57.15万亩、玉米14.4万亩、红薯6.3万亩、马铃薯6.34万亩、大豆10.61万亩；大春粮食作物实现总产量43.25万吨，其中稻谷31.15万吨、玉米5.59万吨、大豆1.41万吨、红薯3.35万吨。

经济作物播栽面积61.6万亩。其中：油菜21.5万亩、总产量2.45万吨，花生2.88万亩、总产量0.49万吨，蔬菜31.58万亩、总产量70.57万吨。水果总产量7.09万吨，其中园林水果4.73万吨、果用瓜（西瓜、草莓）2.36万吨。

水稻种植推广旱育秧、机插秧、强化栽培、杂糯间栽、机械化插秧和收割、人工直播等关键实用技术；玉米种植全面普及营养盘育苗移栽技术，抓好膜侧栽培技术的组装配套，推广“麦－玉－豆”新三熟种植模式；油菜种植推广集中育苗移栽、机械化精量直播、机耕人工直播、免耕人工直播、免耕育苗移栽等高产轻简化技术；小麦种植推广机械化精量直播、小窝疏株密植等高产栽培技术；马铃薯种植推广稻草覆盖栽培技术和垄作栽培技术。

在九龙、石垭、朝阳、白庙、顾县、坪滩、西板等乡镇建粮油高产示范片9.4万亩，其中：水稻5.3万亩、玉米1万亩、小麦2.1万亩、油菜1万亩。高产创建示范片内，水稻平均亩产624.6公斤、玉米平均亩产611.43公斤、小麦平均亩产347.84公斤、油菜平均亩产211.81公斤，分别比大面积同类作物增产12.7%、36.5%、26.1%、46.2%。建粮油高产核心示范片2.8万亩，其中：水稻2万亩、玉米0.2万亩、小麦0.1万亩、油菜0.5万亩。

在九龙、朝阳、坪滩、白庙等16个乡镇发展优质水稻（达国标二级米）面积68830亩，其中规模成片种植64040亩，成立水稻种植专业合作社15个，发展种植大户58个，订单收购13778吨。

指导种植新品种中农一号250亩，一级稻川优8377品种150亩；建设旱育秧集中育秧县级核心示范片1000亩，机插秧县级核心示范片100亩，在九龙镇、石垭镇、朝阳乡、白庙镇、乔家镇开展水稻直播栽培技术示范面积1260亩。

【农业经营管理】

全县家庭经营面积68.85万亩，收益78.41亿元；合伙及家庭农场228家，经营4.05万亩。

专业合作社及农业龙头企业450个，规模经营18.5万亩。农民专业合作社注册资金7.81亿元，吸纳成员2.79万户、占全县总农户数的10.3%，带动农户13.5万户、占全县总农户数的50%。

坚持依法、自愿、有偿的原则，促进土地规范有序流转，全县农村土地流转面积28.09万亩，占土地承包面积的40%，规模流转面积26.02万亩，新增农村土地流转面积3.01万亩,新增农村土地规模流转面积3万亩。

8月,在全县开展农村集体资金资产资源清理,分步进行摸清底数、建立台账、完善制度;经清理,全县农村集体资产总额11663.34万元,负债总额3212.36万元,所有者权益总额8450.98万元,资源总量118.9万亩。

【农业工程】

完成农业基础设施建设项目6个,分别是2013年现代农业生产发展项目(水稻)、粮经复合产业基地建设项目、石垭红庙血橙基地建设项目、2013年国家农业综合开发高标准农田建设示范工程、新增农资综合补贴项目节余资金工程、2013年保证退耕还林成果基本口粮田建设项目。建成高标准农田2.5万亩、调整田型1.2万亩,新建或整治渠系52.69千米,新建蓄水池8口,新建及整治山平塘25口、提灌站2座、喷灌工程1处、囤水田35亩,新建田间便道60.2千米,新建及整治机耕道15.5千米,培肥地力1.2万亩。

推广测土配方施肥技术面积130万亩,其中配方肥施60万亩,完成田间试验9个,在全县范围内采集土样570个。

【植物保护与植物检疫】

全年农作物病虫发生215.15万亩(次),防治213.95万亩(次),挽回损失166422.28吨,实际损失33784.4吨。其中:小麦发生38.65万亩(次),防治38.94万亩(次),挽回损失10448.37吨,实际损失2699.65吨;油菜发生19.96万亩(次),防治19.39万亩(次),挽回损失228.77吨,实际损失56.88吨;水稻病虫发生78.87万亩(次),防治81.84万亩(次),挽回损失39455.89吨,实际损失10932.63吨;玉米病虫发生20.30万亩次,防治19.83万亩(次),挽回损失11621.64吨,实际损失2315.16吨。

加强产地检疫与调运检疫,全年进行13批次产地检疫,面积776.67公顷次,检疫合格率100%。实施省内、省间调运植物及植物产品46批次90.83吨(其中省间调出29.93吨)、3万株(省内调出),签发植物检疫证书48份。

【农村能源建设】

全年新建户用(含养殖小区)沼气池1720口,完成县、乡镇(村)级沼气服务网点10处,新村联户和养殖小区沼气建设43处,西溪河流域饮用水面源污染治理完成11处。

全县组织召开沼气生产工作专题会、技术培训会2次,培训骨干人员500人;制作沼气安全管理使用彩色挂图2万份、安全警示牌1万个;印发沼气使用技术资料3万份,全部分发到乡镇农户。

【农业科普宣传及新型农民培训】

采取会议、广播、科技赶场、墙(板、壁)报、标语、印发宣传资料等多种形式,推广普及农业实用新技术,改变农民群众的传统种植观念,提高农民群众的科学种田水平。开展不同形式的送农业科技下乡活动120场次、科技赶场50场次、农业科技咨询210场次,发放农业科技书籍、明白纸22万余份,印发《岳池农业》12期。完成新型农民培训3000余人、农村实用技术培训23万人次,在43个乡镇遴选培育科技示范户1020户,选聘农业科技指导员102个,常态化建设农业科技试验示范基地4个。

【种子经营与管理】

全县有种子经营者250户,其中县级批发代理商19户、乡镇零售商231户,调运杂交水稻、杂交玉米、杂交油菜等主要粮经作物种子81.8万公斤、品种231个,其中杂交水稻种子40.5万公斤、品种108个,杂交玉米39.4万公斤、品种103个,杂交油菜1.9万公斤、品种20个。

全年培训种子经营者850人次,发放培训合格证250个、经营档案250本、主推品种及其他科技资料30万份;出动种子执法宣传车辆260台(次)、执法人员750余人次;检侧“三杂”(水稻、玉米、油菜)种子样品319个,其中水稻146个、玉米165个、油菜8个,抽检品种239个,抽检率100%,抽检合格率98.1%。发出责令改正通知书1份,责令退回检验不合格种子800公斤;查处无培训合格证1起、经营未审品种2起、经营档案建立不完善5起,没收未审品种2个135公斤;立案查处包装标识不合格杂交水稻品种案3件,接受群众技术咨询300余次,接待和受理群众来电来访"两杂"种子质量纠纷案件15起,为农户挽回经济损失10.5万元;对四川华丰种业在全县生产的200亩杂交水稻制种办理生产许可证进行审核上报,并对其田间生产质量进行花检;为业主抽检及催芽各类瓜、菜、向日葵种子5个200公斤。对全县种子经营者实行诚信及贴标制管理,规范、净化县内种子生产、经营市场,严励打击种子领域的违法、违规活动,切实保护种子选育者、生产者、经营者和广大种子使用者的合法权益,确保全县农业的安全生产。

【现代农业建设】

全县设施农业总面积8.7万亩,各类大棚数量14.6万个,大棚生产的农产品总量22.6万吨,年产值3.65亿元,其中联栋大棚0.1万亩、复合材料大棚3.1万亩、钢架大棚0.8万亩、竹架大棚2.6万亩,小拱棚11.2万个、规模2.1万亩。园区推广以滴灌喷灌、遮阳网覆盖、配方施肥、节水灌溉、绿色防控为重点的设施农业建设,联栋大棚和钢架大棚全面推广喷滴灌,保证灌溉率100%,竹架大棚推广喷滴灌达90%,推广集约化先进育苗500亩。发展食用菌2.3万亩,在石垭、九龙、乔家建标准化菇房105个,室内种菇7.46亿平方米,发展鸡腿菇、金针菇、香菇、茶树菇、草菇、金福菇、滑菇、木耳、黄丝菌等中高档菇10余个,发展室外菇0.6万亩。发展三膜覆盖设施西瓜3.2万亩,亩均产值1.2万元。

现代农业核心示范园涉及乔家、朝阳、九龙、石垭、北城等乡镇。建产业基地15万亩,其中:优质蔬菜基地3.2万亩,粮经复合基地6.8万亩,优质水果(葡萄、血橙)基地1万亩,紫山药基地3000亩,中药材基地1000亩;优质畜禽生产基地10个,乡村旅游基地4000亩。核心示范园建立"三安""金土地""辰农"、富民、益农、炬星、芦笋、金杨等专合组织16个,引进业主96户,注册"银特"等蔬菜品牌8个,认证无公害蔬菜品牌16个,绿色蔬菜品牌20个,与以色列海则拉、荷兰克斯旺等世界著名公司合作,引进美国西葫芦、水果黄瓜、水果番茄、韩国辣椒等名优特新蔬菜60余个,发展生态观光农业1000亩,园区年产优质蔬菜20万吨,项目区人均增收2500元。

【农产品质量安全】

推行工作机制创新,启动标准化县乡共建,在乔家、朝阳和石垭等乡镇整建制推进农业标准化。每个乡镇建立农产品质量监管机构,在规模发展的5个基地建立追朔体系,在商品率比较高的80个村设立农安员。开展省部级农产品监测、抽检样品224个次,县本级农产品质量安全监测检测样品5100个,合格率100%。推进"三品一标"农业品牌认证登记工作,全县申报农业标准化面积880公顷,累计认证番茄、辣椒、茄子、黄瓜、南瓜、柑橘、蜜柚等无公害农产品19个,种植面积36050亩、产量93425吨,认证水果玉米、西瓜、甜瓜、番茄、榨菜等19个绿色食品,种植面积1.14万亩、产量18017吨。

【主要农业企业及专业合作社简介】

广安市绿琪农业科技有限公司。位于石垭镇,是一家专注于农产品的科研、生产、加工、销售为一体的现代农业民营企业。公司成立于2014年1月,有3000亩(一期)的综合基地,主要栽培品种:紫玉淮山、黑皮花生、黄秋葵、羊肚菌、黑皮冬瓜、密本南瓜、茄瓜、辣椒、番茄、青瓜、苦瓜、菜心、香芹等。

公司按照"公司+基地+合作社(农户)+批发商(超市)+外贸出口"的产业化经营模式,从国内外引进高产量、高品质、高效益的品种,种植产品定位于“新、奇、特”，以国内知名的科研院校和农学博士等作为专业的技术支撑，为公司产业化经营奠定坚实的基础。

岳池县紫晶葡萄种植专业合作社。位于石垭镇张口楼村3、4组，距岳池县城9千米，距石垭镇1千米。组建于2012年12月，由李鹏程发起，2013年5月注册成立，主要从事优质鲜食葡萄种植、销售、育苗、技术服务。

合作社根据当前市场消费需求引进优质鲜食葡萄品种5个，主要种植有“夏黑”“美人指”“红地球”“醉金香”“巨玫瑰”等优良品种，种植面积302亩。根据当前优质鲜食葡萄栽培生产发展趋势，引进设施葡萄栽培技术，开展葡萄避雨栽培，通过避雨栽培促进健康葡萄生长，减少葡萄生长期间农药的使用，为生产安全放心的葡萄奠定基础。2014年8月，合作社所产“夏黑”品种参加全国优质葡萄评比获得金奖。

（县农业局：郑斌）

畜牧食品

【概况】

2014年，全县畜牧生产坚持培育新型畜牧业经营主体和依法推进生态文明建设为中心，以产业增效、农民增收为核心，以畜禽规模养殖场污染综合治理为突破口，加快畜牧业发展方式转变，有效地推动全县畜牧经济持续健康发展。全县出栏猪、牛、羊、兔、家禽分别为106.73万头、0.76万头、4.66万只、62.71万只、707.29万羽，同比分别增长10.26%、10.39%、5.16%、9.92%和35.79%；肉类总产量8.71万吨、禽蛋总产量1.96万吨，同比分别增长10.39%、9.74%。

【牧业效益】

实现畜牧业产值35.96亿元，同比增长5.26%，占农业总产值的48.5%，农民人均畜牧业现金收入达3008元，同比增长5.25%，农民牧业人均纯收入1505元。

【规模养殖】

全县新建规模养殖场（小区）29个，生猪、家禽规模养殖户分别为5320户、2352户，生猪、家禽规模养殖出栏分别为85.49万头、574.32万羽，出栏比重占全县生猪、家禽出栏总量的80.09%和81.2%。

【品种改良】

全县新建大型种猪扩繁场2个，可存栏种猪3100头，新建规模猪场15个，引进外种母猪100头以上的5个。全县建成一级扩繁场1个、50头以上规模外种母猪二级扩繁场158个、种禽场3个、种羊场3个、种兔场1个、种公猪站3个、标准化生猪品种改良站10个，基本形成种场、扩繁场、商品场相互配套的三级良种繁育体系。

【疫病防控】

按照“政府保密度、部门保质量”的要求，开展春、秋季动物重大疫病防控工作。免疫生猪184.28万头、牛羊14.66万头、家禽929.26万羽、犬3.86万只，消毒畜禽圈舍47.6万眼，圈舍消毒率均达到100%。

【屠宰加工】

全县有定点屠场37个，肉食品加工公司1个。全年全县共屠宰生猪107.78万头，屠宰量同比增长0.15%。

【饲草饲料】

主要推广种植三叶草、多花黑麦草、墨西哥玉米、菊苣、紫花苜蓿及苏丹草等优质牧草，在大佛、齐福、裕民、兴隆、普安等乡镇发展20亩以上种草示范片7处，林下种草示范片2处，全县人工种植牧草2.73万亩。

【兽药经营】

为加强兽药质量管理，规范兽药经营行为，保障兽药安全有效，全县认真组织兽药经营企业开展兽药经营质量管理规范(GSP)达标认证工作。6家兽药经营单位通过广安市畜牧食品局(现广安市农业局)的验收，通过GSP认证。加强对兽药、饲料的生产、销售行为及养殖场(户)生产投入品质量安全的监管，全年出动执法人员1656人次，开展日常监管检查213次，开展畜产品安全专项检查9次，检查畜禽(产品)交易市场157个(次)，兽药、饲料经营户1684次，养殖投入品经营市场192个(次)，经营户1532户(次)、养殖场2413个(次)，查处动物卫生及饲料兽药违法案件3起，收缴不合格兽药246盒、不合格饲料800千克罚款4490元。有效建立以检促防、以监促检、防检结合新机制，从源头上确保畜产品质量安全。

【养殖大户选介】

岳池县张口楼生猪扩繁场。位于石垭镇张口楼村，由重庆德康集团投资3000万元建成。该场占地120亩，建有标准化圈舍14栋2万平方米，可存栏种猪2500头，年出栏仔猪5万头。该场实行生活区、生产区及粪污处理区三区分离，妊娠栏、产仔栏及保育栏采用高床设施，地板为全漏缝地板；安装有湿帘控温、自动化投料、饮水、电子监控等智能化养殖设施；粪污治理采用德国的水泡粪技术，并配套有国家农发循环经济沼气项目，生产沼气供附近村民使用和发电，沼液作为有机肥供周边2000亩葡萄园使用。

该场采取“公司+基地+农户”的方式，实施“四统一分”(统一提供仔猪、统一提供饲料、统一技术指导、统一保底回收、分户饲养管理)的生猪寄养模式，带动农户发展生猪养殖，既解决农户发展养殖融资难、技术掌握难、产品销售难、收入保障难等问题，又解决“空巢老人”“留守儿童”等社会问题。

(县畜牧食品局)

水　利

【水利环境】

岳池县河流属渠江、嘉陵江水系，全县集雨面积在50平方千米以上的河流有清溪河、西溪河、长滩寺河、三溪河、大石河、新民河、西溪河、罗渡河、临溪河、顾县河，分别汇入长江一级支流嘉陵江和长江二级支流渠江。

水资源主要由境内地表水、过境地表水和地下水构成。水资源总量年平均1195.81亿立方米，其中过境水1189.6亿立方米、境内水6.21亿立方米。

县境内年平均降雨量1019.6毫米，年平均降水总量14.6亿立方米，年平均径流深325.2毫米，年平均地表径流总量4.74亿立方米。境内地表径流主要由降雨形成，径流的年内分配与降雨在时间、空间和流域分布上基本一致，由于气候受到地形北高南低的影响，降水量自北向南、西南逐渐降低，地表径流量也随之减少。

县境地表水化学类型单一，水质良好，多属重碳酸钙型，pH值为7.1～7.9，耗氧量为11.32～11.93，色度为12～23，浑浊度为1～7，氟化物为0.03～0.04，总硬度为61～105，铜为0.16～0.14，铁为0.08～0.03，砷为0.01～0.004，锌为0～0.15，铬为0～0.01，硫酸盐为10～70，氰化物为0，锰为0～0.01；县境内地表水酸、碱度均未超过农田灌溉标准，渔业及生活用水水质较好。

【水利设施】

2014年，全县有各类水利基础设施5329处，其中水库69座(中型水库4座、小(一)型水库21座、小(二)型水库44座)、山平塘3904口、石河堰364处、提灌站324处，其他工程668处，有渠道1849千米，占设计渠道长度的82.25%，蓄引提水能力2.01亿立方米。水利工程设计控灌面积44.55万亩，有效灌面37万亩。

【河流治理】

以国家立项实施中小河流治理项目为契机，结合城市防洪和水环境建设，进行中小河流治理，通过截弯取直河道、建设堤防和疏浚河道，高标准、高质量完成西板乡西溪河防洪治理工程建设任务。完善城区防洪体系，改善河道水环境。

【水利建设】

完成农田水利建设总投资5.65亿元，投劳197.45万个，动工修建各类农田水利设施5618处，完工5156处，实现新增蓄水能力1120万立方米，新增农业有效灌面1.29万亩，恢复改善灌面4.1万亩，新增节水灌面0.66万亩，农业综合抗旱能力显著增强。坚持山、水、林、田、路综合治理，完成治理水土流失面积5.38平方千米；完成苏麻沟、分水垭、香炉山、汪家岩、新中、深沟寺、深沟、镜子岩等8座一般小(二)型水库除险加固，增强水库防洪度汛、蓄水灌溉和安全运行能力；按照“综合功能全、示范作用强、发挥效益好”的要求，精心打造九龙、白庙大农建示范区，取得“建设规模较大、基础设施完善、特色产业突出、示范效果明显”的成效；按照“政府引导、群众主体、先改后建、先建后补”的原则，在白庙镇实施中央小农水建设项目，完成以新建渠道配套、改造山平塘、新建蓄水池为主的小微型水利设施，项目区基本实现“全域灌溉”；完成工程蓄水1.4亿立方米，完成修复水毁工程1058处，岁修渠道1600余千米，检修电力提灌设施800台/8600千瓦，水利工程保栽30万亩。6月28日，四川省财政厅、四川省水利厅对第三批中央财政小型农田水利重点县2013年度县级绩效考评结果通报，岳池县被评为全省“小农水”绩效考评优秀县，绩效考评评分名列全省第二名。11月10日，凉山州人民政府副秘书长谢立、州水务局局长马小林一行到岳池县考察中央财政小型农田水利重点县项目建设管理工作。谢立一行首先深入岳池县2011年度乔家、朝阳“小农水”项目区及2012年度石垭“小农水”项目区现场，对项目区建设管理情况进行实地考察，随后到岳池县吴雪艺术中心二楼会议室查阅“小农水”相关管理资料，听取岳池县的情况介绍，对岳池县“小农水”项目工程建设管理工作给予充分肯定和高度评价。考察团认为，岳池县“小农水”项目规划合理，设计科学，建设标准高，工程质量好，资金整合到位，综合效益突出。考察团表示，将学习借鉴岳池县先进的建设管理经验，推进凉山州的“小农水”项目建设管理工作。市人民政府副秘书长陈文华，市水务局副局长卢俊华，副县长王雪飞，县水务局局长陈宗春等陪同考察。

【重点水利工程】

罗渡堤防工程(二期)。渠江岳池县罗渡镇城区段防洪工程批复总投资5632.37万元，其中中央、省补助资金2300万元。主要建设为：在罗渡河出口新建罗渡河闸坝工程，新建全长740米罗渡河西靖桥上游左、右岸护岸，在罗渡河上游老鹰岩处新建长920.75米分洪渠。工程的实施可保护人口1.25万人，保护耕地2000亩，基本解决一般洪水情况下，罗渡城镇区不被洪水侵袭，保证防洪安全。

回龙集中供水工程。是岳池县2012年农村饮水安全项目，于2013年10月下旬动工，2014年12月完成主体工程建设任务。工程日供水规模为1万立方米，可解决天平、苟角等10个乡镇62个村9.19万人供水，并改善3.86万人的饮水安全问题。工程建成后，由岳池县水利水电开发实业公司按照“自主经营、独立核算、自我积累、持续发展”的模式经营管理，供区已组建62个供水协会参与供水管理，做到管理专业化、供水商品化、服务社会化。

洗马河城区段防洪治理工程。工程起于洗马河上段的高板桥，止于洗马河与50米大道交叉处。主要建设内容为：新建防洪堤3.09千米，其中左岸1.57千米、右岸1.52千米、河道清淤疏浚2.11千米，批复工程总投资3342.94万元。项目的实施，可保护人口6.1万人，新增城市用地

23.88 亩,改善城市用地 286.4 亩。项目建设实现中小河流治理和城市景观建设的完美结合,提高县城的防洪能力,改善城市水环境。

西溪河西板段堤防工程。是邓小平诞辰 110 周年的献礼工程,也是 2014 年省级民生工程。批复工程总投资 1663.7 万元,包括中央补助资金 835 万元、省级配套资金 84 万元,综合治理长度 3.2 千米,新建左岸防洪堤 726 米,右岸防洪堤 907 米,河道疏浚 3.2 千米。工程的实施,可保护人口 0.85 万人,保护土地 6100 亩。

【防汛抗旱】

坚持以人为本,注重科学避害,本着"先生活、后生产"的原则,科学安排、合理调度,最大限度为生活用水提供安全保障。提前采取修复水毁工程 164 处,疏浚灌溉水渠 1660 千米,修复提灌设施 1000 台/1000 万瓦,检修输电线路 21 条 17 千米;维修整治山平塘、蓄水池,新增有效蓄水 800 万立方米,实现春灌交水量 1.32 亿立方米;扎竹节堰 450 处,拦蓄水量 260 万立方米;解决用水矛盾,开展送水到户、分水到田服务活动,实现科学用水、节约用水和团结用水,为灌区群众输送水量 8300 万立方米,春灌保栽 53 万亩。

汛前及时对全县 69 座水库、10 条重要江河和 2 处重点防洪堤防、28 处集中供水工程进行全面拉网式排查,对排查出的隐患逐处落实整改措施;重新修订县城、主要江河、重点场镇的防洪度汛预案;完成清除水库、江河行洪障碍 15 处,逐库落实防汛抢险行政、技术、管理责任人,分别组建抗洪抢险队伍;成功举办"5·9"抗洪抢险演练,为抗大洪救大灾积累经验;投资 200 余万元,备足防汛抢险物质,确保抢险救灾所需;密切关注雨情、水情和工情变化情况,全面落实防大汛、抢大险各项措施;加强 24 小时防汛值班,防汛工作有序进行。6 月 23 日下午,省水利厅党组成员、省防汛办主任谭小平到岳池县专项检查水库安全度汛工作。在市水务局局长徐元武、县人大常委会副主任黄雪兰、县水务局局长陈宗春等陪同下,谭小平深入岳池县响水滩水库,查看溢洪道、大坝、放水洞、水文站、防汛物质储备室,详细检查水库防汛制度建设、防汛措施和责任落实、防汛抢险预案编制、防汛物质储备和值班人员到岗到位以及防汛资料日常收集等情况。谭小平认为:岳池县注重防汛工作机构建设、责任落实、隐患排查、物资储备、调度指挥、资料收集等关键环节工作。6 月 18 日,省防汛抗旱指挥部检查组在市政府副市长钟志荣陪同下,采取看现场、查资料、听汇报的方式,对罗渡场镇和响水滩水库重点区域和重点部位进行防汛专项检查,对岳池县防汛工作给予充分肯定。检查组认为,岳池县防汛工作做到领导到位、认识到位、组织到位、措施到位,实现责任落实、物资落实、预案落实、队伍落实。

【水政执法】

通过"世界水日""中国水周""科技下乡"等行之有效的宣传活动,印发宣传资料 1 万余份,张贴宣传标语 56 幅,电视宣传 3 次,增强全民水法规意识;坚持以"还城乡碧水、建美好家园"为主题,巩固取缔水库网箱养鱼和水污染治理成果。全部取缔网箱养鱼 1900 个,清理上岸船舶 897 艘,清理捕捞网具 70.03 吨。开展巡查检查 63 次,调解水事纠纷 5 起。集中开展砂石资源整治活动,维护砂石资源开采秩序,形成有法必依、违法必究、执法必严的法制环境。

【水产渔政】

全县有鱼类品种 8 目 18 科 148 种。鲤鱼科有鲤鱼等 90 种,占 60%;鮠科有长吻鮠、叉尾鮰等 2 种,其他有鲇科、鳗鲡科、鳅科等 56 种。

实施"富民工程",注重规模养殖。完成新建渔业基地 2 个,创建水产专业合作社 1 个,专业化、规模化养殖效益明显。优化品种结构,发展大口鲶、黄桑鱼、叉尾鱼等名优新水产养殖,名特优水产品产量突破 4500 吨,占水产品总产量的 30%。强化技术服务,办养鱼技术培训 8 期(次),培训人员 500 余人次,印发养鱼资料 2 万余份,预报鱼病信息90余条，免费诊断鱼病340余例。

强化渔政管理，开展禁鱼专项行动，严厉查处电、毒、炸鱼行为。开展人工增殖放流，投放各类鱼种80余万尾，发放渔业船148艘燃油补贴40.6万元。

渔业以池塘养殖、水库养殖、河沟养殖、稻田养殖为主，无可用于水产养殖的海域和滩涂，可用于水产养殖的淡水水面106平方千米。2014年，池塘养殖1335公顷，产量5360吨；水库养殖1271公顷，产量4736吨；河沟养殖258公顷，产量1825吨；稻田养殖4237公顷，产量5200吨；拥有各类捕捞渔船131艘，水产品总产量1.42万吨，渔业总产值2.75亿元，占农业总产值的7.5%。

【乡镇供水经营管理】

组建岳池县水利水电开发实业公司，承担乡镇供水经营管理任务；实行自主经营、独立核算、自我积累、持续发展。公司对各供水站采取报账制，加强成本核算，实行目标管理。各供水站建立健全设备操作运行制度、水处理检查制度、抄表收费制度、材料管理制度、维修安装责任制度等规章制度，做到管理专业化、供水商品化、服务社会化，实现以水养水。按照“补偿成本、合理收益、优质优价、公平负担”的原则，实行有偿供水，计量收费，合理定价。经综合测算，县物价局批准，供水价格为：生活用水水价2~2.5元/立方米，其他用水水价为2.5~3元/立方米。建立工程更新改造基金，实行专户储存、专款专用。按照一事一议，建立以村或联村为主的饮水管理协会，实行“协会+农户”的机制，加强与用水户的沟通、联系，协商解决具体问题，构建农村饮水自用自管模式，建成协会管水组织25个，服务供水人口1.3万人。11月25日下午，省水利厅党组成员、副厅长李勇蔺一行深入岳池县大高滩水厂进行调研。李勇蔺一行通过听汇报、看现场、进农户等方式了解相关情况后，对岳池县农村饮水安全工作经营模式、运作方式等给予充分肯定，要求在今后的工作中要进一步强化工程管理、转变服务观念、提高经济效益。市政府副市长钟志荣，市水务局局长徐元武、副局长王孝华，县政府副县长姚长琼，县水务局局长陈宗春等陪同调研。

【小水电站经营情况】

全县有富流滩电站、大高滩老电站、大高滩新电站、叶苗滩电站、雷伯孔（五一）电站、高低坑电站、长滩寺电站、高洞子电站、罗渡电站、老龙洞电站、罗陡岩电站、西溪电站、回龙水库电站，总装机容量22台/4.4万千瓦，年发电量17677万千瓦时，企业利税2627万元。

【项目申报】

按照“在建一批、申报一批、储备一批、验收一批”的原则，围绕“规划大手笔、争上大项目”的工作目标，瞄准防洪减灾、节水灌溉、生态修复、民生水利等项目前景好的重大项目建设，力争苦争、多上项目，千方百计争取小型病险水库除险加固、饮水安全工程、中小河流治理、中央小农水项目、节水试点县、特大防汛抗旱工程、水土保持工程等项目18个，特别是应急抗旱水源工程、灵泉寺工程成功立项、回龙寺水库开工建设。全年下达中央、省资金2.3亿元，完成固定资产投资2.63亿元。

（县水务局：李成林）

林　业

【概况】

2014年年末，全县林地面积36281.3公顷，其中有林地33843公顷（其中：用材林8995.8公顷、防护林10586.9公顷、特用林190.1公顷、经济林7529.8公顷、竹林6540.4公顷）、灌木林地187.8公顷（特灌林181.9公顷）、未成林造林地1859.7公顷、苗圃地4.5公顷、宜林地386.3公顷。活立木蓄积98.1万立方米，四旁树1457.2万株，森林覆盖率32.6%。造林主要树种有柏树、桉树、桤木、马尾松、核桃、花椒、香椿、桂花等。

【造林绿化】

全年完成营造林3800公顷，其中人工造林2000公顷、封山育林466.7公顷、森林抚育1333.3公顷，育苗26.7公顷；总投资522.3万元，完成2014年度巩固退耕还林成果专项建设后续产业种植面积539.7公顷，养殖面积5.13万平方米。

【义务植树】

3月12日，县"四大班子"领导在石垭镇珍稀林木基地开展义务植树，栽植大规格桂花350株；植树节期间，县绿委办指导督促78个县级机关、企事业单位5300余人在石垭镇珍稀林木基地履行植树义务，建义务植树基地1个，面积200亩；各乡镇组织本辖区群众开展全民义务植树，新建义务植树基地44个，面积达2400亩。全年全县适龄人数参加义务植树达40.6万人次，栽植花椒、核桃、藤椒、杂柑等145万株。

【经果产业发展】

培育云南丰昌农业科技有限公司、岳池金馨农业专业合作社、岳池聚鑫干果专业合作社、岳池县绿鑫生态种养殖专业合作社、岳池县大龙山花椒种植专业合作社和岳池县长田香藤椒专业合作社共25家林业企业，利用荒山荒坡、宜林地示范带动农户发展以核桃、花椒、藤椒为主的特色干果产业。完成林业产业造林0.2万公顷。全县建成林业干果产业基地25个，面积8860公顷。发动业主自筹资金，并协调相关部门整合相关项目，投资825.7万元，在产业基地内修建道路63.7千米，其中水泥路5千米、泥结碎石路20千米、土坯路32.5千米、便民路6.2千米，建蓄水池60口，购置抽水机5台。

【资源保护】

张贴、悬挂安全宣传标语、横幅43条(幅)，督促有成片林的乡镇刻制、粉刷岩石森林防火标语820幅，发放宣传资料2.5万份。投资24.8万元，新建县级森林防火物资储备库1个，新建森林防火检查站1个，新建森林防火消防水池2口，新建森林防火宣传碑1块，购置铁扫帚、砍刀等防火物资1000余件。

全县林业有害生物发生面积3426.1公顷，发生率8.92%；投资20万元，统一购农药120件，购器械40件，防治面积3426.1公顷，防治率100%；实施产地检疫面积266.4公顷，产地检疫率100%。

开展"亮剑行动"、火案查处等专项行动，查处案件68件，其中刑事案件5件、治安案件1件、林业行政案件62件，罚款9.98万元。实行对41个乡镇重点公益林面积9212.1公顷进行生态补偿，其中国家级公益林7179.5公顷、省级公益林2032.6公顷，补偿金额203.82万元。全县森林参保面积2.71万公顷，其中公益林0.84万公顷，商品林1.87万公顷，签单保费52.2万元。

（县林业局：雷顺福）

农业机械

【概况】

2014年年末，全县农业机械总动力达46.04万千瓦。同比增长3.26万千瓦。其中柴油机动力31.61万千瓦，汽油机动力6.6万千瓦，电动机动力7.83万千瓦。水稻农机化综合水平达到70%。

【农机化作业】

实现机耕面积93万亩，机收面积67.5万亩，机播面积12.2万亩，机械植保面积63万亩，农机运输1.4万万吨，粮食脱粒34万吨，农副产品加工46万吨，饲料加工8.5万吨。

【农机技术普及与推广】

在水稻机械化育秧配套技术上，将传统育秧方式与旱地育秧技术有机统一起来，探索创新"本土稀泥育秧"新技术,在全市农业生产中得到推广应用。

县政府出台《关于做好油菜机械化作业补贴工作的通知》,在全省率先对示范片油菜生产机械化直播按80元/亩、收获30元/亩给予补贴。在现代农业园区和广南高速公路沿线乡镇建立万亩油菜全程机械化示范基地,实行统一机耕、统一播种、统一施肥管理,促进油菜产业规范化发展。通过全程机械化作业,实现油菜亩均增产18公斤。

【农机服务】

组织农机技术人员进村入户,帮助和指导农机手保养、调试和检修各类农机具,提高农业机械技术性能。全年出动农机技术人员2500人次,检修各类农机具1400台(套)。

大春旱情时期,组织10个流动抗旱服务队,及时调度抗旱设备,深入各乡镇做好抗旱减灾工作。全县出动农机职工提水抗旱1200人次,投入抗旱机具1.5万台(套),连续提水抗旱一个多月,提水2000万立方米,灌面14万亩,确保春季水稻满插满栽。

【农机安全生产监管】

落实安全责任制,强化农机安全源头管理,有序开展"365天农机安全监管行动",结合道路交通安全综合整治攻坚年活动,县农机局会同县公安、交警、乡镇道安办等部门,做好隐患排查整治工作,确保农机安全零事故发生。

全年举办各种农机培训班4期,培训农机驾驶人员260人,完成拖拉机年检237台,注册登记6台,强制公告注销拖拉机101台(连续三年未参加年检),考试发放拖拉机驾驶证120人证,发放农机安全生产宣传资料3万余份,培训农机操作人员3000余人次。检查农业机械300余台(次),纠正各种违章行为20余起。

【农机提灌、机耕道建设】

指导完成农村机耕便民道建设520千米,其中:村组道路115千米,田间机耕道155千米,入户便民道250千米;累计投工15万个,资金投入8873万元。

牵头做好2014年民生工程新建和维修提灌站工程。其中新建提灌站5处,分别是顾县镇真武桥村提灌站、罗渡镇陈家堂村提灌站、秦溪镇邹家沟村提灌站、同兴镇尹家坝村提灌站、九龙镇白鹤桥村提灌站,新配电机5台/173千瓦,设计灌溉面积7600亩。维修提灌站5处,分别是九龙镇长河村提灌站、恐龙乡秀观音提灌站、排楼乡朝阳寺村提灌站、白庙镇安宁寺村提灌站、花板乡龙泉罐提灌站,更换电机3台/57千瓦,投入资金155.75万元。

【农机购置补贴】

农机购置补贴实行"自主购机、定额补贴、县级结算、直补到卡",县政府出台《岳池县2014年农机购置补贴实施方案》《关于做好农机购置补贴资金专项监督检查实施方案》。县农机局精心组织实施,严格规范操作,确保国家强农惠农政策落到实处。全年推广各类先进适用的新机具3900台(套),享受国家农机购置补贴资金305.99万元,农民自筹资金588.42万元,受益农户(或专合组织)3426户。

【农机专业合作社】

探索新经验、新模式,加大对农机专业合作社在落实农机购置补贴资金、技术指导、作业信息等方面给予倾斜,使其功能得到完善。培育农机服务市场以农机专业合作社服务组织为龙头,推行农机"一条龙"作业、合同订单作业服务,为农民群众通过农机化实现规模经营和增加收入搭建平台。通过企社合作、师徒结对、专家讲座、现场体验等方式开展水稻机插秧、油菜直播、覆膜、植保等专题技术培训,大幅提升农机专业合作组织的软实力。全年新培育家庭农场户2户、农机大户350人。

岳池县腾飞农机农艺专业合作社被省农业厅新命名为2014年至2017年省级示范合作社,该合作社和岳池县玖田农机农艺专业合作社被市农机局命名为市级示范合作社。

（县农机局：曾祥华、张淑芳）

扶贫和移民后扶

【扶贫概况】

2014年，扶贫工作实行责任、权力、资金、任务"四到县"制度，省级分两批切块下达财政专项扶贫资金4266万元，按照中央、省、市"精准扶贫"思路，坚持"扶真贫、真扶贫、稳得住、能致富"的总体工作方针，狠抓项目建设，圆满完成所有扶贫项目。为贫困群众"量身"定制具体的帮扶措施和帮扶计划，进行个性化扶持，全年减少贫困人口16079人。启动扶贫开发建档立卡工作，开展农村扶贫对象识别认定，通过自愿申请、群众推选、"两公示一公告"等程序，全县识别出280个贫困村、33258户贫困户、106878名贫困人口。

【扶贫规划与实施】

连片扶贫开发。全年实施连片扶贫开发项目2个。在齐福乡吉山村、奉家梁村、簸箕岩村、莲花屋基村共4个村投入财政扶贫资金1000万元（2013年第二批资金），新（改）建水泥路10.58千米，新建泥结碎石路6.99千米、入户路8.5千米，改建贫困户住房60户，改建肉兔圈舍3.11万平方米，配置标准兔笼6222套，引进良种兔15555只。在粽粑乡蒋家院村、姚石桥村、皂角树村，石垭镇烂洞坝村、秦溪镇四方寨村、恐龙乡五通堂村、顾县镇真武桥村、黄龙乡玉屏寨村共8个村投入专项扶贫资金980万元，新建水泥路13.78千米、泥结碎石路13.83千米，养鸡2.46万只、鸭5.79万只。

整村推进扶贫。全年整村推进扶贫项目投入财政扶贫资金900万元，在黄龙乡滑石板村、粽粑乡蒋家沟村、西板乡鼓楼坡村、九龙镇七里沟村、裕民镇王家桥村、乔家镇太阳石村、陈家湾村、天平镇罗家坝村、石鼓乡八角村共9个村实施，新（改）建水泥路14.07千米、泥结碎石路15.15千米，养鸭8.89万只、鸡2.46万只、生猪185头。

村道扶贫。项目在北城乡普庵寺村和庙尔坝村、天平镇金龙庙村、石垭镇石坳村、普安镇熊家坝村共5个村实施，投入专项扶贫项目资金152万元，新建水泥路1.23千米、泥结碎石路8.11千米。

劳务扶贫。全县分配劳务扶贫财政扶贫资金60万元。按照"政府推动、学校主办、部门监管、农民受益"的原则，以市场需求为导向，以转移到非农领域就业为目标，以返乡贫困农民工和在家农村贫困劳动力为对象，深挖潜力，扎实有效开展扶贫培训工作；完成培训600人。所有参训学员都达到培训要求，学员的就业技能和竞争就业意识明显增强，转移就业率达95%，稳定就业率保持在85%以上，基本实现培训1次、终身受益，就业1人、全家脱贫的预期效益，促进贫困户增收效果显著。

2014年第二批财政专项扶贫资金项目。该项目总投资2644万元，省级于2014年10月末下达资金2244万元，县财政配套400万元。按照扶贫机制改革的要求，分配项目资金计划，编制项目实施方案并组织实施。在基础扶贫工程建设方面，投入中央、省财政专项扶贫资金1038.8万元，县级财政配套400万元；项目在九龙镇九道拐村、横山寺；石垭镇中学、社红庙、新龙庙、王家院、大邑山、陈家沟，石鼓乡田坝、高屋基、沈供桥、酢坊，粽粑乡廖家沟、盘龙；伏龙乡谭家院，共5个乡镇15个单位建档立卡，逐步实施。在新村扶贫工程建设方面。投入中省财政专项扶贫资金200万元，项目在九龙镇、石垭镇、石鼓乡、粽粑乡、伏龙乡、天平镇6个乡镇31个村实施。在产业扶贫工程建设方面。投入中央、省财政专项扶贫资金1005.2万元，项目覆盖全县所有乡镇441个村5104户16079名建档立卡贫困人口；项目的基础设施建设部分经过前期的设计预算、财评，挂网招标后，逐步开始进场施工。到户产业项目已全部实施完毕，进行验收报账。

【创新扶贫机制】

贯彻中央、省、市关于创新机制扎实推进农村扶贫开发工作的有关精神，出台《关于印发〈创新机制扎实推进农村扶贫开发工作的意见〉的通知》和《关于开展“四千干部齐下乡三万农户奔小康”活动的实施意见》，实施六大机制改革，明确牵头领导和牵头部门，确保到2020年实现消除绝对贫困，全面建成小康社会的目标任务。探索创新扶贫开发结对帮扶工作，实行“321”结对帮扶模式，即县级干部每年帮扶3户贫困户、科级干部每年帮扶2户、一般干部每年帮扶1户，印发《岳池县干部驻村帮扶工作方案》。加强扶贫项目资金管理，出台《关于进一步加强财政扶贫项目资金监督管理的意见》，对扶贫项目规划、实施过程、验收报账、后期管护等环节进行严格规范，重点将项目建设方式明确要以正规招标方式选择施工队伍，各类大型物资采购实行政府采购。

【移民直补】

全县大中型水利水电工程移民安置涉及41个乡镇。对直发直补移民实行动态管理，建立完整的移民个人档案和后期扶持资金发放记录，及时做好移民人口的核减工作，全年核减87人，杜绝冒领国家资金现象发生。2014年年末，全县享受后期扶持直发直补移民人数15680人，其中：水利工程15075人，水电工程605人（含三峡移民205人）；全年发放移民直补资金940.69万元。

【后扶项目】

全县大中型水利水电工程项目扶持人数23748人，其中：水利工程项目扶持20370人、水电工程项目扶持3378人。根据项目年度计划，投入项目扶持资金1424.88万元，按照产业发展与基础设施建设相结合方式，优先解决薄弱环节的思路，全年完成公路建设103千米，整治山平塘11口，新建排水沟3.3千米，发展经果林900亩，出栏生猪3279头，小家禽9.4万只，土地开发350亩，改善住房面积3000平方米，新增灌面2230亩。

全年库区基金1314万元，用于兴隆、嘉陵、团结、镇龙等13个乡镇的交通建设，硬化村道18千米，新修泥结碎石路10.4千米。

【移民后扶整村推进示范片建设项目】

按照《岳池县移民后扶整村推进示范片建设规划》（2013—2015年），全年到位专项资金1000万元，在完成立项申请、实施方案报批、现场踏勘、规划设计、预算评审等程序后，于2014年4月公开比选施工和监理队伍，5月进场开工，完成自来水安装76户，风貌改造82户，硬化院坝1.9万平方米，绿化6000平方米，新建垃圾房10处、“6+1”村级服务中心1个、蓄水池1口、灌渠带路1.05千米、提灌站1处、水泥路2千米、便民路3.5千米，整治山平塘5口。

【草电工作】

重庆嘉陵江草街电站库区淹没岳池县土地补偿、专项设施赔偿、富流滩电站损失赔偿工作已圆满完成。经与重庆航运建设发展有限公司多次衔接，重庆航发司按照《草街航电枢纽工程岳池境内征地拆迁补偿工作委托协议》，拨付全县补偿资金1148.765万元，已全部兑现到农村集体经济组织和农民手中。

（县扶贫和移民办）

城市经济

工业经济

【经济发展状况】

2014年，全县72户规模以上工业企业完成工业总产值182.6亿元，同比增长14.7%；工业增加值增幅9.3%。医药化工、机械加工、食品酒类三大主导产业发展提速，分别实现总产值21亿元、14.4亿元、64.1亿元，分别同比增长23.7%、34.3%、21%。将岳池县明辉金属制品有限公司、四川乐康药用辅料有限公司、广安美泰包装材料有限公司、岳池县美华基机械有限公司、岳池宏源食品有限公司、四川鹏扬食品包装有限公司、四川百特吉美科技有限公司共7户企业培育为规模以上企业。将岳池县翔异针织服饰有限公司、岳池县天辉石材有限公司、岳池泰合酒业有限责任公司、岳池广力汽车配件制造有限公司、岳池明芮服饰有限公司、岳池县福军建材有限公司、岳池县鸿鑫服饰有限公司、岳池县明辉金属制品有限公司、四川乐康药用辅料有限公司共9户企业培育为销售收入上亿元企业。

【信息化工作】

督促尚未完成网站建设的县级机关和乡镇，切实把单位门户网站建设好、运行好、维护好，提升单位履行职能的信息化水平，组织11人参加省“万网工程”培训，并取得人社部、工信部统一颁发的“网络通信安全管理员五级”职业资格证书。加强农村信息化建设。加快通信基础设施升级改造，县城和乡镇光纤改造全面启动，光纤通至43个乡镇，县城和部分乡镇实现光纤到楼、光纤到户。投入330万元，完成25个行政村宽带、20个自然村电话建设，提前3个月完成全年目标任务。推进企业电子商务，组织完成67户工商企业加入“天虎云商”电子商务平台。引导鼓励企业开展信息化建设，百脉建筑机械有限公司开展“塔式起重机远程监控GPS/GPRS信息化系统建设”，极大地提高安全管理水平。做好2014年中、高考期间无线电监测工作，组织专业设备和技术人员对高考考场周边的电磁环境进行监测，对涉嫌作弊的无线电信号及时跟踪干扰，维护高考的公平、公正。

【工业园区建设】

县经济技术开发区(简称县经开区)配套日益完善，双电源供电回路开工建设，污水处理厂主体工程竣工正进行设备调试，分布式能源项目前期工作、生活服务中心、生产服务中心、生态医药产业园绿化美化工程加快推进，县经开区展示厅、省级小微企业孵化中心正式投入使用。罗渡高新区加快建设，全面完成30平方千米总体规划和10平方千米控规编制，高新大道和三纵一横骨架道路即将入场建设，污水厂即将完工。县委、县政府出台《优化发展环境的决定》等文件，深化机关效能建设，坚持优质服务“零距离”、环境保障“零干扰”、落实政策“零折扣”，实行“一站式”“保姆式”服务。仁安药业56个品种转移问题得到妥善解决，有力地提升全县医药产业园区的影响力和医药企业投资信心。2014年，全县工业园区完成基础设施建设投资7.84亿元，新建标准厂房61.29万平方米，园区新拓展面积7.9平方千米，累计拓展面积达23.53平方千米；园区投资强度229.24万元/亩，产出效率302.77万元/亩。

【项目督查和引进】

制定分管县级领导分包联系项目制度，坚持每周带领责任单位负责人深入项目现场把握建设进度，强力解决项目建设存在的问题和困难；建立重点项目督查机制，实行“一周一督查、一月一通报”，确保项目早日履约落地、资金到位、动工建设、竣工投产。新开工建设科创胶囊、光电产业园、一新医药科技等重大项目11个，仁安药业、五星金方、特凌制冷等8个项目正在加快建设，美泰包材、乐康药业、百泉医药等5个项目建成投产。针对全县工业企业的生产规模、设备状况、工艺流程、产品销售情况等客观因素，引导企业实施技术改造和技术创新。抢抓邓小平诞辰110周年机遇，借力各大推荐活动，依托省、市各类投资促进平台，深化全民招商引资活动，配合县投促局等部门，修改完善招商引资优惠政策，对接邀请国内外大型企业到岳池考察洽谈。2014年，17个市列重大工业项目投资完成27.63亿元，财政工业性投入完成4.65亿元，企业技改投资19.21亿元，工业固定资产投资24.17亿元,全县工业投资30.22亿元;全县招商引资上报协议资金241.5亿元,到位资金111.2亿元。

【企业培育】

拟发《关于实行县级领导联系重点企业和项目的通知》《关于开展工业企业结对帮扶稳增长活动的通知》《关于开展工业企业及在建项目调研的通知》等文件。在全县深入调查遴选规模以上企业拟培育对象,并督促指导相关企业规范统计管理制度,扩大生产规模。拟发《关于加快扶持小微企业发展的意见》,编印《岳池县小微企业发展政策法规汇编》,利用各种媒介广泛宣传小微企业税收减免优惠措施,激发创办小微企业的热情。拟发《2014年减轻企业负担工作要点》,对全年减轻企业负担工作提出具体安排,会同涉企部门开展涉企检查工作,优化企业发展环境。2014年,全县新增规模以上企业7户,新培育亿元企业9户,新增小微企业205户。

【项目争取】

指导企业包装申报政策资金支持项目,在结构调整、节能减排、技术创新、战略性新兴产业等项目上找准切入点和对接点,衔接省、市的经信、发改等相关部门,加强项目资金申报争取工作,为企业发展"输血"。全面完成顺福来油脂、乐康药业公司申报中小微企业提升发展项目储备入库,京辉食品公司申报省技改资金中小企业农产品深加工类预报项目,花园页岩机砖厂、西溪镇观音岩砖厂关闭小企业项目申报,瑜林陶业公司淘汰落后产能项目申报,百脉机械公司信息化建设项目申报,银丰食品公司技术创新项目申报等工作。2014年,县经信局争取中央、省、市项目资金2570万元,其中省政府下达仁安药业国家稀缺药品生产基地项目2450万元。

【能源保障】

督促爱众电力公司做好迎峰度冬保电预案、迎峰度夏方案,并督促企业严格执行。7月9日,城东变电站10千伏开关室发生设备故障燃烧,造成县城及部分乡镇停电。事件发生后,县委、县政府领导非常重视,立即启动大面积停电预案,要求主管部门立即投入抢险工作,以最快的时间恢复供电。由于主管部门措施得力,宣传工作到位,公司抢修工作及时,没有造成大面停电和群体事件发生。全年协调处理涉电伤亡事故7起。规范能源企业安装行为,县发改局出台《关于规范全县水电气安装有关事项的通知》,企业公开用能安装流程,按照规定收取费用,不得拖延安装工程,更不能吃拿卡要。县政府取消对电力用户光彩基金收费。组织相关部门人员开展城东变电站35、110千伏出线搬迁验收工作,提出建议意见,并形成验收报告上报。开展重点用能企业能源统计网上直报工作,16户企业通过网络每月按时报送能源统计数据,客观真实反映能源利用情况和节能效果。全面推进清洁生产工作,引导企业开展清洁生产审核,对工业污染物排放进行源头控制和过程控制,采取防治结合、以防为主的方式。

【节能减排】

深入推进工业节能工作,对全县千户企业2013年节能目标完成及节能措施落实情况,采用量化评分办法,开展自查活动。对已关闭、淘汰、停产等原因的企业退出千户企业,对能源消费总量达到千户企业标准的企业增补进千户企业;对千户企业按时进行能源统计网上直报,建立定期节能分析报告制度。对科伦药业公司、岳池特曲酒业公司、岳池恒力机械公司、岳池三鑫汽车弹簧公司等企业开展节能监察工作。2014年年末,全县节能目标已完成"十二五"计划的90%。成立淘汰落后产能协调工作领导小组,制定工作计划,确定淘汰落后产能的企业、淘汰工艺设备名称和时间。岳池瑜林陶业公司计划淘汰350砖机及窑炉生产线,淘汰产能30万立方米;花园页岩机砖厂、西溪镇观音岩砖厂淘汰落后制砖生产线,淘汰产能5500万匹,企业实施关闭。安置职工255

人，全面完成2014年淘汰落后产能任务。加强对企业环资项目申报的指导，上报上述企业2014年省级淘汰产能、中央关闭落后小企业项目，得到中央和省级财政514万元资金的支持。岳池四海公司废水综合治理项目经过试运行，并督促多次完善和整改，经环保、经信、消防等部门验收，企业开展项目审计，完善项目资料，已达验收条件，项目发挥应有的效果。

【工业行业】

医药化工业。全县克服“发展工业唯资源论”，利用特定的生态环境，挖掘优势，主攻医药产业，实现医药产业从“无”到“有”、规模从“小”到“大”、门类从“少”到“多”的裂变。2014年年末，工业园区入驻医药企业或项目30个，可生产大输液、中药饮片、抗生素类、原料药、医药中介体、颗粒制剂、医药影像器材共7大类药品和医疗器械，医药产业呈现出良好的集聚发展态势。全年6户规模医药企业实现产值20.9亿元，同比增长23.7%，占规模企业总产值182.5亿元的11.46%；实现税收1.54亿元，占工业企业总税收2.48亿元的62%。

食品酒类业。传统的食品酒类业总体呈现衰退趋势，金扬食品破产，广安金谷半停产、四海集团出口大幅度减少。少数企业通过技改扩能等方式力求突破困境，京辉食品新建一条生产线，银丰食品商标在香港注册成功，岳池特曲转股权后积极与中食集团合作。全年全县共有14户食品酒类企业，实现总产值64.13亿元，占规模以上工业总量的35.13%。

机械加工业。受双限政策等因素影响，以生产汽摩配件为主的机械加工业发展缓慢。超强机械尚未完全发挥产能，宏发机械停产，广力汽配、恒立机械技改扩能过程缓慢。全年10户机械加工企业实现总产值14.38亿元，占全县工业总量的7.87%。

轻纺服装业。发展总体平稳，包装企业发展稳定，纺织企业半停产较多，服装加工企业仍然未能走出贴牌加工的总态势。全年15户规模企业实现总产值29.68亿元，占总量的16.26%。

供水电气企业。岳池爱众水务公司实现工业供水130万吨，岳池爱众电力公司为工业企业供电8115万千瓦时，岳池港华燃气公司为工业企业供气415万立方米，同比分别增长117%、-4%、-44.8%。全年3户企业共实现产值4.25亿元，占总量的2.33%。

建筑建材产业。随着天然气价格的上涨，建筑建材企业发展困难，除广安金桂混凝土运行良好外，其他企业停产，或实施技改。2014年，17户规模企业实现产值37.76亿元，占总量的20.68%。

民营企业。以转变发展方式为主线，以科技创新为强大动力，以集约环保为重要取向，全面提升发展质态，努力促进民营经济创新发展、集约发展、规模发展、外向发展、可持续发展，推动全县民营经济加快转型升级步伐。全年全县有民营企业1449户，从业人员50621人，年总产值248.91亿元，营业收入245.82亿元，利润19.04亿元，税金12.89亿元。

【工业企业简介】

四川乐康药用辅料有限公司。坐落于岳池经开区城南医药产业园，是一家致力于医药食品行业原辅料研发、生产、销售为一体的高新技术企业，主要有三大系列产品：药用原辅料、食品添加剂、消毒剂。

公司占地面积7300平方米，有生产车间5个、GMP车间2个、前制车间1个、辅助车间2个。有员工56人，其中工程技术人员和专业管理人员各占10%。完善的质量管理体系，拥有精密化验、分析、检测仪器的现代化质检中心，先进的精馏、合成、提纯及精烘包生产设备，领先国际的生产工艺技术；全体职员工作态度严谨，严格按GMP要求管理，为产品质量夯实基础。2014年，公司年产值1.02万元，创利润0.04万元。

岳池县宏源食品有限公司。成立于2009年9

月，坐落于岳池经开区城南医药产业园，总投资4000余万元，是一家专业生产休闲食品的中型企业。公司占地面积30亩，年生产能力达3600吨，有职工130人。

公司拥有一流的生产设备和设施，先进的培训的手段，完善的管理体系。工厂布局和车间设计采用国家质量标准和食品安全生产体系、HACC质量体系，公司具备强大额技术研发后盾，先后与中国肉类研发中心、广安食品协会建立厂研协作关系，为企业产品研发及质量保证、技术培训提供保障。

公司凭借精湛的工艺技术，雄厚的资金实力，庞大的营销网络和现代化管理方式，相继开发低温肉制品、泡椒凤爪及豆干等系列产品。在公司全体员工的努力下，曾荣获多种荣誉，通过IS09000:2000国际质量体系认证，荣获“食品质量安全市场准入QS许可证”“中国放心食品荣誉品牌”“全国消费者信得过产品”“广安市工商局守合同、重信用企业”等殊荣。公司产品经多次抽检，均为广安市产品质量监督检验所定点检验产品。公司产品畅销全国各地，满足广大消费者的需要。2014年，公司年产值0.23万元，创利润0.03万元。

四川鹏扬食品包装有限公司。（简称鹏扬公司）成立于2012年，属岳池县招商引资企业，现入驻岳池经开区城南医药产业园。公司创始人从事本行业20多年来，一直秉持“以销售为龙头、以质量为中心、以管理出效益”的管理理念，踏实工作并不断发展壮大成一个规模企业。

公司有岳池和新都2个生产基地，总占地面积52亩，厂房面积2.5万平方米2、仓储面积约4000平方米、办公及综合楼面积约2800平方米，其中岳池基地36亩、新都基地16亩。公司持续投资总量超过5000万元，年产值达7000万元，创利润0.03万元。

公司主要从事纸制品及塑制品的研发、生产和销售。产品种类多达200种，包括纸杯、纸碗、塑杯、塑碗、铝箔、礼品盒、月饼盒、酒类包装盒、饼干包装盒及糖果类的包装等，所有产品均取得国家“QS”认证，符合国家发展绿色环保产品的要求并多次获得四川省主管职能部门和行业协会的嘉奖。

公司有8条生产线，采用一流的自动化生产设备，噪音低、无污染，对周边环境无任何影响。生产原料为纯木浆、纯竹浆和中石化公司生产的PE料，产品无毒、无异味、无污染、完全可降解。产品主要销往四川、重庆、云南、贵州、西藏、宁夏、青海、甘肃、陕西、湖南等10多个省、市，各区域均有长期合作的总经销商。随着公司多年来对市场的培育和不断的投入，产品市场不断扩大，产品需求逐步增加，产品销量线性增长，呈现供不应求的经营局面。

鹏扬公司岳池基地有员工38人，其中管理人员5人、专业技师11人、后勤员工6人、生产工人16人。员工队伍中，具有大中专以上文化水平的18人，随着流水线的增加及生产规模的加大，公司与岳池职业中专校达成意向合作协议，扩招专业人员，将最终解决150人左右的劳动就业。

广安市金桂建材有限公司。驻岳池经开区石垭建材产业园，是专业从事预拌混凝土生产与经营的企业。公司始建于2011年，属广安建平建材集团有限责任公司旗下的全资子公司。公司组建时，确定以创品牌产品为发展战略，选择“三一重工”生产的全自动化控制的生产设备和国内最先进的质量检测设备，力求向科学技术要质量、要效益；不居一格吸纳人才，雄厚技术力量，强化经营管理，力求向管理要质量、要效益。公司拥有“180型”生产线4条、搅拌车50辆、天泵车（臂架长46米）2辆、车载柴油泵6台、电泵6台、柴油拖泵3台等全套先进的预拌混凝土生产、运输、浇筑设备和质量检测设备；拥有固定资产1.5亿元，员工200余人，其中中高级技术和管理人员20余人、初级技术和管理人员80余人；年生产能力超过150万立方米。2014年，公司年产值1.8万元，创利润0.05万元。

四川超强机械有限公司。是专业生产通用发

动机连杆的民营股份制企业，公司驻岳池经开区城南医药产业园，占地46886平方米，有职工200余人。

其前身是重庆超强机械有限公司，地处重庆两江新区高新技术开发区毗邻云计算中心，由于老工业基地重庆能源、环保、劳动用工等问题日益显现，制造业已不适宜在重庆发展。

国家发改委通过的《成渝经济区区域规划》把广安规划为"渝广达"发展带，经过多次考察论证，岳池交通便利，劳动力资源充沛，能源供应充足，适合制造业的发展。2011年年末，公司董事会决定将企业搬迁到岳池城南工业园，成立四川超强机械有限公司。

公司具有新产品设计、开发、模具制作能力及先进的机械加工设备、精密检测仪器。生产的各类通用机械连杆、摩托车连杆出口世界各国及配套国内主机厂。公司具有国际国内自主品牌的注册商标，技术实力、生产规模均达到世界同行业先进水平。

公司生产的通用机械连杆，广泛用于旋外机、微耕机、割草机、锯木机、电动工具等，产品配套中美合资企业美洲豹曲轴有限公司、瑞典富世华机械制造有限公司、日本川崎公司、日本牧田集团公司、日本日立工机有限公司、德国多玛公司、印度BAJAJ公司。

公司生产的摩托车连杆，配套意大利比亚乔、新大洲、五羊本田、建设雅马哈、隆鑫、宗申、力帆等国内摩托车主机厂。2014年，公司年产值1.89万元，创利润0.1万元。

（县经信局：唐丽蓉）

经济技术开发区

【概况】

岳池县工业园区始建于2003年6月，原为广安市回乡创业园，2014年6月更名为岳池经济技术开发区，挂川渝合作（广安）医药产业示范园、广安市回乡创业园牌子，辖城南医药产业园、石垭建材产业园2个园区，主导产业为生物医药、食品酒类、机械加工等，其中医药产业成功纳入国家发改委《成渝经济示范区（广安片区）建设方案》，上升为国家战略。2014年，经开区新增建成面积2.41平方千米，累计达15.04平方千米；新入驻企业12户，共有企业128户；实现规上工业企业总产值154.32亿元，利税15.68亿元。

【投资环境】

2014年，协调县发改、住建、食品药品监管、国土、环保等部门加快经开区规划修编，总规、控规及产业规划已通过专家评审。修编后，到2020年规划面积21.58平方千米（其中城南医药产业园18.88平方千米、石垭建材产业园2.7平方千米），到2030年新增规划面积10平方千米，总面积达31.58平方千米（其中城南医药产业园25.22平方千米、石垭建材等其他产业增至6.36平方千米）。从产业板块看，城南医药产业园主要划分为现状区、起步区、生物制品区、化学原料药及制剂区、中药区、药用辅料药用包材区、医疗器械区、医贸物流区、保健食品化妆品区、总部研发区及医药产业拓展区等11个功能区。

投资4.6亿元，全面提速道路、桥梁、管网、绿化、亮化、美化及展示厅、小微企业孵化园、综合服务中心、专业污水处理厂等基础配套工程建设，新建道路6.3千米，完成雨污管网建设18.9千米，供水、供气及电力线路架设12千米，电信、联通、移动、广电等微电管网14千米，初步形成"四横三纵"（四横即工业路、光彩路、创新路、长滩寺河北路，三纵即平安路、健康路、幸福路）的道路骨架，园区形象和承载能力得到较大提升。随着专用污水处理厂一期工程的完工，四川能投分布式能源公司与法国苏伊士环能集团共同投资3.36亿元建设的分布式能源项目的核准，初步形成经开区医药产业园集区域性环评、专业污水处理、分布式能源三位一体的医药产业专业配套体系。

利用小平故里的政治优势，川渝合作示范区、西部承接产业转移示范区的政策优势，以及县委、县政府先后出台的《加快岳池县关于加快医药产业发展的决定》《加快产业园区的意见》《岳池县投资促进优惠政策》等，岳池经济技术开发区成为多重政策叠加的投资洼地。经开区推行的“保姆式”“一站式”服务，创新“一个项目、一名责任领导、一个责任部门、一个服务团队、一套促进办法”的“五个一”工作机制，开辟绿色服务通道，为企业提供“全天候、全过程、全方位”优质服务。

【招商引资】

全年经开区新签约项目12个，其中医药类项目10个，计划总投资30.45亿元；全部建成后，可实现产值37.4亿元，税收3.05亿元，解决就业人口3500人。新签约项目企业主要有四川博斯威尔有限公司、印度阿拉宾度有限公司、四川龙舵医药集团有限公司、重庆南松医药科技股份有限公司、济南爱思医药科技有限公司等。

【园区建设】

按照“储备一批、签约一批、开工一批、续建一批、竣工一批、达产一批”的思路，全力抓好企业招引建设和生产经营，基本做到每个季度都有新签约、新开工、新建成、新投产企业。

5个竣工项目中，美泰包材一期开始试生产，爱赛特医疗器械、圣上大健康药业正在安装机械设备；正全、多丰药业一期2幢厂房完成钢结构主体框架安装。5个加快建设项目中，精工机械、百特吉美已正式投产；仁安药业一期于9月20日进入试生产，正在进行GMP认证；五星金方药业一期两幢厂房装修结束，等待安装机械设备，二期三幢厂房启动建设；特凌制冷两栋厂房基础结束，一栋厂房钢架主体封顶，正在修建边墙。6个争取开工项目中，乐康药用辅料项目竣工，光电产业园精加工车间主体工程完工，整体电梯、广力汽配进场施工，宏益制药开始平场，林牧双源生物制药正在进行安评、环评。储备项目中，印度阿拉宾度、天燃气分布式能源、普锐特医药等项目正在进行总体设计、安评、环评等准备工作。新签约项目中，一新医药开工建设，康安生物完成场平，龙舵生物制药、高端医疗耗材正在论证筛选产品品种，南松医药、科伦物流项目待土地征用拆迁后进场施工；滑雪服及针织项目、高新电子产品生产项目、化学新药原料药生产项目分别入驻小微企业孵化园和科创·岳池光彩产业园。

（县经开区）

商业贸易

【概况】

2014年，按照“立足大广安、建设大市场、搞活大流通、繁荣大商贸、发展大产业”的工作思路，通过实施重点项目、完善市场体系、扩大社会消费，发展与新型工业化相配套、与新型城镇化相协调、与城乡居民生产生活相适应的商务经济，全县服务业呈现良好发展态势。全年投资20亿元的东湖城市综合体、投资8亿元的亿联建材家居五金城、投资4.5亿元的输变电技能培训中心等一批重大商务项目集聚效益逐步凸显，新的环东湖城市商圈初步形成。着力优化布局和功能升级，提升九龙广场、财富中心2个县城商业集中区和南宋文化街等7条特色商业街服务功能，其中南宋文化街入选全省十大最美大道，米粉一条街被评为全省第二批特色商业街，城市商业集聚效益显著提高。

全县有商贸流通企业（含个体工商户）33310户，从业人员97915人；按经营性质分：批发业3761户，从业人员7970人；零售业13440户，从业人员20920人；住宿和餐饮业7224户，从业人员41088人；建材业2691户，从业人员8143人；休闲服务业1734户，从业人员9028人；物流业231户，从业人员2890人；其他服务业4229户，从业人员7876人。全年实现社会消费品零售总额75.5亿元，同比增长13%；服务业增加值55.4亿元，同比增长11.2%；实现外贸出口14278万美元，实际利用外资526万美元。全年新增限上商务企业11户,限额个体经营户6户,限上商务企业总数保持在131户;新增规模以上企业16户。改建农产品交易(批发)市场9个,新增外贸进出口获权企业2户,全年实现外贸出口1.43亿美元,实际利用外资526万美元。全年商务系统申报注册商标54个。

【商业网点】

全县有17201户批零商户,其中批发业3761户、零售业13440户,从业人员28890人;按地域划分:县城批零网点7950户,从业人员11155人;乡镇批零网点9251户,从业人员17735人。全县以美好家园岳池店、九龙超市、联华超市、重百超市岳池店、华龙超市、汇客多、好又多等为代表的各类型超市3375户,从业人员21500人,实现销售收入30.5亿元。全县有各类集贸市场50个。专业的花卉市场2个,从业人员305人,营业额0.16亿元。房产、家政中介服务137户,从业人员295人,营业额0.08亿元。

【产品推销】

全年组织企业抢抓元旦、春节、国庆等节日消费旺季,组织开展"迎春购物月""送货下乡""大型车市联展"等系列促销活动,拓宽消费渠道,实现促销金额15亿元。其中迎春购物月销售收入8.35亿元,送货下乡销售收入3.15亿元,大型车市联展销售收入3.5亿元。

全年组织全县企业开展"惠民购物全川行""川货全国行""万企出国门"三大活动。组织企业461家,参展14场(次),参展产品2.78万元,成交额8.51亿元。

4月9日,在乔家镇三安农业专业合作社会议室,举办2014年全县"农超对接"洽谈会暨签约仪式。参加会议的有县委常委、副县长唐协民,县政府副县长姚长琼,县政府办、县商务局、县委农工委、县农业局、县畜牧食品局、县林业局、县水务局、石垭镇、乔家镇、朝阳乡和全县大中型超市、餐饮店、学校食堂、农产品生产基地等单位负责人65人;25家岳池种养业主与境内商场、超市签订购销合作协议,签约金额1.6亿元。

5月15日至18日,第十七届中国(重庆)国际投资暨全球采购会(简称"渝洽会")在重庆国际博览中心举行。岳池县代表团在县委副书记、县长汤才勇的率领下,以展示展销为重点,大力推介、宣传全县特色资源和优势产品,进行项目洽谈、对接,取得显著成效。会上,岳池县精心筛选岳特系列酒、莲桥米粉、三安蔬菜、金线莲等"岳池造"名、优、特、新精品在本届"渝洽会"上展示展销。活动中,到岳池县展台参观、咨询、洽谈的市民和中外客商5000余人次,现场交易额50万元,合同成交额2600万元。展会期间,岳池县有针对性地参加2014中国(重庆)全球贸易商对接会、广安市优势产业项目推介会等活动,成功举办岳池县投资促进推介会暨项目签约仪式,100余名重要客商应邀参会,集中签约乌木博物馆及相关商业配套产业建设、汇通天下货运物流项目等11个项目协议,主要涉及生物医药、装备制造、节能环保、商贸服务等领域,协议金额104.4亿元。

11月25日至29日,岳池县组团参加中国(重庆)国际物流博览会。县委副书记张艳萍任团长,副县长汪勇任副团长,县商务局等相关部门负责人为成员。县商务局、贸促会负责组织企业参展、展位设计、装修、后勤服务和物流项目洽谈签约。活动组织4户企业参加,签订货运订单4万吨、金额1200万元,签约招商协议资金10亿元。

【五金日用品等商业】

全县有机动车(汽车、摩托车、电瓶车)维修及销售经营户315户,从业人员946人,年营业额2.12亿元;农机、五金、家电、家具、百货(服装、床上用品)化工经营户3615户,从业人员4128人,营业额2.06亿元;蔬菜、禽、蛋类、水产类、牛奶(奶粉)、食用油、肉类、粮食、面粉、调味品、副食品等,经营户15680户,从业人员5.69万人,营业额3.8亿元;石油销售包含中石油四川广安岳池销售分公司、中石化四川广安岳池销售分公司以及县境内31个加油站，销售石油3.5万吨，从业人员306人，销售额8.25亿元，其中汽油2.6万吨、销售额6.8亿元，柴油0.9万吨、销售额1.45亿元。全县有再生资源回收营业网点3170户，从业人员9570人，再生资源回收销售4.76万吨，销售额1.27亿元。其中金属回收1.43万吨，销售额0.34亿元；报废电子产品、机电设备及其零部件回收0.26万吨，销售额0.23亿元；废纸板、塑料、橡胶、泡沫回收1.2万吨，销售额0.16亿元；废玻璃、编织袋回收0.4万吨，销售额0.07亿元；二手车报废1.17万吨，销售额0.42亿元；其他废旧物品回收0.3万吨，销售额0.05亿元。

【建材销售】

全县有家居装饰装修、五金、建材业经营户2691户，从业人员8143人，营业面积19.34万平方米，实现销售收入6.6亿元。岳池亿联建材家居五金城是专业的家居、装饰、装修、五金、建材城，建设用地136亩，营业面积约15万平方米，从业人员2783人，年销售收入1.5亿元。全县较大的中心场镇有一定规模的专业建材市场21个，经营户809户，营业面积1.42万平方米，从业人员1720人，销售收入1.32亿元；县城有银城北路、禹王宫、50米大道、九龙市场等木材和木材加工市场经营户465户，从业人员1095人，销售收入1.73亿元；其他经营户1417户，经营面积2.92万平方米，营业额2.05亿元，从业人员2545人。

【住宿餐饮业】

全县以塞纳大酒店、豪庭假日大酒店、盛宴、三号金座为龙头的住宿、餐饮业经营户7224户，其中城镇4561户、乡镇2663户，从业人员41088万人，实现收入9.96亿元。餐饮业经营户6808户，从业人员38638人，实现收入9.16亿元；住宿业经营户416户，从业人员2450人，实现收入0.8亿元。

【休闲服务业】

全县以金果园、壹号公馆、颜如玉、王者、凌云网吧为龙头的休闲服务业经营户1734户，从业人员9028人，实现收入2.17亿元。其中：美容美发425户，从业人员2550人，营业收入0.33亿元；桑拿、按摩、足疗保健150户，从业人员785人，营业收入0.25亿元；茶馆（茶楼）531户，从业人员2600人，营业收入0.7亿元；网吧85户，从业人员476人，营业收入0.26亿元；舞厅歌城、酒吧170户，从业人员1202人，营业收入0.98亿元；其他休闲服务业373户，从业人员1415人，营业收入0.46亿元。

【电子商务】

全年组织49户企业入驻全省最大的电子商务平台—“天虎云商”。该平台是由四川公用信息产业有限责任公司推出的，为满足移动式生活消费和线上购物需求的网络购物客户端。集搜索、购买、下单、送货为一体的一站式购物平台。商品覆盖特产、美食、家电、母婴、百货、家居等各大类品牌产品，并提供方便的四川特产查价、商品比价、快速购物、物流查询等功能。只要动动手指，就可以一站式购齐所有商品。

县银丰食品有限公司生产的莲桥米粉系列产品入驻全国最大的电子商务网站淘宝和阿里巴巴。电子商务的发展共带动就业756人，实现交易额1亿元。岳池县被确定为全国农村商务信息服务试点县。

【物流业】

全县有第三方物流经营户231户，从业人员2890人，营业额3.6亿元，有全国A级物流企业1户，新增岳池宏宇汽车运业有限公司、岳池安信物流有限公司、岳池县全顺物流有限公司3户规模以上物流企业。大宗商品的物流商圈主要集中在九新街、绿邮街、新风路、新马路和50米大道一带，从业人员1050人，营业收入2.7亿元；县城及乡镇有快递业经营户175户，从业人员489人，营业收入0.24亿元。

【其他服务业】

全县居民其他服务业4229户，从业人员7876人，实现收入2.23亿元。其中信息传输、软件和信息技术服务业87户，从业人员250人，营业额0.26亿元；手机销售服务225户，从业人员1266人，营业额0.76亿元；家用电器维修322户，从业人员415人，营业额0.05亿元；电瓶车、摩托车销售、维修260户，从业人员845人，营业额0.05亿元；汽车维修和美容210户，从业人员710人，营业收入0.28亿万元；房屋信息中介服务125户，从业人员372人，营业收入0.04亿元；其他中介服务机构（职介、婚介、票务）95户，从业人员192人，营业收入0.13亿元；照像、摄影、婚庆服务90户，从业人员325人，营业收入0.08亿元。教育、卫生、文化、体育、花店、家政服务、干洗、拍卖、洗染沐浴、保险、租赁、建筑、会计、审计、评估、法律服务、商务服务、居民服务和其他服务业健康持续发展。

【"三外"工作】

外贸出口。全县新培育外贸获权企业2户，外贸进出口企业12户，实现外贸出口14278万美元。

外贸利用。引导港华燃气利用税后利润再投资，引导港华燃气、中银富登村镇银行岳池分行等外资企业增资扩股，增加外资利用总量，实际利用外资526万美元。

外经合作。依托"中国输变电之乡"影响力和"岳池输变电工"品牌劳务，积极与成都智源对外经济技术合作有限公司合作，加快建设岳池对外劳务合作平台，为全县合法有序向境外输出劳务、岳池输变电工走向世界创造更加有利的条件。全年完成外派劳务1149人，劳务收入0.98亿元。

【市场监管】

春节期间，县商务局牵头组织县公安、药监、畜牧、环保、工商等相关职能部门联合执法，强化食品安全的整治工作。出动执法人员20人次，出动车辆5车次，检查企业及个体户46户。

5月15日，由县商务局牵头，县统计、工商、地税、质监、消防、安监等部门参加，对全县限上商务企业的证照、商品、消防安全、数据统计等开展联合执法检查，出动执法人员16人，执法车辆4台。7月14日至18日，县商务局牵头，协调县公安、工商、畜牧、环保等部门对县城区和乡镇肉质品市场和定点屠场进行联合检查，出动车辆70车次，检查人员170人次，发放宣传资料350余份，查处未经检疫检验猪肉120公斤，私屠乱宰1起和屠场存放狗肉1起。9月20日至23日，县商务局根据《广安市商务局关于开展重大火灾隐患集中整治专项行动的通知》和《岳池县安全生产委员会办公室关于切实加强中秋国庆期间安全生产工作的通知》文件精神，结合"安全生产专项整治""安全生产大检查"活动相关要求，利用4天时间集中对县城的商场、超市、宾馆、农贸市场、再生资源回收网点等人员密集的商业场所进行安全检查。出动车辆10次、人员35人次，检查经营户185户，检查过程中发现有碍安全问题18处，现场督促整改12处，发出限时整改通知书6份。11月10日，县商务局"12312"商务投诉平台接到群众举报，在新马路和米粉一条路附近有商贩销售未经检疫检验冰冻猪肉。县商务局立即组织协调公安、畜牧等相关单位联合执法，查出未经检疫检验冰冻猪肉150公斤，确保猪肉市场的肉质品安全。

【市场体系建设】

全年投资258万元，改建农产品交易（批发）市场9个，其中改造农贸市场7个、改建农产品批发市场2个，改建营业面积2.68万平方米，摊位630个，供电线路1600米，下水道840多米，各项经营管理制度72个，标准摊位牌及导购图96个。

【商务区项目建设】

岳池东湖城市综合体。位于县城城东新区核心地带（岳池县东湖公园以西、九响公路以东区域），占地面积185.72亩，总投资20亿元。全部采用现代简约风格，总建筑面积70.2万平方米。包括商业服务业的五星级酒店5.25万平方米、大型商城5万平方米、步行街及沿街商业9.13万平方米、写字楼 21.41 万平方米，住宅建筑面积 13.57 万平方米，地下停车场总面积 15.84 万平方米。五星级酒店开始营业，大型商城和部分住宅已封顶。累计完成投资 15 亿元。

岳池亿联建材家居五金专业市场。位于县城迎宾大道以东、18 米大道以西、狮子山以南、安拱路延伸段以北区域，占地面积 136.05 亩，计划总投资 8 亿元，总建筑面积 13.6 万平方米，其中地上建筑面积 12.7 万平方米、地下建筑（停车库）面积 0.9 万平方米。主要建筑内容包括建材家居五金集中商城及商铺、电子商务中心、物流配送中心、商务办公等纯商业业态。项目一、二、三期连廊商铺于 8 月底前投入使用，其他连廊商铺、电子商务中心、物流配送中心、商务办公楼等完成主体工程施工，累计完成投资 7.5 亿元。

输变电行业总部大厦。位于县城广岳大道南侧，翔凤大道东侧，十八米道路西侧，用地面积 74.19 亩，总投资 7.2 亿元，总建筑面积 18.8 万平方米，主要建设输变电企业总部办公楼、酒店、写字楼及培训中心等商业服务业业态和小部分配套高档住宅。项目已完成商业服务和部分住宅的主体工程建筑施工，累计完成投资 4 亿元。

银城国际商务中心。位于岳池县大西街以南原县交管大队处，占地面积 2856 平方米，总投资 1 亿元，总建筑面积约 1.95 万平方米，其中综合商城建筑面积 1 万平方米。项目已完成建筑主体工程施工。累计完成投资 0.8 亿元。

【重点商务企业简介】

岳池县安信物流商贸有限公司。是一家集普通货物运输、大型机械设备运输、铁路运输、货运信息、二手车新车交易信息、车辆挂靠、建筑材料销售为一体的服务性企业，拥有单桥、双桥、牵引车及各种自卸车辆 50 辆，可调度车辆 300 辆。公司具有多年的物流经验、宽大的信息网和全国物流信息管理系统，以客户要求为核心的综合物流服务系统的运作，最大程度地降低客户产品成本，提升产品竞争力。并且公司可根据客户具体特点，设计策划“个性化”的物流配送方案，提供全过程、全方位、24 小时货物跟踪的优质物流服务。

岳池豪庭假日酒店。位于县城大西街东段 556 号。典雅优美的大堂设于一楼，三层中空风格彰显大气。酒店拥有 172 间不同类型的豪华客房、56 间豪华量贩式 KTV、2 个大型多功能宴会厅、1 间大型多媒体会议室、1 间中型多功能会议室、1 个康乐中心、1 个大型夜总会、1 个休闲中心、1 个购物中心、1 个大型停车场。酒店每间客房面积宽 30 ~ 60 平方米，配有五星超柔软大床、无线网络覆盖、无线上网大屏品牌电视机及各种高科技设备装置等。

岳池县全顺物流有限公司。成立于 2000 年 8 月，是广安市物流快递协会理事单位，公司主营国际、国内、同城的物流及快递服务。有各类运输车辆 50 余辆和遍布县镇及乡镇的营业网点 30 余个。公司成立至今，共安全及时送达各类物品及包裹 200 万件。公司全面满足客户选择邮件的当日达、次日达、隔日达、航空定时达、物流定制等需求。

（县商务局）

粮油商业

【概况】

2014 年，完成粮食收购总量 66477 吨，油菜籽收购 8801 吨；完成粮食销售总量 85390 吨，食用油销售 8114 吨；实现商品销售收入 22026 万元。

全年完成工业总产值 73456 万元，实现销售收入 66725 万元，工业增加值 7346 万元，工业利润 893 万元。

实现全县国有及国有控股粮食企业利润 38.5 万元，粮油收购资金安全运行率达 100%。

【粮油购销】

完成县级储备稻谷轮换入库 5800 吨。2014 年年末，全县县级储备粮食 1.6 万吨、菜油 800 吨。

按照《四川省 2014 年中籼稻最低收购价执行

预案》,9月20日起,开始收购,收购中籼稻中等价格每公斤2.76元,全年收购托市粮1万吨。

开展以银禾米业公司(县粮食局下属企业)为主体专业合作社+业主或农户的订单生产模式,与12个乡镇26个村3500户农民、2个专业合作组织、6个种粮大户签订订单6万余亩,订单粮食数量1.8万吨。结合产后服务体系建设项目,公司与坪滩水月寺村136户农民成立岳池县稼禾粮油专业合作社,占用土地4000亩,用于种植优质粮油。该合作社的成立,填补岳池县国有粮食企业无专用优质粮油种植地的空白。

全年全县完成优质粮油种植和落实订单种植粮油面积30万亩,收购订单粮食5.9万吨。

【粮油仓储】

全年建设农户科学储粮小粮仓2400个,完成自然低温储粮1.5万吨。全年投资2834万元,开展"危仓老库"维修改造,新增有效仓容4.2万吨。

全年组织检查"一符四无"粮油3次,检查库存粮油总数17.1万吨,列入鉴定数16.28万吨,"一符四无"率达100%。

【粮油市场与安全检测】

全年开展粮食流通各类执法检查36次,查处违规行为12例,其中责令整改7例、警告5例。

开展创建省级和全国粮食流通监督检查示范单位工作,取得较好成绩。9月和12月,全县粮食流通监督检查工作分别获得省和全国粮食流通监督检查示范单位。

(县粮食局:蒋建余)

供销商业

【概况】

2014年,全县有基层供销社7个,员工370人,机关离退休人员29人;有一定规模和带动作用的龙头企业3个,其中市级农业产业化经营重点龙头企业1个、农资流通协会和农副产品流通协会各1个,有各类农民专业合作社56个,其中注册登记27个。全年完成商品购进总额2.93亿元,商品销售总额3.33亿元,实现利润74.51万元,上缴税费241.69万元。

【农资产品供销】

组织和鼓励基层供销社报名参与政府农资投标竞争,指导基层供销社撰写政府农资招标书,帮助基层供销社策划投标中标措施。供销社中标5标次,中标化肥数量414.5吨,销售各种化肥41597吨。

【产超对接】

按照"压缩日用消费品场地,放大鲜活农产品面积,实施农产品产超对接规范营销的要求",对鲜活农产品进超市做好具体规划,加强鲜活农产品产超对接业务工作队伍建设;农产品进超市的店数18个,其中20平方米以上的11个、30平方米以上的7个;新增农产品仓库1个,培育与超市配套的鲜活农产品配送专业合作社4个。

【农村社会化服务】

围绕现代农业园区、新型社区、农民新村建设新发展农村社区综合服务社8个,农民专业合作社6个,完善规范化庄稼医院83个,加大庄稼医生培训和指导力度,提高农村科技服务效果。加大网络体系建设,突出农业生产资料、农村日用消费品、农副产品等重点网络建设,巩固和完善"万村千乡"店454个,新发展便民店8个,发展乡镇中心超市1个。

(县供销社:张德明)

烟草专卖

县烟草专卖局(分公司)成立于1984年1月,现设4个科室(综合办公室、专卖管理科、内管组、客户服务科)、3个烟草稽查中队(九龙、罗渡、坪滩)、3个营销片区(九龙、坪滩、罗渡),现有在岗职工49人,负责全县2365户卷烟零售户的烟草专卖管理及营销服务。

2014年,围绕百万人口大县"大单位、大担当、大作为"的工作基调,结合县局(分公司)工作实际,扎实抓好各项工作的落实,稳步推进岳池烟草持续健康发展。

卷烟销量连续2年保持全市区县公司之首,全年总销21364箱,完成年度计划101.73%,位居全市第一,同比增长0.23%,高于全市增幅5个百分点,占全市份额23%。结构持续提升,卷烟单箱结构22218元,同比增长10.12%。经济效益继续处于全市前列,实现销售收入4.7亿元,同比增长10.3%;实现税利1.03亿元,同比增长11.9%。

全年查获各类涉烟违法案件772起。其中柔性执法案件占201起,占全市案件总数28.26%,同比增长45.94%;破获网络案件2起,占全市网络案件数50%,"3·25"网络案件被省烟草专卖局确认为一类案件。全年查获违法卷烟140.99万支,涉案金额120.54万元,捣毁存储窝点4个,提请刑事拘留11人,逮捕5人。

(县烟草专卖局)

旅游业

【概况】

用好"中国农家乐之源"名片,发展乡村旅游,提升花园农家乐、乔家朝阳生态园接待能力,精心打造石垭玉屏湖景区建设;健全旅游发展机制,着力打造旅游品牌,培育新的消费点,促进旅游业全面快速发展。全年旅游接待总人数232.66万人次,同比增长23.56%;实现旅游收入15.91亿元,同比增长34.15%。

【旅游项目】

天羿酒店、玉屏湖、金果生态园、乔家乡约园改造升级等重点旅游项目,全年完成项目投资3.2亿元。天羿酒店完成外墙装饰、客房装修,以及员工培训等主要工作,实现试营业。玉屏湖景区主游路及两座桥等基础设施完成建设;吊脚楼休闲中心、桃树观赏园及道路安全标识标牌等着手建设,乡村酒店正式营业,具备初步接待能力。金果生态园完成楼群主体和大型游乐设施建设,8月实现试营业;乡约园旅游接待设施基本完成,接待能力持续增加。投资30亿元的"猎人笔记"岳池生态农庄项目,进入项目论证、评审谈判阶段。

【乡村旅游】

坚持产村相融、农旅结合发展理念,加快建设幸福美丽新农村,不断优化乡村旅游环境。加快建设产业基地,高标准、高规格打造朝阳乔家蔬菜产业园,发展粮经复合型产业;巩固提升石垭镇张口楼葡萄基地、丁家村血橙基地、玉屏湖血橙基地。整体打造廖坝新村乡约园和三安体验采摘园,发展农家乐。

【旅游宣传】

"5·19"中国旅游日主会场活动期间,在高速公路及连接线树立形象公益广告2幅,灯柱广告50幅,大型标语1幅,组织辖区内大型户外LED不间断播放岳池形象宣传片。组织莲桥米粉、中富农庄、东萍豆干等15户企业开展惠民宣传营销宣传,动员各涉旅企业在纷纷推出各种打折优惠活动,吸引游客消费,活跃、繁荣旅游市场。

【行业管理】

通过旅游市场专项检查,加大旅游市场整治力度,规范旅游经营行为,初步建立旅游"红黑榜"制度。常态化开展游客满意度工作,及时处理游客投诉,切实维护旅游者、旅游经营者的合法权益。指导中富农庄完成五星级农家乐复核验收工作,水泊人家通过三星级农家乐评定。全年累计完成旅游从业人员业务技能培训215人次。岳池县城、中富农庄已实现无线网络全覆盖。全年新增旅行社分社和服务网点各1个。出台《岳池县投资促进优惠政策》,在旅游用地、水电气价格、税收优惠、融资渠道等方面进行政策扶持。

【岳池玉屏湖景区建设】

岳池玉屏湖景区是由成都金馨园林绿化有限公司投资开发,主要以珍稀苗木为依托、多种农林产业相结合,集集散、游览、观光、体验、运动、度假功能于一体的乡村旅游地,整个景区规划占地1万亩,投资4.3亿元,按照《岳池玉屏湖生态旅游区旅游开发总体规划》,以"国家AAAA景区"为打造目标,明确"生态休闲湖、绿色体验园"的主题形象定位和"一心一环一廊五区"的空间格局。目前,在绿化上已经完成3000余亩的珍稀林木栽植,景区建设上完成景区大门、环湖主游道路及部分游步道、乡村四合院、生态停车场、景区新村、卫生设施配置等项目,初步具备基本接待能力。

(县旅游局:潘建龙)

招商引资

【招商成果】

2014年,围绕"工业主导、三化联动、弘文兴教、富民强县"发展思路,借助纪念邓小平诞辰110周年献礼活动等重大机遇,坚持三大产业联动引进,致力"招大引强、招群引链、招新引高、招才引智",重点突出生物医药、装备制造、食品酒类产业,着力引进一批具有方向性、领军性的重大项目,促进主导产业大提升,推动县域经济大发展。全年实施招商引资项目177个,完成到位资金116.13亿元,其中国内省际项目到位资金75.96亿元,固定资产投资60.8亿元;引进亿元以上重大项目69个。

【项目建设】

按2014年重点项目建设目标任务要求,倒排施工计划,专人跟踪服务,督促企业加快项目建设。即将竣工项目情况:完成爱赛特医疗器械主体建筑工程,完成1号、2号厂房机械设备安装,正在装修3号、4号、5号厂房、展示厅及综合办公楼;美泰包材一期开始试生产,办公楼正在内装修;圣上大健康药业一期两幢厂房主体及办公楼装修工程结束,正在安装机械设备;正全、多丰药业一期2幢厂房完成钢结构主体框架安装。正在建设项目情况:仁安药业一期于9月20日进入试生产阶段,二期101、107车间等土建主体工程完成,正在进行装修;五星金方药业一期两幢厂房装修结束,等待安装机械设备,办公楼、倒班房正在内外装修,二期三幢厂房启动建设;特凌制冷两栋厂房基础设施建设完成,一栋厂房钢架主体建设完成,正在修建边墙。争取开工项目情况:乐康药用辅料项目竣工,光电科技产业园进场施工;整体电梯、广力汽配完成场平,开始施工建设;宏益制药已开始平场。储备项目情况:印度阿拉宾度、天然气分布式能源、普锐特医药等项目正在进行总体设计、安评、环评、水保等准备工作。新签约项目情况:新签约的龙舵生物制药、南松医药、康安生物、高端医疗耗材等正在进行场平工作,一新医药一车间、二车间开始修建。滑雪服及针织项目、高新电子产品生产项目、化学新药原料药生产项目和葛根系列项目已签订入驻协议,分别入驻小微企业孵化园和科创·岳池光彩产业园。

【招商环境】

坚持县级领导和部门联系重点项目,实行"一季度一督查一通报"和周例会制度,加快推进项目建设;健全企业"一站式"全程代办和"保姆式"跟踪服务机制,帮助企业解决证照办理等问题;实行重大项目联动审批机制,集中会审、现场办结,提高服务效能,减少项目落地、建设、运行时间成本。落实企业减负相关规定,制定涉企检查工作计划,减少涉企检查。加强对企业减负工作的督查,建立健全企业减负监督机制,为企业发展创造宽松环境。

【招商方式】

创新招商模式。在“领导招商”方面，凡有投资信息，县级领导特别是主要领导亲自洽谈跟进项目，全年县级领导外出招商30余次，成功引进北京师范大学广安附属实验学校、同天生物等项目落户岳池县。在“全民招商”方面，发动全县全员力量，各乡镇、部门总动员，积极参与招商，主动收集信息、洽谈项目，在工业招商取得成效，在“一三产业”招商大有收获；借助福建石狮市商会来捐助的机会，县人社局举办“福建石狮市商会岳池推介会”，取得一定实效；县质监局、县经信局、经开区、罗渡高新区等单位及时提供信息，成功引进南松医药、医疗耗材等一批项目。在“结亲招商”方面，省、市药监局下派干部到岳池县任职主抓医药招商，岳池县抽调人员上挂省药监局、省投促局招商，增强专业招商实效。在“以商招商”方面，以真情、真心留商、感商，驻岳池企业“现身说法”引进项目，仁安药业老总成功引进印度阿拉宾度药业、气雾剂项目，百泉药业老总成功引进爱思药业、一新化工生产项目，通过爱赛特机车成功引进摩托车保险杠生产项目。

开辟招商渠道。组织参加“感恩小平·投资广安”四川异地商会广安行、中外知名企业广安行活动、西部汽车产业发展四川峰会等省、市重大招商活动，借力活动平台，对接大型企业。开展“走出去、引进来”活动，衔接企业，积极邀请企业到岳池考察。全年搜集有效投资信息200余条，成功邀请杭州市医药行业协会、保健品行业协会、重庆博星机车配件、中国国机重工集团、重庆宏攀机械制造有限公司等协会、企业80余次、投资项目企业400余家到岳池考察。

签约重大项目。统计梳理全县在谈重点项目100余个，根据项目洽谈进度，把项目分成条件成熟待签约、意向性较强项目、达成初步意向项目三个星级，建立分级项目库。围绕重点产业，依托在谈项目库，分类分层次调度跟踪重点招商信息，发挥比较优势，成功引进一批重大产业化项目，对促进产业链延伸和产业集聚起到有力的带动作用。签订正式投资协议书的包括特色原料药生产基地、生物制药一体化生产、医药中间体生产、医疗耗材生产、原料药及保健食品生产、新型尼龙合金托辊生产、机车配件生产等21个项目。

提升服务质量。加强对阿拉宾度、五星金方、道福堂、龙舵生物等签约重点项目的跟踪服务，动态了解存在的困难和问题，及时向县委、县政府主要领导和分管领导汇报项目建设情况。对开工建设项目的进度情况，实行“一月一督查、一月一通报”，针对进展缓慢的项目进行定期和不定期的督查督办，确保项目早日履约落地、资金到位、动工建设、竣工投产。

【专题招商活动】

第十七届渝洽会招商活动。5月16日至19日，县委副书记、县长汤才勇率县委常委、副县长张学谦、唐协民，副县长杜宇，县委办、县政府办、县经信、县投促、县商务及罗渡镇、石垭镇、赛龙镇等负责人，赴重庆参加第十七届渝洽会。其间，成功举办岳池县投资促进推介会暨项目签约仪式，考察渝科商贸公司、重庆南松医药科技股份有限公司，分别洽谈新型环保节能建筑材料生产项目、医药中间体等项目，成功签约摩托车保险杠、医药生产项目、汇通物流园项目，投资总额11.9亿元。

第十五届西博会招商活动。10月22日至24日，县委副书记、县长汤才勇带领县代表团参加第十五届西博会，与会期间，举办川渝合作示范区·广安岳池医药产业投资促进推介会暨项目签约仪式，签约爱思药业、南松医药、百信制药、欧尚商务等6个重大招商引资项目，其中商务项目3个，协议引资19.5亿元；医药产业项目3个，协议引资19.7亿元。

【重大招商活动】

3月4日至7日，县委常委、副县长张学谦率县政府办、县环保局，县投促局，县食药局等部门领导赴山东考察医药项目。4月7日至9日，县委书记李永平，县委常委、副县长张学谦，副县长杜宇率县委办，县政府办，县工商联，县投促局等部门参加中外知名企业四川行活动，并对接参会医药企业。4 月 17 日，县委副书记、县长汤才勇，县人大常委会主任张永辉，县委常委、宣传部部长陈莉，县委常委、副县长张学谦，赴厦门考察厦门牛庄文化创意产业园。5 月 7 日至 9 日，县委常委、副县长张学谦率县经信局，县投促局赴华南考察电梯生产项目。6 月 12 日，副县长杜宇率县投促局等部门领导赴广汉考察蒸发式冷凝器生产基地建设项目。6 月 18 日至 20 日，县委常委、县政府党组副书记、副县长欧彦，副县长任仕金率县政府办、县文广新局、县住建局、县国土资源局、县投促局、花园镇等单位领导赴保利文化集团考察文化产业发展项目。7 月 17 日至 21 日，副县长杜宇率县食药局、县投促局等部门领导赴华南考察招商。9 月 4 日至 5 日，副县长杜宇率县投促局等部门领导赴成都考察生物制药一体化、医疗器械、中药材及天然植物有效成分提取等项目。11 月 15 日至 16 日，县委常委、副县长张学谦，副县长杜宇率县政府办、县经信局、县食药局、县环保局、县经开区、县投促局等部门领导赴成都考察对接中药健身产品生产、医药包材项目，跟踪龙舵生物制药项目落地。11 月 12 日至 14 日，副县长杜宇率县政府办、县食药局、县环保局、县经开区、县投促局等部门领导赴重庆、成都考察招商。

【驻外招商机构及职能简介】

岳池县投资促进局驻外招商机构由岳池县机构编制委员会于 2012 年 6 月第二次会议研究设立，包括川渝投促分局、华南投促分局、华东投促分局、北方投促分局、医药产业分局五个驻外招商机构，均为岳池县投资促进局管理的财政核定收支，定额定项补助事业单位。其主要职能为：

川渝投促分局负责省内、重庆、云南、贵州、西藏等西南地区招商，驻点为重庆，重点承接机械、医药、食品产业项目。华南投促分局负责广东、广西等珠三角和港澳地区招商，驻点为深圳，重点承接电子、医药、轻纺产业项目。华东投促分局负责浙江、江苏、上海、福建、江西等长三角和台湾地区招商，驻点为苏州，重点承接化工、电子、轻纺产业项目。北方投促分局负责北京、天津、河北、山东、内蒙古等华北地区和吉林、辽宁、黑龙江等东北地区招商，驻点为北京，重点承接机械、医药产业项目。医药产业分局具体负责医药产业招商，驻点为成都，重点研究国家医药产业政策导向和大中型企业投资趋势，做好与全国工商联医药业商会和省市药监部门等合作机构的信息互通、活动安排、项目对接等工作。

通过科学合理布局，实现以成都、重庆驻点覆盖成渝经济增长极，利用岳池处于轴心线区域优势，全力招引生物医药、机械制造产业；以苏州驻点辐射长三角，兼顾台湾、福建等区域，以深圳驻点辐射包括港澳在内的珠三角地区，全力招引生物医药、机械制造、现代农业以及以城市综合体开发、商贸服务等优势产业项目。各驻外投促分局深入分析和掌握本辐射区域内产业布局和发展情况，产业转移信息和有投资意向的企业资料，主动出击，通过电话联络、登门拜访等方式与商会、协会、企业及客商对接洽谈，做好岳池县招商引资区域优势、优惠政策的宣传和项目信息的收集，对区域实行纵深挖掘。2014 年，签约一新化工、口腔医疗器械、生物制药一体化生产、医药中间体生产、医疗耗材、气雾剂和喷雾剂生产、机车配件生产等重大工业项目，实现各分局竞相赶超，再谈、签约项目不断涌现，招商成效显著。

（县投促局）

城市建设 · 城市管理 · 环境保护

Cheng Shi Jian She Cheng Shi Guan Li Huan Jing Bao Hu

住房和城乡规划建设

【概况】

2014 年,全县城镇面积增至 50.28 平方千米,其中县城 18.9 平方千米,乡镇 31.38 平方千米,城镇化率 37.29%。全年完成固定资产投资 26.5 亿元(含房地产投资 21 亿元),全面完成重点项目投资 5 亿元,市政基础设施完成投资 3.65 亿元。

【城乡规划】

修改完善“岳池县经济技术开发区”控制性详细规划,推进“城东 4.21 平方千米控制性详细规划”和“北外街 0.6 平方千米概念性规划”,完成“余家河景观带”“余家河特色商业街”修建性详细规划和“洗马河景观带”规划设计方案。按照《四川省城乡规划条例》等法规的要求,对建设项目实行放线验线制度,确保建设对规划的服从性。办理建设工程规划许可证 54 个。

【城市建设】

稳步推进重点项目建设,完成占地 40.3 亩火车站站前广场建设,建成站前景观大道一段等 4 条 5 千米道路,新建雨污管网 12 千米。启动余家河商业景观工程建设。对县城区破损的沥清路面、水泥路面、人行道路等进行维修整治。维修城区破损路面 2835 平方米,人行道 5783 平方米,广场 5682 平方米;维修雨污水管网 2643 米,排洪管网清淤 2354 米;清理漏水桥 826 个。启动人防专项规划编制,完成固定短波电台建设和全市短波通信组网,完成全县防空警报器安装。完成秦溪镇、天平镇等 10 个乡镇场镇天然气安装通气工程。

实施春季、秋季绿化补栽,完成高速路连接线、东湖环湖路、南宋文化一条街、丝绸路、大西街、园田路等城区主干道路绿化补植,栽植香樟、红叶李、广玉兰、栾树、桢楠、银杏等乔木 2560 株,栽植红继木、金叶女贞、小桂花、石楠、海桐等灌木 3.8 万平方米。做好县城东湖公园、麻柳河两岸、书香学庄等故障灯的维修和更换,加强对县城路灯及其送配电线路的安全排查,对县城路灯进行 LED 节能改造。新安装路灯 141 盏。

【村镇建设】

石鼓乡、鱼峰乡完成总体规划编制,顾县镇、罗渡镇完成总体规划修编并完成专家评审,顾县镇、罗渡镇、坪滩镇完成场镇控制性详细规划编制并完成专家评审。在编制过程中,注重突出“因地制宜、科学前瞻、突出特色”的规划编制原则,坪滩镇“越江新城”融合“水镇相容”的先进理念,顾县镇结合自身千年古镇的文化底蕴,明确“保护古镇,拓展新区,古镇底蕴与新城建设有机融合”的规划发展理念。

开展西溪、石垭、坪滩等10个特色集镇和2个百镇建设试点镇建设。从2014至2017年，县财政每年将安排500万元以奖代补资金，主要用于特色集镇基础配套设施建设、项目编制、评审及申报工作经费补助。各乡镇公办幼儿园、标准化公厕、义务教育阶段学校、敬老院、卫生院、文化站、便民服务中心等公共配套服务设施得到完善。

【城乡环境整治】

通过“县—乡—村(社区)”三位一体的城乡环境治理和管理网络，上下联动，齐抓共管，完善全县城乡环境综合治理总体规划及其他相关规划，形成科学合理的治理规划体系。开展扬尘整治，治理施工现场扬尘污染25处，查处抛洒建筑垃圾车辆近180辆，空气质量达标率平均达95%。加强重点流域和区域及重点行业水污染防治，狠抓饮用水水源地保护和污水排放治理，实施重点流域水污染防治规划，水污染防治取得成效，化学需氧量净削减2.18%，氨氮净削减2.39%。成功创建省级环境优美示范县城。

【工程建设与管理】

强化工程建设管理，做好施工许可证办理及工程竣工备案工作，全年办理建设工程施工许可证78份，建筑面积148.67万平方米，办理竣工验收备案56件，建筑面积80.5万平方米。

强化建筑质量安全生产监督管理，开展大型起重机械设备、防汛抗旱、打非治违“六打六治”等安全生产专项检查。全年发出安全隐患整改通知书196份。

加强建筑企业资质(资格)管理和从业人员教育培训，完成79名二级建造师的初始注册、25名二级建造师的增项注册和53名二级建造师的转注册；新成立建筑总承包企业2家、劳务分包企业1家，企业资质升级1家，资质增项2家，资质变更3家。

严格执行建设项目放线验线制度，严肃查处违反规划的建设行为，确保规划执行的刚性约束。立案查处各类违法违规建设案件80余件，及时制止县城区违章搭房屋40余处；依法依规调解违章搭建而引起的群众纠纷30余起；集中开展“双违”治理专项行动，立案调查23个“双违”建设项目，有效地遏制违法建设蔓延。

【房地产业管理】

精品产业持续发展，花漾城等新建住宅小区，避免以前小区高容积率、绿化面积少等缺点，不断提升新区住宅品质。规范商品房预售许可，办理预售许可项目37个，建设面积84.05万平方米。其中：县城区内房地产开发项目27个，建设面积74.7万平方米；乡镇房地产开发项目10个，建设面积达9.35万平方米。加强房屋权属登记管理工作，办理房屋产权登记9870件，面积118.4万平方米；整理房产档案9870卷，查阅房产档案800例；办理交易过户3855件，面积38.3万平方米，金额11.75亿元；办理房地产抵押登记业务5398件，面积122.3万平方米，抵押金额24.12亿元。

【物业管理】

县委、县政府首次召开的关于物业管理的专题工作会议，规范前期物业管理、物业服务收费行为等，促进全县物业管理发展。在没有物管进驻的零散小区，尽量采取社区组织，居民自治，做好本小区的公共服务及物业管理。根据2014年城市建设工作专题会议精神，由九龙镇负责对老城区住宅化粪池、排水管网进行清理、维修和管理，维护费用由各社区组织小区住户先自筹50%以上，不足的维修费用再由县财政补贴。开展保障性住房与安置房物业试点，保障性住房物业管理由社区引导、业主委员会负责、住户分担、政策激励，廉租房按市场价格适当提高租金，物业管理费用由政府财政在房屋租金中补贴到社区，由社区自主管理，用于小区公共设施设备的维修与日常管理费用。在九龙镇银城中路自生小学对面廉租房(阳光)小区进行试点，对该小区进行地面硬化、绿化整治、搭建非机动车棚等，打造安置房与保障性住房物业工作亮点。按照物业专项维修资金管理使用管理规定，规范报修、查勘、维修、回访等物业专项维修资金使用程序，强化物业专项维修资金管理。住宅专项维修资金归集17个项目，资金1961.34万元，归集面积64万余平方米。

【民生工程】

新建棚户区改造住房2620套、公租房900套，分配廉租住房679套，销售经济适用房118套，完成22座乡镇标准化公厕、1座压缩式垃圾中转站、15座乡镇污水处理站建设。2014年年末，全县有标准化公厕60座，压缩式垃圾中转站5座，乡镇污水处理站21座。完成450户农村危房改造，发放补助资金337.5万元。

【房地产经营与开发】

房地产开发企业资质申报2家，3家房地产开发企业申报企业资质延期，审核登记备案1家外地房地产开发企业到岳池县进行房地产经营活动。新开工建设房地产项目28个，建设面积84.05万平方米。其中：县城区内房地产开发项目18个，建设面积74.7万平方米；乡镇新开工房地产开发项目10个，建筑面积9.3万平方米。推动全县房地产项目按照统一规划、成片开发、示范带动的建设模式，精心打造出花漾城、滨江国际等周边环境优美、配套设施完备、物业管理完善的精品楼盘。

2014年，开盘楼房有花漾城、东湖彼岸、瑞鼎星都会、祥成雅园等，在建楼房有尚城国际、瑞鼎公馆、东湖盛景等。

表4

楼房名称	开盘时间	地点	开盘申报价格（元/m^2）	户型（m^2）
祥成雅园	2014.5	城东实验小学南侧与麻柳桥安置房北侧	4500～5000	69～120
花漾城	2014.10	翔凤大道与丝绸路延伸段交汇处	4500～6500	80～141
城市金地	2014.10	吴雪艺术中心与建设路东段之间	4500～5000	70～140
东湖彼岸	2014.10	翔凤大道东侧与安公路延伸段南侧交汇处	4500～5000	69～140
滨江国际	2014.11	银城南路东段北侧与滨河东路交汇处	4500～5600	70～140
蓝湾河畔	2014.12	九龙镇滨河西路北侧与体育路西侧交汇处	4500～5000	71～148
瑞鼎星都会	2014.12	翔凤大道与建设延伸段交叉口东北侧	4500～5000	80～120

（县住建局）

城市管理

【城市环境综合治理】

2014年1月，科学安排勤务开展春节城市管理勤务工作，全力维护城区市容秩序和环境卫生。利用手机短信平台、LED电子显示屏等宣传阵地进行宣传，发送短信1.8万条次，滚动播放春节温馨提示1000余条次，向机关事业单位、市民、商家发放纸质“温馨告知书”5万余份。突出规范管理，严控临街门市音响揽客，划定临时经营区，对各类流动摊点进行合理疏导，在九龙大街、九龙广场等部分条件适合街区、人行道、公共广场划定机动车临时停放位2000余个；拆除存在安全隐患的破损、过期户外广告95块，对城区违章占道、各类喷涂“牛皮癣”、违章设置水泥石梯进行综合治理，纠正各类违章占道行为2358起，清除“牛皮癣”2500余处，清运生活垃圾5600吨。2月，开展游商专项整治，发放“温馨告知书”366份，清理流动摊点248处，清理店外经营210处，查纠乱摆乱放、沿街叫卖等违章行为207起，处罚19人次，暂扣喇叭、称等经营物品47件。3月,对东湖公园环境秩序进行持续整治,强力查纠垂钓、踩踏绿地、流动经营各类违章行为,发放“温馨告知书”500余份,制止违禁垂钓228人次,查纠流动商贩占道经营行为58起,暂扣流动商贩经营工具12件、渔具4件。4月,开展县城区各中小学校周边市容环境综合治理,对学校周边街区沿街叫卖、骑门占道、散发传单、乱停乱放等违章行为进行纠正,出动人员600余人次,车辆200余台次,教育、纠正校园周边各类违章行为3600余起,查扣经营工具、物品69件,处罚13人次。5月至6月,持续对违章占道经营、户外广告、“牛皮癣”、建渣垃圾转运、夜市摊点等进行综合整治,纠正骑门占道经营行为335起,取缔流动商贩及摊点16个,规范临时交易区经营行为114起,重新规划、设置、启用便民摊点12个,收缴游商叫卖喇叭12个,暂扣秤、灶等经营工具22件;拆除各类违规设置的户外广告、门头牌匾42块(幅、个),督促道旗广告、灯箱式路牌广告经营承包公司规范牌整改86次;清除喷涂、张贴式“牛皮癣”3400余处,纠正乱张乱贴行为4起,协助公安部门查处“牛皮癣”制造者2人次;查处拖带、撒漏污染路面车辆104台次,督促相关责任单位、责任人清洗被污染路面142次5万余平方米。7月16日至8月31日,以“扮靓银城·献礼诞辰”为主题,开展城区市容市貌集中整治活动,重点对非机动车乱停放、临街商铺、夜市摊点经营秩序及城区建渣转运进行规范,全力纠正骑门占道、乱排乱放、乱悬乱挂、乱倾乱倒等违章行为,全面取缔城区主干道临街商铺使用音响、喇叭、扩音器宣传揽客行为,纠正各类违章行为1624起,暂扣称、水果刀等经营工具62件,收缴喇叭、扩音器31个,处罚违规商户41人次,规范夜市烧烤摊点经营秩序226次,查处违章行为48起,处罚6起。9月,集中整治城区广场、主要道路及人行道的非机动车停放秩序。发放“温馨提示告知书”2万余份,发送手机短信9000余条,电视台播放整治公告24次,LED显示屏播放温馨提示1000余次,纠正乱停放车辆3200余辆,处罚345辆。10月,开展渣土转运专项整治,全力查处渣土转运车辆超高、超速、超载、撒落等违章,全面规范渣土转运及作业秩序,督促渣土转运单位整改不规范作业行为41起,查处渣土转运车辆超高、带泥上路、沿街抛洒等违章5起,处罚5起。11月至12月,开展户外广告专项整治。对城区户外媒体、灯箱、道旗、立柱等广告的设置情况进行全面调查摸底,对涉及违章的业主下达《责令限期整改通知书》114件,清理拆除违章、破损户外广告264块(幅),有效提升城市对外形象。

【环境卫生管理】

强化对清扫保洁、垃圾清运管理公司的督导,清理卫生死角6处,县城区各主次街道、人行道和公共广场清扫保洁率达到100%;垃圾日产日清,杜绝积存垃圾,清运城区生活垃圾6.7万吨,垃圾清运率100%。完成城区花园路压缩式垃圾中转站建设,日压缩垃圾80余吨。完成对文庙、大西街、园田路、九龙广场、丝绸路、建设路、麻柳河沿线等15处公厕的维修工作,对8座新移交直管公厕水电管道布局、内部附属设施进行全面修缮。增强机械化作业,添置环卫机械化作业设备,添置多功能喷洒车、小型垃圾转运车各1辆;完善《环卫机械化作业方案》,明确责任主体和每台车辆具体作业时间、作业路线、作业标准,常态化实施环卫机械化作业,机械化作业率达35%。

【城市管理宣传】

通过灯箱式路牌、灯箱式垃圾桶、街道广告招牌、路灯广告牌,设置城市管理公益宣传广告78块,设置大型立柱城管公益广告牌7块,累计在城区LED电子显示屏宣传和曝光乱象600余次。组织志愿者开展文明劝导活动24次,开展与商家互动活动52次,深入社区、学校开展宣传36次,向全县市民发送手机短信温馨提示10.8万条;对城管先进典型、工作动态和有益经验进行广泛宣传,在工作网站发布更新各类工作信息266条次,编发《岳池城管》11期,市、县电视台专题报道22

次,《四川法制报》《广安日报》《川东都市报》、广安在线等媒体刊用稿件92篇(条),在政府机关网站、《政务快报》发表工作信息、简讯34篇,向市民公开工作动态、文件440篇。

(县城管局:吴红梅)

环境保护

【环保宣传】

利用“6·5”世界环境日、“4·22”地球日等纪念日活动,县环保局会同县广电、畜牧、水务、国土、司法等部门联合开展环境保护及相关法律法规宣传活动,印发宣传资料1.2万份,受教育群众超过5000人次。会同县广播电视局,制作以保护环境为主题的电视专题片,在县电视台播放,向全县群众进行广泛宣传,受教育群众达到10万人次。编发宣传短信1000余条,向各级领导干部、企业业主进行广泛宣传。深入社区开展环保宣传活动,向县城2000余个家庭发放环保宣传资料,受教育人数达到1万人。通过科技下乡、科技赶场等活动,组织宣传队伍深入乡镇开展环保宣传,发放宣传资料3000余份,张贴环保宣传画、挂图10套,受教育群众1万人。编印《岳池环保》专刊13期,分送“四大班子”领导和县级相关部门、重点企业等,宣传环境保护工作动态和相关法律法规,起到有针对性的定点宣传作用。

【防治污染】

加大对新民河、西溪河和麻柳河流域的整治工作,新民河流域整治即将完成,沿岸6个养殖污染治理项目已经完成,3个乡镇污水处理站完成主体工程建设,正在组织设备调试;西溪河流域污染整治进展顺利,上游6个乡镇生活污水处理站建设全面完成,对27个规模化畜禽养殖场进行污染治理,关闭12个规模化畜禽养殖场;麻柳河污染治理有序推进,县政府已下发整治方案,九棵树、隆兴养殖场等11个养殖场正按照要求落实关停措施,治理养殖场(户)7个。

会同县水务局、园区办等单位,全力推进园区污水处理厂建设,完成调节池、氧化池、氧化沟等主体工程,正在安装调试设备,项目即将投入试运行。项目配套的人工湿地及管网工程已经开工建设,即将完工。

完成裕民、大佛等4个出川断面整治项目乡镇污水处理站建设工程,协助县住建局完成罗渡镇、镇裕等8个乡镇污水处理站规划选址、工艺、设计图纸的审查。落实专人对全县乡镇生活污水处理站建设、管理及配套管网建设情况进行专题调研,督促相关乡镇切实抓好生活污水处理站建设、管理及配套管网的规划和建设工作。

督促指导赛龙等乡镇污水处理站和岳池县田野肉牛养殖专业合作社等4家畜禽养殖企业完善环保制度,落实专人负责;建成龙海波养殖场等4家畜禽养殖企业污染治理设施。县城污水处理厂日进水量有所提升,全年累计处理生活污水540万吨,实现化学需氧量削减920吨,氨氮削减130吨。

新建1个城区环境空气自动监测站,实现对县城空气的实时监测。新建1条汽车尾气检测线,使全县各类汽车可在本县内完成汽车尾气检测和年审。督促县城建筑工地完善防尘措施,减轻全县建筑扬尘污染。关闭岳池银都陶瓷厂,拆除生产生活设施设备,完成结构减排任务。县政府出台《岳池县城区燃煤锅炉污染治理工作方案》,将县城区16台燃煤小锅炉纳入限期淘汰计划,淘汰燃煤小锅炉2台。

【加强饮用水源保护】

根据县政府印发的《岳池县补充划定大高滩等8座水库为集中式饮用水源保护区工作方案》的要求,县环保局开展划定大高滩等8座水库为饮用水源地工作中的《饮用水源划分技术报告》编制工作,该项工作已完成政府采购招投标,中标公司正在开展饮用水源保护区调查。

县环境监测站每季度对响水滩水库、全民水

库饮用水源保护区进行取样监测,每半年对34个乡镇集中式饮用水源地水样进行采样监测,对检测结果进行分析汇总,并报相关部门。

县环保局会同翠管会和相关部门,在响水滩水库开展禁泳活动,对在饮用水源保护区游泳的游客进行劝阻和制止。会同县畜牧局、水务局等部门对全民水库及其周边的养殖场进行取缔和整治,取缔12家养殖场,督促27个养殖场建成污染治理设施。

【项目申报】

全年县环保局争取中央、省项目资金1747万元,超额完成县委、县政府下达的1000万元项目争取目标。

加强与省环保厅的衔接汇报。经努力,全县成功进入全省农村环境综合整治典型带动区支持范围,罗渡镇、中和镇、坪滩镇三个农村连片环境综合整治项目已被列为中央、省重点支持项目,获得中央、省项目资金570万元。配合县发改局和西溪镇积极抓好乡镇污水处理站项目申报,获中央补助资金950万元。抓好环保能力建设项目争取工作,获得省级环保专项资金257万元,为推动县环保局环境监测和环境执法能力提供资金支持。加强项目储备,编制重点流域水污染综合治理项目、畜禽养殖污染治理整县推进项目和白庙镇、顾县镇污水处理站减排项目可行性研究报告,上报省环保厅,已纳入省厅项目库,有望获得支持,其中白庙和顾县镇污水粗护理站项目已经进入公示阶段。

【推进生态县创建】

组织相关单位到仪陇、广安等地考察,学习已命名的县、市创建工作经验,明确全县创建工作存在的差距和工作重点。结合考察学习情况,县生态办全面梳理生态县建设中存在的问题,提出工作建议,利用召开全县生态县创建工作推进会,将有关目标任务下达到有关乡镇和部门。为推进创建工作,县生态办对照创建规划,对每一阶段的工作目标进行定期检查,切实抓好创建工作的督促和指导;帮助乡镇和部门建立健全相关工作制度和台账,抓好生态建设工程、生态细胞和日常工作资料的收集、整理和归档,对存在的部分新农村建设未建集中污水处理池、农村沿线沟渠垃圾污染、部分乡镇垃圾收集处理设施不完善、污水处理设施运行不畅等问题,与相关乡镇进行交流,完善现场点打造。

【建设项目管理】

审批各类建设项目67个,其中:审批环境影响报告书6个,环境影响报告表15个,环境影响登记表27个,建设项目竣工验收项目19个。

跟踪服务仁安药业、美泰包材、宏益制药、一新化工等重点项目,确保其工程建设进度和环境影响评价质量。辅料包材建成并投入试生产,宏益制药新增土地已经落实,仁安药业项目获得中央、省补助到位,项目进展顺利。

县环保局主动出击,落实招商引资项目10个,协议引资3.8亿元。其中:工业项目6个,协议引资3.4亿元;社会服务业项目1个,协议引资2000万元;畜禽养殖项目3个,协议引资2000万元。广安百泉磺基苯乙酸恢复生产项目和岳池县承建新农养殖场建设项目已投产运行,城南园区工业污水处理厂等2个项目正在建设中,其他新型尼龙合金托辊生产线建设项目等6个项目处于环评审批阶段。

【环境监管】

遵照"以管促收、以收促治"的原则,通过管理来促进收费,通过收费达到改善环境质量的目的,注重以征收排污费为手段促进企业加强治理,达到减少污染物排放的管理目标,全年收取排污费120余万元。

将宙龙化工、城市生活污水处理厂、四海实业有限公司等废水排放大户作为全县环境监管的重点,采取定期、不定期对工业企业污染防治设施运行情况进行检查280余次,检查单位90余家,对发现的环保违法行为，进行严肃处理，对存在环境污染隐患的企业，责令及时采取整改措施；特别要求企业对有害物品、危险化学物品仓库、固体废物、危险废物堆放地采取有效防护措施，加强监督管理，防止因跑、冒、滴、漏造成污染事故的发生。

县环保局会同县公安、城管、住建等部门，组成联合执法队伍，加强考点、学生住所地周围巡查，确保考生在高、中考期间不因噪声污染影响生活、学习和考试。向13家建筑工地、90余家OK厅、50余家夜啤酒、28家小型加工作坊、100余家商店发出县政府禁噪通告，在县电视台滚动播出禁噪通告快速及时处理投诉。开通"12369"环保举报热线，坚持24小时值班，随时接受群众有关举报，有效改善周边声环境质量。

针对群众来信来访，县环保局坚持文明受理、及时出现场、限期结案、跟踪问效、急事急办的原则，始终以群众的切身利益为出发点，将人民满意作为工作的最终目标，参与协调和及时调查处理。全年查处人民群众来信来访及污染纠纷93起，处理率100%。

加大环保行政处罚力度，对检查中的环境违法行为严惩重罚，督促企业加强污染治理，并最大限度实现中水回用的目标。全年全县对环境违法行为立案4件，其中工业企业违反案件3件，畜禽养殖企业违法案件1件。

【环境监测】

县规委会已经解决环境监测和环保执法业务用房项目用地（与卫生执法和司法局项目合并为一宗地块），审查通过项目设计方案。并完成项目选址意见书、施工图设计、预算和财评等工作。

加强环境监测能力建设，完成县环境监测站监测项目扩项。组织2名新引进人员和4名拟扩项人员参加省环境监测总站组织的人员上岗考核，考核成绩全部合格，为县环境监测站增加12个指标的监测资质，新增持证上岗人员2人。

开展环境空气监测、环境噪声监测、环境水质监测和重点污染源监督性监测等，出具监测报告67份，有效数据2000余个，为及时掌握重点污染源"三废"排放情况和城乡饮用水源水质现状提供依据。

（县环保局）

交通·通信·邮政

Jiao Tong Tong Xin You Zheng

交通运输

【简述】

2014年,全县交通建设以党的群众路线教育实践活动、纪念邓小平110周年诞辰为契机,落实工作责任、强化工作措施,全力推进交通基础设施建设。全年完成固定资产投资91869万元,新增固定资产入库57977万元。

【项目争取】

争取到位省补资金1.6亿元。新增G244国道1条,省道由S203线1条增至S203、S206、S208、S406、S407等5条。全面摸清全县各级公路建设基本情况,建立公路运行轨迹,完善全县农村公路项目库数据,拟订全县国省干线路网调整方案,科学编制全县农村公路建设三年攻坚行动规划。

【工程建设】

实施广岳大道新建、广高路改造、仪华路大(中)修、县乡道改善、通村水泥路等重点工程建设。广高路红庙至西溪段升级改造工程于2015年2月1日前完成所有路面的油面层铺筑;红星大桥建设、汽车站提升改造工程有序推进,将于2015年3月进场施工。改善、整治县乡道73千米,大(中)修省道22千米,建设通村水泥路120.6千米,安装波形护栏143千米。

【公路运输】

2014年,新增客运线路2条,即顾县—广安、岳池—嘉陵,改造县际客运线路4条、农村客运线路16条,新增或更新农村客运车辆103辆。新发展普通货运企业1家,大吨位货车149辆。对经营期满的25辆出租车、15辆公交车进行更新投放。完成顾县、东板、长田、双鄢农村片区农村客运发展工作,投放农村客运车辆50辆。开辟1条机动车安全检测线,新建1条汽车尾气检测线,谋划广安至岳池公交车投放工作,全面激发企业活力持续增效。

【水路运输】

完成客运量93.8万人次,客运周转量739.2万人千米;完成货运量136.7万吨,货运周转量6985万吨千米;分别为年计划的177%、205%、138%、123%。

【公路养护】

清扫路面2000多万平方米,清理水沟450万米、路肩590多万平方米、坍方1.2万立方米,修补路面坑凼11万平方米。S203线武胜段PQI值达到82,县道PQI值达到67.5。争取机械化养护中心建设用地23亩和建设资金550万元,新建(改建)2个标准道班房。县财政将县乡村道管养经费全部纳入财政预算，并按1000元/千米标准拨付村级水泥公路大（中）修资金，建立村级公路管养考核体系。

【路政管理】

上路巡查1000余人次，清排路障400余处，强制拆除违法广告4块，查处违章建筑案件12起，检查货运车辆5万台次，处理超限车辆4.46万台次，劝返车辆403台次，卸载转运超限货物51台次，维护路产路权，确保公路完好、安全、畅通。

【运政管理】

开展城市客运秩序、出租汽车客运秩序、汽车维修及驾培市场等专项整治，组织对全县道路运输企业质量信誉工作进行考核，帮助企业完善质量信誉工作。全年查处各种非法违法客运车辆61辆，查处出租车和班线客运车辆不规范经营行为166起，打击外籍车辆不按规定载客等违章行为9起。

【海事管理】

检验审验客船70艘、渡船14艘、旅游船8艘、货船69艘，共795总吨、3153千瓦、4122客位。全年发放燃油补贴160万元。建成中和码头和袁家跳墩渡口。完成112艘客渡船4020客位的乘座险、112名船工的人身险保险工作。深化救生衣“双百”行动，查处违章21起，停航整改5次，整改隐患23件，罚款1.6万元，增配救生衣1900件、救生圈39个。

【安全管理】

开展“道路交通安全综合整治攻坚年行动”等活动，深化“平安交通”建设，进行“六打六治”。打击非法违法生产行为，狠抓安全生产隐患排查整治。开展交通运输安全生产大检查12次，日常督查300余次，检查客货船舶1836艘次、客货车辆3297台次，查处违章行为70余起。水陆交通运输实现“零事故、零死亡”。

【广岳大道岳池段修建简介】

广岳大道岳池段是《广安市构建川东综合交通枢纽规划（2009年~2030年）》规划的重点交通枢纽之一，起于岳池县迎宾大道与大西街的交叉口，跨九龙镇、大石乡、石垭镇3个乡镇，经大石乡规划外环的南侧、徐家湾、曹家湾、吴家湾、小游家院子、皮家祠堂、伍家垭口、红庙场镇、水井湾、李家院子等地，止于广安区枣山小平大道交叉口。广岳大道岳池段全长12.18千米，分为城区段和公路段。其中城区段全长4.02千米，按照城市主干道标准设计，路基宽度分别为60米、30米；公路段8.16千米，按照一级公路标准设计，路基宽度为23米，设计速度为60千米/小时。该项目施工图总预算4.9亿元，其中建筑安装工程费用2.6亿元，征地拆迁等费用2亿元，其他费用0.3亿元。

广岳大道岳池段由江苏省交通科学研究院股份有限公司进行设计，按照BT建设模式，公开招标选定四川京川公路工程（集团）有限公司作为施工单位，广安建平建材集团有限责任公司作为投资单位，四川省亚通公路工程监理所作为监理单位。项目于2014年2月10日进场施工，2014年12月31日完成主体工程建设，2015年2月3日正式通车。

广岳大道作为岳池县城区至广安市区的快速通道，既是广安市“双百组团城市”的纽带，也连接国道G42线公路（沪蓉高速公路）、在建的渝川陕高速公路以及广遂高速公路枣山出口，又完善县区域联网公路体系，为岳池县“接轨广安一极轴、融入成渝经济圈”的恢弘战略奠定坚实基础。

（县交通局：杨军）

中国电信岳池分公司

【概况】

2014年，岳池电信通信业务收入完成

4183.87 万元，但还是差市公司下达计划 0.9%，完成计划 99.1%，同比增长 9.14%。其中月租费 865.83 万元，同比下降 14.95%；本地通话费 1183.05 万元，同比下降 7.59%；国内长途 811.18 万元，同比下降 1.19%；增值业务完成 647.18 万元，同比增长 69.42%；宽带业务收入完成 676.64 万元，同比增长 103.61%。城市固话净增 2806 户，完成计划 178%；宽带完成 33171 户，完成计划 79.8%。

【经营活动】

2014 年，春促活动、收关会战活动指标分解到各销售组，再由各销售组分到客户经理头上，活动宣传、管控落实专人负责，组织宣传小队进驻小区、闹市区流动宣传，做到家喻户晓，分阶段进行评比通报并对营销策略进行优化，实现 2014 年开门红。收关会战参照市公司模式在县城开展短程营销竞赛，客户经理充分发挥团队精神，互帮互助，通过竞赛方式得到段炼，营销技巧得到提高。9 月在校园营销中，全体员工发挥协作精神，从宣传布置、摊位选点、学生宣传队组织等方面精心安排，显示岳池电信员工是能打硬仗的队伍。

【企业管理】

在通过竞聘大家推选出承包人，并由承包人确定团队人员。承包后维护人员由原来 13 人缩减到 7 人，分流 6 人到营销前端。承包后在承包人的带领下，团队加强协作，支撑时限得到提升，部分维护指标由原来全市最后追赶到平均水平。

【网络建设】

继 2013 年苟角、乔家、裕民、石垭全光乡镇建设后，2014 年全县 43 个乡镇全部实现光网建设，10 个乡镇设备下电并退铜。10 月完成城区全光改造，实现城区全关覆盖。2014 年年末，完成县城外滩、大西街模块局交换、传统数据设备下电工作，母局因挂县镇模块局延后下电。全关建设不仅实现节能降耗，提升网络品质，增强网络竞争能力。全县 H 端口容量达到 71352 个，宽带用户达到 33171 户，ITV 用户 21697 户，端口占用率达到 46.49%。全县建设开通 4G 基站 22 个。

启动的第一批建设目标全县建设点位 86 个，其中农村营销中心 73 个，县城 13 个。发展 ITV1655 户、宽带 1643 户、手机 2765 户。

（中国电信岳池分公司）

中国移动通信集团四川有限公司岳池分公司

【概况】

中国移动通信岳池分公司主要经营移动语音、数据、IP、宽带等业务，经过发展，拥有“134、135、136、137、138、139、147、150、151、152、157、158、159、178、182、183、184、187、188”共 19 个号段，除了原有的“全球通”“动感地带”“神州行”“动力 100”等著名品牌外，还推出“And！和”品牌，与世界五大洲 200 多个国家和地区开通国际漫游，时刻为客户提供可靠的网络覆盖和优质的通话效果。以客户为中心，岳池移动全面提供差异化服务，根据客户的细分需求适时推出各种新业务，针对全球通客户推出“手机上网”“随 E 行”“群英网”等服务；针对年轻客户，推出“手机游戏”“彩铃”等娱乐性很强的业务；针对大众客户，提供“亲情号码”等优惠实在的服务。

【企业责任】

2014 年，岳池移动用户数同比增长 5%，全年运营收入同比增长 8%。岳池移动诚心回报社会，初步将公司打造为一个“有竞争力、有社会责任、有道德有文化”的企业。

【网络建设】

2014 年年末，共有基站 550 个，其中 4G 基站 150 余个，实现县城及重点乡镇 4G 网络全覆盖，小区宽带开通 1.2 万余线，光缆传输达 600 皮长千米，全面完成村通工程基站建设任务，解决 200 余个行政村的通信难问题，具有自主知识产权的 TD－LTE 网络建设全面展开。

（中国移动通信集团四川有限公司岳池分公司）

中国联合网络通信集团有限公司岳池县分公司

【概况】

中国联通岳池县分公司是中国联通在岳池县的分支机构，主要经营：固定通信业务，移动通信业务，国内、国际通信设施服务业务，卫星国际专线业务、数据通信业务、网络接入业务和各类电信增值业务，与通信信息业务相关的系统集成业务等。2009 年 1 月 7 日，中国联通获得 WCDMA 制式的 3G 牌照。

县分公司下设总经理、副总经理。2014 年公司员工总人数 26 人。

【业务发展】

组织员工、核心代理商开展“快马加鞭”徒步活动，开展员工互评活动等，提高员工工作积极性，加强员工凝聚力，推动分公司企业文化建设的健康发展。

落实返乡市场的销售，增加返乡市场用户的接入点，增加非电信渠道销售的占比，增加乡镇业务的代理渠道、鼓励支持合作营业厅对二、三级渠道进行卡号资源的发放，并做好返乡市场的广告宣传。

拓展业务，抢先一步占领市场。牢固树立以“市场为导向、客户为中心”的经营理念。加大营销力度，积极应对新的挑战。着重短线产品维系和长线产品结合发展，渡过通信行业低谷期。区分品牌，建立品牌隔离销售；以 4G 为重点加强对集团单位、运输行业等用户的挖掘工作，促进存量市场的发展。

（中国联通岳池县分公司）

邮　政

【概况】

县邮政局有在岗人员 249 人，委代办员 73 人，退休 44 人。现设综合办公室、市场部、金融业部、监督检查部、报刊投递中心；有生产班 5 个、邮政支局（所）36 个，其中金融网点 33 个、纯邮政网点 3 个，下设便民服务站 250 个。主要办理函件、包裹、国内小包、报刊发行、邮政储蓄、汇兑、特快专递、物流分销、集邮、机要等业务，代办保险、代理机票、代售火车票、代收烟草款、代发工资、代收电费等各项代办业务。2014 年，实现业务收入 6880.51 万元，完成市公司预算目标的 99.63%，同比增长 7.73%。

【经营发展】

代理金融业务。把握“春节”前后城乡居民收入相对集中、农副产品集中上市、外出务工农民返乡、商品交易活跃等季节性特点，抓好业务宣传和柜台服务工作。抓住年末岁首行政、事业单位集中拨款、企业资金结算回笼机遇，有重点地做好客户拜访维护工作。利用横幅、墙体广告、LED 及车身广告、“送金融知识下乡”等媒体，全方位、多视角宣传金融产品经营优势。全年各网点按照“重点推广华西健康卡、发行绿卡通、逐步减少普通绿卡”的思路，在绿卡通 IC 卡因故迟迟没下发的情况下，加大绿卡通华西健康卡的推广力度。全年收入完成 5330 万元，占全县总收入的 77.47%，完成全年 5400 万元计划的 97.7%，同比增长 7.58%，差计划进度 1.26%，差绝对值 70 万元。其中储蓄业务收入完成 5054.6 万元，汇兑收入完成 17.8 万元，保险及中间业务收入完成 257.6 万元。

函件业务。利用邮政网点多媒体电视平台成功与广安泰康人寿保险公司、中国财产保险公司岳池支公司、中国移动岳池支公司、岳池周大生珠宝行、岳池金多福珠宝行等多家企业签定多媒体广告投入合同。其中广安泰康人寿保险公司、中国人寿保险公司岳池支公司、中国移动岳池支公司分别投入广告费2.5万元,中国财产保险公司岳池支公司投入广告费6000元,岳池周大生珠宝行和岳池金多福珠宝行投入广告费7.04万元,共计实现收入15.14万元。

电子商务业务。综合利用网点LED显示屏、业务宣传单及宣传横幅宣传新兴业务,扩大电子商务业务的社会知名度。在窗口和营业厅加强机票和航意险业务的宣传。营业员、大堂经理和理财经理在引导客户办理业务的同时主动宣传机票和航意险。

分销业务。通过批销价格的调整,调动网点自筹资金、自主经营的积极性。召开现场订货会,现场订货100余万元。县邮政局各片区组成四个督导小组在销售旺季到网点宣传督导农资促销,抓好小卖场工作。各网点负责人逢场天组织人员在营业窗口摆摊促销,与社投员一起下乡利用投递邮件的机会到每个村社预订销售。

报刊业务。加强与县文广新局的联系,拟定对岳池847个农家和社区书屋采取集订分送方式,统一从岳池邮政局订阅部分重点推荐出版物,由县邮政局按发行时间配送到各社区书屋。开展商务期刊的揽收并已初见成效成功揽收乔家计生站商务期刊400册、现代医院1000册、消防队1000册。大收订实现流转额1702万元,同比增长54%。

集邮业务。借县消防大队新楼落成之际,成功与县消防大队携手开发出《烈火雄心忠诚卫士》定向邮册200本,收入3万元。与县工商局达成合作协议,签订《保护消费者权益》定制邮册300册,收入2.6万元。利用市公司开发的《广安好玩》项目成功招商3家,实现收入2.6万元。介绍《形象宣传年册》具有收藏、鉴赏、宣传的多重功能,科学利激励政策,签订《形象宣传年册》的制作合同1800册,收入53.85万元。

【体制建设】

实行半营半投工作举措,建立健全相关制度和规定,完善邮政基本设施,确保空白邮政网点正常有序进行。加大对便民服务站的选点和择优工作,按照便民服务站的相关规定和要求,加办166个邮政便民服务站,运作正常,效果良好。

按市公司要求推行以营销、营业、投递客户经理为主体的综合营销,实行一岗多职,强化专业支撑,满足客户多元化用邮需求。结合机构改革,采取"双向选择"的方式,挑选业务熟悉、市场应对能力强、营销策划水平高的人员组成专业兼职营销队伍,直接面向市场、面对客户。

【企业管理】

落实"强服务、降投诉"专项整治工作,提高服务质量。全年处理用户投诉市局转来总行"95580"客服中心业务工单8笔,"11185"投诉工单9笔,阳光政务投诉2件。对投诉做到件件有答复,件件有回复。

以制度执行为抓手,加强安全管理。开展"元旦""春节"节前邮政金融安全大检查,制定监督检查人员履职的分工;落实2014年与委代办人员的合同签订工作,开展投递服务质量大检查,以及现金业务管理风险大排查和非法集资排查工作;做到边查边改,整治安全隐患,确保企业整体平安。

(县邮政局)

财税管理

Cai Shui Guan Li

财政工作

【财政改革】

推行绩效预算管理改革。2014 年,扩大绩效评价范围,实现预算项目全覆盖,加大绩效管理成果应用力度;强化支出执行结果通报考核,严格实施中期评估;加大结余结转清核力度,控制结转规模。选取县本级财政安排的 13 个项目进行支出绩效评价,共计资金 9312 万元。选取县法制办、科技局、食药局等 3 个部门进行部门支出预算绩效评价。逐步建成科学规范的财政资金分配和监管体系,确保将有限的资金用在"刀刃"上,实现财政资金效益的最大化。

深化专项资金管理改革。落实零基预算要求,根据部门履职需要,按照支出定额和政策要求合理编制部门预算,逐项细化项目绩效目标,核定部门项目预算规模。全面清理专项预算项目,取消执行到期、功能模糊、绩效不高的项目,归并用途趋同、投向重复、规模较小的项目,调整政策对象交叉、区域范围重叠的项目。规范项目资金分配管理,执行专项资金管理办法,依据项目性质特征,采用竞争立项、因素计算等分配手段,逐步规范项目资金管理模式,实现资金优化配置。

推进财政标准化建设改革。加强财政信息化建设,配备专用内网机和外网机,逐步实现省、市、县、乡四级联网和实时监控;强化业务管理,梳理和规范业务流程,加强资金监管;健全机关各项规章制度 20 余项,明确岗位职能,规范文件资料及档案管理;加强干部队伍建设,合理配备人员,召开专题会议及开展业务培训 5 次,提高单位财务管理水平;健全完善领导干部定点联系乡镇财政所制度,加强对乡镇财政所的业务指导,有效促进乡镇财政队伍素质、资金监管水平和服务民生能力全面提升。

【财政收入】

全县地方公共财政收入完成 75114 万元,为预算的 102.65%,同比增长 18.05%。其中:税收收入完成 47372 万元,为预算的 102.69%,同比增长 20.93%;非税收入完成 27722 万元,为预算的 102.59%,同比增长 13.42%。上划中央"两税"收入完成 13651 万元,为预算的 120.68%,同比增长 27.27%。全县公共财政预算总收入完成 122430 万元,同比增长 22.94%。按财政部规定口径计算的经常性收入增长 10.6%。

【财政支出】

全县公共财政预算支出完成 3520896 万元,为调整预算的 99.57%,增长 12.69%。其中:农林水事务支出完成 66191 万元,增长 13.62%;教育支出完成 94246 万元,增长 10.74%;科学技术支出完成 288 万元,下降 11.93%;医疗卫生支出完成51471万元，增长27.31%；社会保障和就业支出完成53919万元，增长17.29%。重点支出均得到有力保障，农业、教育、卫生等重点支出增幅均高于同级财政经常性收入增幅。

【财政监管】

加强财政监督管理。根据上级相关文件精神，县财政局联合多部门开展多项违纪违规使用资金查处工作。开展切实解决乱发钱物和干部私费公报问题检查工作。全县自查自纠涉及到的单位(部门)94个，发现乱发钱物金额204.69万元，其中清退金额178.72万元；查出8个单位22人私费公报3.38万元，清退或收回财政资金3.2万元。开展贯彻执行中央八项规定严肃财经纪律和"小金库"专项治理工作，自查自纠单位119个，自查率100%。自查出违纪违规总额870.52万元，其中2013年797.7万元、2014年72.82万元。

加强政府债务管理。逐步建立地方政府债务规模管理和风险预警机制，将地方政府债务收支纳入预算管理；逐步形成规范的地方政府举债融资机制，严格控制地方政府新增债务，防范财政金融风险；全年全县化解债务60679.79万元；严控新的债务产生，切实降低财政运行风险。

加强财政评审管理。加大对委托的工程造价咨询机构的监督管理，保证项目评审结果的真实准确。提高建设资金使用效率，配合查处基本建设项目实施过程中的违规违纪问题，规范政府投资项目建设程序，扩大财政投资评审影响力。实行重大事项报告制度，对预算单位项目乱编滥造等情况及时向上级领导报告，加大对违反项目管理和财经法规等行为惩处力度。全年全县财政投资评审项目610个、工程1005个，审定金额26.38亿元，审减4.46亿元，审减率16.91%。

加强政府采购管理。按照县政府办《关于进一步规范政府采购程序的通知》要求，扩大政府采购范围，细化政府采购目录和标准，提高政府采购规模。启动"政府购买公共服务"制度改革试点，通过公开招标、定向委托、邀标等形式将原本由自身承担的公共服务转交给社会组织、企事业单位履行，以提高公共服务供给的质量和财政资金的使用效率。强化采购监督管理，配合纪检监察、审计和司法等部门，对政府采购工作进行全程监督，规范政府采购行为，实现"廉洁、阳光、绿色"采购的良好环境。全年全县实现集中采购项目204个，采购预算21460.42万元，实际采购金额17740.95万元，节约资金3719.47万元，节约率17.33%。

(县财政局)

国家税务

【税收收入】

2014年，县国税局组织各项税收收入20819.68万元，为年计划的130.12%，同比增长39.79%，增收5985.29万元，首次突破2亿元大关；税收收入总量赶超广安区、前锋区和华蓥市，收入增幅居全市国税系统第一，高出全市平均增幅20个百分点。发挥税收职能作用，实现县本级一般预算收入3914.31万元，同比增长53.41%，增收1326.77万元。

【税收改革】

推进"营改增"试点工作，完成交通运输业、邮政业和电信业等的"营改增"工作，全年实现"营改增"增值税810.05万元。及时开展"营改增"宣传，在2014年12月9日的《人民日报》第九版中，报道县国税局宣传"营改增"工作。推行绩效管理，无缝对接省、市国税局各项绩效指标，抓好任务分解、责任落实、督导推进和质量监控。推进"五个集中"，成立备案审批、货劳税、所得税、出口退(免)税、评定税、注销清算和纳税评估等7个专业团队，切实帮助企业防范和规避风险。全面落实分类管理，加强大企业税收监管，全年全县工业集中区实现国税收入11956.4万元，同比增长30.6%，突破亿元大关，居全市各园区首位。

【纳税服务】

推进“便民办税春风行动”，开展全员全面走访纳税人活动，全年走访纳税人802户，收集纳税人提出的依法征收、纳税服务、党风廉政及“四风”方面存在的问题和意见建议182条。深化办税服务厅建设，落实领导值班制度，现场帮助纳税人解决疑难问题100余件，听取收集纳税人意见建议23条。全面落实“免填单”服务和首问责任制，制作并发放办税服务一次性告知卡8000余张。取消和下放税务行政审批项目，审批时限平均缩短3个工作日。推广多元化申报方式，全县一般纳税人和小规模纳税人中有75%选择网络申报。统筹纳税检查，规范下户执法行为，清理下户执法事项20项，减轻纳税人负担。省国税局组织三方满意度调查，县国税局以86.68的平均分在全省参评的86个县区局位列第14名，居全市第一名。

【干部队伍建设】

强化教育培训力度，全年组织开展各类业务培训20余期，选送参加省、市国税局组织的培训45人次。加强道德文化建设，开展道德讲堂5期。开展“雷锋班”志愿服务活动，获得省、市国税局领导和各界群众的一致好评，受到中新社、《四川国税》《四川工人日报》等媒体的关注报道。加强党风廉政建设，开展“廉洁从税、规范执法、优质服务”主题大讨论活动，组织干部职工参观廉政文化教育“改革开放”辅基地2次，赴四川嘉陵监狱开展警示主题教育1次。实施廉政风险迹象黄色告知、橙色警示、红色纠错三色动态管理，试点发放告知卡11人次，及时关爱提醒，着力防范腐败行为发生。

（县国税局：张力）

地方税务

【税收收入】

2014年，全县实现地税收入77240万元，同比增长22.81%（剔除“营改增”收入基数，增幅达23.92%），增收14344万元。其中：税收收入73833万元，同比增长22.74%，增收13678万元；省级税收15464万元，同比增长14.18%，增收1920万元；其他收入3407万元，同比增长4.30%，增收666万元。组织地方本级税收43459万元，同比增长22.44%，增收7964万元。在全市8个征收单位中，税收规模居首位；在全市有同比数的五区市县中，税收增幅排第3位。在全省59个扩权强县中，税收规模排第18位，税收增幅排第5位。实现的县本级税收占地方公共财政一般预算收入75114万元的57.86%。

【税收征管】

对征管系统中的数据进行清理，全面推行《税务管理员巡查工作办法》，加强日常巡查巡管工作，开展纳税评估工作。强化以票控税，全年稽核发票4267份，对49份有问题的发票及时责成相关责任单位和责任人进行整改。做好“营改增”工作，向县国税局移交1户电信业“营改增”征管基础信息。推行网上申报纳税，全年有15户企业申请网上报税。完善房管部门与地税征管单位工作的配合机制，建立网络平台实现房产交易与税收信息共享。按照“两个统一”“三个规范”“四项制度”的管理模式，对全县189个房地产项目实现全覆盖的一体化管理，全年入库建安房地产税收58367万元。对门市、车库等非住房交易价格情况进行走访调查和信息核实。全年通过税库银实时入库4059笔，入库税款31682.4万元，占总收入的41.02%；通过银联POS机刷卡18539笔，入库税款22311.5万元，占总收入的28.89%。全年完成土地增值税清算项目28个，11月实现广安地税土地增值税查账征收零突破。简化外管证办理程序，全年开具外管证2593份，入库企业所得税6125.9万元，同比增收670.3万元。对121户企业的2013年度企业所得税进行汇算清缴，汇算面100%。落实各种基金代征工作，全年征收入库各类基金1034.74万元。

【税务稽查】

贯彻落实新《税务稽查工作规程》，坚持“以查促管、以查促收”的稽查工作理念，发挥税务稽查职能作用，规范税收征管秩序，全面推行稽查建议制度，促进税收征管质量再上新台阶。按照年初稽查计划，对部分医院、学校等事业单位和部分餐饮娱乐业进行专项检查，有力震慑各类税收违法行为，规范税收秩序，保证税收公平。全年检查医院、学校、餐饮娱乐业和建安房地产业 24 户，执行案件 23 件，查补收入 1627.81 万元，执行入库率 100%，处罚率 51.14%。

【纳税服务】

落实《全国县级税务机关纳税服务规范》，对职工进行专题培训，召开纳税服务规范推进协调会 3 次，厘清前后台工作职责，实现“办税设施、资料收集、办税流程”标准化，打通服务纳税人的“最后一公里”。升级办税厅服务功能设置，运用办税服务厅 LED 滚动显示税收政策、办税事项及增量房房屋销售价格。在办税服务厅安装“查询机”服务系统，方便纳税人了解税收政策和办税事宜。优化办税服务流程，实行“一站式”服务。推行免填单服务，全年运用免填单系统共填开打印《代开发票申请表》等 1 万余份。健全纳税服务机制，坚持导税台值班长制度，落实依法诚信纳税激励机制，充分发挥“12366”纳税服务热线功能，畅通纳税人咨询维权投诉渠道。在全国第 23 个税收宣传月精心组织开展大走访、大讲堂、大座谈、春风骑士“五入”活动，提高社会各界对税收法律法规的认知度。

（县地税局）

金 融

Jin Rong

中国人民银行岳池县支行

【概况】

2014年年末，全县金融机构各项存款余额252亿元，比年初增加27.8亿元，增长11%。各项贷款余额83.9亿元，比年初增加16亿元，增长19%，同比上升8个百分点，是2013年同期贷款增加额的0.8倍。全年完成县政府下达的新增信贷目标的15.6亿元的102%，确保持信贷总量合理增长。

【支持实体经济发展】

加大金融支持"三农"力度，推进"三农"发展。开展"三农"工作调研，摸清实情。通过召开座谈会，搭建政、银、农对接平台，实地走访现代新型农业经营主体等方式，了解"三农"工作中面临的困难和问题，向上级行和县政府报送《涉农信贷中面临的困难和问题》《林权岳池县林权抵押贷款调查报告》《农户联保贷款中面临的问题》《畜牧业经营主体贷款需求的调查报告》等资料，为上级了解基层实情，制定决策提供依据。及时召开金融支农会议，分解任务，落实责任，督促金融机构早谋划、早安排；筹集资金，简化贷款手续，开辟信贷资金"绿色通道"，加大信贷投入，支持"三农"发展。运用支农再贷款政策工具，引导金融机构加大对"三农"的金融支持。6月，为岳池中银富登村镇银行发放支农再贷款2000万元，壮大地方金融机构支农的信贷实力。按照最新的再贷款管理要求，对县信用联社发放5000万元支农再贷款资金按季开展检查，确保贷款向涉农投放，支持"三农"经济发展。建立金融支持新型农村经营主体主办行制度，加大考核力度，督促引导金融机构开展金融产品创新、服务创新，通过农业机械设备、生畜活体等抵（质）押方式，采用循环贷、小额信用贷等，满足新型农村生产经营主体贷款需求，支持现代农业的发展。2014年，全县金融机构建立重点支持新型农业经营主体的名单9户，金额3.9亿元，有效地缓解农村经营主体贷款难问题。

加大对中小企业的金融扶持力度，缓解融资难、融资贵问题。支行贯彻金融支持中小企业发展相关政策，配合县人大常委会开展中小微企业金融服务专项调研，并对中小微企业改善自身融资条件提出有价值的建议，得到县人大常委会领导的肯定。发挥人民银行在小微金融服务中的核心作用，深入实施"小微企业金融服务提升工程"，将其工作纳入对银行业金融机构考核之中，引导金融机构严格执行"四单原则"，坚持和深化"六项机制"，按照"三个不低于"目标要求，建立中小微企业"名录对接"机制和银政企信息沟通机制，将传统的"坐等客户"改变为"银行走进客户"模式，采取降息、开展抵押物自我评估，取消收取中小微企业的咨询费和财务顾问费等中间业务收费等手段，切实降低融资成本，加大对中小微企业的金融支持力度，缓解中小微企业融资难、融资贵问题。全年所辖金融机构累计发放中小微企业贷款5.6亿元，贷款余额21.98亿元，增长25.9%，比年初增加5.6亿元，同比多增5.6亿元；全县金融机构与企业建立信贷关系的195户，较年初净增78户，净增信贷资金5.6亿元。

【金融建设】

改善农村支付结算环境。支行组织金融机构深入偏远乡村调查研究，提出解决方案，优化支付服务环境，丰富支付手段，切实解决金融服务偏远乡村农民群众“最后一公里”问题，县委、县政府领导作出“县人行情节系三农、工作扎实值得肯定”的批示。截至2014年年末，全县安装助农取款机具2020台，比年初增加6台，打造精品服务网点20个，比年初增加10个，布放ATM机195台，比年初增加41台（其中有序推进6个乡安置ATM机），建立起省级刷卡无障碍示范街1个。助农取款点累计受理小额查询471038笔，取现377631笔、金额1019.42元，满足全县农村居民足不出村便利取款的金融需求。

加强金融生态环境建设。支行从推进中小企业信用和农村信用体系建设入手，加强领导，落实责任，广泛调研，推动“金融生态环境示范县”创建工作。县政府成立以县长为组长，分管副县长为副组长，各相关部门负责人为成员的推进信用体系建设工作领导小组，出台《岳池县信用体系建设实施方案》。3次对全辖金融机构分管信贷行（社）领导、信贷部门负责人、经办人以及政府相关部门负责人开展业务培训。主动与县农工委、县住建局、县统计局等十几个部门的沟通协调，初步形成共同参与、资源统筹、信息共享的信息采集机制。在全县充分利用广播、电视、标语等公共舆论工具，加大对农村信用体系建设的宣传和引导力度，营造良好社会氛围，推动“诚信岳池”建设。至2014年年末，采集个人基础数据984128户，专合社基础数据347户、企业基础数据1013户。其做法和经验得到中支领导的肯定，并在中支推进信用体系建设会上作交流发言。建立帮助金融机构清收不良贷款工作机制，主动把依法维护金融债权，化解金融风险当成一项重要工作来抓，打造政银企互动平台，营造良好的投融资环境。针对县联社地方平台交通贷款5450万元形成不良处置难和县工行所发放的岳池一中项目贷款1859万元，即将形成不良贷款的困难问题；组织人员深入县联社、县工行调研，收集各种意见和建议，提出有针对性的清收方案，并形成专题报告，积极向县委、县政府汇报，争取理解和支持。最终推动县政府制定详细解决方案，即以更变抵押土地性质出售的方式解决交通贷款，以财政出资采用“委托贷款”方式归还本息，再通过拍卖岳池一中闲置土地收回财政资金的方式解决岳池一中贷款，使贷款的得以妥善处置。

【内部管理】

加强征信管理。继续推进机构信用代码推广应用工作。截至2014年年末，为580户存量机构、580户新增机构配发机构代码证，发放比例达到100%。加强征信市场管理，做好贷款卡办理、延续工作。2014年，全县新办贷款卡44张，年审140户。落实异议处理工作制度，做好个人、企业信用信息疑义的宣传解释工作，保障个人、企业合法权益。全年受理个人信用报告查询1562人次，企业查询102户。组成48人的金融征信宣传服务自愿队，经过征信知识培训，分3个小组深入工业园区、社区、乡镇、学校开展征信知识集中宣传活动，提高群众信用意识和信用管理水平，优化社会信用环境。

现金收付管理。强化反假知识宣传、残损人民币兑换及技术培训指导，邀请县公安经侦大队和国金证券人员开展反洗钱知识培训和现场观摩活动，提高员工反洗钱意识和工作技能。对辖内各金融机构冠字号码查询进行现场检查，发现存在有问题的机构，采取有效措施，责令限期整改。组织金融机构落实小钞主办行、破钞兑换、硬币推行制度，推进人民币净化工程深入持久地开展，消除人民币流通净化在农村长期存在的死角，让残损、污秽、破旧的人民币走出乡村，让老百姓彻底用上整洁放心的钱。做好反洗钱监管交互平台运行工作，加强与县辖各行社的协调沟通联系，征求反洗钱工作实施意见，改进反洗钱工作方式方法，增强金融机构反洗钱工作能力。全年上缴残假币285535元，接受残假人民币鉴定及咨询51人次。

银行结算账户管理。做好账户开立核准工作，准确、及时发放开户许可证，督促县辖各金融机构通过联网核查系统确认开户单位法人和经办人的身份，严格落实联网核查制度。全年开立单位基本结算账户587户，开立单位专用账户6户，开立单位临时账户6户，增强金融机构对金融风险的防控能力。

国库资金核算与监督管理。全年所辖各级国库收入44.09亿元，同比增长8.56%；各级国库支出44.48亿元，同比增长10.78%，业务无差错事故发生，保证国家、财政资金安全，有力地支持地方经济快速健康发展。加强与国税、地税、商业银行的沟通协调，全面推动财税库银横向联网业务工作，电子缴税业务占比大幅提升。全年发生缴税业务96417笔、金额241884.34万元，开展国库直接支付业务，拓展国库服务领域，发挥国库在办实事、惠民生方面的积极作用，确保惠民政策落实到位。利用“批量直拨软件”通过小额支付系统，成功开办村社干部工资直接支付业务546笔、金额44.12万元。对全辖5家银行机构开展财政存款账户调研工作，其中对辖内工商银行和农业银行2家金融机构开展国库业务专项执法检查，杜绝占压财政资金现象发生，维护国库资金安全，切实发挥国库监督管理作用。

【金融监管】

制定《岳池银行业机构执行人民银行法规政策和管理规定综合评价办法》，加大对县辖各金融机构执行人民银行法规政策和管理规定的力度。年初对各金融机构2013年执行人民银行有关规定、综合信息报送、货币信贷、金融稳定、统计、支付结算等进行考核通报。按照《关于印发〈广安新设银行业机构开业管理与服务工作实施细则（试行）〉的通知》，做好成都银行岳池县支行开业前的各项预审工作，配合中支完成对其人员的业务培训、业务资格测试和对软硬件的测试，同意加入人民银行金融管理服务体系，确保成都银行岳池县支行在5月开门营业。帮助岳池中银富登村镇银行、成都银行岳池支行与县联社沟通、协调解决其现金寄库问题。密切关注辖内经济金融运行趋势和宏观政策对地方经济的影响，重点加强对民间借贷、地方法人金融机构、小额贷款公司、融资担保公司、房地产信贷的监测分析，促进辖区新型金融组织规范有序发展。全年组织相关部门对辖内投融资理财信息咨询类公司基本情况和经营业态进行专题调研，针对其存在的违规筹资和变相放贷的行为提出对策和建议，并及时向县委、县政府汇报，引起县政府的高度重视。密切关注金融机构不良贷款变动情况，按季收集县联社不良贷款清收情况，帮助其化解不良贷款，使县信用联社不良贷款占比由年初的14.41%下降到10.46%，提高贷款质量。

（人行岳池县支行）

中国工商银行岳池支行

【经营状况】

2014年，中国工商银行股份有限公司岳池支行（县工行）设有部门2个，有综合理财型服务网点4家，离行式自助银行10家，在岗员工56人。全行各项存款余额319042万元，比年初净增10235万元，增幅3.4%。其中：储蓄存款184970万元，比年初增加15895万元；各项贷款余额101291万元，比年初增加16380万元；实现拨备前利润7321.77万元，同比增长4.11%；个人存量客户数较年初净增48490户。

【金融服务】

围绕“树信心、强服务、重营销、抓管理、控风险”工作思路，以科学发展为路线，以转型发展为路径，以加快发展为目标，创新经营管理手段，激发全员改革动力，全力服务地方实体经济。为应对客户金融服务需求的日益多元化，在服务行为规范和服务质效提升上，作出积极努力和重要尝试，以实际行动践行以客户为中心、以服务创造价值为服务理念，向客户提供高效、便捷、富有价值的金融服务。牢牢把握“稳中求进”的工作基调，坚持在服务地方经济上实现重大突破，坚持抓好县域民生经济平台搭建，以资产业务和综合负债业务为主要载体，并辅以电子银行、银行卡、对公结算、贵金属销售、代扣代缴等重点业务，逐渐形成符合县域发展特色的经营模式。

【风险控制】

在深化金融改革的大背景下，狠抓风险控制，有效遏制和杜绝案件事故，推进各项重点工作稳健发展。坚守业务运营安全，把风险科学管理作为基础目标和发展前提，因地制宜地做好网点运营标准化改造，逐步建立健全网点副职管理和责任体系，利用好现有资源，发挥参数的系统刚性控制优势，加快风险识别、监测、核查及评估。按照上级行“全产品、全过程、全机构、全岗位”四全覆盖内在要求，梳理和揭示业务操作中易发的风险点，抓牢抓实典型案例培训，持续强化合规文化的激励与约束，扎实推动内控体系建设。

（工行岳池支行：朱军）

中国农业银行岳池县支行

【业务经营】

2014年年末，中国农业银行岳池县支行（县农行）各项存款余额59.53亿元，比年初净增4.36亿元。其中：对公存款余额5.51亿元，比年初净增3796万元；个人存款余额54.02亿元，比年初净增3.98亿元。各项贷款余额首次突破10亿元，达到13.53亿元，比年初净增4.19亿元，同比多增2.03亿元。全年拨备前、后利润首次实现双过亿，分别达到1.1亿元、1.06亿元，同比多增1559万元。

【履行责任】

服务“三农”。县农行履行金融服务“三农”社会责任，积极支持现代农业产业基地、高效农业发展、农业产业龙头企业，着力扶持农民创业，发挥支农主力军作用。助推岳池提质发展现代农业，促进农业增效、农民增收。截至12月末，县农行累计发放银行卡44万张，其中惠农卡5.1万张，设置助农取款服务点807个，金融服务覆盖全县所有乡镇及93%的行政村。以惠农卡为载体，全年新增农户贷款3722万元，为当地棚菜种植、规模养殖、粮油加工等产业发展提供保障，得到当地农民的广泛欢迎和赞誉。县农行积极支持农业产业化龙头企业，累计为10户企业投放贷款3.13亿元，进而带动农业、农村经济发展，促进农民增收。县农行创新推出“银行+公司+农户”的服务模式，支持当地药业特色产业发展，有效破解新型农业经营主体贷款难题。发放贷款200万元，支持中药材种植，调动药农扩大生产的积极性，保证中药加工企业的原材料，深受政府、企业和农户好评。

支持中小企业。县农行把支持县域中小企业作为全年工作重点，组织人员对全县的中小企业进行地毯式的摸底调查，按规模、行业列出单子，明确支持和培植重点，根据客户的实际需求，积极向上级行汇报，争取信贷政策，最大程度满足他们的融资需求，破解中小企业融资瓶颈，助推岳池工业走向集群发展、特色发展、效益发展的道路。截至12月末，中小企业贷款余额6.98亿元，比年初净增2.8亿元，同比多投放1.99亿元，为企业上马立项、产品创新、技改扩能、升级转型、做大做强等方面提供强有力的金融支撑。

服务城乡客户。县农行积极做好个人信贷产品创新,推出“随薪贷”“房抵贷”“家装贷”“个人助业贷款”“个人住房按揭贷款”等多个信贷产品,满足不同客户群体,助推岳池发展大商贸、引进大品牌、建设大卖场。截至12月末,县农行个人消费类贷款余额6.55亿元,比年初增加1.39亿元。县农行在为亿联建材家居五金城提供9000万元贷款资金支持后又进一步深化合作方式,开展POS二次清分业务,安装POS机41台,自11月28日开业到年末交易376笔,交易金额237万元。在商业集中区大东街建设刷卡无障碍示范区布放POS机23台,全行累计布放POS机241台。构建起良好的用卡环境,使刷卡消费这种社会时尚逐渐在全县得到较好的渗透和延伸。

【风险防控】

县农行狠抓精细化管理、严控各类风险,风险管理工作取得显著成效。2014年度风险考核评价得分121.48分,评价等级由2013的A类行跃升为A+类行,在全省166个县域行中排名第一名,实现连续14年无案件事故发生。

【内部管理】

县农行围绕“基础管理”实施方案,扎实开展“学制度、提技能、强基础”安全保卫主题年以及“三化三无”“三化三达标”等活动,有效提升员工案防能力和基本业务知识水平;推进运营管理工作,针对业务经营的薄弱环节、重要岗位、主要风险等内容,开展案件风险排查等专项治理活动4次,配合各种内、外部集中检查,梳理并及时整改各类问题。全年被省分行评为“一级支行业务经营评价先进单位”,被市分行评为“综合绩效考评先进单位”“建功立业先进集体”以及创“四好”领导班子活动先进集体,营业部被总行评为“学雷锋银行”,罗渡中和联合党支部被省分行确定为“基层示范党支部”,全行有3个营业网点被市分行表彰为2014年度“建功立业”先进集体,1人获总行运营先进个人,1人获省分行建功立业先进个人,8人分别被市分行表彰为十佳行长和建功立业标兵。

(农行岳池县支行:杨懋琳)

中国农业发展银行岳池县支行

【经营效益】

2014年,中国农业发展银行岳池县支行(县农发行)各项存款余额9350万元,较年初减少225万元;日均存款余额10417.9万元,同比增加1787.51万元;各项贷款余额39581万元,比年初减少3700万元;全行总资产39901万元,实现利润888.68万元;中间业务收入5.55万元,同比减少1.24万元。

【业务经营】

支持地方经济发展,经营效益持续提升。发放粮油储备贷款1060.2万元,支持县级储备企业收购稻谷380万公斤。向岳池县宏宇城市建设投资公司“岳池县第一期农民集中住房建设项目”发放农村基础设施建设贷款3000万元,用于农民集中住房建设。建成后,可安置农民1620户,将有5804人受益。支行坚持勤俭办行,狠抓增收节支,改进服务手段,与企业沟通协商,做大做实做强企业资本,增大企业现金流,引入其他资金19440万元及下游客户6559万元存行。全年县农发行日均存款余额10417.9万元,同比增加1787.51万元,增长20.71%。

【风险管理】

以“信贷基础管理年”活动为契机,县农发行狠抓信贷风险的防控,夯实信贷基础管理。按照政策规定及要求,对7户企业进行信用等级评定,其中:AAA级信用等级企业2户,A级信用等级企业5户。始终坚持“查库、查账、查资金”的三查工作，加强贷后管理工作，发现问题，及时纠正。与7户开户贷款企业签订销货款回笼书面承诺书，约定政策性贷款企业销货款回笼归行率原则上不低于95%，要求客户经理每月定期或不定期加强对企业流动资金使用及企业经营情况等内容进行检查与分析，掌握资金使用的真实去向，借以提高企业的第一还款来源保障。加强资金计划管理，提高资金计划准确率。防控风险，清理检查政府融资平台贷款抵押物，报告县委、县政府妥善处置。将政府融资项目贷款18275万元纳入财政债务甄别管理系统。

（农发行岳池县支行：胡桂华）

中国建设银行岳池支行

【业务发展】

2014年，中国建设银行岳池支行（县建行）一般性存款余额321360万元，比年初新增40378万元，增速为14%。其中：对公存款余额187313万元，比年初新增30721万元；储蓄存款余额134047万元，比年初新增9656万元。

各项贷款余额达到76028万元，比年初新增33285万元，增速为78%。其中：公司类贷款余额49410万元，比年初新增24500万元；个人类贷款余额26618万元，比年初新增8785万元。贷款新增完成县政府下达必保目标的166%，存贷比由年初的15.21%提升到23.66%，各项贷款不良率为零。

实现中间业务净收入1123万元。账面利润5746万元，同比增长999万元。

【基础管理】

县建行基础管理水平得到提高，服务水平稳定，全行稽核差错率低于全省平均水平，无重大案件事故发生，确保安全营运，实现“三无”目标。

【社会责任】

开展金融知识宣传进校园、进社区、进乡镇等活动8次。资助顾县中学贫困高中生5人，帮扶石鼓乡八角村现金5000元，慰问花板乡龙泉罐村贫困户10户，帮助公园路、园田路社区改善办公条件，投资参与纪念邓小平110周年诞辰城市亮化感恩活动，落实“双联”工作与“四千干部齐下乡、三万农户奔小康”活动。

（建行岳池支行）

中国邮政储蓄银行岳池县支行

【概述】

2014年，邮储银行岳池县支行（县邮储行）坚持“转变发展方式、促进业务转型”的工作思路，优化服务环境；坚持依法合规经营，切实防范风险；坚持以市场为导向，以客户为中心，以效益为目标，确保全行各项业务持续稳健发展。2014年，累计实现业务收入3515.08万元，同比增长865.85万元，增幅36.91%。

【经营指标】

2014年，各项存款余额474439万元，较年初新增55781万元。其中，银行储蓄存款余额53829.63万元，较年初新增6299.92万元；银行对公存款余额42421.96万元，较年初增长11452万元。各项贷款余额36176.62万元，较年初新增10166.63万元。其中，个人类贷款余额为32183.53万元，较年初新增5188.73万元；小企业贷款余额为3993.09万元，较年初新增1285.5万元。

【资产质量】

开展“百日清收”竞赛活动，收回不良贷款56.34万元，完成市分行清收计划的118.9%；积极运用法律手段，加强与县法院、县公安局经侦的沟通、联系，采用高压震慑，收回资产保全内不良贷款22.56万元。逾期率从年初的1.28%降至年末的0.23%,逾期贷款压降工作成效显著,实现信贷业务发展规模与资产质量并重的良好局面。

【风险管控】

层层签订《案件防控责任书》,建立案防工作联系人制度,增强案防工作合力。加强邮银沟通,按月协调召开邮银联席会议。面对严峻的案防形式,支行坚持"3+N"模式,按照上级行的总体安排部署,在全行开展现金业务、疑似数据、信贷资产质量及五级分类、民间借贷及非法集资和员工违规行为大排查,有效提升识别、计量、监测、控制和缓释风险的能力。防范法律事务风险,办理司法查询37笔,冻结12笔,解冻13笔,扣划6笔;做好纵、横转授权工作。开展"找问题、抓整改、促合规"为主题的合规大行动,举办一把手"合规一堂课"知识讲座,诚邀四川省洪州律师事务所张军律师举行一堂法律知识和市分行派驻岳池风险经理郭林作"合规的一天"讲座。组织全行邮政金融从业人员签订合规行为承诺书。按照人民银行和市分行的工作要求,开展反洗钱自律评估和反洗钱日常检查工作;对4439笔日常可疑交易明细进行人工识别,报送大额交易8560笔、金额23.61亿元;加强反洗钱系统管理工作,日常可疑交易人工识别及时率和平均完成率分别达到94.77%和99.57%,数据补录、补正3081条,平均完成率97.89%。对网点部分老化的安防设施进行更换、添置;继续与岳池县金盾保安服务公司签定ATM机夜晚巡查协议,ATM机夜巡每晚做到4次;对离行式ATM自助银行安装远程监控和紧急求助电话与省分行联网。全年新增灭火器20具,更换监控2组,增设监控探头5路。

【企业文化】

8月15日,召开中国邮政储蓄银行工会广安市分行委员会岳池县支行分工会第一次代表大会,正式成立分工会。适时开展各种集体活动,增强团队凝聚力。全年组织郊游2次,开展趣味运动会,参加岳池县金融工会组织的歌咏比赛;成立乒乓球、羽毛球、舞蹈队和篮球队,为塑造和谐向上的企业文化,引导员工健康生活、快乐工作注入新的活力。定期开展春节慰问活动,组织职工进行健康体检,为女职工庆祝"三八"国际妇女节,充分体现人文关怀精神。加强"职工小家"建设,解决基层员工的后顾之忧。

【社会责任】

履行企业社会责任,践行服务"三农"的使命,完善"三农"融资服务体系,投身公益事业。8月3日,云南昭通市鲁甸县发生6.5级地震后,全行积极响应抗震救灾号召,共募捐资金6500元。此外,县邮储行从感恩社会和保障民生的角度出发,主动投身公益事业,持续对口帮扶顾县中学高中学生5人,行领导班子对口帮扶高中学生各1人;定点联系同兴镇双联扶贫资金5000元。利用网络优势,向广大群众宣传金融知识,开展"送金融知识下乡""金融万里行""反假币宣传"等各种社会公益活动。

(邮储行岳池县支行:陈明)

农村信用合作联社

【概况】

岳池县农村信用合作联社(县农信社)恪守服务"三农"、社区、中小企业和县域经济的市场定位,肩扛支农大旗,已发展成为岳池县营业网点最多、服务受众最广、存贷规模最大、盈利能力最强的地方金融机构,正向建设现代银行全面推进经营机制转换和战略转型。2014年年末,县农信社辖内有50个营业网点,员工总人数586人,其中在岗员工438人,退休员工120人,内退员工32人。

【经营状况】

2014年,县农信社完善农村金融服务体系,持续强化金融产品和服务创新,切实履行社会责任,加快建设现代金融机构步伐,全力为“三农”、中小微企业、县域经济发展提供全面金融服务。2014年年末,岳池农信社存贷款总量达120.36亿元,其中各项存款余额77.14亿元,较年初增长11.7亿元,市场份额30.5%,在全县金融机构中排第1位;全年放贷款24.8亿元,各项贷款余额43.22亿元,实现净增4.72亿元,市场份额50.9%。存款、贷款规模均居全县金融机构首位。全年实现总收入6.22亿元、同比增加7400万元。

【资金运用】

县农信社围绕“惠农兴村”和“扶微助小”两大金融服务民生工程,放好“春耕贷款”“小微贷款”“个人贷款”“民生贷款”,大力支持“三农”、中小微企业和实体经济。全年累计发放涉农贷款17.01亿元,占贷款累放总额的68.6%;涉农贷款余额36.7亿元,占总贷款余额的84.05%,占县域所有金融机构涉农贷款总量55.64亿元的66.05%;为21户中小企业发放贷款3.24亿元,重点支持岳池县宏源食品公司、顺福来油脂公司、超强机械公司、茂源线业公司等一批县域重点企业成长。6月,正式启动小企业信贷技术自主推广工作,2014年年末,发放小微贷款23616万元,余额达80358万元;下岗失业小额担保贷款190户950万元,生源地助学贷款1188笔1074.38万元。

【金融业务】

做好存贷款基本业务,搞好代理保险、代发工资、银行卡及货币市场业务,加快渠道建设,完善服务功能。2014年年末,“银联”联网的银行卡——“蜀信卡”发卡量57.5万张,银行卡特约商户存量286户、POS机具334台;全辖布放助农取款电话支付终端1080台,特惠商户新增70户;开办兴川公务卡业务,办理短信银行35524户,网上银行6441户,手机银行13071户。

【行业管理】

联社把品牌形象建设作为发展的灵魂,提高社会认知认可。外塑形象,加快网点基础设施建设,在乡镇打造裕民等4个标准化网点,城区打造营业部等4个精品化网点,纳税超5000万元。4月至5月,特邀业内专家,对全体员工分5个批次进行服务礼仪规范化培训,并结合标杆网点打造,推行晨会制度。通过远程监控、现场检查、“神秘人”举报等方式对各网点服务规范进行检查,促进全辖网点规范服务。

【风险防控】

健全机制,推行和完善《案件防控工作职责》《建立健全“双线”风险防控责任制的实施意见》等制度办法。联社高管全部填写《领导人员廉政情况定期登记表》《联社高管人员经商办企业情况申报登记表》《联社高管家属子女经商办企业情况申报登记表》,规范联社高管的廉洁行为。贯彻落实中央“八项规定”等作风新规,开展“诚信农信、廉洁你我”职业道德教育活动。开展庸懒散浮拖问题等“六个专项治理”工作,部门明确分工,并将此明确为当前一项重要政治任务,常抓不懈,取得效果。做好信访及维稳工作,接到群众来信1件,来电反映、咨询问题26人(次),件件有落实,群众满意度100%。开展“内控与合规年”活动,制定完善《合规风险管理办法》《兼职合规员管理办法》等。11月开展以“合规难、合规易”为主题的辩论赛,增强员工合规意识。

(县农信社:吴建华)

中国人寿保险股份有限公司岳池县支公司

【简述】

2014年,中国人寿保险股份有限公司岳池县支公司(县人寿公司)实现总保费收入8214万元,其中:首年保费3903万元,达到预算目标任务的73.76%;首年期交保费1351万元,达到预算目标任务的122.82%;十年以上期交932万元,达到预算目标任务的139.1%；长险首年标准保费706.7万元，达到预算目标任务的118.53%；短期险保费收入1139万元，达到预算目标任务的86.29%；短期险简单赔付率36.97%，续期保费4268万元。全年办理满期件7302件，涉及金额3366万元；各类生存金给付5100件，处理理赔案件3531件，满期给付3366万元，各类赔款752万元，公司经营指标综合排名全市第一。其中：个险渠道实现首年期缴1105.7万元，达到预算目标任务的128.57%；十年期及以上首年期缴906.2万元，达到预算目标任务的135%；标准保费677.1万，达到预算目标任务的123%；短险保费完成100万，达到预算目标任务的55%；团险渠道短期险保费收入1035.23万元，达到预算目标任务的90.02%；短期意外险保费收入815.2万元，达到预算目标任务的111.67%；银保渠道首年保费收入1657.4万元，达到预算目标任务57.15%；首年期交245万元，达到预算目标任务102.83%；标准保费收入29.62万元，达到预算目标任务的79.78%。

【业务发展】

抓住"春节"外出打工者返乡、人气旺、财源广时机，拓展"黄金期"，个险、团险、银保三个发展渠道自我加压，积极拓展业务，确保"开门红"各渠道业务健康持续发展。以客户答谢会、保单积分换礼、特约商家联盟、销售精英表彰会、保单财富升级等形式开展以客户经营为主题的业务拓展活动，架起公司与客户沟通的桥梁，增进公司与客户的友谊，让客户更了解公司、更了解保险。积极拓展防癌保险，自8月12日在广安隆重上市，两个月的时间里个险和银保渠道就销售200多万元。个险渠道在9月27日突破1000万大关，年度首年期交1105.7万元，增幅达到57.28%，团险渠道短期险保费收入1035.23万元，增幅达到27.6%。

【客户服务】

个险渠道构建以"周、月、季"为周期的客户经营服务体系。每周以恳谈会、小说会为主要平台经营中低端客户，每月以知识讲座为平台经营中高端客户，每季以精英俱乐部季度主题活动为平台经营中高端客户。规范理赔服务标准，畅通理赔服务流程，丰富理赔服务形式，提升客户满意度和公司核心竞争力。创新服务方式，开设农村小额人身保险属地理赔服务。运用升级的国寿E家信息技术服务手段，销售人员可以上门为客户提供投保、保全等电子化服务，促进销售队伍专业化建设，推动公司销售手段提升和服务方式改进。

【队伍建设】

个险渠道共新增持证人力192人，团险渠道新增4名销售人员，银保渠道新增理财经理7人。新人育成上采用三级育成机制，即公司层面以扬帆训练营为平台以"新人八大关"为主要内容，从销售流程、销售技能、产品话术等各方面对新人进行训练；主管层面以日常例会为平台，对新人展业所需要掌握的基本技能进行两次培训；推荐人层面以陪访为主，通过市场实战帮助新人提升从业信心和销售技巧。主管培养上以组养计划为平台，按季对有组织发展意愿的销售人员进行一对一面谈、系统培训、定期追踪，全年新晋升组经理13人。全年公司个险渠道从主管、精英和新人队伍中选拔一批能力强、意愿高的销售人员组建兼职讲师队伍，经市公司统一培训后，已在新人育成、职场训练、小说会授课中充当主要力量。

【运营管理】

保费的收取和满期赔款等支出均采用非现金方式转账支付，对少量客户要求用现金收取的保费和支出的赔款进行跟踪督查，确保钱款及时到位。狠抓内控制度的建设和执行，严格各岗位权限和密码管理等各项制度的落实，严防人为风险发生。重视非正常退保和满期给付等因素可能引发的群体性风险事件，与银邮机构一起积极处理各类纠纷，确保公司无群体性事件发生。

（人寿岳池县支公司：贺伟）

中国人民财产保险股份有限公司岳池支公司

【概述】

中国人民财产保险股份有限公司岳池支公司(人保财险岳池支公司),1982 年 12 月成立。公司遵循“以市场为导向、以客户为中心”的经营理念,经过发展,形成多方面雄厚的经营管理优势,公司综合实力显著增强,发展成为享有较高社会信誉和占有本地财险市场绝大份额的现代化保险企业。

【经营效益】

2014 年,累计实现保费收入 7357 万元,同比增长 10.74%,其中车险保费收入 3185 万元,同比增长 7.33%;非车险保费收入 1117 万元,同比增长 43.76%;政策性农险保费收入 3055 万元,同比增长 5.38%;赔款支出 2876 万元,同比增长 38.75%。

【深挖细掘保险资源】

受市场大环境影响,岳池境内各车行、车商新车销售呈疲软状态,车险新增业务发展较为缓慢,公司经理室巩固存量保费,大力拓展新业务;年初制定《2014 年车险续保业务管理及考核办法》《车险工作考核办法》及《车商业务公司化管理及考核办法》,加强车险续保工作。在全公司范围内开展“2014 年随车行李保险、四季度车险业务”等一系列劳动竞赛,激发全体员工的参赛激情和高昂斗志,团队凝聚力和战斗力明显增强。公司加大非车险攻关力度,拓展新保源。密切与交管部门的沟通联系,在岳池境内开办电动自行车组合保险,并安排专人在车管所“亲民保险服务窗口”办理电动车保险等事宜;2014 年年末,实现电动自行车保费收入 110 万元。公司加强与县民政局的工作汇报,获得县民政局对农村“五保户”、低保户、优抚对象的家财险业务统保,实现保费收入 160 余万元,全年家财险累计保费收入 250 余万元,村意险保费收入 40 余万元。在意外险上下功夫,公司经理室应用“责任险与意外险保障互补”的特点,加强对各客运公司的宣传,力求在团意险业务上的新突破,下半年实现四川康顺运业有限公司的团体意外责任险保费收入 11 万元。加强与海事处工作汇报,积极竞标船舶保险,通过前期的精心准备,公司已经获得 2015、2016 两年船舶保险的中标权,为业务发展奠定良好的基础。

【强化内控管理】

公司经理室坚持一手抓业务拓展,一手抓内务管理;按照市分公司关于标准化服务培训工作的要求,公司在主要营业场所安装集中监控设备,加大对临柜员工的服务用语、行为举止、仪表着装、环境卫生等方面的监督和考核,在日常工作中注重加强员工服务技能的培训,严格奉行“热情、周到、优质、高效”的服务宗旨,提高员工综合技能素质,提升客户服务质量和水平。

加强风险管控,不断加强财务基础工作建设和常规检查工作,为公司经营决策提供可靠的经营数据,实施费用预算管理,严格逐笔审核报销费用,确保各项费用合规;按市分公司要求组织公司相关部门开展财务、业务数据真实性自查整改和小金库自查自纠工作,检查中未发现违规违纪行为;组织完成公司固定资产的清理和入机工作,使公司固定资产得以有序管理。

(人保财险岳池支公司)

经济管理与监督

Jing Ji Guan Li Yu Jian Du

发展和改革

【计划编制与实施】

2014 年,编制《岳池县 2013 年国民经济和社会发展计划执行情况及 2014 年计划草案》,经县人代会审议通过后付诸实施。以县政府名义分解下达全年及“开门红”“双过半”等经济和社会发展主要指标,定期或不定期与县统计局等部门开展联合督查帮办,确保全年目标任务全面完成。全年实现地区生产总值 172.8 亿元,为年初计划的 103.5%,同比增长 9.7%;一、二、三产业分别完成 37.5 亿元、79.9 亿元、55.4 亿元,同比分别增长 4.2%、11%、11.2%;三次产业结构比由 2013 年的 22.9∶46∶31.1 优化为 21.7∶46.2∶32.1。全社会固定资产投资完成 134.6 亿元,同比增长 29.6%。规模以上工业总产值 177.9 亿元,同比增长 10.2%,增加值增幅 9.3%。实现社会消费品零售总额 75.5 亿元,同比增长 13%。地方公共财政收入 7.5 亿元,同比增长 17.9%。农民人均纯收入 9747 元,同比增长 12.1%。城镇居民人均可支配收入 23232 元,同比增长 10%。

【项目编制与申报】

牵头编制和完善《岳池县开发区产业发展规划》《岳池县易地扶贫搬迁发展规划(2014 - 2017 年)》《承接产业转移实施方案》《川东北经济区发展规划(岳池部分)》等 7 个发展规划,配合相关部门完成《大中型库区移民搬迁避险发展规划》等专项规划。全年包装储备各类重大项目 1500 个。全县在农业基础设施建设、工业园区及企业技改扩能、社会事业、城建环保、水利交通等多个领域,获得中央、省特殊支持,共争取到中央、省支持项目 294 个、项目资金 18.02 亿元,比 2013 年净增 4.39 亿元,增长 32.2%。仪华路成功升级为国道,广高路、岳武路、苟梭路、双高路、白圭路成功升级为省道。兰渝铁路南高支线动车经停岳池站成为现实,岳池县已与广安同步迈入动车时代。岳池县医药产业化项目列省重点项目,首次挤进全省重点项目 100 强,获得省级用地指标 135 亩;投资 8.6 亿元的新建回龙寺水库在激烈的竞争中获得立项,并开工建设。

【重点项目建设】

做好固定资产投资工作,履行重点建设牵头组织和协调管理职责,采取举措,确保重点建设进度和实效继续走在全市前列。2014 年,全县 60 个重点项目完成投资 59.2 亿元,为年度目标的 115.9%。45 个列市考核的投资 1000 万元以上重大项目完成投资 53.5 亿元,为市年度目标的 120.8%,在全市排名第一;2 个省级重点项目建设完成投资 6.5 亿元,为年度目标的 103.8%。

【项目管理】

严把投资项目设计评审、立项审批、招标核准、工程量增加四个关口，确保项目实施规范有序。核准招投标项目417个，监督招标(含比选)项目338个，项目财政审查总投资11.8亿元，实际招标价10.46亿元，节约资金1.34亿元，节资率11.4%。开展设计审查项目67个，提出优化设计建议510条，审减工程投资资金12550万元。对西板乡西溪河防洪治理、火车站站前广场、广高路改造等15个建设项目进行稽察，形成《稽察报》告12个，印发《稽察通报》3个，对问题严重的3个项目稽察情况进行通报，督促整改75项，促进工程建设更加规范。

【以工代赈】

争取国家以工代赈补助资金630万元。其中农村公路建设资金230万元，新改建农村公路12千米；小型水利项目10万元，建设山平塘1口；易地扶贫搬迁资金390万元，搬迁农户140户650人。

【公车改革】

起草《岳池县党政机关公务用车制度改革实施方案》，及时沟通协调各部门公务用车制度重要改革工作，研究解答改革中遇到的重要政策问题。完成全县128个行政单位和参公事业单位的公务用车制度改革摸底及统计数据录入工作，对378台公务用车、231名司勤人员及各单位近三年公务用车费用进行核实上报。

【物价监管】

规范出租车、农村客运、城市公交车价格行为，规范涉企收费及价格行为，合理稳控市场物价水平。依法取消和规范收费项目67项，减轻企业和群众负担530万元。开展教育收费、医疗收费、银行业收费和农村有线电视、用工培训等涉农收费专项检查，检查单位15个，及时纠正违规违纪收费行为。畅通信访举报渠道，及时处理群众咨询、投诉案件29件，立案查处5件，办结率100%。

【价格听证】

完善价格监测工作机制，提高价格监测和成本监审工作质量，全年完成成本监审项目8个，对顾县镇和苟角镇天然气户表工程安装价格、县城(乡镇)普通住宅供水工程安装价格、断桥罗陡岩小水电站上网电价以及非居民燃气价格等进行调整，核定大高滩集中供水工程所涉及乡镇的供水价格。提供价格咨询服务24次，切实维护工业企业和消费者利益，优化全县的价格环境。

【农民收入】

全县农民人均纯收入9747元，同比增长12.1%。按收入结构分：工资性收入4962元，同比增长27.8%；家庭经营纯收入3849元，同比增长-5.9%；财产性纯收入199元，同比增长4.4%；转移性纯收入737元，同比增长37.5%。

【城镇居民收入】

全县城镇居民可支配收入23232元，同比增长10%。其中：工资性收入14090元，同比增长11.2%；经营性收入4109元，同比增长31.5%；财政性收入208元，同比增长11%；转移性收入6365元，同比增长7%。

【城镇居民支出】

全县城镇居民家庭人均总支出14451元，同比增长10.4%。人均住房总建筑面积43.6平方米，家用汽车0.07辆/户，洗衣机0.32台/户，电冰箱0.32台/户，彩色电视机0.35台/户，计算机0.2台/户，固定电话0.22部/户，移动电话0.69部/户。

(县发改局：曾孝林、朱厚林、陆娟)

食品药品监督管理

【概况】

2014年，全县有食品生产单位26户，食品流通单位4130户，餐饮服务单位936家；在产药品生产企业的4家,签约在建药品生产企业27家,药品批发企业4家,单体药店6家,药品连锁公司3家,药品连锁门店476家,药品(含医疗器械)使用单位1447家,医疗器械经营企业10家,化妆品流通单位127家,化妆品使用单位45家。涉及食品药品生产经营使用单位7000余家。

【监管体制改革】

2014年1月2日,县政府出台《关于改革完善食品药品监督管理体制的实施意见》。《意见》详细划分全县43个乡镇(含翠管会)和12个县级相关部门食品药品安全监管职责的分工,并对加强执法检测机构建设、基层监管所建设、监管保障能力建设等方面进行详细规定。

根据县政府办印发《岳池县食品药品监督管理局主要职责内设机构和人员编制规定的通知》和《意见》的有关要求,调整局机关机构设置,内设办公室、政策法规股、规划财务股、综合协调股、风险监测与应急管理股、食品生产流通股、餐饮服务监管股、药品化妆品生产股、医药产业发展股、药品化妆品流通监管股10个股室;下设城东、城南、城北、花园、顾县、白庙、石垭、坪滩、西溪、兴隆、苟角、罗渡、中和等13个食品药品监管所。

县食品药品监管局核定人员编制138名,其中局机关42名(行政编制40人,工勤编制2名),县食品药品监督稽查大队87名(行政执法类编制85名,工勤编制2人),县食品药品检验所6名,县药品不良反应监测站3名。通过与工商、质监的人员整合、考录和选调,食品药品监管队伍得到有力充实,全局在编在岗人员达到70名。为夯实监管基础,监管执法人员大部分被下派到13个片区监管所,每所均能保证有2—4名监管执法人员。

【综合管理】

发挥食安办的综合协调作用,组织召开全县食品安全工作会议,安排部署2014年工作,与各成员单位及乡镇签订《食品药品安全责任书》;将食品安全监管纳入县绩效管理,并组织开展日常绩效考核。在全县建立乡镇和村(社区)两级协管队伍,选聘乡镇协管员98名、村(社区)协管员1106名,初步构筑起协管体系。在"元旦""春节""五一""六一""端午"及"中高考"等重点时期及时联合相关部门开展食品安全大检查,有效防止重要节点食品药品安全事故的发生。与县检察院、公安局和法制办召开食品药品行政执法与刑事司法衔接联席会议,明确食品、药品涉嫌犯罪案件应该把握的移送标准,形成工作合力。

【食品药品监管】

全年办理餐饮服务许可356件,食品流通许可860件;采取事前监管、事中全程监督的方式,确保重大活动餐饮服务食品安全,顺利完成县"两会"、中高考等重大活动的食品安全保障。印制"12331"宣传海报1万余份,进行广泛张贴;及时妥善处置群众反映的问题和投诉举报案件,及时查处各类投诉举报106起。监督抽样食品160批次,监督抽样药品133批次,检出不合格食品药品42批次;通过检验发现一批案源,为加强食品药品质量监督提供技术支撑。落实食品药品安全重大信息报送制度,安排专人负责信息报送。加强药械不良反应监测,全年上报药品不良反应病例报告481例,医疗器械不良反应病例10例。

以"亮剑行动"为抓手,开展肉类及肉制品、学校食堂及周边餐饮食品、农贸集市、糕点类、白酒生产企业、彩色隐形镜片、医疗器械等各类安全专项整治18次,出动执法人员6128人次,检查食品生产企业259户次,食品流通企业6462户次,餐饮服务企业1835户次,药品生产企业21户次,药品流通企业1569户次,药品使用单位2288户次,基本实现食品药品监管服务对象检查的全覆盖。全年立案查处259件,移送司法机关16件,货值金额5.68万元;结案245件,处罚没款45.52万元,移送司法机关处理24人。

【医药产业发展】

将食品药品监管工作融入全县经济建设的大

局，跟踪落户企业，积极为企业服务，促进医药产业有序健康发展。川渝合作（广安）医药产业园区近期规划22.21平方千米，已建成11.3平方千米，入驻有科伦、科创、方向药业等医药企业31户。全年医药工业总产值达到15亿元，税金突破1.59亿元，占工业税收的63%。

利用省、市、县“三方合作”平台，加强与国家、省、市食品药品监管局的协调沟通，争取产品转移、备案方面的支持，促成省食品药品监督管理局局长姚义贤到岳池召开现场办公会。明确专人每周深入企业跟踪企业进度，并及时向县工业领导小组汇报；组织专业人员对企业申报GMP认证进行业务指导；对签约企业，做好服务跟踪，随时掌握开工进度和建设情况。帮扶康发中药饮片厂通过GMP现场检查并取得药品GMP证书，帮助爱赛特科技顺利通过市食品药品监督管理局企业备案和产品备案，帮扶凯瑞集团中药材种植基地通过国家食品药品监管总局专家现场检查，配合市食品药品监督管理局对成都倍特药业变更生产场地和增加生产范围进行现场验收。采用春节招商、协会招商、展会招商、外出招商等方式多途径开展医药招商，与全国工商联医药业商会就委托招商达成协议，促成全国工商联医药业商会、省医药发展促进会分别于4月和5月带领多名企业家代表到岳池考察，县食品药品监督管理局招商组赴成都、重庆、广西、长春、北京等地参与展会及招商活动，宣传推介岳池。

【宣传教育】

多渠道、多样式开展宣传教育活动，利用“3·15”“6·26”“12·4”、校园周边环境治理、食品安全宣传周等活动，广泛营造人人参与食品药品安全、人人关注食品安全的良好氛围。全年开展集中宣传25次，集中培训31次，发放各类宣传资料5.5万份（册），培训食品药品从业人员6000余人次。

【惠民帮扶】

以践行党的群众路线为契机，开展“走基层”活动，全面落实各项惠民帮扶政策。解决城镇新增就业人员30人，城镇失业人员再就业10人，就业困难人员再就业1人。积极联系白庙镇、龙孔镇、罗渡中学、秦溪镇四方寨村、乔家镇太阳石村、新平桥社区、九龙镇园田社区和万兴社区的基层贫困群众，帮扶贫困党员17人、贫困学生26人、贫困村民29户，送去帮扶慰问金和项目发展资金5.08万元，送去3800元的帮扶物资。

（县食品药品监管局：何丹、张沐兮）

国土资源管理

【土壤状况】

岳池耕地面积为804805亩。分为4个土类、6亚类、12个土属、44个土种、47个变种。据其肥力状况，分为5个级别：潮沙泥、大眼泥和黑油沙田土等12个土种为一级占耕地面积的43.53%；半沙半泥、夹沙泥、红沙泥、黄沙泥田土等9个土种为二级土，占耕地的28.44%；黄泥、紫黄泥、白沙泥、红石骨沙田土等8个土种，占耕地的11.15%；冷水田、烂泥田、紧口沙田、卵石黄泥田土等4个土种为三级土，占耕地的4.98%；肥力好的和比较好的一、二、三级田土，占耕地的83.48%；肥力较差的四、五级田土，占耕地的16.52%。

【国土宣传】

利用“6·25”全国土地日、“4·22”地球日、安全生产月、“12·4”全国法制宣传日等时机，发挥广播电视、互联网、报刊杂志等媒介作用，采取灵活多样的宣传方式，全方位、多层次、宽领域地开展宣传活动。全年在中央、省、市各级各类报刊上发表国土稿件97篇，被各级采用政务信息51条，播出国土电视新闻13条。

【土地利用】

规范国有建设用地使用权出让行为，严格执行招拍挂有关规定，确保工业用地和经营性用地招拍挂率为100%,商品住宅用地拍卖率100%。全年全县供应国有建设用地28宗67.87公顷,土地总价款55763.22万元。超额完成县委、县政府下达的目标任务。其中招标拍卖挂牌出让土地20宗50.78公顷,成交总价款55763.22万元。划拨供应土地8宗17.0869公顷(含保障性住房用地3宗、面积7.1312公顷)。

【地籍地政】

启动实施农村集体建设用地大比例尺图实实测工作,率先在长田乡进行试点。全面完成2013年度土地利用变更调查工作,顺利通过国土资源部验收。基本完成宗地代码编制工作,划定64个地籍区和1136个地籍子区,录入和扫描城镇地籍数据33947户,整理宗地570宗,完成总量的71.7%。完成耕地后备资源调查评价和二次调查新增耕地调查工作,调查耕地后备资源图斑5351个64135.48亩;新增耕地图斑1802个21865.18亩。妥善处理遗留问题,为县城区24个房地产项目遗留问题办理土地使用权证4000本。

【执法监察】

开展矿山开发利用年度检查,全县36家矿山企业全部合格,无越界、越层以及破坏性开采等违法、违规现象。开展土地违法巡查,全年立案查处违法案件21件,结案19件,结案率90.48%。按照2014年度卫片执法检查工作的要求,对1宗(岳池县佳昊水泥制品厂)违法用地依法进行立案查处,由于当事人未履行处罚决定,县国土局已移送县人民法院强制执行。

【基本农田保护】

与43个乡镇(含翠管会)签订基本农田保护责任书,明确保护面积、保护责任及奖惩措施,将基本农田落实到地块,责任到人头;对保护情况进行跟踪督查,确保全县耕地保有量达到8.41万公顷,基本农田保护面积保持在6.42万公顷,做到总量未减少,质量未降低。

【矿产资源及地环工作】

矿山治理取得实效。加大全县矿山布局和矿业结构调整力度,对规模小、布局不合理,安全隐患严重、环境破坏大的矿山,通过"关、停、并、转"等手段进行整合,全年共压缩非煤矿山31个,极大地提高矿山平均生产规模。严格矿产资源审批,对不符合国家产业政策和矿产资源规划、开发利用方案不合理、开采技术落后、浪费资源、破坏环境、大矿小开的,一律不予审批发证。全年征收矿产资源补偿费27.08万元,使用费1.5万元,地质环境恢复治理保证金40.25万元

制定年度地质灾害防治方案和应急预案,召开全县地质灾害防治工作会议,落实乡镇地质灾害防治责任;推进地质灾害工程治理,严格落实各项监督措施,保证治理工程质量。花板乡龙泉罐危岩滑坡、双鄢乡金竹沟滑坡、秦溪镇太阳岩滑坡、石鼓乡高屋基华口梯危岩等4个治理项目已完工,并协助省国土资源厅初验。罗渡马路街、河街危岩和普安狮子岩危岩治理项目已竣工,正在进行竣工审计。罗渡镇场镇危岩和秦溪镇大岩背滑坡治理项目,省国土资源厅已立项,县国土资源局已进行初勘,正在报告市国土资源局衔接省国土资源厅尽早下达治理任务和经费。全年完成地灾灾害省级避险搬迁60户,占全年目标任务的157.89%。

【征地拆迁】

全年启动和实施征地补偿安置项目15个,征地总面积6611.16亩,其中城市批次建设项目6个,乡镇批次建设项目6个,单独选址建设项目3个;拆迁房屋1209座,搬迁坟墓2137棺;兑付土地费、安置费、房屋及附属设施、青苗、林木、坟墓等补偿费用7954万元;办理"农转非"3750人,养老保险3508人,医疗保险3296人,失业保险2534人;支付养老保险、失业保险、医疗保险费32341万元,没有发生拖欠及损害群众利益的事件。

【项目工作】

全年争取省投资金土地工程项目4个,概算投资8400余万元;争取市投资土地整理项目2个,预算总投资3587万元;上报立项县投资项目3个,预算总投资6400余万元。项目工作整体推进迅速,4个省投"金土地"工程项目中的中和、排楼项目已竣工,并顺利通过省国土资源厅技术单位核查,正待省国土资源厅终验。天平镇的项目正在有序施工,已完成工程总量的40%;新场镇的项目已通过省级财政评审;市投资粽粑乡的项目已基本竣工,向市国土资源局申报进行验收,嘉陵乡的项目完成立项工作,正在进行施工设计;县投资的镇龙乡的项目已进场施工,完成总工程量的20%,白庙、苟角镇的项目已立项,正在开展项目施工设计。

完成2010年至2011年度申报立项的37个水毁耕地复垦项目工程建设,建设规模56961亩,完成预算投资7400万元,项目已通过县、市验收;启动实施2013年度中央财政补助的水毁耕地复垦项目18个,下达补助资金1777万元;18个项目已经市国土资源局立项,正按规定进入比选程序。

乔家镇和朝阳乡的4个增减挂钩项目拆旧建新基本完成,预计可获得周转指标1800亩,已通过省国土资源厅技术核查单位核查,正积极争取省国土资源厅早日出具核查报告,待省国土资源厅终验后,即可获取周转指标。顾县镇的增减挂钩项目已完成施工设计和财政评审,正在开展施工单位、监理单位、竣工资料编制单位的招投标工作。根据县政府安排,农房拆旧将在2015年3月中旬进行。顾县镇、同兴镇和秦溪镇的3个工矿废弃地复垦项目已全面竣工,共建设面积1737.3亩,已通过市级初验,正在申请省国土资源厅终验,待省国土资源厅终验后预计可获得周转指标1067亩。兴隆镇、黄龙乡等8个工矿项目已完成实地踏勘,其中兴隆镇和赛龙镇的2个项目省国土资源厅已入库立项,黄龙等6个项目正完善相关资料,省整理中心出具踏勘报告后将报省国土资源厅立项。

【土地报征】

组织上报城镇批次征地报件6个,征地面积1657亩。其中5个批次报件已获省政府批准,面积1424亩;剩下的1个批次报件,主要涉及城市规划区内的广岳大道征地面积233亩,省国土资源厅已完成审查,即将报送省政府。全县通过挂钩项目和工矿废弃地复垦项目建设,共储备建设用地指标2667亩,可有效解决城市东扩及工业园区招商引资企业急需用地。保障重点项目用地,全面完成岳池县医药产业化建设项目(全省100个重点支持项目)530亩土地报征。

(县国土资源局)

工商行政管理

【概况】

推进注册资本认缴登记制,放宽注册资本登记条件,简化经营场所登记手续,降低市场主体准入"门槛",完善服务流程,压缩办理时限,优化营商环境。主动为企业提供超前服务、上门服务、跟踪服务、延时服务、预约服务,提高服务水平和服务效能。全年新发展市场主体3446户,注册资金11.76亿元,同比增长14.3%。新发展国有及集体企业(含分支机构)12户、个体工商户3181户、小微企业131户、私营企业202户、工业企业16户、农民专业合作社51户、种养殖个体大户50户、家庭农场30户。

引导银行发挥集聚效应开展融资,推动新型融资企业发展,建立社会化为企融资服务体系。全年帮扶企业235户,组织召开银企座谈会3次,通过股权出质、动产抵押等方式,为岳池县华盛燃气等企业融资4.88亿元,其中:办理股权出质20户,出质金额5.54亿元,被担保债权金额12.34亿元,办理动产抵押登记12件,为企业融资5685.82万元。成功培育限上企业1户,县工商局培育的限上企业达到6户。推进"商标兴县"战略,为企业谋实利，培育1件商标申报省著名商标、5件商标申报广安市知名商标，全年培育商标160件。帮助争议商标“顾县豆干”争回地理标志商标专用权，全县地理标志商标总量达到4件，稳居全市各县(区、市)地标总量第一位。培育“莲桥”商标注册广安市企业第一件香港商标。组织银丰食品等11户特色企业参加展销会、品博会，达成意向性商务协议21份。

【监管执法】

构建以嵌入式监管、环绕式检查、分列式管理、快速式自我纠错为主要内容的行政执法360监管体系，净化市场环境，营造公平有序的市场竞争秩序。县工商局立案查处各类经济违法违章案件347件，结案323件，同比增长38.8%，案值达756万元。对人民群众高度关注的六类案件立案241件，结案238件。其中查处不正当竞争案件73件，同比增长387%；质量案件84件，同比增长53%；合同违法案件34件，同比增长183%；网络违法案件11件，同比增长450%；侵权案件37件，同比增长106%；直销案件2件。查获的涉案物质主要有：没收过期方便面17桶，过期糖果39袋，假冒洗发露、沐浴露145瓶，假冒舒肤佳香皂122块，假冒贵宾郎酒1455瓶，假冒泸窖酒1瓶，假冒五粮液6瓶，过期失效农药279瓶，伪造厂名厂址豆干161袋，假冒长虹手机2台，假冒漆15桶，没收黑网吧电脑主机、显示器各2台。

【服务民生】

全年受理消费者投诉、举报案件175件，办结175件，为消费者挽回经济损失60万元。针对消费投诉热点和难点问题，编发《3·15消费动态》12期，发布诚信企业“红榜”31户。组织开展新《消费者权益保护法》、总局《处理消费者投诉办法》等相关法律、法规培训26次；开展纪念“3·15”宣传活动，发放宣传资料8000余份、宣传册1000册，现场接受消费者咨询1250人次。开展公用企业、重点行业社会调查评价活动，发放调查问卷4000份，回收有效问卷3827份，收集意见、建议136条；接受消费者咨询、投诉、举报23件，发放行政指导建议书10余份，查处侵害消费者合法权益案件35件，向社会发出消费警示12条。

派出工作组，深入每个工商所辖区随机选取10户企业和个体工商户，对基层工商所进行满意度测评并征询意见建议。测评内容包括办事效率、服务态度、队伍形象、清正廉洁等方面。围绕市场监管、行政执法、服务发展、队伍形象等方面，向工商所辖区内各单位广泛征求意见建议。为让困难群众过上一个温暖祥和的春节，为10户困难群众送去慰问金2000元，帮助他们添置过年生活用品，并坐下来与他们交心谈心，了解他们所想所盼，鼓励他们自强不息、走出困境。举行隆重“光彩金秋助学”助学金放发仪式，对莫云辉等14名在2014年考入大学的贫困学生给予每人1000元现金和1个行李箱的资助，向勤耕苦读的寒门学子送上一份饱含爱心的开学礼物。

(县工商局：丁高翔)

质量技术监督管理

【质量管理】

2014年，十六届岳池县人民政府第27次常务会议通过《岳池县质量奖评审管理办法》，6月3日正式颁布实施。岳池县质量奖评审委员会也随即成立，相继出台《岳池县质量奖评审实施细则》《评分细则》等相关具体执行文件。9月末，岳池县质量奖已正式开始接受企业申请。通过质量奖的设立，引导企业改善管理绩效，培育卓越企业，以质强企，提升企业形象。开展“质量强镇”和“质量强企”活动，树立质量标杆。为提高花椒产品品质、知名度和广大椒农的生产积极性，促进粽粑花椒产业健康发展和农民增收增效，县质监局积极帮扶指导该乡开展质量强镇活动，以做大做强这一“富民兴乡”的支柱产业。四川百脉建筑机械有限公司主要生产起重机械等系列产品，产品质量状况好，市场发展潜力大，县质监局将该公司作为质量强企的企业，引导企业完善内部管理流程，抓好质量关键点控制，全面提高产品质量和服务水平，不断提升市场竞争力。开展企业质量信用评价工作，推动企业质量诚信体系建设。对全县10家获证企业（工业产品生产许可证企业6家、食品相关产品企业2家、3C认证企业1家、特种设备制造许可证企业1家）、2家名牌企业、17家信用等级企业（AAA级企业1家、AA级企业4家、A级企业12家）全面建立信用档案数据库，并统一录入国家信用档案系统。制定《岳池县产品质量（生产加工环节）红黑榜实施方案》和《岳池县生产加工企业产品质量"红黑榜"制度》，向县政府报送第一批岳池县产品质量（生产加工环节）红黑榜企业。开展工业产品质量监督检查，加大建材产品的监督抽查频次，对重点建材开展专项监督抽查，努力提高全县质量管理水平。

【标准化管理与监督】

实施"技术标准"战略，发挥标准示范引领作用，引导和鼓励重点工业企业采用国际标准和国外先进标准，有序推进"双采"工作。指导汽车弹簧有限公司的EQ140汽车弹簧钢板、华美制衣的雪国天骄系列羽绒服等产品成功采用国外先进标准；引导四海公司强化标准化管理，健全标准化体系，推进体系认证，实施标准化良好行为创建工作，确保出口产品质量稳定提高，受到省质监局及商务厅的好评；以双鄢脐橙、黄龙贡米、优质稻谷、三安蔬菜、优质生猪、优质水果等地方名特产品为项目支撑，有序推进省级农业标准化示范区建设，将黄龙乡、双鄢乡、花园镇、酉溪镇、石垭镇、乔家镇、坪滩镇、大佛乡成功打造为省级农业标准化示范乡镇，促进农民增收和农业增效。县工商局与农业局一道，帮助大佛乡制定安佛蜜柚系列标准，总结三年来农业标准化示范区建设成果，编纂示范乡镇验收资料，并于11月下旬通过省质监局组织的农业标准化示范乡镇验收；打造"银岳池"稻米品牌，做好黄龙贡米地理标志保护示范区建设工作，编纂《地理标志保护产品黄龙贡米加工技术规范》区域性地方标准相关资料、编制说明，广泛征求意见，落实该标准审查、发布、备案事宜。撰写《岳池县省级地理标志保护示范区建设工作开展情况及成效报告》，及时上报省、市质监局备案，为示范区验收准备相关资料。联系落实黄龙贡米8个区域性地方标准整合为"一品一标"工作，使四川省（区域性）地方标准《地理标志保护产品黄龙贡米加工技术规范》（DB511621/T1－2014）得以顺利发布实施。开展岳池米粉基本情况调查，请示县政府同意成立岳池米粉地标保护领导小组和出台申请地标保护及保护区域文件，有序推进岳池米粉申报地理标志保护产品工作。

实施"品牌带动"战略，推动优势产业做大做强，对符合产业政策、市场竞争力强、发展势头好的四川百脉建筑机械有限公司等6家企业进行重点培育，将医药产业作为品牌战略的重要实施对象，将医药产业纳入名牌培育、培训计划。加大扶持力度，鼓励申报县政府质量奖、市政府质量奖和四川名牌。帮助企业做好质量管理体系认证、商标注册、标准化等基础准备工作，完善企业质量档案，引导和鼓励企业实施绩效管理模式，提高产品质量和市场竞争力。开展企业执行标准情况调查及标准化执法检查，整改问题，及时查处无标或不按标准生产等各类违法行为。全年办理代码基本业务3500件（办换证及变更代码），年检代码1500个，建立电子档案3500条。

【计量监督管理】

以"3·15""世界计量日"和"世界认可日"为契机，深入企业、学校、社区进行计量方面相关法律、法规宣传，提高全民计量工作意识；深化能源计量管理，组织能源计量相关人员培训，建立完善能源计量档案；按照县政府深入推进"道路交通整治攻坚年"的要求，开展道路交通安全专项整治，对辖区川东高速公路红庙、顾县、岳池入口治超站和南渝高速公路坪滩入口治超站的计重设备进行专项执法检查。

加强计量强检，保障民生计量安全，深化民生计量工作，强化水电气三表和压力表强检工作。扩大强检领域，对医院和私人诊所使用的血压计以及乡镇居民使用的气表水表实施强制检定。全年检定电能表1.5万只，燃气表6000只，水表5000只，血压计50台，压力表800只，加油机100枪，衡器150台。

开展集贸市场、加油站、定量包装商品、液化气储配站计量监督检查，严肃查处违法行为。检查加油站21家，大米生产企业5家，眼镜店16家，超市4家，集贸市场4个，抽检定量包装商品5批次，检查在用计量器具50余台件。加强强制性产品认证监管，检查玩具经销超市4家，安全玻璃生产经营厂1家，电信自助终端、金融自助终端用户10家，立案查处6家。执行涉企优惠政策，涉企产品质量监督检验严格执行国家规定，不向企业收取任何费用；由企业委托质监部门进行检验、检测的服务项目，物价部门有明确收费标准的，按照收费标准的下限收费，对困难企业，降低收费标准，以减轻企业运行成本。全年减免企业计量器具检定费20余万元，委托检验费15万元，部分企业的优惠幅度达50%。

【特种设备监管】

召开全县特种设备安全工作会，宣传特种设备安全法律法规及技术规范，与特种设备生产、使用单位签订安全生产目标责任书60份，明确企业安全主体责任；加强特种设备安全日常巡查，结合“百日安全生产活动”“安全生产大检查”“六打六治”等活动，在春节、“五一”、端午、高考、中秋、国庆等重要时段，对学校、宾馆、商场、CNG充装站、液化气充装站进行重点检查，对社会关注度高的电梯、危险性较大的压力容器、小锅炉等特种设备开展专项整治，坚决查处各类违法行为，确保不发生任何特种设备安全责任事故。全年检查特种设备生产及使用单位90余家次，检查各类设备400余台件，发出《特种设备安全监察指令书》21份，督促16家特种设备使用单位完善内部管理制度、培训安全管理人员和操作人员，责令21家单位限期整改，消除安全隐患8处，撤除和停止使用特种设备2台，对4家违法单位进行立案查处。在宏达食品有限公司发生液氨泄露时，积极提供技术支持，与县安监局、消防大队一道奋力施救，有效遏制事故发生。全年全县未发生特种设备安全事故，为实现平安岳池起到积极作用。

【质监服务与行政执法】

发挥职能优势，主动作为，落实县委、县政府《关于2014年工业工作的意见》，及时出台十一项举措服务工业经济发展，真心诚意为园区建设和工业发展提供优质、高效的质量技术服务。开展招商引资工作，为招商引资出谋划策，6月4日，促成重庆南松医药科技股份有限公司与县政府顺利签约，总投资3.8亿元，占地115亩，项目建成投产后，年销售收入4.6亿元，年税收3600万元，解决200余人就业。严格执行涉企优惠政策，7月1日起，组织机构代码证书收费从原来的108元/套减少到30元/套。全年减免200余家组织机构代码费用20余万元（含困难企业、小微企业和个体工商户等代码超期未检免予处罚金额）。开展“农资打假护春耕”活动，对乡镇农药、种子、化肥、薄膜经销店开展专项检查，共检查农资店30余家；对全县烧结普通砖企业、预应力空心板企业、建筑粉煤灰、输水管企业进行巡查，立案查处“缩水砖”企业16家。加强对广遂高速公路预拌混凝土搅拌站的监管，抽取6批次的产品送检；按照道路交通安全专项整治方案的要求加强对治超站入口的计量设备的监管，加强对公路波形防护栏的质量监管，立案查处双石路、仪北路使用不合格波形防护栏；对农网升级用电线电缆开展专项执法检查，抽取样品20个批次送专业机构进行检测；联合市质监局稽查分局查处岳池县丘山石化有限公司以不合格M85车用甲醇汽油冒充合格M85车用甲醇汽油案，查处港化燃气公司CNG加气站生产不合格车用压缩天然气案。加强对辖区内建筑扣件质量监管，组织执法人员深入建筑用钢管脚手架租赁企业，宣传安全生产和产品质量的法律法规及相关文件精神，要求租赁企业严格执行安全技术规范要求，严禁不合格的建筑扣件进入建筑工地。对辖区内的商品住宅项目工程、保障性住房等建筑工地和租赁站的钢管脚手架扣件不定期开展执法检查并抽样送检，出动执法人员40余人/次，执法车辆15台/次，检查建筑扣件租赁企业9个，建筑工地15个，抽查产品10个批次，对抽检不合格的租赁企业进行立案查处。组织开展"质监利剑"行动，强化重点民生产品质量监管，全年出动执法车辆70台次，执法人员216人次，查办案件60余件，消除安全隐患8起，为群众挽回经济损失300余万元。

【行政管理体制调整】

根据《四川省人民政府办公厅关于调整省级以下工商质监行政管理体制有关问题的通知》（川办发〔2014〕30号）精神，取消省级以下垂直管理，调整为县人民政府管理，岳池县人民政府与四川省广安质量技术监督局签订岳池质监部门行政管理体制移交工作备忘录，从2014年12月23日起，四川省广安市岳池质量技术监督局行政管理关系正式调整由岳池县人民政府管理。

（县质监局：王聪）

安全生产监督管理

【概况】

2014年，全县发生生产经营性事故4起，受伤2人，直接经济损失0.2万元。事故起数、受伤人数、直接经济损失与2013年同期相比分别下降56%、71%、100%。死亡2人，占市政府下达全县全年控制指标5人的40%，比控制目标少死亡3人；全年未发生较大及以上安全生产事故，全县安全生产保持持续稳定好转的良好势头。

【安全基础】

开展百安活动、安全生产大检查、安全生产月、"六打六治"等严厉打击非法违法生产经营建设行为专项活动，夯实基层安全基础，促进标准化建设。全县41家非煤矿山全部达国家三级标准，达标率100%，工矿商贸企业达标率90.8%，职业卫生基础建设达标率82.6%。开展安全社区（村组）创建活动，九龙镇继顾县镇、白庙镇后成功创建为"四川省安全社区"；石垭、罗渡、苟角、中和、裕民、兴隆、酉溪、坪滩8个乡镇成功创建为"广安市安全社区"，占全市成功创建总数（11个）的72.73%。修订完善43个乡镇（含翠管会）、32个重要职能部门、28家高危行业企业和150家工矿商贸企业的应急预案，切实增强全县抗击安全风险的能力。

【安全执法】

县政府组织开展非煤矿山、烟花爆竹、危险化学品、水陆交通、工程建设、消防等重点行业和领域的日常安全监察执法活动，对重点在建项目安全生产情况进行集中执法检查。按照"四不放过"原则，严厉查处安全生产责任事故。使用各类执法文书367份，打击非法违法、治理纠正违规违章行为2425起，其中无证照经营153起、非法用工无证上岗2起、违章操作792起，不符合安全生产规范352起、隐患排查整改不到位96起、应急救援不全面65起、其他违章违规经营建设行为965起，收缴各类物品436件，立案查处17起。

【隐患整治】

全县通过采取日常检查、阶段检查、专项检查、明查暗访等方式，全方位、多层次加强隐患排查整治，坚持一般隐患即查即改、较大隐患挂牌整治、重大隐患跟踪督办，最大限度地把事故隐患消灭在萌芽状态。全年挂牌整改隐患84起，销号84起，隐患按期整治率100%。

【安全宣传】

制作安全生产公益广告，县电视台在每天的《岳池新闻》后滚动播放；建立安全生产短信平台，在重大活动、重要时段给县级领导及各乡镇、部门、企业主要负责人(分管领导)发出提示短信,全年发出短信3100条(次);4月24日至25日,对各乡镇、部门、企业负责人及安管人员进行安全生产法律、法规、安全常识、管理知识的培训;6月全国“安全生产月”活动期间,购买6部警示教育片和情景剧,在县电视台播放;11月12日,组织各乡镇、部门分管领导及安全管理人员,建筑企业、工商贸企业、交通运输企业主要负责人参加新《安全生产法》宣传贯彻专题培训,督促各乡镇、各部门组织单位职工及下属企事业单位职工开展理论学习,并组织考试。全年组织526名企业负责人、管理人员到广安市安全生产培训中心参加培训;督促各部门、各乡镇按月开展安全生产咨询活动,举办车(船)主、经营业主培训会,督促各乡镇在出入口设置大型的广告宣传牌,在重要路段、危险路段、重大危险源处添设永久性的固定警示牌1031块(条);督促各中小学校每周开设安全课程;督促企业搞好“三级”教育,特别是加强对一线操作者、特种作业人员的教育培训。

【专项治理】

根据中央、省、市的安排部署,开展百日安全生产活动、安全生产月、道路交通综合整治攻坚年、建筑施工专项整治、安全生产大检查、“六打六治”打非治违等28个活动,通过制定方案、宣传发动、召开推进会、督查督办等措施,使各项活动有条不紊地开展,取得明显成效。检查单位485个,排查各类隐患2463处,查纠各类违法违章行为6.6万起,发出整改通知526份,处罚42家,责令停工停产33家,查封、取缔、关闭13家,行政拘留133人,完成市政府下达的5家非煤矿山企业整顿关闭任务。

【监管机制】

县政府全面推行任务分解、指标控制安全生产目标管理责任制,完善安全生产例会、隐患整改挂牌督办、联合执法、综合考核等安全工作制度;推行政府主导、公安主抓、部门参与、乡镇配合的乡镇道路交通安全管理模式;完善和推广应用安全生产不良记录扣分办法、安全隐患排查整治按月挂牌通报销号、乡镇安全生产每月开展“十个一”活动、“三包”责任等机制,构建一级抓一级、层层抓落实的责任体系,形成各负其责、各司其职、相互配合、齐抓共管的良好局面。

(县安监局)

审计工作

【概况】

2014年,县审计局完成审计(调查)项目224个,其中:预算执行审计6个,财政决算审计4个,财政财务收支审计3个,企业审计2个,专项资金审计1个,经济责任审计9个,固定资产投资项目审计199个。查出违规资金7091万元,管理不规范资金66567万元,促进增收节支542万元,审计挽回(避免)损失4518万元,向相关部门移送案件线索2件。

【财政预决算审计】

从构建财政审计的大格局、审计项目的绩效分析、财政体制机制制度的建立完善、问题整改的效果“四着眼”入手,对县财政局、县地税局、县商务局、县食品药品监管局、县群工局、县供销社6个部门的预算执行以及顾县镇、兴隆镇、白庙镇、坪滩镇4个乡镇的财政决算情况进行审计,重点关注预算编制、预算执行、预算调整、决算编报等环节和政府性债务的增减变化情况。对全县63个一级预算单位组织开展落实中央“八项规定”和省委、省政府“十项规定”以及“约法三章”、厉行节约等情况的监督检查,紧盯公共资金使用、公共权力运行和公共部门履职,为严控“三公经费”、严管公务支出和公款消费起到积极作用。经审计,查出违规资金539万元,管理不规范资金19224万元,促进增收节支480万元,处理处罚2775万元。

【固定资产投资审计】

县政府办出台《岳池县政府投资建设项目工程变更审查办法》，规范项目变更程序，促进相关部门加强项目变更管理，围绕规范政府投资项目建设行为，重点对工程招投标、合同签订、工程施工质量和工程绩效情况、工程量的真实性情况、工程变更合理性及有效性、工程结算定额套用情况以及监理单位履行职责情况方面进行审计监督，健全对固定资产投资项目的事前、事中、事后监督管理制度，规范工程造价结算，减少结算中的虚报行为。全年完成对199个政府投资项目进行审计，审计投资总额54588万元，审减工程价款6634万元，综合核减率12.1%。

【行政事业审计】

切实加强行政事业单位的审计，着力提高行政事业单位的管理水平，保障相关政策法规的执行与落实，最大限度地发挥财政资金使用效益。以资金的收支管理为重点，着重检查财政部门组织收入和安排支出的真实性、合法性和效益性。对县农业局、县水务局、县医院3个单位进行财政财务收支审计，查出违规资金50万元，管理不规范资金2013万元，财政增收节支资金50万元，调账处理资金15万元。

【领导干部经济责任审计】

强化对权力运行的监督和制约，把加强经济责任审计作为规范领导干部从政行为、加大权力监督制约、预防和惩治腐败的重要手段，狠抓审计监督。根据县委组织部委托，结合部门预算执行审计、乡镇财政决算审计，对人口多、小城镇建设土地使用量大、民生资金和项目多的顾县镇、坪滩镇、白庙镇、兴隆镇的3名书记、1名镇长，对涉农资金多、下属单位职能强的县农业局局长，对有收费职能、固定资产多、资产量大的岳池中学校长，对职能职责调整的县食品药品监管局局长、商务局局长进行任期经济责任审计；共查出违规金额131万元、管理不规范金额841万元，按相关规定明确领导干部所应承担的主管责任125万元、领导责任451万元、直接责任396万元。

【专项资金审计及审计调查】

强力关注国家政策措施，加强对重大决策部署贯彻落实情况跟踪审计。县审计局按照上级主管部门的统一安排部署，对全县"稳增长、促改革、调结构、惠民生"等宏观政策措施落实情况进行持续跟踪审计，对《党政机关厉行节约反对浪费条例》等改进工作作风相关规定贯彻落实情况以及"三公经费"、公车治理、乱发钱物和政府性楼堂馆所建设管理情况开展专项审计监督。

（县审计局）

统计工作

【统计服务】

2014年，及时为县委、县政府、相关部门和社会公众提供统计服务产品，满足各方面对统计信息产品的需要。全年编发《统计调研》8期、《统计分析资料》23期、《统计快报》11期、《考核动态》11期、《情况专报》9期、统计信息600余条。其中"两办"采用统计信息20余条，市统计局采用信息100余条，省统计局采用信息10余条。县统计局被评为"全省统计新闻宣传先进集体"。

拓宽统计服务群众的渠道，提高大数据时代统计服务水平，通过网络服务、现场服务、电话服务等方式，让社会各界更加快捷便利地分享统计数据和信息。及时在岳池统计信息网站上解读经济社会运行态势，宣传全县最新经济发展成果。以群众满意为目标，热情接待群众来访查询数据，全年为各部门和社会公众服务200余批次。

【统计调查】

完成综合、国民经济核算、民营经济、农业、农民收入、工业、固定资产投资、商贸、服务业、劳动工资、城镇居民收入等国家专业统计月、季、年报任务的布置、数据的收集、审核、评估论证和上报工作，统计数据质量不断提高；围绕地方经济建设的需要，组织实施服务业监测、能源统计监测、畜禽监测、退耕还林监测、粮食产量调查、城乡一体化调查等统计调查工作，岳池县被国家统计局四川省调查总队评为“产粮大县监测工作先进县”“退耕还林监测工作先进县”。

完成企业创新调查、“3·15”消费者权益专题调查、进城务工人员市民化意愿调查、进城农民工就医现状调查、个体户经营状况及意愿调查、岳池县县级部门党的群众路线教育实践活动正风肃纪群众满意度测评、乡镇党风廉政建设满意度电访调查等临时性调查任务。

【统计管理】

强化名录库管理。定期组织召开由县统计、工商、税务、编办、质监、民政等部门参加的名录库工作协调会议，落实《广安市基本单位名录库建设管理实施细则》，定期收集、整理部门行政资料，在线导入新增、变更、注销单位信息，不断完善、更新名录库基本单位，推动部门信息共享机制建设。发挥专业协作和部门职能作用，规范执行“四上企业”入库申报审批工作流程，建立健全“四上企业”入库申报电子文档和档案管理，落实“先进库，再有数”的原则，规范”四上企业”入库申报审核确认工作。

强化联网直报管理。抓好“四上企业”人员业务培训，对直报方法制度执行中和数据报送中经常出现的问题进行讲解，通过培训，企业统计人员业务素质得到全面提升。加强即报即审即验，要求乡镇直验人员和各专业股室发挥直验和监管责任，及时督促“四上企业”上报数据，加大对数据协调性、匹配性的审核力度，特别是对数据波动异常的企业开展统计执法检查，发现问题，及时整改到位，对触犯统计法律法规的统计违法行为坚决进行查处，确保全县企业一套表工作秩序有条不紊。

强化“三查”监督管理。县统计局成立统计数据质量核查组、稽查组、执法组，负责及时落实市统计局通过OA系统发出的相关查询指令；强化对各单位联网直报平台日志的监管，有针对性的开展统计数据查询，对核查有问题的单位责令其在直报期内修正数据，对问题较为严重的予以稽查或者执法检查。

【统计基础工作建设】

贯彻落实省统计局出台的《乡镇统计工作规范化实施办法》《乡镇统计工作日志》和市统计局《2013年广安市乡镇统计规范建设实施方案》，帮助乡镇统计站建立健全各项统计制度，加强乡镇统计工作日志管理，全县43个乡镇（翠管会）基础工作更加规范。

制定出全年培训计划，通过专业年报会议、统计从业资格和继续教育等各项培训，解决行业统计对象范围不清楚、漏统、行业统计薄弱等问题，规范部门统计基础工作。

按照省统计局《企业统计工作规范》和《广安市数据管理质量责任书》要求，按流程和标准做好投资项目与“四上”企业的入库工作。加强数据生产全流程监管，恪守联网直报“四条红线”，推进全县“四上”单位实现“一企一卡”“AB岗”制度。全县178个推行企业规范化建设的单位，基本落实八个规范。

【统计信息化建设】

完善统计局内网，建立县级VPN用户。及时更新岳池党政网、岳池公众网上“统计数据”内容，巩固乡镇网络建设成果，丰富局内网内容，有针对性地组织乡镇统计人员开展网络应用技能培训，提高基层统计人员的网络应用与管理以及数据处理软件使用水平，全面提高统计人员计算机操作技能。

【统计执法】

在县政府第29次常务会议上，专题学习《中华人民共和国统计法》《四川省统计管理条例》，要求全县各级领导干部要切实领会《统计法》的精神实质，增强依法统计的自觉性，积极支持配合开展统计工作，提升统计数据质量。

全年全县统计从业资格培训125人次，继续教育350人次，开展规模以上工业、服务业、限上商贸企业、建筑业等专业培训510人次，让统计法律法规和统计专业知识对统计人员入脑入心。

县统计局与全县各乡镇和相关县级部门签订“岳池县统计数据质量管理责任书”，明确各乡镇长和相关县级部门主要领导的统计数据质量责任，各乡镇和县级相关部门同时将数据质量责任层层传递到末梢，厘清工作责任。

【第三次全国经济普查】

推进经济普查入户登记工作。按照广安市普查办统一安排部署，倒排时间节点，严格责任落实，确保普查登记工作有序完成。建立分包乡镇制度，业务骨干全部下沉普查小区，深入普查一线，加强对基层普查工作的业务指导。加强与县工商、税务部门沟通协调，深入比对单位核查名录库，全力查找遗漏单位，全县登记单位数2841个，其中法人单位2477个、产业活动单位364个，登记个体工商户22439个。

开展数据审核工作。组建数据质量专项督导组，安排业务骨干多次深入乡镇指导乡级普查机构开展数据审核工作，将疑难问题、可能出现的问题提前思考，妥善解决在基层。印发《岳池县第三次全国经济普查数据审核职责分工的通知》，分工负责，明确职责，加强对重点领域、重点行业的普查数据审核。建立值班、加班、督查制度，确保上级查询、下级疑问第一时间得到解决。针对审核发现的存疑数据，开展经普专项执法检查，保障数据质量。

组织开展事后质量抽查工作。研究制定《岳池县第三次全国事后数据质量抽查工作方案》，成立由分管领导带队的六个质量抽查工作组，对全县抽中的普查区（小区）进行全面细致的事后数据质量抽查。对数据处理设备统一管理，统一登记，统一备案，责任到人，出现故障及时报修，确保数据处理设备正常工作。

开发普查成果。研究制定《岳池县第三次全国经济普查资料开发应用工作方案》，利用经普数据分析某些行业或某些方面比较突出的问题，形成系列调研文章和专题报告，为党委、政府科学决策和部门行政管理提供基础信息。县统计局被评为“四川省第三次经济普查工作先进集体”。

（县统计局）

教科文卫

Jiao Ke Wen Wei

教　育

【学前教育】

学前教育加快发展，全面实施第二轮“学前幼儿园行动三年计划”。2014 年，投入 1397 万元，新建乡镇中心幼儿园 6 所面积 8280 平方米。全县在园幼儿 27327 人，学前三年入园率 75.31%。

【基础教育】

2014 年年末，全县有公办中小学、幼儿园 105 所。其中幼儿园 5 所，完全小学 29 所，九年一贯制学校 52 所，单设初中 13 所、职中 1 所，完全高中 4 所，特殊教育学校 1 所。有小学在校学生 60838 人，适龄儿童入学率 100%，巩固率 96.97%，毕业率 96.39%；初中在校学生 35054 人，初中入学率 98.7%，巩固率 96.83%，毕业率 85.13%。全县普通高中在校生 15175 人。2014 年，普通高考参考总人数 5755 人，专科以上上线人数 5477 人。其中一本上线 200 人，二本上线 909 人，三本上线 640 人，专科一段上线 877 人，其他 2851 人；被大专以上院校录取 4241 人，其中重点本科 126 人，一般本科 1063 人，专科（含高中中专）3052 人。全县有特殊教育学生 453 人，随班就读学生 372 人，残疾儿童入学率 84.8%。特殊教育学校运转正常，现开设有培智班 7 个、聋哑班 1 个，就读特教学生 81 人，其中弱智学生 65 人，聋哑学生 16 人。

【社会办学】

全县有 256 所民办教育机构。其中义务教育阶段学校 52 所，学前幼儿园 171 所，中等职业学校 4 所，另有各类培训学校 29 所。各类民办教育机构有教学班 659 个，其中学前幼儿班 467 个，小学教学班 138 个，初中教学班 9 个，中职教学班 45 个；在校学生 23992 人，其中幼儿学前教育在校生 18898 人，义务教育在校生 5094 人。中职在校就读学生 3036 人（含三年级顶岗实习 742 人）。全县民办学校共有教职工 910 人，其中学前幼儿教师 524 人，小学、初中教师 225 人，中职教师 161 人。

2014 年，民办教育发展步伐加快。1 月，与四川才华九龙建设工程有限公司签订办学协议，建设北京师范大学广安附属实验学校，规划占地 110 亩，招生规模约 4000 人，96 个班，集幼教、小学、初中、高中为一体的全日制民办学校。8 月，与四川师大浩文教育投资管理有限公司、四川冬石教育投资有限公司签订办学协议，在县城区规划 130 亩，建设四川师范大学附属第七实验中学，办学规模在 4000 人左右（在校学生）的 12 年制（小学、初中、高中）高品质、高规格寄宿制学校，并设幼儿园。组织社会力量投入资金 400 余万元，优化办学条件，新开办民办幼儿园 3 所，迁建 3 所。认真考核评估各类民办学校，清理整顿各类民办幼儿园，帮助13所校园消除安全隐患，添置教学设备，完善各项设施，民办幼儿园的管理得到提高和规范。组织5名民办幼儿园园长参加省级培训，组织15名民办教育机构负责人和骨干教师参加培训。

【成人教育】

2014年，成人高校招生统考报名281人，其中文科12人、理科142人、专升本127人，报考人数比2013年减少22人。参加全国统一考试缺考一科以上57人。考后，达到各类分数线上线247人，其中文科8人、理科121人、专升本118人，无高中起点本科考生0人。全年组织高等教育自学考试2次，4月自考(14.1次)报名52人(比2013年同期13.1次减少11人，减17.46%)，报105科次(比2013年同期13.1次减少11科次，减5.48%)，实考74科次。考试结果合格27科次，合格率25.71%。考完规定课程，获得本科毕业资格1人。10月14.2次自考报名71人(比2013年同期13.2次减少2人，减少3.2%)，报134科次(比2013年同期13.2减少1科次，减少5.12%)，实考102科次，考试结果，合格59科次，合格率44.03%。考完规定课程，获得本科毕业资格的1人。2014年，各类上线考生经省招办和学校审录226人(含加分照顾录取)，其中文科录取6人、理科录取110人、专升本录取110人。全年获得高等教育自学考试专、本科毕业文凭1676人，有在籍考生5542人。

【职业技术教育】

召开中职招生动员会、推进会，加大宣传力度，提高家长对国家支持中职教育政策的知晓率，实行招生送生日报制度。加强制度建设，规范招生秩序。全年中职春招实现在校就读2356人，中职在籍学生14142人。探索办学模式改革和人才培养模式改革，提高“双师”型教师比例，促进职业教育内涵发展。加快白庙职中迁建进程，推动公办职业学校快速发展。以岳池县职业技术学校创省级示范学校为目标，推动民办职业学校上台阶，促进职业教育快速发展。

【素质教育】

规范办学行为，规范义务教育阶段招生秩序，落实就近免试入学政策，切实减轻学生课业负担，启用东湖学校，有效增加学位，积极化解大班额，城区学校义务教育起始年级班额控制在规定标准内。制定并下发《禁止违规补课和违规征订使用教辅资料的十条规定》，以“零容忍”的态度向教育不正之风“亮剑”，增强德育工作的针对性和实效性，以爱国主义、理想信念、心理健康教育为重点，以行为习惯养成教育为抓手，统筹推进“理论宣教”“文化熏陶”“社会关爱”“实践培育”四大工程，广泛开展学雷锋做一个有道德的人、红领巾相约中国梦、我们的节日等系列主题教育活动，培养学生道德情操。加强德育社会实践活动阵地建设，新建3所中央彩票基金支持的乡村学校少年宫，课余和节假日免费向学生开放，组织各乡村少年宫学校开展“隆重纪念邓小平诞辰110周年”和“我们的节日·中秋”主题作品创作活动，各乡村学校少年宫共创作300余幅艺术作品参加“缅怀邓小平”作品征集评选活动。丰富德育工作载体，将4月和5月确定为志愿服务月，广泛开展“小手牵大手、文明行为伴我行”志愿服务活动和“廉动你我、洁美生活”志愿服务活动。通过组织开展“缅怀伟人·纪念先烈·报效祖国·圆梦中华”清明祭扫活动，开展“美丽中国、我的中国梦”主题教育读书、征文、演讲活动，举办中华经典诵读大赛等，有效地促进德育工作的扎实开展。开展“百名教师下基层活动”，组织城区学校百名音体美教师到农村学校，每周定期上课，帮助农村学校学生掌握“2+1”艺体特长项目(2项体育运动技能、1项艺术特长)，确保农村薄弱学校学生享受优质教育。积极组织参加广安市十八届青少年科技创新大赛。

【党的群众路线教育实践活动】

围绕“为民务实清廉”主题，按照“照镜子、正衣冠、洗洗澡、治治病”的总体要求，结合实际制定教育系统机关和学校的党的群众路线教育实践活动实施方案，建立健全系列工作制度，编制学习读本，县教育局领导班子、机关干部集中学习6次，印发学习资料500本，抓好六个专题讨论，搞好五项专题教育，县教育局班子成员深入东街小学等校开展理论辅导10余次，撰写高质量的调研报告9篇。深入联系学校开展“四进四联四促”活动，为西板乡火焰山村修村级公路捐款2万元，为西板乡真武山村10户贫困户捐款3000元。分层次召开民主生活会及组织生活会216次，转化后进党组织10个。深入开展“十个一”活动，征求意见99条。其中领导班子四风问题38条，群众反映强烈的切身利益问题28条，联系服务群众“最后一公里”问题16条。针对“四风”问题，细化整改措施，坚持即知即改、立行立改、边整边改，落实整改工作，整改突出问题43个。对督导评估制度、教职工请休假管理制度等进行完善，提出制度建设计划19项，其中废5项，改10项，立4项。清理制度规范性文件13件，其中废止2件，继续有效8件，修改3件。建立起领导干部联系点15个，排查软弱涣散基层党组织10个，帮扶转化10个，有力地促进基层党组织的健康发展。通过10余个月的教育实践活动，全体党员干部的思想进一步提高，作风进一步转变，为民务实清廉形象进一步树立，党群干群关系进一步密切。

【教师队伍】

全县有中小学在职教师6812人，大专以上学历占90.17%，本科以上学历占66.10%，教师学历达标率99.8%，其中初中教师学历达标率98.8%。2014年，按照县委办、县政府办《关于清理机关事业单位在编不在岗和聘用编外人员有关问题的通知》精神，对各中小学、幼儿园在编不在岗人员进行清查治理，清查出各校在编不在岗人员53人，其中按程序办结解聘手续18人，办理病退手续6人，按要求回单位上班22人，患重病请假7人。从农村学校考调81名教师到县城学校任教；面向社会公开招聘教师199人，到高校考核招聘免费师范生2人、研究生16人；选派12名“三支一扶”志愿者到本县缺编农村学校支教。

组织选派全县教师参加国培、省骨干教师培训、市级骨干教师培训、班主任培训、安全培训、新教材等培训1.3万人次。4月至7月，组织开展面向社会认定教师资格工作，颁发证书的124人，其中初中教师资格68人、小学教师资格15人、幼儿园教师资格8人、高中教师资格32人、职业中学教师资格1人。2014年，获评四川省特级教师1人，国家、省、市级优秀教师、名师、学科带头人600余人。推荐省级骨干教师60人，市级骨干教师598人；推荐17名教师拟受“第四届百名优秀人才”表彰，65名教师获县委、县政府第四届“红烛奖”，3人被市教育局、人社局表彰为“广安市教书育人楷模”，16名教师被市教育局、人社局表彰为“广安市优秀教师”，3人被市教育局、人社局表彰为“广安市优秀教育工作者”。争取县级财政投入100万元，对全县8551名在职和离退休教职工进行健康检查。

【学校体育】

开展大课间运动，全面实施《国家学生体质健康标准》，保证每生每天校园一小时体育锻炼，全面推进身心健康工程。成功创建1所省级阳光体育示范学校，5所市级阳光体育特色学校。确定58所训练项目定点学校，形成以岳池中学和岳池一中为龙头的高中、初中、小学一条龙训练体系。举行岳池县第一届中小学生体育节篮球、足球、乒乓球比赛和第二届体育节田径、排球比赛，组织球类比赛216场，田径比赛13个大项120个小项，参赛人数1800人。参加广安市第二届中学生运动会田径比赛，共获6金5银10铜，获团体总分第四名，其中岳池中学学生吴昊打破初中男子1500米市纪录。参加四川省第十二届运动会，岳池中学学生宋乾坤荣获男子甲组400米栏冠军和400米亚军，岳池中学女子曲棍球队荣获第六名。

【校园文化活动】

按照一校一品、一校一特的发展思路，开展特色学校创建活动，提炼出乒乓球体育、生活化创意美术、曲艺艺术等校园特色文化，形成一批有较强影响力、特色鲜明的学校。开展“美丽中国、我的中国梦”主题教育读书、征文、演讲活动。全县102所中小学学生参加。演讲比赛分初中组和小学组进行，评出一等奖2名，二等奖3名，三等奖5名，优胜奖若干。城关中学苑露译代表岳池参加市上比赛获一等奖，代表广安参加全国总决赛获三等奖。在征文比赛中，共收到征文1562篇，报送市上参评文章小学组209篇，中学组93篇。通过阅读读本，摘抄笔记、撰写征文、参加实践、演讲比赛等活动，使广大青少年学生受到深刻的教育，培养学生良好的道德情操。开展校园环境整治，创建整洁优美校园。开展“小手拉大手”、城乡环境综合治理工作“六进”、志愿者服务等主题实践活动，对学生进行规范教育，树立卫生、文明观念，摒弃乱丢、随地吐痰等陋习，提高卫生意识，养成良好卫生习惯。创建绿色校园示范校，开展“携手低碳节能、共建绿色家园”的主题班会活动和“小手拉大手、共建生态县”为主题的征文、知识竞赛、绘画摄影比赛。

举办岳池县第一届音体美教师基本功比赛，有88名音体美教师进行展示交流。酉溪小学教师黄婕妤、实验学校教师余志立、岳池中学教师覃嘉宣参加广安市中小学音乐美术教师基本功比赛，分别获得音乐类小学组、初中组、高中组一等奖；岳池中学冯婷婷参加广安市中小学体育教师创新环节展示交流研讨活动获高中组一等奖。在广安市教师中国画作品展评中，组织600名中小学生、幼儿参加四川省第十届优秀艺术人才大赛美术书法、音乐、语言类比赛，取得优异成绩。举行岳池县第二届中小学生艺术节，共评出优秀表演作品58个，美术作品200余件，优秀指导教师90人，优秀组织奖14个，先进个人16人。组队参加广安市中小学艺术节喜获佳绩，获团体总分第二名，获一等奖6个，二等奖15个，三等奖21个。成功创建市级艺术教育特色学校2所。

实施“关爱留守学生”主题教育活动，加强留守学生心理健康教育、法制教育和安全管理，健全留守学生档案、联系卡、个人成长档案、监护人联系制度、结对帮扶等制，切实做好特殊时段留守学生的关爱工作，让留守学生自信快乐成长。3月30日，中国下一代教育基金会留守儿童教育救助项目四川捐赠仪式在顾县小学举行，第十届全国人大常委会副委员长顾秀莲到学校视察留守儿童关爱工作，并在留守儿童帮扶中心看望和家长视频通话的留守儿童，与留守儿童家长进行亲切视频通话。组织50名学生参加四川省2014年“快乐成长、放飞梦想”青少年夏令广安分营活动。

【学生“三免一补”】

从2014年春季入学开始，100%免除义务教育阶段学生9.59万人教科书费、学杂费和作业本费；投入313万元，对2583名农村义务教育阶段寄宿制学生补助生活费。

【教育基础设施建设】

2014年，向上争取到14个资金项目，金额1.2亿元。新建乡镇中心幼儿园4所，包括北城幼儿园、万寿幼儿园、花园幼儿园、同兴幼儿园，新建面积6480平方米；投入173.6万元，完成县第一幼儿园装饰及附属设施建设；投入1283万元，开工建设罗渡小学，新建校舍8720平方米，其中投入330万元，开工建设罗渡中学教学用房2200平方米；投入200万元，启动南街小学综合楼建设；投入20万元，完成恐龙小学围墙、堡坎修建；投入25万元，完成师范附小操场整修工程；投入10万元，完成杨柳小学教学楼维修工程；投入4375万元，开工新建农村义务教育学校食堂36所，其中改建6所、建设面积1400平方米，新建30所、建设面积28622平方米；投入80万元，采购两用灶、餐桌位、消毒柜等学校食堂设备设施，帮助实施营养餐供餐模式的学校配置食堂设备设施；投入656万元，建设兴隆中学、天平小学、嘉陵小学、罗渡小学、秦溪小学教师周转房130套，新建面积3990平方米；投入890万元，改善办学条件学校5所，建设高寺小学教学综合楼，改造西溪中学运动场、校门、围墙，嘉陵小学食堂，朝阳小学食堂、围墙，顾县二小食堂、围墙，新改扩建面积7040平方米。

投入资金400余万元，实施“教室照明、清风消暑、安全饮水”工程。为全县53所农村学校安装或更换节能灯8000余只，51所农村学校安装电扇4350余台，15所农村学校更换电线线路，23所农村学校安装自来水或打水井，为全县农村中小学师生提供更加安全、良好、舒适的学习工作环境。

【电化教育】

全县有省现代教育技术示范学校3所，市现代教育技术示范学校13所；全县配备计算机4500台，建有计算机网络教室97间、班班通多媒体教室1496间，160个教学点实现数字教育资源全覆盖，各督导责任区和中小学全部通过宽带接入教育城域网和互联网；全县全面实施完成“校校通”工程，并初步发挥出使用效益。

全年投入1898.8万元，通过政府采购，为全县所有学校配备900套班班通多媒体教学设备及电子备课室教学设备，全县中心校以上学校实现班级多媒体设备配备率达到83%；投入资金162万元，完成教育城域网中心机房设备升级，提升教育城域网的稳定性、可靠性；投入250万元，为所有学校配备电脑、扫描仪及打印机，提高图书科学化、信息化管理。

县教育局通过抓师资培训，加大督查力度，提高信息技术教师教育教学能力。在开好信息技术必修课的基础上，各校积极组织学生参加信息技术学科课外活动，提升学生信息素养。全县4950名高中学生参加高中信息技术学业水平考试，合格率100%。教师参加中小学多媒体教育软件大赛、“文轩教育杯”中小学教师信息化教学应用赛课等活动，学生参加中小学生电脑制作大赛、四川省中小学“阳光阅读·文轩杯”第二届读书小明星大赛、四川省第三届“阳光阅读·文轩杯”读书征文等活动，荣获省级奖20个，市级奖98个。

组织36名学科教师分批参加“四川省2014年信息技术应用能力提升工程省级专项培训”，实施中小学教师教育技术能力培训400人，举办县级“班班通管理与应用”培训骨干教师200人；开展“送培下校”活动，组织2014年安装班班通及电子备课室设备的项目学校实施“班班通管理与应用”和教学点教师数字教育资源应用全员参培，促进教育技术在教学中的有效运用和信息技术与学科教学的有效整合以及远程教育项目资源的有效利用。

组织网管员、资产管员、信息化管理员、云平台等管理人员的培训，提高各类管理人员水平，促进全县教育管理自动化和教学应用数字化，全力推进学校信息化工作。

全县7个教育信息技术科研课题成功在四川省立项开题，申报市级课题10个；电教馆的“为现代教育插上腾飞的翅膀”的信息化科研文章发表在“四川教育”2014第11期上，县教育局、实验学校、示范幼儿园、罗渡中学四单位的“四川省教育信息化试点项目”有序开展并顺利通过市教育局中期评估。

【教育管理】

根据省、市人民政府关于深入推进义务教育均衡发展的实施意见精神，结合岳池实际，8月，县政府印发《岳池县关于深入推进义务教育均衡发展的实施意见》，着力缩小区域之间、城乡之间、校际之间义务教育学校办学水平差距，建立和完善义务教育投入保障长效机制，实现县域内义务教育发展基本均衡。建立健全义务教育学业水平监测机制，实施基础教育教学质量提升工程。深入推进义务教育学校标准化建设，推进农村薄弱学校食堂建设、教师周转房和寄宿制学校宿舍建设，改善薄弱学校办学条件，提升办学水平，逐步缩小城乡教育差距，推动义务教育均衡发展。顺利组织初三毕业生体育考试、实验操作考试和中考，以及初二生物地理结业考试；做好义务教育小学阶段质量检测等工作，严肃考纪考风，确保考试公开公平公正。按照有关规定开齐课程开足课时，体育、音乐、美术、信息技术和地方课程的课时也得到全面保障。规范教辅资料的推荐、发行秩序，实现发行渠道规范、宣传规范，执行一教一辅、自愿购买的原则，严禁学校、教师强制或变相统一订购，严禁任何个人违规推荐或指定购买教辅资料。加强教育教学常规管理，完善教育督导机构，聘请专职县督学30人，组建教育督导队伍，向市教育督导委员会推荐2人担任市督学。加强督导责任区管理，修订考核制度，组织实施年度考核。落实督学职责，对全县中小学、幼儿园实行挂牌督导。开展不定期地教学常规检查，督促学校领导认真抓教育教学常规管理和提高教学质量。加强对普通高中招生管理工作，严格执行“三限”政策，规范普通高中学校的招生宣传行为、执行招生政策行为、招收择校生的行为、新生注册行为。坚决落实义务教育阶段学校新生免试就近入学政策，统筹兼顾，多措并举，将城区学校起始年级班额控制在标准范围内。印发《岳池县教育局关于加快解决中小学大班额问题的通知》，从加强招生管理、合理配置资源、推进均衡发展等角度入手，逐年化解大班额问题。按照《岳池县小学六年级教学质量考核办法》《岳池县初中三年级教学质量考核办法》《岳池县高中三年级教学质量考核办法》中的考核项目和分值对学校进行教学质量考核。全面推广使用全国中小学生学籍信息管理系统，加强学籍员业务培训指导，实现学生学籍全国联网和学生信息电子化。

【助学帮扶】

拨付资金220万元，资助普惠性幼儿园家庭经济困难儿童2200人；投入资金675.7万元，资助普通高中家庭经济困难学生4474人，其中包括彩票公益金滋蕙计划资助普通高中品学兼优的家庭经济困难学生215人、资金43万元；投入资金265.86万元，免除家庭经济困难高中学生学费4431人；拨付资金507万元，为中职学校学生免学费2600人；拨付资金74万元，资助中等职业教育一至二年级家庭经济困难学生490人；投入资金97.1万元，资助贫困大学新生406人；拨付资金90万元，实施2014年中央彩票公益金教育助学项目，励耕计划资助家庭经济困难教师79人，润雨计划资助家庭经济困难的幼儿教师11人。做好教师互济工作，对212名互助互济会员发放一次性互助互济补助金29.93万元。

【教育科研】

促进课堂改革。召开课改推进会，强化课改激励机制，追求“活力、高效、务实”课堂目标，实现课改“全覆盖”，引领全县课堂教学改革。在全县范围内挑选观念新、方法新、效果好，以及竞教中荣获县级一等奖或市级二等奖及以上的教师34人，组建课改“献课团”，参与新课改模式下的教学研讨活动；通过师培师训、送教下乡等教研形式，更好的服务和引领全县的课改教学工作。11月至12月，“献课团”成员在全县推广“目标导航、问题引领”的课改模式，送教下乡献课10余节，培训教师327人。开展“典型引领、示范教学”活动，以示范为载体，组织各校挑选一名优秀教师作为典型为全校上示范课，邀请机关联系股室、教科室、课改办人员参会指导，形成对各校教师的全员培训，上示范课153节，112人上了引领性示范课153人，观摩学习、以评带培5000余人。组织县联教组72人编写《教与学设计案》，从2014年秋季起，全县3～9年级教师开始试用《教与学设计案》，实现全县优质教学资源共建、共享，提高课堂效益。县课改办通过指导、检查、督促、评估等措施，使学校对课改工作明显重视，教师观念明显转变，教学效果明显提升。在全县范围内确定31所课改示范学校创建单位，每校确定不少于40%的课改示范创建班级，以此方式，促进全县学校课改工作。

推进教育科研。加大培训指导力度，举办专题培训2次，倡导“问题即课题、教学即教研、成长即成果”的科研理念，探索与新课程相适应的教学方法，形成“人人在参与、校校有课题”的教研网络。全年全县“新课程下农村初中语文个性化作业设计探究”获省级资助金课题重点课题1项，省资助金课题结项2项，省第五届优秀教学成果获奖2项（东街小学、实验学校），市级校本课题结项30项。校本成果“小学数学课堂合作学习探究”等19项获奖，市社科联获奖1项，县社科联获奖2项。全县申报省级课题12项，“语文课堂中情景创设的探究”等42项获广安市2014年校本课题立项，“小学英语“目标导航、问题引领”教学法探究”等138项获县级校本立项。加大竞教选拔力度，举行县级学科竞教活动6次，选拔40余人参加省、市竞教，获省级一等奖3人次，市级一等奖15人次。组织师生参加教学论文、教学活动设计及全国中学生生物、物理联赛竞赛活动，获得全国一等奖3人，全国二等奖5人，全国三等奖13人；省一等奖9人，省二等奖16人，省三等奖17人；市一等奖5人。

开展教研活动。3月，市教科所领导和课改办领导参加岳池中学2013年省资助金课题“三环六步高效课堂教学模式研究”开题报告会。4月，参加岳池一中2013年获省资助金课题立项的“新课改下高中体育选项教学研究”开题报告会并作指导。4月，参加省教科所在眉山举行的全省群文阅读项目推广启动培训会。4月至5月，配合省市教科所举行两次省级课题结题鉴定活动，聘请省、市相关专家和行政领导进行通讯鉴定，岳池县8个省级课题参与鉴定，50%的课题获得通过。5月，组织全县教师召开第七届教育科研培训会，两次到岳池一中给青年教师作教育科研讲座。6月，教科室配合相关学校参与四川省第五届优秀教学成果集的修改编撰工作。9月，在杜家小学举行的获省级资助金课题重点课题“新课程下农村初中语文个性化作业设计探究”开题报告会，邀请市教科所任所长等一行到岳池县指导，收到较大的反响。9月和11月，分别派人参加省教厅在南充、绵阳三台参加四川省第五届教学成果推广会。10月，由市教科所主办、县教科室协办、杜家小学承办的“广安市教育科研进乡及成果推广活动”的活动，来自全市各区市县教科室学校领导教师等100余人参加活动，取得满意效果。

【营养改善计划】

全县实施食堂供餐学校21所，牛奶+X模式学校（含校点）206所。代县政府草拟《关于进一步加强学生食堂建设和管理的意见》，出台《岳池县学校食堂管理制度（试行）》《岳池县学校生活饮用水安全管理制度（试行）》《关于印发岳池县学生宿舍（公寓）管理暂行办法》等相关制度，加强中小学（幼儿园）食堂、小卖部、饮用水、学生宿舍（公寓）管理。全年财政拨付营养餐专项补助资金4184.22万元，共7.5万名农村义务教育阶段学生享受免费营养改善计划，覆盖率达100%。县财政统一拨付811万元，专门用于学校食堂设备设施的采购；拨付74万元，解决食堂供餐学校安装天燃气、动力电和饮用水。加强营养改善计划实施情况日常监管和抽样检测，县教育、食品药品等部门开展大规模联合检查2次，发放整改通知17份，通报批评学校10所，查处无证经营非法校内食堂1个；随机采样抽检营养餐食品2次，检测各类营养餐食品8批次。组织全县各级各类学校的食堂工作人员、学校领导、营养餐专管员和全县学校财务人员，开展三次大规模的学校食堂食品安全卫生知识培训和财务人员知识培训，培训400余人次。

【校园环境卫生治理】

代县政府起草《2014年校园及周边环境专项整治方案》，联同县综治办、公安、工商、住建、城管、文广新、卫生等相关部门开展一个月的校园及周边环境集中治理。各股室根据局机关校园及周边环境治理工作安排表的分工，每天放学时段至少派1人到负责学校值守，负责协调学校及相关部门开展工作，查看相关部门的履职情况，并根据实际情况填写校园及周边环境治理工作日报表。

协调各相关责任单位设立宣传点，出动流动

宣传车，发放宣传资料，邀请县电视台加大对整治活动的正面宣传和反面曝光力度，增强市民的文明和法制观念，营造浓郁的整治氛围，促进市民自我文明意识的提升。在城区11所、中心镇14所学校的校园及周边环境集中整治活动中，出动人员到校宣传1400人次，宣传执法车辆500余次，发放宣传资料1.2万份，营造良好的工作氛围。对证照不齐的发出催办通知书26份，对食品流动摊点、乱摆摊点的经营户发出劝告书154份。加强对校园周边地区经营场所的整顿，特别是网吧、游戏厅、书店、音像店、麻将馆等，查处违规经营行为12件，处罚网吧违规接纳未成年人8家，处罚金额3.3万元，关停无证经营电子游戏5家，无证经营书店1家，收缴图书5000余册。联合城管、交管、公安等部门开展联合行动，清理整治校园周边车辆乱停乱放行为、商铺占道经营行为和流动摊贩违规占道经营行为，纠正商铺占道经营240余次，清理流动商贩365人次；维护交通秩序，禁止家长使用三、四轮车接送幼儿；设立警示牌，在校门口20米内禁停一切车辆，查处非法接送学生50余件，处理电动三(四)轮车28辆；投入4.7万元，对机关幼儿园、城关中学、岳池一中等9所城区学校的校内及周边交通标志、隔离桩、硬性减速带以及各类安全设施进行重点完善。

【校园安全】

健全“一岗双责”安全责任体系，层层签订安全责任书，明确职责，做到机构、人员、责任、经费、预案“五落实”。组织学校开展“百日安全”“学校安全隐患大排查大整治大督查”“防火、防洪、防震避灾疏散演练”“四川省第三届中小学校安全知识网络竞赛”“道路交通安全专项整治”“十二个全国安全生产月”等安全生产活动，印发安全资料4万余册，发放安全知识宣传单17万张；举办各种安全培训300余次，参培人数达10万人次；排查出各类隐患101处，下发限期整改通知书101份，通报70处存在于学校的安全隐患。加强全县13辆学生接送车辆的管理，选配法制副校长和学校保安人员。全面消除D级危房，顾县小学二小、南街小学、罗渡小学等学校修建工作顺利推进，无重特大安全事故发生。

【依法治校】

制定印发《贯彻落实〈教育部全面推进依法治校实施纲要〉的实施意见》和《岳池县教育系统开展“诚信守法进万家”活动实施方案》，推进依法治校，把教育管理和办学活动纳入法治轨道，学校干部和师生员工的法治意识明显增强，师生的合法权益依法得到保障。4月18日，县教育局召开会议，传达县上4月15日依法治县推进会议精神，研究制定并下发《岳池县教育系统贯彻落实〈岳池县依法治县纲要〉的实施方案》。县教育局组织专(兼)职督学分别于3月和9月深入各学校开展义务教育巩固率专项督查，全县小学巩固率100%，初中巩固率99.3%。利用春、秋开学时间，重点就学校收费、安全稳定、法制教育、教育惠民工程落实情况等方面进行全面检查。

【东湖学校建设】

岳池县东湖学校位于岳池县九龙镇花园路232号，是县城区的一所九年一贯制学校，该校于2011年5月经县人民政府批准后开始筹建，2012年4月奠基修建，2014年8月全面建成，2014年9月开始独立招生。该校总投资6000万元，占地49.73亩，建筑面积20231平方米，共有教室72间，功能教室18间，教师办公室46个。有塑胶活动场地1.8万平方米，其中300米环形跑道运动场13562平方米，篮球场4438平方米；有阶梯教室及会议室各1个，有学生宿舍3342平方米，有师生食堂915平方米。

2012年9月至2013年9月招收的初一新生，均由岳池县城关中学代管至毕业。2014年8月，李光富被县教育局任命为岳池县东湖学校第一任校长；2014年9月，东湖学校开始独立招收初一和小一，当年有初一学生499人、小一学生261人，有教师75人，其中城关中学任教38人。

【白庙职业中学迁建】

白庙职中迁建工程是市、县两级政府的重点工程，该工程位于岳池县花园镇自生社区县城区规划用地，占地面积104.6亩，建筑包括教学楼6栋、男女生宿舍、学生食堂、实训楼等，总面积57168平方米，建成后可容纳学生3000人。

2012年12月4日，县政府召开白庙职业中学校建设专题会议，决定将岳池县白庙职业中学整体迁建至岳池县城规划区；2013年5月，将新校区建设地点定于岳池县花园镇自生社区三、四组；2013年8月，完成选址、地形测绘、土地预审，定界放线等工作；2013年9月，整体规划设计完成，并于9月13日在岳池县城乡规划管理会获得通过，作出调整和完善后，于10月最终定稿；2013年10月，办理土地划拨决定书及土地使用证，经过半个月的努力，完成土地勘测；2013年11月，成立白庙职中迁建工程筹备组，办理环评手续；2013年12月，通过比选招标确定涪陵第九建筑公司负责一期围墙及平场工作，12月17日开工，因雨天较多，于2014年4月底完成；2014年1月26日，整体工程施工图设计完成；2014年3月11日，县委书记李永平等到学校工地现场调研，并承诺再划拨土地20亩作为实训用地；2014年3月20日，由县委常委、宣传部部长陈莉主持召开白庙职中迁建工程协调会，落实宏发碎石场及三鑫钢管租赁公司搬迁责任；2014年4月10日，通过公开招标确定四川省圣景建筑公司为一期工程的施工队伍，随即办理建设工程规划许可证和建设用地规划许可证，并在5月内办理施工许可证；5月20日，该工程正式启动。

【岳池中学简介】

四川省岳池中学创办于1922年，是岳池建校最早、文化底蕴最为深厚的一所省级示范高中。学校占地280亩，坐落在凤山公园旁，依山临街，绿树成荫，环境优美。岳池中学地灵人杰，校友中涌现出革命烈士、省部级领导、中科院院士等知名人士。

岳池中学在新一届领导班子的带领下，乘着感恩小平诞辰110周年和部省共建教育改革发展试验区试点校的东风，坚持“树王者风范、创卓越业绩”的校训，实施“举理想之旗、铸制度之魂、走课改之路”三大战略，教学质量一直稳居全县第一，位列全市前茅。2014年高考岳池中学校本科上线1121人，比2013年增加37人，一本上线146人，包揽全县文、理科状元；全县理科前10名，岳池中学校占9名，全县理科600分以上的优生14人，岳池中学校占13人；全县文科550分以上的优生15人，岳池中学校占8人；“0”班一本上线率达75%，基本实现高考每年上一个台阶的既定目标。连续十年高考本科上线人数保持在千人以上，连续多年囊括县文、理科状元，每年中考成绩也名列全县第一。岳池中学师资力量雄厚，拥有特级教师、省级名优教师、省级骨干教师、省市“十佳”教师等一大批名优教师，拥有研究生学历教师10余人。

岳池中学校园环境优美，硬件设施一流，每间教室都配齐投影仪、展示台等多媒体教学设备，每位教师都拥有专门的教学笔记本电脑和独立的办公桌椅，校园网络全面覆盖。学校新校区建设大力推进，现已建成300米及400米标准塑胶运动场各1个，新建的学生公寓条件得到改善，学生食堂环境优雅，功能齐备，男、女生公寓均安装先进的热水供应系统，保证冬季24小时供应热水。

岳池中学正在全面深入实施新课改，推行“二次备课”，打造高效课堂，以改革创新为动力，向新课程改革要质量，岳池中学校开展的“三环六步”新课改模式研究已成功申报为省级研究课题，并取得了阶段性成果。

岳池中学已被市上列为部省共建试点示范校，正着力打造“健心教育”办学特色，以“心好人才好”为核心理念，实现“师生健心、成功人生”的特色教育目标。学校重视全面育人，注重学生身心的和谐发展，整体素质的综合提高，体艺成绩斐然，在省、市、县各级比赛多次获奖。

岳池中学高度重视革命传统文化教育和校园

文化建设，学校在保持省级文物"王字楼"原有建筑设施和风格不变的基础上，大力挖掘其历史文化内涵，充分利用现实实用功能，将其打造成集校史陈列、书画创作、教学科研等为一体的传统文化教育基地，提升学校的办学档次和办学品位。

岳池中学现为部省共建试点示范校、省级示范高中、省级校风示范校、省级文明单位、省依法治校示范校、省心理健康教育基地校（全省仅7所）。岳池中学将坚持用教育的理想打造理想的教育，为莘莘学子实现人生梦想提供最为广阔的舞台。

【岳池一中简介】

岳池一中属四川省示范高中，是一所拥有光荣传统和厚重文化底蕴的历史名校，于1953年由新三中学（1939年由国民党元老、国民党中央监察院院长、著名爱国人士和清末以来杰出的书法家于右任创建并任董事长）、尚用中学（1942年由西南师院创建人、教授周西卜创建）两校合并而成。

学校占地面积332亩，拥有功能完善的教学楼、图书室、网络教室、功能室、学生公寓、食堂等教学和生活设施，建有标准的400米塑胶田径运动场、塑胶篮球场、塑胶足球场。学校现有在校学生7800余人，教职工403人。学校秉承"修德砺志、以学报国、为顶天立地之完人"的办学理念，以"问题引导、三段教学"课堂模式为基点，以导学案和学习小组建设为突破口，深入推进新课程改革，全面实施素质教育，形成自律教育、创新教育、个体特长教育等办学特色。是川东北唯一一所"四川省航空运动后备人才培训基地"学校。

在校务方面，坚持校务公开，加强学校民主建设。校长办公会、行政会、教职工大会、教师业务会、班主任例会规范化，及时向广大教师通报情况，积极推进学校民主政治建设。学校把"懂业务、善管理、做表率"作为每一个班子成员追求的目标，也作为考核班子成员的主要依据。领导班子成员带头深入教学一线，带头遵守学校规章制度，带头履行职责，形成一支有大局观念、带头执行学校各项规章制度、团结协作、廉洁自律、工作努力的强有力的领导集体。

在教师队伍建设方面，2014年，开展以"党的群众路线""慵懒散浮拖"为重点的师德教育活动，以提升教师形象。坚持利用每月一次的教职工大会学习教师职业道德以及上级有关文件精神，提高教师依法执教的自觉性。学校积极主动配合主管部门抓好教师的继续教育工作，支持、鼓励教师参加提高学历层次、业务水平、教研能力的培训，推荐教师参加上级组织的各种培训和学习，学校派出的各级各类观摩、培训学习的教师达到四分之一，为教师接受新的教育理念创设平台，拓宽教师的眼界，丰富教师的专业知识，提高教师的教学技能水平。

对于学生管理，主要加强德育常规管理，培养学生良好行为习惯。2014年，学校举办校园艺术节、田径运动会、书法绘画比赛、科技竞赛等一系列活动，培养学生的兴趣，提高学生的综合素质。学校积极创造条件，合理利用学校内部教师资源、场地资源和设备资源等，学校批准设立街舞社、花式篮球协会、象棋协会、乒乓球协会、双节棍协会等，让学生凭着自己的兴趣爱好，展示自我、体验成功。全年学校女子篮球队荣获广安市第二届中学生运动会篮球比赛高中女子乙组第一名，青少年足球队获得广安市青少年足球锦标赛初中组第一名，舞蹈组获得第二届中小学艺术节中学舞蹈一等奖。

在加强教学科研管理方面，围绕提高课堂教学效率，严抓教学常规的落实，做到教学常规管理精细化、长效化。加强教育教学工作的研究，追求课堂教学有效性，增强教学的针对性、规范性和科学性。让"有效"成为师生的共同追求追求高效，增强教学效益。在校长的指导下，加强行政领导督教督研管理，密切关注教师执行常规及各班课堂教学情况。在教育科研方面，采取多种措施，搭建多个平台不断提高师资队伍水平。

【罗渡中学简介】

四川省岳池县罗渡中学，位于罗渡镇，距岳池县城28千米，距广安市城区13千米。学校始建于1958年，1982年升格为高（完）中，2000年通过四川省普通高（完）中办学基本条件达标验收，2001年晋升为“广安市首批示范高中”，2004年成功创建成为“四川省普通示范高中”，成为川东地区第一所农村省示范高中。

学校占地107亩，拥有较完善的教学设施和一流的教师队伍。学校现有教学班58个，其中高中39个班，初中19个班，在校学生3972人。学校在职教职员工211人，其中高级教师58人，省级骨干教师5人，市级骨干教师37人，县级骨干教师30人，由广安市直接管理的人才1人。学校以“育人育心，成人成才”为教育理念，以“三创、四一、五好、六不准”为准则的教育方式，以“净、静、敬、竞、进”为内容的教育手段，以清洁、纪律、体育“三面红旗”为纽带的教育措施，以“让差生变优生，优生更优，让每一个学生不掉队，为学生未来发展奠基”为教育目的，构成了罗中独具一格的育人特色。

2014年，以教育教学为第一要务，努力提高教育教学质量，强化服务意识，提升学校形象。开展党建工作，巩固党组织的战斗堡垒作用，充分发挥党员干部、党员教师的先进性和模范带头作用；认真开展党风党的群众路线教育实践活动；组织全校教师进行师德师风建设集中学习，多形式开展师德师风建设活动，切实加强教师职业道德；请进来、走出去，不断加大师资队伍培训力度，更新教师观念，切实提高教师业务水平；践行课改理念，力推课改成果；以考风促学风，加大教师教学常规检查力度，全力提升教育教学成绩；重安全，强法制，使安全教育、法制教育常规化、制度化、实效化；抓廉洁、树品行，廉洁文化进课堂；重投入，改善办学条件，提高办学水平，2014年，学校对教学楼宿舍楼进行防漏水处理，新修一栋综合教学楼，班班配齐电子白板，教师人人配齐教学电脑；开展各种文体活动，丰富学生课余生活。

2014年，顺利通过“四川省信息化教学试点学校”中期目标验收，获得县教育宣传工作先进集体，荣获“四川省第三届中小学校安全知识网络优秀组织奖”“岳池县第二届中小学艺术节绘画类一等奖”“第一届中小学生体育节省示范中学高中男子篮球第三名”，被评为“首届四川省青少年科普文化节组织工作先进单位”。

表5　2014年各级各类学校基本情况一览表

项　目	学校数(所)	在校生数	教职工数	
			合计	其中:专任教师(按办学类型分)
1. 学前教育	182	27940	963	661
幼儿园	182	18557	963	661
附设幼儿班		9383		
2. 小学教育	79	60838	1981	1869
小学	79	29816	1615	1503
小学教学点		5407	366	366
附设小学班		135		
九年一贯制学校		25480		
3. 初中教育	65	35054	3567	3375
初级中学	12	11384	694	622
九年一贯制学校	53	17348	2873	2753
附设普通初中班		228		

续上表

项　目	学校数(所)	在校生数	教职工数	
			合计	其中:专任教师(按办学类型分)
完全中学		6094		
4. 高中教育	4	15152	1154	1051
完全中学	4	15152	1154	1051
5. 特殊教育	1	81	20	18
514 其他特教学校	1	81	20	18
7. 中职教育	5	12616	400	336
调整后中等职业学校	4	10743	350	293
职业高中	1	1873	50	43

(县教育局:杨桂文)

科　技

【概况】

2014 年,抓好《科学技术进步法》《科学技术普及法》和《知识产权法》的落实,围绕“整合科技资源、提升创新能力、加速成果转化”的科技工作新思路,坚持自主创新,加速科技成果转化,探索产学研结合的技术创新体制,推进农业产业化。全年全县科技总投入 5188 万元,引进、示范、推广农业新品种 18 个、新技术 14 项,开发新产品 8 项,全县申请专利 122 件(其中发明专利 41 件),授权专利 23 件,促进农业科技成果转化 2 项,开展科技培训 16 期(次),培训各级各类专业技术人员 500 人,农民 6000 余人次。全年编报省级科技项目 15 个,市级项目 8 个。

【科普宣传与科技培训】

利用开展科技“三下乡”“‘科技之春’科普活动月”“科技活动周”“中国专利周”等大型科普活动,采取多种形式举办各类农村实用技术培训班 16 期(次),培训科技实用人才 500 人,培训农民 6000 余人次。宣传推广新品种 7 个、新技术 3 项,赠送宣传资料 10 万余份,宣传书刊 5000 余册,开展义诊 2000 余人次,扶贫帮困 300 户,赠送价值 8 万元的化肥、农药、种子等农用物资。

【科技推广与应用】

全年推广新技术、新成果 3 项,引进新品种 7 个,举办各类实用技术培训班 16 期,培养农村实用技术人才 500 余人次,农民 6000 余人次。全年编报省级科技项目 15 个,市级项目 8 个,。

【项目申报与成果评审】

县科技局通过对全县工业园区及农业科技园区进行调查研究,积极做好中央、省、市科技支撑、成果转化、富民强县、创新基金和专利实施及转化等项目的筛选,推荐和申报项目省市科技支撑项目 22 个。省级科技富民强县专项行动计划项目“岳池县 DLY 猪标准化养殖及精深加工技术集成与产业化示范”、省级科技成果转化项目“黄龙贡米精深加工技术产业化开发”等两个项目已全面完成,各项指标均已超额完成。

岳池县的县城亮化工程管理所项目“太阳能路灯在城市照明中与市电并网模式的应用研究”,西华大学、四川银丰食品有限公司项目“直条米粉现代化改造关键技术研究与产业化示范”,岳池县畜牧食品局、岳池县特驱种猪繁育有限公司项目“提高规模养殖场母猪生产性能成套技术推广应用及产业化研究”,以及县人民医院项目“EVL 在防治肝硬化并发食管静脉曲张破裂出血中的临床应用研究"，获得广安市第七届科学技术进步三等奖，项目主研人员分别获奖金1万元。

【知识产权保护】

贯彻落实专利法等知识产权法律法规，通过科技下乡、科技活动周和中国专利周等活动，切实加强知识产权宣传培训，更加注重提高公民的知识产权保护意识。指导专利的申报，全县共申报专利122件，其中发明专利41件。根据省、市知识产权局专利资助资金管理办法，配合县财政局修订完善并出台《岳池县县级专利申请资助资金管理办法》，兑现专利申请资助资金35.8万元。

【科技招商】

坚持实施优势资源转换战略，以经济建设为中心，解放思想，加大招商引资工作力度，拓宽招商引资领域，努力改善投资环境。2014年，招商引资项目3个，到位资金5600万元，其中工业项目到位资金3000万元。

【科技管理】

实施科技兴县、人才强县战略，加强与省、市科技部门的沟通联系，项目申报质量和实施成效明显提高。组织申报省、市、县科技计划项目25项，获省科技厅农业重点科技项目立项支持2项70万元。引导、鼓励企业与高校科研机构开展产业技术创新战略联盟建设工作，银丰食品公司与西华大学组建"广安市米粉产业技术研究院"；抓好企业研发机构建设工作，在县工业园区银丰食品公司建立"米粉开发技术实验室"，并以此为依托申报科技项目，提高技术创新能力。

【科技服务】

发挥科技特派员队伍和生产力促进中心的作用，科技服务体系日益完善；在广播电视台定期开办科普电视栏目，宣讲科普知识。参加省、市科技部门的有关业务培训会，吃透科技项目要求，筛选推荐申报项目。多举措服务企业，全年县科技局聘请省市生产力促进中心、省市技术转移中心、省食品院、省畜科院、西华大学等有关专家多次到岳池县的工业园区、农业园区进行诊断式服务，有针对性地进行企业调结构、申请专利、创高企、项目申报等工作献计策，引导企业走产学研路子，增强科技创新能力、拥有自主知识产权的核心技术和品牌产品重要性的认识，受到企业的欢迎。5月13日至14日，邀请省科技厅社发处、四川省分析测试服务中心、四川省科学器材公司到岳池县园区博雅单采血浆公司、仁安药业公司、凯瑞中药材种植公司开展生物医药企业走访调研，帮助医药企业找出一条科学发展得道路。7月4日，县科技局组织畜牧系统的专家在双鄢乡举办DLY生猪标准化养殖技术培训班，对该乡村社干部和养猪专业户进行系统培训，参加培训人数100余人。11月21日，根据市科技局统一安排，在乔家镇举办设施农业科技培训，邀请县蔬菜局专家对乔家镇新型农民近100人进行现代蔬菜种植技术的培训，深受好评。

（县科技局：方全东）

气　象

【气候概况】

2014年，年平均气温为16.9℃，与历年值持平；极端最高气温38.5℃(8月6日)；极端最低气温-1.1℃(1月1日)。年总降水量1455.7毫米，比历年值偏多39%。年总日照时数1117.4小时，比历年值偏少1%。

【主要灾害天气】

全年全县出现暴雨和洪涝天气过程7次。6月8日晚到9日白天，县境内部分地方出现暴雨，其中白庙降大暴雨，24小时降水量达112.3毫米，暴雨过程造成全县直接经济损失468万元。7月10日晚到11日白天，全县境内普降暴雨到大暴雨，其中排楼乡和坪滩镇达特大暴雨，24小时降水量分别为256.6毫米、252.5毫米,暴雨过程造成直接经济损失1.16亿元。8月9日8时至10日8时,全县普降暴雨,强降雨过程对全县旱情起到缓解作用。8月26日至27日,全县普降暴雨到大暴雨,造成县城区严重内涝,直接经济损失223万元。9月13日至14日,全县境内普降暴雨到大暴雨,部分达特大暴雨,最大降水量出现在齐福乡达325.5毫米,暴雨过程造成全县直接经济损失9820.7万元。9月18日全县普降暴雨,由于前期雨水饱和,暴雨对农业生产造成一定影响。10月27日至28日出现一次暴雨天气过程,全县普降大雨到暴雨。

全年出现寒潮3次。2月5日至7日出现较强降温天气过程,其过程降温达6.8℃;3月20日至22日出现强降温过程,过程降温9.9℃;10月11日至13日出现寒潮天气过程,过程降温9.5℃。

从7月12日至8月9共29天出现高温晴热少雨的伏旱天气,降水量为7.8毫米,其中日最高气温达35℃以上的日数有17天,极端最高气温为38.5℃,对农业生产带来不利影响。9月12日至19日,出现秋绵雨8天,对大春作物收尾的收晒工作带来不利影响。

【气象服务】

精心制作各类天气趋势预报气象服务产品,主动为各级领导指挥抗灾夺丰收提供依据,为"春节""国庆"等重大节日,"中高考""抗洪救灾"等重大活动开展气象保障服务。全年发布各类预报、警报、重要天气消息150余次,材料2000余份,手机短信15万余条。主动配合县应急办、防汛办、农业局、民政局等部门开展抗洪救灾天气服务。防雷中心对各个中小学教学楼、易燃易爆场所、各类信息计算机场站、机房进行防雷检查。组织抗旱人工增雨3次。

【气象质量】

汛期组织业务人员普查维修仪器,实行人工和自动化两种运行方式,保证汛期气象服务的正常运行。注重理论与实际操作相结合,开展"百班无错情"劳动竞赛活动,全年通过4个"百班无错情"的验收,全年无一错情。

【气象宣传】

在刊物和新闻媒体上发表全县气象事业发展的文章30篇,强化"世界气象日"宣传,组织全体干部、职工宣传气象建设,全年发放各类宣传资料10万余份。

(县气象局:张华)

卫　生

【概况】

全县有医疗卫生机构986个。其中:县直属医疗卫生单位7个(卫生执法监督大队、新农合办、人民医院、中医医院、妇幼保健院、疾控中心、爱国卫生宣传教育所)、乡镇卫生院44个、社区卫生服务中心1个、康复卫生院1个,批准设置民营医院17所(已投入使用11所)、综合门诊部2个、采供血机构(单采血浆站)1个、个体诊所84个,村卫生室829个。有三级乙等综合医院、二级甲等中医医院、二级乙等综合医院、一级甲等妇幼保健院各1个,甲等中心卫生院8个、乙等中心卫生院2个、甲等乡镇卫生院9个、标准化村卫生室70个。100%的乡镇(中心)卫生院和99.6%的村卫生室通过等级评审。政府办医疗卫生机构有编制床位3027张,医疗卫生技术人员1492人(不含乡村医生、民营医院和个体诊所人员)。全县有注册执业医师1392人,注册护士1062人。

【医药卫生体制改革】

制定出台《岳池县县级公立医院综合改革实施方案》,对改革任务、时间进度、部门职责等进行明确要求。成立公立医院管理委员会,作为县级公立医院管理的决策机构,负责推进县级公立医院管理体制、运行机制改革和现代医院管理制度建设等。全年两家县级公立医院累计为患者减少药品费用支出1700万元,老百姓"看病贵"问题得到有效缓解。

巩固规范基本药物监管和支付机制,全年对基药的使用开展监督检查4次,基层医疗卫生机构上网采购率、集中支付率均保持在100%,基本药物制度直接为群众减少药品费用1000万元。

统一印制《岳池县分级诊疗服务宣传手册》8万份,分发到卫生院、卫生室、村组户。每个乡镇卫生院均与县人民医院、县中医医院或岳池川东医院签订双向转诊协议,从2014年10月1日起,全面实施分级诊疗制度。开展社区(乡村)医生与居民签约服务试点工作。乡村医生签约21.49万户,签约农民46.72万人,签约率65.86%;社区服务中心全科医生团队签约家庭2.88万户,签约居民5.72万人,签约率61%。

全县参加新型农村合作医疗保险人数89.04万人,参保率99.71%,人均筹资标准390元。全年补偿284.5万人次,基金支出34571.61万元,占累计基金总额的98.59%。加大对定点医疗机构的监督管理,有效遏制医药费用的不合理增长,确保基金安全运行。

【基础设施建设】

争取中央、省项目5个,项目资金达1.26亿元,新增固定资产统计入库7926万元。齐福、白庙、新场等12个乡镇卫生院和10个标准化村卫生室建设项目已全面完成,县人民医院住院综合楼已竣工投入使用,120急救分中心建设、中和及坪滩中心卫生院迁建项目已进入实施阶段,妇幼保健院迁建、卫生执法监督大队业务用房、疾控中心建设项目正稳步推进,县政府无偿划拨76.5亩土地用于县中医医院迁建。

【疾病预防控制】

有序推进结核病控制、全国艾滋病综合防治示范区建设、预防接种信息化建设及规范化接种门诊建设工作。加强医务人员业务培训,开展埃博拉疫情防控和监测。全县规范化电子档案建档745187人,高血压、糖尿病患者管理人数分别达68829人和29563人。全年传染病报告发病22种2469例,发病率207.35/10万。其中乙类传染病发病14种1783例,发病率149.74/10万;丙类传染病发病8种686例,发病率57.61/10万;无甲类传染病,无传染性非典型肺炎、脊髓灰质炎、人感染高致病性禽流感、白喉等重大传染病发生。全年接种率持续保持较高水平,卡介苗、脊灰疫苗、百白破三联疫苗、麻疹(麻风)疫苗四苗全程接种率91.43%,乙肝疫苗全程接种率95.23%。

【妇幼保健】

强化妇幼保健管理与培训,健全妇幼保健网络,巩固完善县、乡、村三级妇幼保健技术队伍。规范妇幼卫生项目工作,全县新增服用叶酸人数9355人,孕产妇住院分娩率达100%,住院分娩补助6578人,补助金额345.63万元;免费婚前医学检查11198人,婚检率81%;新生儿疾病筛查6258例,新筛率92.72%。

【医政管理】

拟定《岳池县医疗纠纷应急处置预案》和《岳池县医疗纠纷处置管理办法》,参与组建岳池县医疗纠纷人民调解委员会,制定《全县医疗机构推行医疗责任保险制度的实施意见(试行)》。参与处理医疗纠纷11起,成功处理8起,进入司法程序3起,均做到及时协调处理,较好保障医患双方合法权益。91%以上的基层医疗机构设置中医科室、配备常用中医诊疗设备,132个村卫生室新添置了中医基本诊疗设备,中医药服务能力得到提升。全面完成国家中药资源普查工作,累计对33个乡镇进行实地采集,采集中草药173种,初步获得标本1100余份。开展城乡对口支援工作,4个县级医疗卫生机构和1家民营二级医院对口支援10个中心卫生院,在资金、设备、专技人员下派服务、管理等方面给予帮助。对口支援下派医务人员32

人，定期服务基层下派医务人员35人。120急救分中心规范运行，将县人民医院、县中医医院和石垭、罗渡、坪滩、顾县中心卫生院纳入120指挥调度系统运行，较好地满足辖区群众看病就医需求，确保院前急诊、急救及转院工作顺利开展。

【卫生监督监测】

通过集中学习、以会代训、外出学习等形式，提升业务水平和执法形象，获得全市卫生执法监督技能大比武团体和个人一等奖。全年开展公共场所监督检查516家，从业人员健康证持证率达98%；采取水质样品142份，县城区抽检100%，乡镇饮用水抽检合格率达65%，县城区生活饮用水抽检合格率100%；立案查处案件47起，罚款16.15万元，没收违法所得3580.01元；取缔游医45起。

【爱国卫生运动】

组织开展大扫除活动，强化病媒生物防治工作，推进农村改厕步伐，开展“健康教育进社区”和“农民健康教育促进”活动，把“合理膳食、适量运动、戒烟限酒、心理平衡”的生活理念宣传给广大居民。完成农村改厕项目500座。省级卫生县城复审顺利通过评审验收，卫生县城创建成果得到巩固。

【红十字会工作】

召开县红十字会第三次会员代表大会，选举产生新一届理事会。为云南鲁甸地震救灾募捐17万余元，为罗渡洪灾专项救助捐赠棉被300套、衣服300套。在全县范围内广泛开展红十字助困、助医、助残、助学、助老等活动，捐赠2.7万元，救助各类贫困对象、重病患者6人。

【医学会工作】

在全市县级医学会中率先组建内科、外科、妇产科、儿科、药学、医技、急诊、中医、护理9个专业委员会，制定《岳池县医学会专业委员会组织管理办法（试行）》。对各专委会开展学术活动，根据其专委会的人员数量、活动成本等，落实活动经费。全年开展学术培训和讲座16期，培训各级各类医疗卫生机构专业技术人员1610人次；撰写高质量的论文，国家级刊物发表9篇，省级刊物发表48篇，市级刊物刊发4篇，《蛋白激酶Ca参与高糖致人系膜细胞癌胚纤维连接蛋白的表达》获得广安市医学会表彰的2014年度医学优秀论文一等奖。

【县直属医疗卫生单位简介】

岳池县人民医院。是一所集医、教、研、预防、保健、康复为一体的国家三级乙等综合医院。医院占地面积90亩，建筑面积5.36万平方米，编制床位800张，开放床位1000张。在职职工786人，其中高级职称58人，中级职称181人。内设机构52个，其中临床科室24个、医技科室10个，职能部门18个。2014年，医院门（急）诊量达42.1万人次，出院病人2.81万人次，平均住院日9.3天，业务总收入达2.58亿元。

岳池县中医医院。是国家二级甲等中医医院，医院占地面积62624.61平方米，建筑面积1.55万平方米。医院有编制217人，在岗职工392人，编制床位350张，开放床位400张。设有康复科、妇产科、肛肠科、血透室等10个病区。其中康复科、肛肠科为省级中医重点专科建设科室，心脑病科为市级重点专科。医院配备有磁共振仪、西门子16排螺旋CT等先进诊疗设备。2014年，医院门（急）诊量17.19万人次，出院病人1.28万人次，业务总收入9500余万元。

岳池县妇幼保健院。为国家一级甲等妇幼保健院，是一所集妇幼保健、临床医疗、科研、培训为一体的全民非营利性妇女儿童专科医院，是全县首家国家爱婴医院，全县婚前医学健康检查法定单位。有在职职工73人，开设床位51张，设有内科、外科、妇科、产科、妇女保健科、儿科、儿童保健科、婴儿浴室、麻醉科、医学检验科、医学影像科、中医科等科室。

岳池县疾病预防控制中心。是政府实施疾病

预防控制与公共卫生技术管理和服务的公益性事业单位。主要负责辖区内疾病预防控制、免疫规划、突发公共卫生事件应急处理、公共卫生监测、健康教育以及预防医学教学、培训等工作。中心占地面积10.61亩，建筑面积7049平方米。现有编制102人，在编职工92人。内设疾病控制科、免疫规划科、预防接种门诊等13个科室。中心通过省级实验室及食品检验机构资质认证，具备独立合法、客观公正、科学准确的监测检验资格。2014年，创建二级甲等疾控机构成功通过专家组评审验收。

（县卫生局：杨娟）

文化体育广播影视新闻出版

【文化场所设施】

全县有文化馆1个，图书馆1个，资源共享支中心1个，综合文化站44个（含翠管会），其中建成省、市级示范乡镇文化站16个，标准村级农家书屋827个，社区书屋49个。

【文学创作】

创作文学、诗词作品3000余件。组织“颂歌献小平·诗意赞广安”、优秀党委书记杨淑芹、“讲文明·树新风”公益广告、“用生命担当的好干部——沈乾文”、岳池网格化服务管理等5大主题创作，出刊《网格化服务管理文艺作品集》以及4期《岳池文艺》《岳池诗词》。

【艺术创作】

创作戏剧曲艺作品50余件，美术、书法、摄影作品3000余件。将曲艺灯调《广土工程进农家》、金钱板《好榜样——沈乾文》、舞蹈《吉祥》等8个新创编节目搬上舞台。荷叶《秋江》节目参加南方片区的曲艺专场演出、四川省首届农民艺术节“幸福乡村·希望田野”——三农专场文艺比赛暨“群星奖”比赛以及赴法国参加第七届巴黎中国曲艺节并获银奖。

【文艺演出】

组织参加“中国梦在广安”广安市纪念邓小平诞辰110周年群众文艺演出活动、2014年中国旅游日启动仪式广场群众文艺演出、重庆大渡口区音乐舞蹈家协会纪念“延讲”音乐会、“情系嘉陵江，共筑中国梦”——2014川陕甘渝公共文化服务区域协作百馆大联动（南充市）、中国曲协、省文联举办的“我们的价值观——曲艺走基层全国百场巡演”（四川·岳池）专场演出以及江苏连云港市的中国曲协第八届中国曲艺节和山西长治举办的“中国曲艺之乡创建20周年”系列活动。

【群众文化活动】

开展广场文艺表演、民间艺术展演、诗词美术摄影作品展览、川剧“玩友”坐唱、三下乡文艺演出、“感恩小平·心系群众”中外合唱作品音乐会以及“感恩小平·唱响岳池·同心共筑中国梦”大型歌咏会、“金曲迎春·舞动银城·同圆中国梦”群众广场舞大赛等活动20余场。荷叶《秋江》节目参加巴黎中国曲艺节获得“银奖”；曲艺节目《把平安带回家》《路迢迢兮梦平安》参加广安市交警系统文艺演出获二等奖。

【文化艺术工作获奖情况】

岳池县（曲艺）、苟角镇（书法）、坪滩镇（民间杂技）被评为“四川省民间文化艺术之乡”。荷叶《秋江》荣获第七届巴黎中国曲艺节银奖。“岳池曲剧”被省人民政府批准为省级非物质文化遗产项目。县书法家协会获得全国先进集体，岳池县被中国曲协评为先进集体。

【图书音像】

全县有1个县级图书馆、827个农家书屋和58个社区书屋（含9个无社区的乡文化站书屋），现有藏书、音像制品共267万册（张）。全年举办农村留守少年儿童读书演讲会400余场，举办农业科普讲座288次、普法讲座165次,图书销售单位向农民优惠售书、捐书3000册,70万农民进书屋阅读。

【文物】

全县共有地面文物保护单位67处,其中省级文物保护单位8处、市级文物保护单位6处、县级文物保护单位53处,登记上档文物点482处,馆藏文物618件。2014年12月至2015年1月对大佛乡园艺场村冉家院子古墓群进行考古发掘工作,鉴定该古墓为明代早期双室墓。开展全县第一次全国可移动文物普查工作,完成各类文物资料的年代、质地、尺寸、质量、完损程度、保存状态、包含数量、来源方式、入藏时间、藏品编号、收藏单位名称等14项基本指标以及文物影像采集工作,初步认定填表文物登记卡并上报可移动文物600余件。

【文化市场管理】

全县有文化经营单位138家,从业人员1500余人,营业收入12861万元。其中网吧46家,从业人员276人,营业收入3312万元;营业性演出团体8个,从业人员12人,营业收入81万元;电子游戏室9家,从业人员27人,营业收入162万元;歌舞厅73家,从业人员1168人,营业收入9198万元;数字影院2家,从业人员24人,营业收入108万元。

【出版物市场管理】

全县有印刷企业14家,出版物经营企业31家,邮政报刊亭18家,打字复印企业10家,从业人员351人,经营收入5538万元。

受理新闻出版市场行政审批事项26件;对全县14家印刷企业业主开展相关法律法规的培训,并对消防安全进行全面检查、督导;组织印刷企业业主参加市印刷业协会开展的落实国家印刷业执行五项制度研讨会。

【知识产权管理】

全年出动执法人员800余人次,检查出版物经营场所250余家(次),取缔地摊、游商8个,查缴各类盗版及非法出版图书、音像制品7000余册(盒),删除或屏蔽网站传播淫秽色情及低俗信息600余条。参加2014年广安市开展的非法出版物集中销毁活动。

【体育机构及设施】

全县有少儿业余体育学校1所,有钓鱼协会、乒乓球协会、羽毛球协会、自行车协会、篮球协会、足球协会、中老年健身舞蹈协会、门球协会、象棋协会、桥牌协会、信鸽协会、老年体育协会共12个体育协会。县体育馆占地7000平方米,馆内设座3100座,内有篮球场、羽毛球场、跆拳道训练室、乒乓球训练室、健身房、体育舞蹈训练室,可举办篮球、排球、乒乓球、武术、体操等比赛和大型文艺演出;岳池中学建有标准塑胶田径场、曲棍球场各1个;岳池一中建有标准田径场1个、篮球场12个,射箭场室内室外各1个;九龙小学、东街小学、凤山小学、实验学校、东湖学校等建有标准塑胶运动场;各乡镇、村建有220个农民健身场地;县城有标准游泳池、儿童戏水池各1个,可用于游泳日常训练;建有16个乡镇文体广场;县城文体广场内建有全民健身路径2条、塑胶羽毛球场地2个、塑胶篮球场地2个、排球场1个;乔家镇廖坝村作为四川省首批乡镇农民健身中心试点村,总投资近1000万元,建成广安市最大的集健身、游乐于一体、占地2200平方米的游乐场。

【群众体育】

组织举办岳池县2014年迎新春、庆元旦万人长跑活动,3月举办三国四强(新西兰、丹麦、中国女子青年队、四川女子篮球队)国际女子篮球赛,4月组队参加四川省青少年校园足球联赛,7月组队参加广安市老年气排球赛,8月协助岳池县港华燃气公司举办港华燃气西南区域职工运动会,9月组队参加市乒乓球运动会,10月自行车协会组织骑行“成都—岳池330千米”骑行活动，11月举行市老年乒乓球邀请赛，12月组队参加广安市全民健身职工运动会。

【竞技体育】

省级比赛。8月18日，组队参加在遂宁举行的四川省第十二届运动会足球、曲棍球、羽毛球、乒乓球、射箭、田径、散打等项目，夺得2金3银。其中宋乾坤以53秒13的成绩获男子甲组400米栏冠军，他还获得400米跑亚军；曹萱在女子散打52公斤级决赛中击败凉山州选手侯秋玉获得冠军；运动员张浪代表省女子曲棍球队参加全国第十二届全运会获亚军。

市级比赛。参加广安市全民健身职工运动会，耿丹获得女子青年组冠军，杨力获得象棋乙组个人冠军，岳池代表团获得象棋团体赛冠军，岳池团体总分名列广安市第一；参加广安市乒乓球运动会，刘韩东获得男子中年组单打冠军，李德明获得男子老年组单打亚军，老年组男队、女队均获得团体亚军。

【体育人才输送及培养】

岳池中学石泽芳、杜颜岑、邹雨洋、尹思，岳池一中吕佳罗、苑云丹被四川省水上运动学校招录试训。

【体育工作表彰情况】

县文广新局、岳池县第一中学获四川省群众体育先进单位称号；县文广新局副局长蔡伟获四川省群众体育先进个人、广安市政府授予参加省十二运会先进个人称号。县文广新局获得广安市教育体育局年终目标考核一等奖。业余体校散打教练郑亚军、岳池中学田径教练杨东林被广安市政府表彰为金牌教练，副县长任仕金、县文广新局副局长蔡伟被广安市政府表彰为省十二运会先进工作者。

【文化馆、文管所、图书馆简介】

岳池县文化馆。成立于1950年年末，是政府设立的公益性文化事业机构。2012年，文化体制改革撤销县川剧团成立岳池县非物质文化遗产保护中心并入县文化馆。文化馆建筑面积800平方米，其中，办公面积200平方米，公共文化服务区面积600平方米。办公区主要用于职工办公用房和会议阵地；公共文化服务区主要提供科技宣传、艺术培训、艺术辅导等服务。文化馆编制数59名，现有在职职工45人，退休职工26人。其中，领导设一正三副，专业技术人员27人，工人18人(包括17个演员)。设有办公室、文学戏剧曲艺部、音乐舞蹈部、美术书法摄影部、非遗传承保护部、演展部、艺术培训部。有会议室、书法培训室、美术培训室、音乐培训室、排练厅等公共文化服务阵地。文化馆主要承担公共文化服务、非物质文化遗产传承与保护、文艺演出等3大任务。公共文化服务主要负责文化馆阵地全部免费对外开放和免费艺术培训；非遗传承与保护主要负责非遗项目普查、数据库建立、项目展示、表演、传承与保护等工作；文艺演出主要承担县委、县政府中心工作宣传和文化惠民演出任务。

岳池县文物管理所。成立于1989年6月，编制人数3人，财政全额拨款事业单位。文馆所负责宣传贯彻执行《中华人民共和国文物保护法》及有关法律、法规，增强全民族全社会的文物保护意识；负责对具有历史、艺术、科学价值的可移动文物的征集、收藏、保管、陈列、展示，充实藏品内容，提高藏品的内涵；对馆藏文物按有关规定进行妥善保管；采取有效措施，防火、防盗，确保文物安全；对全县范围内的历史、民俗文物进行普查、征集和保护；举办文物展出，发挥宣传窗口作用，为县域经济发展服务；负责全县地上、地下文物和传世、流散文物的征集、保护、管理工作；负责全县各级重点文物保护单位申报、制定保护规划、修缮审批、指导和监察工作；承办市、县、局交办的其他工作任务。

岳池县图书馆。始建于民国15年(1926年)。2001年4月与岳池县文化馆分家。县图书馆位于岳池县九龙镇城环城东路58号，有建筑面积1500平方米，藏书近8万册，编制数5人，是全县唯一向公众免费开放的公共图书馆。设有办公室、文献采访室、文献资源开发室、图书外借室、期刊阅览室、报纸阅读亭、少儿阅览室、特藏文献室、文献参考咨询室、业务辅导室、读者活动办公室、电子阅览室。承载着收集、整理、保存文献信息资源，为读者提供借阅服务，对文献进行数字化处理并提供网上查询服务，开展送书下乡，组织“红读”、讲座等读者活动，对乡镇、社区、农家书屋、社区书屋进行业务辅导和培训等各项职能。

【农村广播电视“村村通”工程】

全年发展地面无线数字用户1356户，完成直播卫星安装2316户，解决802个自然村收听收看电视难的问题；发展有线数字电视用户3600余户；完成16个乡镇300个行政村“村村响”三级联控联播终端可寻址广播建设。

【影院与电影放映】

全县拥有城市辖影院2家（岳池银都电影院、岳池恒欣太平洋电影城），均加盟四川太平洋电影院线，共有银幕8块，座位数723座，有数字放映机8台，全年票房收入达300万元。太平洋电影院线岳池工作站从事的农村公益电影放映人员28人，0.8K数字电影放映设备25套，全年放映农村公益电影9936场，观众达46万人次。

表6　岳池县文物保护单位名录

序号	名　称	年代	地　址	保护级别
1	岳池文庙	清代	县城中南街	省级
2	王字楼	清代	岳池中学校内	省级
3	云门寺瘗窟群	宋代	罗渡镇云门寺村	省级
4	岳池白塔	清代	九龙镇白鹤桥村	省级
5	陈联诗、廖玉璧墓	1985年	中和镇场镇东处	省级
6	高寺	清代	临溪镇八村、六村交界处	省级
7	弥勒寺	清代	鱼峰乡顺田村	省级
8	川主庙	清代	顾县镇顾兴社区中华街西	省级
9	永清寨	清代	赛龙镇顺梁寨村	市级
10	大佛寺摩崖造像	宋代	新场镇七星照月村	市级
11	余家寨摩崖造像	清代	酉溪镇罗家垭村	市级
12	蒋家碉楼	民国	中和镇金顶山村	市级
13	吴雪故居	1914年	裕民镇接官亭村	市级
14	灵泉寺摩崖石刻	明代	秦溪镇石堰塘村	市级
15	三圣宫	清代	兴隆镇陈家坡村	县级
16	大佛山庄	清代	大佛乡园艺场村	县级
17	罗善桥	清代	大佛乡罗善桥村	县级
18	山陵湾碉楼	民国	中和镇山陵湾村	县级
19	佑军祠遗址及《兰亭序》石刻	清代	北城乡和尚岩村	县级
20	王氏家族墓群	清代	中和镇长梁子村	县级
21	王文昭墓	清代	中和镇长梁子村	县级
22	太平寨	清代	伏龙乡何家沟村	县级

续表 6

序号	名 称	年代	地 址	保护级别
23	标帜山寨	清代	赛龙镇牛敞口村	县级
24	杨家坡渡槽	1963	花园镇杨家坡村	县级
25	大佛寺崖墓	宋代	新场镇七星照月村	县级
26	郑廷纯墓	清代	新场镇七星照月村	县级
27	"石王天宝"摩崖石刻	宋代	新场镇七星照月村	县级
28	五四渡槽	1972 年	乔家镇水土庙村	县级
29	催龙陈家花坟	清代	乔家镇催龙村	县级
30	岳家溪拱桥	明代	罗渡镇云门寺村	县级
31	云门寺粮站	1952 年	罗渡镇云门寺村	县级
32	抗美援朝烈士纪念碑	1951 年	中和镇民发街,中和镇政府西 10 米	县级
33	青云庄	清代	裕民镇彭家场村	县级
34	罗渡大桥	1965 年	罗渡镇黄角湾村	县级
35	杨正墓碑	清代	天平镇代家梁村	县级
36	苟角高桥	清代	苟角镇灯草行村、白云观村交界处	县级
37	泉井	清代	苟角镇灯草行村	县级
38	月亮石石刻	明代	同兴镇韩坡坳村	县级
39	饭滩桥	清代	天平镇长河碥村	县级
40	英角渡槽	1968 年	天平镇桥亭子村	县级
41	普光寺寨	明代	普安镇普光村	县级
42	烈士陵园	1951 年	九龙镇城北社区凤山公园内	县级
43	集虚观摩崖石刻造像	清代	九龙镇民生桥村	县级
44	长滩寺大桥	清代	九龙镇长滩寺大桥村	县级
45	灵泉寺大殿	清代	九龙镇九龙堰村	县级
46	诚政堂赞词石刻	清代	九龙镇九龙堰村	县级
47	灵泉寺崖墓群	宋代	秦溪镇石堰塘村	县级
48	羊山寺石室瘗窟	宋代	裕民镇羊山寺村	县级
49	天全山寨	清代	中和镇智光嘴村	县级
50	龙洞山摩崖石刻造像	清代	秦溪镇龙王庙村	县级
51	天平文昌宫	清代	天平镇蒋家庙村	县级
52	镇江寺	清代	石鼓乡歹溪村	县级
53	野猫滩桥	民国	酉溪镇野猫滩村	县级
54	游金田寺石刻	明代	团结乡檬子桥村	县级
55	赵椿桥	清代	九龙镇曾家堰村	县级
56	化龙桥	清代	罗渡镇长春桥村	县级

续表 6

序号	名　称	年代	地　址	保护级别
57	东岩寺摩崖石刻造像	唐代	嘉陵乡东岩寺村	县级
58	释迦佛摩崖造像	明代	排楼乡仁和村	县级
59	福尔岩摩崖石刻造像	宋代	中和镇智光嘴村	县级
60	武尚仁“雁塔”石刻	清代	九龙镇九龙堰村	县级
61	观音堂石塔及石表	清代	九龙镇窑罐厂村	县级
62	牛王庙	清代	九龙镇千佛寺村	县级
63	翠湖东汉岩墓群	汉代	翠湖管理委员会伍家沟村	县级
64	千佛寺	明代	北城乡千佛寺村	县级
65	八角亭	清代	顾县镇河坝街、打铁街交叉处	县级
66	河坝街	清代	顾县镇河坝街	县级
67	河溪县城遗址	宋代	新场镇大桥村	县级

（县文广新局）

档案工作

【档案服务工作】

2014 年 5 月，针对因企业改制带来的档案管理遗留问题，县档案局组织制定《岳池县原破产改制解体出售企业积存档案整理暂行办法》，完善企业积存档案的处理办法。全年指导岳池县资源交易中心、石垭镇淦香专业合作社等新成立的机构建立档案工作。

县档案局组织开展“项目档案工作服务年”活动。4 月，县档案局指导县城乡规划建设局在会展中心建立城镇建设档案工作示范点，指导县扶贫移民办在顾县镇政府机关建立移民档案工作示范点，并对县、乡镇城镇建设档案、扶贫移民档案收集整理情况开展专项督查活动，推动城镇建设与扶贫移民档案工作。5 月，县档案局联合县经开区、县发改局对“岳池医药产业化项目”“岳池县亿联建材家居五金专业市场建设项目”等 12 个政府投资重大项目档案工作进行督促检查，重大建设项目档案工作的登记率、指导率达到 100%

2013 年 11 月至 2014 年 10 月，县档案局指导县农业局在长田乡做好农村土地承包经营权登记试点档案工作。12 月 5 日上午，县档案局与县农业局、长田乡在长田乡召开农村土地承包经营权确认档案试点经验总结座谈会。12 月 5 日下午，县档案局在“岳池县 2014 年农村土地承包经营权确权登记工作动员会”上对乡镇政府主要领导、分管领导、业务人员进行土地确权登记档案管理工作的业务培训。3 月，县政府召开新农村档案工作示范县创建专题会议，从完善组织领导，健全考核督查机制，强化经费保障方面出台相关政策。4 月 4 日，县政府组织召开创建社会主义新农村建设档案工作示范县推进工作暨业务培训会，县政府与各乡镇签订目标责任书。5 月至 6 月，县档案局围绕创建工作的考核标准、各项分解任务对教育系统、卫生系统专兼职档案员进行档案业务培训。4 月、6 月、8 月，县档案局在县委、县政府督查办的统一组织下，对各相关部门、各乡镇、村、卫生院各的创建工作进行三次较大规模的督查。12 月 10 日至 11 日，岳池县顺利通过新农村建设档案工作省级示范县验收。

【档案接收】

贯彻国家档案局 9 号令，修改制定县档案馆接收范围的规定，按照川档发〔2014〕39号文件要求及时调整档案接收名册，制订本年度接收计划和接收标准，组织开展档案资源的接收征集工作。全年接收花园镇、顾县镇、人行、县政协等单位的文书档案2033卷(盒)。

县档案局要求不再办理婚姻登记的乡镇将婚姻档案全部移交至县档案馆，全年接收花园镇、顾县镇、九龙镇婚姻档案25卷13782件。县档案局对二级单位(社保局、医保局、疾控中心、县人民医院、县中医院)的档案工作进行重点指导。借助抓新农村建设档案工作示范县的契机，与县教育局、县卫生局联合，对45个乡镇卫生院、100所乡镇学校的档案工作进行重点指导。

【档案利用】

制定《岳池县档案局信息化建设实施方案》和《岳池县数字档案馆建设规划》。争取县财政投入18万余元，购买数字化档案馆建设必需设备设施，建设规范的机房，组建办公局域网络，为全面建设数字化档案馆打下坚实的基础。县档案馆规范编制档案馆的检索工具，完善县档案馆的检索体系，畅通档案查阅渠道，在传统的档案查阅手段的基础上，开展来信来函查阅、电话查询等服务形式。全年接待利用者3100人次，提供档案利用8400余卷次。

【档案管理】

3月，县档案馆对房顶瓦面进行全面翻盖；4月，投资3万余元，重新更新数字化高清摄像头监控设施，对全馆重要部位进行全方位监控；6月，添置配备消防栓、灭火器等消防设备；8月，投资21万余元，采购密集架、空调、去湿机等设备，缓解现有库容不足的难题；11月，请示县政府同意，投资4万余元，对县档案馆陈旧的消防水道进行改造。

落实专人负责库房安全管理，做好库房温湿度监测和调控，定期开展库房安全检查，做到档案管理各项制度健全，落实到位，“十防”措施得力。

县档案局对全县乡镇和县级机关、企事业单位开展档案工作指导。对县疾控中心等创建档案工作规范化省级标准任务的单位和县人社局、县住建局等一些重点单位、重大建设项目的档案工作进行业务指导与执法检查。全年开展现场业务指导90多次，通过网络、电话等形式开展指导120余次。通过执法检查，促进法治档、依法行政，推动档案事业的健康发展。

【档案法制工作】

在6月9日“国际档案日”、“12·4”法制宣传日期间，县档案局组织县城机关40余个单位在县城大东街对《中华人民共和国档案法》《档案违法违纪行为处分规定》(监察部、人社部、国家档案局30号令)等档案法律法规进行集中宣传，提高各单位和广大人民群众的档案意识，形成贯彻执行《处分规定》的良好社会氛围。

组织职工参加县法制办组织的行政执法资格理论考试，有3名干部通过资格考试。对24个县级部门(财政局、人社局、住建局等)和14个乡镇(九龙镇、苟角镇、顾县镇等)进行档案行政执法检查。加强全县档案工作业务培训，提高全县档案工作者业务水平。4月初，召开全县创建社会主义新农村建设档案工作示范县推进工作暨业务培训会，对全县专兼职档案人员进行集中培训。5月中旬，县档案局联合县卫生局，对卫生系统档案专兼职工作人员进行专项档案业务培训。6月下旬，县档案局联合县教育局，对教育系统档案专兼职工作人员进行档案业务培训，全年培训人员500余人次。

抓典型引导。指导县公安局成功创建为省一级规范化管理达标单位；指导顾县中学、石垭中心卫生院、九龙镇实验学校、九龙镇城西社区成功创建达省三级标准；指导县地税局顺利通过省二级规范化管理达标复审；指导县疾控中心、社保局、医保局及22个乡镇顺利通过省三级规范化管理达标复审。全县全部机关和乡镇的档案管理工作都达到省三级以上标准,其中达到省一级的有14个,达到省二级的有11个。企事业单位达到省三级以上标准的13个。

(县档案局)

史志工作

【年鉴编辑】

按照县委办、县政府办《关于做好〈岳池年鉴〉(2014年卷)编辑出版工作的通知》,编辑部于3月底前完成对各部门(乡镇)资料的收集;6月完成初稿编纂;7月底,完成年鉴初稿征求意见,并进行补充、修改、完善;8月上旬,将年鉴初稿送县委、县政府审核定稿;8月下旬,按采购程序确定出版印刷单位;11月由方志出版社正式出版。

【编写《岳池农家文化志》】

编辑部将《志稿》打印成册,并送市、县相关专业人士、专家征求意见,并要求对志稿的内容进行补充、修改、完善。经多次打印志稿和征求意见后,编辑部对志稿进行反复修改,形成初稿。市地方志办领导高度重视,主动参与到志稿修改中;2月20日,市地方志办公室钟再原、龙祥云、李有毅一行到岳池县史志办,针对《岳池农家文化志》初稿,交换修改意见;6月12日,市地方志办钟再原、李有毅专门到岳池县史志办,就志稿进行座谈,特别针对志稿的前置图片、体例结构、内容完整、文风统一、行文规范、农家文化特色等问题,提出个人观点和下步工作建议。6月中下旬,完善《岳池农家文化志》初稿;再形成送审稿,6月末将送审稿送县委、县政府审核定稿。8月上旬,按采购程序确定出版印刷单位,交方志出版社进行三审三校。

【征编党史三卷】

根据《中国共产党岳池历史》(第三卷)征编工作方案,启动《中国共产党岳池历史》(第三卷)的编著工作。从1月起,县史志办聘请熟悉党史工作的老同志参与党史三卷的编纂工作。在编纂工作中,编辑部根据各部门编写的专题资料,结合编纂提纲,按章节目结构整理编纂。其间,编辑部多次修改完善编纂提纲,并报市委党史研究室审定。6月形成党史三卷史稿绉形,12月末形成党史三卷修改稿。按市委党史研究室的安排,完成《中国共产党广安历史》第三卷补充征集资料(岳池内容)。

【党史研究】

从1月起,县史志办根据省、市党史部门的要求和《岳池党史工作规划(2011－2015)》的安排,组织力量开始编辑《中国共产党岳池历史大事记》(1950－2012),该书50余万字,收录1950年至2012年中共岳池县委领导和带领全县人民进行社会主义革命和建设及改革开放中发生的重大决策、重大活动、重大事件、重大成就。12月,由中共党史出版社出版发行。

抓好党史的资政工作,为县委和地方经济社会发展发挥党史研究的职能作用。撰写《岳池县发展现代畜牧业的经验和做法》《川东民俗文化研究》等党史资政理论文章。

【史志宣传】

开展党史宣传、党史育人以及党史纪念活动。3月28日至4月3日,县城各学校学生到革命烈士陵园向革命烈士献花圈、花环、鲜花,给烈士扫墓,在烈士纪念碑前举行入团宣誓仪式。县史志办派出专人,向青少年讲解烈士的英雄事迹,为新中国的建立巩固所做出的突出贡献,激励青少年缅怀革命烈士,继承和发扬光荣革命传统。全县领导干部开展《中国共产党广安历史》第二卷的研读学习。

组织全体工作人员学习新修订的《四川省地方志工作条例》，交流修志经验。更新和丰富岳池县党史县志网内容，提高入库上网资料的数量和质量，增强信息资料的真实性、时效性和网站的实用性、吸引力。继续做好《岳池县志》（1986—2002）、清光绪《岳池县志》的开发、宣传、利用工作。规范地情资料室的管理，不断丰富地情资料，面向社会开放。

【史志成果】

《中国共产党岳池历史》第一卷在全省第七次哲学社会科学优秀成果评奖中，荣获省委党史社会科学优秀成果三等奖，《清光绪岳池县志》被岳池县人民政府评为岳池县第二次社会科学优秀成果一等奖，《岳池年鉴（2013）》被四川省地方志编纂委员会、地方志协会评为四川省第十六次地方志优秀成果年鉴类三等奖，《三元寨风云》被评为四川省第十六次地方志优秀成果其他地方文献类优秀奖。

（县史志办）

社会民生

She Hui Min Sheng

人口和计划生育

【概况】

2014 年,全县总人口 1195452 人。全县共出生婴儿 11472 人中,其中:一孩率 78.30%,二孩率 20.56%,多孩率 1.13%;人口出生率 9.6‰,死亡人数 8910 人,人口自然增长率 2.1‰;符合政策生育率 82.22%,综合节育率 87.14%,出生婴儿男女性别比为 104.13∶100。

【依法行政】

落实行政执法责任制,完善行政审批、社会抚养费征收、行政处罚等行政执法程序和行为,规范执法文书。严格违法生育立案调查取证,处理程序和执法内容,处理标准,严明群众工作纪律,无一例恶性案件及行政复议案件。开展维护育龄群众合法权益、优生优育、生殖健康宣传、服务活动。加强依法行政,加大依法征收政策外生育社会抚养费力度,坚持宣传教育、依法打击、技术服务、利益导向多措并举,整顿生育秩序、治理生育环境。强化行政审批程序,全面公开生育服务证和再生育审批等行政事项的条件、时限、程序,严格执行再生育政策。落实计划生育奖励扶助、特别扶助、独生子女父母奖励等制度,做到纪律严明,责任落实。

【完善生育政策】

2014 年,全县为符合再生育政策的 271 人发给再生育证,单独二孩审批 683 人。单独二孩审批占补偿生育总量的 16.9%。单独两孩政策实施后,全县单独育龄家庭 5766 户,补偿生育总量 4032 人,其中有生育意愿的占 70%。经测算,实施“单独两孩”政策,政策生育率由 4.6 上升为 4.9。经过依法审批后,符合条件的育龄群众仅有小部分在 2014 年内生育,绝大多数将在 2015 年至 2018 年期间生育。

【关注民生】

在对农村计划生育家庭奖励、特别扶助目标人群摸底调查和资格确认工作中,坚持“三不报”(不符合条件的不报、婚育情况不明不报、证明材料不齐不报)、“三公示”(村评议、乡复查、县审核结果公示)制度,严格审查申请人身份证(户口簿)、婚姻登记、子女人数及其健康状况、知情人证实材料和乡、村评审记录,坚持谁调查谁负责、谁审核谁负责、谁确认谁负责的原则,确保符合条件的一个不漏,不符合条件一个不进。2014 年,全县共有计划生育奖励扶助 15361 户,特别扶助 601 户,兑现奖特扶资金 1730.47 万元,其中奖励扶助 1474.66 万元,特别扶助 235.54 万元,计划生育手术并发症 20.28 万元。按照中央、省、市分级承担要求，县财政认真做好资金匹配工作，依照“委托发放，加强监管，直接补助，直发到人”的原则，由县信用联社代理发放，中央、省、市财政承担的90%，以及县财政本级匹配10%的资金均全面落实。农村计划生育家庭奖励扶助制度在符合条件的对象中实现全覆盖、零误差，审核、录入和确认工作准确率100%。

深化“三结合”工作，出台工作意见，明确目标任务，制定相应措施，落实各部门和乡镇的责任，突出帮扶效果。全县落实计划生育“三结合”帮扶1960户，其中新增户360户、帮带户950户、联系户650户；投入帮扶资金130余万元，建帮扶基地44个。

组织专家组对计划生育手术并发症进行鉴定和定级工作，通过鉴定、审核，全县共有计划生育手术并发症人员166人纳入2014年计划生育特别扶助对象。全年全县有独生子女49057人，已发放独生子女父母奖励金588.68万元。

【优质服务】

把国家免费孕前优生健康检查项目工作纳入重要议事日程和办事日程，持续加大工作举措和工作力度，不断提高目标人群覆盖率。全县完成免费孕检5000对，占全年孕检目标人群的100%。

推进技术服务机构能力建设，全面推进计划生育免费技术全覆盖。全县按照国家、省、市的有关标准，从规范建设入手，完善业务工作制度、行政管理制度、目标管理制度、工作人员岗位职责、技术服务常规及抢救预案等管理制度。房屋等基础设施建设力求达到规定的标准，科室设置比较规范，外观形象逐步达到“六统一”。全县从抓示范，带动整体发展，规范技术服务入手。按照《计划生育技术服务管理条例》规定，严格执行技术服务许可和人员执业准入制度。严格按证执业、持证上岗、凭证施术，机构和人员均不得超范围服务。为确保手术安全，完善技术服务抢救制度，健全应急抢救体系，防止重大技术服务事故和严重手术并发症发生；制定和完善节育手术事故报告制度和病案讨论制度，加强技术服务安全教育和质量监督管理，全面推进技术服务知情同意制度；严格禁止技术服务机构开展非医学需要的胎儿性别鉴定和选择性别的人工终止妊娠。

开展计划生育优质服务。全年全县普遍推广“三三”和“三六”服务模式。即各乡镇结合实际，开展“三查”（查环、查孕、查病）、“三送”（送政策、送科技、送药具）、“三进”（人口文化进院落，生育关怀进农家，优质服务进社区、园区和机关）。借助基层群众自治平台，开展知情选择“六步骤”（调查摸底、宣传培训、分类指导、签订协议、开展服务、术后随访）、优质服务“六承诺”（咨询服务到户、“三查”服务到户、药具服务到户、随访服务到户、办证服务到户、信息服务到户）和为民办事“六上门”（送政策上门、送科技上门、送避孕药具和避孕知识上门、走访孕产妇上门、术后慰问上门、救助计生困难户上门）。在预防艾滋病、出生缺陷干预和妇科病普查普治等方面，通过加大宣传力度，强化部门配合，出台有力举措，工作取得明显成效。全年放置宫内节育环6557人次，皮下埋植1292人次，发放避孕套21286只，口服避孕药8886人次。

（县人口和计划生育局）

民　政

【基层政权建设】

指导全县各村（社区）学习推广“中江经验”，完善村规民约（居民公约）。印发《关于学习推广“中江经验”进一步规范完善村规民约（居民公约）的通知》，明确职责，细化内容，有效促进村规民约（居民公约）的规范完善工作。全县827个村、52个社区均对村规民约（居民公约）进行规范和完善。有序推进第九届村（居）民委员会换届选举后续工作。加强对第一次选举未成功的村选举工作业务指导，现场指导秦溪镇仙潭寺村的海选工作和九龙镇窑罐厂、狮子坡等村的选举工作,并督促各村(居)及时做好工作交接。通过开发商无偿提供、政府划拨、租赁等多种方式解决社区服务站办公阵地问题。按照广委发〔2010〕24号文件要求,督促开发商按比例落实社区办公服务阵地,新建社区服务站面积不得低于300平方米,社区服务设施综合覆盖率达到87%。推广使用"中国社区"标识,在9个城镇社区集中推广使用"中国社区"标识。

【优抚安置】

采取打卡直发的方式,为在乡复员军人、残疾军人、"三属"、带病回乡退伍军人、"两参"、新中国成立前老党员及时足额发放2014年各类优抚资金4032万元,其中:伤残抚恤金1357.5万元,在乡老复员军人补助650万元,带病回乡退伍军人及两参人员补助1912.5万元,"三属"定补112万元。发放优抚对象医疗救助资金367万元,为优抚对象参加城乡医疗保险投入资金50万元。

在2014年元旦、春节双拥活动周期间,广泛开展双拥走访慰问活动。1月24日,县委书记、县长等"四大班子"领导对武警岳池县中队、消防队、县人武部、军休所官兵及离退休人员集中进行慰问,给县人武部送去慰问金2万元、除湿机3台,给县武警中队送去慰问金1万元、柜式空调1台、挂式空调1台、数码相机1部、肥猪1头,给县消防大队送去空调2台,给军休所送去慰问金1万元、笔记本电脑1台、数码相机1部、打印机2台,给47名退休军干部送去每人400元的慰问品,给老英雄柴云振送去现金300元、100元慰问品,给伤残军人赵光兴送去300元现金、100元慰问品。"八一"期间,县双拥工作领导小组出台《关于表彰"双拥"工作先进单位和个人的通知》,对县委办公室等67个双拥先进单位、县人武部政工科等3个拥政爱民先进单位、黄崟等59名双拥先进个人、陈亮等3名拥政爱民先进个人、张贵涛等6名退役致富标兵进行通报表彰。7月30日上午,县委书记、县长等"四大班子"领导对武警岳池县中队、岳池县消防大队、县人武部官兵军休所离退休人员和12名优抚对象代表集中进行慰问;给部队送去价值4万元的4部柜式空调和2部窗式空调,并送去7万元慰问金,为37名退休军干送去人均400元的礼品,为每名优抚对象代表送去2桶食用油和300元的慰问金。安排专门人员对岳池县烈士陵园、中和烈士墓和地处中和镇的抗美援朝烈士纪念碑进行清理,通过向上级争取一点,自筹一点的办法,投入40万元,对中和烈士墓、抗美援朝烈士纪念碑进行修缮维护。全县接收冬季退役士兵421人,经审核,符合城乡统一自主就业经济补助政策的退役士兵411人,发放自主就业补助金1032.38万元。

【生产救灾】

做好2013年至2014年冬春困难群众生活救助工作,下拨资金809万元,督促各乡镇及时将救助资金发放到困难群众手中。及时上报"7·11""9·13"洪涝灾情,并下拨各乡镇洪涝灾害救助资金510万元,确保受灾困难群众的基本生活。九龙镇麻柳桥社区成功创建为全国综合减灾示范社区。

【城乡医疗救助】

发放城市医疗救助23411人次(含资助参合23059人),发放救助金368.53万元,实现医疗救助对象人均救助5228.98元。

发放农村医疗救助56829人次(含资助参合51827人),发放救助金1730.44万元,实现医疗救助对象人均救助2734.21元。

【社会福利】

将全县42所乡镇敬老院经费纳入县财政预算,全县预算敬老院经费313.8万元;做好农村"五保"供养对象清理、审批工作,将7729名(次)符合条件的农村"三无"人员纳入农村"五保"供养。按照省、市散居供养"五保"260元/人月,集中供养“五保”390元/人月的标准，按季度足额发放全年农村“五保”供养金2595.65万元。加强敬老院新建和改造工作，全年新建农村敬老院3所、改扩建1所，新增改造养老床位1190张，建设城乡社区日间照料中心15个，其中城镇10个、农村5个，新建示范性农村互助幸福院1所，建设县级儿童福利服务指导中心1个，都全面完成，得到市检查组的通报表扬。

督促乡镇加强敬老院的内部管理，提高农村“五保”集中供养水平和质量。做好孤儿基本生活费的政策宣传和身份认定、资金发放、督促、检查工作，将1例艾滋病病毒感染儿童按孤儿养育标准纳入保障范围，县级打卡直发281人次孤儿基本生活保障金239.86万元，资助22名城镇孤儿参加城镇居民基本医疗保险、253名农村孤儿参加新型农村合作医疗保险。配合残联做好重度残障人的护理补助发放工作，一级残疾每人每月80元，二级残疾每人每月50元；对九龙镇的城市低保特困户进行帮扶，发放帮扶资金7.5万元，帮扶500人次。全年全县慈善会共接收捐赠资金50.2万元；发放救助资金38.85万元，救助尿毒症患者273人；发放资助资金（物品折价）1.9万元，资助贫困学生28人；发资助资金0.3万元，资助贫困户10户。配合做好省慈善福彩助学帮困活动，发放资助金9.5万元，资助贫困大学生、高中生23人。元旦、春节期间，发放慰问金32.1万元，对农村低保户、优抚对象、散居“五保”户、城市低保户、孤儿605户和乡镇敬老院等进行走访慰问。

【社会保障】

全县城市低保纳入19486户24236人，全年发放保障金5756.2万元，人均月补差201.33元。全县农村低保共纳入42460户44819人，全年发放保障金5067.55万元，人均月补差95元。

【婚姻登记】

推进婚姻登记体制改革，实现婚姻登记集中办理。全年办理结婚登记6638对，其中补办结婚证525对，补领结婚证3741对，离婚登记1971对，无婚姻登记记录证明4782份，所有登记和出具的证明合格率100%。

【民间组织管理】

按照国务院《社会团体登记管理条例》和《民办非企业单位登记管理条例》的规定对民间组织进行监督管理。全县注册登记社团组织37个，民办非企业单位39个，合格率100%。4月至5月，对全县37个社团组织、39个民办非企业单位进行年检，年检率100%。

【地名管理】

完成嘉岳线边界联检工作及创建平安边界的申报工作，完成乡镇及县城部分新建街道的命名工作。加强全县楼门牌规范清理的业务指导工作，为业主出具房地产地址变更证明1200余份。

【殡葬管理】

贯彻落实《国务院殡葬管理条例》《四川省殡葬管理条例》的相关规定，宣传移风易俗、倡导文明丧葬、丧事简办的新风尚，全年火化尸体567具。

【老龄事业】

按照“党政主导、社会参与、全民关怀”的老龄工作方针，健全老龄工作机构，加大老年服务设施建设投入，巩固和发展老年人协会，老年人优待规定落实到位，老年文体活动丰富多彩。经请示县政府批准，对全县42名百岁老人，每人每月发放200元的高龄津贴，对1920名90至99周岁的老年人每人每年发放200元的高龄津贴，对80至89周岁且是低保对象的6585名老年人每人每年发放120元的高龄津贴；全年共发放高龄津贴127.5万元。

（县民政局：王兴）

劳动和社会保障

【劳动仲裁与监察】

全年受理劳动人事争议案件55件，其中调解结案25件、裁决结案25件、撤诉5件，按期结案率100%，涉及工资、工伤待遇786.2万元。强化劳动监察网格化管理，规范用工行为。企业劳动合同签订率91.1%，集体合同签订率90.7%，农民工合同签订率87.2%，小企业劳动合同签订率91%。企业用工年检55户。结合省、市关于社会保险专项检查、农民工工资支付专项检查等活动，对全县企业和个体工商户进行常规检查208户次，涉及劳动者12831人，审查用人单位报送书面材料45次，涉及劳动者4853人，补签劳动合同135份，受理投诉举报82起，其中立案处理1起、调解处理81起、移交司法机关1起，追讨农民工工资2550余万元；针对《禁止使用童工规定》《中华人民共和国妇女权益保障法的规定》等特殊规定，对全县210户个体、私营企业及手工作坊的用人单位进行突击检查，未发现使用童工及违反妇女权益保护规定的违法行为。

【社会保障】

全年全县失业保险参保1.69万人，征缴失业保险费6654.24万元；企业养老保险参保5.58万人，征缴企业养老保险费55249万元；机关事业单位养老保险参保1.94万人，征缴养老保险费2821万元；城镇基本医疗保险参保覆盖13.12万人，参加城镇基本医疗保险12.97万人（其中城镇居民参保9.89万人），征缴城镇职工基本医疗保险费9915万元；工伤保险参保1.54万人，征缴工伤保险费506万元；生育保险参保0.69万人，征缴生育保险费220万元；城乡居民养老保险覆盖28.58万人，参保缴费10.27万人。完成全县所有乡镇就业和社会保障服务平台规范化建设，新增社会化管理标准示范社区22个，其中九龙镇城区社区5个、其他乡镇17个。

（县人社局）

民族宗教

【民族工作】

全县有35个少数民族、1914人，占全县人员总数的0.16%。根据乡镇上报的民族项目建议书，结合乡镇实际情况，储备项目5个，上报项目4个。成功申报恐龙乡通村公路建设项目、西板乡乡村公路建设项目，获得项目补助资金45万元。抓好实施项目的后续管理和资料完善工作，顺利通过各级复查验收。利用民族工作机动金，引导少数民族群众发展生产、共同致富，对他们进行技能培训100余人次。

【宗教工作】

全县有佛教、道教、基督教、天主教四大宗教，恢复和开放宗教活动场所19处，其中佛教12处、道教3处、基督教2处、天主教2处。全县有信教群众10万人，有宗教教职人员13人，其中佛教6人、道教5人、基督教2人。

县民宗局结合“六五”普法，开展好以“发挥正能量、共筑中国梦”为主题的宗教学习月活动，分段安排学习内容。第一阶段主要突出“发挥正能量，共筑中国梦”学习月活动主题，结合党的群众路线教育实践活动，学习十八届三中全会及习近平系列讲话精神，引导宗教场所负责人、教职人员爱国爱教。成立依法治县“法律进寺观教堂”工作领导小组，明确专人负责宗教场所的“法律进寺观教堂”工作，制定“法律进寺观教堂”实施方案，邀请县司法局业务股股长对宗教场所负责人、教职人员进行专门的宗教法律法规知识培训，聘请专业律师开展法律知识讲座，使法治精神深入宗教教职人员和信教群众心中。在千佛寺、观音寺、万塔观、基督教堂、天主教堂五处场所制定规范的宣传橱窗，制作横幅标语，张贴法制宣传图片，向广大信教群众发放法律知识手册。组织全县宗教团体、场所负责人分别到千佛寺、万塔观参观学习，互相学习先进经验。参观结束后，县民宗局在万塔观组织开展宗教慈善周活动，为云南鲁甸地震捐款；各宗教场所积极响应，踊跃捐款，在各场所都十分困难的情况下，为灾区捐款1.74万元。

县民宗局成功处置天主教兴隆教堂拆建问题，帮助引进业主重建兴隆天主教堂，10月10日，该教堂举行隆重庄严的圣堂仪式，场面热烈，盛况空前，秩序井然，反响良好。

县委书记李永平率领“四大班子”主要领导及县国土、住建、水务、民宗等相关部门负责人，对全县部分宗教场所进行调研，并对场所需要解决的问题作出重要批示，提出，为万塔观修环形路，并修建蓄水池和打机井，为千佛寺修环形公路，为观音寺硬化水泥路。2014年年末，万塔观公路完工，蓄水池已建成，到观音寺的水泥路面正在硬化，千佛寺的另一条公路正在规划中。

（县委统战部：杨黎）

乡镇简介

Xiang Zhen Jian Jie

九龙镇

【概况】

九龙镇位于岳池县中部，县城驻地，镇政府驻园田路中段315号。东与大石乡、镇龙乡毗邻，南与朝阳乡、石垭镇接壤，西与白庙镇、新场镇交界，北与花园镇、北城乡相连。辖4个农村办事组和1个社区行政办公室，有九龙堰、五里牌、三合寨、棱角桥、大坪、金弹场、张家湾、七里沟、双大路、土门铺、向家沟、即显庙、民生桥、范家沟、石庙子、百步梯、洗马滩、菊花山、赵椿桥、曾家堰、莲花寺、高垭口、大坟宝、遇仙桥、粟家坝、回龙沟、长滩寺、万塔山、界牌、香堂山、窑罐厂、白鹤桥、长河、长坡、雁落坝、凤凰山、白塔、川主庙、火盆山、阳角庙、杜家桥、九道拐、横山寺、胡家岩、打石窝、赵家河、狮子坡47个村民委员会，新平桥、城南、城东、城北、成果、安公桥、万兴、文星桥、玉皇观、城西、公园路、园田、麻柳桥13个社区居委会，有358个村民小组、70个居民小组。全镇有常住人口66710户17.61万人，其中农业人口6.51万人、非农业人口11.1万人，有外来流动人口3.46万人。全镇幅员面积66.6平方千米，耕地面积44145亩；境内最高点海拔407.7米，最低点海拔322.6米；属浅丘带坝地形，四周高，中部平坦，土地肥沃，灌溉便利。主要粮食作物有水稻、玉米、小麦、红薯，经济作物主要有广柑、西瓜、油菜、蔬菜等。2014年，全镇完成非税收入1003.48万元，全社会固定资产投资2.53亿元，招商引资完成1亿元，乡镇企业总产值132.86万元，农民人均纯收入10511元。

【农业农村】

2014年，按照省、市、县“产业发展、村民富裕、乡风文明、村容整洁、管理民主”方针要求，重点在长坡村和川主庙村实施省级新农村建设工作，组织各级人力，筹集多方资金对万塔山、遇仙桥等村实施土地整理，全面实施沟、池、路、凼的建设，建设白鹤桥、长坡、打石窝、九道拐、横山寺和川主庙连片2246亩高标准、多功能以及抗自然灾害强的现代农业园区，建设高收益农田涉及8个村3960户，高收益面积1万亩，建成1.2万亩无公害农产品基地1个。全年组织农业技术培训和新型农民培训8期，培训1.58万人次，农民工技能培训1680人次，转移农村劳动力2.65万人，全年全镇实现劳务收入1.98亿元。全镇机耕面积1万亩，水稻机收面积3.5万亩，机收率78%。在九道拐、横山寺等村全部使用机械化翻耕、开沟、播种、施肥、盖土一体化种植油菜试点作业。小春生产完成25850亩，小麦总产量6500吨，大春粮食总产量2.6万吨。全年引进农业业主15户，其中种植业主12户，土地流转966.66亩，现有养殖业主9户，家畜家禽存栏44.9万头，出栏36.8万头。组织人力300余人次，筹集20余万元物资，有效抵御“8·10”“9·13”特大洪涝灾害，并以秋季农业生产为契机，抓好“大春秋季补”的全方位减灾工作。

【基础设施建设】

按“十二五”的规划，狠抓农村公路建设，积极争取建设指标，全年总投资400余万元，新建七里沟、民生桥、长河村3个村4.5米宽农村通村水泥路3条，总里程7.4千米，全面完工并验收合格；投资9000余万元，建设工业园区骨架道路及管网建设工程5.7千米，雨污管网11.4千米；投资220余万元，修建桥梁2座，改建桥梁2座，完成农村沼气池建设项目30户。

【征地拆迁】

全镇拆迁工作主要涉及五里牌、狮子坡、白塔、麻柳桥、玉皇观、即显庙、火盆山村等26个村102个社，共拆迁旧房17.9万平方米；签订拆迁协议825户，安置人口2633人，修建安置住屋425套、储藏室1357个，拆除旧房面积17.9万平方米，结算还房2153套，确保广岳大道、骨架道路、污水处理厂、长滩寺河洗马滩段防洪治理工程、余家河景观段及40米大道建设等重点工程顺利推进。

【社会事业】

教育。集中办理拆迁户子女入学达500人次，保证拆迁户子女顺利入学。减免贫困家庭在园幼儿保教费458人，全面免除义务教育阶段学生作业本费，完成中等职业学校送生1087人，资助家庭困难职工子女上学目标任务27人。

文化。免费开放示范乡镇综合文化站1个，免费放映农村公益电影目标任务564场。8月，镇干部职工参加全县组织举行的“感恩小平·唱响岳池·同心共筑中国梦”大型歌咏会比赛活动，取得第二名。

医疗卫生。建成万塔山村和金弹场村卫生室2个，城镇居民基本医疗保险覆盖人数3.94万人，新农合农村居民参保6.1万人，协助食品药品监管局完成抽检大宗食品样品95个。

计划生育。全年出生人口1662人，其中计划内生育1369人，符合政策生育率82.85%，期内综合节育率92.04%，随访服务率100%。

社会保障。安置公益性岗位225人，组织640人参加“就业援助暨春风行行动”；办理“就业失业登记证”849个，年度验审5150个；对辖区内农村劳动力进行实名制登记入库32287人，协助审核办理小额贷款5笔；对企业退休人员和领取养老保险待遇的失地农民进行生存状况资格认证15642人，城乡居民养老保险验证11129人；镇公园路、城东等5个社区获批“离退休人员标准化管理服务社区”，制定并实施基层劳动就业社会保障公共服务平台规范化建设方案，全镇39个行政村已备选农村基层综合服务平台建设项目。

【民生工程】

新增就业1702人，城镇失业人员再就业982人，就业困难对象再就业568人，扶持城镇残疾人居家灵活就业411人，促进高校毕业生实现创业人数6人，农村青年技能培训84人，品牌培训40人，农民实用技术培训1.3万人次，新型农民培训100人。完成扶持农村贫困残疾人发展生产65人，为贫困残疾人适配亟需基本辅助器具45人，救助贫困家庭脑瘫儿童1人。城市、农村医疗救助政策范围内自付费用救助582人次，金额202.5万元；新型农村和城镇居民社会养老保险覆盖人数15491人，参保缴费人数5400人，完成居家托养智力、精神和重度残疾人数救助21人。救助贫困家庭重度听力残疾儿童1人，协助县食品药品监管局完成抽检大宗食品样品95个，创建省级安全社区1个。小农水重点县建设新增有效灌面0.73万亩，新增节水灌面0.37万亩，新增有效灌面1万亩。巩固退耕还林成果3050.1亩，补偿集体公益林2753亩，实施中小河流整治项目1个，综合治理河道3.2千米。建设城镇社区日间照料中心2个(新平桥与成果社区)，并投入使用，为困难家庭失能老人和80周岁以上老人提供家居养老服务1200人,资助重度残疾人护理费用人数1267人,资助一级、二级残疾人1235人。整治山平塘52口,维修机电提灌站2处,帮助解决21名贫困精神患者1个疗程医疗费用。

【安全稳定】

全镇各村(社区)网格服务管理站已成立,网格员、社区网格服务管理站、镇网格服务管理中心“三级联动”网格服务管理体系基本建立。共有网格服务管理员129人,建网格129个,已录入人口户籍信息20.44万条,房屋信息6.4万条,特殊人群信息1.84万条,重点场所信息2295条,上报与处理事件1232件。定期开展领导接访工作,全年发生各类纠纷332起,建立卷宗140余个,建立调解和谐文化大院48个。依托村、社区,开展群防群治工作,落实人防、物防、技防手段和措施,提高村(居)民的自我防范能力和水平。全镇有红袖标治安巡逻队伍60支,设置红袖标治安巡逻队员400余人。全年安全检查人员600人次,检查企业单位40余家,检查非煤矿山16次、烟花爆竹经营户25家;对全镇范围加油站、加气站每月至少进行一次安全检查,并定期组织业主参加培训。排查车辆3200台次,进行安全教育36次,开展安全宣传24次,发放安全宣传资料2万份,设置各类安全警示牌110块,增强人民群众安全感。九龙镇成功创建为“省级安全社区”。

【党的建设】

全镇发展党员30人,预备党员按期转正64人。调查核实1750名流动党员基本情况,更新流动党员管理台账和信息库,加强流动党员管理服务工作。按照“1+6”功能标准,新建村级活动室1个,维修村级活动室2个。

开展党的群众路线教育实践活动,做好各个环节规定动作,制作宣传专栏60余幅,悬挂宣传条幅70幅,张贴宣传标语500余张,印发倡议书8000份、宣传明白纸1.2万份,镇党委班子成员互相帮助查找问题120余条,在民主生活会上查找领导班子11个方面、33个问题,查找班子成员“四风”问题95个,提批评意见181条。对全镇5062名党员进行测评,综合评定为“好”的党员3678人,综合评定为“一般”的党员1384人。党委班子通过走访群众,听取群众意见,联系本镇实际情况,提出制度建设计划,相继研究出台《九龙镇财务管理办法》《九龙镇公务接待管理办法》等11项制度,为切实整改提供政策依据和制度保障。

全面开展“庸懒散浮拖”问题专项整治工作,促进全镇干部作风大转变、服务效能大提高;坚持不懈地推进党风廉政建设和反腐败斗争,健全建设项目招投标、政府采购、专项资金使用等制度;狠抓党风廉政建设教育落实,坚决贯彻执行中央八项规定,坚持厉行节约、勤俭办事,坚决反对铺张浪费,通过开展纪律教育学习月和岗位廉政风险防范管理活动,提高干部廉洁自律意识,提升政府执行力。

(九龙镇:高燕)

花园镇

【概况】

花园镇位于县城东北郊,东与苟角镇、镇龙乡毗邻,南与九龙镇接壤,西及翠管会交界,北与顾县镇、双鄢乡相连,镇政府驻杨家坡村,距县城2.5千米,交通便捷,广(安)南(充)高速公路过境5千米,仪(陇)北(碚)公路过境7千米,县城至南广高速公路出入口连接道3千米。辖杨家坡、官大田、马家井、火塘坝、肖家井、高石梯、临江寺、磨滩河、花朝门、古井沟、桑树垭、大匾山、太平沟、唐家巷、高坑桥、万寿寺、两不来、挖断山、五元坟、田坝寺、三元、油坊店、茶园、苏麻沟、松马鞍、红坡盖26个村民委员会和自生社区居委会,148个村民小组,总户数9326户,总人口28560人;幅员面积44.6平方千米,耕地面积12307亩,其中田9553亩,土2754亩。境内土地主要以侏罗系沙溪庙组母持发育而成。主要粮食作物有水稻、玉米、红薯,经济作物主要有藤椒、西瓜、核桃、蔬菜等。2014年，全镇实现地区生产总值同比增长13.5%，地方财政一般预算收入（非税收入部分）260.8万元，完成社会固定资产投资1.2亿元。

【农业经济】

2014年，重点发展优质水稻、优质粮油、优质无公害蔬菜。全镇粮食种植面积3.13万亩，总产量620万公斤；无公害蔬菜生产面积3860亩，产量275吨；种植油菜4035亩，水果产量130吨；蔬菜2500亩，实现产值3000万元。发展以茶园村为代表的藤椒基地640亩，核桃1850亩，新发展中药材100亩。

全年出栏生猪3.75万头，出栏小家禽31.5万只，出栏牛、羊、马共650头，出栏兔子1万只，养殖鹌鹑2万只。

农村剩余劳动力转移0.75万人，实现劳务收入0.85亿元。全年实现农业总产值1980亿元。

【工商业经济】

境内有农家乐3家，全年接待县内外游客28万人次，实现旅游收入814万元。境内有加工厂3个、砖厂15个、酒厂2个、预制厂1个，有个体商户190户，全年全镇实现工业总产值1.39亿元，社会商品销售总额1.76亿元。

【基础设施建设】

支持农民新建沼气池40口，协助住房城乡规划建设局实施棚户区改造207户，巩固退耕还林成果4177亩，补偿集体公益林3319亩。培训水淹区、贫困村干部40人次，实施水淹区移民技能培训295人次。

【社会事业】

文化。全镇有21个共建文化信息资源共享工程基层服务网点，购买电脑15台、投影设备27套。27个行政村（社区）实施了“农家书屋”工程建设，藏书3万余册，报刊15种，借阅人数2万人。培育特色文化村1个、文化大院2个、文化示范户5个。有政策宣传咨询队、花园东湖健身队、中老年腰鼓队等三支宣传队伍。实施农民健身工程3个，建篮球场3个、羽毛球场1个。有农村电影放映队1个，年村平均放映12场，观众1万余人次。有线电视通15个村，60个组，用户1140户。全镇有文化体育活动场所面积6000平方米。

医疗卫生。2014年年末，有卫生院1所、村级卫生室27所，有专业医务人员39人；新型农村合作医疗参保人数21819人，城镇居民医疗保险覆盖1100人。

计划生育。全年出生人口290人，其中符合政策生育229人，符合政策生育率78.97%；出生率10.42‰，死亡率6.18‰，人口自然增长率4.24‰。已婚育龄妇女6103人，选用各种避孕方法人数4697例，节育率77%。

社会保障。全年完成城镇新增就业90人，实现城镇失业人员和就业困难人员再就业70人，城乡残疾人居家灵活就业170人；完成农村劳动力技能培训35人，劳务扶贫培训50人，农村青年技能培训50人，新型农民培训50人，农民实用技术培训4000人次；扎实开展扶贫救济，扶持农村贫困人口改善生产生活条件288人，解决城市困难群众和农村困难群众医疗救助60余万元；新型农村和城镇居民社会养老保险覆盖人数30997人，参保缴费人数21819人，城乡低保和农村“五保”对象参保参保率100%；救助贫困计生对象户5户，救助残疾人8人，救助贫困优抚对象38人，救助贫困学生20人。开展惠民帮扶，惠民药房为困难群众优惠打折650人次，为60岁以上老人免费体检250人次，救助重大疾病及精神病患者20人。

【安全维稳】

制订出台《花园镇2014年安全生产工作实施意见》《花园镇2014年安全生产事故救援预案》《花园镇地质灾害防治方案》《花园镇防洪抗灾应急预案》等各项应急预案方案和道路交通、水上交通、车、船主、食品安全等相关责任书，对万寿场镇、水库码头、道路河流、建设工地、非煤矿山等重点场所重点行业加大检查监督力度，个别地方、地段落实专人监控，确保万无一失，杜绝事故的发生。

【党的建设】

开展党的群众路线教育实践活动，镇领导班子及各村（社区）均召开民主（组织）生活会；加强基层组织建设，坚持党管干部的原则，严格把关，把有技术、懂经济、能带领群众致富的能人选进支部班子，增强班子的创造力、凝聚力、战斗力。加强村级组织和村级活动阵地建设，维修村级活动阵地2个，新建村级活动室1个；各村配齐桌椅、吊牌、国旗、旗杆等设施，27个村更换远程教育电脑。全镇培养入党积极分子40人，发展党员15人。

（花园镇）

朝阳乡

【概况】

朝阳乡位于县城以南，东与石垭镇毗邻，南与乔家镇接壤，西与新场镇交界，北与九龙镇相连。乡政府驻秦家店，距县城5千米。辖雨台山、长深、高井圈、秦家店、高店子、观音庵、肖家店、龙马、武云寺、牛王庙、天王庙、大屋12个村民委员会，93个村民小组，3943户，总人口15444人，幅员面积16.82平方千米，耕地面积10750亩。县道岳武路横穿腹地，北可达广渝城南高速公路，西进武胜接318国道。主要农特产品有水稻、玉米、蔬菜、生姜等。2014年，全乡财政收入132万元，全社会固定资产投资1.3亿元，农民人均纯收入9609元。

【现代农业园区建设】

新农村建设。全乡城乡建设用地增减挂钩项目涉及10个村、325个拆旧复耕板块，1722户，1394.44亩，其中拆旧建新户857户（集建671户、散建186户），只拆不建73户，不拆不建792户。纳入新村建设拆旧建新户中三人户239户、四人户236户、五人户196户。全乡新建新村点20个已全面完工。为保证工程进度，乡党委、政府健全工作体系，形成主要领导亲自抓、分管领导具体抓、乡村干部蹲点抓的工作格局，每个领导联系2个新村点，每个点落实4名乡村干部，全天候跟班作业，督促工作进度，监督质量安全，协调解决各类问题。通过房屋建设、基础设施建设、分房入住、拆旧复耕各个环节，城乡建设增减挂钩项目已进入复耕验收扫尾阶段，共复耕面积1100余亩。

农业产业化建设。把土地从农户集中到村组，再由村组集中到合作社，通过合作社流转给业主和种植大户，做到集中连片规划，集中连片建设基础设施，集中连片发展产业，实现产业无缝衔接。按照功能分区、突出特色、循环生态的要求，改造传统农业，构建现代农业整合土地资源、整合政策资源、整合项目资源。涵盖多个村的现代农业示范园区建设取得突破性进展，形成“朝阳现代种植示范片”和“猪—沼—菜”循环经济模式，发展以秦家店、高店子、高井圈、武云寺、大屋村为重点的商品蔬菜基地，引进和推广西洋西瓜、荷兰海椒、水果番茄等优良品种种植，推广喷灌、滴灌、稻菜、稻芋种植技术，农民人均增收900余元；依托金土地合作社，采取“合作社+基地+业主+村组+农户”模式，着力发展专业经济合作组织，支持农民通过合作社拓宽农产品流通渠道，蔬菜远销成都、重庆等地。

设施农业建设。培育龙头企业、龙头组织、龙头人物，引领产业发展，延伸产业链条，增强产业竞争力。全乡新发展规模以上龙头企业1户，新发展规范化专合组织2个，吸收300名农民入社；新发展营销大户1户，培育农产品营销组织1个，新增农业业主8人。2014年年末，全乡有业主50人，开发面积8230亩。

【基础设施建设】

2014年，改造山平塘6口，新增有效灌面180

亩、节水灌面600亩、土地调型1100亩。新建农村通村水泥公路21千米、乡村机耕道19千米，硬化乡村机耕道13千米。推广农机具50台(套)。

【社会事业】

文化。2014年年末，有中心文化站1个、村级文化室12个、农家书屋12个；有综合性业余文艺演出队员60余人，业余舞蹈队员30人；有80余平方米的综合文化站。开展春节文艺展演，放映公益电影110场。

教育。2014年年末，有幼儿园4所，在园幼儿340人，在职教师9人；小学校2所，在校生630人，在职教师31人；初中校1所，在校初中生438人，在职教师48人。救助贫困中小学生25人，资助贫困中小学生10人。

医疗卫生。2014年年末，有乡卫生院1所、村级卫生室12所，医疗点15个，有专业医务人员30人；另有从业执照的私人诊所9家。新型农村合作医疗参保人数13960人，参保率99.5%；城镇居民医疗保险覆盖25人。加强疾病预防与控制工作，制定工作预案，全乡无一例疫情发生；加强食品安全的监管工作，制订监管职责和工作制度，定期组织食品安全检查。

计划生育。全年出生人口169人，出生率10.6‰，符合政策生育率82.25%；女性初婚204人，选用各种避孕方法人数1029人，综合节育率84.42%。新增奖特扶对象5人，“三结合”帮扶35户，发放独生子女奖励金2.83万元。

社会保障。2014年年末，享受城镇最低生活保障2人，享受农村最低生活保障774人；农村“五保”集中供养43人；参加职工养老保险43人，城镇居民基本养老保险25人，农村养老保险4500人；伤残军人、复员军人、两参人员、带病回乡人员、三属等各类优抚对象66人，及时发放优待金49.2万元；全年下岗失业人员和失地农民再就业26人，就业困难对象再就业12人，城镇新增就业20人。

环境综合治理。新建污水处理厂1个，新增环境综合整治垃圾车1辆，新增环卫工1人，添置更换垃圾桶8个。

【安全维稳】

落实社会治安综合治理责任制，建立健全乡、村、组三级安全防范和社会矛盾调解网络；完善信访处置工作机制，解决群众合理诉求。建立每月定期排查矛盾纠纷工作机制，狠抓矛盾纠纷排查化解调处工作，对梳理出来的矛盾问题，落实领导、落实人员、挂账销号、限期解决。全年接待群众来信来访360余人次，办理信访件160件，解决群众矛盾纠纷120余件，解答群众咨询问题420件。

【党的建设】

全年发展党员6人，培养入党积极分子4人。开展群众路线教育实践活动，深入开展群教活动整改落实，通过问题查摆，梳理意见或建议5大类57条，其中“四风”33条、群众关心热点难点问题24条，领导班子成员意见或建议21条。针对问题制定“两方案一计划”，着重从作风建设、绩效管理、业务管理、后勤管理、干部管理等方面，修订12项规章制度。深化正风肃纪专项整治，深入推进“9+3+2”突出问题专项整治，重点对便民服务不便民、乡镇干部机关化、执行不力、软懒散浮拖等问题进行专项整治。采取以会代训、现场指导、远程教育等方式，培训党员300人次；筹资1万元，维修村级党员活动室2个。签订《党风廉政建设责任书》500余份，聘请廉情监督员12人，开展晋位升级，选派1名第一书记到村指导工作，完成1个后进村的转化升级。

(朝阳乡：胡修英)

北城乡

【概况】

北城乡位于东经106°22′08″~106°26′01″，北纬30°33′13″~30°37′13″，地处县城北郊，东与翠管会、花园镇毗邻，南与九龙镇接壤，西与白庙镇交界，北与兴隆镇、双鄢乡相连，乡政府驻普庵寺，电话区号0826,邮政编码638399,距岳池县城4.5千米。2014年年末,辖普庵寺、张仙坝、耿家店、壁山庙、土桥寺、千佛寺、石院墙、金沟、三元桥、庙尔坝、高木桥共11个村民委员会,77个村民小组;辖区总户数3653户,总人口13528人,以汉人为主,有彝族、布依族、傈僳族等5个少数民族115人。辖区东西最大距离6.31千米,南北最大距离7.39千米,幅员面积20.22平方千米,人口密度为每平方千米664人;耕地面积24534亩,林地面积6800亩。地形为丘陵地形,境内最高点海拔585.5米,最低点海拔黄家院以北322.6米。特色产业有生猪、肉牛、土鸡养殖和各类树木、核桃、高粱、藤椒种植业。2014年,全乡农业总产值1.17亿元,地区生产总值1.36亿元,社会固定资产投资5000万元,招商引资到位额5800万元,公共财政总收入230万元,外出务工劳务收入7250万元,农民人均纯收入9367元。

【农业经济】

种植业。坚持耕地保护制度,强力整治违法建筑、违法用地的"双违"行为,全面兑现落实支农、惠农、富民政策,推进良种良法、科技示范,着力发展现代农业和设施农业,提高农业和农村经济的品质和效益。2014年,全乡粮食总产量6226吨,其中水稻4134吨,小麦652吨,玉米503吨,红薯391吨,其他546吨。主要经济作物有油料、高粱、蔬菜、水果等,油料作物种植面积4230亩,产量648吨;高粱种植面积750亩,产量170吨。蔬菜主要品种有大白菜、白萝卜、胡萝卜、莴笋、西红柿等,种植面积2355亩,产量4842吨;水果主要有柑橘、梨子、桃子、樱桃、葡萄、核桃、枇杷、水蜜桃等,年产量798吨,收入3327万元;普庵寺村规模种植有机核桃和名贵水果900亩,定植核桃苗8万株,优质水果2.5万株;建成普庵寺村、壁山庙村优质杂柑基地2个、面积600亩,定植杂柑苗5.6万株;建成三元桥村黄金梨种植基地500亩,定植黄金梨苗3.71万株;建成高木桥村、千佛寺村、耿家店村、金沟村优质薄壳核桃基地4个、面积1600亩,定植核桃苗6.8万株。种植林木面积3195亩,其中巨桉1950亩,退耕还林945.5亩;建成张仙坝村、普庵寺村、金沟村、三元桥村经济林种植基地4个、面积1000亩,定植名贵树木13万余株;建成千佛寺村猕猴桃种植基地1个、面积100亩。引进业主在普庵寺村、高木桥村发展药材种植,建成药材基地1个;引进业主在庙尔坝村、高木桥村租地1000亩,从事藤椒规模种植;引进业主在庙尔坝村、高木桥村、石院墙村租地1000亩,规模西瓜种植。

养殖业。推进农业产业化经营,支持农村专合组织规模发展,实现规模效益。有壁山庙村生猪标准化养殖小区1个,建成生猪标准化养殖圈舍4400平方米,年养殖出栏生猪4200头。支持原有业主扩大规模,提高效益,2014年普庵寺村的瑞丰生态种养公司、永福源生态农业发展有限公司、耿家店村的岳池特驱家禽养殖公司、北城乡扩繁场共出栏土鸡26万只;依托龙头企业岳池瑞丰、岳池特驱、永福生态源、岳池盛财的养鸡技术和经验,发展圈舍、围栏土鸡养殖,建成普庵寺村、张仙坝村、耿家店村3个土鸡养殖小区,参与农户357户,建成养鸡圈舍7668平方米,年出栏土鸡32万只。支持龙池明扩大肉牛养殖规模,年养殖出栏肉牛380头。全年全乡实现畜牧业总产值4265万元。鱼塘养殖面积186亩,产量148吨;稻田养殖面积130亩,产量62吨。渔业总产值267万元。

【工商业经济】

2014年年末,新发展小微企业1户,境内有加工厂5个,砖瓦窑6个,农家副食经营超市48个,豆腐凉粉加工业主16个,废旧收购业主11个,预制板构件业主1个,村级卫生防疫从业人员11个人,全年全乡实现工业总产值1360万元,全年社会消费品销售总额2896万元。

【基础设施建设】

以产业发展为重点,以基础设施建设和环境综合治理为依托,推进耿家店村、庙尔坝村农民新村重点村建设。全年全乡按规划投资4600万元,新建住房89户、面积2.17万平方米,改厨、改灶、改厕497户,新建垃圾池69处,新建花池129处,街沿和庭院硬化1.38万平方米。整治乡村道路10千米,维修水渠6900米,利用扶贫资金,新修泥结碎石路5千米,完成“一事一议”塘堰维修6口。完成危房改造18户。2014年年末,有邮电网点10个,电信服务网点6个,固定电话用户657户,移动电话用户3423户,宽带接入用户138户。

【社会事业】

文化。2014年年末,有县级文物保护单位2处,有村级农家书屋11个。乡综合文化站全面对外开放,放映公益电影158场。

教育。坚持全面推进素质教育,切实整顿学校周边环境,强力搞好基础设施建设,学校办学条件、教学水平大幅度提高,教学质量全方位提升。2014年,完成中等职业学校送生45人;资(救)助家庭困难学生30人。2014年年末,有幼儿园2所,在园幼儿237人;小学1所,在校学生725人,在职教师26人;初中1所,在校初中生495人,在职教师45人;适龄儿童入学率100%。

医疗卫生。加强农村初级卫生保障工作,疫病防控成效明显。2014年年末,有乡卫生院1所,村级卫生室11所,有专业医务人员15人,新型农村合作医疗参保人数11545人,参保率95%,城镇居民医疗保险覆盖25人。

计划生育。开展计划生育政策法规集中宣传教育、基层群众自治和“三结合”帮扶活动,切实兑现计划生育奖励扶助金,完善基层基础工作,加大计划生育经费投入,加强流动人口管理及计生队伍建设,提高依法行政和服务水平。2014年,全乡出生人口133人,符合政策生育率85.7%,人口出生率9.7‰,人口死亡率8.1‰,人口自然增长1.6‰,综合节育率96%,农村孕产妇住院分娩率95%。

社会保障。2014年年末,享受农村最低生活保障433人,农村“五保”95人,其中集中供养9人,参加城镇基本养老保险203人,参加农村养老保险3396人,下岗失业人员和失地无业农民再就业37人,其中就业困难人员再就业9人。伤残军人、复员军人、两参人员、带病回乡人员等各类优抚对象76人,及时向他们发放民政定期定量补助39.1万元。

环境综合治理。2014年年末,有环卫推车13辆,环卫工人12人,有垃圾池110处,垃圾桶75个。开展农村环境综合治理集中整治12次。绿化村民院坝,整治环境卫生,农村“环境优美、生态良好、风貌协调、庭院美化、村容整洁、乡风文明”的新气象逐渐形成。

【安全维稳】

安全生产。乡政府与驻乡单位及各村委会签订2014年安全生产目标责任书,制定完善各类应急救援预案,选好配强安全生产监督员和管理员,实现安全生产网格化管理和安全生产规范化建设无缝对接。全年召开水陆交通、建筑、食品、消防等安全教育培训会议30余场次,培训人员2600余人次,张贴宣传标语200余幅,发放宣传资料1.5万份。重点抓好“安全生产年”“打非治违”“道路交通整治”等专项行动,组织做好安全生产标准化建设、百日安全、安全生产月和安全生产基层基础等工作。开展打击非法客运专项行动9次,坚持经常上路巡查,严格落实六必查制度,检查车辆1.9万台次,纠正交通安全违章630余人次,排查安全隐患108处。

信访维稳。实施“六五”普法宣传,组织到学校上法制课6次,举办乡村干部学法培训班4期,及时解决群众的合理诉求和矛盾纠纷,受理群众来信来访29件,受理率100%;化解各种不稳定因素40余起,调解各类矛盾纠纷96件。

【党的建设】

采取以会代训、现场指导、远程教育等多种方式培训党员816人次,在“七一”前夕,组织慰问贫困党员58人,救助60岁以上贫困党员28人。全年培养入党积极分子53人,发展党员5人;筹集资金20万元,维修改造党员活动室8个。开展

“双向承诺”，增强党支部的凝聚力和亲和力；完善村“三员”制度，聘任群众诉求代理员，为民解决诉求42项。

（北城乡：张辉跃、李国莉）

镇龙乡

【概况】

镇龙乡位于东经106°28′32″～106°33′11″，北纬30°31′58″～30°34′24″。地处县城东郊，东与广安区彭家乡、龙安乡毗邻，南与大石乡接壤，西与九龙镇、花园镇交界，北与苟角镇相连。乡政府驻丁家店村，电话区号0826，邮政编码638300，距岳池县城9千米。2014年年末，辖王家场、观音岩、三合桥、丁家店、包锣田、平原、鸡公岭、马鞍寨、双河口、梨园、百家沟、漏山寺、大峰山13个村民委员会和义兴社区居委会，下设97个村民小组，2个居民小组。全乡有4749户，13645人，面积20.03平方千米，耕地8580亩。全乡地势东高西低，属于浅丘地带。2014年，全乡社会固定资产投资完成3772万元，劳务输出5350人次，劳务总收入6800万元，非税收入140万元，农民人均纯收入8342元。

【农业经济】

2014年，全乡种植优质水稻8240亩，旱育秧6590亩，玉米1660亩，油菜2110亩，蔬菜5923亩，粮食总产8676.2吨。利用政府投资、扶贫开发、引进业主、群众家庭种植等形式，栽植早、中、晚优质葡萄10万株，栽植面积550亩，形成王家场、三合桥、包锣田、平原、鸡公岭、漏山寺、大峰山7个葡萄基地，种植大户50户，种植农户1350户，年总产值6000万元。

采取“育龙头、带大户、小规模、大群体”方式，成立“津川来”生猪养殖专业合作社和鸡公岭生猪养殖协会，培育年出栏100头以上的生猪养殖大户3户，50头以上的养殖大户32户，10～49头的养殖户27户；全乡年出栏肉猪1.95万头，出栏肉牛300头，肉羊94头，全年畜牧业实现产值4800万元。

【基础设施建设】

投资200万元，修建三合桥、平原、梨园村4.5米通村水泥路4千米，新建便民路2千米；投资50万元，修建平原、梨园村排水沟2千米，维修山平塘6口、排洪沟5千米；投资460万元，建成包锣田、鸡公岭标准化葡萄基地1000亩；投资50万元，打水泥葡萄桩2.2万根，建成立桩葡萄地2000余亩。

新建封闭式垃圾中转站1个，新增垃圾箱30个；村社新增垃圾箱150个，新建垃圾池14个；投资150万元，建设污水处理站1座，完成场镇污水管道整修500米。

【社会事业】

文化。全乡有宣传文化中心站1个，村级文化室13个，农家书屋8个；有舞蹈、锣鼓、杂技宣传队伍3支，群众坝坝舞表演队伍1支，参加人员120余人；建有综合文化站，建筑面积300平方米，有资源管理服务器、投影机、电脑、打印机、课桌等设备，利用节假日集中开展宣传和多种形式演出。全年组织党的方针政策及两所联动法制宣传到村宣传演出活动14场，放映公益电影156场。

教育。救助贫困中小学生2人，资助贫困中小学生13人，开工建设农村义务教育学校食堂547平方米。2014年年末，有幼儿园2所，在园幼儿162人；小学3所，在校生987人，在职教师24人；初中1所，在校初中生432人，在职教师34人。

医疗卫生。2014年年末，有乡卫生院1所，村级卫生室14个，有专业医务人员15人。新型农村合作医疗参保人数13638人，参保率99.7%；城镇居民医疗保险覆盖154人。

计划生育。利用逢场天开展计划生育法律法规宣传，发放资料3000余份。全年计生奖励扶助28人，发放流动人口婚育证明146次；全年出生人口 125 人，符合政策生育率 88%；人口出生率 9.58‰，人口死亡率 6.18‰，人口自然增长率 3.4‰，综合节育率 90.64%。

社会保障。2014 年年末，享受城镇最低生活保障人数 6 人，享受农村最低生活保障 1114 人；农村"五保"82 人，集中供养 8 人；参加城镇基本医疗保险 156 人；下岗失业人员和失地无业农民再就业 28 人，其中就业困难在就业 5 人；及时向伤残军人、复员军人、"两参"人员、带病回乡人员、"三属"等各类优抚对象 65 人，发放优待金 31.89 万元。

环境综合治理。新建封闭式垃圾中转站 1 个，新增垃圾箱 20 个。改善农村环境，完成场镇污水管道整修 500 米，形成农村"环境优美、生态良好、风貌协调、庭院美化、村容整洁、乡风文明"的新气象。

【安全维稳】

安全生产。乡政府与辖区内各单位及村委会签订 2014 年安全生产目标责任书，制定和完善各类应急救援方案，选配安全生产监督员和管理员 3 人，实现安全生产网络化管理和安全生产管理无缝对接。全年召开水陆交通、建筑安全、食品安全等安全会议 18 次，张贴宣传标语 14 幅。重点抓好道路交通安全集中整治、安全生产规范化建设、打击非法经营建设行为等活动，查处交通安全违章行为 25 起，排查整治安全隐患 4 处。

信访维稳。实施"六五"普法宣传，组织到校讲法制课 16 次，举办乡村干部学法培训班 4 期；通过领导接访，调解中心联系，建立便民服务窗口等方式，及时掌握民情、社情。全方位排查不稳定因素，把矛盾纠纷化解在萌芽状态，调处矛盾纠纷 57 件次，成功化解老上访 1 起。

【党的建设】

新发展党员 5 人，培养入党积极分子 32 人，培养村级后备干部 28 人。全乡 453 名党员积极学习实践科学发展观、争先创优活动。为全乡 5 名大学生村干部营造干事创业的好环境，对流动党员进行全面清理。全年培训党员 2 次，对全乡 14 个远程教育站点进行维护，组织慰问贫困党员 7 人。

（镇龙乡：邹为民）

石垭镇

【概况】

石垭镇位于县境东南部，东与广安区广门乡、龙安乡毗邻，南与花板乡、普安镇、乔家镇接壤，西与乔家镇、朝阳乡交界，北与九龙镇、大石乡相连。镇政府驻府前大街中段，距岳池县城 8 千米，距广安市区 12 千米。2014 年年末，辖张口楼、油坊沟、石坳、社红庙、中学、雷家堡、新龙庙、石马沟、烂洞坝、三块碑、分水岭、石龙庙、长石、双河口、大城、雨台、云峰、丁家、打锣山、梅子、罗安、罗家堂、王家沟、梨子园、马纳沟、玉屏山、徐家坝、吕家桥、陈家沟、大邑山、周锣铺、立石山、王家院 33 个村民委员会，以及石平、温家堡 2 个社区居委会；下设 223 个村民小组、16 个居民小组。辖区总户数 15132 户，总人口 48512 人，人口密度为每平方千米 1032 人。幅员面积 47.51 平方千米，耕地面积 27720 亩，林地面积 6900 亩，其中场镇面积 2.2 平方千米、城镇化率 24.5%。地形多为浅丘带坝为主，境内最高点海拔 572.3 米，最低点海拔 368.8 米。规模种植产业有梨、柑橘、血橙、葡萄，风景点有玉屏湖景区、云口寺佛教圣地等。沪蓉高速公路南广段石垭境内有红庙出入口，省道仪（陇）北（碚）公路石垭境内长 6 千米，南（充）前（锋）公路石垭境内长 8 千米，县乡（镇）级公路 3 条、总长 11.6 千米。2014 年，全镇实现地区生产总值 10.34 亿元，地方财政收入 529 万元，社会固定资产投资 23680 万元，农民人均纯收入 10061 元。

【农业经济】

一是在种植业方面。2014 年，镇党委、政府组织开展农业实用技术技能培训，全面推广优良品种和先进技术，引进业主，以南前公路、南广高速路沿线为重点，发展优质粮油基地5000亩，在王家沟、玉屏山等村发展优质蔬菜基地2000余亩，在徐家坝、梨子园、玉屏山、马纳沟等村发展血橙栽植5000亩，在丁家、云峰村栽植血橙2500亩；在梨子园村、石马沟村建成3000亩（一期）的综合基地，主要栽培品种有紫玉淮山、黑皮花生、黄秋葵、羊肚菌、黑皮冬瓜、密本南瓜、茄瓜、辣椒、番茄、青瓜、苦瓜、菜心、香芹等；并成立广安市绿琪农业科技有限公司，专注于农产品的科研、生产、加工、销售为一体的现代农业民营企业。2012年12月在张口楼村3、4组开始种植优质葡萄，2013年5月注册成立岳池县紫晶葡萄种植专业合作社，主要从事优质鲜食葡萄种植、销售、育苗、技术服务；合作社根据市场消费需求引进优质鲜食葡萄品种5个，主要种植有“夏黑”“美人指”“红地球”“醉金香”“巨玫瑰”等优良品种，种植面积302亩；2014年8月，合作社所产“夏黑”品种参加全国优质葡萄评比获得金奖。2014年，全镇生产粮食19527.3吨，其中水稻13920吨、玉米1730吨；油菜种植面积0.96万亩，产菜籽1024.27吨。二是在养殖业方面。巩固发展“生猪十里养殖长廊”。在石坳、玉屏山、梨子园村等养殖小区基础上，引进秋实公司发展生猪产业，培育优质生猪养殖大户32户，年出栏生猪9万余头。2014年，全镇生猪饲养量10.5万头，年末存栏1.5万头；能繁母猪饲养量0.5万头，年末存栏0.45万头；家禽饲养量70万只。全镇畜牧业总产值1.64亿元，占农业总产值的38.1%。

【工商业经济】

2014年，镇党委、政府实施全民招商，完成招商引资8.1亿元，成功引进岳池县合力建材有限责任公司、久华大米厂入驻石垭工业园区。其中合力建材项目占地17.5亩，总投资6000万元，建成后将实现年产值1.2亿元，年利润2000万元，解决就业150人；久发大米厂项目占地15亩，总投资4000万元，建设大米加工线、水磨糯米汤圆粉、面粉自发粉生产线各1条，建成后年产4万吨优质大米、1万吨水磨糯米汤圆粉、1万吨面粉自发粉。2014年年末，石垭工业园区共有入驻企业22家，其中投产企业18家、在建4家。2014年，全镇工业总产值达到5.9亿元，同比增长12.7%。

【打造AAAA级玉屏湖景区】

景区位于烂洞坝村、马纳沟村、梨子园村。2012年6月由川师大规划院进行总体规划，按“AAAA”级旅游景区质量标准及要求进行定位，由镇政府与业主共同投资，重点突出“生态休闲湖，绿色体验园”的主题形象定位，主要依托20万平方米姚家河水库与数千亩的浅丘珍稀园林、果林等环境资源，打造集观光、休闲、娱乐、体验为一体的综合开发项目，总体规模为1万余亩。景区内按52个景点进行空间布局，经打造，建成“一心一环一廊五区”的空间格局。具体有：1800平方米的景区接待中心，承担游客餐饮、住宿、购物、咨询等服务功能；修建环湖公路、自行车车道、游步道共18千米；建成1000米曲艺文化长廊；设置农耕文化体验区、水上休闲娱乐区、四季花海观光区、康体运动休闲度假区、苗木果林采摘体验区，作为景区的核心部分。景区内的玉屏湖幸福美丽新村，体现现代农村建筑的时代风貌；还引进金鑫园林公司在烂洞坝村、马纳沟村、梨子园村种植珍稀林木3000亩，形成珍稀苗木基地，配套发展盆景园50亩、花卉100亩、珍稀植物园100亩、休闲体验农业200亩；实现产村相融，形成独具特色的新民居亮点，成为景区靓丽的旅游景点。在景区的整个实施中，由政府整合项目资金1093.85万元，完成基础设施建设，重点包括修建公路、桥等；业主投入资金8000万元，进行重点景观打造，包括修建接待中心、庭、旅游设施等；其间，省、市、县领导多次到景区调研，并提出科学发展意见。2014年，投入资金20余万元，配备垃圾箱16个，购置垃圾转运车1辆。截至2014年6月，基础设施和重点景观建设基本结束，开始接待游客。

【特色农民新村】

玉屏湖幸福美丽新村位于石垭镇玉屏湖乡村旅游景区环线内，占地60.68亩，整合资金近亿元，于2013年7月开始兴建，该新村依托玉屏湖乡村旅游景区，高标准规划，与景区整体打造，协调统一。新村房屋全部采用具有安全、节能、环保、低碳、舒适、生态六大特点的新型建材，2014年8月建成户数50户，建设面积9066平方米。建造样式属一楼一底的联排简欧风格，充分体现现代农村建筑的时代风貌。张口楼农民新村位于张口楼村，距石垭场镇约2千米，整个新村占地38.43亩，由村民自筹资金1600万元，于2012年6月开始兴建，新村按照“统一规划、统一建设”的原则，以“业兴、家富、人和、村美”为目标，采取“政府统筹、农户自建”的方式，以新村池塘为中心，呈半圆形环绕池塘，按梯层进行建造；2014年年初竣工，房屋建筑面积7920平方米，独栋二层小楼36栋，户均占地约1.07亩。一楼一底的独栋小别墅，极具现代民居特色。

【基础设施建设】

2014年，镇政府投资80余万元，在石垭小城镇启动占地1亩的压缩式垃圾中转站建设；投资670余万元的石垭污水处理厂建设项目，占地近5亩，已经竣工；投入30余万元，建成标准化公厕2座；投入4.9万元，整治石垭小城镇街道1千米；投入13万元，对街道行道树进行修枝刷白；投入10万元，新增街道路灯25盏，维修70盏，维修街道路面500余平方米；投入8万元，购买巡逻车，对石垭小城镇秩序开展常态化巡逻管理。

【民生工程】

2014年，全镇完成城镇新增就业任务160人，实现下岗失业人员和失地无业农民再就业50人；完成农村劳动力技能培训132人；农民实用技术培训任务3000人次。扶持农村贫困人口改善生产生活条件928人，解决城市困难群众和农村困难群众医疗救助5912万元；完成全镇城市、农村低保清理工作，将346人纳入城镇低保，1542人纳入农村低保；城乡居民养老保险覆盖人数9000人，参保缴费人数3000人；救助残疾学生8人，贫困学生152人。实施应急救助资金4.87万元，完成应急救助103人次、济困帮扶638人次、智力扶助5000人次、惠民医疗1500人次、助力解困10户、安居解困41户、法律维权300人次。实施森林管护4093亩，巩固退耕还林成果4570亩，加大实施退耕还林后续产业建设力度，着力为群众解决生产生活实际问题。

【社会事业】

坚持“科技兴镇”战略，实施科技创新，加大科技投入，加强现代适用技术的培训和推广，重点在大城、雨台、云峰、丁家村等现代农业示范园区，推广优质水稻强化栽培、病虫害综合防治配套技术、科学平衡施肥以及机械化使用等试验示范技术，接受培训人员5100人次。2014年年末，全镇有幼儿园8所，在园幼儿350人，专任教师26人；小学3所，在校生2100人，专任教师76人，小学适龄儿童入学率100%；初中1所，在校生1400人，专任教师82人，初中适龄人口入学率100%；有民办学校1所。2014年年末，有文化艺术团体1个，会员32个；实行农村公益电影放映，年放映520场次，观众达1万人次；有建筑面积400平方米文化站1个，建筑面积100平方米公共图书馆（室）1个，藏书2万册；有农村图书室22个，藏书3.52万册。围绕“以病人为中心、以质量为核心，为患者提供安全、温馨的就医环境”主题，开展“健康之路村村行”活动。新型农村合作医疗参保人数3.5万人，参保率96%。2014年年末，有镇中心卫生院1所，医务人员61人；有村级卫生所和农村医疗点33个，从业人员33人。

【安全维稳】

2014年，推进社会治安综合治理工作，排查并调解各类矛盾隐患225起。开展安全生产检查125次，排查出安全隐患312处，整改301处。派出所、工商所和文化部门联合开展文化娱乐、网吧等行业的治理。全镇群众初信初访息诉息访率和信访积案息诉息访率达到99.5%，上级批交办案和领导批示件的息诉息访率达到100%，信访问题处理意见书备案率达到100%。

（石垭镇）

普安镇

【概况】

普安镇位于县境南部，东与齐福乡、花板乡毗邻，南与裕民镇接壤，西与武胜县白坪乡相靠，西北与乔家镇交界，北与石垭镇相连。镇政府驻十字街20号，距岳池县城22千米。2014年年末，辖八一、高碑、熊家坝、会仙桥、兰坝、金山寺、皮家湾、龙神庙、荀迪寺、普光寺、斜石坝、吴家沟、院龙寺、高桥、干堰塘、斑竹园、大石沟、龙凤台、白庙子、接龙岭、龙王沟、百子坎、新庙子、三湾、黄桷、字库、三官庙、黄泥墙、金台寺29个村民委员会和余家场社区居委会，下设195个村民小组、4个居民小组；辖区总人口32214人，幅员面积40.76平方千米，耕地面积20850亩，林地面积3445亩。地形以浅丘、山地为主，境内最高点海拔459米，最低点海拔292.2米。土特产品有幺妹广柑、三嫂子南瓜等。2014年，全镇地区生产总值4亿元，工农业总产值实现2.1亿元，固定资产投资完成5亿元，财政一般预算收入389万元，农民纯收入8109元。

【镇域经济】

农业。2014年，投资200万元，在石普路沿线种植西瓜3000亩，在会仙桥水库环线种植蜜枣1000亩；对“幺妹广柑”与“三嫂子南瓜”两个品牌进行科学管理，做到种植面积及销路上有所突破。全年全乡粮食总产量12622吨，其中水稻9961吨、玉米1120吨、马铃薯1015吨、其他526吨。全年种植油菜面积3000亩，产量830吨。蔬菜主要品种有大白菜、白萝卜、胡萝卜、莴笋、西红柿等，蔬菜种植面积3495亩、产量11200吨。主要水果有柑橘、梨子、桃子、枇杷等，年产量3000吨，收入1400万元；种植林木面积3445亩，栽植15万株。

养殖业。以生猪养殖为龙头，发展肉牛养殖、家禽养殖。畜牧业以饲养生猪、羊、牛、兔及家禽为主，新建成标准化养牛场和养兔场各1个。全年出栏肉猪31405头，猪肉产量2198吨；出售和自宰的肉牛352头，牛肉产量43吨；出售和自宰肉羊1108头，羊肉产量17吨；出售和自宰肉兔9716只，兔肉产量13吨；出售和自宰肉禽（鸡、鸭、鹅）20.86万只，禽肉产量294吨，产禽蛋609吨；畜牧业总产值1600万元。

工商业。全年招商引资签约合同资金5000万元，到位资金5000万元。其中新引进大型超市2个，为当地解决50个就业岗位；新增土地流转面积3000亩，用于种植中药材与水果。

【基础设施建设】

精心组织、广泛宣传，落实责任，努力把普光寺、高桥等5个村创建为“幸福美丽新村”，并按30年不落后的标准规划建设26个新居聚居点；熊家坝村、会仙桥村的水土保持工程全面完成，新建蓄水池13口、沉沙池50口、整治山平塘4口、作业便道5千米，通过精准扶贫开发的实施，切实改善群众生产生活条件。投资3亿元的垃圾发电项目基本建成。

投入资金350万元，新建或改建通村水泥路7千米；投入1000万元，完成水土保持工程2000亩；投入80余万元，铺设安置点雨污管网、硬化院坝和修复、新增场镇路灯；投入25.28万元，完善镇、村的清洁卫生硬件建设，新购置垃圾桶40个、环卫手推车30个，新建简易垃圾池20个；投入资金100万元，对示范片新村进行绿化、亮化；投入资金170余万元，建成6个新村聚居点天然气管网工程，2个行政村宽带，3个自然村通通电话的“两通”工程。

2011年10月起，在普安镇普光寺、斜石坝、吴家沟、院龙寺、高桥、干堰塘、斑竹园、大石沟和龙凤台9个村实施城乡建设用地增减挂钩项目;涉及32个组1244户,共建20个新村点,新修房屋635户,惠及3500余人。打通村与村之间的断头路30千米,新建蓄水池18口,整治山平塘16口,整修蓄水池25口,修围山排洪沟12千米,新建农村沼气池70口,完成危房改造29户。完善场镇总体规划及土地利用总体规划,新修1800平米的农贸综合市场,完成场镇及周边村1300户天然气管网安装工程。

【社会事业】

文化。成立以分管领导为组长的文化市场监督管理领导小组,配合上级文化机构开展各类文化宣传活动。2014年年末,有中心文化站1个,村级文化室29个,农家书屋30个;有综合性业余文艺演出队员8人,业余舞蹈队员8人,业余曲艺队员2人,中老年腰鼓队42人,有290余平方米的综合文化站,配齐村活动室各种文化设施,如乒乓球台、羽毛球拍、办公桌椅等。

教育。全面建成远程电化教育站点30个,贯彻实施《全民健身纲要》,巩固九年制义务教育,实行"两免一补"。全面推进素质教育,适龄儿童入学率100%,救助贫困中小学生31人,资助贫困中小学生22人。2014年年末,有幼儿园所1所,在园幼儿635人;小学4所,在校生1635人,在职教师110人;初中1所,在校初中生768人,在职教师50人。

医疗卫生。参全镇新农合参保人数26002人。建立疾病、重病和传染病应急处理机制,提高应对各类突发公共卫生事故的能力,全面实施药品、食品"放心工程"。开展防疫、疫苗接种,全镇无重大疫情发生。2014年年末,有镇卫生院1所、村级卫生室29所,有专业医务人员32人;另有从业执照的私人诊所1家。

计划生育。投资3万元,完成国策宣传壁制作、计生文化长廊建设等设施,举办各类培训4场次,开展计生新信息系统的录入工作。全面落实计划生育奖励抚助政策,采取公平、公正、公开评议等方式,在全镇评选出计划生育家庭户,把奖励扶助金及时发放到位,为49名农村计划生育奖励扶助者发放资金4.7万元。

社会保障。发放粮食直补及农资综合补贴55万元,退耕还林37.8万元,农机购置补助20余万元,春荒款10万元,临时救助资金10万元。"五保"、低保、孤儿、残疾人、贫困大学生和大病救助等工作实现应保尽保、应救必助。2014年年末,享受城镇最低生活保障人数125人,享受农村最低生活保障1547人;共发放低保资金176万元,发放大病救助金10万元;新型农村和城镇居民社会养老保险覆盖7104人,城镇新增就业、城镇失业人员再就业、就业困难人员58人,城镇居民医疗保险参保497人。

【安全维稳】

安全生产。围绕"预防为主、先防后处"方针,抓监管、常检查、明责任,强化各环节的安全预防,定期对加油站、学校、道路、工矿企业、食药品进行安全检查,成功举办"我为岳池道安出份力"万人活动,并分别和29个村1个社区签订安全生产目标责任书,全年召开水陆交通、建筑安全、食品安全等安全会议13次,张贴宣传标语30幅。排查整治安全生产隐患191处,道路交通安全隐患112处,火灾隐患11处。

信访维稳。实施网格化管理,对全镇32214人建立60个网点进行精细化管理。开展"依法治县"活动和"无信访乡镇"创建活动。按照"有访必接、有接必办、有办必果"的要求,24小时接待来访群众,在工作中改善党群关系、树立良好的形象。全年全镇接待来信来访群众312人次,办结信访矛盾纠纷167件,无因矛盾纠纷化解不利引发的重大政治性、非正常上访、群体性事件、重大恶性案件;充实壮大基层群防群治队伍,建立健全工作制度,扎实有效地开展和谐村(社)创建活动。

【广遂高速公路征地拆迁工作】

2011年12月15日广遂高速公路正式开工建

设,全长约96千米,其中遂宁段30多千米,广安段60余千米,起于已建成的广安区枣山镇沪蓉高速公路(G42),途经岳池县齐福乡,武胜县飞龙镇、沿口镇、龙女镇、金牛镇、赛马镇,蓬溪县蓬南镇、三凤镇、高坪镇,于蓬溪县金桥乡,接绵遂高速公路(G93)。广遂高速公路征地拆迁工作在普安镇境内涉及会仙桥村、高桥村、熊家坝村、荀迪寺村、兰坝村、斜石坝村、普光寺村、院龙寺村8个村,26个组,需搬迁农房81户、搬迁坟墓202棺。红线内应征土地530.71亩,其中耕地503.78亩、坑塘1.62亩、机耕道3.37亩、林地3亩、沟渠0.69亩、园地4.4亩、建设用地14.24亩。

【党的建设】

开展群众路线教育实践活动,建立"下基层"活动联席会议制度,开展帮扶为民"五个一"主题实践活动。结合"下基层"活动推进"连心"工程。在干堰塘村以创建发展致富型党组织为重点,依托新村建设和劳动力富裕的优势,灵活设置功能党小组,使党组织和党员在服务、带动产业发展中发挥引领作用。围绕"贯彻落实十八大、跨越发展上水平"中心主题,以新村建设为契机,建成现代化"6+1"党员活动中心6处。贯彻落实中央"八项规定"和改进工作作风,密切联系群众的各项规定,结合全镇"学党章守纪律"活动,制定下发《普安镇"慵懒散浮托"专项治理工作方案》,开展"五直评"、政风行风民主评议工作,促进各站所、各村作风有所转变。

(普安镇)

乔家镇

【概况】

乔家镇位于县城西南部,东与石垭镇毗邻,南与普安镇接壤,西与武胜县飞龙镇交界,北与朝阳乡相连,距岳池县城10千米,镇政府驻太平场镇。2014年末,辖杨坝、董家、双桥、陈家湾、秀才、廖坝、南山、催龙、灵官庙、水桶庙、照画壁、向家庙、茶亭庙13个村民委员会和太平社区居委会,下设170个村民小组、4个居民小组,共9438户,33020人,其中非农业人口975人。幅员面积33平方千米,耕地面积23955亩,有文化站1个,卫生院1所,中心小学2所,有教学班31个,学生1739人。主要农产品为:水稻、玉米、油菜、红薯等,经济作物以芋子、生姜、辣椒、黄瓜、西瓜、草莓、中药材等为主。2014年,全镇地方财政收入557.5万元,社会固定资产投资7390万元,农民人均纯收入10769元。

【镇域经济】

现代农业。以三安农业专业合作社联合社为依托,不断壮大产业基地,新流转土地510亩,配合县级相关部门建设广安市"111"工程产业大道。建成田间市场、两家泡菜厂,培育具有本地特色的种植业,种植优质西瓜2250亩、优质蔬菜2650亩、药材650亩、草莓210亩,建成金丝枣基地105亩,猕猴桃基地230亩,实现大小环线和岳武路的无缝衔接。推广良种良法和新型农机具,提高农业科技含量和机械化水平;推广种植台湾牛奶草莓,促进农民增收。在南山村、廖坝村、陈家湾村、秀才村发展渔业养殖大10户,年产鲜鱼5万公斤;在杨坝村、双桥村发展养殖大户3户,年出栏生猪4000头;在南山村、灵官庙村发展小家禽养殖大户5户,年产肉鸭2万只,实现养殖收入50余万元。

招商引资。通过支持引导村组能人办企业,放手放胆发展私营经济,开辟广大农民群众增收致富的途径。全年全镇引进资金7390万元,其中到位资金7390万元。

【基础设施建设】

场镇新建公厕1个,增设100个垃圾桶、聘请7名清洁工,清运历史和各种垃圾800余吨,清理污水沟2千米,清理卫生死角20处,清理占道经营12处,治理乱堆乱放杂物60处,清理广告乱贴乱画300张(条)。新建陈家湾村通村水泥路2千米，杨坝村通村水泥路3千米，廖坝村通村水泥路3千米，灵官庙村通村水泥路5千米，催龙村通村水泥路2.6千米，秀才村通村水泥路3千米，完善公路养护管理机制。清理维修红旗水库水渠19千米，维修山平塘4口。

【社会事业】

科教文卫。做好职教工作，完成中等职业学校送生115人。搞好教育工作环境，加强学校周边治安和交通环境整治，确保学校教育秩序正常。卫生服务、医疗保障体系逐步健全，完成惠民医疗扶持903人；新型农村合作医疗保险和城镇医疗保险超额完成上级下达的任务。利用南山村新建文体广场的资源优势，举行第二届“欢乐农家”大赛，比赛节目丰富多样，人民群众的文化生活水平得到提高，在第四届全国文明城市（区）、文明村镇、文明单位评选活动中，南山村被评为全国文明村。

计划生育。推行计划生育“三结合”和计划生育村民自治工作，实行党政一把手亲自抓、分管领导具体抓、各个部门配合抓的联动机制，全年帮扶计生“三结合”户30户，计生奖励扶助55人。

扶贫开发。在陈家湾和茶亭庙村实施整村推进扶贫项目，规划建设水泥路4.4千米，养殖花边鸭4.8万只。

社会保障。资助乔家小学和催龙小学贫困小学生26人，其中党政领导联系资助11名，资助贫困高中生5人。全年享受城镇低保51人，享受农村低保1802人，享受大病救助的群众188人，发放救助资金67.03万元。完成城镇新增就业70人，城镇失业人员再就业35人，就业困难人员再就业5人。

环保工作。完成五排水水葫芦治理及网箱取缔工作，打捞水葫芦521亩，取缔拦河养鱼3处、养殖网箱30个、壕子网、尼龙网370公斤，收购养鱼船29只。启动长滩寺河流域内畜禽养殖污染治理工作，整治或拆除长滩寺河流域乔家境内8户畜禽养殖场，确保人民群众饮用水源安全。

【安全维稳】

安全生产。镇政府与村（社区）、驻镇单位、烟花爆竹业主、驻村干部、产业发展业主等签订安全生产目标责任书180余份。开展安全生产大检查活动，组成建筑、消防、危化、道路交通安全等14个专项安全检查组，加强隐患排查整治力度，排除火灾隐患15处，水坝堰塘隐患23处，建筑安全隐患28处，对排查出的隐患进行及时整改和消除，没有发生重大安全事故。重点整治农用车、三轮车违章载人及长安车无证经营。镇安办配合县交警队整治办联合开展专项整治活动2次，发放宣传资料2000余份，通过专项整治活动，有效地预防较大安全事故的发生。9月，镇安办对全镇有毒马蜂窝进行清理，清除马蜂窝13处。

信访维稳。妥善处理信访问题，主动深入基层化解矛盾，解决问题，全年处理来信来访48件，其中省长信箱信访件3件、市长信箱信访件4件、“12345热线”2件。

【党的建设】

加大对党建工作质量和各项任务完成情况的量化管理和考核，深入开展党的群众路线教育实践活动。全年发展新党员10人，党员转正19人。镇党委按照村级阵地“标准化、规范化”建设要求，修缮村级活动室4个，更换电脑10台，添置办公设备10套；对14个远程教育站点进行维护，保证党员干部培训正常开展。

开展“庸懒散浮拖”专项治理活动，全面推行“一线工作法”和“五通”服务，建立三本台账，实行机关、联系点两签到。发放便民服务卡5200张，党员干部结穷亲235对，开通热线电话10个；下访群众3000人次，送服务进村入户2000人次；在便民服务点为群众代办事务200余件，在田间地头解决群众困难48个。完善钢尺，解决制度约束不力的问题。考核上采取“自身述、领导点、全员议、集体定”的方式量化打分，调动干事创业的激情。管理上结合“四风治理”，全面规范党（村、财）务公开，堵住人情关10起；全面开展“五治”，重点规范党员干部工作状态，不干与工作无关的事情，对问题突出的6名支书、主任进行诫勉谈话。

（乔家镇：朱雪辉）

花板乡

【概况】

花板乡位于县境东南部，东与广安区广门乡、枣山镇毗邻，南与齐福乡接壤，西与普安镇交界，北与石垭镇相连。乡政府驻杨家庙村二组，距岳池县城16千米。2014年年末，花板桥、观音堂、龙泉罐、狮子宝、翘家桥、柏林、玉皇庙、象鼻嘴、梓桐庙、双星寨、金竹冲、杨家庙共12个村，87个村民小组，4282户，1.45万人，辖幅员面积17.89平方千米，耕地面积7590亩。地形多为浅丘，吕家梁子海拔539.5米，最低点垮拱桥海拔336米；土特产品有荷包蛋、石膏豆花等，风景点有伍家寨森林公园。2014年，全乡农业总产值8987万元，地区生产总值1.31亿元，粮食总产6377吨，油料产量356吨，社会固定资产投资6570万元，社会消费品零售总额7000万元，地方财政总收入319万元，外出务工收入2400万元，农民人均纯收入8773元。

【农业经济】

2014年，全乡粮食总产量6377吨，其中水稻3683吨、小麦755吨、玉米538吨、马铃薯554吨、红薯422吨、其他425吨，主要经济作物有油料、蚕桑、蔬菜、水果等。油料作物面积3645亩，产量386吨，其中油菜面积3480亩、产量375吨；蔬菜主要品种有大白菜、白萝卜、胡萝卜、莴笋、西红柿等，蔬菜种植面积3975亩、产量8938吨；主要水果有柑橘、梨子、桃子、枇杷等，年产量1000吨，收入265万元。

【基础设施建设】

投资100万元，硬化村级路2千米，维修便民路1千米；投资300万元，新修村级水泥公路4.5千米、泥结碎石路2千米；投资30万元，整治山平塘4口。新建农村沼气池20口，完成危房改造6户。2014年年末，有邮政网点1个，电信服务网点1个，固定电话用户530户，移动电话用户4000户，宽带接入用户134户。

【社会事业】

文化。2014年年末，有中心文化站1个、村级文化室12个、农家书屋12个；有400余平方米的综合文化站。放映公益电影144场。

教育。2014年年末，有幼儿园所2所，在园幼儿115人；小学1所，在校生1280人，在职教师69人。

医疗卫生。2014年年末，有乡卫生院1所、村级卫生室12所，有专业医务人员18人；另有从业执照的私人诊所4家。新型农村合作医疗参保人数12425人，参保率99%；城镇居民医疗保险覆盖38人。

计划生育。2014年，全镇出生人口127人，人口出生率9.8‰，人口死亡率6.7‰，人口自然增长率3.1‰，综合节育率95%。

社会保障。2014年年末，享受城镇最低生活保障人数6人，享受农村最低生活保障534人；农村“五保”136人，集中供养64人。

环境综合治理。场镇新修垃圾处理场4处、改造垃圾中转站2处；公路沿线新建垃圾池45个，新增环卫工2人；街道添置更换垃圾桶30个，新添立杆灯、悬臂灯5盏；重新规划车辆停放点和个体摊点。改善农村环境，形成农村“环境优美、生态良好、风貌协调、庭院美化、村容整洁、乡风文明”的新气象。

【安全维稳】

安全生产。召开水陆交通、建筑安全、食品安全等安全会议24次，张贴宣传标语20幅。重点抓好道路交通安全集中整治、安全生产规范化建设、“百日”安全、安全生产月、打击非法经营建设行为等活动，查处道路交通安全违章行为1100

起，排查整治安全隐患15处。

信访稳维。实施“六五”普法宣传，组织到校讲法制课24次，举办镇村干部学法培训班4期；及时解决群众的合理诉求和矛盾纠纷，化解各种不稳定因素30余起，调解各类矛盾纠纷18件。

【党的建设】

2014年，培养入党积极分子32人，发展党员7人；筹资5万元配置电脑、信号接收器，解决了各村远程教育设备老化的问题。开展“双向承诺”，增强各党支部的凝聚力及亲和力；完善村“三员”制度，聘任群众诉求代理员，为民解决诉求40项。

（花板乡：张波）

大石乡

【概况】

大石乡位于东经106°29′35″～106°33′07″，北纬30°27′37″～30°32′33。地处县境东部，东与广安区龙安乡毗邻，南与石垭镇接壤，西与九龙镇交界，北与镇龙乡相连。乡政府驻大石桥西侧，距岳池县城7.9千米。2014年年末，辖曹家沟、营山铺、大冲沟、狮子磅、白鹤嘴、漏山沟、福寿寨、双龙桥、花园坪、石堰塘、五里堆、皮家沟、游家沟、晏家沟、马鞍山15个村民委员会和玉龙社区居委会，下设94个村民小组，2个居民小组。辖区总户数4668户，人口15942人。辖区东西最大距离5.67千米，南北最大距离5.4千米，幅员面积19.82平方千米，耕地面积11670亩，人口密度每平方千米800人；境内最高点海拔542米，最低点海拔380.6米。土特产品有草莓、葡萄，风景点有姜山寺。2014年，全乡地方财政总收入437万元，外出务工劳务收入5037万元，全社会固定资产投资9925万元，农民人均纯收入8933元。

【农业经济】

种植业。2014年，全乡粮食总产量8523吨，其中水稻5890吨、玉米593吨、马铃薯558吨、其他1482吨。主要经济作物有油料、蚕桑、蔬菜、水果等。油料作物面积14亩，产量36吨，蔬菜主要品种有大白菜、白萝卜、胡萝卜、莴笋、西红柿等，蔬菜种植面积281亩、产量8338吨，主要水果有柑橘、梨子、桃子、枇杷等，年产量19.8吨。

养殖业。畜牧业以饲养生猪、羊、牛、兔及家禽为主。新增年出栏500头以上生猪大户2户，年出栏100头以上生猪大户5户；全年生猪饲养量11235头，年末存栏11347头，生猪肉产量868吨；牛饲养量21头，年末存栏267头；羊饲养量288只，年末存栏267只；兔饲养量826只，年末存栏747只；家禽饲养48216万只，产禽蛋151吨。

【基础设施建设】

多方筹资148万元，硬化村级路1.2千米，维修村级路21千米，维修便民路4.3千米。投资120万元，整治山平塘6口。投入100万元，新建场镇农贸市场2000平方米。完成危房改造14户。2014年年末，有邮政网点1个，电信服务网点1个，固定电话用户568户，宽带接入用户355户。

【社会事业】

文化。有中心文化站1个、村级文化室15个、农家书屋15个；有综合性业余文艺演出队员100余人，业余舞蹈队员50余人，业余棋类200余人；有300余平方米的综合文化站，内有图书室、电子阅览室、多功能活动室、排练室等，免费向群众开放2万余人次。放映公益电影180余场。

教育。2014年年末，有幼儿园所4所；小学3所，在校生792人，在职教师38人；初中1所，在校初中生356人，在职教师34人。

医疗卫生。2014年年末，有乡卫生院1所、村级卫生室15所，有专业医务人员19人；新建村级卫生室4所。新型农村合作医疗参保人数12437人，参保率99%；城镇居民医疗保险覆盖451人。

计划生育。2014年，全乡出生人口117人，符合政策生育率94.8‰；人口出生率7.8‰，人口死亡率6.5‰，人口自然增长率1.3‰，综合节育率85.7%。

社会保障。2014年年末，享受城镇最低生活保障人数5人，享受农村最低生活保障596人；农村“五保”164人，集中供养71人；参加城乡养老保险5355人；下岗失业人员和失地无业农民再就业61人，其中就业困难再就业2人。及时向伤残军人、复员军人、“两参”人员、带病回乡人员、“三属”等各类优抚对象49人，发放优待金30.81万元；资助大石小学贫困中小学生20人，救助贫困精神病患者4人。

环境综合治理。投入资金0.3万元，维修路灯10盏；投入资金4万余元，聘请清洁工5人，维护场镇清洁卫生；投入资金6万余元，收集转运处理垃圾；集中整治大石街道，规范营运车辆管理，治理乱停乱放等影响交通秩序的行为，教育、处罚违规、违章人员1000余人次。

【安全维稳】

安全生产。2014年，召开水陆交通、建筑安全、食品安全等安全会议12次，张贴宣传标语120幅。重点抓好道路交通安全集中整治、安全生产规范化建设、“百日”安全、安全生产月、打击非法经营建设行为等活动，查处道路交通安全违章行为213起，排查整治安全隐患16处。

信访维稳。实施“六五”普法宣传，组织到校讲法制课4次，及时解决群众的合理诉求和矛盾纠纷，受理群众来信来访45件，受理率100%，化解各种不稳定因素32起，调解各类矛盾纠纷169件。

【党的建设】

完善“党员发展程序、队伍阵地制度建设、绩效考核运用”3项规范，壮大“入党积极分子队伍、党员后备干部队伍、党员大户队伍、党员志愿服务队伍”四支队伍，实施“春风行动”“三向培养”“强班子、硬队伍、争先进”“挂帮包”“双带富民”等行动，加强基层组织建设。采取以会代训、现场指导、远程教育等多种方式培训党员400余人次，在“七一”前夕，组织慰问贫困党员50人，救助70岁以上贫困党员20人。

2014年，培养入党积极分子45人，发展党员5人；筹资15万元，新建成皮家沟村标准化村级党员活动室，维修村级党员活动室4个。开展“双向承诺”，增强各党支部的凝聚力及亲和力；完善村“三员”制度，聘任群众诉求代理员，为民解决诉求580余项。

（大石乡：徐秋平）

白庙镇

【概况】

白庙镇位于县境西部，东与九龙镇毗邻，南与新场镇接壤，西与龙孔镇、西溪镇、粽粑乡交界，北与兴隆镇相连，东北与北城乡毗连。镇政府驻白庙镇红旗路35号，距岳池县城9千米。2014年年末，辖黄连桥村、新店子村、玉皇沟村、长深沟村、九洞桥村、郭家坝村、李家店村、陆墙院村、金竹沟村、白龙桥村、杨柳村、莲花台村、安家观村、三溪口村、安宁寺村、舞凤山村、冬笋沟村、郑家村、龙音寺村、鲁班迹村、瞿家店村、李白寺村、拱桥村、三教寺村、菊花村25个村民委员会和白玉社区居委会，273个村民小组、3个居民小组；辖区总户数13783户，总人口46272人，幅员面积64.97平方千米，耕地面积31461亩，林地面积15512亩。地形多为平坝（或浅丘、低山），境内最高点海拔558.5米，最低点海拔340.6米；土特产品有莲桥米粉、核桃、猕猴桃、蜜柚等。2014年，全镇农业总产值3.51亿元，地区生产总值4.57亿元，社会固定资产投资1.9亿元，地方财政总收入1185万元，外出务工劳务收入1.6亿元，农民人均纯收入9250元。

【农业经济】

种植业。完善产业链条，实现产销衔接，推进无公害商品蔬菜基地建设。2014年，发展特色种植业，其中种植核桃1万亩、蜜柚1200亩、猕猴桃1000亩，为当地人员提供400个就业岗位。全镇粮食总产量24928吨，其中水稻13753吨、小麦3788吨、玉米331吨、马铃薯3889吨、红薯1872吨、其他1295吨。主要经济作物有油料、蚕桑、蔬菜、水果等。油料作物面积10126亩，产量1172吨，其中油菜面积8409亩、产量931吨；蔬菜主要品种有大白菜、白萝卜、胡萝卜、莴笋、西红柿等，蔬菜种植面积10557亩、产量23802吨；主要水果有柑橘、柚子、猕猴桃、李子、枇杷等，年产量954吨，收入164万元。种植林木面积1.58万亩3110万株。

养殖业。建立生猪养殖基地、肉牛养殖基地、肉鸭养殖基地、优质鸡养殖基地，李家店村"岳池特驱"种鸡场业主达到24户。全年畜牧业以饲养生猪、羊、牛、兔及家禽为主，发展年出栏100头以上生猪大户6户；全年生猪饲养量51978头，年末存栏37588头，生猪肉产量3672吨；牛饲养量863头，年末存栏705头；羊饲养量3127只，年末存栏800只；兔饲养量1.66万只，年末存栏5420只；家禽（鸡、鸭、鹅）饲养41万只，产禽蛋52吨。畜牧业总产值20.5亿元。水库养殖面积130亩、鱼产量160吨，鱼塘养殖面积500亩、鱼产量510吨，稻田养殖面积640亩、鱼产量760吨，新开发龙虾养殖200亩、产量30吨，渔业总产值3400万元。

【工商业经济】

支持富胜建司等企业健康发展，扶持个体工商户的经营，莲桥米粉龙头企业实现销售总额1.91亿元，创利税340万元。2014年年末，境内有加工厂6个、砖厂1个、酒厂2个、预制厂3个；商业网点遍布街区，形成以百货批零、电子、服装、医药、餐饮娱乐为骨干的特色街区；有个体工商户721户，其中农家店1个，农贸市场2个；全年全镇实现工业总产值2.12亿元，全年社会商品销售总额1.07亿元。

【基础设施建设】

投资100万元，完成广高路场镇过境段1.98千米泥青砼改造；投资500万元，硬化村级路5.4千米，维修便民路9.7千米；投资320万元，新修村级水泥公路4.5千米、泥结碎石路2.2千米。投资110万元，整修3个村渠道11千米；投资2570万元，整治山平塘5口。新建农村沼气池95口，农田基本建设2000亩，完成危房改造30户。加快小区建设步伐，完善已建道路的绿化、亮化和其他相关配套，其中富胜大道1754米，硬化人行道200平方米，整治场镇烂路500米，安装、维护垃圾桶310个，新建垃圾池15个。2014年年末，辖区道路总长度75千米，城区公共绿化覆盖率35%。

【社会事业】

文化。2014年年末，有中心文化站2个、村级文化室26个、农家书屋26个；有综合性业余文艺演出队员23人，业余舞蹈队员24人，业余曲艺队员20人，中老年腰鼓队22人；有303.3平方米的综合文化站。

教育。2014年年末，有幼儿园所3所，在园幼儿500余人；小学4所，在校生2108人，在职教师156人；初中1所，在校生246人，在职教师24人。全年救助贫困中小学生10人，资助贫困中小学生41人。

医疗卫生。2014年年末，有镇中心卫生院1所、村级卫生室25所，有专业医务人员29人；另有从业执照的私人诊所2家。新型农村合作医疗参保人数37685人，参保率99%；城镇居民医疗保险覆盖2037人。

计划生育。全镇出生人口495人，符合政策生育率83%；人口出生率7.7‰，人口死亡率3.7‰，人口自然增长率4‰，综合节育率3%。

社会保障。2014年年末，享受城镇最低生活保障人数75人，享受农村最低生活保障1368人；农村"五保"165人，集中供养81人；参加城镇基本养老保险218人，参加农村养老保险9588人；下岗失业人员和失地无业农民再就业58人，其中就业困难再就业12人。及时向伤残军人、复员军人、"两参"人员、带病回乡人员、"三属"等各类优抚对象451人,发放优待金130万元。

环境综合治理。场镇新修垃圾处理场1处,改造垃圾中转站2处;公路沿线新建垃圾池15个,场镇新添环卫推车3辆、新增环卫工4人;街道添置更换垃圾桶260个,新添立杆灯、悬臂灯11盏,维修路灯35盏;重新规划街道车辆停放点和个体摊点。完成污水处理站及配套管网建设,2015年投入使用,将使城镇污水处理率85%。

【安全维稳】

安全生产。与辖区各单位及村签订安全生产目标责任书,制订完善各类应急救援预案,成立由10名专职人员组成的场镇治安巡逻队,坚持24小时治安巡逻,实现安全生产网络化管理和安全生产管理无缝对接。采取召开会议、创办宣传栏、张贴标语、上街设立宣传咨询站、举办培训班等多种形式进行宣传。全年召开水陆交通、建筑安全、食品安全等安全会议60余次,张贴宣传标语45幅。重点抓好道路交通安全集中整治、安全生产规范化建设、“百日”安全、安全生产月、打击非法经营建设行为等活动,查处道路交通安全违章行为3158起,排查整治安全隐患27处。

信访维稳。实施“六五”普法宣传,组织到校讲法制课8次,举办镇村干部学法培训班4期;及时解决群众的合理诉求和矛盾纠纷,受理群众来信来访88件,受理率100%,化解各种不稳定因素70余起,调解各类矛盾纠纷150件。

【党的建设】

按照中央、省、市、县委的安排部署,全面开展党的群众路线教育实践活动,按照“照镜子、正衣冠、洗洗澡、治治病”的原则,反“四风”、转作风,切实解决联系服务群众“最后一公里”问题。镇村干部深入剖析,认真撰写对照检查材料,制定整改台账,接受群众监督。活动期间共收集到群众意见建议35类872条,主要涉及农村基础设施建设、民生工程、机关作风等方面。针对收集到的问题,镇党委及时召开党委会,进行专题研究,做到立行立改。解决群众诉求735件,群众满意度显著提升,党群干群关系进一步融洽。着力抓好软弱涣散基层党组织整顿工作,圆满完成郑家村、九洞桥村两个后进村晋位升级,党员群众十分满意。完善党员发展程序、队伍阵地制度建设、绩效考核运用,壮大入党积极分子队伍、党员五星模范队伍、党员大户队伍、党员志愿服务队伍,实施“春风行动”“三亮三比”“强班子、硬队伍、争先进”“挂帮包”“双带富民”等五项行动,加强基层组织建设。采取以会代训、现场指导、远程教育等多种方式培训党员450人次,在“七一”、春节前夕,组织慰问贫困党员40人,救助60岁以上贫困党员30人。全年,培养入党积极分子27人,发展党员15人。

(白庙镇)

新场镇

【概况】

新场镇位于东经106°17′04″~106°22′50″,北纬30°27′41"~30°31′12"。地处县城西南部,东与九龙镇、朝阳乡毗邻,南与武胜县三溪镇接壤,西与龙孔镇、排楼乡交界,北与白庙镇相连。镇政府驻永胜社区,电话区号0826,邮政编码638303,距岳池县城12千米。辖梓桐寺、大石坝、冉家沟、新场、杜家寺、贺家堂、红关寨、黄家梁、老庙子、瓦盖墙、坨甲桥、断桥、韩家院、水洞桥、董家梁、踏水桥、圣兴寺、大桥、七星照月、佛保寨、张家坝、黄桷树、宝珠寺、梁家垭、报慈寺25个村民委员会和永胜社区居委会,下设195个村民小组、3个居民小组。幅员面积39.15平方千米,耕地面积25020亩;有10334户33216人。2014年,全镇实现国内生产总值2.06亿元,公共财政收入853万元,固定投资9890万元,社会消费品零售总额4238万元,农民人均纯收入8357元。

【农业经济】

2014年,种植业以水稻、高粱、玉米为主。全镇粮食种植面积2.73万亩,粮食总产量1.64万吨。着力发展以优质海椒、优质核桃、中药材为主的经济作物。全年实现生猪出栏4.1万头,家禽出栏80万只;全镇能繁母猪保险1633头,育肥猪保险3100头。落实森林管护面积1245亩,巩固退耕还林510亩,兑现农户退耕还林补助11.51万元。投入扶贫资金129万元,开展项目扶贫、易地扶贫、安居温饱和劳务输出三项重点工作以及扶贫解困活动,扶持各村贫困对象531人。全镇劳务输出1.06万人,实现劳务收入1.2亿元。完成新型农民培训50人,农民实用技术培训6000人次。整治山平塘9口,新增和改善灌溉面积214公倾。农村清洁能源建设不断加强,新建沼气池30口,全镇沼气池达到490口。

【基础设施建设】

通过广泛发动群众,努力筹措资金,与县交通局等有关部门协调,维修圣兴寺等村泥结碎石路10千米,瓦盖墙等村新增通村水泥路5千米。

【社会事业】

辖区内有义务教育学校3所,基点校2所。初中生入学率100%,巩固率99%;小学生入学率100%,巩固率100%。有镇卫生院1所,村级卫生服务站13个。

举办党员培训、农业技术、农民工岗前培训和政策法律培训会6场(次),发放各类宣传资料2万余份。下村播放科教公益电影40场,受益群众2万余人次。

落实计划生育基本国策,提高人口素质;全年出生人口253人,人口出生率6.21‰,人口自然增长率0.49‰,符合政策生育率85.7%。

完成城镇居民医疗保险335人,失业保险21人,职工医疗保险537人,新型农村合作医疗保险28229人;为住院病人报销新型农村合作医疗费132万元,为门诊病人报销新型农村合作医疗费16.3万元,为10名特困人员补偿医疗救助金17.2万元。多渠道拓展就业岗位,推进城乡统筹就业工作,举办城乡劳动力现场招聘会2次,进场应聘47人,现场达成求职意向23人。资助13名贫困中小学学生,对15名精神病人实行医疗救助,对39户患慢重大疾病的困难家庭给予大病救助。

落实优抚安置政策,落实困难群众最低生活保障工作,切实做到应保尽保,保证专项资金专款专用。全年全镇两参人员62人,复原军人26人,带病回乡人员60人,60岁老兵164人,残疾军人23人,向他们发放优待金79.47万元;为1831名低保对象发放低保金186.86万元;按时为212名"五保"散居户发放每人每月260元的"五保"金,投入资金和人力,保障新场敬老院48名"五保"老人的衣食起居和就医条件。

加大城乡综合治理工作,落实场镇卫生保洁人员8人,建成30个垃圾池和1个垃圾填埋坑,对街道全面实行硬化、绿化、亮化建设。实施民用天然气工程,全镇400余户村(居)民用上天然气。

【安全维稳】

安全生产按照"党政同责""一岗双责""谁主管、谁负责"的原则,坚持每月安全生产培训和例会制度,加大安全生产隐患的排查整治力度,提高对安全生产违法行为的打击力度,确保全镇无一例安全生产责任事故的发生。

坚持责任制度、管理制度、排查制度、调处制度、汇诊制度、奖惩制度,着力从源头上减少不和谐不稳定因素。全镇受理信访总量286件,其中来电54件、来访136件、排查发现46件、上级转办40件、其他10件;调处重大纠纷15起,调解成功率100%。

【党的建设】

有党组织33个,其中党委1个、机关支部1个、老干支部2个,学校支部3个、社区支部1个、农村支部25个,有党员1003人。新建党员活动室2个,改扩建党员活动室3个,规范化活动阵地建设达96.15%;深入开展以为民务实清廉为主要内容的党的群众路线教育实践活动,深入开展"走基层、解难题、办实事、惠民生"活动,密切党群干群关系，全面提升党员队伍的整体素质。

（新场镇：胡傲冰）

粽粑乡

【概况】

粽粑乡位于县境西部，东南与白庙镇毗邻，西与西溪镇交界，北与兴隆镇相连；乡政府驻六角丘，距县城13千米。2014年年末，辖粽粑、水竹林、万家寨、盘龙、花墙院、画龙、罗家院、金龙寺、金竹、合兴、桐麻山、龙山院、皂角树、廖家沟、姚石桥、蒋家沟、蒋家院、董家沟18个村民委员会和六角丘社区居委会，143个村民小组，2个居民小组。辖区总户数6807户，24741人，幅员面积37.53平方千米，耕地面积17430亩。主要农产品有优质粮油、蔬菜、生猪、鹌鹑、肉鸭、肉鸡、山羊等。乡内有卫生院1所，有中心小学2所，民办小学1所。2014年，全乡地区生产总值25921万元，财政收入593万元，社会固定资产投资7030万元，招商引资4050万元，农民人均纯收入10305元。

【乡域经济】

农业产业。按照“坡土干果、平田种稻、深沟养鱼、规模发展、做强品牌”的发展思路，深入挖掘和扶持发展特色农业产业经济，形成以优质大米、优质花椒、优质水产、优质核桃及生态养殖为主的五大支柱产业，各产业分别以各自基地为核心形成五大产业圈，面积2万余亩。2014年，全乡粮食总产量11726吨，其中水稻7430吨、小麦1184吨、其他3112吨；蔬菜种植面积374亩，产量12817吨。

养殖产业。建立桐麻山生态鸭养殖基地和金竹村生态羊养殖基地。全年生猪补栏6600头，小家禽补栏5.5万只，水产品产量295吨。

工商业经济。2014年年末，境内有楠林电器厂、砖厂等，全年实现工业总产值2.03亿元。

【乡村旅游】

大龙暮雨农业生态观光旅游区已初步建成，有“杨树佛道”“大龙山”“铁龙寺”“七个石传说遗迹”“鲁班迹”“栖凤山”“天井梁子——高坡草原”“兰家洞塘小峡谷”“生态垂钓”“万亩花椒产业园”“合兴老街”“骑行环线”等景点。

【社会事业】

文化。2014年年末，有中心文化站1个，面积250平方米；村级文化室15个，农家书屋15个；建村级运动场3个。

教育。2014年年末，有公立幼儿园1所，在园幼儿116人；小学2所，在校生845人；在职教师70人。全年救助贫困中小学生16人，资助贫困中小学生60人。

医疗卫生。2014年年末，有乡中心卫生院1所，村级卫生室18所，有专业医务人员33人；另有从业执照的私人诊所1家。新型农村合作医疗保险参保人数20535人，参保率98.5%；城镇居民医疗保险覆盖31人。

计划生育。2014年，全乡出生人口189人，符合政策生育率83.07%；人口出生率7.85‰，人口死亡率6.65‰，人口自然增长率1.2‰，综合节育率90.82%。

社会保障。2014年年末，享受城镇最低生活保障13人，享受农村最低生活保障798人；农村“五保”137人，集中供养24人；参加农村养老保险5750人；下岗失业人员和失地无业农民再就业15人，其中就业困难对象再就业5人。及时向伤残军人、复员军人、“两参”人员、带病回乡人员、“三属”等各类优抚对象117人发放优待金74万元。

环境综合治理。新建垃圾中转站1处；公路沿线新建垃圾池72个；场镇有环卫工人2人，环卫推车2辆；各村保洁员共有114人；场镇新增垃圾桶23个。重新规划场镇车辆停放点4处。

【民生工程】

全面完成城填新增就业45人，下岗失业人员和失地无业农民再就业11人,新型农民培训207人,农民实用技术培训7215人;为91对育龄夫妇按政策办理生育证,发放独生子女费23人次0.28万元;按时兑现各类抚恤金63.65万元。开展农村洁美家园建设,新建卫生厕所125个。组织机关工作人员开展义务劳动1750人次,为群众办理实事1730件次。

实施七个村的万亩土地整治项目,四个村9千米水泥路10千米泥结碎石路扶贫项目,三个村6.4千米通村水泥路建设,五个村"一事一议"16千米碎石路建设,场镇街道1.5千米改造项目,污水处理厂建设项目及农贸市场建设项目。

两次争取整合各类扶贫资金820万元,用于开展村组道路、渠道、村容村貌等基础设施建设。市人大、市纪委、市妇联、市粮食局等部门到粽粑乡开展贫困村调研、帮扶工作。18个市、县级部门172人次到粽粑乡开展扶贫帮困,帮扶资金(含物资折合资金)76.06万元。

【安全维稳】

乡政府投入资金51.97万元,用于学校、公共设施、基础设施、地质灾害隐患的整治和维护,消除安全隐患11处,整治盘龙桥危桥、粮站桥的隐患整治,制作安全警示牌95块,有效防止安全事故发生。

贯彻落实《信访条例》,依法规范信访行为,把信访问题消除在萌芽状态,化解在基层。加强信访接待调解处理工作,接待案件35起,办结处理34件,协调处理信访老户和不稳定因素等"老大难"问题2件。

【宣传工作】

利用粽粑乡门户网站、岳池县人民政府门户网站等新型新闻媒介做好新闻外宣工作,上报各类工作动态、工作信息96篇。其中,四川新闻网广安频道、《广安日报》《四川农村日报》等媒体采用稿件6篇。全年悬挂宣传横幅58条,宣传标语478条,出宣传专栏75期(次)。开展小康文化村创建活动;贯彻实施《全民健身计划实施纲要》,开展群众文体活动;在粽粑等村建设农家书屋5个。

【党的建设】

开展基层服务型党组织建设,严格执行干部坐班制,为群众代办事务2200余件,结对175对,开展帮扶活动12次600余人。全年组织各类培训17次,培训党员干部1600人次。发展党员8人,培养入党积极分子34人。筹措资金27.2万元,对13个村党员活动室进行全面维修升级,配备电脑、电视、办公桌等用品。开展党的群众路线教育实践活动,组织各种集中学习讨论26次,开展交心谈心450余次,走访群众3000余人次,征求意见建议16类58条。

【典型人物简介】

唐昌富,男,49岁,粽粑乡万家寨村人。2014年4月,唐昌富在福清市龙江见一个30多岁的女子从桥上跳下,他立即停下车,连衣服都没脱,就从四五米高的桥上纵身跳入江中,奋力游向轻生女子,努力将其向水面上拉。在刚好路过的方瑞友的帮助下,将该女子拖出水面,并迅速采取应急抢救措施。后在医护人员的抢救下,轻生女子脱离危险,并被家里人带回。唐昌富见义勇为的事迹被《福州日报》、《海峡都市报》、中国新闻网、和讯网等多家媒体争相报道。福州市政府表彰授予他"福州市见义勇为先进分子"二等奖,岳池县政府授予他"岳池好人"荣誉。

(粽粑乡:曾婷、龙君蓉)

坪滩镇

【概况】

坪滩镇位于县境西南部,东与龙孔镇、排楼乡毗邻,南与武胜县黄石乡接壤,西与嘉陵乡交界,北与镇裕镇、西板乡相连。镇政府驻坪滩镇小坪街40号,距县城29千米。2014年年末,辖五郎庙、陆家桥、马家沟、石牌楼、大坪桥、扯渡河、芭蕉湾、双河口、轿顶坡、保华寺、冉家店、马鞍寨、义学堂、帅坨寺、骑龙寨、小龙沟、仁和寨、水月寺、低坑、高坑、何家坝、莲花寺、关口、双堰塘、石船沟、陆家沟26个村民委员会和兴坪社区居委会,下设209个村民小组、3个居民小组;辖区内总户数12181户,总人口40671人,幅员面积46.09平方千米,耕地面积28485亩,林地面积1841亩。地形多为深浅丘地带,境内最高点海拔452.7米,最低点海拔228.5米;主产水稻、小麦,其次是玉米、红薯。2014年,全镇农业总产值41875.4万元,地区生产总值7.02亿元,社会固定资产投资2亿元,地方财政总收入438.84万元,外出务工劳务收入5.7亿元,城镇居民人均可支配收入2.4万元,农民人均纯收入10249元。

【农业经济】

种植业。以打造绿色菜乡为目标,以专特村组、专重大户为依托,积极争取项目,推进一村一品建设,打造专特村组,有力促进特色产业多元发展。2014年,全镇粮食总产量42341吨,其中水稻28445吨、小麦3877吨、玉米4018吨、马铃薯1962吨、红薯2889吨、其他1150吨。扩大辣椒产业的种植规模,以扯渡河、高坑、芭蕉湾等16个村为核心,发展海椒核心示范片3000亩,带动辐射种植辣椒1万亩;以冉家店、马家沟村为核心,发展种植早市嫩糯玉米1200亩。其他主要经济作物有蔬菜、油菜、花生、蚕桑、水果等。油料作物以油菜种植为主,面积8000亩、产量2158吨。蔬菜主要品种有大白菜、白萝卜、胡萝卜、马铃薯、莴笋、西红柿等,蔬菜种植面积4128亩、产量2.7万吨;主要水果有柑橘、梨子、桃子、枇杷等,年产量4.3万吨,收入38万余元。

养殖业。继续加大投入,不断壮大专业合作组织,做大做强特驱养猪场、聚力水产、川虎养兔养殖等龙头产业,带动中小养殖业发展。发展养兔、养羊、养鱼、养猪等规模养殖业,带动周边群众400户发展养殖业。2014年,畜牧业以饲养生猪、羊、牛、兔及家禽为主,全年生猪出栏3.1万头,年末存栏8200余头,生猪肉产量3100余吨;牛出栏93头,年末存栏381头;兔出栏26976只,年末存栏1913只;小家禽(鸡、鸭、鹅)出栏88万只,产禽蛋925吨;畜牧业总产值6500余万元。鱼塘养殖面积1400余亩、产量430余吨,稻田养鱼面积142亩、产量62吨。渔业总产值700余万元。鸿运猪业养殖专业合作社被省农业厅、财政厅等表彰为“农民合作社省级示范社”。

【工商业经济】

牢固树立“你投资、我支持,你发财、我发展”理念,做到主动服务、优质服务;通过争取政策扶持、增加贷款、招商引资、启动民资、盘活资源等渠道,发动干部群众积极创业,千方百计扩大投入,构建政府引导、市场主导的多元化投入机制。2014年年末,境内有再生纸厂1家,制衣厂1家,微型企业31家;以“完善城镇服务功能、繁荣城镇商贸流通”为抓手,积极推进坪滩“交通物流型”特色集镇建设。兴坪街服装小商品特色街区的建设,引领坪滩门店商品的有序分流,财富广场建材一条街和小坪街特色餐饮一条街等特色街区逐步形成。全镇有个体工商户100余户,其中农家店30余个,有农贸市场2个,全年全镇实现工商业总产值5000余万元,全年社会商品销售总额48915万元。镇商会被县工商联(总商会)评为先进基层商会。

【基础设施建设】

2014年,投资400余万元,完成通村水泥路7.6千米,维修村级水泥公路67.39千米、泥结碎石路32千米、便民路4.8千米;投资150余万元,基本完成高坑人行桥和低坑公路桥的修建;投资80余万元,整修20个行政村灌溉渠道130千米;投资30余万元,整治山平塘10口。新建农村沼气池60口,完成危房改造28户。

强力推进越江生态新城建设,坪滩西部片区控制性规划编制于2014年全面完成。该规划编制实际规划总用地90.02公顷,其中建设用地面积73.95公顷。规划目标力求将坪滩西部片区建设成为以城镇服务、置业宜居为主要功能的城镇综合片区。开展新城区市政基础设施建设，投资1600余万元，完成新城道路管网建设项目、越江大桥建设项目、越江人行桥建设项目、越江文化广场建设项目、越江文化公园建设项目。紧紧围绕特色集镇创建工作，编制特色集镇"七+N"工程项目规划，科学有序推进标准化公厕、文化广场、特色街区等项目建设。实施越江新城绿化和亮化工程，越江大桥和人行桥全面竣工且顺利通过验收；维修800平方米农贸市场，新建商住房6000多平方米。场镇道路总长度7.6千米，铺设干线水管24千米，场镇绿化率23%。全镇有邮政网点1个，电信服务网点1个，移动服务网点1个，宽带接入用户1911户；全年新安装农村自来水2130户、天然气3146户。

【社会事业】

文化。2014年年末，有中心文化站1个、村级文化室27个、农家书屋27个，综合性业余文艺演出队员350余人、业余舞蹈队员28人、业余曲艺队员23人、中老年腰鼓队35人，有676平方米的综合文化站。地方特色民间艺术有车灯、连厢等，创作节目《春华秋实》《坪滩是个好地方》等。开展春节文艺展演，放映公益电影324场。坪滩镇被省文化厅命名为"四川省民间杂技之乡"。

教育。2014年年末，有幼儿园2所，在园幼儿823人；小学校2所，在校生2411人，在职教师120人；初中校1所，在校初中生828人，在职教师60人。救助在校残疾学生6人、贫困中小学生31人

医疗卫生。2014年年末，有镇中心卫生院1所、村级卫生室27所，有专业医务人员38人；另有从业执照的私人诊所2家。新型农村合作医疗参保人数30890人，参保率98%；城镇居民医疗保险覆盖2316人。

计划生育。全镇出生人口380人，符合政策生育率82.36%，出生率9.17‰；女性初婚208人，落实措施371例，综合节育率85.39%。征收社会抚养费148.8万元，新增特别扶助对象36人，"三结合"帮扶50户，发放独生子女奖励金10.4万元。

社会保障。2014年年末，享受城镇最低生活保障240人、农村最低生活保障1553人；农村"五保"集中供养56人；参加职工养老保险1720人，城乡居民养老保险9226人；有伤残军人、复员军人、"两参"人员、带病回乡人员、"三属"等各类优抚对象362人，发放各类优待金118.6万元；全年下岗失业人员和失地农民再就业150人，就业困难对象再就业18人，城镇新增就业182人。此外，镇、村干部分别结对帮扶10户特困群众、10名留守儿童、10名失能老人。

环境综合治理。投资60余万元，新建标准化公厕2处；投资400余万元，添置环卫设施，建成压缩式垃圾中转站，建成坪滩污水处理站。投入38万元，新添场镇环卫推车13辆，新增环卫工5人、协管员4人，街道添置更换垃圾桶20个，维修路灯60盏，重新规划车辆停放点、个体摊点及市场分类。

【安全维稳】

安全生产。镇政府与辖区各单位签订2014年安全生产目标责任书，完善各类应急预案，选配安全生产监督员和管理员，实现安全生产网络化管理和安全生产管理无缝对接。采取召开会议、创办宣传栏、张贴标语、上街设立宣传咨询站、举办培训班等多种形式学习宣传新的《安全生产法》，召开水陆交通安全、建筑安全、食品安全等会议18次，悬挂宣传标语20余幅。重点抓好道路交通安全集中整治、安全生产规范化建设、"百日"安全、安全生产月、打击非法经营建设行为等活动，安全社区创建工作通过市级验收。全年排查整治隐患180余处，发出整改通知书100份；整治违章车辆200余车次。

信访维稳。推进"六五"普法宣传，推进法律"七进"活动，组织到校讲法制课12次，举办镇村干部学法培训班4期；及时解决群众的合理诉求和矛盾纠纷，化解非正常死亡纠纷事件3起，解决群众关心难点热点问题150余件，调处矛盾纠纷1000件，调处率98.6%。

【党的建设】

扎实开展党的群众路线教育实践活动，落实文建明工作法和村（社区）1234工作法，规范党员发展程序、队伍阵地制度建设、绩效考核程序，壮大入党积极分子队伍、民爱党员队伍、党员志愿服务队伍，实施"三亮三比三评""强班子、硬队伍、争先进""挂帮包""三分类三升级"等活动。"干群同坐一条凳、争当民爱好干部"工作方法被评为群众工作先进经验在市、县进行交流。开展晋位升级，选派3名第一书记到村指导工作，完成3个后进村的转化升级。实行拟发展对象报组织、纪检、计生、公安预审"四预审"制度，严格程序发展新党员15人，培养入党积极分子48人，按期转正党员18人，将2名党员培养成村支书，3名大学生村干部培养成支部副书记。采取以会代训、现场指导、远程教育等方式培训党员1200人次。筹资130余万元，新建村级活动室2个、扩建1个、改造2个，更新22个村电教设备。签订《党风廉政建设责任书》1100余份，聘请廉情监督员212人，形成横向到边、纵向到底的全覆盖纪检监察网络；开展"庸懒散浮拖"整治，约谈支部书记8人，免职违纪支部书记1人。突出考评问责，开展中心工作、民生实事、工作作风等督查14次，责令6名镇村干部作出书面检查。组织观看反腐倡廉宣传片4次，查处违纪案3件，党纪处分党员干部3人，诫勉谈话12人次，化解信访问题70余件次。

（坪滩镇：林楷）

龙孔镇

【概况】

龙孔镇位于县境西南部，距县城21千米。东与白庙镇、新场镇毗邻，南与排楼乡接壤，西与坪滩镇、西板乡交界，北与西溪镇相连。2014年年末，辖金龙、黑塘、杨家湾、文家沟、金虎桥、杨拱桥、紫极观、柏林湾、银虎、庆龙寨、艾家场、曙光、龙岩、武圣宫、皇姑庵、摇钱碑、转山、雷锋寨、三层堂、新观、洞庭罐、王家庙、冯家坝23个村和来龙社区居委会，下设168个村民小组、4个居民小组，总户数8311户，总人口28526人。辖区幅员面积32.94平方千米，耕地面积23760亩，林地面积8000亩。境内地形以浅丘为主，最高点海拔403.7米，最低点海拔286.1米。2014年，全镇国民生产总值19588万元，全社会固定资产投资16774万元，农民人均纯收入9600元。

【农业经济】

引导农民种植早市嫩糯玉米，建立龙岩村、转山村、摇钱碑村示范点，逐步连片种植3000亩，年产值1200万元。经多方考察、论证，在农民充分接受的基础上，在全镇发展种植天宇三号海椒4000亩，实现人均增收500元；引进业主，在庆龙寨村种植安佛蜜柚358亩。2014年，全镇粮食总产量17590吨，其中水稻9924吨、小麦2584吨、玉米2327吨、马铃薯863吨、红薯1317吨、其他575吨。主要经济作物油料、蚕桑、蔬菜、水果等。油料作物面积547亩，产量904吨，其中油菜面积530亩、产量862吨；蔬菜种植面积667亩，产量21837吨；主要水果有李子、枇杷等，年产量605吨，产值18万元。

畜牧业以饲养生猪、羊、牛、兔及家禽为主，发展年出栏500头以上生猪大户3户，发展年出栏100头以上生猪大户6户，年末生猪存栏23599头，生猪肉产量2289吨；年末牛存量738头，羊存量875只，兔存量2688只；家禽（鸡、鸭、鹅）饲养1.48万只，产禽蛋472吨。

【工商业经济】

2014年年末，境内有砖厂1个，酒厂1个；商业网点遍布街区，形成百货零售、服装、餐饮娱乐为骨干的特色街区；有个体工商户323户，其中农家店30个，有农贸市场1个；全年民营经济总收入19232万元，其中工业收入4456万元，实现利税总额460万元。

【基础设施建设】

新修泥结碎石路10.8千米，水泥路面1.4千米，便民路13千米，整修村级公路3千米，修建便民桥2座，修复水毁公路13处。全镇有邮政网点1个，电信服务网点1个，固定电话用户450户，宽带接入用户201户。

【社会事业】

完成下岗失业人员和失地农民再就业20人，完成农民实用技术培训7000余人次，完成新型农村养老保险试点覆盖人数7134人，城镇医疗保险305人。巩固退耕还林成果1066.4亩，实施森林管护2129亩，新增公益林1000亩；对4户无房户进行建房补贴，帮助120户低收入贫困户改善生产生活条件。整村推进新村扶贫2个，对黑塘村、龙岩村432名贫困人口进行帮扶，改善现有生活状况；资助6名家庭困难职工子女上学，对8名生活困难职工实施生活救助。解决特困户、贫困户救济款4.5万元以及救灾物资200余件。做好特困户最低生活保障工作，对1099名农村特困人员实行低保；农村"五保"老人得到妥善安置，全镇供养"五保"226人，在敬老院集中供养112人。

【安全维稳】

安全生产。落实生产安全责任制，镇政府与辖区各单位及村民委员会签订安全生产目标责任书，制定完善各类应急救援预案，选配安全生产监督员和管理员，实现安全生产网络化管理和安全生产管理无缝对接。开展安全生产月活动、安全生产日、百安活动以及安全生产打非治违专项活动，开展食品、建筑、交通、消防及地质灾害等日常检查，特别是对违化品、烟花爆竹等易燃易爆的商店和学校等进行检查整顿，全镇存在的安全隐患问题基本得到消除。全年召开安全生产例会12次，签订安全生产责任书100余份。开展道路安全检查100余次，排危80处，打击非法营运车辆2辆。

信访维稳。实施"六五"普法宣传，组织到校讲法制课4次；及时解决群众的合理诉求和矛盾纠纷，受理群众来信来访205件，受理率100%，化解各种不稳定因素23起，调解各种矛盾纠纷50件。

【党的建设】

采取以会代训、远程教育等多种方式培训党员200人次。在"七一"前夕，组织慰问贫困党员76人，救助60岁以上贫困党员50人。全年培养入党积极分子107人，发展党员8人。开展"双向承诺"，增加各党支部的凝聚力和亲和力；完善村"三员"制度，聘任群众诉求代理员，为民解决诉求560项。

（龙孔镇）

镇裕镇

【概况】

镇裕镇位于东经106°08′54″~106°11′47″，北纬30°30′21"~30°35′56"。地处县境西南部，嘉陵江左岸；东与西板乡相连，南与坪滩镇、嘉陵乡接壤，西与武胜西关隔嘉陵江相望，西北与石鼓乡交界，东北与平安乡、南充市石圭镇8村毗邻。镇政府驻地油榨溪，电话区号0826，邮政编码638336，距岳池县城35千米。2014年年末，辖瓦店子、香炉山、丁家石盘、半沟、大田湾、胡家桥、中渡沟、七龙寺、尹家沟、斋公坝、龙家浩、油榨溪12个村民委员会和裕安社区居委会，下设108个村民小组、2个居民小组。辖区总户数5336户，总人口16559人，其中城镇常住人口1360人，城镇化率8.2%。总人口中，以汉族为主，有彝族、苗族、壮族等15个少数民族，人数32人。辖区东西最大距离4.63千米，南北最大距离10.36千米，幅员面积20.08平方千米，人口密度每平方千米924人。耕地面积15353亩，林地面积3500亩。地形多为平坝（或浅丘、低山），境内最高点海拔475.3米，最低点海拔250.8米；土特产品有丰水梨、脐橙、血橙。风景点有太极湖(东西关电站水淹形成的库区)。2014年,全镇地区生产总值3940万元,完成非税收入257万元,社会固定资产投资完成9891万元,社会消费零售总额2978万元,外出务工4702人,劳务收入6800万元,农民人均纯收入7900元。

【农业经济】

坚持因地制宜、因势利导,突出发展优质粮油、生猪、蚕桑、水果、花椒、等产业,优化产业布局,创新发展模式,着力发展特色农业,开创农业和农村工作新局面。全年粮食总产量8565吨,出栏生猪2.3万头,出栏家禽8.7万只,劳务输出6548人次,实现劳务收入5930万元。

建成优质粮油基地3000亩,优质柑橘基地1000亩,优质蔬菜基地500亩,蔬菜总产2.65吨。实现农业总产值8700万元。整修各类水利工程6处,森林管护2860亩,巩固退耕还林成果450亩,森林覆盖率达21%。

惠农政策全面落实,及时累计发放粮食直补、综合直补190.92万元,粮种补贴资金22.46万元。退耕还林原粮补助9.51万元。

【工商业经济】

2014年年末,境内有面粉加工厂2个、砖厂1个、酒厂1个、砂石采运场2个,商业网点遍布街区,形成以百货、服装、副食批零、餐饮娱乐、水果营销为骨干的特色街区;有个体工商户400户,其中农家店12个,农贸市场1个;全年全镇实现工业总产值2300万元,全年社会消费零售总额3000万元。

引资100万元,在东西关电站库区(太极湖)畔(丁家石盘村)建起集餐饮、住宿、娱乐、休闲垂钓、江游、歌唱为一体"农家乐",丰富人民的物资文化生活。

【基础设施建设】

投资26万元,完成镇裕支渠整修13千米;投入60余万元,改造裕西路街道中段部分(从原计生办到原老邮局);投资300万元,改建镇敬老院;投资100万元,新建1800平方米文体广场;投资75万元,新建污水处理站1个;投资35万元,新建240平方米农技站1处;投入7万元,开展场镇环境整治购买设备。

投资90万元,硬化村级公路1.8千米,维修便民路4千米;投资160余万元,新修村级泥结碎石路10千米;投资20万元,整治山平塘3口。新建农村沼气池20口,完成农村危房改造6户,新建农村居民楼房20户,建筑面积4000平方米。新建丁家石盘村农民新村1个,新修住房18套,入住18户,每户面积200平方米。

2014年年末,有农村信用社1个,分设4个存储网点,1个自动取款平台;有邮政服务网点1个,有邮政储蓄所1个,自动取款平台1个;电信服务网点1个,固定电话用户250户,移动电话服务网点3个,移动用户2660户,宽带接入用户282户。

通过招商引资和吸引业主开发,着重对新街和场镇进行改造升级;打造新区,加快小城镇建设步伐,完善已建道路的绿化、亮化和其他相关配套建设。投资140万元,对场镇街道进行黑色化改造;引资1000万元,新增场镇建设用地20余亩(15000平方米)投入开发使用。2014年年末,城区道路总长度1.8千米,铺设干线水管0.8千米,城区公共绿化覆盖率15%。铺设干线天然气管道10千米,铺设支线天然气管道6千米,安装天然气用户1200余户。

【社会事业】

文化。2014年年末,有胡家桥县级文物保护单位1处;有238平方米的综合文化站,有村级文化室12个,农家书屋12个,藏书1.5万册,配备电脑4台、音箱4组、配备体育用具,乒乓台桌1副,建成篮球场1个,放映公益电影147场。建成休闲体育广场1个,占地1800平方米,安装各类健身器材和乒乓球台、羽毛球场、篮球场等体育设施。

教育。建成物理、化学、自然实验和微机室,购置各类实验设备,新配置电脑20台。开展素质教育、在中小学组建绘画、音乐、课外兴趣小组,开展远程教育,电化教育,利用微机与广安教仪站筹建远程教育网络。救助贫困中小学生10人,资助贫困中小学生27人,资助义务教育在校残疾学生3人,享受义务教育农村"两免一补"政策1730人,学生营养改善1730人。2014年年末,有幼儿园所6所,在园幼儿386人;小学6所,在校小学生1000余人,在职教师28人;初中1所,在校初中生482人,在职教师40人。

医疗卫生。镇卫生院现已建成具有一定规模、医疗设备较为齐全的医疗机构,开设有内科、外科、皮肤科、牙科、妇产科、痔瘘科、五官科、理疗、化验科、胸透科、防疫科,B超,成为科室门类齐全的镇级卫生院,建有住宿、办公室、住院楼等,卫生院专业医务人员12人。有村级卫生室15所,有乡村医生20人,另有从业执照的私人诊所1家。全镇新型农村合作医疗参保人数1.5万人,参保率95%,参保金额130余万元。城镇居民医疗保险覆盖360人。

计划生育。加大政策法规宣传力度,采取宣传车、门板报、公告等形式宣传计划生育基本国策,对执行计划生育政策人员实行奖励与扶助,制定流动人口管理办法,建立健全完善制度,与计划生育对象中的流动人口签订协议书。全年全镇出生人口148人,符合政策生育率82.43‰;人口出生率9.25‰,人口死亡率6.95‰,人口自然增长率2.3‰,综合节育率86.%。奖励与扶助计划生育对象134人。

社会保障。以保民生、求稳定、促发展的工作思路,坚持以人为本,全面开展民生救助工作。完成农村低保救助555人、金额63.27万元,城镇低保救助57人、金额16万余元,农村"五保"救助160人、金额53.35万元,农村大病医疗救助52人、金额12.32万元,城镇医疗救助6人、救助金额2.8万元,农村大病临时救助114人、金额32.25万元,临时救助农村贫困群众732人、金额13万元,救助抚恤残疾军人3人、金额9.6万元,发放复员军人15人、金额12.33万元,发放带病回乡退伍军人22人、金额9.24万元,发放参战人员29人、抚恤金额10.96万元,补助60周岁以上退伍军人91人、金额5.36万元,优待、奖励城乡义务兵家属12人、优待金10.19万元,发放90周岁高龄补贴25人、金额5000元,发放农村低保中80~89岁老年补贴102人、金额1.22万元,救助孤儿3人、金额2.44万元;慰问优抚对象5人、城、乡低保各5人,散居农村"五保"5人,孤儿1人,贫困残疾人2人。完成农村特困重度残疾人居家托养4人,无障碍改造4户,帮扶贫困残疾人改善生产生活条件20人,开展温暖万家行20人,完成救助贫困残疾人居家灵活就业150人,发放灵活就业创业15人,实施残疾人量体裁衣个性化服务528人。参加城镇基本养老保险286人,已享受领取社保金156人,参加农村养老保险3689人;已享受领取社保金2475人,下岗失业人员和失地无业农民再就业64人,其中就业困难再就业20人。

环境综合治理。加强环境综合治理的领导,加大环境综合治理力度,增加环境综合治理的投入,改造垃圾中转站3处;公路沿线新建垃圾池10个,场镇新添环卫推车1辆、新增环卫工3人;街道添置更换垃圾桶20个,新添立杆灯、悬臂灯10盏,维修路灯20盏;重新规划车辆停放点和个体摊点。

【安全综治维稳】

安全生产。建立健全安全生产工作责任制度、信息通报制度、事故隐患举报制度、安全检查制度、例会制度和安全教育制度,及时召开党政联席会和村(社区)干部及镇各职能部门负责人会议。实施安全生产专项治理,开展百日安全生产活动、安全生产月活动和烟花爆竹"六打六治"活动等活动,定期不定期地开展安全生产大检查。开展"关注安全、平安是福"为主题的安全生产宣传活动,利用宣传车、宣传单、图片展、宣传栏等多种形式对新《安全生产法》《道路交通法》等法律法规进行广泛宣传。上安全课12次，出动宣传车12台次，宣传栏24期，标语30幅，发放宣传单1.5万份。

对水、陆交通安全、非煤矿山安全、烟花爆竹安全、危化物品安全、食品安全、建筑安全、农电安全、乡镇企业安全、森林防火安全进行安全大检查，特别是在元旦、清明、“五一”、端午、中秋、国庆等节假日前后开展检查，检查侧重于查找安全隐患，以强有力的措施抓好安全工作，为全镇经济发展、社会稳定创造一个安全的环境。

综治工作。全镇共查获治安案件40余件，社会治安形势明显好转。全面构建大调解体系，成功调处群众矛盾纠纷82件，调处率100%；受理群众来信来访158人次，办结省、市、县交办案件15件。依法查禁非法组织，做好民族、宗教工作，坚决制止乱建庙宇、乱塑神像的行为。全面实施《行政许可法》《公务员法》和《依法行政实施纲要》，依法行政能力明显提升。在农村开展评选“五好家庭户”“遵纪守法户”“五星文明户”等，树立遵纪守法，尊老爱幼团结和睦的社会新风尚，促进社会和谐进步。

信访稳维。“平安镇裕”创建活动取得阶段性成效，社会治安明显好转。信访案件件件有落实，事事有处理，做好节假日及敏感时期的信访维稳工作，及时解决群众的合理诉求和矛盾纠纷，受理群众来信来访62件，受理率100%，化解各种不稳定因素42起，调解各类矛盾纠纷88件。

【党的建设】

完善“党员发展程序、队伍阵地制度建设、绩效考核运用”三项规范，壮大“入党积极分子队伍、党员五星模范队伍、党员大户队伍、党员志愿服务队伍”四支队伍，实施“春风行动”“三亮三比”“强班子、硬队伍、争先进”“挂帮包”“双带富民”等五项行动，加强基层组织建设。采取以会代训、现场指导、远程教育等多种方式培训党员1000人次，在“七一”前夕，组织慰问贫困党员15人，救助60岁以上贫困党员43人。全年培养入党积极分子23人，发展党员7人；预备党员转正4人。开展“双向承诺”，增强各党支部的凝聚力及亲和力；完善村“三员”制度，聘任群众诉求代理员，为民解决诉求36项，在村设立纪检小组，配备纪检组长，纪检委员，廉情监督员，负责村两委党纪监督和监察工作，确保村级廉政建设。

（镇裕镇：曹明）

排楼乡

【概况】

排楼乡地处县境西南部，东与武胜县三溪镇毗邻，南与武胜古匠乡接壤，西与岳池县龙孔镇、坪滩镇交界，北与岳池县新场镇相连。乡政府驻排楼场镇，距岳池县城27千米。2014年年末，辖花院墙村、云盘村、朝阳寺村、人和村、龙井沟村、石龙河村、雪山寺村、大水河村、汪家岩村、三王庙村、白虎梁村、洪恩寺村、沙帽头村等13个村民委员会和盘龙社区居委会，下设103个村民小组，4个居民小组；辖区总户数5504户，总人口18139人，幅员面积26.42平方千米，耕地面积13019亩；土特产有水稻、小麦、玉米、红薯、油菜、生猪等等。2014年，全乡农业总产值10425万元，地区生产总值10425万元，社会固定资产投资6465万元，地方财政总收入198万元，外出务工劳务收入6256万元，农民人均纯收入9140元。

【乡域经济】

2014年，按照“科技富民、产业兴乡”的发展思路，紧密结合自身区位优势，发展现代特色农业经济。依托朝阳寺村、人和村的宥白宥香香米，洪恩寺村的鱼腥草，云盘村的巨桉，三王庙村的蜜柚、高粱，龙井沟村的礼品李子，人和村的肉鸡、生猪为特色的“一村一品”专业村，发展农业产业化，全年实现产值3825万元，创收300万元。

种植业。全乡粮食总产量9790吨，其中水稻6867吨，小麦1165吨，玉米686吨，红薯455吨，其他617吨。主要经济作物有油菜、蔬菜、水果等。

养殖业。全年生猪饲养量27185头,年末存栏12688头,生猪肉产量1005吨,牛饲养量710头,年末存量700头;家禽(鸡、鸭、鹅)饲养25.3万只,产禽蛋290吨。

【基础设施建设】

坚持以投入促增长,以投入促发展,广泛筹资,加大投入,加强基础设施建设。2014年,乡政府投资15万余元,整治硬化道路200米;在场镇主要街道种植桂花树170余棵,安装路灯地埋线160米;投资7000余元,整治场镇三叉路口下水道1处;投资350余万元,硬化排楼到古匠公路3千米;投入65万元,维修13个村级活动室,整治山平塘7口,维修村级道路20千米;投入200余万元,完成花院墙村五组的征地工作;争取上级投入1200余万元,实施7个村土地整地项目。完成旱地坡改梯1864.52亩,旱地整理1243.03亩,水田整理5674.24亩,格田整理2055.71亩,荒草地开发101.4亩;整治农渠1939米、山平塘10座,新建蓄水池32座,硬化3.5宽c30砼水泥路16.74千米和1米宽预制板钢筋砼板生产路10.38千米;通过成功乡友捐资50万元,以及上级投入56万元,在云盘村硬化4.5米宽水泥路1.6千米;通过"一事一议"项目,集资新修泥结碎石路7.5千米。

【社会事业】

文化。全乡有中心文化站1个,村级文化室13个,农家书屋13个,有综合性业余文艺演出队员20余人,免费开放文化站,提供书册147册,放映公益电影156场,组织老人开展文娱活动。

教育。深化教育体制改革,巩固"两基"成果,全面推行义务教育,入学率、巩固率不断提高,完成中职送生62人,全年全校参加中考人数105人,上重高线61人,全县排名13位,在白庙及坪滩片区名列第一名。

计划生育。健全完善人口计生工作新机制,认真落实计生奖扶政策。全年出生人口183人,符合政策生育率75.96%;农业人口新办独子证10户,流动人员办证率达100%。

社会保障。"五保"集中供养对象120人,享受农村低保739人,按政策足额发放低保金84.24万元,为4名农村精神病患者实施医疗求助。完成城镇新增就业24人,城镇失业人员再就业15人,就业困难人员再就业20人,实施精准扶贫109户381人。投资150余万元,新建936平方米的敬老院,设置床位51个。

城乡综合治理。以乡场镇、公路沿线、农村院落为重点,全面实施城乡环境综合治理工作,着力整治"脏、乱、差",形成清洁、整齐、优美的城乡环境。规范保洁人员管理方法,理顺保洁人员管理体制。

【安全维稳】

安全生产。乡政府与辖区各单位及村签订2014年安全生产目标责任书21份,制订完善各类应急救援预案17份,建立安全生产工作联系机制和巡查机制,落实安全生产责任。选配安全生产监督员和管理员45人,实现安全生产网络化管理和安全生产管理无缝对接。采取召开会议、创办宣传栏、黑板报、张贴标语、上街设立宣传咨询站、举办培训班等多种形式进行宣传。全年全乡召开水陆交通、建筑安全、食品安全等安全会议24次,发放宣传资料5000余份。重点抓好道路交通安全集中整治、安全生产规范化建设、"百日"安全、安全生产月、打击非法经营建设行为等活动,查处道路交通安全违章行832起,争取排险资金20余万元,成功排除危岩隐患6处。

信访维稳。实施"六五"普法宣传,组织到街头校园宣讲法制课20次,举办乡、村干部学法培训班14期,及时解决群众的合理诉求和矛盾纠纷。全乡受理各类纠纷168件,调解成功160件,调解成功率达95%,接待来信来访246人次,解答法律咨询220人次。

【党的建设】

深入开展党的群众路线教育实践活动,切实做好整改,迅速制定"两方案一计划",整改班子问题5个,个人问题51个。加强乡村干部作风建设,因作风问题诫勉谈话乡干部2人、村干部13人。强力整顿后进村党组织,采取"县级领导联抓、党委书记主抓、选派干部蹲抓"的"1+1+1"整顿方式,确保白虎梁、洪恩寺2个后进党组织的转化升级。扎实做好基层服务型党组织建设,开展村便民服务代办673次,大走访808次,结对帮扶114对。加强村级党建资金投入,下拨办公经费28万元,投入其他经费14万元维修村级活动室4个,硬化活动室坝子4个,添置桌椅120个,维修远程教育25次,新添远程教育设备8套,13个村的吊牌进行更换安装,发放国旗14面,为2个村制作标准旗杆。下拨培训经费2.5万元,开展党员教育培训56次。

(排楼乡:李宇晗)

西板乡

【概况】

西板乡位于县境西部,东与龙孔镇毗邻,南与坪滩镇接壤,西与镇裕镇交界,北与西溪镇、平安乡相连。乡政府驻地板桥社区1号,距岳池县城29千米。境内最高点海波433.9米,最低点海拔282.2米。2014年年末,辖真武山、梅家沟、石门寺、火焰山、长沟、老灌溪、玉屏寺、桂花园、鼓楼破、观音阁、宋家沟、金子沟、河湾、殷家沟、经三场、河堰口、牛栏坎、老关寨、高岩山19个村民委员会和高峰池、牛场寨2个农村社区及板桥社区居委会,163个村民小组,3个居民小组。辖区总户数3983户,总人口23346人;以汉族为主,有苗族、壮族等13个少数民族28人。辖区东西最大距离7.91千米,南北最大距离6.68千米,幅员面积32平方千米,人口密度为每平方千米761人。全乡种植业以水稻、玉米、小麦、红薯、油菜、高粱、蔬菜为主,养殖业以生猪、鸡、鸭等家禽和养蚕为主。

【经济发展】

2014年,以调整产业结构为手段,发展现代农业,努力增加农民收入。全年发展订单油菜7000亩,主要推广南油12号、德新油49号等优良品种,实行良种良法,油菜总产量1200吨,产值达700万元。以真武山村、玉屏寺村、桂花园村、鼓楼坡村、观音阁村为重点连片种植优质高粱泸糯8号2000亩、大豆"南豆12"1500亩,其中高粱产量800吨、产值500万元,大豆产量300吨、产值150万元。

做好农业新技术的推广,加强基地建设。投资25万元,改建西板乡农技站楼房。利用远程教育、农技站等技术服务平台,在全乡范围内推行旱育秧、玉米膜侧栽培等新技术。开展多层次多形式职业技能培训12次,印发技术资料1.5万份,召开广播会8次,培养有文化、懂技术、会经营的新型农民5000余人,提高劳动者的素质和就业能力,增加劳务收入培养小微企业1户,增加10个就业岗位;全乡输出劳务10231人次,创造劳务收入2508万元;组织培训劳动技术4500人次,其中技能培训50人次,引导性培训6043人次。乡财政投资5万元,为困难群众买种子、农药、薄膜、肥料等农用物资;投资2万元,开展试点示范工作。积极向省、县级相关部门争取资金1000万元,实施农发中灌工程,增加灌溉面积500亩,极大地解决群众在农业生产中面临的困难。

发展生猪传统产业,建成观音阁村吴细勇规模养猪场,饲养能繁母猪50头,年出栏商品猪1000头。老灌溪村陈才辉建成年出栏商品猪2000头的大型养猪场,鼓楼坡村夏兵正在建设年出栏商品猪1000头的规模养猪场。在真武山村、牛场寨村、宋家沟村引导农民发展养蜂业,增加农民收入。发展草食性畜产业,全乡建成适度规模养羊场9个。

【基础设施建设】

向上争取资金800万元，改造西溪镇到西板乡道路6.8千米；投资20余万元，整治坪滩大坪桥至西板乡道路3.6千米，新改建通村公路1.2千米，硬化村级公路9.7千米，新建便民桥2座。新安装天燃气500余户。投资13.4万元，改造18户村民的危房，新建沼气池30口。投资15.5万元，完善场镇基础设施，新建公厕1座。整修塘、堰、坝5处，整修渠道1.1千米，新增有效灌面积300亩。争取项目资金850万元，整治西板场镇河道，工程基本完工。向上积极争取资金40万元，新建污水处理站1座。

【民生工程】

全乡共有农村低保户902人，城市低保户35人，全年发放低保金114.51万元；将符合“五保”条件的人员纳入“五保”供养范围，规范申报、核减及时，农村“五保”供养249人，发放“五保”供养金81.9万元；临时救助277人，发放救助金49.86万元；共有重点优抚对象225人，发放全年抚恤金67.57万元；为全乡80岁以上的失能老人免费体检，免费看病588人次；全年新农合参保19267人，参保率98%，发放粮食直补资金301.09万元。

【社会事业】

坚持教育强乡、文化立乡的发展理念，加大教育投入。减免贫困家庭在园幼儿保教费31人，全部免除义务教育阶段学生作业本费，向中等职业高校送生56人，资助18名贫困中小学生入学、5名家庭困难职工子女上高中，资助金额6100元，新华小学200平方米食堂已建成投入使用。完成农村义务教育学生营养改善计划1061人。

建成卫生院门诊综合楼，改善医疗设施，农村中常见病、多发病得到及时救治；免费为群众进行健康体检1.6万人次，慢病回访3000余人次；建立全乡健康档案室，文化软实力不断得到增强，人民群众综合素质得到整体提升。

广泛开展以“送知识、送药具、送健康”为主要内容的上门便民服务活动。送去避孕药具4000盒（套）、为育龄妇女提供生殖健康咨询和妇女病查治3500人次。全年全乡出生人口244人，出生率9.42‰，符合政策生育率80.57%。

【安全维稳】

健全全乡安监组织网络，乡政府成立安全生产办公室，负责全乡的安全生产监管工作，各行政村、各企业成立安全生产工作领导小组，配备安全管理人员。层层落实安全生产目标责任，逐级明确责任分工，乡政府与各村签订《2014年度安全生产目标管理责任书》，落实责任，明确目标。开展宣传活动，设立安全生产知识宣传站，组织人员全面宣传《安全生产法》《四川省安监规定》等法律法规，悬挂横幅36条，发放《关于明确安全事故报告制度的通知》等安全生产月活动宣传资料1万余份。投资30余万元，整治安全隐患36处，设立警示标牌78处，安装防护栏11千米，减速带10处。全年全乡各村按照责任分工开展每月一次拉网式安全大检查活动。重点开展水陆、道路交通、建筑、烟花爆竹销售点、校园安全、食品卫生、打非治违等安全专项整治，确保无重大安全生产事故发生。

排查调处信访、矛盾纠纷，开展平安创建工作。在每个村分别设置2名专职综治信息员，结合村“两委”干部开展矛盾纠纷调解工作，将各类矛盾纠纷化解在户内村内。全年全乡21个村、1个社区基层组织共调处各类矛盾纠纷134起。开展“平安西板”创建活动，在创建过程中，乡党委、政府充分调动各村社、学校、卫生院的积极性，开展“无信访乡镇”创建活动，努力创建“无信访村（社区）”，各种影响社会和谐稳定的社会矛盾、民间纠纷、信访问题及突出治安问题得到及时解决。

【党的建设】

抓好党员干部教育管理，调整村级班子2个，清理在编不在岗人员2人，查处“四风”问题干部5人。培养后备干部15人，培养入党积极分子25

人，发展党员11人，按期转正党员14人。全乡创服务型党组织10个，党员干部“走基层”“双报到”达800人次，制定《首问责任制》《限时办结制》《干部工作十不准》等便民利民的制度，提升基层党组织服务水平。强化人力保障，为三个后进组织选派“第一书记”。投入4.5万元，对远程教育设备进行维修和更换；投入40万元，维修20个村级活动场所；筹资18万元，新建梅家沟村、高岩山村党员活动室。

（西板乡：杨宏林）

石鼓乡

【概况】

石鼓乡位于岳池县城西南边陲，东与镇裕镇毗邻，南与武胜县烈面镇接壤，西与南充市嘉陵区土门乡交界，北与平安乡和南充市高坪区石圭镇相连。乡政府驻双石桥街16号，距岳池县城37千米。2014年年末，辖歹溪、万古桥、石鼓锺、酢坊、石鼓、高屋基、沈拱桥、八角、田坝共9个村民委员会，下设75个村民小组，辖区总户数3675户，总人口11935人，幅员面积17.48平方千米，耕地面积8546亩，林地面积1260亩。地形多为浅丘，境内最高点海拔525米，最低点海拔240.6米；土特产品有石鼓酸柑、红桔、缺嘴凉粉，风景点有石鼓锺、镇江寺。2014年，地区生产总值1.9亿元，社会固定资产投资完成5939万元，社会消费品零售总额2618万元，地方财政总收入120.9万元，外出务工劳务收入4500万元，城镇居民人均可支配收入18293元，农民人均纯收入8776元。

【农业经济】

种植业。2014年，全乡粮食总产量6694吨，其中水稻2485吨、小麦939吨、玉米1421吨、红薯1207吨、马铃薯492吨、其他150吨。主要经济作物有油料、蚕桑、蔬菜、水果等。油料作物面积3500亩，产量650吨，其中油菜面积3300亩、产量530吨；蔬菜主要品种有白菜、白萝卜、胡萝卜、莴笋、西红柿、南瓜等，蔬菜种植面积2220亩、产量4493吨；主要水果有柑橘、李子、桃子、枇杷等，年产量2900吨，收入80万元。采取公司+农户，由公司投资、提供技术、农户出土地，管理、利益分红的办法，种植巨桉3500亩，现成林2000亩。

养殖业。畜牧业以饲养生猪、羊、牛及家禽为主，发展年出栏2000头以上生猪大户2户，1000头以上的3户，全年生猪饲养量2.5万头，年末存栏1.1万头，生猪肉产量1300吨，羊饲养量3000只，年末存栏700只，家禽（鸡、鸭、鹅）饲养20万只，产禽蛋260吨；畜牧业总产值3500万元，养鱼面积1200亩，产量350吨，渔业总产值25万元。

【商业经济】

全乡有个体工商户286户，其中新增工商大户14户，境内有页岩砖厂2个，商业网点遍布街区，形成以百货批零、电子、服装、医药、餐饮娱乐为骨干的特色街区；实现了工业总产值3400万元，社会商品销售总额2618万元。

【基础设施建设】

投资310万元，新修万古桥、高屋基、八角、田坝村水泥公路6千米；投资12万元，修建石鼓锺村泥结碎石路1.2千米；投资15万元，整治山平塘3口，新建农村沼气池20户，新建歹溪村提灌站1座，完成危房改造12户；投资8万元，修通水毁公路和便民桥1处；投资45万元，维修便民路4.8千米，整修下湿田水沟1.4千米，维修便民桥4座，公路桥3座；投资14万元，修建标准化公厕1个；投资18万元，修建农业技术推广站。2014年年末，有邮政所1个，电信、移动、联通服务网点各1个，固定电话用户890户，移动电话用户3680户，宽带接入用户152户，完成八角村整村扶贫工作任务。

【社会事业】

文化。2014年末，有市级文物保护单位1处，有中心文化站1个、村级文化室9个、农家书屋9个,综合文化站260平方米,设有文化信息服务室、电子阅览室、图书、报刊阅览室、多功能培训室、排练厅、体育器材有乒乓台桌、网球等、年放映公益电影108场。

教育。境内有九年一贯制学校1所,基点校3处,占地面积50亩。2014年年末,有幼儿园2所,其中民办、公办各1所,在园幼儿120人;小学在校生489人,在职教师26人;在校初中生191人,在职教师17人。全年救助贫困中小学生25人,资助贫困中小学生15人。

医疗卫生。有卫生院1所、村级卫生室9个,有专业医务人员5人;另有从业执照的私人诊所3家。新型农村合作医疗参保人数7479人,参保率96%;城镇居民医疗保险覆盖78人。

计划生育。全年开展4次优质服务活动,发放宣传资料2500余份,坚持依法行政,加强流动人口的计划生育管理,建立台账,完善群众自治。全乡出生人口99人,符合政策生育率83%;人口出生率9.2‰,人口死亡率6.7‰,人口自然增长率2.5‰,综合节育率91%。

社会保障。享受城镇最低生活保障人数29人,享受农村最低生活保障674人,农村"五保"135人,集中供养64人;参加城镇基本养老保险152人,参加农村养老保险3305人;下岗失业人员和失地无业农民再就业45人,其中就业困难再就业5人。有伤残军人4人、复员军人19人、"两参"人员18人、带病回乡人员46人,"三属"对象2人,共发放优待金1.2万元。

环境综合治理。有垃圾处理场1处,公路沿线新建垃圾池10个,添设环卫推车3辆,新增环卫工3人;维修路灯3盏,基本形成"环境优美、风貌协调、庭院美化、村容整洁、乡风文明"的新气象。

【安全维稳】

安全生产。召开村干部、单位负责人安全会议14次,安全生产培训及咨询活动25次,发放安全生产资料4500份,悬挂安全生产布标8幅,书面永久性安全标语30条,举办安全板墙报4期,利用逢场天上街宣传安全5次,乡政府与辖区各单位和村签订安全生产目标责任书,完善各种预案,开展"百日"安全、安全生产月活动。查处道路交通安全违章行为528起,排查整治安全隐患6处,完成安全设施建设。确保全年无不安全生产的事故。

信访维稳。实施"六五"普法宣传,组织到校讲法制课3次,举办乡村干部学法培训班4期,及时解决群众的合理诉求和矛盾纠纷,受理群众来信来访21件,受理率100%,化解各种不稳定因素18起,调解各类矛盾纠纷32件,全年无非法上访事件。

【党的建设】

加强乡村干部和党员的教育管理,完善干部的考核机制,规范完善各项管理制度,全面实施以制度管人,发挥村党支部的战斗堡垒作用。投资5万元,整修村级活动室和硬化院坝;投资8.2万元,修建高屋基村党员活动室。深入开展党的群众路线教育活动,完成各阶段的工作目标任务。全年发展党员5人,培养入党积极份子32人,慰问贫困党员19人,救助60岁以上贫困党员37人。

(石鼓乡:汪永川)

嘉陵乡

【概况】

嘉陵乡地处县境西南部,东与坪滩镇接壤,南与嘉陵江相望,西南与武胜县礼安镇、烈面镇交界,北与镇裕镇相连。乡政府驻东岩寺村大石坡,距岳池县城33千米。2014年年末,辖石盘堰、万家沟、了解庵、白沙坨、福兴寺、东岩寺、三星庙、白羊盖共8个村民委员会和石盘社区居委会,下设84个村民小组、2个居民小组;辖区总户数3388户,总人口12579人,幅员面积17.34平方千米,耕地面积9180

亩,其中田地面积5340亩,土地面积3840亩。地形多为浅丘,境内最高点海拔390米,最低点海拔227米。2014年,全乡农业总产值7102万元,地区生产总值12619万元,社会固定资产投资5380万元,地方财政总收入335万元,外出务工劳务收入6194万元,农民人均纯收入9207元。

【农业经济】

2014年,全乡粮食作物以水稻、小麦、玉米、红薯为主。全乡粮食产量5802吨,其中水稻2760吨、小麦824吨、玉米720吨、红薯583吨,其他915吨。主要经济作物有蔬菜、油菜、蚕桑、花生等。油料作物种植面积227公顷,产量424吨,其中花生101吨、油菜籽323吨;蔬菜种植398公顷,产量7139吨;桑园面积360亩,产茧24吨。

畜牧业以生猪、牛、羊、家禽、肉兔为主。全年生猪饲养量18478头,年末存栏9417头,生猪肉产量631吨;牛饲养量246头,年末存栏246头;羊饲养量1543头,年末存栏647头;家禽饲养量13.76万只,年末存栏5.07万只;肉兔饲养量10899只,年末存栏1805只。

2014年年末,有林地面积0.16万亩,其中防护林500亩,有经济林2000亩,竹林500亩,林木覆盖率22%。水果种植面积18.6公顷,产量493吨,主要品种有柑橘、西瓜等,其中柑橘产量153吨。

渔业以滩涂、堰塘、网箱养鱼为主,可用于水产养殖的江域面积2.5平方千米。全年水产养殖面积2130亩,产鱼量370吨。

【工商业经济】

2014年年末,境内有酒厂2个,有个体工商户53户,其中农家店29个;全乡新建酒厂1个。全年全乡实现工业总产值5340万元,全年社会消费品零售总额4207万元。

【基础设施建设】

2014年,投资73.32万元,新修泥结碎石路4.2千米;投资84.5万元,新修通村水泥1.3千米;投资10.6万元,整治山平塘1口。新建农村沼气池20口,完成危房改改造6户。2014年年末,有邮政网点1个,电信服务网点1个,固定电话用户231户,移动电话用户2913户。

【社会事业】

2014年年末,全乡有300余平方米的综合文化站1个,村级文化室8个,农家书屋8个,放映公益电影96场。

2014年年末,全乡有小学1所,在校生407人,在职教师25人;初中1所,在校生296人,在职教师24人。全年救助贫困中小学生10人,资助贫困中小学生18人。

2014年年末,有乡卫生院1所,专业医务人员4人,病床10张。2014年,医疗机构完成诊疗212人次,有村卫生站8所,医务人员8人;新型农村合作医疗参保11202人,参保率97%;城镇居民医疗保险覆盖255人。

全乡出生人口125人,节育率95%;按政策应享受独生子女父母奖励扶助的人数107人,兑现发放107人;全年计划生育"三结合"帮扶30户,其中新增户5户、联系户10户、帮带户15户;投入资金2万元,新建东岩寺村"三结合"基地。

2014年年末,享受城镇最低生活保障91人,享受农村最低生活保障907人,农村"五保"109人,集中供养13人,参加城镇基本养老保险255人,参加新型农村养老保1168人。城镇新增就业30人,下岗失业人员和失地农民再就业5人,就业困难对象再就业5人,城乡残疾人居家灵活就业150人;青年劳动者技能培训30人,新型农民培训50人,农民实用技术培训2000人次。

2014年,全乡维修垃圾处理场1处,改造垃圾中转站2处;公路沿线新建垃圾池4个,场镇新添环卫车3辆、新增环卫工人1人。

【安全维稳】

落实党政领导安全生产"一岗双责"和乡村组

干部安全生产“三包”责任工作机制，全面普及安全生产知识，重点抓好责任主体的责任落实、依法监管、专项治理隐患。全年完善9类应急预案；召开安全生产形势分析会13次，召开驻乡单位、乡属部门、村(社区)负责人和车船主、厨师参加的安全生产教育会15次；在乡茧站定点开展安全生产咨询活动30余次，发放安全生产资料2800余份；排查道路交通隐患21处、地质灾害隐患6处。

开展“崇尚科学，反对邪教”活动，通过组织群众、学校师生及乡属部门工作人员收看反邪教警示教育视频、张贴防邪宣传画等形式加强反邪教警示教育工作，提高广大干群识别和抵制邪教侵害的能力，受教育人数达99%。全年调处民事纠纷68起，其中口头调解41起。

【党的建设】

全乡有党支部12个，党员总数333人。按照“坚持标准、保证质量、改善结构、慎重发展”的原则，全年培养入党积极分子9人，新发展党员5人。乡党委表彰先进村党支部3个，评选表彰优秀村(社区)党支部书记4人、优秀共产党员7人。

(嘉陵乡：秦龙)

西溪镇

【概况】

西溪镇位于县境西部，东与兴隆镇毗邻，南与粽粑乡、龙孔镇接壤，西与恐龙乡、平安乡、西板乡交界，北与秦溪镇相连。镇政府驻西溪场，距岳池县城18千米，与南充市相距38千米，幅员面积39.67平方千米。辖安子沟、老石桥、狮子山、刘仁沟、双石沟、林檎山、螺丝岩、石猪庵、寇家坝、野猫滩、罗家垭、黄家堰、刘家塘、太平寨、唐家坝、药铺、桥村坝、火场、刘家坝、双龙寨、学堂沟21个村民委员会，兴西和佳和社区居委会，183个村(居)民小组，辖区总户数9456户，总人口31260人，耕地面积18810亩。有中心卫生院1所、村合作医疗站21个，中学1所，小学4所，幼儿园5所，文体广场1个，综合文化站1所。主要农产品以大米、小麦、玉米、油菜、红薯为主。主要经济作物有蚕桑、肉鹅、蛋鸡、生猪、蔬菜、核桃、莲藕等。2014年，全镇实现地区生产总值3.29亿元，社会消费品零售总额1.04亿元，地方财政一般预算收入1040万元，粮食总产量19957吨，农民人均纯收入9825元。

【农业经济】

巩固壮大安子沟村和双龙寨村为主的优质桑蚕基地，新植优质桑园1个面积60亩、桑树5万余株，全镇蚕桑面积达到8460亩、桑树850万株；发蚕种4420张，人均茧款增收230元。发展学堂沟村、刘家坝村、药铺村为中心的绿色蔬菜种植基地，新增无公害优质蔬菜160亩、大地蔬菜300亩。壮大发展以老石桥村、林檎山村和唐家坝村为主的水产和家禽生态养殖基地优质畜禽及特色水产业，通过品种改良、技术创新，年出栏生猪2.8万头，小家禽21万只。创新发展优质干果，利用国土整理后土地集中连片的有利条件，打造以寇家坝村、石猪庵村、螺丝岩村、野猫滩村、黄家堰村、刘仁沟村为主的中药材及干果种植基地，种植面积3000亩。

坚持培育重点产业，以点带面和“抓两头、带中间”的原则，以农民增收为核心，巩固完善和拓展新农村建设大环线。推进“一镇一业”和“一村一品”，培育壮大具有地域特色的优势产业，深化打造以老石桥村为重点的水产养殖，以狮子山村、学堂沟村为重点的蔬菜种植，以安子沟村、黄家堰村、罗家垭村、药铺村、双龙寨村为重点的蚕桑种养，以刘家坝村为重点的生猪养殖，以太平寨村为重点的林业立体开发，连线打造成示范片，示范带动新农村产业；实施农机推广项目，拓宽农业机械化作业和服务领域，提高农业的装备水平。开展农业试验示范，建成水稻旱育秧高产示范片9000亩，发展定单无公害优质米7600亩，玉米侧膜高产栽培3200亩、麦—玉—豆新三熟3000亩、稻草覆盖秋马铃薯1200亩，小蚕保温共育220户；组建农业植保、蚕业、生猪等专合组织12个，发展农资购销点、农家超市10个。

【工商业经济】

2014年年末，全镇有加工厂25个，砖厂2个，酒厂4个，预制厂2个，商业网点遍布街区，形成水果蔬菜一条街，有个体工商户410户，有3座农贸市场。全年全镇固定资产投资3.39亿元，实现工业总产值1503万元，外出务工劳务收入3.6亿元，落实招商引资资金1.2亿元。

【基础设施建设】

全年全镇投入1000余万元，改善农村建设基层设施建设。铺设西兴路油路4.26千米，修建西西路水泥路3.55千米，修建4.5米宽水泥路1.5千米，安装公路波形防护栏2.24千米，形成4条环线村级公路网；新建公路桥1座，新建山平塘5口，整治水渠5千米；在七个村巩固退耕还林后续产业建设，实施家畜改（扩）建圈舍9000平方米，家禽改（扩）建圈舍2.15万平方米，蚕房改（扩）建1093.3平方米。

投资100万元，打造独具蚕桑特色的农耕文化街，前期已完成文化墙、绿化等相关工作，现正在对香市街沿线店招进行统一改造，改造面积200平方米，做到"一店一匾、一楼一线、整齐划一"，使店招牌匾成为建筑物的特殊装饰品，连通广南路到文化广场；投资120万元，建成占地30亩的农耕文化广场；投资220万元，建成一所占地3亩的标准化中心幼儿园；投资30万元，修建占地60平方米的标准化公厕；投资200万元，在野猫滩建设一个占地2亩的垃圾中转站，正在实施建设中；投资110万元，在西溪镇新街建设一个规范化的农贸市场。

【社会事业】

文化。镇党委召开专题性会议研究文化工作，建立文化工作领导小组和文化工作联系员制度，安排年轻公务员、大学生村官等13名优秀文化人才参与宣传文化中心的各项工作。通过科学规划、合理布局、统筹协调，高标准建设一批与场镇性质相匹配、体现西溪特色的标志性文化设施。2300平方米的镇综合文化中开放使用，活动室、棋牌室、会议室、阅览室俱全。23个村级农家书屋也已经成为农民群众学知识、学科技的"文化餐厅"。开展丰富多样的文化活动，鼓励基层镇内文化艺人自编自创、自演自赏、自娱自乐，基于快板、歌曲、舞蹈、小品、腰鼓、秧歌等乡土文化，创作出《西溪蚕姑娘》等贴近实际、贴近生活、贴近群众的优秀作品。

教育。2014年年末，有幼儿园5所，小学4所，中学1所。救助20名贫困中小学生，其中西溪小学5人、郭家小学5人、西溪中学10人；资助家庭困难职工子女上学7人，发放慰问资金3500元；减免贫困家庭在园幼儿保教费60人，其中西溪小学55人，郭家小学5人；在郭家小学，开工建设农村义务教育学校食堂200平方米；农村义务教育学生营养改善2514人，其中西溪小学1323人，西溪中学985人，郭家小学206人；为农村学校装备"班班通"20套其中西溪小学16套，郭家小学4套；做好辖区职教工作，完成中等职业学校送生156人。

卫生事业。2014年年末，有中心卫生院1所，执业医师15人，床位数34张；村级卫生医疗设施建设全覆盖，21个村都有卫生室，村村都有卫生员。

计划生育。全镇全年出生人口263人，其中政策内一孩217人、政策内生育二孩11人、其他35人，符合政策生育率86.69%，人口出生率8.53‰，死亡率6.52‰，人口自然增长率为2.01‰，期末选用各种避孕措施6352人，综合节育率89.95%。

社会保障。推行"1+N"帮扶制度，每名镇机关党员干部帮扶困难群众、贫困学生、留守儿童等特殊人群1~3人，全年摸排扶贫对象995户3042人，对部分村的155户448人提供生猪、家禽养殖、修建水泥路以及提供各项农业技术指导服务；帮助下岗失业人员和失地无业农民78人再就业，帮助城镇新增就业人员120人，帮扶贫困学生34人上学，为6名精神病患者提供一个疗程的免费治疗服务。执行救灾救助政策，确保救灾款物及时发放到灾民手中，共收集各村灾情情报46条，发放自然灾害生活救助27万余元。开展对全镇特困户家庭经济收入情况调查，核定1042户农村居民进入农村低保、273户城镇居民进入城镇低保范围并确保低保对象按时领取低保金，全年发放低保金190余万元。对全镇的“五保”对象进行普查，全年新增“五保”对象10人，全镇共有“五保”对象164人，其中分散供养84人、集中供养80人。加强残疾人帮扶工作，为267名重度残疾人护理补贴，为192名残疾人提供居家灵活就业扶持，为40名贫困残疾人提供扶贫解困帮扶，为10名特困重度残疾人提供重度护理补贴，全年共为残疾人发放各项资金29万余元。城镇新增就业150人，城镇失业人员再就业40人，就业困难人员再就业10人，促进高校毕业生实现创业1人；开展青年劳动者技能培训50人，品牌培训40人；城乡居民社会养老保险覆盖人数6337人，参保缴费人数2389人，城镇居民基本医疗保险覆盖人数1600人，新农合农村居民参保24176人；规范化建设乡镇劳动就业社会保障服务平台1个。

环境综合治理。按以3月、4月、5月“攻坚月”为契机，广泛宣传，全镇发放宣传资料8000余份，制作宣传标语20余幅；保障经费投入，用于宣传教育、环卫设施配套、基础设施建设、清扫保洁等城乡环境综合整治经费70余万元；新增垃圾中转设施2个，组织集中整治行动100余次，参加人数3000余人次，使垃圾乱扔、广告乱贴、摊位乱摆、车辆乱停、工地乱堆等现象得到较大改变。

【便民服务】

镇综合文化站开放使用，设立6个便民服务窗口，实行AB岗制度，12名工作人员轮换值守岗位，确保群众办事有人。把岳池县公众信息网站作为政府信息公开第一平台进行建设，在镇宣传文化中心、镇便民服务中心设立政府信息查阅场所2个，建立政府信息公开网页158个。发挥西溪镇人民政府网站、村务公开栏、政务公开栏等公开阵地的建设与管理，对横幅、宣传单、《广安日报》《岳池新闻》等媒介的充分利用，加大信息公开面，让企业、群众更全面、更及时、更便捷地了解政府信息。

【安全维稳】

安全生产。通过每月安全生产例会、安全生产月、百日安全生产活动、安全生产教育培训等活动形式，集中宣传32次，发放宣传资料2.75万份，制作宣传标语90幅，粘贴大小标语370余条。镇财政投入60余万元，新建村级公路16.2千米，设立交通警示标志标牌50余个，设置防护桩（栏）100米，整改电力线路1200米、1座桥梁护栏、学校围墙200余米，改造农村危房20户。出动检查车辆162次，出动人员640余人次，查处违法车辆2700余辆次，查处非煤矿山隐患20余起，烟花爆竹零售专店规范化建设11家，查处危险化学品隐患4起，整改危险化学品隐患4起。

维稳工作。建立网格体系，健全信息收录。西溪镇全镇共划分为89个网格，每个网格有配备专（兼）职网格员1人。召开培训会2次，对网格知识的普及及网格业务的培训，使得各个网格员能清楚的明确自己的工作职责，并能将突发事件及时上报处理。

【党的建设】

采取以会代训、现场指导、远程教育等多种方式培训党员1000余人次。全年组织慰问贫困党员135人，培养入党积极分子20人，发展党员15人；为唐家坝村等三个村修建或购买活动室，对7个90平米以下活动室进行改造升级，其中2个社区活动室面积都达到300平米；投入资金7万元，为23个村（社区）更新配置远程教育设备。

（西溪镇：杨丹）

同兴镇

【概况】

同兴镇位于岳池县境西北部，东与秦溪镇毗邻，南与恐龙乡、平安乡接壤，西与南充市溪头乡交界，北与南充市阙家镇相连。镇政府驻新街中段，电话区号0826，邮政编码638307，地处广安市北大门，距离岳池县城32千米，距广安市区52千米，距南充市高坪区28千米，广（广安）高（南充高坪）公路、南（充）渝（重庆）高速公路穿境而过，交通方便，区位优势显著。2014年年末，辖沙坝、尹家坝、罗家沟、李坝、齐福寨、韩坡坳、元庚塘、大石、蒲家沟、安家沟、袁家店、茶盘12个村民委员会和果兴社区居委会，下设86个村民小组、4个居民小组；辖区总户数5700户，总人口1.5万人，幅员面积27.63平方千米，耕地面积8295亩，林地面积16000亩。地形多为平坝（或浅丘、低山），境内最高点海拔560.3米，最低点海拔278.25米；同兴镇人杰地灵、物产丰富，除主产水稻外，优质柑橘、大棚蔬菜、优质蜜桃等“三大特色”产业在市内外久负盛名，享有川东北优质果蔬之乡之美誉。土特产品有柑橘、水蜜桃，景点有紫云禅寺、八仙窝、蒲家沟桃花山等。2014年，全镇农业总产值9170万元，社会固定资产投资7572万元，地方财政收入394.6万元，外出务工劳务收入3562万元，农民人均纯收入9800元。

【农业经济】

2014年，粮食作物以水稻、玉米为主，粮食总产量7918吨，其中水稻3968吨、玉米1700吨、小麦900吨、红薯1350吨。

全镇共种植优质番茄、优质海椒等大棚蔬菜3000亩，各类大棚蔬菜总产量600万公斤，总收入1000万元。产品主要销往南充、重庆等地。

全镇有各类柑橘70万株，种植面积1万亩，遍及全镇12个村，90%以上的柑橘已进行高换或改良，品种主要为脐橙、锦橙、血橙等。全镇年产柑橘1万斤以上的大户82户，年产柑橘2万斤以上的大户21户，年产柑橘3万斤以上的大户8户。柑橘产品主要销往甘肃、上海、云南、重庆等地。全年全镇柑橘总产量1.5万吨，总产值4500万元。

从2002年起，受国家退耕还林政策的积极引导，蒲家沟、袁家店、安家沟等村开始发展优质蜜桃，品种主要为北京20#、北京24#、北京27#以及香桃、油桃等。经过培育，2014年全镇有蜜桃3000亩20万株，总产量达到400万公斤，实现产值1200万元。

2014年，生猪饲养量1.8万头，年末存栏0.9万头；能繁母猪饲养量0.09万头，年末存栏0.08万头；家禽饲养量15万只。养殖业总产值0.28亿元，占农业总产值的31.8%。

2014年年末，累计造林0.65万亩，其中防护林3800亩、经济林2500亩、竹林200亩，农民住宅四旁树木2.5万株，林木覆盖率26.7%，活立木蓄积量0.4万立方米。

【工商业经济】

2014年年末，境内有砖厂2个，预制厂2个；有个体工商户340户，其中农家店13个，有私营企业4个，木材综合农贸市场1个；全年全镇实现工业总产值5690万元，全年社会消费品零售总额4383万元。

【基础设施建设】

投资120万元，硬化村级公路6千米，维修便民路10千米；投资30万元，修建泥结碎石路8千米；投入460万元，完成标准综合市场和特色步行街等“七个一”工程建设；投资20万元，整治山平塘10口，新建农村沼气池15口，完成危房改造20户。

完善场镇总体规划及土地利用总体规划，加快小区场镇建设步伐，完善已建道路的绿化亮化美化和其他相关配套。投资210万元，整治场镇烂路5处0.5千米,新增路灯5盏,新建、改建下水道1千米;新建商住房1.2万平方米。

2014年年末,镇区道路总长2.5千米,人均拥有道路长度1.6米;镇区园林绿地面积13公顷,其中公共绿地8公顷,绿化覆盖率15.4%;全镇有邮政网点1个,电信服务网点2个,固定电话用户300户,移动电话用户5200户,宽带接入用户200户。

【社会事业】

文化。2014年年末,有中心文化站1个、村级文化室13个、农家书屋13个;有300余平方米的综合文化站。放映农村公益电影144场(次),观众8000余人次;有文化站1所,建筑面积123平方米;公共图书馆(室)1个,建筑面积100平方米,藏书1.5万册;农村图书室8个,藏书12万册。文化行业从业人员18人,占全镇社会从业人员的32%,其中事业单位从业人员3人。

教育。2014年,救助贫困中小学生9人,资助贫困中小学生14人;投资35万元,引进现代教育设备12套,实现宽带、投影"班班通"。2014年末,有幼儿园4所,在园幼儿450人;小学1所,在校生778人,在职教师40人;初中1所,在校初中生392人,在职教师23人。

医疗卫生。2014年末,有镇卫生院1所、村级卫生室12所,有专业医务人员8人;另有从业执照的私人诊所5家。新型农村合作医疗参保12887人,参保率97%;城镇居民医疗保险覆盖141人。

计划生育。全镇出生人口146人,符合政策生育率82.19%;人口出生率9.7‰,人口死亡率7.7‰,人口自然增长率2‰,综合节育率89.01%。

社会保障。2014年年末,享受城镇最低生活保障人数36人,享受农村最低生活保障581人;农村"五保"124人,集中供养33人;参加城镇基本养老保险6人,参加农村养老保险2760人;下岗失业人员和失地无业农民再就业80人,其中就业困难人员再就业3人。及时向伤残军人、复员军人、"两参"人员、带病回乡人员、"三属"等各类优抚对象71人,发放优待金35万元。

环境综合治理。场镇新修垃圾处理场2处,新建公厕2座;场镇新添环卫推车4辆,新增环卫工人3人;街道添置更换垃圾桶30个,维修路灯30盏;重新规划车辆停放点和个体摊点100余处。

【安全维稳】

安全生产。镇政府与辖区各村(居)委会、单位、车主、船主签订2014年安全生产目标责任书500余份,制订完善各类应急救援预案,选配安全生产监督员和管理员,实现安全生产网络化管理和安全生产管理无缝对接。采取召开会议、创办宣传栏、张贴标语、上街设立宣传咨询站、举办培训班等多种形式进行宣传。2014年,召开水陆交通、建筑安全、食品安全等安全会议86次,张贴宣传标语60幅,发放宣传资料1万份。重点抓好道路交通安全集中整治、安全生产规范化建设、"百日"安全、安全生产月、打击非法经营建设行为等活动,查处道路交通安全违章行为3000起,排查整治安全隐患95处。

信访维稳。实施"六五"普法宣传,组织到校讲法制课12次,举办镇村干部学法培训班8期;及时解决群众的合理诉求和矛盾纠纷,受理群众来信来访178件,受理率100%,化解各种不稳定因素12起,调解各类矛盾纠纷362件。

【党的建设】

2014年,开展"走基层"系列主题教育实践活动,增强各党支部的凝聚力和战斗力;开展"庸懒散浮拖"专项治理活动,全面推行"一线工作法"和"五通"服务,建立三本台账,制定完善村干部坐班制,规范村干部管理。强化党员队伍建设和管理工作,培养入党积极分子25人,发展党员9人;开展党员干部教育培训工作,发掘党员干部中的先进典型,做到用身边人带动影响一大批人;结合"走基层,惠民生,干实事"和庆祝建党93周年,开展先进个人和先进党支部表彰活动。

(同兴镇:张敏、张玲、朱波)

恐龙乡

【概况】

恐龙乡位于县境西部，东与西溪镇毗邻，南与平安乡接壤，西与同兴镇交界，北与秦溪镇相连；乡政府驻石龙场，距岳池县城23千米。2014年年末，辖半边街、补家坝、石门、唐家盖、文昌寨、墙干、河北滩、秀观音、五通塘、黄花岭、胡家沟共11个村民委员会和石龙社区居委会，下设81个村民小组、2个居民小组；辖区总户数4077户，总人口13496人，幅员面积21.44平方千米，耕地面积9000亩，林地面积1000亩。地形多为浅丘，境内最高点尖坡盖海拔509.7米，最低点老坝子海拔277.2米；土特产品有恐龙炒花生。2014年，全乡农业总产值956万元，社会固定资产投资7200万元，地方财政收入355万元，外出务工劳务收入52万元，农民人均纯收入9112元。

【农业经济】

推广良种良法，以规模养殖为示范，以养殖大户为龙头，辐射带动周边养殖业的发展，发展种植精细反季节蔬菜。落实农业扶持和国家粮食补贴政策，及时足额发放小麦、生猪良种补贴，加快养殖业的发展。搭建企业和农户的“桥梁”，搞好农业社会化服务，拓宽产销范围。调整农村产业结构，花椒产业达到560亩，与8400亩核桃产业形成干果产业示范片。

全镇粮食总产量8963吨，其中水稻4827吨、小麦1628吨、玉米590吨、马铃薯960吨、红薯636吨、其他322吨。主要经济作物有油料、蚕桑、蔬菜、水果等。油料作物面积3920亩，产量521吨，其中油菜面积2950亩、产量318吨；蔬菜主要品种有大白菜、白萝卜、胡萝卜、莴笋、西红柿等，蔬菜种植面积5369亩、产量162吨；主要水果有有梨、柑橘、桃子、柿子等，年产量562吨，实现农业总产值590万元；累计造林1.8万亩，其中防护林6500亩，经济林2000亩，竹林1500亩，核桃8000亩，巨桉1200亩、实现林业总产值530万元。

2014年，畜牧业以饲养生猪、羊、牛、兔及家禽为主，发展年出栏500头以上生猪大户4户，发展年出栏100头以上生猪大户13户；全年生猪饲养量16292头，年末存栏12256头，生猪肉产量1119吨；牛饲养量79头，年末存栏454头；羊饲养量1960只，年末存栏281只；兔饲养量4863只，年末存栏1623只；家禽（鸡、鸭、鹅）饲养14万只，产禽蛋266吨；畜牧业总产值3585万元。

【工商业经济】

2014年，加强招商引资力度，成功在石龙社区建成沙发厂1个，在秀观音村建成养鸽场1个，在唐家盖村建成养羊场1个。2014年末，有个体工商户46户，其中农家店9个，有1个农贸市场；全年全乡实现工业总产值500万元，全年社会消费品零售总额1983万元。

【基础设施建设】

全镇新建农村沼气池20口，完成危房改造19户，在五通塘村新修泥结碎石路5.2千米。投资20余万元，整治场镇烂路1处0.2千米，新修建垃圾池1口，公共厕所1座。

【社会事业】

文化。2014年末，有中心文化站1个、村级文化室11个、农家书屋12个；有综合性业余文艺演出队员38人，业余舞蹈队员12人，业余曲艺队员10人；有300余平方米的综合文化站，有阅览室、活动室等文化设施。放映公益电影120场。

教育。救助贫困中小学生13人，2014年末，有幼儿园3所，在园幼儿96人；学校1所，在校生937人，在职教师46人。

医疗卫生。2014年末，有乡卫生院1所、村级卫生室11所，有专业医务人员5人；另有从业执照的私人诊所3家。新型农村合作医疗参保人数11363人，参保率98%。

计划生育。2014 年,足额发放国家的奖励金和扶助金,加强对流动人口的管理。全年全乡出生人口 148 人,符合政策生育率 82.4%,综合节育率 93%。

社会保障。2014 年年末,享受城镇最低生活保障人数 5 人,享受农村最低生活保障 669 人;农村"五保"93,集中供养 22 人;参加农村养老保险 3100 人;下岗失业人员和失地无业农民再就业 5 人,其中就业困难再就业 2 人。

环境综合治理。制订城乡环境综合治理实施方案,与村委会签订目标管理责任书。加大投入,及时发放宣传品。场镇新添环卫推车 2 辆,新增环卫工 1 人,添置更换垃圾桶 8 个。改善农村环境,形成农村"环境优美、生态良好、风貌协调、庭院美化、村容整洁、乡风文明"的新气象。

【安全维稳】

安全生产。乡政府与辖区各单位及村委会签订 2014 年安全生产目标责任书,制订完善各类应急救援预案,选配安全生产监督员和管理员,实现安全生产网络化管理和安全生产管理无缝对接。采取召开会议、创办宣传栏、黑板报,张贴标语、上街设立宣传咨询站、举办培训班等多种形式进行宣传。召开水陆交通、建筑安全、食品安全等安全会议 29 次,张贴宣传标语 8 幅。重点抓好道路交通安全集中整治、安全生产规范化建设、百日安全活动、安全生产月、打击非法经营建设行为等活动,查处道路交通安全违章行为 752 起,排查整治安全隐患 11 处。

信访维稳。实施"六五"普法宣传,组织到校讲法制课 5 次,举办乡村干部学法培训班 4 期;及时解决群众的合理诉求和矛盾纠纷,受理群众来信来访 152 件,受理率 100%,化解各种不稳定因素 62 件,调解各类矛盾纠纷 132 件。

【党的建设】

开展党的群众路线教育实践活动,加强基层组织建设。采取以会代训、现场指导、远程教育等多种方式培训党员 523 人次,在"七一"前夕,组织慰问贫困党员 26 人,救助 60 岁以上贫困党员 12 人。全年培养入党积极分子 19 人,发展党员 1 人。开展"双向承诺",增强各党支部的凝聚力及亲和力;完善村"三员"制度,聘任群众诉求代理员,为民解决诉求 42 项。

(恐龙乡)

平安乡

【概况】

平安乡位于东经 106°10′34″~106°14′23″,北纬 30°33′18"~30°36′20"。地处县境西北部,东与西溪镇毗邻,南与西板乡接壤,西与石鼓乡、南充市溪头乡交界,北与同兴镇、恐龙乡相连,幅员面积 16.7 平方千米。乡政府驻长安场镇,距岳池县城 31 千米。2014 年年末,辖黑水河、平安寺、李家坪、长沟店、二圣庙、猫儿洞、柳树湾、老山、林场等 9 个村民委员会和长安社区居委会,下设 59 个村民小组、2 个社区居民小组。辖区总户数 2875 户,总人口 10180 人,有蒙古族、苗族、壮族等 5 个少数民族 23 人。耕地面积 8010 亩,退耕还林地 903.5 亩。主要农作物有水稻、小麦、花生、油菜等。2014 年,全乡公共财政收入 405 万元,农民人均纯收入 9452 元。

【乡域经济】

2014 年,全乡粮食总产量 7271 吨。年出栏生猪 1.2 万头,创产值 288 万元;出栏小家禽 11 万只,创产值 440 万元。发展生猪规模养殖大户 2 户,发展养羊大户 10 户,养蚕 380 张。发展渔业养殖 500 余亩,发展白芷、丹参等中药材种植 1000 亩,种植千年桐 2000 亩,种植核桃 500 亩,成立农民专合组织 1 个。

【基础设施建设】

支持柳树湾村新修水泥路 2.9 千米,新修便民桥2座；整治乡内油路5.2千米；修建泥结碎石路4.6千米；主渠起於6千米，整治山平塘19口，新建山平塘1口，新建污水处理站1座；新增变压器2台，更换场镇路灯10盏。

【民生工程】

新建890平方米的敬老院1座，新建义务教育学校食堂600平方米；补助资金12.2万元，改造农村危房18户；投入帮扶资金20余万元，帮扶困难户400余户；救助贫困精神病患者2人，帮扶精神病患者2人，资助12名大、中、小学贫困学生入学，帮扶贫困党员30人；帮助农村18名贫困残疾人脱贫解困；扶持农村贫困人口446人，扶持城镇新就业残疾人2人，享受计划生育奖励扶助95人；新型农村合作医疗参保人数8399人，参保率99.1%；城镇居民医疗保险28人。享受城镇最低生活保障人数1人，享受农村最低生活保障391人；农村"五保"114人，其中集中供养16人。

【社会事业】

2014年年末，有300余平方米综合文化站1个，有村级文化室10个、农家书屋10个；有综合性业余文艺演出队伍1支25人，中老年腰鼓队1支18人。邀请红指甲文化团到乡为群众演出1场，自办歌咏比赛1场。办幼儿班2个，在园幼儿141人；有中心小学1所、村小1所、民办小学1所，在校生723人，在职教师36人。有乡卫生院1所，新建村级卫生室1所，有专业医务人员4人。全乡出生人口86人，符合政策生育率85.6%；人口出生率9.04‰，人口死亡率6.62‰，人口自然增长率2.42‰，综合节育率87.22%。

【安全维稳】

建立健全安全生产信息体系、培训体系、宣传教育体系和应急救援体系，每月定期排查和整治安全生产隐患，推进安全文明村社创建活动。投入2万元，制作安全标识标牌；投入4万元，夯实安全生产标准化建设；投入3万元，制作安全生产宣传广告和宣传资料。开展"领导大接访""干部大下访"活动，及时调处各类社会矛盾，解决群众实际问题。开展普法宣传，提高群众学法用法意识。

【党的建设】

采取以会代训、现场指导、远程教育等多种方式培训党员460人次，在"七一"前夕，组织慰问贫困党员10人。全年培养入党积极分子24人，发展党员5人，按期转正5人。开展"双向承诺"，增强各党支部的凝聚力及亲和力；完善村"三员"制度，聘任群众诉求代理员，为民解决诉求175件。

（平安乡：罗玉春）

兴隆镇

【概况】

兴隆镇位于县境西北部，东与双鄢乡毗邻，南与西溪镇、粽粑乡、白庙镇、北城乡接壤，西与恐龙乡、秦溪镇交界，北与黄龙乡相连。镇政府驻兴隆场，距县城29千米。全镇幅员面积72平方千米，耕地面积18750亩，林地24816亩。辖八角亭、大仓沟、百家店、金台山、断碑、方家沟、五通庙、陈家梁、汉山观、龙王井、香积寺、陈家坡、粑粑店、杨房沟、禹山寺、四合16个村民委员会和兴旺社区居委会，172个村民小组，8578户，29312人。地势东高西低，属深丘地貌。境内最高（禹山寺）海拔644米，最低海拔365米。地势东高西低，属深丘偏远山区，境内土壤深丘以页岩沙质土为主，浅丘以暗紫泥土为主。主要农产品以大米、玉米、小麦、油菜、红薯为主，以蚕茧、瓜蒌、白芷、生猪、干果、土鸡、肉鸭、雪莲果、肉牛为特色农产品。2014年，全镇地区生产总值2.94亿元，社会固定资产投资2亿元，招商引资8000万元，社会消费品零售总额5914万元，地方财政一般预算收入738万元，劳务输出1.1万人次，外出务工劳务收入2.9亿元，农民人均纯收入8634元。

【农业经济】

种植业。2014年,抢抓全县建设"岳池北部山区干果产业示范带"机遇,发展干果特色优势产业,推进农业规模化、基地化、标准化、产业化和品牌化发展。依托"合作社+基地+农户"模式,成立百家店村雪莲果种植合作社、岳池县木森农林核桃种植专业合作社、天地寺核桃专业合作社、陈家坡村中药材种植合作社、枣木桥村花椒合作社等专业合作组织,引进业主在杨房沟村、汉山观村、百家店村建成约700亩中药材种植基地,成立百家店药材种植专业合作社。全镇形成核桃种植7000亩、花椒500亩产业带,带动1000余名群众参与干果产业种植,实现年人均增收300元。全镇种植优质水稻2.62万亩、玉米3945亩、大豆7245亩、薯类6990亩,种植良种油菜4995亩,种植蔬菜5070亩。全年全镇粮食总产量13066吨,其中小麦926吨、水稻7166吨、玉米1750吨、豆类1551吨、薯类1673吨。

养殖业。坚持以市场为导向,以效益为核心,发展以肉牛、土鸡、野鸡为主的特色养殖业,稳定发展生猪、小家禽等传统养殖业。新建标准化肉牛养殖场1个、肉兔养殖场2个、标准化规模生猪养殖场1处。全镇小家禽养殖大户240户,其中1000只以上的土鸡养殖大户51户,2000~5000只以上的19户,5000只以上的2户,5000只以下的168户。全年出栏生猪3.6万头、家禽26万只、肉牛700头、羊2300只、肉兔1.3万只,实现禽蛋产量634吨。

【工商业经济】

规范场镇市场秩序和场镇摊区,形成"坐商归店、游商归位"的格局。全镇有个体工商户407户,砖厂2个,民营经济收入8700万元。有微型企业2家,工业企业5家,其中规模以上工业企业1家,工业从业人员158人。全年社会消费品零售总额1.3亿元,工业总产值26875万元,其中规模以上工业总产业5364.1万元。

【基础设施建设】

农村建设。坚持山、水、田、林、路综合治理,维修加固水利渠道5千米,新增防渗渠道1千米,维修水利工程2处,新建沼气池50口。完成断碑村泥结碎石路2千米,完成五通庙村通村水泥路1千米,完成四合村"踏水桥"泥结碎石路3.5千米,完成陈家坡村水泥路1.5千米和泥结碎石路1.5千米,新修龙王井村便民桥;完成香积寺村国土整理水毁项目,完成八角亭危桥整治项目,完成西兴路(兴隆至西溪段)11千米道路改造工程,新增高升至龙家湾8千米路段错车道22处,安装金岳路安全设施(护栏、警示桩)3.2千米及凸面镜4个。2014年年末,有邮政网点1个,乡村通邮率100%;有电信企业1家。

场镇建设。聘请四川城市规划设计院专家,完成兴隆场镇总体规划编制,为场镇建设绘制美好蓝图,确定全镇20年内的发展思路和目标。加强市政基础设施建设,新添立杆灯、悬臂灯22盏,维修路灯75盏。联系岳池爱众电力公司对10千瓦兴铺线线路进行搬迁规划支持。天然气入户工程全面推进,污水处理站成功建设,重新规划车辆停放点和个体摊点,完成场镇公厕改建工程,铺设下水道管网500米,改造垃圾中转设施5处,添置垃圾桶20个、环卫推车6辆,新增环卫工6人。启动农贸市场改造工程。

【社会事业】

文化。免费开放乡镇文化站,建设农家书屋4个,组织开展农家书屋读书竞赛活动2次。修建农民健身场地3处,有曲艺社区1个,全年开展曲艺演出4场。组织开展"将心比心换位体验、转变作风提升效能"主题演讲比赛和"我的好习惯"暨庆六一文艺汇演,放映坝坝电影86场,设立"岳池县兴隆镇好人榜"暨"兴隆镇善行义举榜"3期。完成文化站规范化建设。

教育。兴隆幼儿园全面完工并投入使用,兴隆中学旱厕改造全面完成,兴隆中学食堂建设有序开展,教学环境整治效果明显,义务教育入学率达100%。为农村学校装备"班班通"38套,完成农村义务教育学生营养改善2606人,帮助义务教育阶段在校残疾学生入学4人。小学适龄儿童入学率100%,九年制义务教育覆盖率100%,全面落实辖区内义务教育"两免一补"。资助困难家庭职工子女上学生7人,每人300元;资助贫困中小学生14人,每人200元。建设农村义务教育薄弱学校(兴隆中学)食堂1085平方米。

医疗卫生。2014年年末,有镇中心卫生院1所,病床40张,执业医师7人;有村级卫生室和农村医疗点16个,从业人员16人。新型农村合作医疗参保人数22376人,城镇医疗保险参保人数482人。引进"岳池时代医院",投资3000万元,在场镇建设一所集医疗、妇幼保健、康复于一体的二级甲等综合性民营医疗机构,正在有序建设中。

计划生育。开展好计划生育优质服务月活动,利用会议、广播、标语、宣传栏等方式向群众讲解"一法三规一条例",号召群众转变生育观念,实行优生优育。开展计生"三结合"帮扶活动,对"三结合户"提供资金、种子、技术、肥料,帮助脱贫致富。完成125名妇女宫颈癌筛查工作。全面开展计划生育村民自治工作,狠抓计生奖励和特别扶助,对符合条件的对象户实行奖励。全镇符合政策生育率82.14%,新生儿出生率10.63‰,人口自然增长率1.93‰。

社会保障。完成农村低保清理审核工作,全镇享受低保人数1232人,其中城镇最低生活保障人数160人、农村最低生活保障人数1072人,基本实现"应保尽保"。农村"五保"供养132人,集中供养70人,集中供养率达35%。新农合、新农小、新农保工作有序开展。为16名残疾人配置辅助器具,对263名一、二级残疾人落实重度残疾人护理费。对11名精神病患者进行医疗救助,对18人进行生活救助。城镇新增就业65人,城镇失业人员再就业40人,就业困难人员再就业5人,促进高校毕业生实现创业1人。健全农村留守儿童和贫困学生救助机制,发动政府机关干部职工及驻镇单位捐款5890元、捐物40件,资助困难学生11人。春节慰问帮扶贫困户、残疾人、军烈属172人,慰问帮扶资金7万元。

【安全维稳】

安全生产。全面开展全国安全生产月、百日安全生产、打非治违等活动,强化辖区内安全隐患排查和双违建筑治理,开展道路交通、非煤矿山、烟花爆竹、食品安全等专项检查,对存在的隐患进行整改。强化人员保障,配齐专职管船员、车管员、安全员,完善驾驶人安全联组。组织召开车船主、烟花爆竹专店业主等安全教育培训会8次,在兴隆中学、高升小学开展安全知识宣讲活动3次。在兴隆中学成功开展应急救援演练,上千名学校师生和单位职工参与活动。在场镇开展宣传20次,发放宣传资料1.9万份,制作黑板专栏12期,悬挂标语32幅,制作大型宣传牌7幅。成功创建为广安市安全社区,群众的自我防范意识和安全生产意识明显增强。

信访维稳。完善矛盾纠纷大调解体系,加大对矛盾纠纷排查和调处。及时、准确地了解民情、社情、政情。狠抓镇内不稳定因素排查,做到纵向到底,横向到边,责任到人。通过"用情、用理、用法"化解矛盾纠纷,使矛盾纠纷消除在萌芽状态,确保辖区内生产安全和社会稳定。全镇调解矛盾纠纷82起,处理信访46件。

【党的建设】

以党的群众路线教育实践活动为契机,开展"走基层"、落实"两个意见""9+3+2"正风肃纪、不合格党员评议、"庸懒散浮拖"整治和在编不在岗人员清理等专题工作。采取以会代训、现场指导、远程教育等多种方式培训党员853人次。"七一"期间,筹集资金9500元,对全镇82名贫困老党员和特困群众进行重点慰问。全年发展党员12人,培养入党积极分子15人,对全镇931名党员实行动态管理,全年集中培训党员4次。筹集资金45万余元,维修粑粑店、大仓沟村级活动室,新建杨房沟、金台山村级活动室，并将百家店、杨房沟村级活动室打造成县、镇示范点。采取“大学生村干部包点”的方式，对全镇16个远程教育站点加强管护，保障平台发挥作用。完善村“三员”制度，发挥群众诉求代理员作用，为民解决诉求154项。圆满完成村(社区)“两委”换届选举工作，选优配强村(社区)“两委”班子，使一批有文化、品德好、素质高、能力强的党员群众脱颖而出，为村级组织注入生机与活力，增强基层党组织的凝聚力和战斗力。始终保持惩治腐败的高压态势，不断加大惩治腐败工作力度，努力实现“查处一案、治理一线、教育一片、规范一方”的良好效果，以惩治腐败的实际成效取信于民。全年查处违纪村干部2人、党纪处分1人、诫勉谈话5人次。

(兴隆镇：贾珂)

秦溪镇

【概况】

秦溪镇位于县境西北部，东与黄龙乡、兴隆镇毗邻，南与恐龙乡、西溪镇接壤，西与同兴镇、南充市高坪区浸水乡交界，北与团结乡、南充市高坪区黄溪乡相连；镇政府驻清溪场，距岳池县城31千米，幅员面积52.52平方千米。2014年年末，辖清桥、油坊、大柏坡、青山、石堰塘、万年桥、邹家沟、宝箱寺、四方寨、龙王庙、周家坝、仙谭寺、龙石口、黄石岩、小清溪、观音桥、南桥河、八角庙、峰山寺19个村民委员会和清溪社区居委会，127个村民小组，5948户，2.12万人。属于丘陵地区，四面环山呈盆地状，四季分明，冬季多雾。耕地面积11310亩，田9900亩；主产水稻、小麦、玉米、油菜等农业作物，有生猪、土鸡、花椒等特色产业。2014年，全镇地区生产总值1.88亿元，社会消费品零售总额3558万元，财政收入525万元；参加新型农村合作医疗保险17403人，参加新型农村和城镇居民社会养老保险5924人，农民人均纯收入9563元。

【农业经济】

2014年，全镇粮食总产量10542吨，其中水稻5059吨、小麦1311吨、玉米1607吨、马铃薯1021吨、其他1544吨。主要经济作物有油料、蔬菜、水果等。油料作物面积5535亩，产量670吨，其中油菜4200亩，产量456吨；蔬菜主要品种有白菜、萝卜、西红柿等，蔬菜种植面积6270亩，产量14210吨。

按照“做大基地、做强龙头、做响品牌、做活市场”方式，培育壮大秦溪花椒、干果产业，通过花椒协会，拓展花椒的销售生产渠道，提升秦溪花椒的知名度和市场占有率。实施花椒技改工作，推广花椒的新模式矮化密植高产早产种植技术，发展壮大花椒生产规模；做强秦溪核桃产业，着力构建干果产业大镇。

【基础设施建设】

以新农村建设为依托，改造秦团路秦溪段2.7千米，新建仙谭寺村、四方寨村通村水泥路4.8千米，完成公路养护73.5千米，农村新建沼气池20口，实施森林管护5160亩，巩固退耕还林成果7044.6亩，巩固农网改造62千米，完成地质灾害避险搬迁10户，农村危房改造6户。以推动新农村建设为依托，推进场镇路面硬化，推行农村改厕、改卫，集中整治白色垃圾。全年场镇硬化900余米，新增路灯16盏，新增垃圾箱15个，场镇人行道绿化200余米，街道两旁新植树80余株，新建占地2800平方米的综合广场(秦溪民欣广场)，新增标准篮球场、羽毛球场、乒乓台及健身器材等设施。

【社会保障】

全镇享受农村最低生活保障人数801人，发放生活保障金60余万元；有城市低保40人，发放生活保障金4万余元，“五保”集中供养24人；新农合初次补偿和二次补偿180余万元，农村困难群众医疗年人均救助154元，城市困难群众医疗年人均救助154元，全年落实大病医疗救助98人，发放求助资金59万元；新型农村和城镇居民社会养老保险覆盖人数5924人，城镇居民医疗保险覆盖人数85人；扶持农村贫困人口422人，农村贫困残疾人扶贫解困20人，救助贫困家庭脑瘫儿童1人，救助城乡贫困精神病患者2人，帮扶贫困党员10人，资助2名孤儿上学，资助贫困学生4人，资助贫困党员2人，帮扶贫困退伍军人1人；资助贫困小学生，资助义务教育阶段在校残疾学生5人，资助贫困困难职工子女5人。

【社会治安综合治理】

坚持领导接访、带问题下访巡访、领导包案包化解、信访值班等制度，加大矛盾纠纷排查调处力度，妥善化解各类矛盾纠纷。全年全镇调处较大各类矛盾纠纷5起，接待群众来信来访420余人次，化解历史遗留问题4件，对5名重点人员落实领导包案、专人稳控的工作机制，教育转化门徒会人员1人，社区矫正人员5人。集中开展平安创建"六五"普法宣传，开展严打、整治、禁毒、反邪教等专项活动，打击各类违法犯罪活动，着力健全完善基层社会治安综合管理体制，加快发展创建和谐稳定的社会环境。

【医疗卫生】

实施基层医疗卫生机构信息平台建设，建成村级卫生室建设20个，其中2014年新建村卫生室1处，覆盖全镇所有村社；为20名困难职工及环卫工人进行免费体检。

【党的建设】

以开展群众路线教育实践活动为抓手，加强党员群众思想建设。通过座谈宣讲、传单发放、横幅悬挂等活动，在全镇营造浓烈的学习氛围，活动开展以来累计发放倡议书1000份、明白纸1200张、学习卡600张，印制学习教材1000本，召开宣传讲座院坝会等60场；通过演讲征文、典型树立、经验推广等活动载体将全镇的教育实践活动推向高潮，全镇新涌现致富能手5人、道德模范6人、先进党员54人，收集箴言200条，征文80篇、心得体会47篇。全年发展党员10人，预备党员转正13人。

（秦溪镇：陆游）

团结乡

【概况】

团结乡位于东经106°12′06″～106°17′21″，北纬30°40′22"～30°43′49"。地处县境西北部，东与高坪区黄溪乡毗邻，南与秦溪镇接壤，西与南充市高坪区佛门乡交界，北与南充市高坪区万家乡相连。乡政府驻团结正街1号，电话区号0826，邮政编码638306，距岳池县城39千米。2014年年末，辖张家堂、成家岭、穿石孔、自长坪、檬子桥、朝门、曹家岩、柏杨沟、小岭9个村民委员会，下设69个村民小组。辖区总户数2398户，总人口7788人，城镇常住人口226人，城镇化率2.8%；幅员面积27.26平方千米，耕地面积3555亩，林地面积37335亩。境内最高点耳子山海拔597.9米，最低点田家坝海拔293.77米。属于中亚热带季风湿润气候地带，年降水量1000毫米左右，年平均气温16℃。主产水稻、小麦、玉米、红薯；经济作物以金银花、核桃、油菜、柑橘、蚕桑、药材、蔬菜为主；传统养殖业以生猪为主，特色养殖业以牛、羊及鸡、鸭、鹅为主。2014年，全乡农业总产值3100万元，地区生产总值3379万元，社会固定资产投资5090万元，社会消费品零售总额660万元，地方财政收入335万元，外出务工劳务收入6320万元，农民人均纯收入5725元。

【农业经济】

2014年，按照"产业兴乡"发展战略和"一村一品"的发展思路，全乡形成三大龙头产业。依托全乡"香飘万家"酱菜企业，做大做强蔬菜产业。全乡农户成片种植青菜2900亩，农民实现销售收入280万元，种植户人均增收500余元。培育以金银花为主的中药材种植和以核桃为主的干果种植业。金银花种植业主沈昌龙经过多年的艰苦摸索，掌握一套从选种、嫁接、采摘到烘烤的金银花种植技术，在朝门村规模种植金银花510亩，实现销售收入500余万元。发展干果种植，争取为原有的10万株核桃进行技术改良嫁接换种，并在成片种植优质核桃1000亩。小岭村业主彭湃，建成年出栏5万只肉鸡的养鸡场，年获利10万余元。

全年粮食总产量1383吨，其中水稻125.9吨、小麦409吨、玉米458吨、红薯358吨，其他32吨。主要经济作物有金银花、核桃、油菜、柑橘、蚕桑、药材、蔬菜、水果等。油菜面积618亩、产量73吨；蔬菜主要品种有大白菜、白萝卜、胡萝卜、莴笋、西红柿等3000余亩、产量2526吨；主要水果有柑橘、梨子、桃子、枇杷等。

小家禽由一家一户的传统养殖向专业化、规范化、标准化和基地养殖转变，全年生猪饲养量16545头，年末存栏6592头，生猪肉产量798吨；牛饲养量235头，年末存栏108头；羊饲养量2107只，年末存栏249只；兔饲养量7100只，年末存栏1630只；家禽（鸡、鸭、鹅）饲养10万只，产禽蛋275吨。

【基础设施建设】

实施农业综合开发，统筹抓好水保、治理水土流失及维修提灌站等项目，对张家堂等村提灌设施进行修复改造，维修灌溉渠道1.5千米，修建沼气池22口；实施公路通畅工程，新修村级公路2条6千米。

开展农村危房改造工作，经村组排查、乡镇把关、县住建局逐户审核确定全乡2014年农村危房改造5户，争取上级补助资金4.04万元，改造面积480平方米。

【社会事业】

计划生育。全年全乡出生人口83人，符合政策生育率84%；出生率9.55‰，死亡率6.82‰，人口自然增长率2.73‰；审批再生育案件2件。对全乡2014年奖励扶助及特别扶助对象进行摸底调查，登记符合条件的奖励扶助对象18人。

社会保障。全年对全乡开展特困户家庭经济收入情况调查，核定491户农村低保，全年发放低保金50.68万元；全年摸排扶贫对象170户，并帮助其落实扶贫措施和机关工作人员及村组干部一对一帮扶活动，脱贫率达96%；新增“五保”对象3人，全乡有“五保”对象93人，其中集中供养2人。春节期间，及时向伤残军人、复员军人、两参人员、带病回乡人员、三属等各类优抚对象65名发放优待金23.65万元；“八一”前，对正在服役的6位农村义务兵将优待金9000元全部发放到家属手中；完成对全乡1612名60岁以上老年人的参保登记、信息录入、银行开户和资料上报工作。

环境综合治理。以5月、6月、7月“攻坚月”为契机，实施城乡环境综合整治工作，采取强有力措施，狠抓工作落实。开展青年志愿者服务活动，在全乡范围内掀起整脏治乱新高潮。广泛宣传，全乡发放宣传资料6500份，制作宣传标语6幅；用于宣传教育、环卫设施配套、基础设施建设、清扫保洁等城乡环境综合整治经费3万元，组织集中整治行动150次，参加人数800余人次，使垃圾乱扔、广告乱贴、摊位乱摆、车辆乱停、工地乱堆等现象得到较大改变。

【便民服务】

设立10个便民服务窗口，设置18个工作岗位。把岳池县公众信息网站作为政府信息公开第一平台进行建设，在乡宣传文化中心、乡便民服务中心设立政府信息查阅场所2个。发挥团结乡人民政府网站、村务、政务公开栏等公开阵地的建设与管理，利用横幅、宣传单、《广安日报》《岳池新闻》等媒介，加大信息公开面，让企业、群众更全面、更及时、更便捷地了解政府信息。

实施农村劳动力职业技能培训，实现劳务收入3000万元。农民工技能培训2000人次，其中品牌培训22人、新型农民工培训50人、农村劳动力转移就业培训25人，现代农业新技术和农村实用技术培训2000人次，发放农业新技术资料4500余份，办板报12期，做到人人有一张明白纸，每一户有一个懂技术的人。

【安全维稳】

安全生产。通过每月安全生产例会、安全生产月、百日安全生产活动、安全生产教育培训等活动形式，深入宣传安全生产的有关法律法规。利用逢场天集中宣传12次，制作和悬挂永久性标语20余幅，粘贴大小标语250余条，发放宣传资料4500余份。加大乡财政对安全投入，全年乡财政投入12万元，整改村级公路5千米，设立交通警示标志标牌10个。强化执法力度，全年出动检查车辆250余次，出动人员（包括警力）800余人次，查处交通违法车辆280余辆次，没收无证经营和非法运输的烟花爆竹2件，排查出地质灾害隐患86件。

信访维稳。实施"六五"普法宣传，组织到校讲法制课5次，举办乡村干部学法培训班4期；及时解决群众的合理诉求和矛盾纠纷，受理群众来信来访45件，受理率100%，调解各类矛盾纠纷85件。

（团结乡）

黄龙乡

【概况】

黄龙乡地处县境西北部，因境内有恐龙黄色足化石得名；位于东经106°17′35″～106°23′10″，北纬30°39′43"～30°43′31"；东与双鄢乡、顾县镇毗邻，南与兴隆镇接壤，西与秦溪镇交界，北与南充市高坪区鄢家乡、黄溪乡和斑竹乡相连。乡政府驻黄兴街1号，距岳池县城37.5千米。2014年年末，辖柏树坝、小白岩、樟木桥、石马山、龙门、杨家沟、滑石板、铺芽山、玉瓶寨、大地坝10个村民委员会，下设62个村民小组；辖区总户数2700余户，总人口10116人，幅员面积29.6平方千米，耕地面积5625亩，林地面积10969亩。地形多为浅丘或低山，境内最高点海拔775.4米；稻田土质属曾土母质黄泥田，胶体团结构良好，田水终年浑浊不清，土质微量元素在5～6.5之间，土壤含有硅、铁、磷、锌、硒等多种微量元素。全乡经济以种植业和养殖业为主。主要农产品有水稻、玉米、红薯，其中特色产品"黄龙贡米"闻名省内外；经济作物以核桃、花椒、油菜、药材为主；传统养殖业以生猪为主，特色养殖业以松针鸡、生态羊为主。风景点有驸马坟、羊林寺、松林观光带。2014年，全乡实现国内生产总值4800万元，财税收入完成55万元，固定资产投资完成4500万元，招商引资到位资金3000万元，劳务输出4000人，实现劳务收入4200万元，农民年人均纯收入8500元。

【产业发展】

2014年，黄龙乡坚持科学发展观，紧扣"加快发展、创先升位"的总体取向，始终坚持"念响'山'字经、做精'米'文章"思路，抓好产业发展。利用"黄龙贡米"商标获得"国家地理标志产品"和"四川省公众最喜爱的十大农产品"之机，发挥品牌优势，以核心区带动主产区牵动辐射区域。改革种植模式，打造万亩贡米基地；采取"公司+合作社+农户"的经营模式，推行订单农业，引导农户与银禾米业签订合同，全乡已形成核心区2000亩、主产区4000亩、辐射区4000亩的贡米产业格局。2007年，引进业主范延伟，投资600万元，以"土地+合作社"的形式，进行土地流转，发展干果产业；注册成立的聚鑫干果专业合作社，为干果产业提供技术支持和指导，从而增加农民收入。经发展，至2014年，全乡形成以杨家沟3000亩清香优质核桃、龙门村3000亩九叶青花椒为主要产区，小白岩村、玉瓶寨村、大地坝村4000亩干果种植为支撑的万亩干果产业基地；年实现销售收入120万元，获利50万元。2012年，引进业主胡中涛，利用种植的薪炭林，在大地坝村建成"松针鸡、跑山鸡"基地1000余亩，2014年养殖8万余只，出栏跑山鸡6万余只，实现销售收入50余万元，获利20余万元；2013年，引进业主胡纯，在樟木桥村建成占地800亩的生态羊养殖场；2014年养殖肉羊2000余头，出栏生态羊1000余只，实现销售收入30余万元，获利10余万元。全乡共有林地面积1.2万多亩，主要以针叶松树为主，有针叶松200多万株。

【基础设施建设】

建设"一环五线"，打造特色产业"两区三带"，抓好石马山村、杨家沟村、滑石板村、玉瓶寨村、大地坝村的公路规划建设。全年投入700余万元，建成石马山村、杨家沟村、滑石板村、玉瓶寨村、大地坝村的村级水泥公路12.26千米；通过"一事一议"项目，修建泥结碎石路6千米，安装波形防护栏7.7千米、警示墙1.6千米、减速带42条126米；投资20余万元，完成农村沼气池建设20口，在场镇建成公厕1座。

【社会事业】

2014年年末，全乡有中心文化站1个、村级文化室10个、农家书屋10个。有幼儿园所1所，在园幼儿160人；小学2所，在校生1098人，在职教师35人。有乡卫生院1所，医护工作人员4人，村级卫生室10所，从业人员10人。落实社会保障制度，抓好全乡劳动就业保障服务平台规范化建设，实现城镇新增就业30人，城镇失业人员再就业5人，就业困难人员再就业2人；农村劳动力技能培训20人，农民实用技术培训2000人次；全乡享受低保686人、"五保"98人，及时足额发放补助金；新型农村合作医疗参合8219人，参保率98%。全面落实惠农政策，全乡巩固退耕还林成果3987亩，落实森林生态效益补偿8982亩，兑现补贴金额13.14万元；免费开放乡文化综合站，免费放映120场农村公益电影，提供居家养老服务240人。狠抓场镇清洁卫生和硬件设施建设，对全乡12处垃圾站点进行美化，调整规划公路主干线、重点居民垃圾场所。

【安全维稳】

开展道路交通、烟花爆竹、学校安全、食品安全、危险化学品等专项整治活动。出动人员1000余人次，车辆200余次，没收过期变质食品4箱，排查安全生产隐患42件，整治危险路段2处。强化管理，签定各类安全生产目标管理责任书80余份，下发各类安全规范性文件9份。全年组织召开党政骨干联系会4次，安全生产工作例会24次，安全员和相关行业人员培训学习12次。完善队伍建设，全乡有安全生产管理队伍54人。全乡开展安全知识宣传20余次，悬挂标语30余幅，发放宣传资料7000余份。全乡排查解决矛盾纠纷20起，其中排查解决疑难纠纷1起、较大纠纷2起，涉及60余人。开展网格化管理工作，把全乡10个行政村划分为34个网格。通过领导接访日、领导干部大下乡、走基层等方式，收集群众意见建议200余条，接待群众来信来访200余次。

【党的建设】

严格党员发展程序、党内组织生活、"三会一课"制度，开展处置不合格党员工作，共处置不合格党员2人。投入资金26万元，新建党员活动室1个，改扩村级党员活动室4个；投入资金5万元，更换10个农村党员现代远程教育站点设备，全乡所有村级场所都达到90平米。"七一"期间，表彰先进基层党组织2个，优秀村党支部书记2人，优秀党员13人。扎实开展党的群众路线教育实践活动，通过"360"群众工作站切实解决服务群众"最后一千米"的问题，切实把事情办到老百姓身边，把问题解决在老百姓跟前；全年全乡为党员和群众结对帮扶46户，收集民情信息300余条。2014年黄龙乡党委书记杨淑芹被四川省委评为第五届四川省人民满意公务员。

（黄龙乡）

顾县镇

【概况】

顾县镇位于东经106°23′15″～106°30′07″，北纬30°36′53″～30°42′09″。地处县境北部，东与苟

角镇、天平镇毗邻，南与花园镇接壤，西与双鄢乡、黄龙乡交界，北与东板乡、长田乡相连，距岳池县城19千米。2014年年末，辖广佛寺、丰谷寺、大坝、干坝子、罗家坪、桐子树、骑龙庙、李家堂、付家坳、蒙家湾、大圆岽、南桥坝、鹿子坝、石庙沟、小门路、羊山观、小羊山、梁家坳、马家、团坝、真武桥、红庙寺、大梨、冯家坳、刘家庙、偏旗山、南岳庙、朝阳、火烧坡、胡家庙、石鹤嘴、和平、姜家庙、汪家沟34个村民委员会和顾兴社区居委会，下设248个村民小组、4个居民小组。辖区总户数11709户，总人口4.26万人，其中城镇常住人口1.3万人，有芠、苗、彝、侗等11个少数名族40人，幅员面积57.88平方千米，人口密度为每平方千米762人，耕地面积29513.54亩，林地面积1.23亩。境内最高点海拔662.6米，最低点海拔375米；生产豆干、毛烟、大豆、大蒜、青石等产品。2014年，全镇地区生产总值6.97亿元，完成固定资产投资2.5亿元，非税收入350万元，农民人均纯收入9368元。

【农业经济】

以农民增收为核心，以提高机械化率为途径，加大机械作业推广力度，完成机耕面积22450亩，水稻机收1.6万亩，以高产高效创建活动为抓手，推广良种良法，实施“麦－玉－豆－芋”旱地改制300亩。与南充农科院联合，新引进川优6203、Ⅱ优558等优质高产品种5个，实施优质水稻栽培8000亩。全镇粮食总产量2.32万吨，油料总产量0.23吨。发展畜牧产业，年出栏生猪3.3万头、小家禽18万只。新农村建设顺利推进，8个建新点现已完成规划设计、户型设计、土地平整、招标等各项前期准备工作，已入场施工。

【工商业经济】

招商引资成效明显，协议引资1.53亿元，到位资金1.31亿元，新引进生态观光农业园1个、大型超市2个、电子厂1个、制衣厂2个、玩具厂1个，就地解决务工人员850人，劳务收入200余万元。光明建材、青石食品等规模以上企业越办越红火，全镇工业经济总量不断增加。

【基础设施建设】

通过通村水泥路建设和“一事一议”、扶贫、农村公共服务运行维护等民生工程项目的推动，自筹和接受捐赠资金195万元，省、县、镇三级政府投资1800万元，在丰谷寺村等13个村新建通村水泥路17千米，新建泥结碎石路3千米，便民路1.6千米，建便民桥2座，改善顾双、顾高、高鄢、顾长通乡公路12.6千米，新安装波形防护栏8千米，修错车道55个，增设标识标牌70个，招呼站9个。维修农田灌溉水渠3千米，新建水渠1.1千米，整治山平塘2口，新建机电堤灌站1处，建农村户用沼气池80口，高标准基本农田项目建设工程进展顺利，拟投资1700万元的西溪河流域堤防工程正开工建设。

以特色城镇打造为着力点，实施特色街区打造。投入资金38万元，对顾兴大街整体风貌进行统一塑造，新做具有仿古风情的店招318个，对原有的204株人行道树进行修枝整形，补植同规格绿化树60株，新砌毁损路沿石75平方米，新更换破、松动地板砖800平方米，更换仿古路灯46盏。结合特色集镇“七＋N”工程建设，完善场镇功能；投入资金797万元，对长700米的高速公路连接线（顾县镇平安路）进行拓宽，新增高速公路连接线、北桥河至污水处理厂等污水管网2条7050米，新建标准化公厕1座，污水处理厂正式投入使用。开展“洁净水”行动，对全民水库周边及西溪河流域畜禽养殖污染进行治理，新争取的总投入1700万元的西溪河堤防工程（顾县过境段）已入场施工。

【社会事业】

文化。挖掘曲艺社区底蕴，具地方传统色彩和群众喜闻乐见的腰鼓队、太极拳、太极剑、金城诗社等民间曲艺队伍活跃，自编自导自演节目17个，在顾县演出3场，收到良好的社会效果。开展各项活动，在正月初一自导自编自演春节街头文化活动，在全县开展的“感恩小平、唱响岳池、同心共筑中国梦”中荣获三等奖，在全县举办的“金曲迎春、舞动银城”广场舞比赛中荣获二等奖，配合县级部门开展“送法下乡”巡回演出、坝坝法庭审案模拟活动等。免费开放乡镇综合文化站，解决20户以下自然村收听收看广播电视问题81个，免费放映农村公益电影409.6场，群众精神文明生活日益丰富。

教育。开展贫困学生助学活动，减免贫困家庭在幼儿园保教费115人，全部免除义务教育阶段学生作业本费，做好辖区职教工作，完成中等职业学校送生182人，资助家庭困难职工子女上学7人，救助贫困中小学生15人，救助贫困家庭脑瘫儿童1人，开工建设农村义务教育学校食堂1700平方米，实施农村义务教育学生营养改善4452人。

医疗卫生。实施大病救助116人，救助城乡贫困精神病患者5人，发放医疗救助资金50万元。城乡居民社会养老保险覆盖9884人，参保缴费3344人，城镇居民基本医疗保险覆盖3800人，新农合农村居民参保32402人，参保率97%，实施阳光家园计划，居家托养智力、精神残疾人10人，城乡居民健康档案规范化电子建档率达93%，并对全镇63名职工及集中供养“五保”对象进行1次免费健康体检。

计划生育。全镇新增计生奖励扶助、特别扶助226人，奖扶对象共达1637人。发放独生子女费4.5万元，实施照顾生育55例，其中单独二孩照顾生育44例，实行免费婚前体检192人，计划生育村民自治和“三结合”工作顺利开展，社会抚养费征收秩序规范。

社会保障。坚持以人为本，把惠民富民、改善民生放在首位，全面完成拟办的10类58项民生工程，全镇各类农作物投保面积4.66万亩，总投保金额18.89万元（除国家补贴外），能繁母猪投保2380头，交保费2.86万元。兑付各类粮食作物直补金及综合直补金410.22万元，水库后期扶持款13.8万元，发放农村低保1665人189.81万元、“五保”280人94.53万元、“两参”人员138人52.99万元、复原军人42人32.82万元、伤残军人4人2.23万元，发放临时生活救助1万余元，冬春自然灾害救助资金36万元，90岁以上长寿补贴1万元，80岁以上困难家庭失能老人居家养老服务补助9万元，义务兵优待金365156元。

【安全维稳】

开展领导大接访、机关干部大下访、法律七进等活动，开展“无信访镇、村（社区）”创建活动，共创无信访村（社区）28个，创建率80%。着力实行网格化管理，共划分网格113个，网格人员380人，接待群众来信来访236人次，办结领导交办件32件，调处各类矛盾纠纷204件，解决民生疑难事项183件。以深化“安全社区”建设为依托，开展形式多样的安全生产宣传教育活动，坚持安全生产例会制度，落实领导干部和工作人员“一岗双责制”，开展百日安全大检查和安全隐患大排查、安全生产例会制度，成功开展森林防火应急大演练，强力整治建筑安全、道路、桥梁等各类安全隐患12处，有效地遏制安全事故的发生。

【党的建设】

以党的群众路线教育实践活动为载体，深入村社，走访群众1万余人次，收集梳理出意见建议79条，整改79条。针对镇便民服务中心不便民问题，投入资金10万元，重新打造镇便民服务中心，实现行政审批项目集中柜台式办公。以农村公共服务运行维护活动为契机，对全镇35个村（社区）活动室进行改造升级，确保活动室整体美观，室内干净整洁，室外红旗飘扬，周边环境优美。全镇投入资金10万余元，重新配备新的远程教育电脑、维修广播设备。

坚决落实党风廉政建设有关规定，实行党风廉政建设“四级”责任制度和“一岗双责”制度，开展党风廉政建设“党员牵手活动”，层层签订党风廉政建设责任书492份，廉洁从政承诺书140份。着力打造“廉政超市”“农村廉政书架”“三大公开平台”，增强廉洁氛围，增强党务政务村务等公开透明度。加大案件查办力度,办结县级转办案件13件,自办案件5件,查办党员违纪案件2件,对2名违纪党员给予纪律处分。

(顾县镇)

双鄢乡

【概况】

双鄢乡位于县境北部,属低山窄谷地形,东与顾县镇毗邻,南与花园镇、翠管会接壤,西与兴隆镇、北城乡交界,北与南充高坪区相连。乡政府驻双龙场,距岳池县城15千米。2014年年末,辖赵家坝、石桥坪、白洋庙、寺神庙、中和庙、壶瓶沟、保全寺、三清庙、二郎庙、龙家桥、下马沟、余家庙12个村民委员会和双龙社区居委会,99个村民小组,2个居民小组;辖区总户数3354户,总人口12344人。幅员面积27.94平方千米,耕地面积17292.3亩。土特产品有中国脐橙四号、双龙大蒜、烟叶,风景点有翠湖。2014年,全乡地区生产总值8824万元,社会固定资产投资1.04亿元,社会消费品零售总额1974万元,地方财政总收入141万元,农民人均纯收入9204元。

【农业经济】

种植业。双鄢脐橙被国家农业部评选为中国脐橙四号,被四川省列为农业标准化(中国脐橙四号)示范区,全乡栽植脐橙10000亩80万株,2014年产量1000吨,收入4200万元。

2014年,壶瓶沟村栽植藤椒370亩,建成保全寺村药材产业基地600亩,巩固退耕还林900亩,生态公益林5800亩,形成三线(双响公路线、双顾公路线、双高公路线)两山(马鞍山、凤凰山)一走廊(翠湖围湖走廊)发展规模,成立三个合作社(柑橘蔬菜合作社、药材产销合作社、后扶移民合作社)。

全年粮食总产量6700吨,主要经济作物有油料、蚕桑、蔬菜、水果、烟叶等。油料作物主要以油菜为主,面积3240亩,产量1000吨,蔬菜主要品种有大白菜、白萝卜、胡萝卜、青菜、马铃薯、莴笋、西红柿等,蔬菜种植面积5300亩,产量15500吨,主要水果有柑橘、梨子、桃子、李子等,年产量2500吨,收入1000万元。种植大蒜600亩,烟叶1200亩。养殖业。畜牧业以饲养生猪、牛、羊及家禽为主,发展生猪养殖大户2户,家禽养殖大户3户,出栏肥猪1.7万头,收入1600万元。养牛540头,养羊1000只,家禽(鸡、鸭、鹅)饲养25万只,产禽蛋1250吨,畜牧业总产值2173.5万元,利用塘、堰、池养鱼、水产品产量170吨,养殖业人均增收300元以上,畜牧业占农业收入46%。

劳务产业。组织全乡实用技术培训,培训缝纫、计算机、保安、焊工等农民实用技术培训3000人次,劳务技能技术培训600人次,青年劳动者技能培训30人,新型农民培训50人,劳务输出4700人次,劳务收入3900万元。城镇新增就业人员20人,城镇失业人员再就业5人,就业困难人员再就业3人,城乡残疾人居家灵活就业160人。

【工商业经济】

引进电子厂1家。全乡有个体工商户162户,工商大户4户,办农家超市13个。农产品加工厂2个,酒厂2个,页岩机砖厂1个,完成商标注册3户。全年全乡实现工业总产值1800万元。

【基础设施建设】

修建双(鄢)顾(县)水泥路1.4千米,石桥坪村通村水泥路1千米,白羊庙村通村水泥路2千米,中和庙村通社水泥路2千米,二郎庙村通村水泥路1.5千米,余家庙村通村水泥路3千米;整治壶瓶沟、保全寺、三清庙村山平塘9口、蓄水池2口。

完成场镇绿化,栽人行道树(桂花)270株,安装场镇居民天然气,改建公厕1座,新建公厕1座。严格整治"双违"建设,开展城乡环境综合治理,实现村容整洁、村风文明。

在场镇,规范化建造商品住房2000平方米;

在农村,办理农房改造15户,迁建20户,完成危房改造4户,80%农户住上宽敞明亮的楼房。

落实村级公共服务设施运行维护补助60万元,完成农村客运投放,建日间照料中心1座,实施6个村农村公路安保设施建设。新建二郎庙村级活动室100平方米。

【社会事业】

文化。2014年年末,规范乡中心文化站1个、村(社区)文化室13个、农家书屋13个,实行对群众免费开放。有综合性业余文艺演出队1个,业余舞蹈人员20人,中老年腰鼓队1个,有300平方米的综合文化站,增设计算机、音像、棋类、办公桌、图书等设施,每月每村放映公益电影1场,并组队参加县上组织的节日庆典文艺演出。

教育。建成远程电化教育站点13个。巩固九年制义务教育,实行"两免一补"。全面推进素质教育,适龄儿童入学率100%,改善农村义务教育学生营养815人,资助困难职工子女上学5人,资助困难学生9人,减免贫困家庭在园幼儿保教费15人。救助贫困中小学生20人,资助贫困中小学生40人。2014年年末,有幼儿1所,学生120人;小学1所,班级12个,在校生1100人,在职教师62人。

医疗卫生。2014年年末,有乡卫生院1所,村级卫生室12所,有专业医务人员30人,另有从业执照的私人诊所2家。实行新型农村合作医疗保险,合作医疗保险参保人数10579人,参保率达98%。建立疾病、重病和传染病应急处理机制,提高应对各类突发公共卫生事故能力,全面实施药品、食品"放心工程",开展防疫、疫苗接种,全乡无重大疫情发生。

计划生育。实施出生缺陷干预工程和自觉落实长效避孕节育措施奖励政策,落实计划生育免费孕前优生健康检查55人,建立计划生育"三结合"基地1个,落实计划生育"三结合"帮扶35户,建生育文化大院28个、计划生育中心户46户,落实农村计划生育家庭奖励扶助396人、特别扶助18人。全年全乡出生人口122人,符合政策生育率82.4%,人口出生率9.84‰,人口死亡率5‰,人口自然增长率4.84‰,综合节育率86%。

社会保障。2014年年末,享受农村最低生活保障617人,解决困难群众生活补助120人。农村"五保"40人,集中供养36人,完成城乡居民社会养老保险覆盖人数2497人,参保缴费人数843人。完成城乡居民健康档案规范化电子建档率93%,59户农村低收入家庭得到扶助。下岗失业人员再就业20人,其中就业困难再就业6人,4名精神病患者和15名大病人员得到医疗救助,257户贫困户得到物质资金救助,14户无房户建新房,改造危房户4户,及时向伤残军人、复员军人、"两参"人员、带病回乡人员等各类优抚对象77人发放优待金。

【安全维稳】

安全生产。建立安全生产保障机制和应急救援预案,乡政府与乡级单位及村(社区)委会签订安全生产目标责任书,实行"一岗双责"责任制,各单位、村(社区)委会选配安全生产监督员、管理员、森林防火巡山员、地质灾害监测员、水上交通安全员和监督员。在二郎庙村开展地质灾害安全防范和应急救援演练。加强森林防火巡山制度,每月20日召开驾驶员、行船员企业业主、村主任安全工作例会。6月开展打非治违"安全生产月"主题活动。

信访维稳。推进依法治乡战略,实施"六五"普法宣传活动,开展"平安创建"活动,加强社会治安综合治理,建立健全防范体系,深入排查并化解矛盾纠纷,实行重点监控制、落实首问责任制、领导接待制、干部下访制、辖区负责制、按时报告制,执行"一岗双责"责任制,及时解决群众的合理诉求,化解不稳定因素,帮助困难群众,杜绝上访人群。全年受理群众来信来访56件,受理率100%,化解各种不稳定因素31件,调解各类矛盾纠纷59件。

【党的建设】

全年召开党委会6次，专题研究党建工作和党风廉政建设，解决基层党建工作难题12个，召开村五职干部会议5次。开展党的群众路线教育实践活动，查找并整改“四风”问题51条，制定修改完善各项制度5个。坚持主要领导“三个不直接”分管制度，进行岗位风险排查，发放党风廉政风险卡50人次，进行警示70人次、告知和纠错15人次。

强力整顿后进村党组织，选派农村工作经验丰富的2名乡镇中层干部到村任第一书记，确保全乡2个后进村党组织的转化升级。开展民主评议党员工作，对2名不合格党员进行处置。对全乡150名外出流动党员进行登记造册。“七一”期间，投入8000元慰问贫困党员50人。严把党员入口关，全年发展党员5人，预备党员转正5人。

按规定发放村社干部报酬，落实村干部医疗、养老保险待遇并拔付村社区办公费26万元。全年投入15万元，对2个行政村（社区）的党员活动室进行维修升级；投入5万元，更新13个支部远程教育设备；投入10.5万元，新建二郎庙村党员活动室。

开展“走基层”“三联五帮”等活动，解决服务群众“最后一公里”问题。每位乡机关干部联系1个村和5户困难群众，为群众育苗送农膜2吨、肥料5吨，帮扶困难群众100人，开展乡机关党员到社区参加志愿服务活动，为社区解决实际困难20件。加强党风廉政建设和反腐败工作，整治乡村干部“庸懒散浮拖”和“走读”等现象，查处村干部作风问题3人，诫勉谈话4个，查办党员违纪案件1件。

（双郪乡：龙英杰）

东板乡

【概况】

东板乡位于东经106°24′58″～106°28′11″，北纬30°41′17″～30°45′41″。地处县境东北部，东与长田乡毗邻，西南与顾县镇接壤，西北与南充市高坪区胜观镇相连。乡政府驻东板村，电话区号0826，邮编638311，距岳池县城25千米。G42（沪蓉）高速、省道S203（仪华）线穿境而过。2014年年末，辖新桥河、三拱桥、好强沟、东板、大屋场、罐子垭、红坡、小尖坡、回龙庵、郭家庙10个村民委员会和金城山社区居委会。幅员面积22.41平方千米，耕地面积5385亩，森林面积1.5万亩。全乡总户数2851户，总人口9367人，主产水稻、小麦、玉米、红薯、油菜。境内有丰富的矿泉水和天燃气资源。2014年，全乡固定资产投资1650万元，公共财政收入467万元，社会消费品零售总额1073万元，农民人均纯收入8064元。

【农业经济】

2014年，三拱桥村栽植核桃1200亩，郭家庙村、回龙庵村栽植桃树1000亩。县人大代表、红坡村党支部委员李克华建标准养殖场700平方米，存栏蛋鸡5000余只，出售鸡蛋60余吨，获纯利20余万元。

【工商业经济】

商业以个体经济为主，场镇有日用百货零售店6家、通信服务营业厅1家、家电维修店1家、餐饮店3家。2006年，中国石油西南油气田分公司川中油气矿在回龙庵村建立采气站，日产天燃气1300标立方米。

【基础设施】

加强农业基础设施建设，改善农村生产生活条件，建成高标准基本农田1226.77亩，整治公路3840米、山平塘2口、水渠1千米、堡坎1处，修建及整治涵洞16处，规划建设污水处理站1座，完成沼气池建设25户。向上争取公路建设项目，投资100余万元，修建回龙庵村社级公路4.1千米；投资25万元，整治回龙庵村公路危桥1座；投资1万元，整治郭家庙村因山体滑坡引发公路安全隐患1处。对西溪河流域东板乡境内1个畜禽养殖场开展治污处理，新建大型沼气池1个，完善各项配套设施。通过向上争取公路安保工程建设项目，投资150余万元，在6个村增设错车道50处、波形防护栏5860米、交通标志标牌55个、客运招呼站6个，在全乡正式开通农村客运。完成农村危房改造任务9户，打卡直发危改补助金6.45万元。完成1个行政村通宽带、4个自然村通电话项目，开通用户64户。在全乡10个村实施公共服务设施运行维护补助项目工程，实施项目25个，发放补助资金50万元。投入资金9万余元，对新桥河村4组明家堰人行桥进行加固、整治排危。投入资金1万元和1.85万元，分别对新桥河村1组、小尖坡村5组公路桥安装安全护栏，排除安全隐患。

【社会事业】

教育。在全乡形成讲科学、讲文明、讲礼貌、讲卫生的良好氛围。巩固九年制义务教育成果，实行“两免一补”，全面推进素质教育，适龄儿童普及率达100%，入学巩固率99%。

文化。实施电影下乡民生工程，全年农村放映公益性电影121.9场次。利用11个村（社区）农家书屋开展全民读书活动，特别是通过暑假期间开展学生在农家书屋读书活动，书写读书心得征文比赛40余篇，其中向上选送优秀征文4篇。

医疗卫生。组织开展公共医疗卫生服务，加强医药管理，提升医疗服务水平；切实做好新型农村合作医疗保险，牵头组织开展2015年度新农合筹资工作，完成县目标任务的100%；狠抓狂犬病防制工作，确保公共卫生安全。组织畜牧、卫生、公安等相关部门开展狂犬病综合防治工作，免疫犬只576只，免疫率达100%；规范饲养方式，实行犬只拴养和准养办证制度，办证率和拴养率均达100%；捕杀违规饲养犬只102只。

社会保障。扩大就业规模，提高就业质量，实现城镇新增就业人员20人、城镇失业人员再就业10人、就业困难人员再就业3人，对140名残疾人进行技术培训，提供生产物资物资折合现金1.53万元，帮助实现居家灵活就业。落实城乡医疗救助政策，将符合条件的17名患者均实施医疗救助55075元。帮扶资金2万元，为13名残疾人适配基本辅助器，帮助20名农村贫困残疾人发展生产。采取现金、物资资助、技术扶持等形式对农村贫困户实行结对帮扶，对42户150人进行帮扶。资助5名家庭困难职工子女上学，提供资金1500元。对全乡560名在校学生免除农村义务教育阶段作业本费，并全部纳入农村义务教育学生营养餐改善计划，减免贫困家庭在园幼儿保教费22人，减免费用1.16万元。年度新农合参保7913人，城乡居民社会养老保险参保人数2000余人。为240名困难家庭失能老人和80周岁以上老人提供居家养老服务，发放补助金7.2万元。资助60名重度残疾人，并发放护理费。对2名重度精神病患者实施彩金项目精神病免费服药资助。通过“新农合+民政大病救助”方式，协调解决4名贫困精神病患者1个疗程医疗费用。

【安全维稳】

深入开展党政领导“大接访”和机关干部“大下访”活动，全面落实乡领导包案制度，化解积案和解决突出问题，接待群众来信来访100余人次；深化网格化管理，妥善及时处理辖区内群众的各类诉求，全乡有效调处各类纠纷矛盾25起，解决群众各类诉求12起。强化安全生产管理，全年排查整治各类安全隐患130处，查处各类安全生产违法违规行为180起，处罚款6万余元，保持全乡安全生产“零事故、零死亡”的目标。

【党的建设】

开展群众路线教育实践活动。成立以乡党委书记为组长的群教活动领导小组，按照“为民务实勤廉”要求，制定群教活动实施方案和步骤；乡党委组织全体党员干部加强学习，始终聚焦“四风”，努力提升思想素质。坚持开门纳谏，广泛征求意见和建议，深入查摆问题，认真撰写对照检查材料，扎实开展交心谈心活动；高质量召开专题民主生活会，对收集到的意见和建议、全面深入自查、班子成员间相互提、上级领导点出的问题进行全部整改落实，真正做到“洗洗澡、治治病”。

强化廉政风险防控管理。成立以党委书记任组长、乡长、纪委书记为副组长，财政所、民政所、计生办、村镇建设中心等相关单位负责人为成员的廉政风险防范管理工作领导小组。组长全面负责廉政风险防范管理工作，副组长负责对各项措施的督导和落实情况进行监督，领导小组下设办公室，由纪检干部具体负责开展廉政风险防控管理工作的日常办公。落实廉政风险防控工作责任制，严格履行“一岗双责”。在廉政风险防控上，注重针对关键岗位和重点环节，努力查收财政、用地等廉政风险点，分析查找容易诱发不廉洁行为、腐败问题的部位和环节，建立健全相关行政业务内控约束管理制度，规范办事程序和公开工作，加强堵塞漏洞，消除隐患。

（东板乡：杨川）

长田乡

【概况】

长田乡地处县境东北部，东与鱼锋乡、天平镇毗邻，西与东板乡接壤，南与顾县镇交界，北与金城山相连。乡政府驻地长田村，距岳池县城24.5千米，幅员面积22.19平方千米，东西北三面地势较高，南方稍低平，田多而土少，地形狭长，属深丘地带，间有小平原。有发源于金城山山麓的金城河穿境内向东流入苟角镇全民水库，西而下广安渠江，海拔高度760米，相对高度200米，属于亚热带地区，年平均最高温度17.7℃，最低温度3.6℃。长田乡小学学校有中心校1所，村小5所，其中基点校2所，私人办学1所，在校学生533人，共有教职员工35人，其中本科25人、大专8人、中师及高中2人；乡卫生院占地面积165平方米，职工5人，年效益8万元。辖赵伯庙、烂堰、庆余、道清寺、将军、长田、木鱼井、黑山、红坡梁、顺天寨、朝天寺11个村民委员会，84个村民小组，2554户，9196人，有汉族人口9170人，回、苗、藏等少数民族22人。全乡耕地面积512.33公顷，林地597公顷，园地90.66公顷。主要农特产品有中国四号脐橙、西瓜、猕桃、优质脆红李、藤椒、大红枣。旅游风景点有由长田乡直通避暑胜地金城山森林公园，山脚风景怡人的金城湖、顺天寨寨门遗址等。2014年，全乡社会固定资产投资完成5533万元，社会消费品零售总额800万元，农民人均纯收入6320元。

【农村经济】

大春种植水稻6130亩，其中旱育秧4830亩，总产量3120吨；玉米1660亩，总产量729吨；红薯1241亩，总产量820吨；大豆2945亩，总产量438吨；马铃薯725亩，总产量63吨；其他粮食141亩；出栏优质生猪1.25万头、牛820头、羊1100头、兔11万只、小家禽13万只。

组织技能培训3950人次，其中农民实用技术培训3800人次，新型农民培训50人，劳务扶贫培训100人次；农村劳动力技能培训60人次，实现劳务收入2075万元。

引进业主在黑山村建立肉牛、肉兔养殖基地，年出栏肉牛800余头、肉兔10万余只；发展藤椒种植产业，种植藤椒3000余亩；在红坡梁村种植西瓜300亩，引进业主在将军村种植大棚蔬菜，发展大棚8个30亩，育苗1.2万株；在朝天寺村种植名特优（金桂、银桂、罗汉松）树种27亩，发展木质原料林1500亩；引进豆汁食品加工企业，做大做强五香豆腐干产业；协议引资125万元，到位资金80万元，就地解决劳动力80人。

【基础设施建设】

新建沼气池15口，11个行政村通广播，对37.6千米村级公路进行养护。整治山平塘3口，新建蓄水池2口。新建垃圾中转站1个，新建邮局1所，敬老院1个、农家书屋3个，健全11个村级医疗卫生服务站设施。

【民生工程】

为全乡2554户农户发放粮食直补和综合直补资金123万元,退耕还林资金40万元;水稻良种补贴6130亩9.17万元,玉米良种补贴1660亩1.5万元,油菜良种补贴1790亩1.9万元;完成新增城乡就业岗位30个,帮助18名下岗失业和无地农民再就业,其中就业困难对象再就业5人;完成农村劳动力技能培训3000人,农村困难群众年人均医疗救助标准140元,帮助20名农村贫困残疾人发展生产,年均增收100元;参加新型农村养老保险1478人,占总人口的15.3%;办理城镇低保户9户9人,发放低保金1.94万元;办理农村低保280户333人,发放低保金29.17万元;解决农村"五保"72人,发放"五保"金12.96万元;医疗救助65人,发放救助金7.27万元;办理优抚对象130人,发放优抚金18.5万元;落实光明工程2例,救灾救济245人12万元;参加新型农村合作医疗保险8114人,参保率97%;完成居家托养智力、精神和重度残疾人数4人;建设基层医疗卫生机构信息平台的村卫生室11个,完成农村危房改造11户;修建长田乡庆余村通村水泥路5千米,木鱼井村通村水泥路1.3千米,改造农村电网类线路4.6千米;巩固退耕还林成果2000亩,救助贫困学生5人,救助农村特困精神病患者1人,帮助10名贫困党员脱贫致富。

【社会事业】

全乡投资8000元,资助小学生10人、初中生5人、困难职工家庭的高中生5人。在教师节期间,乡政府投资1万元,对优秀教师进行慰问表彰。通过开展母亲健康直通车活动,对200名妇女进行免费健康检查;对全乡村民建立卫生档案,建档率100%;坚持贯彻"三不变",落实"三为主",推行"三结合",落实计划生育家庭奖励扶助政策和独生子女优待政策。

【党建工作】

开展基层组织建设,深入推进争先创优活动,全乡深化"三村建设""双向培养"和"支部加协会"工作,创建"五个好"乡镇党委,有十个村党支部获得"五个好"基层党组织称号。开展好干部进千村、党员联万家活动,全乡下派2名党委领导班子成员,深入薄弱村担任第一书记;抓好新党员的发展工作,发展党员8人,培育入党积极分子18人。加强对"一村一名大学生"干部工作和下派干部活动,跟踪了解大学生"村官"到村任职履职情况,注重发现和培养新典型。

（长田乡:唐果）

苟角镇

【概况】

苟角镇位于县境东部,东与广安区悦来镇、彭家乡毗邻,南与镇龙乡接壤,西与顾县镇、花园镇交界,北与天平镇相连;镇政府驻大田街17号,电话区号0826,邮政编码638312,距岳池县城22千米。2014年年末,辖饭滩桥、羊子山、雷打石、石龙桥、花庙子、倒碑、老面房、红土地、烂朝门、懒土地、白云观、乡里祠、白鹤观、小麦山、灯草行、水浮山、方石坝、大梨树、古坟梁、杨家桥、蛤蟆口、官斗山、墨斗溪、马应山、朱家坝、庵堂沟、南溪桥、范家坝、双土地、回龙庙、安家坝、曾拱桥、薛家坪、圣德山、熊家沟、凉水井、石板坡、回龙寺、吴家坡、红朝门、高岩头、桂林桥、风门坳、安乐寨、关公庙、走马坪、长五间、猫儿石、四方井、三清50个村民委员会,龙桥和金龙社区居委会,下设318个村民小组、8个居民小组;辖区总户数18118户,总人口55146人,幅员面积68.95平方千米,耕地面积36600亩,林地面积0.8万亩。地形多为浅丘兼平坝;土特产品有土鳝鱼、板鸭。2014年,社会固定资产投资2.6亿元,社会消费品零售总额1.35亿元,地方财政总收入1396万元,外出务工劳务收入1.4亿元,农民人均纯收入9846元。

【农业经济】

2014年，全镇粮食总产量26523吨，其中水稻18500吨、小麦4200吨、玉米2208吨、马铃薯145吨、红薯1190吨、其他280吨。主要经济作物有油料、蚕桑、蔬菜、水果等。油料作物面积9900亩，产量1100吨，其中油菜面积9500亩、产量1050吨；蔬菜主要品种有大白菜、白萝卜、胡萝卜、莴笋、西红柿等，蔬菜种植面积6200亩、产量1.32万吨；主要水果有柑橘、梨子、桃子、李子等，年产量150吨，经济总收入0.4亿元。

在大梨树村、古坟梁村、水浮山村进行移民后扶整村推进项目，投入900余万元，新建休闲观光鱼塘3口，整治山平塘7口，新修1.5米宽生产便道25千米，整修石渠2千米，种植猕猴桃800亩。

【基础设施建设】

投资800余万元，硬化村级路11.5千米，新修泥结碎石路5千米，新建农村沼气池143口，完成危房改造60户。2014年年末，天然气用户1350户，自来水用户3922户，金融网店3个。

【社会事业】

文化。2014年年末，有县级文物保护单位4处；有中心文化站1个、村级文化室50个、农家书屋50个；有综合性业余文艺演出队员111人，其中：业余舞蹈队员45人，业余曲艺队员26人，中老年腰鼓队40人；有300余平方米的综合文化站，全镇放映公益电影600余场次。

教育事业。资助贫困中小学生30人，减免贫困家庭在园幼儿保教费90人，全部免除义务教育阶段学生作业本费，255人进入中等职业学校学习，建成1000平方米学校食堂。2014年年末，有幼儿园所6所，在园幼儿1062人；中小学5所，在校生4401人，在职教师275人。

医疗卫生。2014年年末，有中心卫生院1所、村级卫生室51所，新型农村合作医疗参保人数44785人。

计划生育。全镇出生人口591人，符合政策生育率86.6%；人口出生率11.03‰，人口死亡率9.65‰，人口自然增长率1.38‰，综合节育率91.63%。

社会保障。2014年年末，享受城镇最低生活保障人数341人，享受农村最低生活保障2379人；农村“五保”340人，集中供养46人；参加农村和城镇基本养老保险18283人；下岗失业人员和失地无业农民再就业40人，其中就业困难再就业5人。及时向伤残军人、复员军人、“两参”人员、带病回乡人员、“三属”等各类优抚对象633人，发放优待金229.87万元。

【安全维稳】

安全生产。召开水陆交通、建筑安全、食品安全等安全会议120次，张贴宣传标语220幅。重点抓好道路交通安全集中整治、安全生产规范化建设、“百日”安全、安全生产月、打击非法经营建设行为等活动，查处道路交通安全违章行为1.5万起，排查整治安全隐患5处。2014年，苟角镇成功创建“市级安全社区”，获“广安市安全社区”称号。

信访维稳。组织到校讲法制课8次，举办镇村干部学法培训班12期；及时解决群众的合理诉求和矛盾纠纷，受理群众来信来访78件，受理率100%；化解各种不稳定因素50余起，调解各类矛盾纠纷150余件。

【党的建设】

学习贯彻落实中央、省、市、县重大决策部署以及党的十八届三中全会精神，全面深化群众路线教育实践活动。全镇发展党员22人，培养积极分子279人。

（苟角镇：邓勇、钱秀红）

天平镇

【概况】

天平镇位于县境东北部，东与广安区郑山乡、兴平镇毗邻，南与苟角镇接壤，西与鱼峰乡、长田乡、顾县镇交界，北与蓬安县风石乡、银汉镇相连。镇政府驻土地坳村，电话区号0826，邮政编码638312，距岳池县城35千米。2014年年末，辖干井、长河扁、莫家河、印家坝、王家岩、先锋观、何家坳、土地沟、英角、桥亭子、李家坝、胡家庵、金龟桥、新安寺、秦家垭、水口、蒋山镇、蒋家庙、唐家店、垭口、罗家坝、高坝嘴、胜利、石家沟、土地坳、回龙、金龙庙、五圣庙、张家沟、黎家沟、团坝子、八块田、代家梁、杨家堂、白纸山共35个村民委员会和滨河社区居委会，下设251个村民小组，2个居民小组；辖区总户数9127户，总人口3.64万人，幅员面积65.99平方千米，耕地面积27327亩。地形多为低山，境内最高点海拔532.8米，最低点海拔384.8米；风景点有回龙水库象鼻河，罗家坝村三元寨。2014年，全镇农业总产值10558万元，地区生产总值19597万元，社会固定资产投资5741万元，社会消费品零售总额8023万元，外出务工劳务收入8671万元，农民人均纯收入8245元。

【农业经济】

种植业。2014年，全镇林地面积11059.59亩、公益林4929.8亩、生态林9456.7亩、退耕还林面积3134.5亩。粮食总产量20795吨，其中水稻12848吨、小麦1245吨、玉米2612吨、马铃薯764吨、红薯1511吨、其他493吨，油菜面积8439亩、产量1322吨。

养殖业。规模化标准化改造畜牧养殖基地5个，年出栏山鸡3万只，出栏生猪1080头，出栏山羊300头。全年生猪肉产量20816吨；家禽（鸡、鸭、鹅）饲养28万只，产禽蛋560吨；畜牧业总产值6743万元。水库养殖面积2000亩、鱼产量260吨，鱼塘养殖面积200亩、鱼产量148吨，渔业总产值889万元。

【工商业经济】

2014年年末，境内有竹子加工厂2个，砖厂1个，酒厂6个，预制厂2个；有个体工商户62户，有1处农贸市场；全年全镇实现工业总产值12894万元，全年社会商品销售总额2860万元。

【基础设施建设】

完成罗家坝村整村推进新村扶贫1个，完成村级公益事业“一事一议”财政奖补项目村10个，新建水泥路14.8千米，新建便民路3千米，整治烂路12千米，新建公厕1个，建设城镇社区日间照料中心1个，维修渠道12千米，新建农村沼气池100口，完成危房改造30户，农村残疾人家庭无障碍改造3户。

【社会事业】

文化。有中心文化站1个、农家书屋35个。放映公益电影420场。

教育。救助贫困中小学生47人，资助贫困中小学生12人；2014年年末，有幼儿园所9所，在园幼儿386人；小学4所，在校生1598人，在职教师71人；初中2所，在校初中生765人，在职教师54人。

医疗卫生。2014年年末，有镇卫生院1所、村级卫生室35所，有专业医务人员4人；另有从业执照的私人诊所26家。新型农村合作医疗参保人数29759人，参保率97%；城镇居民医疗保险覆盖150人。

计划生育。全镇出生人口370人，符合政策生育率84.59%；人口出生率10.88‰，人口死亡率9.1‰，人口自然增长率1.78‰，落实节育措施110例。

社会保障。2014年年末，享受城镇最低生活保障人数54人，享受农村最低生活保障1719人；农村“五保”198人，集中供养98人；参加城镇基本养老保险3084人，参加农村养老保险8579人；下岗失业人员和失地无业农民再就业50人，其中就业困难再就业5人。

【安全维稳】

安全生产。镇政府与辖区各单位及村民委员

会签订2014年安全生产目标责任书，制订完善各类应急救援预案，选配安全生产监督员和管理员，实现安全生产网络化管理和安全生产管理无缝对接。采取召开会议、创办宣传栏、黑板报，张贴标语、上街设立宣传咨询站、举办培训班等多种形式进行宣传。全年召开水陆交通、建筑安全、食品安全等安全会议12次，张贴宣传标语28幅。重点抓好道路交通安全集中整治、安全生产规范化建设、“百日”安全、安全生产月、打击非法经营建设行为等活动，查处道路交通安全违章行为207起，全年开展安全生产大排查24次，发现安全隐患60余处，现已整改60余处。全年查处违法车辆600余辆。

信访维稳。实施法制宣传，组织到校讲法制课4次，举办镇村干部学法培训班12期；及时解决群众的合理诉求和矛盾纠纷，受理群众来信来访48件，受理率100%，化解各种不稳定因素23起，调解各类矛盾纠纷32件。

【党的建设】

按照为民、务实、清廉的要求，加强干部队伍作风建设，开展党性党纪党风教育和警示教育，全面落实党风廉政建设责任制，教育、督促政府班子成员廉洁自律，有效防控廉政风险，反腐败工作和惩防体系建设得到加强。推行政务公开及村(居)务、校务、院务公开，强化民主监督。严格执行“八项规定”“五个禁止”“十个不准”，坚决查纠“四风”，严肃财经纪律，“三公”经费支出均比2013年同期有较大幅度下降，开展“中国梦”和“党的群众路线教育实践”活动，干部作风持续转变，党风政风和社会风气有所好转。

（天平镇：尹进）

鱼峰乡

鱼峰乡地处县境东北边陲，东南与天平镇毗邻，西与长田乡接壤，西北与南充市高坪区胜观镇交界，北与南充市蓬安县兴旺镇、凤石乡相连。乡政府驻骑龙场，电话区号0826，邮政编码638312，距岳池县城36千米。2014年年末，辖骑龙、川主、华凤庵、大石门、金城、顺天、老门垭、八桅、周家寨、鱼峰、打鼓寨、周家堂、临碑匾、龙泉沟14个村民委员会和龙凤社区居委会，下设93个村民小组、5个居民小组。辖区内有3685户，总人口12904人。东西最大距离6.26千米，南北最大距离10.5千米，幅员面积30.12平方千米，耕地面积10440亩，林地面积20428亩。地形多为低山，境内最高点曹天子海拔821.6米，最低点杨家大田海拔409.7米。土特产品有林下土鸡、金城野猪、黑木耳等，风景点有金城后山、象鼻河等。

【农业经济】

2014年，全乡粮食总产量7274吨，其中水稻4144吨、小麦526吨、玉米890吨、马铃薯658吨、红薯1056吨。主要经济作物有油料、蚕桑、蔬菜、水果等。油料作物面积206亩，产量372吨，其中油菜面积188亩、产量327吨；蔬菜主要品种有大白菜、白萝卜、胡萝卜、莴笋、西红柿等，蔬菜种植面积427亩。

2014年，畜牧业以饲养生猪、羊、牛、兔及家禽为主，发展年出栏500头以上生猪大户2户；全年生猪出栏1.4万头；牛饲出栏216头；羊出栏1300只；兔出栏0.7万只；家禽(鸡、鸭、鹅)出栏12万只。

【工商业经济】

2014年年末，境内有酒厂2个；商业网点遍布街区，形成以百货批零、电子、服装、医药、餐饮娱乐为骨干的特色街区；有个体工商户182户，全乡实现工业总产值465万元。

【基础设施建设】

投资600万元，新修村级水泥公路10千米、泥结碎石路4千米，整治山平塘2口。新建农村沼气池20口，完成危房改造10户。2014年年末，有邮政网点1个,电信服务网点1个。加快小区建设步伐,完善已建道路的绿化、亮化和其他相关配套;街道道路总长度2千米,天然气用户500户。

【社会事业】

文化。2014年年末,有省级文物保护单位1处;有中心文化站1个、村级农家书屋15个;全年放映公益电影170场。

教育。2014年年末,有幼儿园6所,在园幼儿160余人;学校4所,在校生1050人,在职教师57人;高级3人,中级20人,初级15人。乡政府资助贫困中小学生7人1400元。

医疗卫生。2014年年末,有乡卫生院1所、村级卫生室14所,有专业医务人员26人;另有从业执照的私人诊所10家。新型农村合作医疗参保人数10642人,参保率99%;城乡居民医疗保险覆盖30人。

计划生育。全乡出生人口127人,符合政策生育率82.68%;人口出生率9.75‰,人口死亡率7.14‰,人口自然增长率2.61‰,综合节育率86.04%。

社会保障。2014年年末,享受城乡最低生活保障人数10人,享受农村最低生活保障468人;农村“五保”86人;参加城乡基本养老保险3985人;城镇失业人员再就业15人,其中就业困难再就业5人。

环境综合治理。场镇新添环卫推车4辆,添置更换垃圾桶10个,重新规划车辆停放点6个和个体摊点5处。在公路沿线新建垃圾池10个,改善农村环境,形成农村“环境优美、生态良好、风貌协调、庭院美化、村容整洁、乡风文明”的新气象。

【安全维稳】

安全生产。乡政府与辖区各单位及村委会签订安全生产目标责任书,制订完善各类应急救援预案,选配安全生产监督员和管理员,实现安全生产网络化管理和安全生产管理无缝对接。全年召开水陆交通、建筑安全、食品安全等安全会议35次,张贴宣传标语30余幅。重点抓好道路交通安全集中整治、安全生产规范化建设、“百日”安全、安全生产月、打击非法经营建设行为等活动,查处道路交通安全违章行为1000余起,排查整治安全隐患5处。

信访维稳。实施“六五”普法宣传,组织到校讲法制课6次,举办乡村干部学法培训班12期;为群众办理各种便民服务事项9000余件,其中乡便民服务中心办理4000余件,村便民服务办理5000余件。及时解决群众的合理诉求和矛盾纠纷,受理群众来信来访20件,受理率100%,化解各种不稳定因素30起,调解各类矛盾纠纷60件。

【党的建设】

“七一”前夕,组织慰问贫困党员60人,救助60岁以上贫困党员3人。全年培养入党积极分子30人,发展党员5人;筹资30余万元,新建成华凤庵村标准化村级党员活动室,打造标准化村级党员活动室7个。开展“双向承诺”,增强各党支部的凝聚力及亲和力;完善村“三员”制度,聘任群众诉求代理员,为民解决诉求180项。

(鱼峰乡)

罗渡镇

【概况】

罗渡镇地处县境东南部,东与中和镇毗邻,南与伏龙乡接壤,西与赛龙镇、齐福乡交界、北与广安区广罗乡相连。镇政府驻兴罗街160号,距岳池县城28千米,距广安市区13千米。2014年年末,辖邹家坪、黄角湾、瓦窑沟、柏树嘴、石门子、戚家沟、云门寺、楼房湾、陈家堂、歇马台、玉王观、长春桥、吊岩石、化龙桥、桐子坪、临水寺16个村民委员会,兴盛、临江2个社区居委会,108个村民小组,9901户,3.33万人。耕地面积12375亩,地形多为浅丘。场镇面积2.9平方千米。有4座水库,50口塘堰,辖区东西最大距离7.71千米,南北最大距离7.09千米，幅员面积28.72平方米。境内最高点海拔366.4米，最低点海拔210.4米。特产品有沙灌萝卜、沙土红薯等。2014年，罗渡镇成功创建为“全国重点镇”“全省百镇建设试点镇”“省级环境优美示范镇”“省级卫生场镇”“广安市安全社区”。全年实现地区生产总值3.12亿元，社会固定资产投资3.9亿元，规模以上企业产值实现5.2亿元，农民人均纯收入9200元。

【经济发展】

农业经济。壮大种养业，引进牧歌农场、一品龙虾、恒大泥鳅养殖大户3家，发展戚家沟沙罐萝卜、楼房湾生猪养殖、长春桥泥鳅养殖等专业合作组织3个，做强千亩绿色无公害蔬菜种植基地。探索农业经营模式，健全完善“支部＋协会”的管理模式，提高农村经济合作组织的服务带动功能和抵御市场风险的能力，畜禽、生猪销售渠道畅通，泥鳅、龙虾等水产品销往上海等地。

工业经济。高新区建设快速推进，完成790余亩工业用地征地拆迁工作，高新大道立项、设计、招标、征地工作顺利实施，正在修建骨架道路，还建房建设全面完成基础开挖，园区承载能力有效提升。引资引智成绩突出，新签约项目3个，协议引进资金3.2亿元。博先机械制造、博星机车配件已完成入驻相关手续。高新区投资公司顺利组建，注册资金3000万元，园区建设、企业融资更加方便。

商贸经济。精心制作“网罗天下·舟渡四海”VI(形象识别)系统、LOGO、名片、海报和3D动漫宣传片，快速提升罗渡知名度与影响力。重庆百货大型超市、个体友好医院、金店等商贸企业纷纷入驻罗渡，人气商气更加兴旺，全年新增个体工商户460户，新注册商标7件，限上商贸企业增加至92家，社会消费品零售总额2.1亿元。

【基础设施建设】

加大山水田林路整治，维修山平塘11口，修建便民路11.5千米，新建通村水泥路3.5千米、沼气池52口、屯水田50亩。全年争取“一事一议”财政奖补资金210.68万元，夯实农业发展基础。“七个一工程”建设推进有力，新建标准化公厕2座，整治农贸市场1处，打造特色街区400余米，涵盖200余户商户；公办幼儿园建设极将完工，污水处理站和配套管网工程即将竣工，小学整体搬迁项目正加紧建设，垃圾中转站已完成规划选址。开展“双违”治理，发出停工通知21份，场镇7处未完善手续工地全面停工，拆除农村违法搭建彩钢300余平方米。

【安全维稳】

检查企业、商户、工地、交通、矿山安全生产40余次，排查隐患23处，整治安全隐患22起。办安全宣传专栏12期，开展安全知识培训16次，上路检查车辆2517台次。注重应急管理，全力抗击“9·13”洪灾，实现人员零伤亡；组建民兵连，成功扑救山火6次。加强食品药品监管，群众满意度大幅提升。推进法治建设进程，广泛开展“六五”普法活动。实施网格化服务管理，构建一体化防控体系，打击违法犯罪，全年刑事案件1件，治安案件26件。开展“无信访乡镇、无信访村(村区)”创建活动，成功化解信访积案5起。开展大调解工作，排查不稳定因素12起，调处矛盾纠纷300起。

【社会事业】

文化。加强镇宣传文化中心阵地建设，配齐相关硬件设备，免费向群众开放；扩建社区书屋2个，藏书2300本。

教育。在教师节之际，召开全镇教育工作表彰大会，镇财政出资3万余元，慰问教师，表彰优秀教育工作者，资助家庭困难高中学生15人。

医疗卫生。实现城镇居民参加城镇居民医疗保险，农村居民参加新型农村合作医疗保险全覆盖，发展民营医院1家，完善村卫生服务站的建设，方便群众就医。

社会保障。评出农村低保对象660人，新批城镇低保对象62人；救助大病患者83人次，发放救助资金32.6万元；为一、二级残疾人发放重度残疾护理补贴13.48万元，发放"温暖万家行"服务资金1.11万元，为农村残疾人发展生产项目45户，发放资金2.25万元。兴盛社区日间照料中心已建成，为300名困难家庭失能老人和80周岁以上老人提供居家养老服务，支付服务金9万元。

【党建工作】

选优配强村班子队伍，调整、充实村干部8人。选派两个后进村第一书记。狠抓党员教育管理，培训党员900余人次，发展党员17人，处置不合格党员2人。深入推进"勤廉双优双创"活动，1个基层组织和2名干部受到县委表彰。狠抓基层组织阵地建设，投入38万元，新建村级活动室1个，维修活动场所3处，更新远程教育电脑18台。

（罗渡镇）

裕民镇

【概况】

岳池县裕民镇位于东经106°25′06″~106°30′13″，北纬30°17′57"~30°22′44"。地处岳池、武胜、重庆市合川区三县（区）交界处，县境南部。东与大佛乡毗邻，南与重庆市合川区肖家镇接壤，西与武胜县乐善镇、猛山乡交界，北与普安镇、齐福乡相连。镇政府驻香炉嘴社区，电话区号0826，邮政编码638364，距岳池县城38千米。裕民镇辖广兴场、桥洞、祖家院、高笋田、石佛寺、土地堂、石朝门、丁家湾、羊山寺、水井湾、古迹山、彭家场、陶家沟、断桥沟、向家坪、王家桥、茅草坪、毛坝、接官亭、蔡家桥、杉树湾、尹垭、流杯池、芝字坝、樊家桥、新桥26个村民委员会和香炉嘴社区居委会；下设190个村民小组、3个居民小组。2014年年末，辖区总户数10448户，总人口36274人，其中城镇常住人口4417人，城镇化率12.17%。辖区东西最大距离8.26千米，南北最大距离9.87千米，幅员面积33.41平方千米，耕地面积23160亩，林地面积6800亩。地形属浅丘带坝，人口密度为每平方千米1066人。境内最高点海拔426.1米，最低点海拔294.9米。2014年，全镇农业总产值1.91亿元，地区生产总值2.9亿元，社会固定资产投资4000万元，公共财政收入1100万元，外出务工劳务收入1.2亿元，农民人均纯收入8721元。

【农业经济】

种植业。按照"稳定种植面积，突破发展畜牧产业，协同发展林业、水产等特色效益农业"的总体要求，走"重点突破、以点带线、以线带面"的发展模式，推进现代农业良种化、标准化、规模化、品牌化建设，提高农业和农村经济的整体素质和效益。2014年，全镇粮食总产量17085吨，其中水稻12311吨、小麦1401吨、玉米961吨、马铃薯1162吨、红薯680吨、其他570吨。主要经济作物有油料、蚕桑、蔬菜、水果等。油料作物面积7290亩，产量800吨，其中油菜面积7080亩、产量780吨；蔬菜主要品种有大白菜、白萝卜、胡萝卜、莴笋、西红柿等，蔬菜种植面积5266亩、产量7356吨，种植稻田蘑菇50亩；主要水果有柑橘、梨子、桃子、枇杷等，年产量477吨，收入200万元；种植林木面积1600亩1.68万株。

养殖业。以生猪生产为龙头，围绕养猪专业村建设，发展畜牧产业。2014年，畜牧业以饲养生猪、羊、肉牛、肉兔及家禽为主，发展年出栏1000头以上生猪大户5户，年出栏500~1000头以上生猪大户8户，年出栏100~500头以上生猪大户20户，年出栏1000头以上生猪大户45户；全年生猪饲养量10.12万头，年末存栏3.6万头，生猪肉产量6000吨；牛饲养量4800头，年末存栏1600头；羊饲养量3700只，年末存栏1000只；兔饲养量2.69万只，年末存栏8000只；家禽（鸡、鸭、鹅）饲养150万只，产禽蛋约260吨；畜牧业总产值1.2亿元。水库养殖面积547亩、鱼产量280吨，鱼塘养殖面积1740亩、鱼产量850吨，稻田养殖面积1500亩、鱼产量160吨，渔业总产值800万元。

【工商业经济】

壮大以精米、面粉、李二姐泡菜、酿酒为主的农副产品加工业,以预制构件、页岩机砖为主的建材业。2014年年末,境内有加工厂16个,砖厂1个,酒厂2个;商业网点遍布街区,形成以百货批零、电子、服装、医药、餐饮娱乐为骨干的特色街区;有个体工商户368户,其中农家店126个,有农贸市场2个;全年全镇实现工业总产值8600万元,全年社会商品销售总额8400万元。

【基础设施建设】

筹措资金740万元,硬化镇内公路8.6千米;投资240万元,新修村级泥结碎石路10千米,新修便民路6千米;投资300万元,整治病害水库1座,整治山平塘6口,修复改造2个村提灌设施,新建农村沼气池50口,农田基本建设500亩,完成危房改造20户。

以农民新村为基点,拓展新区,构建新框架,整治场镇街道2000平方米,建设改造农村电网各类线路8.68千米,完善场镇住宅改造升级,吸引资金3000余万元,新建住宅面积2.6万平方米,筹措资金30万元,新建500平方米农贸市场;2014年年末,场镇道路总长度3.6千米,铺设天然气管道10千米,天然气用户1480户。

2014年年末,有邮政网点1个,电信服务网点2个,固定电话用户260户,移动电话用户8600户,宽带接入用户560户。

【社会事业】

文化。实施农村电影“2131”工程,利用“夕阳红”歌咏队和舞蹈健身队,开展群众性文化体育活动40余次。2014年年末,有省级重点文物保护单位2处,市级重点文物保护单位3处,县级重点文物保护单位6处;有中心文化站1个,村级文化室26个,农家书屋26个;有综合性业余文艺演出队员26人,业余舞蹈队员38人,中老年腰鼓队32人;放映公益电影400余场。

教育。设立青少年“维权岗”,关爱留守学生,开展结队帮扶、定点助学、捐资助学活动。救助贫困中小学生20人,资助贫困中小学生170人。2014年年末,有幼儿园所3所,在园幼儿560人;小学2所,在校生1621人,在职教师95人;初中1所,在校初中生920人,在职教师62人;有民办学校1所,在校生1577人,民办教师45人。

医疗卫生。2014年年末,有镇卫生院1所、村级卫生室26所,有专业医务人员46人;有从业执照的私人诊所3家。新型农村合作医疗参保人数29473人,参保率98.52%;城镇居民医疗保险覆盖550人。

计划生育。按照“依法行政、村(居)民自治、优质服务、政策推动、综合治理”二十字方针,加强基层基础工作,形成计划生育综合治理格局。全年全镇出生人口347人,符合政策生育率82.13%;人口出生率9.83‰,人口死亡率6.4‰,人口自然增长率3.43‰。

社会保障。2014年年末,享受城镇最低生活保障人数73人,享受农村最低生活保障1246人;享受农村“五保“314人;参加城镇基本养老保险127人,参加农村养老保险5478人;下岗失业人员和失地无业农民再就业30人,其中就业困难再就业10人。伤残军人、复员军人、“两参”人员、带病回乡人员、“三属”等各类优抚对象336人,发放优待金83万元。

环境综合治理。场镇新修垃圾处理场2处、改造垃圾中转站2处,购置环卫运输车辆1辆,推车6辆。添置更换垃圾桶36个,新添立杆灯、悬臂灯20盏,维修路灯26盏,新增环卫工2人,重新规划车辆停放点和个体摊点,公路沿线新建垃圾池26个。

【安全维稳】

安全生产。镇政府与辖区各单位及村委会签订2014年安全生产目标责任书,制订完善各类应急救援预案,选配安全生产监督员和管理员,实现安全生产网络化管理和安全生产管理无缝对接。召开水陆交通、建筑安全、食品安全等安全会议12

次，张贴宣传标语1800余幅。重点抓好道路交通安全集中整治、安全生产规范化建设、"百日"安全、安全生产月、打击非法经营建设行为等活动，查处道路交通安全违章行为30起，排查整治安全隐患25处。

信访维稳。落实领导信访接待日，领导大接访和矛盾隐患排查制度，有效避免群体性上访和越级上访。实施"六五"普法宣传，组织到校讲法制课8次，举办镇村干部学法培训班8期；及时解决群众的合理诉求和矛盾纠纷，受理群众来信来访68件，受理率100%，化解各种不稳定因素16起，调解各类矛盾纠纷120件。

【党的建设】

以"四型"干部队伍建设，促进基层党组织建设。采取以会代训、现场指导、远程教育等多种方式培训党员3800人次，"七一"前夕，组织慰问贫困党员60人，救助60岁以上贫困党员18人。全年培养入党积极分子52人，发展党员15人。开展"双向承诺"，增强各党支部的凝聚力，完善村务监督委员会制度，成立27个村（社区）纪检小组，聘请村（居）民小组廉情监督员122名，制定惩治和预防腐败体系基本框架，完善"三员"制度，为民解决诉求60项。

（裕民镇：刘红林、唐富源）

赛龙镇

【概况】

赛龙镇位于东经106°30′42″~106°35′21″，北纬30°17′51"~30°21′43"。地处县境东南部，东与罗渡镇、伏龙乡毗邻，南与重庆市合川区香龙镇、龙市镇接壤，西与大佛乡交界，北与齐福乡相连，距岳池县城38千米，总人口20571人。辖区东西最大距离7.46千米，南北最大距离7.08千米，幅员面积23.4平方千米，境内最高点海拔369.5米，最低点海拔207.8米。镇政府驻赛龙场，电话区号0826，邮政编码638362。辖老隍堂、顺梁寨、井淹院、打铁口、花柳溪、天神堂、牛敞沟、罐顶山、千字岭、龙泉、老人坪、赵家坪、红花园、十字路、龙口场、新观音16个村民委员会和渠江社区居委会，下设111个村民小组、6个居民小组。特色产业有砂罐萝卜、黑花生、芝麻、白沙柚、短周期工业原料林等。2014年，全镇地方生产总值2.05亿元，社会固定资产投资1.13亿元，社会消费品零售总额1.43亿元，农民人均纯收入10255元。

【农业经济】

2014年，按照"一镇一业、一村一品"产业发展要求，利用得天独厚的自然地理优势，发展赛龙砂罐萝卜、黑花生、芝麻、白沙柚、短周期工业原料林等特色产业。按照"基地化建设、科学化管理、规模化经营、产业化发展"的思路，走"龙头企业+专业合作社+基地+农户"的路子，注重抓好"三动"（业主带动、专业组织联动和服务驱动），顺利引进5个项目，包括何启伟投资850万元生猪养殖项目，投资800万元的水稻制种，投资950万元的黑花生种植，投资880万元的土鸡养殖场。

全镇粮食总产量9809吨。种植水稻9620亩，玉米1760亩，红薯1250亩，大豆230亩，马铃薯2357亩，油菜4920亩，黑花生2000亩；巩固发展无公害蔬菜、名优水果、竹笋等基地3000余亩；发蚕种1200张，良桑嫁接5万株，推广方格簇4500片；新增农业业主10个，新发展占地600平方米的生猪养殖场；全镇出栏优质生猪1.84万头，小家禽13.5万只；转移农村富余劳动力0.86万人，实现劳务收入1.68亿元。

【商贸经济】

全镇以农业为主，伴有鸡蛋面、菜油、棉絮、窗帘、服装、床垫、铝合金门窗等的加工制作，绿色无公害农产品的售卖，形成以百货批零、服装、医药、餐饮为骨干的农家小镇街道；辖区有个体工商户220户，其中农家店39个，农贸市场1个，全镇商标注册14个。坚持把招商引资作为经济发展的主要工作来抓，发挥资源优势，引进新鲜血液，促进产业发展。

【基础建设】

新修通畅水泥公路0.7千米，帮助打铁口村新修社级水泥公路0.5千米，帮助井淹院村新修通社公路2千米，帮助新修农村机耕道3千米，新建场镇公厕1所，维修水渠2.5千米，帮助花柳溪完成美好家园管网通水通电工程，为牛敞沟村设立道路安全警示桩3.5千米，为罐顶山村设立道路安全警示桩1.5千米，规范化建设乡镇劳动就业社会保障服务平台1个。新建农村沼气池30口，完成残疾人家庭无障碍改造3户。

2014年年末，有邮政网点1个，电信服务网点1个，固定电话用户1100户，移动电话用户120户，宽带接入用户265户。在每个行政村实施村公共服务设施运行维护补助，全年完成42个项目。

【社会事业】

文化。免费开放乡镇文化站，完善社区腰鼓队和赛龙初中古筝表演队，丰富群众的精神文化生活。免费放映农村公益电影192场。

教育。加大教育投入，改善办学条件，优化育人环境，全面完成建设农村义务教育学校食堂800平方米。中小学全面落实义务教育"两免一补"政策，全面实施农村义务教育学生营养改善1406人，资助贫困中小学生25人。2014年年末，全镇有幼儿园所1所，在园幼儿343人；小学1所，在校生745人，在职教师33人；初中1所，在校初中生612人，在职教师36人。

医疗卫生。2014年年末，场镇有卫生院1所、村级卫生室16所，有专业医务人员27人。新型农村合作医疗参保人数16382人，城镇居民医疗保险覆盖348人。

计划生育。全镇出生人口191人，符合政策生育率81.05%；人口出生率8.9‰，人口死亡率7.1‰，人口自然增长率1.8‰，综合节育率86.57%。全面落实计划生育奖扶174人，当年新增17人，落实计划生育"三结合"帮扶30户，农村孕产妇住院分娩率99%。

社会保障。2014年年末，享受城镇最低生活保障人数92人，享受农村最低生活保障808人；农村"五保"173人，集中供养32人；新型农村和城镇居民社会养老保险覆盖人数6040人，参保缴费人数2151；城镇新增就业52人，城镇失业人员再就业25人，就业困难人员再就业5人，完成城乡残疾人居家灵活就业160人。发放低保、五保、各种优抚款、临时救灾救济款共计120余万元。

综合治理。帮助渠江社区实施旧房改造工程，美化人居环境，加快场镇发展。改善农村环境，完成天神堂村安置点院坝硬化及雨污管网建设，花柳溪村美好家园配套供水、供电建设，形成"环境优美、生态良好、风貌协调、庭院美化、村容整洁、乡风文明"农村新气象。

【安全维稳】

安全生产。镇政府与辖区各单位及村民委员会签订2014年安全生产目标责任书，制订完善地质灾害、建筑安全、防汛、森林防火、食品卫生等应急处突预案，选配安全生产监督员和管理员，实现安全生产管理无缝对接。采取召开会议、创办宣传栏、黑板报，张贴标语、上街设立宣传咨询点、举办培训班等多种形式进行宣传。2014年，召开水陆交通、建筑安全、食品安全等安全会议19次，张贴宣传标语51幅。重点抓好道路交通安全集中整治、安全生产规范化建设、"百日"安全、安全生产月、打击非法经营建设行为等活动，查处道路交通安全违章行为1341起，排查整治安全隐患59处。

信访维稳。及时解决群众的合理诉求和矛盾纠纷，受理群众来信来访51件，受理率100%；化解各种不稳定因素48起，调解各类矛盾纠纷127件。

【党的建设】

投入40余万元，维修村级活动场所10个，购买旗杆10根，电脑主机8台、电视8台，村(社区)真正做到“有人管事、有钱办事、有场所议事”，增强村级活动阵地服务帮助群众的功能。切实加强领导班子和干部队伍建设，加大干部培训力度，培训村组干部372人次。推进人才队伍建设，培育村级党组织带头人，建立并更新后备干部库，选优配强农村纪检团队，共同参与村级事物管理。全面加强党的基层组织建设，落实村(社区)干部离职补贴和村(社区)干部养老保险和医疗保险制度，强化保障，提高村(社区)基层干部干事创业积极性，兑现村离职干部补助11.4万元。完善镇村各项规章制度，加强村级活动室管理使用和党务村务公开，规范干部廉洁从政行为。加强党员队伍建设，全镇发展党员6人，慰问贫困党员65人3400元。全年通过重点选树、典型带动、结对帮扶和党委成员联系的方式培育先进党支部6个，优秀党务工作者6人，优秀共产党员43人，培养村级后备干部185人；组织镇村干部培训6次，现场现摩4次，大学生村干部培训2次，“第一书记”专题培训5次，着力提升基层党组织带头人的素质和履职尽责的能力。

(赛龙镇：王玲)

大佛乡

【概况】

大佛乡地处县境南部，东与赛龙镇毗邻，南与重庆市合川区肖家镇接壤，西与裕民镇交界，北与齐福乡相连。乡政府驻大石坝社区大佛街175号，距岳池县城38千米。2014年年末，辖园艺场、烂井坝、芝麻嘴、酢坊沟、何家堂、夹家坪、徐家场、大佛寺、大屋基、滴水岩、凤凰、香山、赵家沟、上马寺、三官店、燕家湾、罗善桥17个村民委员会和大石坝社区居委会；下设105个村民小组、2个居民小组；辖区总户数6636户，总人口22333人，面积24.8平方千米，耕地面积14295亩；林地面积2420亩。地形多为浅丘，乡内最高点海拔503米，最低点海拔275.3米；土特产品有安佛蜜柚，风景点有大佛山庄。2014年，全乡农业总产值3783.4万元，地区生产总值1.69亿元，社会固定资产投资1亿元，社会消费品零售总额2814万元，公共财政收入565.83万元，外出务工劳务收入1.4亿元，农民人均纯收入8214元。

【农业经济】

种植业。2009年开始引进沪糯八号高粱品种，经试验、示范、推广、发展，现种植面积达到4500亩，年产高粱1800吨，产值810万元。2014年，全乡粮食总产量12321吨，其中水稻6994吨、小麦1037吨、玉米741吨、马铃薯775吨、红薯413吨，其他2361吨。主要经济作物有油料、蚕桑、蔬菜、水果等。油料作物面积4825亩，产量580吨，其中油菜面积415亩、产量528吨；蔬菜主要品种有大白菜、白萝卜、胡萝卜、莴笋、西红柿等，蔬菜种植面积5730亩、产量12436吨，梨子、桃子、枇杷等产量16.86吨，产值134.88万元。

养殖业。2014年，畜牧业以饲养生猪、羊、牛、兔及家禽为主，有年出栏500头以上生猪大户12户，年出栏100头以上生猪大户38户；全年生猪饲养量4.38万头，年末存栏2.8万头，生猪肉产量4380吨；牛饲养量137头，年末存栏137头；兔饲养量5764只，年末存栏1770只；家禽(鸡、鸭、鹅)饲养5764只，产禽蛋986吨；2008年杨凡引进养殖波尔山羊，现有种羊868只，年出栏羊2035只，年产值126万元；采取羔羊寄养模式和订单种草模式，现有寄养和订单种草农户70余户，村民每户人均增收800元。全年全乡畜牧业总产值6213万元。水库养殖面积47亩、鱼产量30吨，鱼塘养殖面积335亩、鱼产量152吨、渔业总产值124.6万元。

【工商业经济】

2014年年末，境内有加工厂5个，酒厂2个，预制厂1个;商业网点遍布街区,形成以百货批零、电子、服装、医药、餐饮娱乐为骨干的特色街区;有个体工商户89户,其中农家店35个,有大佛农贸市场;全年全乡实现工业总产值125万元。

【基础设施建设】

投资775.6万元,新修村级水泥公路11.2千米;投资160万元,整治山平塘7口;投资92.6万元,新建公路桥1座。新建农村沼气池86口,完成危房改造10户。2014年年末,有邮政网点1个,电信服务网点1个,固定电话用户270户,移动电话用户7600部,宽带接入用户195户。加快小区建设步伐,完善已建道路的绿化、亮化和其他相关配套设施;街道道路总长度1.2千米,天然气用户624户,街道公共绿化覆盖率30%。

【社会事业】

文化。2014年年末,有县级文物保护单位2处,有中心文化站1处、村级农家书屋17个;业余舞蹈队员16人。全年放映公益电影204场。

教育。2014年年末,有幼儿园5所,在园幼儿341人;小学2所,在校生1097人,在职教师55人;初中1所,在校学生723人,在职教师38人;2014年度升入重点高中156人,升学率86%,名列全县农村初中第一名。乡政府资助贫困学生57人,金额1.14万元。

医疗卫生。2014年年末,全乡卫生院1所,改建村级卫生室17所,有专业医务人员27人;有从业执照的私人诊所1家。新型农村合作医疗参保人数17868人,参保率98%;城乡居民医疗保险覆盖112人。

计划生育。全乡出生人口221人,符合政策生育率82.87%,综合节育率89.1%;人口出生率9.12‰,人口死亡率6.51‰,人口自然增长率2.61‰。

社会保障。2014年年末,享受城乡最低生活保障人数17人,享受农村最低生活保障688人;农村"五保"168人,其中集中供养60人;参加城乡基本养老保险126人,参加农村养老保险5516人;下岗失业人员再就业13人,其中就业困难再就业9人。伤残军人、复员军人、"两参"人员、带病回乡人员、"三属"等各类优抚对象105人,及时向他们发放优待金61万元。

环境综合治理。场镇新添环卫推车4辆,添置更换垃圾桶16个,重新规划车辆停放点9个和个体摊点83处。公路沿线新建垃圾池4处,改善农村环境,形成农村"环境优美、生态良好、风貌协调、家庭美化、村容整洁、乡风文明"的新气象。

【安全维稳】

安全生产。乡政府与辖区各单位及村委会签订2014年安全生产目标责任书,制度完善各类应急援预案,选配安全生产监督员和管理员,实现安全生产网络化管理和安全生产管理无缝对接。全年召开水陆交通、建筑安全、食品安全等安全会议12次,张贴宣传标语446幅。重点抓好道路交通安全集中整治、安全生产规范化建设、"百日"安全、安全生产月、打击非法经营建设行为等活动,查处道路交通安全违法行为2581起,排查整治安全隐患129处。

信访维稳。实施"六五"普法宣传,组织到学校讲法制课142次,举办乡村干部学法培训班12期;及时解决群众的合理诉求和矛盾纠纷,受理群众来信来访59件,受理率100%,化解各种不稳定因素510起,调解各类矛盾纠纷621件。

【党的建设】

在"七一"前夕,组织慰问贫困党员77人,救助60岁以上贫困党员16人。培养入党积极分子27人,发展党员8人;筹资7万元,新建成赵家沟标准化村级党员活动室。开展"双向承诺"增强党支部的凝聚力及亲和力,完善村"三元"制度,聘任群众诉求代理员,为民解决诉求71项。

(大佛乡:何树林)

齐福乡

【概况】

齐福乡位于县境东南部，广武路、仪北路从境内交叉穿过；东与广安区枣山镇和广罗乡毗邻，南与罗渡镇、赛龙镇、大佛乡接壤，西与裕民镇、普安镇交界，北与花板乡相连。乡政府驻地为姚市桥社区，距岳池县城21千米、广安12千米。幅员面积33.33平方千米，乡政府驻姚市桥。辖庙湾、官尔沟、姚市桥、黄马头、水口店、伍家河、胡家坪、大堰滩、两河口、白马庙、檬刺堡、枇杷沟、铜鼓山、齐头岩、吉山、魏家沟、朱家庙、新庙、五块田、簸箕岩、烂泥沟、屈家坝、莲花屋基、奉家梁24个村民委员会和姚市桥社区居委会，154个村民小组，6108户，2.54万人，耕地面积15670亩。有党委1个、党支部30个、党小组113个，党员789人。主产水稻、高粱、玉米、小麦、油菜、大豆、红薯、马铃薯、胡豆、花生等农作物；有生猪、肉兔、肉牛、鸡、鸭、鱼、鹅、羊等畜牧养殖业。2014年，全乡实现国民生产总值3.2亿元，地方财政收入296万元，农民人均纯均收入9100元。

【农业经济】

2014年，按照建设"特色产业乡、广安卫星城"的发展思路，全乡农业总产值3.2亿元，同比增长11%；蚕桑、高粱、肉兔三大产业亮点纷呈，特色突出；农业产业化不断上档升级，结构调整凸显，蚕桑发种2500张，产出10余万公斤，产值200万元；共建立8个肉兔养殖基地，年出栏肉兔20余万只，产值1200万元；全乡种植高粱6000亩，总产量200万公斤，产值1000万元。

【工商业经济】

2014年年末，全乡有加工厂10余个，酒厂1个，预制场2个，碎石场3个，搅拌场1个，服装厂1个，面粉厂1个，加油站1个；有个体工商户185户，有农贸市场1个，商业网点遍布街区。全乡实现工业总产值3500万元，外出务工劳务收入1.8亿元，落实招商引资到位资金3500万元。

【基础设施建设】

加大基础设施配套建设，全年新修通村水泥路13千米，泥结碎石公路20千米，便民路28千米。维修山平塘11口，安装供水管线4220米，切实方便群众生活。

完善场镇总规，启动场镇控规新编。完成芙蓉雅居2万平方米商品房建设。硬化场镇至黄码头村方向道路100米。维修垃圾转站，更换环卫设施，添置垃圾桶50个，购买环卫车5辆，建成水冲式厕所2座。完成农贸市场规范化建设，启动农民文体广场建设，努力建设特色街区。

【社会事业】

文化。深化实施文化惠民工程，乡村文化图书新增5000册，农家书屋实现行政村全覆盖，全年放映农村公益电影288场。2014年年末，有综合文化站1个，农家书屋25个。丰富全乡广大农民的业余文化生活，提高广大群众的思想文化素质，增强老百姓的劳动务工技能。

教育。2014年年末，有幼儿园1所，中小学3所，在职教师150余人，在校学生2000余人。乡财政投入5.8万元，支持学校改善办学条件，资助贫困学生23人。

医疗卫生。2014年年末，有乡卫生院1所，专业医务人员7人，病床10余张。村级卫生医疗设施建设全覆盖，3个村（社区）有卫生室，村村有卫生员。全年新型农村合作医疗参保率99.02%；城镇居民医疗保险覆盖68人。

计划生育。全乡出生人口236人，符合政策生育率82.22%，人口出生率9.62‰，人口死亡率7.66‰，人口自然增长率1.96‰；综合节育率89.26%；全乡奖励扶助227人，特别扶助6人。

社会保障。为443名失地农民购买养老、医疗和失业保险。全乡919户名低保、175名"五保户”等优抚对象生活水平明显提高。全乡享受城镇最低生活保障2户，享受农村最低生活保障917户，享受农村“五保”190人，其中集中供养25人。

【安全维稳】

安全生产。全年召开水陆交通安全、建筑安全、食品安全等各类安全会议36次，张贴悬挂安全警示标语横幅50余幅，设立永久性安全警示牌20个。重点抓好道路交通集中整治、安全生产规范化建设、安全生产月、百日安全和打非治违等活动，查处各类安全违法违规行为4000余起，排查整治安全隐患55处。

信访维稳。实施“六五”普法宣传，组织到学校讲法制课2次，举办乡村干部学法培训班4期，及时解决群众的合理诉求和矛盾纠纷，受理群众来信来访126件，化解各类不稳定因素16起，调解各类矛盾纠纷150余起，调解成功率100%，做到小事不出组，大事不出村，难事不出乡，实现社会稳定、百姓安居乐业的和谐局面。

【党的建设】

全乡培养入党积极分子20人，发展党员10人，采用以会代训、农村远程教育、实地参观考察等形式培训党员1000余人次，全年新建村级党员活动室2个，完善村党员活动室各项设施。投入资金5万余元，维护25个村(社区)远程教育站点设备。“七一”、春节期间，共慰问贫困党员、老党员272人。

选派3名乡领导干部到薄弱村任职村支部第一书记，切实帮助后进村实现转化升级。深入开展党的群众路线教育实践活动，通过查摆“四风”问题，转变工作作风，切实践行“为民、务实、清廉”宗旨。

(齐福乡：代福涛)

中和镇

【概况】

中和镇位于东经106036′33″~106040′47″，北纬30017′59″~30022′37″。地处县境内东南边陲，渠江东岸，东与临溪镇和华蓥市明月镇毗邻，南与伏龙乡接壤，西与罗渡镇交界，北与广安区化龙乡相连。镇政府驻黎梓卫，电话区号0826，邮政编码638310，距岳池县城45千米。2014年年末，辖羊头坝、祝垭、太阳坪、山陵湾、兔儿梁、凉风垭、大庙山、河堰沟、长梁子、智光嘴、长石坝、龙泉寺、卿家堂、金顶山、甘家梁、大庙、马家桥、资阳坪、河峡溪、二郎庙20个村民委员会和黎梓卫社区居委会，下设157个村民小组和5个居民小组。辖区总户数8964户，总人口31018人，幅员面积31.94平方千米，其中耕地面积2.07万亩，林地面积1.4万亩。地形多浅丘，境内最高点洞安梁子海拔397.8米，最低点蒙家溪海拔210.6米。土特产有柚子、红橙、血橙、中和醋、中和豆花、赵板鸭、渠江大河鱼等，风景点有陈联诗、廖玉壁烈士墓和红岩湖等。2014年，全镇农业总产值7710万元，社会固定资产投资13869万元，地方财政收入782万元，外出务工收入3.1亿元，农民人均纯收入8340元。

【农业经济】

围绕“六镇”(农业稳镇、商贸活镇、畜牧大镇、劳务强镇、和谐安镇、经济强镇)、“六增”(农民增收、产业增效、禽畜增量、城镇增宽、惠民增强、和谐增辉)的思路。加大对农业的投入，以增强农业后劲，狠抓农业开发与技术推广，确保农民增收。

2014年，全镇粮食播种面积3.96万亩，粮食总产量15329吨，其中水稻6799吨、小麦1716吨、玉米3744吨、马铃薯841吨、红薯1995吨、其他234吨。主要经济作物有油料、蚕桑、蔬菜和水果等。油料作物面积2775亩，产量322吨；蔬菜种值面积7530亩，产量16669吨，主要品种有白菜、青菜、萝卜、胡萝卜、西红柿、生姜、各种瓜菜；主要水果有柚子、橙子、梨子、李子、枇杷，总面积4000余亩，总产量1343万吨。全年栽种血橙、蜜柚860亩。

养殖业。全年出栏生猪32279头，羊出栏

1100头，家禽30.5万只，畜牧业总产值7300万元。水产品产量105吨，渔业总产值142万元。

【工商业经济】

镇内有加工厂3个，砖厂1个，酒厂5个，预制厂2个；有个体工商户429户，农家店85户，超市3个，农贸市场1个，商业网点遍布街区，形成以百货批零、电子、服装、医药、餐饮娱乐为骨干的特色街区，全年社会消费品零售总额9200万元。

【基础设施建设】

2014年，投资250万元，硬化村级公路4.1千米；投资50万元，修建碎石路3千米；投资10万元，修建便民路1.3千米；基本实现形成镇村相连、村村对接、纵横交错的镇域交通网络。在全镇20个村及社区铺设天然气管道180千米，安装天然气用户2700户，其中场镇安装500余户。投资400万元，在农村安装宽带网。向上争取项目，在4个村投资85万元，整治山平塘8口，修便民路2千米、机耕道10千米，修水渠5千米。

投入30万元，在场镇建成标准化公厕1个；投入150万元，对场镇河边800米长的街道加高堡坎，铺上青石板，安装路灯30盏，栽植桂花树100株、新修凉庭1个，改造场镇下水道1千米，整治街道路面4处1千米。

【社会事业】

文化。2014年年末，省级重点文物保护单位1个，有市级重点文物保护单位2个，县级文物保护单位5个；有中心文化站1个，村级文化室20个，农家书屋20个；有综合性业余文艺演出队2，业余舞蹈人员50人，有中老年腰鼓队2个、人员35人。放映公益电影280场次。

教育。2014年年末，有幼儿园6所，在园幼儿840人；小学2所，在校2149人，在职教师236人；初中校1所，在校生539人，在职教师37人；实施贫困学生救助315人。

医疗卫生。2014年年末，有镇中心卫生院1所，村级卫生室20所，医务专业人员66人；新型农村合作医疗参保人数26425人，参保率100%；城镇居民医疗保险50人。

计划生育。全镇出生人口320人，符合政策生育率80%，人口出生率10‰，人口死亡率6.5‰，人口自然增长率3.5‰，综合节育率85%，计划生育家庭奖励扶助317人，奖励独生子女父母700余人，帮扶贫困计划生育对象50人。

环境综合整治。全镇组建环卫人员88人，购置运输垃圾手拖车42台、运输垃圾货车3台，修垃圾池50个，建沼气池20口。

社会保障。全年享受城镇最低生活保障308人，享受农村最低生活保障2360人，农村“五保”228人，集中供养106人；参加城镇基本养老保险128人，参加农村养老保险10807人；下岗失业人员和失地无业农民再就业151人，其中就业困难再就业21人；及时向伤残军人、复员军人、“两参”人员、带病回乡人员、“三属”等各类优抚对象300人，发放优待金52万元。

【安全维稳】

安全生产。镇政府与各村、驻镇单位、企业签订安全生产目标责任书、制订完善各类应急救援预案，选配安全生产监督员和管理员。召开水陆交通、建筑施工、食品卫生、烟花爆竹等安全生产专题会议26次，张贴标语438幅，开展安全生产活动12次，发放宣传资料2万份。查处道路交通安全违章行为1564起，排查整治安全隐患312处。

信访维稳。实施“六五”普法宣传，组织到每所镇属学校讲法制课2次，举办村镇干部普法培训班4期，及时解决群众的合理诉求和矛盾纠纷，受理群众来信来访140件，化解各种不稳定因素84起，调解各类矛盾纠纷244件。

【党建工作】

采取以会代训、现场指导、远程教育等多种方式培训党员820余人次，慰问贫困党员120人。

救助60岁以上贫困党员32人,培养入党积极分子42人,发展党员12人,改建村级党员活动室6个。投入5万余元,在村、社区安装远程教育电脑设备12台,制作标准化的“两委”吊牌、旗杆。

(中和镇:滕采君)

临溪镇

【概况】

临溪镇位于县境东北南部,东与华蓥市阳和镇毗邻,南与华蓥市高兴镇接壤,西与中和镇交界,北与华蓥市明月镇相连。镇政府驻双石桥社区北街133号,距县城49千米。2014年年末,辖转东桥村、筒车桥村、冯家河村、方田沟村、白鹤山村、龙摊子村、万年寨村、红庙子村、碑梁村、王家坪村、梅花坪村共11个村民委员会和双石桥社区居委会,下设96个村民小组,3个居民小组;辖区总户数4801户,18689人,幅员面积17.43平方千米,耕地面积14865亩,林地面积4500亩。地形属浅丘带坝,境内最高点海拔417.2米,最低点海拔221.1米;再生稻逐渐形成农业生产的特色产业。2014年,全镇农业生产总值6000万元,社会固定资产投资7848万元。

【农业经济】

种植业。2014年,全镇粮食总产量9752吨,其中水稻5716吨、大豆1302吨、玉米1831吨、马铃薯27吨、红薯627吨,其他249吨。小春生产小麦4096亩,产量1000吨;马铃薯1775亩,产量140吨;豌豆168亩,产量20吨;胡豆264亩,产量43吨。秋季再生稻6998亩,秋马铃薯956亩,秋红薯346亩,秋大豆411亩。主要经济作物有油料、蚕桑、蔬菜、水果等。油料作物面积1623亩,产量178吨;蔬菜主要品种有大白菜、白萝卜、胡萝卜、莴笋、西红柿等,蔬菜种植面积6437亩;主要水果有柑橘、梨子、桃子、枇杷等,年产量627吨,收入188.1万元。

养殖业。红庙子村8组生猪养殖大户符光军,以点带面,建成畜牧业示范片,推进全镇畜牧全面发展。全年,畜牧业以饲养生猪、羊、牛、兔及家禽为主,发展年出栏500头以上生猪大户2户,发展年出栏100头以上生猪大户3户:全年生猪饲养量1.19万头,生猪肉产量753吨;牛饲养量615头,年末存栏453头;羊饲养量1466只,年末存栏624只;兔饲养量8023只,年末存栏1748只;家禽(鸡、鸭、鹅)饲养9.65万只,肉产量212吨;畜牧业总产值2764.7万元。鱼塘养殖面积230.4亩、产量288吨,渔业总产值230.4万元。

【工商业经济】

2014年年末,境内有木料加工厂1个,砖厂1个,酒厂1个;商业网点遍布街区,形成以百货批零、电子、服装、医药、餐饮娱乐为骨干的特色街区:有个体工商户322户,其中有农贸市场1个;全年全镇实现工业总产值7245万元。

【基础设施建设】

投资132万元,修建红庙子村水泥路2.2千米;投资21万元,新修梅花坪村泥结碎石路1.5千米;投资12万元,整治山平塘2口。新建农村沼气池20口,完成危房改造34户。2014年年末,有邮政网点1个,电信服务网点1个,固定电话用户480户,移动电话用户8965户,宽带接入用户320户。

为加快临溪小城镇建设,改善全镇生产、生活条件,委托成都兰腾公司完成小城镇规划,通过努力争取,省政府已批准临溪镇小城镇用地10亩。全年投资2万元,改建信用社下水道20余米。2014年年末,城区道路总长度2千米,铺设干线水管2千米,城区公共绿化覆盖率90%。

【社会事业】

文化。2014年年末,有省级重点文物保护单位1个;有中心文化站1个,农家书屋12个:有业余舞蹈队员40人;有300平方米的综合文化站,并且配备电脑、投影仪等多媒体设施。承办“喜迎十八大,送戏下乡”活动,放映公益电影132场。

教育。镇政府为学校购置物理、化学、生物设备,添置体育、音乐、美术等教学设备,完善教育教学设施;资助家庭困难职工子女上学5人;投资250万元,新修临溪小学食堂。2014年年末,有幼儿园所5所,在园幼儿300人;小学1所,在校生1461人,在职教师53人;初中1所,在校初中生602人,在职教师35人。

医疗卫生。加强镇卫生院建设,健全疾病预防控制体系和医疗救治体系,提高公共卫生服务水平和突发公共卫生事件应急能力,规划落实4个村级医疗站。2014年年末,有镇卫生院1所、村级卫生室11所。新型农村合作医疗参保人数15759人,参保率97%;城镇居民医疗保险覆盖75人。

计划生育。加强流动人口的管理,新增奖励与扶助对象31户,征收违法生育社会抚养费60余万元,巩固和维护良好的低生育秩序。全年出生人口195人,符合政策生育率81.96%,人口自然增长率1.92‰;落实节育措施96例,节育率92.52%。

社会保障。2014年年末,享受城镇最低生活保障人数5人,享受农村最低生活保障418人;农村“五保”92人,集中供养15人;城乡居民社会养老保险覆盖人数5043人,完成参保缴费人数1497人;下岗失业人员和失地无业农民再就业65人,其中就业困难再就业5人。及时向伤残军人、复员军人、“两参”人员、带病回乡人员、“三属”等各类优抚对象发放优待金29万元。

环境综合治理。在场镇,新修垃圾处理场1处,新添环卫推车5辆,新增环卫工4人,添置更换垃圾桶55个,新添立杆灯、悬臂灯28盏,维修路灯20盏,重新规划车辆停放点和个体摊点。

【安全维稳】

安全生产。镇政府与辖区各单位(村)签订2014年安全生产目标责任书16份,制订完善各类应急救援预案,选配安全生产监督员和管理员,实现安全生产网络化管理和安全生产管理无缝对接。采取召开会议、创办宣传栏、黑板报,张贴标语、上街设立宣传咨询站、举办培训班等多种形式进行宣传。召开道路交通安全、建筑安全、食品安全等安全会议12次,张贴宣传标语13幅。重点抓好道路交通安全集中整治、安全生产规范化建设、“百日”安全、安全生产月、打击非法经营建设行为等活动,查处道路交通安全违章行为3200起,排查整治安全隐患60处。

信访维稳。实施“六五”普法宣传,组织到校讲法制课4次,举办镇村干部学法培训班25期;及时解决群众的合理诉求和矛盾纠纷,化解各种不稳定因素72起,调解各类矛盾纠纷72件。

【党的建设】

完善“党员发展程序、队伍阵地制度建设、绩效考核运用”三项规范,壮大“入党积极分子队伍、党员五星模范队伍、党员大户队伍、党员志愿服务队伍”四支队伍,实施“春风行动”“三亮三比”“强班子、硬队伍、争先进”“挂帮包”“双带富民”等五项行动,加强基层组织建设。采取以会代训、现场指导、远程教育等多种方式培训党员110人次;“七一”前夕,组织慰问贫困党员68人。2014年,培养入党积极分子16人,发展党员6人;开展“双向承诺”,增强各党支部的凝聚力及亲和力;完善村“三员”制度,聘任群众诉求代理员,为民解决诉求15项。

(临溪镇:熊伟明)

伏龙乡

【概况】

伏龙乡地处县境东南部,东与中和镇、临溪镇毗邻,南与华蓥市高兴镇、庆华镇相连,西与重庆市合川区香龙镇相连,北与赛龙镇、罗渡镇接壤。乡政府驻走马岭村,距岳池县城39千米。2014年年末，辖走马岭、打渔滩、田家坝、茶子沟、水口庙、郑家坝、碑梁子、天苍坪、龙堂庙、关家嘴、李家嘴、任家坪、大界溪、岩湾、沈家沟、白杨湾、龙堂沟、何家沟、一碗水、半边岩、三夹沟、芝阳寨、青鸟石、吞口坝、谭家院、蔡家沟27个村民委员会和腾龙社区居委会，下设193个村民小组、6个居民小组，辖区总人口39132人，幅员面积46.19平方千米。辖区以丘陵为主，境内最高点为芝阳寨，海拔504米，最低点位于渠江大界溪村与合川香龙镇交界处，海拔200米。

【农业经济】

坚持科技兴农战略，全乡种植优质水稻2.2万亩，落实再生稻面积2000余亩；推广田坎玉米，新增玉米播面1000余亩；在龙堂庙村、关家嘴村等5个村建成大春示范基地200亩，在碑梁子村、岩湾村建成油菜基地500亩。全年发展现代生猪养殖场2户，养牛场2个，兔业养殖场1个，渔业养殖3户；引进业主种植干果、葡萄600余亩，带动周边群众发家致富。

【基础设施建设】

全年争取“一事一议”项目资金，维修整治山平塘8口，新建泥结碎石路2千米。向上争取扶贫项目，扶助贫困村9个，贫困户1278户4007人。投资400余万元，建成污水处理站、标准化公厕和维修敬老院。完成龙堂庙新村基础设施建设，建成户用沼气池60口；龙堂庙村成功创建为“美丽乡村”示范村庄。在水口庙村建成通村水泥路5千米。

【社会事业】

天宝小学创建星级留守学生之家1所，天宝小学、伏龙初中食堂建设基本竣工；完成农村义务教育学生营养改善3396人；筹资4万余元，表彰优秀教育工作者30人，慰问贫困教师10人。参加全县“庆祝邓小平诞辰110周年歌咏比赛”，获得三等奖；成立伏龙乡村级文艺演出队4支，宣传十八届三中、四中全会精神以及庆新年等，丰富干部和群众的文化生活。

改造农村危房13户，放映公益电影324场，资助贫困学生25人，救助困难对象1200余人次，场镇新增就业55人，场镇失业人员再就业10人，扶持农村贫困人口738人，农村劳动力技能培训100人，新型农民培训100人，农民实用技术培训7000人。新增计划生育奖扶政策对象39人，符合政策生育率83.91%，人口自然增长率2.92‰。参加“新农保”6000余人、“新农小”2100余户，对全乡村四职干部全部进行人身意外保险。

【党的建设】

在全乡28个村党支部扎实开展群众路线教育实践活动，取得应有的实效。为三个后进村选派第一书记，并对三个后进村进行整改。以会带训培训新任的村“两委”干部，全面提升干部队伍素质；对入党积极分子、发展对象进行专门的党课培训，运用远程教育对全体党员进行教育。投资12万元，为各村更换远程教育的电脑和电视，整修所有党员活动室，打造规范的党务、村务公开栏，全面落实村干部坐班制度。全年培养入党积极分子19人，发展党员12人。开展“庸懒散浮拖”专项整治活动，出台相关的规定，强化机关干部管理。通过各种形式，慰问老党员、贫困党员、优秀党员120人次。开展“广土工程”活动，全乡印发《预防腐败广土工程建设明白纸》2000余份。全乡召开院坝会200余次，印制《伏龙乡党风廉政建设成果》宣传纸3000余份，组织乡、村干部到户到人进行广泛宣传。

【安全维稳】

落实“一岗双责”，坚持主要领导逢场日上班巡查、值班领导随时检查等制度；投资2万余元，设置大型安全警示标志3幅，中型标志2幅，永久固定标语20幅。投资100万元，对“9·13”特大暴雨造成的天苍坪村、三夹沟村等村道路塌方进行修复，安装减速带。成立乡交管办，安全生产平稳运行。及时排处矛盾纠纷，妥善解决高速公路炮损、人员安置过程中的矛盾纠纷，迅捷处置"7·18"高速公路强制进场相关事宜、"11·15"天然气安装民工纠纷，实现重大节假日和重要会议期间的"两零五无"目标。

（伏龙乡：戴扬）

翠管会

【概况】

岳池县翠湖景区开发管理委员会（翠管会），属县政府派驻机构，地处县境北郊，东南与花园镇毗邻，西与北城乡接壤，北与双鄢乡相连，距岳池县城6.5千米，翠管会机关驻伍家沟村二组。2014年年末，辖白岩沟、伍家沟、龙华山、奶山坡、金鳌寺和响水滩6个村民委员会，下设37个村民小组，辖区总户数1672户，总人口5421人。总人口中，以汉族为主，有苗族、彝族、壮族、布依族等12个民族30人。辖区东西最大距离4.39千米，南北最大距离4.37千米，幅员面积13平方千米，耕地面积2090亩，其中田1203亩、土887亩。库区土质为砂壤土和黏壤土，森林植被较好，森林覆盖率达65%。退耕还林面积5500亩（其中经济林551.8亩、生态林4948.2亩），其他自然林3863亩，竹林616亩。辖区内山清水秀，又与岳池县城、广南高速公路岳池出口处形成一个三角地带，沿途5千米均为农家旅游文化带，是广安市内著名的休闲度假旅游胜地。2014年年末，翠管会地区生产总值同比增长16.7%，招商引资7329万元，固定资产投资6654万元，农民人均纯收入8442元。

【农业经济】

2014年，粮食作物以水稻、小麦、玉米、红薯为主，经济作物以养殖为主。2014年，粮食总产量1307吨，其中水稻692吨、小麦80吨、玉米139吨、红薯93吨、大豆47吨、马铃薯103吨、其他粮食（含其他农作物）153吨。主要经济作物有蔬菜、油菜、蚕木桑。油料作物种植面积270亩，产量44吨，其中花生籽22吨、油菜籽22吨；蔬菜种植240亩，产量380吨。

畜牧业以生猪、牛、羊、兔及家禽为主。全年生猪饲养量1.34万头，年末存栏4851头，出栏优质生猪8525头；牛饲养量99头，年末存栏99头；羊饲养量962头，年末存栏163头；兔饲养量3630只，年末存栏703只；家禽（鸡、鸭、鹅）饲养10.62万只，产蛋421吨。畜牧业总产值4523万元。

【生态经济】

发挥森林覆盖率达65%的森林资源优势，把万亩森林作为群众增收致富的突破口和工作重点。采取"公司+农户"方式，从苗圃、生态林、经济林等方面，利用丰富的林下资源发展种植业，因地制宜开发林果、林草、林花、林菜、林菌、林药等1000余亩。利用林下空间发展立体养殖，发展林禽、林畜、林蜂。发挥山清水秀、空气清新、生态良好的优势，合理利用森林景观、自然景观、自然环境和林下产品资源，发展旅游观光、休闲度假等产业。

【招商引资】

对接洽谈企业5家，签订协议5个；岳池县家源农业有限责任公司投资3441万元，建成一个休闲、娱乐五星级农家乐，能容纳1500人同时就餐。响水农家和岳池县翠湖假日酒店有限公司投资2700万元，建成岳池县唯一一个能容纳2000人就餐的中高档综合性商务酒店；年实现营业收入5483万元，为辖区群众提供516个就业岗位。

【基础设施建设】

完成白岩沟村、龙华山村、奶山坡村和金鳌寺村扶贫整村推进工作，完成村级公益事业"一事一议"政策奖补项目2个；投资383.4万元，完成响水滩村、伍家沟村、奶山坡村村级公路建设，打通奶山坡村通往北城的水泥路，新增道路交通安全设施玻形防护栏1600米,防护桩7120根;完成村级活动室的建设和农家书屋的配套设施完善。响水滩村、伍家沟村天然气安装工程结束并投入使用,修建(维修)山平塘10口。政府补助资金4.4万元,完成D级危房改造8户。

【饮用水源保护】

建立健全一级饮用水源保护区常年“禁泳”工作长效机制,与县级相关部门密切配合,严厉打击各种破坏饮用水源的行为,杜绝任何形式的水源污染。全年发放禁泳宣传资料1万余份,出动宣传车辆300台次,出动水上汽(快)艇300艇次,劝导游泳者8000人次,收缴游泳者泳圈50个。每个村聘请一名巡逻员对取水点湖面周边进行巡逻,确保饮用水源保护区禁泳工作取得实效,切实保护县城饮用水源的安全。全面完成麻柳河上游污染源整治,拆除养殖场7个,其中规模养殖场2户、养殖大户5户,拆除面积6000余平方米。

【社会事业】

文化。有文体广场1个,中心文化站1个,村级文化室6个,农家书屋6个,文化大院2个;实施农村电影“2131”工程,全年免费放映农村公益电影72场。投资10万元,新建电子阅览室。

教育。2014年年末,有小学校1所,在校生310余人,专任教师34人;管委会资助贫困学生31人0.91万元。

医疗卫生。开展医护技能提升行动,响水卫生院代表全县迎接省级检查验收。2014年年末,有乡卫生院1所,村级卫生室6个,有专业医务人员6人;新型农村合作医疗参保4971人。

计划生育。完善基层基础工作,加大计划生育经费投入,加强流动人口管理及计生队伍建设,提高依法行政和服务水平,新建计生“三结合”基地1个。落实计划生育奖扶11人,其中特别扶助2人,落实计划生育“三结合”30人。全年出生人口60人,符合政策生育率83.3%;人口出生率10.59‰,人口死亡率8.83‰,人口自然增长率1.76‰,综合节育率92.6%。

社会保障。完成新增城乡就业岗位21个,办理农村低保户726人,发放低保金82.76万元;共有“五保”老人40人,发放“五保”金14.67万元;医疗救助27人,及时向伤残军人、复员军人、两参人员、带病回乡人员等各类优抚对象48人,发放优抚金10.85万元;完成农村危房改造8户,发放补助资金4.4万元。

环境综合治理。投资11.8万元,改造垃圾中转池10个,添置和更换垃圾桶12个,聘请专职清扫保洁员15人。开展城乡环境综合治理和卫生健康知识宣传5次,发放资料1500余份;开展公路环境治理,清扫路面2万平方米,清理边沟1千米,清运垃圾30余吨,清理湖面垃圾和漂浮物80余吨;拆除破旧广告3幅,取缔占道经营5处,打击非法运营车辆10人次,处罚教育乱扔垃圾、乱挂晒衣物等不文明行为50余人次。

【安全维稳】

安全生产。与辖区单位、企业主及村委会签订2014年安全生产目标责任书21份,制订完善各类应急预案,每村选配1名安全监督员,实现安全生产全面化管理和安全管理无缝对接。召开水陆交通、建筑安全、食品安全等安全例会26次,张贴宣传标语30幅,重点抓好道路交通安全集中整治、水上安全常年治理、“百日”安全、安全生产月等活动,打击非法经营建设行为等活动,查处道路交通安全违章行为323起。组织安全隐患排查89次,其中由主要领导带队排查安全隐患50次。

信访维稳。实施“六五”普法宣传,组织学校讲法制课6次,举办乡、村干部学法培训班5期;落实网格化管理工作,抓好信访积案的化解,妥善解决2名信访老户及信访缠户的遗留问题;采取入户慰问、拉家常等方式有效稳控1名缠访户。全年受理群众来信7件、来访105件,办结率100%,化解各种不稳定的因素11起,调解各类矛盾纠纷16起。

【党的建设】

层层签订党风廉政建设责任书156份、廉政从政承诺书52份。严格执行“八项规定”“五个禁止”“十个不准”，坚决查纪“四风”，严肃财经纪律，“三公”经费支出均同比减少。开展党的群众路线教育实践活动，整治干部队伍中存在的“庸懒散浮拖”五个方面的突出问题，干部作风得到转变。全年培训党员500人次，慰问贫困党员55人，救助65岁以上贫困党员24人，发放救助资金2.27万元；培养入党积极分子12人，发展党员5人，转正党员3人；筹资12万元，新建成金鳌寺村标准化村级党员活动室；投资6万元，维修村级党员活动室3个；表彰先进基层党组织3个，评选表彰优秀村党支部书记2人、优秀党务工作者1人、优秀共产党员22人。

（翠管会：黄友成）

专题记述

Zhuan Ti Ji Shu

学习贯彻党的十八届四中全会精神

党的十八届四中全会，是在我国全面建成小康社会进入关键阶段、全面深化改革进入攻坚时期召开的一次十分重要的会议。县委提出，学习贯彻党的十八届四中全会，是当前和今后一个时期全县各级党组织和广大党员干部的首要政治任务。

为把党的十八届四中全会、习近平系列重要讲话精神作为各级中心组学习的核心内容，县委宣传部印发《关于组织各级党委（党组）中心组专题学习党的十八届四中全会精神的通知》《关于深入学习贯彻习近平系列讲话精神的通知》等文件，统筹安排集中学习内容与进度，推动经常学、反复学、持久学，把学习贯彻全会精神和习近平系列重要讲话精神不断引向深入。在《和谐岳池》开辟专栏，刊载中心组成员调研文章和交流心得，进一步为全县广大党员干部学习贯彻全会精神理清思路。在中心组示范带动下，在全县党员干部中迅速掀起学习贯彻全会精神热潮。

为确保全会精神宣讲活动落到实处，县委办公室印发《关于做好学习贯彻党的十八届四中全会和省委十届五次全会精神宣讲工作的通知》，县委组建县委宣讲团。由县委书记任团长；县长、县人大常委会主任、县政协主席、县委副书记任副团长；其他县委常委任乡镇分团团长。县委宣讲团从县直有关部门领导和专家学者中抽调人员，组成10个宣讲分团赴乡镇、部门、学校开展宣讲。43个乡镇（含翠管会）分别组建乡镇宣讲团，深入村（社区）开展宣讲。同时，从县委宣传部、县委组织部、县委党校、中学思想政治课教师、先进典型及“五老人员”中抽调人员组建10支群众宣讲小分队，深入机关、学校、乡镇、社区，开展通俗易懂、形式新颖、灵活多样的群众宣讲。

大力发扬理论联系实际的作风，把学习贯彻全会精神与推进本职工作有机结合，在县电视台、县内主要刊物、网站开设宣传专栏，及时、准确报道全县各级各部门、各行业学习贯彻党的十八届四中全会精神、习近平系列重要讲话精神的好举措、新方法以及取得的成效等。通过开展“中央、省媒体走进岳池”集中采访活动，大力宣传展示全县在学习贯彻全会精神、习近平系列重要讲话精神中发展社会经济、改善民生的经验和成效。在宣讲过程中，以习近平在党的十八届四中全会上的重要讲话、《中共中央关于全面推进依法治国若干重大问题的决定》和《中共四川省委关于贯彻落实党的十八届四中全会精神全面深入推进依法治省的决定》（以下简称依法治省《决定》）、《中共四川省委关于坚持思想建党与制度治党紧密结合全面推进从严治党的决定》（以下简称从严治党《决定》）以及省委书记王东明在省委十届五次全会上的讲话为重点，以中央宣传部印发的《党的十八届四中全会精神宣讲提纲》和省委宣传部编写的《党的十八届四中全会和省委十届五次全会精神宣讲提纲》为基本依据，结合岳池实际，全面准确深入宣讲中央和省委全会精神。深入宣讲全面推进依法治国的重大意义、总目标、原则、重大任务；深入宣讲全面深化改革与全面推进依法治国的关系、坚持党的领导与依法治国的关系、人民当家作主与依法治国的关系、依法治国与以德治国的关系；深入宣讲省委十届五次全会的重大意义和省委十届四次全会以来全省八个方面工作取得的新成绩新进展；深入宣讲依法治省《决定》提出的指导思想、总目标、原则和主要任务，理解和落实推进依法治省必须注意把握的“六个重大问题”；深入宣讲从严治党《决定》作出的七个方面整体部署和具体安排，推进从严治党必须做到的“八个务必从严”。

在宣讲过程中，密切联系国际国内大局，密切联系各单位（部门）工作实际，密切联系干部群众思想实际、生产生活实际，善于用事实说话、用典型说话、用数字说话，做到既全面准确又深入浅出，努力增强学习宣传贯彻党的十八届四中全会的吸引力、感染力和针对性、有效性。注重善于运用群众乐于参与、便于参与的方式，采取富有时代特色、体现实践要求的方法，在拓展广度深度上下功夫。2014 年 11 月 3 日，县委召开常委扩大会，专题学习党的十八届四中全会精神，就全县开展十八届四中全会学习宣传贯彻工作作出安排部署；12 月 4 日，宣传教科文卫系统召开了领导干部会议，专题学习党的十八届四中全会精神；12 月 10 日，在吴雪艺术中心举行岳池县学习贯彻十八届四中全会精神暨法制专题讲座。2015 年 2 月 2 日至 3 日，做好市委宣讲团到岳池宣讲组织服务工作，在县级机关、白庙镇、兴隆镇集中宣讲 3 场，深入解读党的十八届四中全会的新理论、新观点、新部署，帮助干部群众准确理解党的党的十八届四中全会精神。截至 2015 年 2 月 18 日，全县各乡镇、部门、学校和企业开展集中宣讲 90 余场次，参与党员干部群众 20 余万人次。结合文化科技卫生法律“四下乡”、群众性精神文明创建、群众集会等活动，组织编排歌舞、戏曲、相声、小品、诗词等广大党员群众喜闻乐见的文艺节目，通过文化下乡、电影进村、电视入户等，开展文化惠民活动 20 场次，把十八届四中全会和习近平系列重要讲话精神贯穿其中，唱响时代主旋律，确保全会精神传达到千家万户，覆盖到每一名党员。

全县各级党组织坚持把发现、解决问题作为学习贯彻全会精神的出发点和落脚点，围绕党的建设、产业发展、农民增收、民生工程、社会治理等重点领域，通过基层走访、集中座谈、征求意见等多种形式，有针对性地开展学习调研活动，形成了《解决“四风”问题长效机制研究》等理论与实践相结合的应用对策性研讨成果 30 余篇。同时，将学习贯彻全会精神贯穿保障改善民生全过程，深入开展“大接访”“大走访”“双联”等活动，要求各级党政班子成员和驻点干部深入联系乡镇和村组，了解群众生产生活困难，对群众反映问题实行“台账式”和“销号式”管理整改，确保诉求渠道畅通，反映问题及时得到解决答复，确保学习贯彻全会精神的实效性。2014 年，全县新（改、扩）建新村 122 个，新农村综合体 1 个、试点示范建设幸福美丽新村 6 个；整顿软弱涣散基层党组织 119 个，追加村级组织办公经费 876 元；投入资金 20.9 亿元，完成省、市、县民生工程 140 项，减少农村贫困人口 10.7 万人，还积极开展“洁净水”行动，启动全民水库、五排水水库、长滩寺河流域水污染治理，一大批群众最关心、社会最关注的民生问题得到有效解决，改革发展成果进一步惠及群众。

（县委宣传部）

社会主义核心价值观宣传教育

公益广告宣传广泛。2014 年，按照“横向到边、纵向到底”的宣传要求，运用户外广告牌、路名牌、公交站台牌、建筑工地封闭围挡、视频 LED、道旗广告、楼宇电视、公园、绿地等广覆盖做好“图说我们的价值观”和“讲文明树新风”公益广告宣传，公益广告比率达50%，免费发放宣传年画5万份，让核心价值观24个字像空气一样无处不在。

媒体宣传引导有力。运用电视广播等媒介，在黄金时段、重点版面开设“社会主义核心价值观”专题专栏；运用手机报、微信、微博等新媒体、新平台同步开展宣传，让24个字深入人心。有力弘扬社会主义核心价值观，传递社会正能量。

主题活动丰富多彩。开展“我们的价值观、我们的中国梦”为主题的摄影大赛、书法美术大展、征文比赛、演讲比赛、网上展馆、人物访谈等教育实践活动30余场次，广泛开展“四下乡”、道德模范巡讲巡演、文化惠民、送春联等文化活动，强化群众的爱国、诚信、孝道、勤劳节俭、法制等观念。

重点工程效果明显。组织开展社会主义核心价值观进机关、进学校、进乡村、进社区、进企业、进单位、进媒体、进小区“九进”活动。着力党员干部教育工程，将社会主义核心价值观纳入党委中心组学习、宣讲团宣讲等，组织活动1000余场次，全县副科级以上干部参学率100%。着力未成年人培育工程，将社会主义核心价值观体现到教材编写、课堂教学、课外活动等各方面，开展校园传播、校内培育、网络引导、课外实践活动，让孩子们从小背诵熟记“三个倡导”24个字，并内化为精神追求、外化为自觉行动。全县学校张贴100余条墙体宣传标语，展播广告5万余幅，办校园广播、黑板报（专栏）1000余期，每月开展2次“弘扬传统美德、践行当代价值观”的班级教育活动和每周1小时学习中国文明网等学习活动，传承“爱国、敬业、诚信、友善”和勤劳节俭等美德。

（县委宣传部）

开展“向雷锋同志学习”暨第十三个“公民道德建设宣传教育月”活动

为弘扬雷锋精神，加强公民思想道德建设，培育和践行社会主义核心价值观，提高公民道德素质，提升城市文明水平，2014年3月5日，县文明委在文体广场举行“向雷锋同志学习”暨“第十三个公民道德建设宣传月”系列活动启动仪式，在全县广泛开展“向雷锋同志学习”暨第十三个“公民道德建设宣传教育月”活动。

开展以“四关爱（关爱残疾人、留守儿童、困难职工、空巢老人）”等为主的志愿服务活动。利用“四川省第十三个公民道德宣传教育月”，充分发挥道德模范、身边好人、志愿者引领作用，为道德模范、身边好人、志愿者提供技能培训、就业、子女入学等帮扶，各志愿服务组织开展活动350余人次。

开展“生态保护”志愿服务活动。以“保护生态环境，倡导文明新风”为主题，常态化组织广大干部群众及志愿者开展植绿护绿认绿活动，3月12日植树节前后，开展广泛的春季义务植树造林活动。

开展“文明交通”志愿服务活动。结合创建省级文明城市工作，围绕“关爱生命·文明出行”主题，组织志愿者及交警大力开展机动车礼让斑马线、机动车按序排队通行、机动车有序停放、文明使用车灯、行人与非机动车各行其道、行人与非机动车过街遵守交通信号等文明交通宣传教育；组织志愿者在公交站台引导乘客有序排队上下车、在交通路口劝导行人走斑马线、不闯红灯等，引导市民自觉遵守交通法规。

开展“医疗卫生”志愿服务活动。组织医疗卫生系统志愿者深入人群集中地、广大农村、城市社区，开展健康咨询、送医送药、心理辅导、健康讲座等活动100余场次。

深化学习宣传道德模范、身边好人活动。广泛动员社会各界群众积极参与学习宣传推荐道德模范、身边好人活动，在全社会形成“学习道德模范、争做身边好人”的良好氛围，营造文明和谐舆论环境。

开展“节俭养德”宣传教育活动。利用“四川省第十三个公民道德宣传教育月”有利时机，以文明餐桌为引领，组织志愿者及广大干部群众积极宣传、倡导“节俭养德”理念，开展“文明餐桌”“节约资源”等主题活动，勤劳节俭的文明风尚在全社会逐渐形成。

开展“小手牵大手、文明行为伴我行”主题教育活动。坚持“从我做起、带动全家、拉动社会”的“小手牵大手”工作思路，积极组织全县中小学生开展“小手牵大手、文明行为伴我行”主题教育活动，全体师生和家长共同学礼仪、讲文明、树新风，促进学生、家庭和社会的良性互动，引领全体市民参与到文明创建中来，增强市民自觉践行文明礼仪的意识，养成文明有礼的习惯。

（县委宣传部）

活在百姓心中的好“公仆”
记2014年8月敬业奉献中国好人沈乾文

沈乾文，男，1965年5月生，岳池县伏龙乡人，高级农艺师，1983年7月参加工作，2004年4月加入中国共产党，历任岳池县果树站农艺师，信息站副站长、站长，岳池县蔬菜局党支部书记、局长。2014年3月23日因心脏病突发不幸离世。

沈乾文始终牢记党的教导，把个人理想和价值的实现融入服务“三农”、服务发展之中，把坚强的党性体现在对党忠诚、为党奉献的实际工作上。作为百万人口农业大县，2009年，成立岳池县蔬菜局，沈乾文成为第一任局长。一个土生土长的农家子弟，沈乾文深知把蔬菜发展成一个规模化、标准化、品牌化大产业，才是出路。他把所有的时间都用在了工作上，就像一头牛，浑身透着一股狠劲和执着。一次，从浙江引进紫山药回岳池试种，他三天两头往试验田跑，观察墒情、记录长势，记下厚厚几十页。因气候不适，试种失败，他像“被挖祖坟那样难受”。自此以后，沈乾文对引进新品种的技术要求更加严格，气候、土壤、品种、市场，哪一环都出不得差错。他不分晴雨天到田间地头测量，不分昼夜翻阅各种资料，同事们都称他为蔬菜专业的“活字典”。在工作上一丝不苟，在生活中沈乾文却不称职。每天深夜回家，沈乾文扔下一堆满是汗渍和泥巴的脏衣服，累得不想动弹；因为忙，从幼儿园到大学，他连孩子在哪个班都不知道；老父亲卧病在床，因为忙工作无时间回老家侍候。

沈乾文对党的无限忠诚、对人民群众的无私奉献，是践行“好干部”标准的先进典型。“只要群众能多赚一分钱，我们就要尽一百分的努力”，这是沈乾文常常挂在嘴边的一句话。返乡创业的李二姐（李桂兰）谈起沈乾文，总是忍不住眼泪打转。由于不懂技术和管理，加之气候风险，曾经两次失败的她，决定放弃蔬菜种植时，沈乾文天天都往基地跑，现场进行技术指导，分析市场行情，送种子、送肥料，并组织蔬菜局的同事们一道，帮助她重新耕地、播种、施肥。如今，“李二姐蔬菜专业合作社”已成功申报为首批国家级示范专业合作社，成为岳池县蔬菜产业的一张响当当的名片，带动15个乡镇8000多户群众发展蔬菜。西瓜业主李贵明经常说：“他这个局长，比我这个农民穿得还要朴素，手上的茧比他还厚。”他任职5年来，全县现代农业示范园从30多亩发展至10万亩，成功引进的新品种、新技术多达数十种，为岳池县被省政府确定为蔬菜基地产业强县创造条件。

他凭借顽强的毅力和钻研的精神，边干边学、大胆实践、不断总结、开拓创新，成为农业战线的技术权威、行家里手。他坚持学以致用，经常深入田间地头向农户、业主传授农业信息、推广科技知识，成为广大群众的贴心人。他撰写农业调研报告10余篇，主编《现代农业园区建设》《食用菌产业基地建设》《岳池蔬菜基地建设》等论文10余篇，在《四川党的建设》《四川农村日报》《四川农业信息网》《广安日报》上发表文章100余篇，著作有《果树最新栽培技术》，编写的“从温饱走向富足”被中央文献出版社出版的《求是先锋》刊载。合著出版有《果树最新栽培技术》《四川省园艺学会论文集》《面对新竞争岳池怎么办》等20余本（篇），合著的2篇论文获四川农业财务学会优秀论文奖,2 篇获省农业厅财务学会奖。

沈乾文视事业如生命,每天工作长达十几个小时,经常带病坚持工作,有时一天之内来往奔波几个乡镇,为群众解决农业技术难题。在亲戚朋友眼里,沈乾文是个“大忙人”。在家人眼里,沈乾文关照家庭“没时间”。在领导同事眼里,沈乾文是个“老黄牛”“工作狂”。在农业业主口中,沈乾文是个“热心肠”“沈劳模”。沈乾文把所有的时间和精力投入到他心爱的工作中,为全县蔬菜产业发展和现代农业发展付出了毕生心血,为岳池县成功争取全省特色效益农业(蔬菜)基地县、省现代农业重点县和农业部现代农业蔬菜标准园创建做出了积极贡献。2014 年 3 月 22 日晚上 10 点过,同事唐敏慧到办公室,看见沈局长还在加班,连夜赶写第二天召开的全省循环农业经济项目座谈会发言材料。3 月 23 日早上,因心脏病突发不幸离世。

沈乾文为首届广安市委直接联系掌握的高层次人才、四川省农业项目专家评审组成员。他推广的果苗集约化繁育技术、果树丰产栽培技术成效显著,选育的 4 号脐橙、78－1 锦橙分别荣获“省名优水果金奖”和“中国农业博览会银奖”;选送的黄龙贡米、乔家“银特”牌蔬菜荣获“四川省名优农产品”称号;实施科技入户、三百工程分别荣获农业部和省农业厅表彰。他曾获岳池县县首届“百名优秀人才”荣誉称号、首届道德模范提名奖,多次被省、市、县表彰为农业信息先进个人、科技推广先进个人、优秀科技特派员、优秀共产党员,受到领导和同事的高度赞誉。

沈乾文是新时期农业战线的优秀代表,是积极向上、辛勤耕耘,奋斗不息的一生,是广大农业工作者学习的楷模和榜样。2014 年 4 月 10 日,中共岳池县委群众路线教育实践活动领导小组向全县发起《关于开展向沈乾文同志学习活动的通知》;2014 年 5 月 12 日至 30 日,中共岳池县委群众路线教育实践活动领导小组组织开展“用生命担当责任的好干部”沈乾文先进事迹报告团巡回宣讲活动,在罗渡镇、石垭镇等镇宣讲 7 场。2014 年 8 月 14 日,农业部下发《关于开展向沈乾文同志学习活动的通知》,决定在全国农业系统开展向岳池县农业局干部沈乾文学习活动。同月,沈乾文被评为“敬业奉献中国好人”。

(县委宣传部)

开展党的群众路线教育实践活动

根据《中共中央关于在全党深入开展党的群众路线教育实践活动的意见》(中发〔2013〕4 号)、《中共四川省委关于深入开展党的群众路线教育实践活动的实施意见》(川委发〔2013〕14 号)和中央、省、市关于第二批教育实践活动的部署要求,岳池县党的群众路线教育实践活动从 2014 年 2 月正式启动,10 月结束;参加单位是县级领导班子、县级机关及直属单位,县属各企事业单位,党组织关系在岳池且未参加第一批活动的省市驻岳单位,乡镇、村(社区)等基层组织,非公有制经济组织和社会组织。共 1702 个党组织、4 万余名党员干部积极参与。

县委于 2 月 26 日出台《关于深入开展党的群众路线教育实践活动的实施意见》,提出一要把握指导思想和总体要求,二要明确重点工作任务,三要抓好关键环节步骤,四要强化分类指导,五要切实加强组织领导。2 月 27 日,县委组织在吴雪艺术中心召开党的群众路线教育实践活动工作会议,会议由县委副书记李国生主持,会议对全县党的群众路线教育实践活动作出具体安排,县委书记李永平出席会议并讲话。李永平要求,要认真学习贯彻中央、省、市决策部署,充分认识开展党的群众路线教育实践活动的重大意义,要深刻认识到教育实践活动是切实转变作风,密切党群干群关系的“民心工程”;要深刻认识到教育实践活动是全面深化改革,建设富裕文明活力幸福新岳池的“动力工程”;要深刻认识到教育实践活动是着力解决联系服务群众“最后一公里”问题的“造血工程”;要突出教育实践活动重点,努力取得人民群众满意的实效；要坚持不懈抓好学习教育，突出开门搞活动，突出整风精神认真批评，坚持早改真改严改，突出抓好“正风肃纪”专项治理，突出建章立制；要加强组织领导，切实把教育实践活动作为一项重大政治任务抓紧抓好抓实，突出领导带头，搞好分类指导，注重督导检查，加强宣传引导，突出“两不误、两促进”，周密安排，科学推进，进一步改进作风、密切党群干群关系，不断汇聚推动全县科学发展的正能量，为建设富裕文明活力幸福新岳池作出更大贡献。

全县教育实践活动在县委常委会领导下开展。成立县委教育实践活动领导小组，县委主要负责担任组长，县委副书记和县纪委、县委组织部、县委宣传部、县委政法委主要负责担任副组长。领导小组下设办公室，负责日常工作，办公室主任由县委组织部主要负责兼任。

具体开展以下工作。

坚持领导带头，务实从严督导，层层示范推进。狠抓带头带动，各级领导班子和党员领导干部坚持做到“八个带头”，示范引领活动深入开展。县委常委班子带头召开学习会12次，征求到各类意见建议795条，修改个人对照检查材料20余次，查摆问题13个；在专题民主生活会上，相互提出批评意见166条，确定整改事项62条。还组建11个督导组，由在职党员县级领导任组长，聘请135名民情监测监督员到一线收集民意，监督落实，构建“三维立体”督导格局。县委先后召开督导组工作会、意见交办会、督导单位座谈会等8次，严格审核把关材料，全程参加督导单位相关会议400余场次，跟踪整改问题87个，下发《督办通知》《交办通知》51个，确保活动劲头不松、标准不降、力度不减。

坚持理论武装，力求学深悟透，筑牢思想根基。认真落实“五个准确把握”“四学三讲三议”要求，以“七会两赛一课”为抓手，强化学习教育，为践行群众路线提供内在动力。邀请全国劳动模范吴天祥、市委第四督导组组长杨胜林等理论专家开展专题讲座5次。组建群众路线理论辅导讲座团，确定10个群众工作课题，开展专题辅导139场次。各级党员领导干部集中观看《焦裕禄》《四风之害》等教育片106场次，带头上党课141场次，开展“送学上门”98次，撰写心得体会800余篇、调研报告152篇，群众路线进一步深入人心。县级党员领导结合“感恩·作奉献”主题，深入开展群众路线怎么看、怎么走、怎么干专题讨论7场次，各行业系统围绕“窗口形象怎么创”“师德师风怎么转”等专题开展讨论106场次。以焦裕禄为榜样，选树各行业系统先进典型200余人，开展巡回宣讲120余场次，营造学典型、赶先进的浓厚氛围。

坚持聚焦“四风”，广开言路问计，找准突出问题。坚持“三上两下一对接”，敞开大门听意见，聚焦“四风”找问题。县级领导带头上门拜访“五老”代表，到分管联系单位便民服务中心窗口体验服务，各乡镇、部门领导干部主动登门入户听意见，轮流到便民服务窗口坐班，搜集意见建议316条。开通“民情110”等专线电话130余部，设立意见箱10个，接到群众来信来访62件，收集意见建议500余条。深入开展“走百村、进千家、入万户”干部大下访活动，27名县级领导及1476名部门、乡镇中层以上干部走访调研，召开热点问题专题座谈会45场次，走访座谈群众1.45万人，收集到意见建议232条。市、县督导组联动开展个别谈话120余人次，收集到校园周边治安环境混乱等意见建议318条。召开“四大班子”意见分析会、把脉问诊会6次，征集到“四风”问题294条，影响群众切身利益问题3500余条，联系服务群众“最后一公里”问题257条。

坚持整风精神，严肃认真批评，开好两个会议。坚持“四重开、四不开”，功夫下在会前，县级领导亲力亲为，各单位“一把手”带头示范，县级班子及成员将对照检查材料进行20次以上的反复修改，其他班子材料一般进行5次以上集体讨论，个人材料修改都在10稿以上。严格把关对照检查材料，先后组织2次交叉审核、3次集中会审，形成高质量的对照检查材料。各级党组织“一把手”

带头与班子成员谈心交心，班子成员之间谈心交心普遍在3次以上，做到“六个谈透”。11名督导组组长与112个被督导单位主要负责人进行深入谈心，及时纠正个别同志思想认识不到位问题。在领导班子专题民主生活会和组织生活会上，严肃认真地开展批评与自我批评，动真碰硬，辣味十足，达到“团结－批评－团结”的目的。

坚持立说立行，动真碰硬整改，切实转变作风。强化问题导向，突出聚焦“四风”，对收集的意见建议分类建立台账，逐条分析研究，逐一交办到县委常委人头，做到整改方案、责任、主体、时限、对象“五个落实”，立说立行、即知即改问题1000余条。将正风肃纪“9＋3＋2”突出问题纳入整治重点，出台规范会议（活动）、文件报送等事项具体规定，把每周一、周四定为“无会日”，压缩全县文件18%、会议7%、评比表彰活动29%；全面清理县本级行政审批项目，行政审批项目减少至89项，承诺办结平均时限缩短至2.6天，行政效能提速10%；推动创建“无信访乡镇、村（社区）”，排查处理各类矛盾纠纷2500余起，化解信访积案31起；加强财务预算和管理，强力推行公务卡制度，压缩“三公经费”；开展领导干部企业兼职、在编不在岗等专项检查，开展办公用房清理，坚决查纠违纪违规行为。

坚持常态长效，完善制度机制，规范运行管理。贯彻执行中央八项规定和省委《两个意见》，坚持标本兼治，注重抓源头、打基础、管长远，推动作风建设常态化、长效化。由县委常委分工负责，责任单位牵头实施，组织对县本级制度进行全面清理，共废止11项，修订82项，新建67项。鼓励基层单位大胆探索创新，对经过试点探索、实践检验、干部群众认可的“360群众工作站”“10分钟服务圈”等12项长效机制，及时以制度规定形式固定下来，并在全县推广。建立制度执行责任机制、考评机制、问责机制，采取不定时间、不定地点、不定内容“三不定”方式，对执行制度情况开展自查、抽查和督查；共查处违反中央八项规定精神和有关制度规定的问题15起，处理71人，给予党纪政纪处分29人。

坚持知行合一，突出实践特色，助推全面发展。开展“将心比心、换位体验”“我心在农家”“我当村干部”“我为你服务”等活动，全面推行“一线工作法”，开展“走基层·送温暖”“走基层·送服务”“走基层·听意见”等主题月活动，建立完善“走基层活动、建立民生诉求、困难群众和稳定工作“三本台账”。抢抓全面深化改革、纪念邓小平诞辰110周年和川渝合作示范区等机遇，集中实施省、市、县民生工程148项，办好省民生实事19件，加快推进重点献礼工程建设62个，突出抓好医药产业、重点项目、主导产业发展，为全面建设“四个岳池”、争当全市排头兵、奋力跻身全省县域经济第一方阵提供强大动力。

在活动过程中，省、市领导到岳池督导活动的落实。4月17日，省委常委、省纪委书记王怀臣率队到岳池县调研在党的群众路线教育实践活动中深化正风肃纪工作开展情况。4月22日，省委第十三督导组组长、省直机关工委副书记汤建平一行到岳池县检查指导党的群众路线教育实践活动开展情况。4月26日，省委组织部干部四处副处长卢燕一行到岳池调研党的群众路线教育实践活动。

10月21日，岳池县召开党的群众路线教育实践活动总结大会，省委第十三督导组、市委第四督导组、市委群教办领导到会指导。会上，组织学习贯彻中央、省、市教育实践活动总结会精神，县委书记李永平全面总结全县教育实践活动经验成效，对巩固拓展活动成果、推进从严治党、作风建设进行部署。

李永平强调要把思想和行动统一到中央、省委、市委的部署上来，始终坚持从严治党，落实党建责任，严格党内生活，从严管理干部，强化正风肃纪，践行“三严三实”，以好作风保障改革发展，以优异的成绩完成全年目标任务。市委督导组组长杨胜林对该县教育实践活动成效给予高度评价，肯定该县“四风”等突出问题有效解决，活动成果转化为推动发展的强大动力，取得群众满意的效果，强调要认真贯彻习近平讲话精神，进一步加强作风建设和群众工作，不断巩固拓展活动成果，推动作风建设常态化、长效化推进从严治党、作风建设进行部署。

（县委组织部）

开展“庸懒散浮拖”问题专项整治

精心组织，缜密部署。11月28日，全县领导干部大会在吴雪艺术中心召开。县委副书记、县长汤才勇主持大会并作重要讲话。会议传达市委关于清理机关事业单位人员在编不在岗、整治庸懒散浮拖等问题的会议精神和市委关于公车治理、乱发钱物整治等问题的有关要求，并就全县相关工作进行安排部署。会后，各级党组织第一时间成立相应的领导机构和工作机构，形成强有力的组织领导体系。研究制定工作方案和重点工作计划，对“六个专题”学习、制定“两张清单”、开展自查自纠等工作进行细化分解，明确目标任务，落实工作责任。先后召开督导组工作会、全县领导干部大会，安排部署专项整治工作，进一步统一思想认识，营造良好的工作氛围，形成强劲的推进态势。

边学边查，立行立改。坚持“三项学习制度”，狠抓“六个专题”学习，落实“四个对照”要求，找准找实问题，推进整改落实。县委常委班子召开2次常委会、1次中心组学习会，集中学习习近平系列重要讲话和省委、市委关于“庸懒散浮拖”等五个专项整治工作有关文件、会议精神。邀请西南政法大学行政学院副院长、博士生导师王学辉教授作专题辅导，组织全县2000余名党员干部集中观看《永远的焦裕禄》。各基层党组织开展“治庸提能、治懒正气、治散聚力、治浮定神、治拖增效”等主题讨论115场次，学习讨论会120余场次，切实增强广大党员干部的思想自觉和行动自觉。坚持把学习教育与查摆问题结合起来，梳理出干部队伍中存在的“庸懒散浮拖”五个方面23个具体表现，全县各级领导班子和党员干部查找出5000余个专项整治问题，形成问题整改“两张清单”，提出整改措施5000余条，整改个别乡镇便民中心无人上班、县级部门公示不规范、村（社区）党员活动室无人值班等问题4000余个。

严督细导，确保实效。坚持严字当头，动真碰硬，刚性落实，从严问责，确保整治工作取得实效。县委成立11个督导组和7个专项督查组，对全县67个县级部门及下属单位、43个乡镇及辖区内所有学校、卫生院、畜牧兽医站等单位进行无缝式暗访214次。对窗口服务、政务效能重点岗位和公共资源交易中心、行政服务中心等庸懒散浮拖易发多发领域实行电子监察。公开“12388”“96960”等监督电话，扩大监督范围，推动形成科学有效的党员干部履职尽责监督体系。在县电视台、纪检网站开设“曝光台”，对17个宗旨意识不强、群众观念淡薄、服务意识较差等典型问题进行公开曝光。

（县委组织部）

附录

Fu Lu

一、获奖名单

表7　岳池县获市级以上表彰先进个人名录

获奖人	所属单位	奖项名称	授奖单位	获奖时间
李春梅	岳池县东街小学	全国三八红旗手	全国妇联	2014.2
李永平	县委	四川省优秀县委书记	省委	2014.6
宋亚辉	顾县镇	四川省优秀乡镇党委书记	省委	2014.6
冉启华	坪滩镇冉家店村	四川省优秀村(社区)党组织书记	省委	2014.6
邓　辉	同兴镇大石村	四川省优秀村(社区)党组织书记	省委	2014.6
方　斌	西溪镇学堂沟村	四川省优秀村(社区)党组织书记	省委	2014.6
唐　宇	天平镇罗家坝村	四川省优秀村(社区)党组织书记	省委	2014.6
杨淑芹	黄龙乡	第五届四川省人民满意公务员	省委	2014
谢帮勇	县委	维稳工作先进个人	省委政法委、省委维稳领导小组、省人社厅	2014.12
李　树	县政协办	2014年度全省政协新闻宣传工作先进个人	政协四川省委员会办公厅	2014.10
刘星鹏	县政协办	《四川政协报》2012年度优秀通讯员	政协四川省委员会办公厅	2014.10
岳　豪	丘山律师事务所	四川省五一劳动奖章	省总工会	2014.7
岳　豪	丘山律师事务所	四川省维护职工权益杰出律师	省总工会、省司法厅、省律师协会	2014.7
蔡　宇	县公安局禁毒大队	“肃毒害,创平安”专项活动先进个人	省公安厅	2014.7
吴金蓉	长田乡将军村	四川省“最美家庭”	省妇联	2014.11

续表7

获奖人	所属单位	奖项名称	授奖单位	获奖时间
龙丽君	县妇联	“平安家庭”创建工作先进个人	省妇联	2014.12
龙　虎	秦溪镇龙王庙村	四川省地质灾害防治工作先进个人	省人社厅、省国土资源厅	2014
周　恒	县民政局	四川省退役士兵安置工作先进个人	省军安领导小组	2014.12
卢春阳	县森林公安局	三等功	省森林公安局	2014.8
蔡　伟	县文广新局	群众体育先进个人	省体育局	2014.7
龙美云	县财政局	“中国梦·财政情”征文活动获二等奖	省财政厅直属机关委员会	2014.8
钟亚光	县文广新局	扫黄打非先进个人	省扫黄打非工作领导小组	2011.1
张　曼	邮储银行岳池县支行营业部	四川省邮政金融营业网点规范化服务活动2013年度服务明星柜员	中国邮政储蓄银行四川省分行	2014.3
王渊梅	县发改局	2013年—2014年度价格信息服务工作先进个人	四川价格信息交流网络服务中心	2014.10
杨建新	县书法家协会	2013年中国书法家进万家活动先进个人	中国书法家协会	2014.2
王岳川	县住建局	邓小平同志诞辰110周年纪念活动先进个人二等功	市委、市政府	2014.11
陈　莉	县委	邓小平同志诞辰110周年纪念活动先进个人类嘉奖	市委、市政府	2014.11
钟爱平	县委	邓小平同志诞辰110周年纪念活动先进个人表扬人员	市委、市政府	2014.11
代应华	县委办	邓小平同志诞辰110周年纪念活动先进个人表扬对象三等功	市委、市政府	2014.11
代应华	县委办	广安市创建国家森林城市工作先进个人	市委、市政府	2014.5
文　强	天平镇	2014年度民生工作先进个人	市委、市政府	2014.4
杨淑芹	黄龙乡	广安市优秀乡镇党委书记	市委	2014.11
蒲锦荣	乔家镇	广安市优秀乡镇党委书记	市委	2014.11
粟　琳	九龙镇文星桥社区	广安市优秀村(社区)党组织书记	市委	2014.11
刘志明	罗渡镇戚家沟村	广安市优秀村(社区)党组织书记	市委	2014.11
李中坤	石垭镇王家沟村	广安市优秀村(社区)党组织书记	市委	2014.11
姚显军	长田乡黑山村	广安市优秀村(社区)党组织书记	市委	2014.11
杨　伟	大石乡五里堆村	广安市优秀村(社区)党组织书记	市委	2014.11
严建华	花板乡龙泉罐村	广安市优秀村(社区)党组织书记	市委	2014.11
游　湖	东板乡好强沟村	广安市优秀村(社区)党组织书记	市委	2014.11
文阳清	中共岳池县委	广安市优秀共产党员	市委	2014.11
张俊龙	粽粑乡	广安市优秀共产党员	市委	2014.11
吴开兵	中和镇	广安市优秀共产党员	市委	2014.11
宋　敏	龙孔镇	广安市优秀共产党员	市委	2014.11

续表7

获奖人	所属单位	奖项名称	授奖单位	获奖时间
陈宗春	县水务局	广安市优秀共产党员	市委	2014. 11
廖红林	县地税局	广安市优秀共产党员	市委	2014. 11
罗隽华	县委组织部	广安市优秀共产党员	市委	2014. 11
徐　君	县纪委	广安市优秀共产党员	市委	2014. 11
文　淞	县委办	广安市优秀共产党员	市委	2014. 11
魏　华	县人社局	广安市优秀共产党员	市委	2014. 11
杨小林	县中医院	广安市优秀共产党员	市委	2014. 11
魏裔全	天台小学	广安市优秀共产党员	市委	2014. 11
杨宏林	西板乡宋家沟村	广安市优秀共产党员	市委	2014. 11
陈凤玲	长田乡烂堰村	广安市优秀共产党员	市委	2014. 11
李祝福	九龙镇公园路社区	广安市优秀共产党员	市委	2014. 11
马秀恒	岳池县丘山律师事务所	广安市优秀共产党员	市委	2014. 11
付秋林	岳池县科伦药业	广安市优秀共产党员	市委	2014. 11
李　斌	罗渡镇	广安市优秀共产党员	市委	2014. 11
刘永红	普安镇	广安市优秀共产党员	市委	2014. 11
胡　伟	县经开区	广安市优秀共产党员	市委	2014. 11
周廷毅	县工商局	广安市优秀共产党员	市委	2014. 11
李春梅	东街小学	广安市优秀共产党员	市委	2014. 11
卿琼华	秦溪镇	维稳工作先进个人	市委	2014. 3
廖洪波	九龙镇	2013 年度民生工程先进个人	市委	2014. 2
杨宏林	西板乡宋家沟村	广安市优秀共产党员	市委	2014. 1
郑亚军	县文广新局	金牌教练	市政府	2014. 12
蔡　伟	县文广新局	省十二运会先进工作者	市政府	2014. 12
唐　洪	县植保植检站	“农业有害生物预警体系的建立与应用”项目获市科学技术进步一等奖。	市政府	2014. 4
莫　敏	县公安局刑侦大队	2013 年度未成年人思想道德建设工作	市政府	2014. 5
杨岳生	县政府督查室	2013 年度人大代表建议、批评、意见和政协提案办理工作先进个人	市政府	2014. 4
陈　莉	县委宣传部	未成年人思想道德建设工作先进个人	市委办、市政府办	2014. 4
胡德锋	县委政法委	全市社区网格化服务管理体系建设工作先进个人	市委办、市政府办	2014. 2

表 8　　**岳池县获市级以上表彰先进集体名录**

获奖单位	奖项名称	授奖单位	获奖时间
县城乡居民养老保险局	全国人力资源和社会保障系统 2011 －2013 年度优质服务窗口单位	人社部	2013. 12

续表8

获奖单位	奖项名称	授奖单位	获奖时间
岳池县	2014 年全国粮食生产先进单位	农业部	2014. 12
岳池县	全国农村集体“三资”管理示范县	农业部	2014. 12
岳池三安农业专业合作社联合社	国家农民合作社示范社	农业部	2014. 11
县检察院	全国文明接待室	最高人民检察院	2014. 3
岳池县	2013 年县域经济发展先进县	省委、省政府	2014. 7
岳池县	全省城乡环境综合治理 2013 年度环境优美示范县城	省委、省政府	2014. 12
县水务局	2013 年防洪减灾先进集体	省政府	2014. 4
县文广新局	第四批四川省非物质文化遗产代表性项目传统戏剧岳池曲剧	省政府	2014. 6
县粮食局	全国粮食流通监督检查示范单位	国家粮食局	2014. 12
岳池县	2013 年度平安建设先进县	省委办公厅、省政府办公厅	2014. 2
岳池县	省级文明县级城市	省委办公厅、省政府办公厅	2014. 2
县政府	2014 年度全省区市县政府网站绩效评估第七名	省政府信息公开办公室	2014. 12
县委政法委	四川省党委政法委先进集体	省委政法委、省人社厅	2014. 12
政协岳池县委员会	2014 年度全省政协新闻宣传工作先进单位	政协四川省委员会办公厅	2014. 1
县林业局	四川省森林资源保护管理工作先进集体	省人社厅、省林业厅	2014. 5
县林业局	2014 年度林业宣传工作先进集体	省林业厅	2014. 1
九龙财政所	2013 年度乡镇财政管理工作先进集体	省财政厅	2014. 7
县财政局	2013 年度乡镇财政管理工作考核先进单位	省财政厅	2014. 6
县财政局	2013 年度预算执行分析工作先进单位	省财政厅	2014. 11
鸿运猪业养殖专业合作社	农民合作社省级示范社	省农业厅、财政厅、国家税务局、工商行政管理局、发改委、水利厅、地税局、林业厅等	2014. 6
岳池县腾飞农机农艺专业合作社	2014——2017 年省级示范合作社	省农业厅	2014. 1
岳池县、苟角镇、坪滩镇	四川省民间文化艺术之乡	省文化厅	2014. 10
县农业局	2014 年度四川省农村经营管理全面工作突出单位	省农业厅	2014. 12
县农业局	土壤墒情监测工作开展较好	省农业厅	2014. 4
县粮食局	四川省 2014 年度粮食流通监督检察示范单位	省粮食厅	2014. 11
县统计局、罗渡镇人民政府	四川省第三次全国经济普查先进集体	省人社厅、省统计局、省第三次全国经济普查领导小组办公室	2014. 12
县水务局	全省水土保持工作先进集体	省人社厅、省水利厅	2014. 12
岳池县	2014 年产粮大县监测工作先进县	国家统计局四川调查总队	2014. 12

续表8

获奖单位	奖项名称	授奖单位	获奖时间
岳池县	退耕还林监测先进县	国家统计局四川调查总队	2014. 3
岳池县	第三批中央财政小型农田水利重点县2013年度县级绩效考评优秀县（全省第二名）	省财政厅、省水利厅	2014. 6
县审计局	2013年度扩权试点县审计业务绩效考核优秀单位	省审计厅	2014. 1
县惠民帮扶中心	全省惠民帮扶工作先进集体	省总工会、共青团四川省委、省妇联、省残联	2014. 7
县统计局	2014年度全省统计新闻宣传工作先进集体	省统计局	2014. 8
岳池县	主要污染物减排排名全省第十一名	省环保厅	2014. 5
县妇联	“平安家庭”创建工作先进集体	省妇联、省综治办、共青团四川省委、省公安厅、省司法厅、省新闻出版广电局	2014. 12
县检察院	全省检察文化建设示范单位	省人民检察院	2014. 1
县检察院	检察宣传工作先进单位	省人民检察院	2014. 11
县政务服务中心国土资源局窗口	四川省政务服务示范窗口	省人民政府政务服务中心	2014. 2
县司法局	人民调解宣传工作先进集体	中华全国人民调解员协会	2014. 5
岳池县	2013年度农业综合开发统计工作三等奖	省农业综合开发领导小组	2014. 11
县体育局	全省群众体育先进单位	省体育局	2014. 7
岳池县	2011—2015年度全国科普示范县中期评估先进县	中国科协办公室	2014. 1
岳池县	第七届巴黎中国曲艺节银奖	第七届巴黎中国曲艺节组织委员会	2014. 7
县教育局	2013－2014年度四川教育宣传先进单位	省教育厅、四川教育报刊社	2014. 7
岳池县	2013年度全省农民增收工作先进县	中共四川省委农村工作领导小组	2014. 1
县委宣传部	创建中国曲艺之乡工作标兵单位	中国曲艺家协会	2014. 1
县书法家协会	2013年中国书法家进万家活动先进集体	中国书法家协会	2014. 2
中国农业发展银行岳池县支行	模范职工之家	中国农业发展银行工会	2014. 10
县安监局	“百日安全生产活动”先进单位	省政府安委会办公室	2014. 5
县发展改革局	2013—2014年度价格信息服务工作先进单位	四川价格信息交流网络服务中心	2014. 10
县机关事业单位职工养老保险局综合统筹股	四川省“巾帼文明岗”	省妇女“巾帼建功”活动领导小组	2014. 4
县民政局	四川省退役士兵安置工作先进集体	省军安领导小组	2014. 12
县委	2013年度绩效考核先进单位	市委、市政府	2014. 2
县委	邓小平同志诞辰110周年纪念活动完成重大项目建设类先进集体	市委、市政府	2014. 11

续表8

获奖单位	奖项名称	授奖单位	获奖时间
县委	2013 年度农业农村工作先进集体	市委、市政府	2014.2
县委	2013 年度农业农村“三增长”工作先进奖	市委、市政府	2014.2
西溪镇	市级文明单位	市委、市政府	2014.2
翠管会	广安市创建国家森林城市先进集体	市委、市政府	2014.7
县委组织部	广安市先进基层党组织	市委	2014.11
县人民法院机关委员会	广安市先进基层党组织	市委	2014.11
县植保植检站	“农业有害生物预警体系的建立与应用”项目获市科学技术进步一等奖。	市政府	2014.4
岳池县	宣传工作先进区市县	市委办、市政府办	2014.2
岳池县	精神文明创建和未成年人思想道德建设工作先进区市县	市委办、市政府办	2014.2
岳池县	对外宣传和网络管理工作先进区市县	市委办、市政府办	2014.2
县委宣传部	未成年人思想道德建设工作先进单位	市委办、市政府办	2014.4
县委	2013 年度民生工作先进集体	市委办、市政府办	2014.2
县委	2013 年度服务业发展工作先进集体	市委办、市政府办	2014.3
团县委	广安市未成年人思想道德建设先进集体	市委办、市政府办	2014.4
县委农工委	2013 年度农业农村工作先进单位	市委办	2014.2
县政府	2013 年度耕地保护暨国土资源管理工作二等奖	市政府办	2014.2

二、统计资料

表 9

岳池县百岁老人名录

姓 名	性 别	出生年月	家庭住址
朱德秀	女	1910.4	白庙镇玉皇沟村 7 组
袁术华	女	1914.2	团结乡柏杨沟村 5 组
刘素云	女	1914.1	朝阳乡天王庙村 5 组
田应成	女	1914.12	大佛乡滴水岩村 2 组 3 号
王明春	男	1913.12	大佛乡滴水岩村 5 组
刘应俊	男	1914.4	大石乡漏山沟村 4 组
陈茂阳	女	1910.1.1	大石乡皮家沟村 1 组
席林珍	女	1912.7	东板乡新桥河村 1 组 17 号
朱弟琼	女	1913.10	顾县镇敬老院
邹甫玉	女	1914.10	九龙镇滨江锦苑 11 栋 2 单元 2-1
范智慧	女	1912.1	九龙镇长坡村 4 组 28 号

续表9

姓　名	性　别	出生年月	家庭住址
许坤秀	女	1914.10	九龙镇大坟宝村5组
王引珍	女	1911.4	九龙镇东外街45号5栋1-7-1
何绍珍	女	1902.8	九龙镇即显庙村5组
王邓氏	女	1908.2	九龙镇向家沟村5组
李传云	男	1914.7	罗渡镇河街108号附1号
夏大清	女	1912.12	罗渡镇云门寺村1组
陈素芳	女	1914.6	排楼乡花院墙村5组19号
夏孙氏	女	1914.10	排楼乡石龙河村1组7号
陈吴氏	女	1908.10	普安镇斜石坝村7组11号
尹陈氏	女	1912.11	普安镇新庙子村4组
康学芬	女	1911.7	乔家镇陈家湾村2组
张大玉	女	1914.8	乔家镇水桶庙村4组
熊永秀	女	1912.12	乔家镇照画壁村10组
胡张氏	女	1909.4	赛龙镇老隍堂村8组
腾玉华	女	1912.3	石鼓乡酢坊村6组
胡守琼	女	1912.9	石垭镇王家院四组
杨序明	男	1912.3	天平镇李家坝村7组
朱德秀	女	1913.12	天平镇团坝子村3组
郭知秀	女	1912.10	天平镇黎家沟村6组
谢兴珍	女	1913.6	兴隆镇金台山村4组
黄祖学	女	1904.5	酉溪镇刘仁沟村7组
陈生碧	女	1914.10	酉溪镇石猪庵村6组
陈文珍	女	1912.12	裕民镇桥洞村3组
李杨氏	女	1912.8	粽粑乡罗家院村8组
姚粟珍	女	1914.12	粽粑乡桐麻山村4组
丁胜英	女	1914.10	伏龙乡龙堂沟村7组
胡孔碧	女	1909.7	花板乡金竹冲村3组
舒张氏	女	1910.4	龙孔镇银虎村4组51号
陈启玉	女	1913.11	平安乡二圣庙村5组
李玖贵	男	1911.11	齐福乡五块田村4组34号
胡杨氏	女	1912.1	西板乡牛栏坎村6组

三、领导名录

中共岳池县委

书　记:李永平(—2014. 11)
郑鹏程(2014. 12—)
副书记:汤才勇
张艳萍(2014. 10—)
李国生
常　委:李永平(—2014. 11)
郑鹏程(2014. 12—)
汤才勇
李国生　欧　彦
谢帮勇　李廷远
廖和民　陈　莉
唐协民(—2014. 7)
付全林　张学谦
钟爱平

岳池县人大常委会

主　任:张永辉
副主任:秦宴菊　黄　褐
李桂新(2014. 2—)
黄雪兰(2014. 2—)
党组书记:张永辉

岳池县人民政府

县　长:汤才勇
副县长:欧　彦　张学谦
唐协民(—2014. 6)
任仕金　姚长琼
汪　勇
胡成毅(2014. 1—)
杜　宇(2014. 3—)
王雪飞(2014. 9—)
党组书记:汤才勇
副书记:欧　彦

政协岳池县委员会

主　席:曾邦才
副主席:胡安贵　伍　艳
徐天翠　冯　雏
秘书长:李　树
副秘书长(兼):王自力　曾　春
胡曲波
党组书记:曾邦才
副书记:胡安贵
党组成员:徐天翠　李　树
王自力
研究室主任:刘星鹏
提案委员会
主　任:王礼平
副主任(兼):黄　莹　邓献春
王昌梁
经济委员会
主　任:刘　东
副主任(兼):邓大成　李　斌
龙　图
法制群团联谊委员会
主　任:唐建华
副主任(兼):杨　帅　尹　礼
董丽萍
文史学习委员会
主　任:曾　春
副主任(兼):秦　川　陈应文
农业和农村工作委员会
主　任:林　超
副主任(兼):唐小明　黄大晰
苟　斌
教科文卫体委员会
主　任:杨立波

副主任(兼):卿　超　　毛传江
蔡晓林

中共岳池县纪律检查委员会

书　记:李廷远
副书记:唐　敏　　陈安敏
常　委:李廷远　　唐　敏
陈安敏
刘　荣(—2014.8)
舒联华　　杨海刚
徐　君
张天才(2014.8—)
办公室:黄晓英(—2014.2)
党风政风监督室:王顺林
宣传教育室:张天才(—2014.8)
宣传部(筹):李　鑫(2014.9—)
预防腐败室:刘自川(2014.2—)
执法与效能监督室:蒋辉伦(—2014.11)
纪检监察干部监督室(筹):
蒋辉伦(2014.11—)
信访室:袁　瑛(—2014.9)
派驻派出与片组工作室:吴才华(—2014.11)
组织部(筹):吴才华(2014.11—)
案件审理与法规室:王　平(—2014.9)
纪检监察一室:徐　敏(—2014.11)
第一纪检监察室:徐　敏(2014.11—)
纪检监察二室:朱　华(—2014.11)
第二纪检监察室:朱　华(2014.11—)
纪检监察三室:杨小兵(—2014.11)
第三纪检监察室:杨小兵(2014.11—)

岳池县监察局

局　长:唐　敏
副局长:舒联华　　黄　梅

岳池县人民武装部

政　委:赵宗亮(—2014.1)
张海峰(2014.1—)
党委第一书记:李永平
党委书记:赵宗亮(—2014.1)
张海峰(2014.1—)
部　长:付全林
副部长:陈　亮
纪委书记:陈　亮

岳池县人民法院

院　长:孙永红
副院长:徐　晓　　董丽萍
杨建国
纪检组长:谭曦林
执行局局长:曾　杰
政治处主任:邓　玲
党组书记:孙永红
副书记:徐　晓
机关党委书记:粟泽光

岳池县人民检察院

检察长:谭安民
副检察长:蒋孟霖　　杨　辉
杨俊生
党组书记:谭安民
副书记:杨　辉
纪检组长:马　莉(2014.1—)
政治处主任:秦朝伟
反贪污贿赂局局长:刘春林
反渎职侵权局局长:丁　进(—2014.1)
唐　江(2014.1—)
机关党委书记:尹长春
检察委员会专职委员:唐志红　　严革新

中共岳池县委办公室

主　任:李桂新
副主任:魏海军(—2014.2)
余　君　　杨　明
蒋维业
文　淞(2014.7—)
副科级纪检员:文　淞(—2014.7)
中共岳池县委岳池县人民政府督查办公室
主　任:代应华
副主任:李立川　　唐海平(2014.7—)
中共岳池县委保密委员会办公室
主　任:魏海军(—2014.3)

副主任:王丽蓉

岳池县国家保密局

局　长:魏海军(—2014.2)

副局长:王丽蓉

中共岳池县委政策研究室副主任:曾　波

岳池县绩效考核工作办公室主任:余　杰

副主任:何庆庚(2014.2—)

岳池县党政网管理中心主任:严宏达

中共岳池县委常委办公室主任:

陈　靓(2014.2—)

中共岳池县委机要局

局　长:余　君

副局长:曾海兰

岳池县惠民工作办公室

主　任:龙绪高

副主任:付　莲

岳池县人大常委会办公室

主　任:刘昭成

副主任:罗红云(—2014.1)

雷　军

岳池县人民政府办公室

主　任:莫如他

副主任:黄　莹

游辉宇(—2014.1)

陈胜军　蒋清明

党组书记:莫如他

党组成员:黄　莹

游辉宇(—2014.1)

陈胜军　蒋清明

杨凤鸣　尹守斌

蔡　维(2014.1—)

文勇军(2014.1—)

唐海平(2014.7—)

纪检组长:蔡　维(2014.1—)

机关党委书记:尹守斌

岳池县外事侨务港澳台办公室主任:

龚志明

岳池县外事侨务港澳台办公室副主任:

杨家斌

岳池县人民政府应急管理办公室主任:

杨凤鸣

岳池县人民政府应急管理办公室副主任:

何云军

岳池县人民政府金融工作办公室主任:

陈胜军

岳池县人民政府政策研究室主任:

游辉宇(—2014.1)

文勇军(2014.1—)

岳池县人民政府信息公开办公室主任:

唐海平(—2014.7)

杨琼(2014.7—)

政协岳池县委员会办公室

主　任:王自力

副主任:杨红梅

副科级纪检员:兰诗成

中共岳池县委组织部

部　长:廖和民

副部长:齐小云　吴小平

段清华(—2014.6)

高利秋　吴安平

罗隽华(2014.6—)

副科级纪检员:唐　静

中共岳池县委党建领导小组办公室

主　任:段清华(—2014.2)

罗隽华(2014.2—)

副主任:宋　勇

岳池县人才开发暨知识分子工作领导小组办公室

主　任:吴安平

副主任:李红军

中共岳池县委非公有制经济组织和新社会组织工作委员会

书　记:罗隽华(—2014.2)

中共岳池县委老干部局

局　长:吴小平

中共岳池县委宣传部

部　　长:陈　莉

副部长:聂长江(—2014.2)

　　　唐强云　　张崇良

岳池县精神文明建设办公室

主　任:张崇良

副主任:雷　棱(2014.10—)

中共岳池县委对外宣传办公室、岳池县人民政府新闻办公室

主　任:聂长江(—2014.2)

中共岳池县委报道组

组长:肖　勇

副组长:黄汉军

岳池县文学艺术界联合会

主　席:陈德舜

副主席:彭善平　　贺志辉

　　　陈应文　　邓庆贵

　　　周　鹏　　向黎立

岳池县社会科学界联合会

主　席:唐强云

副主席:曾　洋　　廖纯洁

　　　魏海军　　游辉宇

　　　段清华　　吴　焱

　　　周　恒　　张智林

　　　郭　旭

秘书长:吴春雷

副秘书长:王春梅

岳池县网络舆情中心

主　任:唐孝勇

中共岳池县委政法委员会

书　记:谢帮勇

副书记:付正旺

　　　卿　超(—2014.2)

　　　何　春

　　　任　德(2014.2—)

政治处主任:董　磊

中共岳池县政法纪律检查工作委员会书记:唐爱民

中共岳池县委维护社会稳定领导小组办公室

主　任:任　德(2014.2—)

副主任:袁桂林(—2014.1)

中共岳池县委防范和处理邪教问题领导小组办公室

主任:何　春

岳池县社会管理综合治理委员会办公室

主　任:付正旺

岳池县矛盾纠纷"大调解"协调中心

副主任:梁　玉

　　　吴　兵(2014.7—)

岳池县网格化服务管理监管中心

专职副主任:吴　兵(2014.7—)

岳池县法学会

会长:谢帮勇(2014.9—)

常务副会长:付正旺(2014.9—)

专职副会长兼秘书长:李　勇(2014.9—)

中共岳池县委统一战线工作部

部　长:徐天翠

副部长:尹　礼　　郑仁辉

副科级纪检员:田利华

岳池县民族宗教事务局

局　长:郑仁辉

副局长:严春华(2014.10—)

中共岳池县直属机关工作委员会

书　记:廖和民

常务副书记:雷才明

副书记:冯亚兰(—2014.1)

中共岳池县委农村工作委员会

主　任:宋宣明

副主任:屈　莉

纪检员:蒋金梅

现代农业园区办主任:胥　彬

中共岳池县委机构编制委员会办公室

主　任:齐小云

副主任:李建生

岳池县事业单位登记管理局局长:李　明

副科级纪检员:刘小燕

中共岳池县委党校

校　长:廖和民

副校长:郭　旭　　吴　健

孙洪熙(2014. 7—)

中共岳池县委群众工作局、岳池县人民政府信访局

局　长:陈宗春(—2014. 2)

周云文(2014. 2—)

副局长:许禄军

莫启忠(—2014. 2)

督查专员:郭督昌(—2014. 7)

谭　强(2014. 1—)

杨　波(2014. 10—)

副科级纪检员:付　渝(2014. 10—)

中共岳池经济技术开发区工作委员会

书　记:张学谦

副书记:胡　伟

委　员:廖强林　　张　捷

纪工委书记:蒋跃辉(—2014. 09)

岳池经济技术开发区管理委员会

主　任:胡　伟

副主任:张　捷　　廖洪波(兼)

王代兵(兼)　　廖爱明(兼)

岳池县总工会

主　席:张学谦

副主席:袁小飞(—2014. 2)

滕　云

刘　军(2014. 7—)

党组书记:滕　云

纪检组长:陈晓燕

共青团岳池县委

书　记:杨　林

副书记:周礼成(2014. 10—)

王镱濒(2014. 10—)

岳池县妇女联合会

主　席:龙丽君

副主席:陈琼芳(—2014. 1)

江俊华(2014. 7—)

党组书记:龙丽君

岳池县科学技术协会

主　席:张代才

副主席:王泽全　　曾文

苟明灿　　王太益

岳池县残疾人联合会

理事长:李　强

民盟岳池县委

主任委员:黄　褐

副主任委员:邓献春　　齐新民

王泽全　　胡曲波

秘书长:邓献春

岳池县归国华侨侨眷联合会

主　席:龙正祥

副主席:夏本善

岳池县工商业联合会

主　席:胡曲波

副主席:周俐伶　　唐生华

党组书记:尹　礼

纪检组长:李瑞波

秘书长:周　维

岳池县公安局

局　长:胡成毅(2014. 1—)

政　委:张小松

副局长:吴长明

杨　军(—2014. 11)

文克芬

杨　波(—2014. 1)

郭建平(2014. 3—)

关琨(2014. 7—)

党委书记:胡成毅(2014. 1—)

副书记:张小松

胡勇(—2014. 1)

吴长明(2014. 2—)

纪委书记:郭建平(—2014. 2)

蔡仲彬(2014. 2—)

副政委:皮　伟(2014. 2—)

机关党委书记:蔡仲彬(—2014. 2)

谢春江(2014. 2—)

政工监督室主任:皮　伟(—2014.2)
何建国(2014.2—)
交警大队长:熊　虎

岳池县司法局

局　长:杨　帅
副局长:杨　松　　姜　辉(2014.1—)
党组书记:杨　帅
纪检组长:戴树生
政治处主任:叶　强(—2014.1)
杨　强(2014.1—)

岳池县财政局

局　长:吴　焱
副局长:刘雪平
刘方彬(—2014.7)
罗澜浩
党组书记:吴　焱
副书记:刘雪平
纪检组长:唐　敏
岳池县农业开发办公室主任:杨林勇
岳池县国有资产监督管理办公室主任:陈九洲
总会计师:彭毓霖(2014.1—)
岳池县财政国库支付中心主任:谢高翔
岳池县财政投资评审中心主任:彭久国

岳池县审计局

局　长:严福寿
副局长:刘余斌(—2014.5)
杨世容
龙　图(2014.5—)
党组书记:严福寿
纪检组长:蒋向阳
经济责任审计分局局长:彭毓霖(—2014.1)
李水平(2014.8—)
总审计师:杨　云

岳池县人力资源和社会保障局

局　长:高利秋
副局长:杨勇君　　张雪萍
党组书记:高利秋
纪检组长:吴超军
社会保险局局长:吴　瑜
机关党委书记:魏　华

岳池县民政局

局　长:周　恒
副局长:胡　帅　　邓春光
党组书记:周　恒
纪检组长:曾黎明(—2014.7)
岳池县老龄委员会办公室
主　任:周　恒(—2014.7)
曾黎明(2014.7—)
副主任:唐庶康　　莫小彦

岳池县环境保护局

局　长:毛传江
副局长:秦光祥　　谢志平
党组书记:毛传江
纪检组长:吴红梅

岳池县交通运输局

局　长:范秀骑
副局长:王小红
龙　图(—2014.5)
杨　博(2014.2—)
党委书记:范秀骑
纪委书记:吴传兵
机关党委书记:邹　勇
党委委员:熊　能
总工程师:朱文忠(2014.10—)

岳池县教育局

局　长:赵玉林
副局长:王正全(—2014.8)
蔡晓林　　祝良健
党委书记:赵玉林
纪委书记:罗艳林
机关党委书记:龙冬梅(2014.10—)

岳池县科学技术局

局　长:江树华
副局长:王　敏
党组书记:江树华

岳池县安全生产监督管理局

局　长:赵　彬

副局长:张　毅

　　李素芳(2014.1—)

党组书记:赵　彬

纪检组长:李素芳(—2014.1)

　　杨洪志(2014.10—)

岳池县发展和改革局

局　长:张智林

副局长:卿　杰　谭　诚

　　伍化平(—2014.5)

　　刘　荣(2014.8—)

党组书记:张智林

纪检组长:谢春燕

稽察办主任:杨安成

以工代赈办主任:罗建平

项目办公室主任:何　恩

岳池县国土资源局

局　长:蒋永春

副局长:姚勇刚

　　张小林(2014.3—)

党组书记:蒋永春

纪检组长:刘　波(2014.3—)

总规划师:蒋和平

岳池县住房和城乡规划建设局

局长:王岳川(2014.3—)

副局长:杨　松

　　李　辉(2014.1—)

党委书记:钟爱平(—2014.2)

　　王岳川(2014.2—)

纪委书记:黄小云

机关党委书记:江勇明

人防办主任:王岳川(2014.10—)

人防办副主任:李先伍(—2014.10)

总工程师:李先伍(2014.10—)

岳池县城市综合管理局

局　长:胡　勇(—2014.1)

　　张洪友(2014.1—)

副局长:聂明洪

　　张洪友(—2014.1)

　　叶　强(2014.1—)

纪检组长:杨　凛

党组书记:胡　勇(—2014.1)

　　张洪友(2014.1—)

机关委员会书记:汤　恒(2014.7　)

岳池县卫生局

局　长:贺志辉

副局长:张天勤(—2014.7)

　　杨银生(—2014.1)

　　余高峰

　　蒲敏慧(2014.10—)

党委书记:贺志辉

纪委书记:李青原

机关党委书记:周登刚

县红十字会会长:张天勤

岳池县食品药品监督管理局

局　长:齐建辉

副局长:严晓兰

　　伍　强(2014.1—)

党组书记:齐建辉

纪检组长:郑艳华

食安办副主任:王定志(2014.1—)

机关党委书记:郭　君(2014.1—)

食品药品总监:蒋金财(2014.1—)

岳池县统计局

局　长:黄雪兰(—2014.3)

　　聂长江(2014.3—)

副局长:乔军民　杨建国

党组书记:李桂新(—2014.2)

　　聂长江(2014.2—)

岳池县质量技术监督局

局　长:丁宇良

副局长:文　敏　杨　静

　　杨　建

党组书记:申元全

纪检组长:唐洪祥

岳池县人口和计划生育局

副局长:苏再新

纪检组长:张小玲

岳池县文化广播影视新闻出版局

局　长:邵建平

副局长:肖光斌　　蔡　伟

　　　　黄春明

党组书记:邵建平

党组成员:王德富(2014.10—)

纪检组长:谢德高(2014.3—)

电视台台长:王德富(2014.10—)

电视台副台长:王德富(—2014.10)

岳池县经济和信息化局

局　长:孙跃辉

副局长:齐新民　　赵　广

党组书记:孙跃辉

纪检组长:杨　丹

机关党委书记:徐　林

岳池县商务局

局　长:胡　伟(—2014.3)

　　　　段清华(2014.3—)

副局长:杨　雷　　王超元

党组书记:胡　伟(—2014.2)

　　　　段清华(2014.2—)

纪检组长:郭建华

岳池县贸易促进会

会　长:杨　雷

副会长:聂长英

岳池县农业局

局　长:何朝晖

副局长:黄大晰

　　　　王建秋(—2014.7)

　　　　范　东

党委书记:何朝晖

纪委书记:李广文(—2014.1)

总农艺师:彭邦国

机关党委书记:杨　文

岳池县水务局

局　长:王岳川(—2014.3)

　　　　陈宗春(2014.3—)

副局长:李万平　　苟　斌

　　　　周　健

党组书记:王岳川(—2014.2)

　　　　陈宗春(2014.2—)

纪检组长:金怒涛(2014.7—)

总工程师:张荣强

岳池县防汛指挥部办公室主任:付文军

岳池县水土保持办公室主任:左　勇

岳池县重点水利工程建设管理站站长:王良洪

岳池县水政监察大队大队长:刘重阳

岳池县林业局

局　长:陈自力

副局长:蒲银生　　吴天炳

党组书记:陈自力

纪检组长:胡卫东

岳池县森林公安局

局　长:李格林

教导员:尹仕友

岳池县政务服务中心

主　任:吴军校

副主任:易思荣

纪检组长:屈香琼

岳池县人民政府法制办公室

副主任:尹培宇

岳池县公共资源交易中心

主任:伍　刚

副主任:陈　勇　　何小燕

党组书记:伍　刚

纪检组长:李　虎

岳池县扶贫和移民工作办公室

主　任:邹云超

副主任:陈果

　　　　伍化平(2014.5—)

党组书记:邹云超(2014.2—)

纪检组长:杨春涛(2014. 2—)

岳池县投资促进局

局　长:尚　敏(—2014. 10)
　　　　廖爱明(2014. 10—)
副局长:黄洪全　邹　波
党组书记:尚　敏(—2014. 3)
　　　　　廖爱明(2014. 3—)
纪检组长:金怒涛(—2014. 7)
川渝投促分局局长:罗志平(—2014. 7)
医药产业分局局长:徐德华
华南投促分局局长:邓　海(2014. 7—)
北方投促分局局长:廖贵生(2014. 7—)

岳池县农业机械管理局

局　长:刘昌华
副局长:郑　涛
　　　　唐建国(2014. 1—)
党组书记:刘昌华
纪检组长:粟　裂

岳池县畜牧食品局

局　长:唐小明
副局长:刘和平
　　　　何茂林(2014. 1—)
党组书记:唐小明
纪检组长:胡　勇
农产品质量安全检验检测站主任:谭　艳

岳池县旅游局

局　长:赵文森
副局长:杨利君
纪检组长:舒　琴

岳池县供销合作社

主　任:冯代明(—2014. 1)
　　　　卿　超(2014. 2—)
副主任:皮　阳　黄小林　杨仕忠
党组书记:冯代明(—2014. 1)
　　　　　卿　超(2014. 2—)
纪检组长:柏成伟(—2014. 4)

岳池县粮食局

局　长:陈　杰
副局长:唐　文(—2014. 1)
　　　　胡明煦
　　　　李志义(2014. 8—)
党委书记:陈　杰
纪委书记:蒋跃辉(2014. 9—)

岳池县档案局

局　长:陈琼芳(2014. 1—)
副局长:伍燕梅

岳池县党史县志办公室

主　任:刘明富

岳池县国家税务局

局　长:熊　湘
副局长:秦洪林　李　勇
　　　　廖洪志　何雪松
党组书记:熊　湘
纪检组长:朱　鹏

岳池县地方税务局

局　长:吴拥军
副局长:胡　军(2014. 11—)
　　　　何　平(2014. 11—)
党组书记:吴拥军
纪检组长:胡　军(—2014. 11)
　　　　　廖红林(2014. 11—)
总会计师:何　平(—2014. 11)
　　　　　陈　波(2014. 11—)
机关党委书记:廖红林(—2014. 11)

岳池县工商行政管理局

局　长:王　波
副局长:文　仲　杨泽军
　　　　胡春兰(2014. 11—)
党组书记:王　波
纪检组长:杨　军(2014. 3—)
党组成员:高建平(2014. 8—)
机关党委书记:周廷毅(2014. 4—)

岳池县气象局

局　长:刘春兰(—2014. 5)
　　　　唐志超(2014. 5—)
副局长:张小兵

武警岳池县中队

中队长:陈之路
政治指导员:沈　力
副中队长:刘万猛
排　长:张文煌

岳池县邮政局

局　长:卢　勇
副局长:谢洪涛　　田小东
党组书记:卢　勇

岳池县烟草专卖局

局　长:杜　勇
副局长:王俊忠
副经理:月　英

人民银行岳池县支行

行　长:王　蓉
副行长:周　勇　　杨志林

工商银行岳池县支行

行　长:余　勇
副行长:李宏伟
见习副行长:杨小清

农业银行岳池县支行

行　长:杨　钧
副行长:罗　军
杨国兵(—2014.2)
康向荣
张中勇(2014.2—)
党委书记:杨　钧

农业发展银行岳池县支行

行　长:蒋　政
副行长:李广合(—2014.4)
陈　波
许睿(2014.4—)
党组书记:蒋　政

建设银行岳池支行

行　长:赵泳中
行长助理:兰　斌
风险经理:周良建
党支部书记:赵泳中

中国邮政储蓄银行岳池县支行

行　长:胡　斌
副行长:梁晓燕
行长助理:柴　萍
总支书记:胡　斌

岳池县农村信用合作联社

理事长:刘　刚
主　任:吴　玲
副主任:陈　彬　　金小琳
监事长:倪开华
党委书记:刘　刚
纪委书记:倪开华

人寿保险岳池县支公司

经　理:彭　诚
综合部经理:贺　伟

财产保险岳池县支公司

经　理:李　鹏
副经理:李文明　　蒋　波

移动通信公司岳池县分公司

总经理:刘　辉
党组书记:刘　辉

联合网络通信公司岳池县分公司

总经理:朱德佳(—2014.11)
张扬(2014.11—)
副总经理:杨艳林

盐业岳池县支公司

经　理:陈　旭
副经理:张　勇　　匡永学

九龙镇

党委书记:廖洪波
副书记:刘智勇
李永忠(2014.1—)
唐　敏
纪委书记:李永忠(2014.1—)
人武部部长:唐　黎
人大主席:唐建国(—2014.4)
毛朝华(2014.4—)
镇　长:刘智勇

副镇长:蒲敏慧(2014.10—)
唐　黎　　赵茂雅
唐　华(—2014.1)
李雪梅(2014.5—)
党委委员:蒋地生(2014.2—)

花园镇

党委书记:周云文(—2014.2)
魏海军(2014.2—)
副书记:谭建斌　　黄　勇
唐　军
纪委书记:黄　勇
人武部部长:吴隆光
人大主席:郑灵芝
镇　长:谭建斌
副镇长:付　渝　　吴隆光
陈　淋

朝阳乡

党委书记:詹松涛
副书记:龙　荣　　廖国俊
唐尚忠
纪委书记:廖国俊
人武部部长:江　浩
人大主席:郑兴松
乡　长:龙　荣
副乡长:江浩　　黄冬林
党委委员:杨柳艳(—2014.4)

北城乡

党委书记:李　勇
副书记:龙　兵　　滕　敏
杨兴祥(2014.4—)
纪委书记:滕　敏
人武部部长:李建中
人大主席:江俊华(—2014.7)
乡　长:龙　兵
副乡长:郑尚敏　　李建中

镇龙乡

党委书记:彭　雪
副书记:尹德全　　张秀军
胡　竞
纪委书记:胡　竞
人武部部长:陈　军
人大主席:杨　勇
乡　长:尹德全
副乡长:陈　军　　胡利君

石垭镇

党委书记:王代兵
副书记:刘　军(—2014.7)
唐建林　　王大军
纪委书记:唐建林
人武部部长:彭冬林
人大主席:雷先林
镇　长:刘　军(—2014.7)
副镇长:彭冬林　　梁　勇
周国辉
党委委员:陈　圆

普安镇

党委书记:刘永红
副书记:吴　冉
王　欣(—2014.2)
杨云胜
王小琴(2014.4—)
纪委书记:王　欣(—2014.2)
王小琴(2014.4—)
人武部部长:杨　洪
人大主席:钟　红
镇　长:吴　冉
副镇长:杨　洪　　田　炼
曾曙光(2014.4—)

乔家镇

党委书记:黄　华(—2014.2)
蒲锦荣(2014.3—)
副书记:郭　波
唐超平(—2014.7)
朱新文
周　鹏(2014.10—)
纪委书记:唐超平(—2014.7)

周　鹏(2014. 10—)

人武部部长:熊燕海

人大主席:朱其军

镇　长:郭　波

副镇长:熊燕海

唐　涌(—2014. 4)

周　鹏(—2014. 10)

花板乡

党委书记:李子超

副书记:杨飞燕　　邹金光

周德金

纪委书记:周德金

人武部部长:莫军华

人大主席:王树林

乡　长:杨飞燕

副乡长:温　涛　　莫军华

大石乡

党委书记:吴小燕

副书记:江　维　　付琦蓉

谢安明

纪委书记:付琦蓉

人武部部长:杨　军

人大主席:蒲礼平

乡　长:江　维

副乡长:赵代勇　　杨　军

白庙镇

党委书记:寇正荣

副书记:龙军华

唐思华(—2014. 2)

吴　波

唐　涌(2014. 4—)

纪委书记:吴　波

人武部部长:姚　伟

人大主席:谢　华

镇　长:龙军华

副镇长:姚　伟　　郑仁平

杨晓平

党委委员:王伟平

新场镇

党委书记:安静辉

副书记:黄志敏　　陈茂军

石佐奇

纪委书记:陈茂军

人武部部长:杨安平

人大主席:申　强

镇　长:黄志敏

副镇长:周　艳　　杨安平

郭　玲

党委委员:胡嗣明(2014. 4—)

粽粑乡

党委书记:张峻龙

副书记:李　欣　　明锐

李军辉

纪委书记:明　锐

人武部部长:石　磊

人大主席:吴永斌

乡　长:李　欣

副乡长:殷帮梅　　郑兴武

石　磊

坪滩镇

党委书记:彭善平

副书记:文　强(—2014. 2)

唐志强(2014. 2—)

童　强

周维正(2014. 4—)

纪委书记:童　强

人武部部长:周维正

人大主席:邓帮国

镇　长:文　强(—2014. 3)

唐志强(2014. 3—)

副镇长:粟模高　　周维正

沈　波

彭桂芳(2014. 4—)

党委委员:彭桂芳(—2014. 3)

刘治洪(2014. 4—)

龙孔镇

党委书记：杨　昕

副书记：田昌林　　肖建波

　　唐德清

纪委书记：唐德清

人大主席：彭　华

镇　长：田昌林

副镇长：宋　敏

镇裕镇

党委书记：陈仕民

副书记：郑　静　　范前辉

　　袁红梅

纪委书记：袁红梅

人武部部长：蔡　杨

人大主席：尹世红

镇　长：郑　静

副镇长：严春华　　蔡　杨

排楼乡

党委书记：胡修林(—2014.1)

　　尹春平(2014.1—)

副书记：周　辉　　黄仕军

　　蔡曙光

纪委书记：黄仕军

人武部部长：吴　军

人大主席：王万钧

乡　长：周　辉

副乡长：吴　军

　　李春林(—2014.4)

西板乡

党委书记：蒲锦荣(—2014.2)

　　程　波(2014.2—)

副书记：范　立　　张四清

　　蒋　俊

纪委书记：张四清

人武部部长：胡　浩

人大主席：周中前

乡　长：范　立

副乡长：李　勇　　胡　浩

石鼓乡

党委书记：廖　梅

副书记：刘裕文　　曹建民

　　易云胜

纪委书记：曹建民

人武部部长：张　漫

人大主席：汪永川

乡　长：刘裕文

副乡长：张　漫

嘉陵乡

党委书记：赵　敏

副书记：胡云胜　　杨显志

　　龙艳梅

纪委书记：龙艳梅

人武部部长：张明国

人大主席：齐祥云

乡　长：胡云胜

副乡长：张明国

酉溪镇

党委书记：宋亚辉(—2014.1)

　　胡修林(2014.1—)

副书记：唐先斌(—2014.1)

　　康　伟

　　杨建华(2014.1—)

纪委书记：唐先斌(—2014.1)

　　杨建华(2014.1—)

人大主席：黄中良

人武部部长：张志强

镇　长：康　伟

副镇长：张志强

党委委员：杨　鹏

同兴镇

党委书记：石伦军

副书记：青　松　　杨　桓

　　蒋世和

纪委书记：杨　桓

人武部部长：李勇军(—2014.4)

　　柳　胜(2014.4—)

人大主席：张晓林
镇　长：青　松
副镇长：李勇军（—2014.4）
　　柳　胜（2014.4—）
　　袁　会
党委委员：吴清云

恐龙乡

党委书记：卿　毅
副书记：陈　文　代鸿印
　　李春林（2014.4—）
纪委书记：李春林（2014.4—）
人武部部长：陈　林
人大主席：罗素英
乡　长：陈　文
副乡长：陈　林　马小燕

平安乡

党委书记：王其林
副书记：周小君　邱小明
　　袁春燕
纪委书记：邱小明
人武部部长：夏　勇
人大主席：夏　勇
乡　长：周小君
副乡长：张雪芹

兴隆镇

党委书记：唐　涌
副书记：吴玉强
　　江显杰（—2014.2）
　　蒋庆光
　　李勇军（2014.4—）
纪委书记：江显杰（—2014.2）
　　李勇军（2014.4—）
人大主席：江　涛
人武部部长：杨顺军
镇　长：吴玉强
副镇长：龙厚光　杨顺军
　　青　政（—2014.7）
党委委员：王　鹏

秦溪镇

党委书记：卿琼华
副书记：廖　波　李良华
　　吴　汉
纪委书记：李良华
人武部部长：朱　勇
人大主席：谢兴荣
镇　长：廖　波
副镇长：王俐敏　朱　勇
　　吴　勇（2014.5—）
党委委员：郑雪芹（2014.1—）

团结乡

党委书记：罗晓军
副书记：江琴琴　余海军
　　李明强（2014.4—）
纪委书记：余海军
人武部部长：陈　阳
人大主席：唐高均
乡　长：江琴琴
副乡长：陈　阳

黄龙乡

党委书记：杨淑芹
副书记：周国庆　张中佳
　　何正敏
纪委书记：张中佳
人大主席：杨银军
乡　长：周国庆
副乡长：郑志亮
　　陈　嘉（2014.10—）
党委委员：胡学富

顾县镇

党委书记：宋亚辉
副书记：罗红云（2014.1—）
　　吴雪辉　赖正容
纪委书记：吴雪辉
人武部部长：文　野
人大主席：罗兴洪
镇　长：罗红云（2014.1—）

副镇长:陈世义　　文　野
　　付建新
党委委员:文飞云

双鄢乡

党委书记:曾全斌
副书记:蒲　敏　　郑树林
　　江述全
纪委书记:郑树林
人武部部长:杨雪平
人大主席:吴雪琴
乡　长:蒲　敏
副乡长:蒋建华　　杨雪平

东板乡

党委书记:付正雄
副书记:龙绪芳
　　成　斌(—2014.2)
　　张　勇
　　杨柳艳(2014.4—)
纪委书记:成　斌(—2014.2)
　　杨柳艳(2014.4—)
人武部部长:王禄志
人大主席:张晓敏
乡　长:龙绪芳
副乡长:王禄志
　　龙　彪(2014.4—)

长田乡

党委书记:杨　伟
副书记:唐永恒　　杨　滚
　　赵存志
纪委书记:杨　滚
人武部部长:龙青松
人大主席:王承龙
乡　长:唐永恒
副乡长:龙青松

苟角镇

党委书记:李四海
副书记:尹春平(—2014.1)
　　唐思华(2014.3—)
　　钱秀红
　　任　德(—2014.4)
　　宋建军(2014.1—)
纪委书记:钱秀红
人武部部长:陆昌松
人大主席:伍忠中
镇　长:尹春平(—2014.3)
　　唐思华(2014.3—)
副镇长:宋春雨
　　宋建军(—2014.1)
　　陆昌松
党委委员:雷　棱(—2014.9)

天平镇

党委书记:王　鸿(—2014.1)
　　文　强(2014.1—)
副书记:郑　俊(—2014.1)
　　江显杰(2014.3—)
　　杨超胜(—2014.3)
　　熊建林　　廖敏(2014.4—)
纪委书记:杨超胜(—2014.3)
　　廖　敏(2014.4—)
人武部部长:杨　毅(2014.5—)
人大主席:杨超胜(2014.3—)
镇　长:郑　俊(—2014.3)
　　江显杰(2014.3—)
副镇长:陆　洋
　　廖　敏(—2014.4)
　　杨　毅(2014.5—)
　　杨军(2014.5—)

鱼峰乡

党委书记:吴正才
副书记:唐胜利　　董　根
　　杨进军
纪委书记:董　根
人武部部长:李　刚
人大主席:邓中文
乡　长:唐胜利
副乡长:李　刚

罗渡镇

党委书记:李　斌
副书记:李　俊
　　杨代光(—2014.9)
　　黄建军
纪委书记:黄建军
人武部部长:胡明贵
人大主席:伍红英
镇　长:李　俊
副镇长:李宏宾　胡明贵
　　邹　杰
党委委员:付仲金

裕民镇

党委书记:周朝辉
副书记:陈　伟　刘红林　唐良富
纪委书记:刘红林
人武部部长:唐红军
人大主席:周进忠
镇　长:陈　伟
副镇长:谭　强(—2014.1)
　　唐红军　毛强林
　　赵必刚(2014.4—)

赛龙镇

党委书记:易　兵
副书记:周远贵
　　宋　勇(—2014.4)
　　舒安辉
　　张春华(2014.4—)
纪委书记:宋　勇(—2014.4)
　　张春华(2014.4—)
人武部部长:王　华(2014.4—)
人大主席:伍中华(—2014.11)
镇　长:周远贵
副镇长:张春华
　　王　华(2014.4—)
　　沈　娟(2014.4—)
党委委员:熊越强

大佛乡

党委书记:罗　勇
副书记:唐代森　尹安洲
　　蔡开兵
纪委书记:尹安洲
人武部部长:李其林
人大主席:唐科兵
乡　长:唐代森
副乡长:孙小波　杨　露
　　李其林

齐福乡

党委书记:黄利华
副书记:段　杰　昌素华
　　钟建国
纪委书记:昌素华
人武部部长:闫顺权
人大主席:唐志强(—2014.2)
　　伍中华(2014.10—)
乡　长:段　杰
副乡长:闫顺权
　　王晓琴(—2014.4)
　　李良楹
党委委员:吴国平

中和镇

党委书记:刘永生
副书记:吴开兵　莫畏蒽
　　张　涛
纪委书记:莫畏蒽
人武部部长:江小军
人大主席:袁永峰
镇　长:吴开兵
副镇长:江小军　冯昌勇
　　柏　洪

临溪镇

党委书记:夏建春
副书记:程　波(—2014.2)
　　昌　静　田春严
　　王　欣(2014.2—)

纪委书记:昌 静
人武部部长:张义全
人大主席:蔡仲斌
镇 长:程 波
副镇长:张义全

伏龙乡

党委书记:高 胜
副书记:刘德军 邹 波 卿召华
纪委书记:邹 波
人武部部长:龙绪成
人大主席:罗晓荣
乡 长:刘德军
副乡长:陈 雷 龙绪成 蒋素华

翠管会

党委书记:付 涛
副书记:张建军(—2014.4) 游辉宇(2014.7—) 刘蓉君 邓 珣
纪委书记:刘蓉君
人武部部长:袁发英
主 任:张建军(—2014.4) 游辉宇(2014.7—)
副主任:胡云清 袁发英

四、艺 文

诗 词

阮郎归·忆凤山

胥 健

年年梦里凤山游,
情牵钟鼓楼。
苔藓浸石古榕幽,
小城一望收。

花露重,
晓风柔,
亭高晨月留。
青山踏遍兴悠悠,
唤归日过头。

昨天、今天或明天

冉启成

那个昨天还走着,忙着
捡垃圾的老太婆

今天就有许多人
为她的丧事，奔忙着
那个昨天还走着，忙着
捡垃圾的老太婆
据说在打扫她的垃圾
堆放垃圾时，倒下
倒下就离开了人世——
甚至来不及留恋
甚至来不及劳碌的停顿
那个昨天还走着，忙着
捡垃圾的老太婆
今天就有许多人　为她
打着夜。被尘世抛开
甚至——
明天，骨灰飞扬。

散　文

金秋思绪

范家立

蓦然回首，夏的脚步已经远去。

伫立于小院的梧桐树下，任凉风拂乱头发，任飘叶轻擦我的面颊，我分明嗅到了秋的气息。

古人给"秋"的诠释："秋者，收获也"。有成语曰："春华秋实"。古人把秋天称之为"金秋"，就连秋风也被称作为"金风"。总之，秋天给人们带来希望，秋天为人们创造收获，秋天给人们喜悦，秋天给人们欢乐。秋在我的心目中是充实的、成熟的、壮美的、辉煌的……。

眼前飘飞无助的落叶，零落难堪的美人蕉，风中瑟瑟发抖的小草……这一切都与"金"无缘。倒使我的脑海里，浮现出了古人辛弃疾的《丑奴儿》和欧阳修的《秋声赋》所描绘的秋景来。我不由有些迷惘了。

沿着通向郊外的小径，远离喧嚣的城镇，我去寻觅"金秋"。

漫步乡间小道，眼前是一望无垠的金黄色的稻田。山脚竹林旁原来的瓦屋不见了，映入眼帘的是新修的一幢幢错落有序的别墅式小楼房。白色的墙壁在太阳光下闪闪发亮，家家屋顶炊烟袅袅。偶而从远处传来久违的鸡鸣和犬吠，近处农房内不时也传出婉转优扬动听的音乐。我不由自主地想到了邓小平同志的改革开放好政策，给广大农村带来的巨大变化。粮食年年丰收，现金收入成倍增长，农民告别了贫困，过上了不愁吃、不愁穿的幸福小康生活。旅游农业、观光农业、生态农业、科技农业、白色农业……，如雨后春笋。农民按照党的十六大要求，热火朝天地进行农业产业结构调整，全面建设社会主义新农村和小康社会。

太阳失去了昔日火红的神采，变成了金黄色。金色的阳光下，黄澄澄的稻谷，一望无边，好似金色的海洋。

路旁簇簇怒放的野菊，匍匐在田埂上，那带着野性的金黄色的花朵，正昂起头来，大口大口地吐着醉人的香气，向人们显露它的勃勃生机。

田埂上，黄豆杆上吊满了胀鼓鼓的豆荚。瞪着大眼睛的高粱，露着红朴朴的面容，羞答答地低着头，喜迎过往的行人。向日葵用微笑的圆脸追逐着太阳。秋蝉放开它那高八度的尖嗓子，在树梢上独唱丰收"金曲"。条条垂柳，在阵阵秋风中轻轻地抚摸着金黄的稻谷。我禁不住弯下腰，用手轻轻抚着一串谷穗，掂一掂，还很沉呢。

看着颗颗饱满的谷粒，我想到了农民终年的辛勤劳苦，不由自主地吟颂起"锄禾日当午，汗滴禾下土，……"的古诗来。此刻，我更对古诗有了新的领会和更加深刻的理解。使我每见到或想起成年辛勤劳作在黄土地上的亿万农民就会肃然起敬……。

一阵秋风吹来，稻田掀起层层涟漪，翻腾的稻浪向人们传送着丰收的喜讯。

我抬头朝对面的小山望去，山腰的果树林红得真是好看，好似一片火海。此景令我想到古今多少文人墨客都曾赞美过枫叶的颜色，然而，与金秋眼前山腰的果树林相比，却不知要逊色多少。火红的柿、鲜红的苹果、红色的山楂、金黄的脐橙与各色的葡萄争奇斗妍。柿树上挂满了火红的柿子，好似无数的小红灯笼。苹果树上的苹果是那么红，那么鲜，那么大，那么逗人喜爱，伴着阵阵秋风，送来苹果浓浓的清香，沁人心脾。脐橙树上黄澄澄的脐橙吊满枝头。山楂树上缀满了颗颗红玛瑙似的果子。葡萄架上更是绚丽多彩。绿色的、紫色的，还有紫红色的葡萄，晶莹透明，真象是用水晶或玉石刚雕刻出来似的，活鲜鲜的、水淋淋的，十分讨人喜爱……。秋天，田园的丰收景色真迷人啊！

伟人毛泽东用"万山红遍、层林层染"来称道壮丽斑斓的秋色。欧阳修为什么偏要在《秋声赋》中把一个硕果累累，情景诱人的秋天描写得那么萧瑟悲凉？我用毛泽东在 1954 年夏所作的《浪淘沙・北戴河》一词中的"萧瑟秋风今又是，换了人间。"来作答案。假如欧阳修还活着，同时生活在我们这个时代，特别是在我国农村改革开放二十多年后的现在，他再作一首《秋声赋》所描绘的内容和情景，一定会与前首《秋声赋》截然不同，必将是灿烂辉煌、蓬勃繁荣、令人向往、更令人淘醉的秋色秋景。

忽然，一阵欢笑声从远方传来，循声望去，原来是农民在田间收割稻谷。人人面带丰收的喜悦，个个汗流夹背，沐浴在金色的阳光里，一边打谷，一边大声谈笑。隆隆的打谷机声和农民欢快喜悦的谈笑声融为一体，汇成了一曲曲高昂欢快的金秋收稻交响曲。

我不知不觉地来到了"新时代生态园"。看到满园的花和树，有的枝繁叶茂，有的叶已发黄，有的开始落叶。叫得出名的和叫不出名的树啊、花呀，各色各样，千姿百态，目不暇接。我一边看一边想：国家对农民实施改革开放，全面推行产业结构调整和实行科学种田以来，农村发生了惊人的变化。农民的现代经营理念和科学种田意识日渐浓厚。产业结构调整如火如荼，现代农业欣欣向荣。农村处处欢歌笑语，农民心中无不充满幸福和自豪的喜悦。我穿过生态园区，进入"观光农家乐"院坝。"农家乐"是乡下农民为城镇市民提供休闲娱乐度假逍遣的场所。它独具匠心的外观设计，建造古朴典雅；室内设施布置原始别致，令多少市民流连忘返。在"农家乐"里休闲，可玩牌、可下棋、亦可放声高唱。办"农家乐"是广大农村产业结构调整，增加经济收入的一种新的经营方式，还可促进城镇、乡村的相互融合。城镇市民大多喜欢在"双休日"或节假期间，携家带口地到乡下"农家乐"休闲，感受农家现代生活，观赏大自然原生态迷人的田园风光。

不少人喜爱万紫千红，山花烂漫的春天，但是，我却偏爱蓬勃繁荣金色辉煌的秋天。一年好景君须记，最是橙黄橘绿时。在我心目中，秋天比春天更富有灿烂绚丽的色彩，秋天比春天更富有欣欣向荣的景色。

我思恋秋天，因为它标志着成熟和繁荣，更意味着愉快和收获。人们在春天辛勤播下的“希望”，会在秋天成熟收获！

我喜爱春天，但我更迷恋秋天。我愿绚丽辉煌的秋色永驻人间。

（2014 年 6 月写）

有感于成广高铁动车开行

周 杰

兰（兰州）渝（重庆）铁路广安段 2014 年 8 月 8 日通车，成都至广安动车同时开行。这令我十分欣喜，激动之余写点感言。

岳池去成都的老路有 400 公里，20 世纪 60 年代我上大学去成都，坐车要走三四天的时间。每天行车 10 多个小时，行程不过 100 公里左右。岳池坐汽车去成都一条路往西走，第一天经川鄂公路至南充或蓬溪住宿，第二天从南充或蓬溪至遂宁住宿，第三天从遂宁到乐至或者简阳住宿，第四天才从简阳到成都。那时的大河没修公路桥，必须下车过嘉陵江、涪江、沱江三个渡口。每次坐渡船过江少则半个钟头，多则排队等上两三个小时。那时，没有客车，坐解放牌敞篷汽车，车厢内钉几排木扳便是乘客的坐位。道路凹凸不平，一路颠簸异常，烟尘滚滚。晴天一头灰，雨天一身泥。由于路况差，车子性能不好，走走停停，每日跑几十公里早晚两头黑（天不亮就出车，天晚才到达）。遇上修路堵车或车坏了修车或车子马力不足爬不上高坡，耽误几个钟头是常有的事情，有时甚至还会让旅客在车上过夜。去成都的另一条路往南走。岳池至重庆 190 公里，乘汽车一般要两天时间，早起晚歇，过沿口（武胜）和合川两个渡口，第一天在合川或者北碚住宿，第二天到重庆，当晚上火车，次日上午才能到达成都，旅途劳顿，疲惫不堪。

20 世纪 60 –70 年代车辆少，车速慢，因此交通事故并不多。80 –90 年代有了客车，进而有双层夜班车，车辆提速了，但从岳池去成都至少也得两天或一个昼夜时间。有一年出差去成都，坐客车走烂路的经历久久留在我的记忆里，难以释怀。那是从遂宁往乐至的途中，此路段正扩建，公路上遍地泥浆，仿佛一片沼泽地。长长的一大串车辆，像坠入陷阱的野兽一般痛苦的挣扎着，机器的轰鸣声和乘客的怒骂声响成一片。然而，人和车插翅难飞，纵有超凡的驾驶技术也徒呼奈何，纵有十二万分火急事也只得听天由命。一切车辆就这样走走停停，停停走走，20 来公里的烂路堵车达三个多小时。川中多是平坝浅丘，修一条好路也并不难。然而我们走的路却十分艰辛。刚走完烂路不久，车子坏了。司机下车修了老半天也无法修好。过了一阵，开过来一辆空车，仿佛来了大救星似的。众旅客欢呼雀跃，纷纷招手叫停车。我们的司机便将我等数人“打批发”转到另一辆客车上去。我们千恩万谢，免于受冻挨饿之苦。到达乐至时，已经是晚上十点半钟。回顾一天的旅程，感到心惊肉跳。古有诗仙李白“蜀道之难难于上青天”的咏叹，今有鄙人周杰“蜀道之烂烂于下泥潭”的悲嚎。那时候，我真梦想哪一天能有岳池去成都一日还的交通工具多好啊！

2004 年 6 月，沪蓉高速广安段通车，从岳池至成都只需三个半钟头。如今，成都至广安铁路动车开行，每日 2 对，8 月 19 日增开 2 对，全天 4 对。在岳池建有车站（离县城一公里多的造甲垭口），岳池至成都仅用两小时。昔有古人“千里江陵一日还”的诗意表达,今有鄙人“四百里成都一天四来回”的真实描述。

大跃进年代,中央提出的口号是“超英赶美,一天等于20年”。如今实现了。过去,岳池去成都要用4天,如今仅用两个小时,时间仅用了原来的几十分之一啊!当年的美梦,变成了现实。这令我发自肺腑地赞美我们社会的进步,科技的腾飞,交通建设的突飞猛进。

(2014年8月20日写于成都)

学会放弃

刘自洪

面对纷繁芜杂的世态百相,我们不但要学会坚持,树立信心,迎难而上,有时也要学会放弃,另辟路径,才是明智之举。

关于坚持之说,早已连篇累牍,无需再述。至于放弃,一时视为异端,不说于心不安。

为了实现回归大海的夙愿,小溪毅然放弃了平坦;为了来年春天新绿遍地,衰草慷慨放弃了躯体;为了拥有生活的宁静,有人放弃了城市的丝竹之声;为了拥有野花的清香,有人放弃了高大的水泥楼房。

其实,放弃了蔷薇,还有玫瑰;放弃了小溪,还有江海;放弃了树木,还有森林;放弃了白云,还有天空;放弃了蝇头小利,还有人生的超凡脱俗。

放弃是一门艺术。关键时刻没有勇敢地放弃,就没有新的目标的确立,就没有惊世骇俗的壮举。鲁迅放弃了仙台医专的求学之道,扛起文学大旗,立志为民治愚以拯救国民的灵魂,成就了一代文豪的雅名。比尔·盖茨放弃了哈佛大学继续深造的机会,集毕生精力于一役,终于攻克了微软堡垒,为世界科技的发展做出了卓越的贡献。

找准自己的位置,放弃那些本来就不该属于自己的东西,才是明智之举。与其毫无把握地苦苦硬撑,拼得头破血流,不如及早回头,潇洒地挥手。你本身就有选择自己前途和命运的自由,何苦执迷不悟硬往绝路上走?

掂量轻重,权衡得失,根据自身素质本事与潜力,去勇敢地追求本该属于自己的东西,这要永不弃言。如果自身不具备那份素质,没有那种慧根,客观条件也不允许,再好的东西,再大的魅力,你也得忍痛割爱,果断地放弃,别等发展到不好收场的境地再去深深地叹息。那种既浪费时间又浪费精力还不见成效的舍本生意,就该尽早放弃。

放弃是一种觉醒。对那种跳得再高都还摘不到的果子,就当它是酸的吧,扭头不再想它。人生航行,不会一帆风顺;世间之事,哪会处处顺心?海上航行,走截径固然好;但水面有很大的旋涡,水下有密布的暗礁,我们就该果断地放弃这条截径而选择绕道。

小溪不辞绕道的辛劳,一路欣赏自然美景,一路逗趣欢笑,汇入江河,奔向海洋,实现了生命的最高目标。这段高速公路塌方,正在抢修,短时间内不可能修好,你是呆在原地等候,还是放弃原计划的行车路线另走其道?有放弃,才有新的追求。什么也不愿放弃,反而会失去更加珍贵的东西。放弃时髦,才会去追求更前卫的目标。放弃乱花迷人眼,才会去追求更加丰富的心灵盛宴。

放弃是一种智慧。能把祸患消除在萌芽状态就是智慧。虽然看不见什么丰功伟绩,也没有什么证据写进奏章里,避免了祸患的发生,避免了恶果的出现,本身就是奇功一件。没有事实依据,当权者可能不会放在心里，但是你放弃了等祸患发生后再去治理以求建功立业的机会，避免了灾难对人民的伤害，人民会把你的功劳永记心间。再好的功劳簿难存万年，良好的口碑万代相传。“明者远见于未萌。智者避危于无形”。智者与庸者对事态的观察认识与结论，有着本质之分。

放弃难言的精神负荷，才能解开心灵的枷锁。放弃是非恩怨的无谓争辩，才能洒脱充实，快乐永远。放弃虚伪的矫饰，才能显出卓尔不群的气质。世间权势地位的角逐，功名利禄的纷争，都是过眼烟云。何苦让那些不干不净的身外之物，不足挂齿的无聊之事困绕终生？这时，只有懂得放弃，有限的生命才更有意义。

放弃命运不公的痛楚，放弃委屈产生的积怨，放弃漫无边际的遗憾，放弃永无休止的争辩。所有的不愉快，切莫再放心间，才能慢慢体会到生活的甘甜。放弃对名誉的奢望，放弃对金钱的渴求，放弃对权势的鄙夷，放弃对他人的嫉妒。只有放弃这一切毫无意义的东西，你的天空才会风和日丽。

永远保持平和的心态，你的世界同样精彩。只有这时，你才会真正领悟到“不舍不得，小舍小得，大舍大得”的哲理，你才会真正懂得学会放弃的重大意义。

神州疆土感怀

胡学富

一岛主权，岂容侵犯。华夏海疆万里，每一寸礁屿，都是母亲血哺的儿女。

二千年戍卫，泣歌励神州。从秦始皇炼丹钓鱼岛，到隋炀帝远征高丽、金毛狮王流落硫球群岛；从郑成功、施琅相继复台湾，到明清沿屿或礁抗倭驱寇逐浪高。概莫王土，龙骨旌旗何曾悬倒？

三皇五帝，几秉尧禹，神州大统，风雨同瀛。几度洪荒旷阔的地平线上，跃起过多少抗倭英雄，捍卫着神州边域的悲壮风光——戚继光、任环、傅应嘉、瓦氏夫人、左宝贵……中兴名儒胡林翼，呕血之作《大清一统舆图》，向世界彻底宣告：琉球群岛、钓鱼岛已属王土，从此不再任流寇鬼魅侵扰！

四海澎湃过岁月蹉跎的尘烟，时空云岫记载过几多盛世的狂欢与不惑的凄然。纵有“马关条约”撕裂了几多岛屿与海礁，远隔母亲怀抱的日子，流浪的血脉却从未停止过中华气息的怒潮呼号。

五星红旗重舞起龙的脊梁，迎来了华厦儿女日盼夜思的春天。开放的中国，已屹立于世界民族之林的峰巅。屈辱的历史，钉上历史耻柱的悲哀，一去不复，堂堂中华岂可再任宵小丑儿狂呼魔跳。

六六昌顺，筑起开天辟地的兴旺和富强。中国已不是过去的中国，落后挨打的教训深深烙印进民族复兴的胸膛。从白纸开始，甩开双臂，自立而强；“两弹一星”夯实了不朽的国防。中华从不企图侵略任何一个国家，不论是强大或是弱小；维护世界和平，是中华传统美德的品质写照。

“七七”的羞辱，早已风干；志士仁人沸腾鲜血染红的旗帜，在天穹中尽情飘荡。卢沟桥畔的绿水清溪，布满了鸟语花香。曾经硝烟熏透的土地，破冻绽开的是幸福和谐的希望。

八国联军坠落西壑的日子，已埋葬了一个世纪。慈禧腐烂的尸骨，在千踩万踏中杳无了迹痕。在烈火中醒来的东方睡狮，仰天怒吼——不仅只让曾经狂沸的“东亚病夫”与“支那”的咒兕见鬼去吧；也让那些龟缩在黑暗阴角的孤魂野鬼们向禺而泣、瑟瑟发抖！

九百六十万平方公里的土地，四百七十万平方公里的海岛疆域，都是中华神圣不可侵犯的领土领疆。不论是钓鱼岛，还是南沙群岛、西沙群岛，神圣的主权绝不会动摇。人不犯我，我不犯人，人若犯我，我必犯人。虽然我们尊崇几千年来的民族风尚——绝不辱外，崇尚和平。但中华大地也绝不允许踏来鬼魅的足迹。

十月金秋唱凯歌，中华神州尽娇娆。东方的地平线上，中华民族正昂首阔步走向世界，走向朝阳。

如厕故事

马黎明

一日陪妻逛街购物，不觉间顿感内急，急慌慌四处张望，见一公厕，便一头扎了进去。当我一身轻松地出来，习惯性的往外掏零钞时，却见坐在门口那位大爷友善地向我挥挥手。我回头一望，只见那门楣上方标识牌上熟悉的"如厕五角"四字，不知什么时候换成了"免费公厕"，不禁感慨万千。

记得几年前的一天，我与朋友在街上散步，路过一公厕，大家不约而同要进去方便一下，出来时，大家争着"买单"。我因养成从不带钱的习惯，顿时呆在那里，好不尴尬。从那以后，我出门时总要摸摸身上，不忘带些零钞。

说起这如厕之事，这些年的变化可真不小。小时候我家住农村，灶屋的一角靠墙处挖一大坑，上面搁上石板便是猪圈，大坑边留有一撮箕状口子伸出墙外，这便是厕所，那时叫"茅厕"（音：茅斯）。生产队从这里舀粪浇地，我们也可以舀一些浇自留地。我家和邻居家的茅厕都集中在一个角落，旁边通常码放着一捆黄篾条权作"手纸"使用。说起这手纸，那时可没啥讲究，有条件的（主要是城里人）通常用一种又粗又黄的"草纸"（或叫"火纸"），揩得重了，细嫩的皮肤还会发痛，或者有学生的家庭有时也用废弃的作业本纸。但在农村，绝大多数则根本与纸扯不上关系，而是用这种被称作"刮屎片"的黄篾条。它是将竹子划成篾条时提取编织用的青蔑后剩下的废弃物，用时折上几节就算"手纸"了。这平时还无所谓，要是遇到肚皮不争气，肠胃出了问题打起"标枪"来就不好用了。更糟糕的是如果有人得了痔疮之类的毛病，那可更是苦不堪言。或许是受条件的限制还是观念的影响，那时的人们都不怎么注重如厕的文明与卫生，几家人的茅厕也没有什么遮挡的东西，早饭后的一段时间，这个角落常常会出现一幅带有野性的原始景象。女人们则躲在猪圈里与畜类共厕，若偶有女客，也只好将就，常常惹得怕生的畜类犬奔豕突。记得那年春节期间，远在外省工作的幺舅一家为躲武斗住在我家，让客人最感不便的就是每天如厕，他们只得上山坡去"方便"了事，这被惜肥如命的父亲戏谑为"吃家饭屙野屎"。

那时县城的情况也好不了多少，小城的居民或在自家的后阶檐下的角落挖个坑，或几家共同在一处空地上挖个坑，然后埋上陶制水缸，里面斜插一截废旧的木板（以防污秽之物溅射），再用竹席一围，用旧麻袋挑个帘子就是厕所。因为人多，高峰时段要候着轮次如厕，排在后面的人常常急得如热锅上的蚂蚁一般。白天倒还好办些，若是晚上起夜可就麻烦了，尤其是寒冬时节，有的要走上几十米甚至上百米。有条件的则制有尿罐、夜壶之类的小便器，而农村中人们通常在居室的门角处搁上一尿桶，往往只要一走进房间，就会有一股刺鼻的尿骚味扑面而来。但这些物件也只能解决小便问题，若是半夜闹肚子可就更不方便了。那时小城的公厕，人们称其为"官茅厕"（音：官茅斯），其内设施非常简陋，中间一墙将男女隔开，几个蹲位一字排开，全无遮拦，男厕则在墙边多一个尿槽。彼此间真是"坦坦荡荡"，一览无遗。就这简陋的"官茅厕"，当时也很难见到，直到上世纪九十年代中期以前，小城也只有东、南、北城门洞附近各有一处。当场的时候，这里总是川流不息，那时有乡语戏曰："三天赶一场，茅厕打涌堂"。附近的农民看到了"商机"，就在背静的小巷深处摆些尿桶，供路人使用，散场后便挑了回去。这可是一举两得，一是方便了赶场的路人，二是可以获得免费的肥料。久而久之，人们称这些地方为"尿巷子"。那时，进城赶场的农民，只要循着那发出臊臭的小巷而去，就会找到方便之处。这男人和小孩都还好办，可真苦了那些妇女姑娘们了。

后来，城里的公厕逐渐多了起来，里面的设施也逐渐完善和现代。一些公共场所的厕所改称卫生间、洗手间，那臭气熏天的“尿巷子”已成为历史。城镇居民普遍用上了设施齐全的卫生间，农村中也在推行厕所的改良，而夜壶之类的物件也逐渐淡出了人们的生活。人们对厕所的要求，除了满足生理的需要，更加注重感官的卫生及美感。人们终于告别了蛮荒的如厕时代，但几乎同时发现，出行时新的不便产生了：公厕普遍实行有偿使用！有时真可谓“一分钱憋死英雄汉”。

如今，人们终于能得到真正的方便了，它显得更加舒适和卫生。一些景区、车站的公厕，还为老年、残障人士配备有专用的如厕设施，更是体现了一份暖意浓浓的人文关怀。厕所虽小，如厕事大，它折射出一个地方的文明程度和发展轨迹。

名胜记

岳池万塔观国母殿重建记

马黎明

国母者，草根之神，川东民间敬之者众。信者信其有求必应，虽有慈航之悲悯，却无王母之威严。盖海内仙山无数，以国母为主供神者，惟岳池万塔观国母殿也！

国母神殿始建于明洪武初年，乃乡绅捐资所建。数百年香火鼎盛，敬者如潮。近代随潮起潮落，沉浮几度。丙申遭拆，道是破旧立新。壬申复建，归根正本清源。呜呼，“五一二”！地裂山崩，共天人恸哀。九州心颤，寰宇魂牵。奈何，仙山劫！殿危宇倾，惟圣象岿立。神灵依旧，弟子惶然。欲再造而力犹未及，幸有善士祝朝选慷慨解囊，遂于辛卯孟秋吉日排危破土，历时年余，重建既成。长拓宽展，二迭飞檐，凤凰涅槃，状胜前之远矣！

祝朝选者，城南杜家人氏。早年弃学务工，从业建筑。学徒自巴蜀大地，打拼于粤广南国，奋战在云贵高原，远征达伊犁北疆。三十年风雨，十万里路程。搏击市场经济，勇立浪尖潮头。造广夏安居千家，输光电照亮万户。获益改革开放，曾经风光无限。受困金融危机，几近灭顶之灾。迷茫时彷徨无计，问道于万塔仙山。惊神奇之国母，许非常之愿心。虔诚动神灵，苍天佑英才。征途峰回路转，事业绝处逢生。天命之年何言老，甲子轮回再焕春。成败皆财富，辉煌报宏恩。建神殿广结善缘，奔前程洪福齐天。慈善之举，功德无量，拙笔难记万一，冀启后来效法者也！

夫世事如棋，势也。顺势而为之则兴，逆势而为之则废。非大势所趋不可逆者，当造势而为，行善积德，德彰势成。所谓君子自强不息，厚德载物，此亦商之道哉！

注：①丙申（年）指公元一九五七年；

②壬申（年）指公元一九九三年；

③辛卯孟秋吉日指公元二0一一年八月十一日。

五、文 存

中共岳池县委 2014 年工作安排意见

岳委发〔2014〕3 号 2014 年 2 月 14 日

2014 年是贯彻落实党的十八届三中全会精神、全面深化改革的开局之年，是邓小平同志诞辰 110 周年。做好全年工作，对于加速底部崛起，奋力跻身全省县域经济第一方阵，加快建设富裕、文明、活力、幸福新岳池具有十分重要的意义。

县委工作的总体要求是：全面贯彻落实党的十八大、十八届三中全会精神，高举中国特色社会主义伟大旗帜，以邓小平理论、“三个代表”重要思想和科学发展观为指导，以改革统领经济社会发展全局，坚持“稳中求进”工作基调，按照“工业主导、三化联动、弘文兴教、富民强县”发展思路，扎实做好“六篇文章”，努力实现“六大提升”，为跻身全省县域经济第一方阵、全面建成小康社会而努力奋斗。

县委工作的主要目标是：全县地区生产总值增长 11%，力争达到 11.5%；地方公共财政收入增长 15%，力争达到 18%；全社会固定资产投资增长 30%，力争达到 35%；社会消费品零售总额增长 13.5%，力争达到 14%；城镇居民人均可支配收入增长 11%，力争达到 12%；农民人均纯收入增长 13.5%，力争达到 15.4%；城镇登记失业率控制在 4% 以内，人口自然增长率控制在 5‰以内，全面完成省市下达的节能减排目标任务。

一、做好“感恩”文章，实现对外影响力大提升

突出“感恩·作贡献”主题，切实做好各项纪念工作，以焕然一新的面貌迎接邓小平同志 110 周年诞辰。

（一）加快建设献礼项目。加快纪念邓小平同志诞辰 110 周年五大类 62 个重点献礼项目建设，重点加快罗渡堤防工程、移民扶贫整村推进示范片、回龙寺水库、东湖城市综合体、广岳大道、道福堂药业、五星金方药业等 20 个市级献礼项目，快速推进石垭玉屏湖景区、火车站站前广场、仁安药业、输变电总部经济大厦及巴广渝、遂广高速岳池境内段等 42 个县级献礼项目建设，6 月底前完成计划目标。

（二）隆重举办纪念活动。结合岳池特色农家曲艺文化，创作具有较高思想水平和艺术水平的歌舞、曲艺等文艺作品，广泛开展各类纪念活动，歌颂邓小平同志领导中国革命、建设社会主义和改革开放的光辉历程，营造纪念邓小平同志 110 周年诞辰的强大声势和浓厚氛围，吸引中省乃至世界目光关注广安、聚焦岳池。

（三）广泛开展对外宣传。响应“感恩小平·我为小平家乡发展作贡献”号召，整合媒体资源，全方位、多角度、深层次地开展邓小平同志 110 周年诞辰主题宣传，为邓小平同志诞辰 110 周年献礼贡献力量。积极组织对外专题宣传，开展“县外媒体看岳池”集中宣传活动，突出富裕、文明、活力、幸福新岳池宣传重点，提升岳池对外知名度、美誉度和影响力。

二、做好“兴业”文章，实现经济发展力大提升

围绕“1+2+5”产业发展总体布局，培育壮大三大产业增长极，持续提升县域经济综合实力。

（一）突出特色强工业。大力实施“工业强县”战略，力争全县规模以上工业总产值达187.5亿元、同比增长18%，增加值增幅达全市平均值以上。加速特色园区建设。加快川渝合作（广安）医药产业示范园区提档升级，积极争创省级经济技术开发区；加快推进罗渡高新技术产业开发区建设，3月底前启动基础设施建设，6月底前有企业入驻。全年新拓展园区面积10平方公里以上。主攻医药产业发展。积极引进大型医药企业、高附加值医药项目，延伸产业链条，壮大产业规模，实现医药产业总产值21.5亿元、税收1.6亿元以上，全力打造全省医药产业强县、中国西部医药产业城。同步发展机械制造、食品酒类产业，力争三大主导产业实现总产值100亿元、同比增长19%。加快重点项目建设。强化项目带动，开工并加快建设普锐特药业、印度阿拉宾度药业、100万头生猪屠宰深加工、特凌制冷、光电产业园等项目。新培育销售收入上亿元企业7户以上，全面完成规模以上工业企业培育任务。强化环境要素保障。加快园区管网、道路、展示厅、服务中心等配套设施建设，提升园区承载能力和整体形象。抓好天然气分布式能源、35kV变电站等项目建设，全面保障企业生产需求，不断夯实工业发展基础。

（二）助农增收兴农业。围绕“两园一线、三带六片”现代农业产业发展布局，突出农民增收核心，不断壮大现代农业，力争全年实现农业增加值37.2亿元、增长3%。壮大产业规模。大力发展优质粮油、优质蔬菜、优质畜禽等主导产业，稳定粮食播种面积，积极争创“全国粮食生产先进县”，夺取省政府粮食“丰收杯”奖。鼓励扶持偏远乡镇发展壮大特色产业，新发展干果（核桃、花椒）3万亩、中药材2万亩，推动偏远乡镇经济发展。做大做强“输变电工”劳务品牌，全年实现劳务收入40.5亿元。建强产业基地。加强产业基地建设管理，着力提升老基地，稳步拓展新基地，整体打造东至石垭红庙、西至白庙郑家的15万亩粮经复合型产业基地，建成优质粮油基地56万亩、优质蔬菜基地23万亩；新建标准化规模养殖场（小区）20个。拓宽增收渠道。培育龙头企业、新型农业经营主体、优质品牌，健全市场营销体系，提升现代农业产业化水平。不断创新公司与农户、业主与农户、合作社与农户的利益联结机制，提高群众收入，力争农民人均纯收入增幅继续保持全省前列。

（三）繁荣市场活商贸。围绕“发展大商贸、引进大品牌、建设大卖场”，持续繁荣商贸流通。不断健全市场体系。加速推进县城区核心商圈提档升级，启动麻柳桥综合农贸市场建设，加快构建以县城商业中心、乡镇连锁超市、村社农家店为主的县乡村三级商贸网络。加强限上商务企业及小微企业培育，新增限上商务企业6户以上、小微企业205户以上。打造新的商业中心。加快东湖城市综合体、亿联建材家居五金城、输变电总部经济大厦等重大商务项目建设，积极引进、建设大卖场，打造新的城市商业中心。大力发展现代物流。启动九（龙）红（庙）现代商贸物流园区建设，突出抓好川东冷链物流中心等重点项目建设，打造川东北区域商贸物流中心。

三、做好“改革”文章，实现创新驱动力大提升

全面深入推进各项改革，促进开放，激发活力，不断增强县域经济发展内生动力。

（一）持续深入推进改革。按照“五位一体”改革总体布局及“六个紧紧围绕”总体要求，力争在构建多点多极支撑发展格局、健全城乡一体化体制机制、实施创新驱动发展战略、坚持和完善基本经济制度、转变政府职能、提高党建科学化水平等六个方面取得重大突破。积极推进事业单位、财税金融、食品药品、社会保障、户籍制度等重要领域和关键环节改革。稳步推进公立医院综合改革试点。重点推进农村集体土地所有权、农村宅基地使用权、农村集体建设用地使用权、农村集体土地承包经营权确权登记工作；积极探索农村土

地流转改革，促进土地集中、规模经营，通过改革破解发展难题、释放增长活力。

（二）增强创新驱动能力。深入实施创新驱动战略，大力推进发展理念创新、体制机制创新、科技创新和管理创新，重点推进三次产业转型升级，推动传统产业向新型产业、现代产业转变，着力构建现代产业体系，增强可持续发展能力。深化与友好区县、科研院所、高等院校的合作，积极引进优秀人才、高新技术、新兴产业，鼓励支持企业在我县建立研发中心，推动经济转型升级。

（三）着力项目投资拉动。坚持"抓大项目促进加快发展、抓好项目促进科学发展、抓项目集群促进跨越发展"的项目工作理念。继续实施项目攻坚年活动，加大对经济部门项目工作的考核力度，提高非经济部门资金争取、项目工作考核指标占比，做到项目工作全覆盖。把握中省宏观调控政策和投资方向，抢抓川渝合作示范区（广安片区）、国家西部承接产业转移示范区建设及省委加快县域经济发展、支持百万人口大县改革发展等重大机遇，重点抓好特色产业园区、城镇危旧房棚户区改造、土地保障、干线公路改造、农田水利基本建设等项目包装争取，全年包装储备项目600个以上，争取项目到位资金同比增长20%以上。大力实施全民招商，主动融入广渝合作、广深合作，积极开展投资促进说明会、企业家座谈会及项目推介会，确保全年引进亿元以上重大项目65个以上，提升对外开放实效。

四、做好"统筹"文章，实现城乡竞争力大提升

坚持以城带乡、城乡联动，推进城乡统筹发展，建设美好新家园，全面提升城乡竞争力。

（一）加快建设主城区。完善县域规划体系，围绕广安"双百"组团城市发展布局，充分发挥岳池"一山四水"自然禀赋，依山顺水，把城市融入大自然，让居民"望得见山、看得见水、记得住乡愁"。全面加速城市东扩，重点加快余家河特色商业中心、花漾城、东湖彼岸等项目建设；实施洗马河片区综合治理和北外街、大西街危房（棚户区）改造，扮靓旧城区，全年拓展县城区面积1.3平方公里以上。加强城市经营，建设高品质住宅小区，提升房地产开发档次和水平。创新城市管理，扎实推进"双违"整治，切实提高管理水平。

（二）建设县域副中心。鼓励扶持重点镇、中心镇建设，重点加快罗渡、石垭、顾县、苟角、坪滩、西溪等小城镇建设，着力建设布局合理、环境优美、设施配套、产业兴旺的特色乡镇，积极争创"全省百镇建设试点镇"和"全省优美示范镇村"，打造县域副中心。推进偏远乡镇建设，加大对偏远乡镇在农田水利、道路交通等基础建设及医疗卫生、文化体育等公共服务方面的支持力度。全年城镇化率提高3.6个百分点以上。

（三）打造靓丽新农村。按照产村相融发展路径，以"房前屋后瓜果梨桃、鸟语花香鸡犬相闻"的田园风光为标准，建设一批产业好、基础好、环境好的幸福美丽新村，抓好石垭、苟角、顾县等乡镇新村建设，打造精品样板新村2个；推进新型材料房屋新村建设，打造产业新村示范亮点。发展乡村旅游，提升花园农家乐、乔家朝阳生态园接待能力；加快石垭玉屏湖景区建设，6月底前完成一期工程，初步形成接待能力。

（四）建设生态美家园。坚持节约资源和保护环境的基本国策，兼顾绿水青山与金山银山，推进绿色发展、循环发展、低碳发展。深入开展城乡环境综合治理，加大城乡环境保护投入力度，大力发展现代生态产业，加强乡镇生活垃圾处理、农村面源污染治理、城市生活污水收集处理及工业企业污染防治，强化饮用水源保护和渠江、嘉陵江流域环境监测，确保经济、社会、生态和谐发展。完成生态乡镇创建目标任务，争创省级生态县。

五、做好"和谐"文章，实现社会凝聚力大提升

以精神文明建设凝聚民力，以民主法治建设汇集民智，以民计民生改善赢得民心，凝聚发展正能量。

（一）加强精神文明建设。围绕中心工作，积极宣传党的方针政策和中省市县各项决策部署，

培育和践行社会主义核心价值观，弘扬先进典型，为加快建设“四个岳池”提供坚强的思想保障和精神动力。巩固文明城市创建成果，开展文明乡镇、文明社区、文明院落（小区）、文明家庭等文明细胞创评活动，提高社会文明程度。加强未成年人思想道德建设，净化未成年人成长环境，做好关心下一代工作。

（二）推进民主法治进程。加强党对人大、政协工作的领导，支持依法依章开展工作。发挥统一战线作用，充分调动民主党派、社会团体积极性，做好民族、宗教、对台等工作。完善基层民主制度，推进协商民主广泛多层制度化发展。深入推进“六五”普法教育，加快推进依法治县进程，争创全省法治县。强化党管武装，加强国防教育和国防后备力量建设，促进国防建设和经济建设协调发展。

（三）切实改善民计民生。大力实施民生工程，解决群众关心关注问题。优先发展教育事业，加快推进南街小学改建及白庙职中、教师进修校、罗渡小学迁建工作，改善育人环境，促进教育均衡发展，提升教育教学质量。加强医疗卫生、人口计生服务体系建设，实施县妇幼保健院及中和、坪滩中心卫生院迁建工程。大力发展文化体育广电事业，繁荣文艺创作，建设文化阵地及公共文化服务体系。大力发展交通事业，全力争取广高路、岳武路升省道，完成县乡道整治改造，提升城乡通畅水平。加大扶贫开发力度，突出抓好第二批秦巴山区连片扶贫开发、水淹区库区基金、整村推进、劳务扶贫等项目建设。

（四）加强社会治理创新。健全社会保障体系，加快廉租房、经济适用房、公租房等保障性住房建设，做好新农合及城镇职工、城镇居民医保工作，扎实开展社会救助工作，构建覆盖城乡、惠民利民的民生保障体系，扩大社会保障覆盖面。深入开展县级领导“大接访”、领导干部“大下访”及“大走访”等活动，化解信访突出问题。强化社会治安，完善城市网格化服务管理体系，推进网格化服务管理进园区、乡镇，积极创建全省平安先进县。狠抓安全生产，坚决遏制较大及以上安全事故发生。强化食品药品监管，确保群众饮食用药安全。

六、做好“党建”文章，实现党的执政力大提升

切实加强党的执政能力建设，全面提高党的建设科学化水平，不断增强党的创造力、凝聚力和战斗力。

（一）扎实开展实践活动，切实整治“四风”。按照“照镜子、正衣冠、洗洗澡、治治病”的总体要求，扎实开展党的群众路线教育实践活动，牢牢抓住重点领域、关键环节，真抓学习，找准问题，逗硬整改，突出治理干部队伍中存在的形式主义、官僚主义、享乐主义和奢靡之风“四风”问题，为群众解难事、办实事、做好事，以作风转变惠及群众，确保活动实效。深入贯彻落实中省市县改进工作作风、密切联系群众有关规定，促进全县党风、政风、行风明显改善。

（二）切实加强思想建设，坚定理想信念。进一步加强和改进党委（党组）中心组理论学习，建设学习型党组织。深入学习宣传党的十八大、十八届三中全会精神，坚持用社会主义理论体系武装头脑、指导实践。重点结合党的群众路线教育实践活动，加强党员领导干部党性教育、宗旨教育，引导党员干部提升党性修养，坚定理想信念，强化宗旨意识，树立正确的世界观、人生观和价值观。

（三）全面提升组织建设，建强基层堡垒。切实抓好农村基层组织规范化建设，着力打造10个基层党建特色品牌，培育塑造省、市先进典型。切实加强“两新”组织、社区及企事业单位党组织建设，不断扩大基层党组织覆盖面。建设服务型基层党组织，提升基层党组织服务发展、服务民生、服务群众、服务党员的能力。

（四）着力加强队伍建设，选好用好干部。按照“好干部”标准和“三重”用人导向严格选拔任用干部，打造“信念坚定、为民服务、勤政务实、敢于担当、清正廉洁”的干部队伍。加强领导班子及

干部队伍日常管理,完善日常考核体系,强化日常考核结果运用;加大竞争性、差额选拔干部力度,及时调整不胜任现职干部,调优配强乡镇、部门领导班子,加大干部交流力度,激发干部队伍活力。注重年轻干部、女干部、党外干部培养选拔,做好高层次紧缺人才引进工作,关心关怀老干部,充分发挥老干部作用。

(五)加强党风廉政建设,强力惩治腐败。认真落实党风廉政建设责任制,推行领导干部述责述廉述险“三述”制度,全面实施“末梢工程”,做到任务层层分解、责任层层落实、压力层层传递。深入推进惩治和预防腐败体系建设,积极推进“广土工程”,加强反腐倡廉宣传教育,培植广泛深厚的廉洁土壤。深入推进行政权力公开透明运行,健全完善廉政风险防控机制,充分运用各类监督力量,监督制约权力运行,确保依法行政、规范行权。坚持以零容忍态度惩治腐败,发现一个坚决查处一个,努力营造干部清正、政府清廉、政治清明的良好环境。

岳池县人民政府
2014年县政府工作要点

岳府发〔2014〕1号　2014年2月17日

2014年,是贯彻落实党的十八届三中全会精神、全面深化改革的开局之年,是纪念小平同志诞辰110周年的献礼之年,是冲刺“十二五”目标的攻坚之年,扎实抓好全年工作,对于进一步提升县域经济综合实力,加快建设富裕、文明、活力、幸福新岳池,具有十分重要的意义。

2014年县政府工作的总体要求是:高举中国特色社会主义伟大旗帜,以邓小平理论、“三个代表”重要思想和科学发展观为指导,全面贯彻落实党的十八大和十八届三中全会精神,以改革统领经济社会发展全局,坚持“稳中求进”工作基调,按照既定思路和县委十一届十二次全会的安排部署,统筹稳增长、调结构、促改革、惠民生,促进经济加快发展、社会和谐稳定,以焕然一新的面貌迎接小平同志诞辰110周年,为跻身全省县域经济第一方阵、全面建成小康社会而努力奋斗。

2014年全县经济发展的预期目标是:地区生产总值增长11%,力争达到11.5%;地方公共财政收入增长15%,力争达到18%;全社会固定资产投资增长30%,力争达到35%;社会消费品零售总额增长13.5%,力争达到14%;城镇居民人均可支配收入增长11%,力争达到12%;农民人均纯收入增长13.5%,力争达到15.4%;城镇登记失业率控制在4.0%以内,人口自然增长率控制在5.0‰以内,全面完成省市下达的节能减排目标任务。

重点抓好以下五个方面的工作:

一、深化改革开放,强化投资拉动,增添发展动力

把改革开放作为破解难题的突破口,把项目投资作为经济工作的主战场,不断挖掘发展潜力,拓展发展空间。

(一)大抓项目投资。稳投资是稳增长的关键。坚持抓大项目促进加快发展、抓好项目促进科学发展、抓项目集群促进跨越发展的项目工作理念,继续实施项目攻坚年活动,围绕特色产业园区、保障性安居工程、城镇基础设施、“三农”、交通、节能环保等重点领域,在中省重要政策、重大部署中找项目,包装储备项目600个以上。加强对上汇报争取,确保医药产业园、北部山区干果基地、国家级保障性蔬菜基地、渠江中和段堤防工程等重大项目挤进中省“盘子”,力争到位项目资金16亿元以上。充分发挥投资在发展中的关键作

用，开工回龙寺水库、广高路改造等19个新建项目，加快中小河流治理、回龙供水工程、光电科技产业园等15个续建项目，完成广岳大道、爱赛特医疗器械等18个项目和各项感恩作贡献工程项目，确保全县固定资产投资完成135亿元以上，拉动地区生产总值增长6个百分点以上。

（二）深化开放合作。用好用足政治优势和政策优势，抓住纪念小平同志诞辰110周年活动和川渝合作示范区、承接产业转移示范区建设机遇，实施全域全面开放，深化与省市部门、高等院校的战略合作，做实与友好区县的区域合作，主动融入广渝合作、广深合作，借势、借力、借智发展。把招商引资作为经济工作的生命线，瞄准成渝、广深等重点区域，借助西博会、渝洽会、珠洽会等平台，围绕主导产业，实施全民招商、驻点招商、以商招商，精心举办投资促进活动，招大引强，大力引进一批具有突破性、引领性的产业龙头项目，力争引进亿元以上项目65个、到位资金120亿元以上。其中，工业到位资金70亿元以上。

（三）推动改革创新。稳步推进行政体制改革，深入推进事业单位分类改革。深化财税体制改革，推进绩效预算管理改革和专项资金改革，巩固国库集中收付制度和公务卡制度。深化统筹城乡综合配套改革，稳妥推进用地制度、农村产权制度、城乡社保制度、户籍制度改革，推动城乡共融发展。巩固医疗卫生体制改革，稳步推进公立医院综合改革，加快公共卫生服务均等化。推进投融资体制改革，落实促进非公有制经济发展优惠政策。稳妥推进水、电、气等资源性产品价格改革。深入实施创新驱动战略，完善金融考核激励机制，探索政府投资项目快速推进机制，创新政府投资平台运行机制；加大高层次人才引进力度，鼓励支持企业在岳池设立研发中心，促进科研成果转化利用。

二、强化点极支撑，加速转型升级，壮大产业经济

围绕“1+2+5”多点多极发展格局，致力转方式、调结构，努力扩大总量、提高质量，加快培育适应市场竞争、支撑长远发展的现代产业体系。

（一）发展新型工业。实施园区拓展计划，加快川渝合作（广安）医药产业示范园区提档升级，建成医药污水处理厂、天然气分布式能源、园区展示厅、园区服务中心等项目，积极争创省级经济技术开发区；加快推进罗渡高新技术产业开发区建设，重点抓好高新大道等基础设施项目；力争全年新建30万平方米标准化厂房，完成10平方公里的园区基础设施建设。实施产业提升行动，主攻医药产业，开工建设印度阿拉宾度药业、普锐特药业、龙舵生物医药、口腔医疗器械等医药项目15个，建成投产仁安药业、五星金方、道福堂药业等项目5个，实现医药产业产值21.5亿元以上、税收1.6亿元以上，全力打造全省医药产业强县、中国西部医药产业城；开工建设100万头生猪屠宰、特凌制冷等项目，加快发展机械制造、食品酒类产业，力争三大主导产业实现产值100亿元以上。实施企业培育工程，加快发展大企业大集团，新培育规上企业10户以上、亿元产值企业7户以上，力争规上工业总产值增长25%以上、增加值增幅达到全市平均值以上。

（二）壮大现代农业。落实国家粮食安全战略，稳定种粮面积，推进科技兴粮，促进粮食高产丰收；深入推进现代农业重点县、现代畜牧业重点县建设，规模发展蔬菜、柑桔等优势产业，持续发展干果、中药材等特色产业，巩固发展生猪、小家禽、草食牲畜等现代畜牧业，努力助农增收，力争农民人均纯收入在全市率先突破万元、增幅继续保持全省丘陵县前列。加强产业基地建设管理，着力提升老基地，稳步拓展新基地，整体打造东至石垭红庙、西至白庙郑家的15万亩粮经复合型产业基地，建成优质粮油基地56万亩、优质蔬菜基地23万亩、特色林果基地8万亩；新建标准化畜禽规模养殖场（小区）20个。加强新型农业经营主体、农产品品牌、市场营销体系培育，创新完善利益联结机制，大力推进农业产业化经营。力争全年实现农业增加值37.2亿元，同比增长3%。

加强农资市场及农产品质量监管，创建无公害农产品5个、绿色食品1个。

（三）繁荣第三产业。推进九（龙）红（庙）现代商贸物流园建设，加快东湖城市综合体、亿联建材家居五金城、输变电行业总部大楼等重大商务项目建设，发展大商贸、引进大品牌、建设大卖场；提档升级现有商圈和特色街区，新（改）建农贸市场2个，建成以县城集中商业、乡镇连锁超市、村组农资农家店为主的县乡村三级商贸网络。适时开展农超对接、送货下乡等活动，激活汽车、住房等大宗消费，培育信息技术、电子商务、租赁服务等新型消费。巩固提升传统服务业，鼓励和引导民间资本进入新型服务领域和生产性服务行业，加快培育金融、第三方物流、外贸出口等增长点。新培育限上商贸企业6户以上、小微企业205户以上，新注册商标50个，力争将“顾县豆干”创建为中国地理标志商标。大力发展乡村旅游，精心打造玉屏湖等重点景区。

三、坚持城乡统筹，共融互动发展，建设美丽家园

坚持以城带乡、城乡联动，以人的城镇化为核心，积极探索形态适宜、产城融合、集约高效的城镇化路径，加快城乡一体化进程。

（一）加速新型城镇建设。按照具有历史记忆、地域特色、民族特点的美丽城镇要求，围绕广安“双百”组团城市发展布局，探索建立产业发展、城乡互促、土地利用“三规合一”的城乡规划体系，从规划环节就体现“让居民望得见山、看得见水、记得住乡愁”。加速东扩西靓，重点加快余家河特色商业中心、百亩商住楼盘、洗马河片区综合治理等项目建设，开工建设保障性住房3520套、商品房100万平方米以上，完成火车站站前广场及景观大道、安拱路延伸段等4条骨架道路建设，新拓展县城建成区面积2平方公里以上。建设县域副中心，精心打造罗渡、顾县、坪滩、石垭、西溪、苟角等重点场镇，稳妥推进偏远场镇建设，新拓展场镇面积0.8平方公里以上。全年提高城镇化率3.6个百分点以上。发挥数字城管平台作用，强化市容市貌、交通秩序等综合治理，打造亮美洁新的省级优美示范县城。建设新型农村社区，按照“业兴、家富、人和、村美”和“房前屋后瓜果梨桃、鸟语花香的田园风”的标准，加快推进新型材料房屋新村建设，重点建设一批幸福美丽新村，打造精品样板2个。强化建设管理，加强“两违”治理，规范城乡建设秩序。

（二）加快基础设施建设。加强城镇供水、供电、供气、通信、防洪排涝、污水及垃圾处理等市政设施建设，有序跟进文化、体育等公共服务设施建设。夯实农业基础，完成渠江罗渡段、西溪河西板段堤防工程，配套渠系75千米，建设高标准农田2.5万亩，新增有效灌面2万亩、农机动力3.9万千瓦。集中资金抓好交通重点工程建设，积极争取广高路、岳武路升级为省道，适度改造县乡道路、新建通村水泥路，逐步连通断头公路，开工建设红星大桥，启动县城汽车客运站迁建，有序发展农村片区客运。

（三）加强生态文明建设。牢固树立生态文明理念，加快建设资源节约型、环境友好型社会。深入推进节能减排，继续抓好工业、建筑、交通和居民生活等领域的节能工作，全面完成主要污染物总量减排目标。持续加强环境保护，实行最严格的环评审批和饮用水源保护制度，加快建设节水型社会，重点抓好西溪河流域、麻柳河流域污染治理，巩固省级环境保护模范县创建成果。纵深推进城乡环境综合治理，着力整治城乡乱象。注重生态保护，大力实施城乡绿化，有序推进生态林保护、退耕还林、水土保持等重点工程，争创省级生态县。

四、践行为民宗旨，努力改善民生，构建和谐社会

坚持谋民利、解民忧、护民安，以发展成果惠民，以优质服务便民，以和谐环境安民，不断提升群众生活幸福指数。

（一）抓实民生工作。注重通过制度安排做好

民生工作，高标准实施民生工程，高效率开展惠民帮扶，重点抓好省市下达民生工程和县定农村安全饮水、精神病患者救助、农村学校“班班通”、村（社区）法律顾问选派、场镇天然气安装、五保对象免费体检等10件惠民实事，有针对性地解决群众最关心、最直接、最现实的民生难题。坚持保基本、兜底线，持续加大对公共服务、基本保障、扶贫济困等民生领域的投入，加快构建覆盖城乡的民生保障体系。大力实施扶贫攻坚和“挂、包、帮”活动，扎实推进五大扶贫工程，做到精准扶贫，提升困难群众发展能力，有效减少贫困人口。加大就业促进力度，有序组织劳务输出，努力增加群众收入。着力健全社保体系，扎实开展社会救助，全面落实保险政策，努力实现人人享有基本社会保障。

（二）提升公共服务。优先发展教育事业，实施农村学校教室照明、清风消暑、安全饮水工程，启动罗渡小学迁建、北师大附属实验学校新建，加快白庙职中和教师进修校迁建、南街小学改建；加强教育教学管理，提高群众对教育的满意度。大力发展卫生事业，加强医德医风建设，完成县人民医院住院综合楼装修，启动县妇幼保健院、中和卫生院、坪滩卫生院迁建，新建村卫生室10个，支持县疾控中心创建“二甲”疾控中心，增强医疗卫生服务能力。抓好精神文明创建工作，推进社会主义核心价值体系建设。加强公共文化服务体系建设，深入实施农村广播“村村响”、电视“户户通”等重点工程；广泛开展群众性文化活动，传承弘扬农家文化、曲艺文化；大力实施全民健身计划，完成省十二运会夺金任务。加快发展科技事业，提高科技进步对经济增长的贡献率。

（三）加强社会治理。深入推进平安细胞建设，完善社区网格化管理，扎实开展社区矫正工作，预防、减少和打击各类违法犯罪，持续改善社会治安。抓好虚拟社会管理，推进网络依法规范有序运行。深入开展大接访、大下访、大走访，畅通“四位一体”信访受理渠道，探索设立接访、处访、回访“一站式”服务大厅，加快实现信访网络联通和数据共享，有效化解矛盾纠纷。全面落实安全生产责任，加强安全文化建设，突出道路交通、食品药品等重点行业（领域）专项整治，坚决遏制较大及以上安全事故，保持安全生产持续向好态势。

加强双拥工作，认真抓好国防教育、征兵和民兵训练；加强国土资源管理，严格保护和开发利用土地、矿产资源；坚持计划生育基本国策不动摇，促进人口长期均衡发展；提升统计服务水平，扎实开展第三次全国经济普查；保障妇女儿童合法权益，加强对老年人、残疾人的关爱，继续做好关心下一代工作，促进青少年健康成长；做好人事、粮食储备、防震减灾、供销、档案、保密、外侨港澳台、民族、宗教、地方志、人防等工作。

五、牢记职责使命，提升执政能力，打造为民政府

面对新形势、新任务，牢记使命、勇于担当、主动作为，不断加强自身建设，进一步树立为民务实清廉形象，努力建设人民满意政府。

（一）加快转变政府职能。紧紧围绕充分发挥市场配置资源的决定性作用来转变政府职能，努力为市场主体创造更加公平有序的发展环境。进一步简政放权，继续清理、减少行政审批事项，最大限度地减少对微观事务的管理。加强政务服务平台建设，大力推进并联审批、网上审批，建立健全重点建设项目全程代办服务模式，完善政务服务体系，提升行政效能。依托“县长信箱”等网络理政平台，及时公开政府信息，主动回应群众关切，扩大公众参与度，改进政府决策。切实加强公共服务、市场监管、社会管理、环境保护等职能，增加公共服务供给，提高公共服务水平，加速城乡基本公共服务均等化进程。

（二）深入推进依法行政。坚持政府常务会集体学法等制度，增强领导干部法制意识，提升依法履职能力；健全社会普法教育机制，增强广大群众法制观念。自觉接受县人大的法律监督、工作监督和县政协的民主监督，主动接受社会监督和舆论监督，公开承诺整改突出问题，切实提高政府公

信力。将行政权力纳入电子政务透明运行平台，让行政权力运行更加规范有序、高效透明。规范行政执法自由裁量权，细化裁量标准，压缩裁量空间，强化行政执法监督。全面清理规范性文件，深化行政复议规范化建设，进一步加强行政调解工作。

（三）努力改进工作作风。按照“照镜子、正衣冠、洗洗澡、治治病”的要求，扎实开展群众路线教育实践活动，突出治理形式主义、官僚主义、享乐主义和奢靡之风“四风”问题。把“走基层”贯穿群众路线教育实践活动始终，认真贯彻落实改进工作作风、密切联系群众相关规定，主动深入一线问需于民、问计于民、问政于民，真正做到民有所呼、我有所应，民有所困、我有所帮，民有所需、我有所为。坚持厉行节约、反对浪费，强化“过紧日子”思想，严格控制“三公”经费。继续治理“文山会海”，从严控制发文数量和会议数量。

（四）不断增强执行能力。坚持“逢山开路、遇水架桥、风雨兼程”精神，倡导敢作敢为敢担当，敢于承担责任，敢于直面矛盾，敢于迎难而上，争做攻坚破难的践行者；坚持苦干实干抓工作，不讲条件抓落实，深入一线抓落实，雷厉风行抓落实，争做立言立行的实干家。加强督查督办，做到各项重点工作有部署、有督促、有落实、有奖惩，确保各项工作快节奏、高效率落实。

（五）切实抓好廉政建设。认真落实党风廉政建设责任制，健全反腐倡廉制度体系，完善教育、预防、监督和惩治制度，坚持用制度管权管事管人。健全权力运行制约和监督体系，有效防控廉政风险。全面落实廉洁从政各项规定，强化对国有资产处置、工程建设、公共资源交易等重点领域的监督。大力整治“吃、拿、卡、要”等行为，及时解决损害群众利益的突出问题。强化行政监察和财政监督、审计监督，坚持以零容忍态度惩治腐败，严肃查处违纪违法案件，努力做到干部清正、政府清廉、政治清明。

中共岳池县委 岳池县人民政府
关于2014年党风廉政建设和反腐败工作的意见

岳委发〔2014〕13号 2014年7月9日

2014年，是贯彻落实党的十八届三中全会精神、全面深化改革的开局之年，是邓小平同志诞辰110周年。全县党风廉政建设和反腐败工作的总体要求是：深入学习贯彻党的十八届三中全会精神，认真落实十八届中央纪委三次全会、省纪委十届三次全会、市纪委四届四次全会、县委十一届十二次全会和县纪委十一届四次全会部署，坚持聚焦中心任务，坚守责任担当，创新反腐败工作机制，严明党的各项纪律，坚持不懈纠正“四风”，毫不手软惩治腐败，深入推进惩防体系建设，营造风清气正的社会环境，为邓小平同志诞辰110周年纪念活动和建设富裕文明活力幸福新岳池提供坚强的保障。

一、着力创新反腐败体制机制

（一）健全反腐败领导体制和工作机制。各乡镇、各部门党委（党组）要落实好抓党风廉政建设的主体责任，主要负责人要牢固树立不抓党风廉政建设就是严重失职的意识，常研究、常部署、常教育、常提醒；领导班子其他成员要严格落实“一岗双责”，对承担的党风廉政建设责任要签字背书。从今年起，县委、县政府领导班子除主要负责人外的其他成员、乡镇党政领导班子主要负责人和县级部门领导班子主要负责人，每年要向县委提交述廉报告。认真开展落实党委主体责任和纪委监督责任工作试点，积极探索落实党风廉政建设责任制“明、询、查、考、述、评”六步工作法，通过签订党风廉政建设责任书、廉洁从政承诺书和廉政风险迹象告知书“三书”等方式明责明廉明险，通过书面询问、会议现场询问等方式询责询廉询险，通过严重违纪违法案件“一案三查”等方式查责查廉查险，通过党风廉政建设社会评价和日常考核等方式考责考廉考险，通过纪委全委会等方式述责述廉述险，通过纪委委员会现场评议等方式评责评廉评险，推动党风廉政建设责任制真正落到实处。组织、宣传、政法等部门和人大、政府、政协、法院、检察院党组要齐抓共管，形成合力。

（二）强化上级纪委对下级纪委的领导。探索加强纪律检查工作双重领导的有效工作机制，强化上级纪委对下级纪委的领导，建立健全报告工作、约谈、质询、评议、考核等制度。进一步完善乡镇和部门纪委书记（纪检组长）向县纪委述职并现场接受询问和评议制度。各乡镇、各部门纪委（纪检组）查办案件要以县纪委领导为主，各单位纪委（纪检组）在处置线索和查办案件向同级党委报告的同时，必须向县纪委报告。各乡镇、各部门纪委书记（纪检组长）、副书记的提名和考察以县纪委会同组织部门为主。

（三）加强派驻机构统一管理。加强派驻纪检监察机构规范化建设，实行统一名称、统一管理，规范职责任务、机构设置，加强人员配备。建立派驻工作统筹协作机制，健全监督检查、信访办理、案件调查等工作制度，完善考核、激励和责任追究机制。各部门纪检监察派驻机构要向派出机关负责，驻在部门要自觉接受监督，提供工作保障。探索建立纪委加强同级监督的具体办法和措施，坚持实行部门党组（党委）议事决策纪检组同步记录制度，推行部门领导班子副职、内设机构和直属单位主要负责人向派驻部门纪检组织述责述廉述险制度。进一步完善“片组＋巡查”工作机制，推行网上征求民意点题巡查，强化巡查发现问题、督促整改等职能。

（四）进一步整合监督资源。充分发挥纪委委员作用，建立健全重大事项征求意见、重要情况通报、重点工作调研、询问质询、年度述职等制度，搭建纪委委员履职平台。加强与省市驻岳单位纪检监察力量的统筹联动，落实属地管理原则，健全执纪监督、案件查处、党风政风行风建设等方面的协作机制。推进国有企业和学校纪检组织建设规范化，在“两新”组织建立完善纪检组织。加强农村基层纪检和监督组织建设，推动乡镇纪检干部、村纪检小组和村民小组廉情监督员认真履职。

二、全面加强党的纪律建设

（一）严明党的政治纪律。加强党性修养，引导和督促广大党员干部讲政治、顾大局，自觉按照党内政治生活准则办事，自觉接受纪律约束，坚决维护党的集中统一。树立和宣传一批对党忠诚、爱岗敬业的先进典型，在全县集中表彰一批“勤廉双优”基层党组织和党员干部。

（二）严明党的组织纪律。从严执行民主集中制、党内组织生活等党的各项组织制度。强化各级党组织和广大党员干部特别是领导干部的组织意识、程序观念，严格执行请示报告等制度，坚决查纠目无组织、自由散漫等现象。加强对中央、省委、市委和县委重大决策部署执行情况的监督检查，确保政令畅通。

（三）强化纪律刚性约束。坚持把纪律执行情况纳入对党员干部的日常培养、选拔管理和使用全过程，强化监督检查，严格执纪问责。对立场不稳、精神不振、工作不实、执行不力、作风不正、行为不检、自律不严、执纪不硬等突出问题，以及丧失党性原则的行为，综合运用批评教育、组织处理和纪律处分等手段进行纠正和处理，及时通报典型案件。

三、持之以恒加强作风建设

（一）深入开展“四风”治理。坚持“抓主要领导、抓一线人员、抓正反典型、抓责任落实、抓常态检查、抓长效机制”的“六抓”思路，深入贯彻落实中、省、市、县改进工作作风、密切联系群众有关规定，从一个个时间节点、一项项具体问题抓起，对违纪违规行为铁面问责并点名道姓通报曝光，坚决纠正“四风”突出问题。结合党的群众路线教育实践活动，围绕“走在全市前列、形成全省经验”的工作目标，以解决“9＋3＋2”问题为重点深入开展正风肃纪专项整治，认真抓好省上统一部署的解决政绩观不正确、执行不力等9个问题和市上统一部署的解决乡镇工作“机关化”、公职人员公务时间休闲娱乐、便民（政务）服务中心不便民等3个方面的问题，着力解决干部走读、天成指数高等2个方面的问题。将各乡镇、各部门开展党的群众路线教育实践活动和治理“四风”情况纳入党风政风行风群众满意度第三方测评内容，让群众评判教育实践活动成效。

（二）大力推进基层作风转变。以深化党务、政务、村务和基层站所办事公开，以及强化机关联系指导基层、党员直接服务群众等为重点，深入推进基层党风廉政建设。着力开展扶贫、低保、教育、医疗、征地拆迁、惠民资金使用等方面的专项检查，坚决查纠损害群众利益的不正之风。加强基层事务综合监管信息平台建设，对农村集体“三资”管理使用、便民服务事项等实行在线监控、实时预警。

（三）健全改进作风常态化制度。认真落实《党政机关厉行节约反对浪费条例》等制度，建立健全公务接待、办公用房、公务卡使用等方面制度，逗硬执行《国家公职人员违反规定操办婚丧喜庆等事宜责任追究暂行办法》《国家公职人员公务时间休闲娱乐责任追究暂行办法》，从源头上防范“四风”问题。采取片组巡查、定期检查和随机抽查等方式，开展常态化监督检查，及时查纠干部作风方面的突出问题，健全作风建设常抓不懈、持久深入的长效机制。

四、以零容忍态度严惩腐败

不断加大办案工作力度，严肃查处发生在领导机关和领导干部中的违反纪律、涉嫌违法问题，尤其是贪污贿赂、徇私枉法、腐化堕落、失职渎职等案件。加大对基层办案的领导和指导力度，严肃查办发生在群众身边的腐败案件。严肃查处商业贿赂、串通谋利等方面的案件，加大社会领域行贿谋利、失信失德、伤风败俗等行为的惩处力度。健全查办案件工作机制，充分发挥反腐败协调小组职能，加强纪检监察机关与司法、审计等部门的协调配合，建立涉刑案件快查快移机制，健全信访举报线索及时受理和违纪线索主动发现机制。提高案件查办质量，规范和严格执行党内审查审批程序，严肃办案纪律，完善办案绩效考核体系。建立案件查办信息查询平台，强化办案技术支撑。加强重大违纪违法案件“跟进剖析、系统治理”工作，推动惩治成果向预防成果转化。

五、培植风清气正廉洁土壤

（一）扎实推进预防腐败“广土”工程。认真贯彻中央、省委、市委惩防体系建设2013—2017年工作规划和实施办法，结合实际制定实施细则，分层分类系统推进。大力实施预防腐败“广土”工程，分线推进八大“廉洁基石”建设，择优培育示范点，适时召开全县“广土”工程建设现场推进会，以点带面、推动全局。加强廉政风险迹象管理，及时采取约谈、函询等方式处理苗头性问题，切实做到早发现、早纠正、早预防。深化党风廉政建设“天成指数”预警约谈制度，对“天成指数”连续3年排名第一的单位主要负责人予以通报批评并限期调离。拓宽群众参与反腐败工作渠道，不断优化“岳池县纪检监察网”在线受理举报、快速处理和新闻发布功能。

（二）进一步强化权力依法规范运行。强化权力运行的公开透明，推行县、乡镇政府及其工作部门权力清单制度，依法公开权力运行流程，切实规范领导干部职责权限。深入推进公共资源交易监管、行政审批、财经管理等改革，创新权力监督、信息公开等方面的制度机制。建立政府投资项目立项审批信息公开、资金监管、专项检查、绩效评估和责任追究等制度，加强对重大项目、重要资金的审计监督，确保政府投资项目规范、廉洁、高效实施。加强和改进特邀监察员工作，有序引导社会监督。

（三）深入开展反腐倡廉宣传教育。加强干部思想理论教育培训，把党风廉政建设和反腐败教育纳入党员干部教育培训总体部署，作为中心组学习、民主生活会和“三会一课”的重要内容及党校（行政院校）培训的必学课程。深化“会前十分钟说纪讲法”“五大廉政教育”活动，分级开办党员干部廉洁履职专题班。加强典型案件深度剖析，分专题、分领域、分岗位制作案例教材和警示教育片，开展新任职领导干部、案发地区（单位）干部集中警示教育活动。深入推进廉洁文化“八进”和“廉洁文化精品课”等活动，广泛运用网络、手机等媒介，加强日常廉洁教育。

六、加强纪检监察队伍自身建设

全县各级纪检监察组织要切实增强党的意识和大局意识，坚守责任担当，敢于碰硬，努力做发展的助推者、改革的清障者、新风的维护者、和谐的建设者。认真落实转职能、转方式、转作风的要求，突出执纪监督主业，不断提高履职能力和水平。带头践行党的群众路线，坚决兑现六项承诺，深化“纪委书记下基层”“纪委书记大接访”和“信访举报突出问题专项整治”活动，坚持做到为群众服务、向群众负责、同群众商量、共群众甘苦、受群众监督。健全内控机制，开展纪检监察系统专项作风巡查，对纪检监察队伍中的违纪违法人员，一律从快从严处理，决不姑息，用铁的纪律打造一支忠诚可靠、服务人民、刚正不阿、秉公执纪的纪检监察干部队伍。

中共岳池县委
关于深入开展党的群众路线教育实践活动的实施意见

岳委发〔2014〕5号　2014年2月26日

根据《中共中央关于在全党深入开展党的群众路线教育实践活动的意见》（中发〔2013〕4号）、《中共四川省委关于深入开展党的群众路线教育实践活动的实施意见》（川委发〔2013〕14号）和中省市关于第二批教育实践活动的部署要求，我县开展党的群众路线教育实践活动从2014年2月开始，大体安排8个月时间，2014年9月基本完成，具体到每个单位，开展教育实践活动的时间一般不少于3个月。参加单位是：县级领导班子、县级机关及直属单位，县属各企事业单位，党组织关系在岳池且未参加第一批活动的省市驻岳单位，乡镇、村（社区）等基层组织，非公有制经济组织和社会组织。结合我县实际，现提出如下实施意见。

一、把握指导思想和总体要求

群众路线是党的生命线和根本工作路线。在全党深入开展以为民务实清廉为主要内容的党的群众路线教育实践活动，是新形势下坚持党要管党、从严治党的重大决策，是顺应群众期盼、加强学习型服务型创新型马克思主义执政党建设的重大部署，是永葆党的青春活力和战斗力的传家宝。

岳池作为百万人口农业大县，作为广安“6+3+1”发展战略的重要一极，具有革命老区的优良传统和创新驱动的巨大潜力。要推动岳池科学发展、加快发展，确保与全国、全省同步全面建成小康社会，特别需要全县各级党组织增强政治定力、更加坚强有力，特别需要全县党员干部养成邓小平同志提出的“为群众服务、向群众负责、同群众商量、共群众甘苦”的工作作风，特别需要全县人民踊跃参与支持、更加齐心协力。

全县各级党组织和广大党员干部要切实增强开展教育实践活动的自觉性和坚定性，紧紧抓住邓小平同志诞辰110周年和川渝合作示范区、西部承接产业转移示范区建设等机遇，有效解决各级领导班子、领导干部和党员队伍中存在的"四风"突出问题，以实际行动密切党群干群关系，为全面深化改革增添强劲动力，努力实现对外影响力、经济发展力、创新驱动力、城乡竞争力、社会凝聚力、党的执政力"六大提升"，凝聚实现"富裕文明活力幸福新岳池"奋斗目标的强大力量，奋力跻身全省县域经济第一方阵。活动中要切实把握四个方面要求：

（一）明确指导思想。开展教育实践活动，必须高举中国特色社会主义伟大旗帜，坚持以马克思列宁主义、毛泽东思想、邓小平理论、"三个代表"重要思想、科学发展观为指导，认真贯彻党的十八大、十八届三中全会、省委十届三次、四次全会及市委四届六次、七次全会精神，深入贯彻落实中央八项规定、《党政机关厉行节约反对浪费条例》以及省市县相关规定，用整风精神坚决反对形式主义、官僚主义、享乐主义和奢靡之风，着力解决突出问题，提高新形势下做好群众工作的能力，使党员干部思想进一步提升，作风进一步转变，党群干群关系进一步密切，为民务实清廉形象进一步树立，党的基层基础工作进一步夯实。

（二）认真落实总要求。把"照镜子、正衣冠、洗洗澡、治治病"总要求贯穿教育实践活动全过程。以党章为镜"照镜子"，对照党的纪律、群众期盼、先进典型、改进作风要求，摆问题、找差距、明方向。坚持边查边做"正衣冠"，严明党的纪律特别是政治纪律，从自己做起，从现在改起，从小处抓起，端正思想行为，维护良好形象。坚持边做边改"洗洗澡"，以整风精神开展批评和自我批评，实现自我净化、自我完善、自我革新、自我提高。坚持边改边整"治治病"，对作风方面存在问题的党员干部进行教育提醒，对问题严重的进行查处，对与民争利、损害群众利益的不正之风和突出问题进行专项整治。

（三）突出重点领域和重点对象。坚持以县级领导机关、领导班子和领导干部为重点，突出抓好直接联系服务群众的法院、检察院、公安、司法等执法监管部门，民政、政务服务、社会保障等窗口单位，教育、医疗卫生等社会服务行业的教育实践活动。同时，注重抓好乡镇和村（社区）等与群众密切联系的基层组织的教育实践活动，切实加强广大党员马克思主义群众观点和党的群众路线教育。

（四）认真落实"六个更加注重"。借鉴运用第一批教育实践活动成功经验，更加注重领导带头、层层示范，更加注重聚焦"四风"、解决问题，更加注重敞开大门、群众参与，更加注重分类指导、有序推进，更加注重上下协力、衔接带动，更加注重严格要求、真督实导，确保教育实践活动不虚、不空、不偏、不走过场。

二、明确重点工作任务

开展教育实践活动，要坚持以"传承伟人风范，践行群众路线，争当爱民先锋，共建美好岳池"为引领，紧紧抓住反对"四风"这个重点，坚持边学边查边改，着力解决县级领导班子和领导干部"四风"方面存在的突出问题，下大力气解决发生在群众身边的不良作风问题。各乡镇、各部门、各单位也要深入查找整改自身存在的突出问题，防止照抄照转，依样画葫，避免"上下一般粗"，"左右一个样"，增强操作性和针对性，把改进作风的成效真正落实到基层，真正让群众受益。

（一）着力解决"四风"突出问题。县级领导班子和领导干部重点解决政绩观不正确，搞"形象工程""政绩工程"，换一任领导变一套思路，好大喜功、虚报浮夸，盲目举债、寅吃卯粮，思想狭隘、固步自封，不敢担当、不愿负责，当太平官、逍遥官，创新能力不强，改革胆识不足、攻坚决心不大；践行群众观点停在嘴上，工作规划只管任上，工作重心放在点上；"上有政策、下有对策"，有令不行、有禁不止，执行政策踩边线、打折扣、搞变通；心浮气躁、跑官要官，拉关系、找门路、套近乎、忙升迁；违反选人用人规定，违反"三重"用人导向，干部监督管理失之于宽、失之于软；组织观念淡薄，保密意识不强，纪律松弛，信口开河，肆意表态；文山会海、华而不实、不切实际、不求实效，拍脑袋决策、搞一言堂;巧立名目,借婚丧嫁娶、乔迁、生日、子女升学等敛财牟利;重制度建设、轻制度执行等问题。县级机关及直属单位重点解决庸懒散拖、推诿扯皮,工作不落实、服务不主动,"中梗阻",衙门作风严重,部门利益至上;热衷检查评比、创建达标,下基层走马观花,工作底数不清,基层情况不明,说起来滔滔不绝,看起来热热闹闹,热衷于表面文章;上班时间玩手机、斗地主、逛淘宝、办私事,随意迟到、早退,甚至擅离工作岗位,外出溜达消闲;敬业精神不强,业务工作不熟,工作拈轻怕重,不愿吃苦出力,当一天和尚撞一天钟,坐而论道,热衷于传播小道消息、黄色段子;公款送礼、公款吃喝,不给好处不办事、没有关系办不成事;攀比待遇、养尊处优,奢侈浪费、腐败堕落等问题。执法监管部门和窗口单位、服务行业重点解决特权思想严重,门难进、脸难看、事难办;对待群众态度"生、硬、冷、推"、作风粗暴简单,面对群众诉求缺乏耐心,关系群众冷暖利益少有关心,上级、老板交代的事情有求必应;口号响当当,工作懒洋洋,服务冷冰冰,办事慢腾腾;办人情事、金钱事、关系事,收回扣、拿红包,乱收费、乱罚款、乱摊派,不作为、慢作为、乱作为;滥用职权、执法不公,搞选择性执法、随意性执法,搞权力寻租,权力部门化、部门利益化,甚至损害和侵占群众利益;工作程序繁琐,费时费劲,让群众白跑路、多跑路,办事流程不公开、服务随意性大;窗口服务设置不合理,秩序混乱、嘈杂扰民、排队等候太久、问询不便;便民设施缺乏,投诉建议渠道不畅等问题。乡镇领导班子和领导干部重点解决责任心不强,不关心群众冷暖,官气十足,高高在上,颐指气使,动辄称群众为"刁民",呵斥其"素质低";弄虚作假、欺上瞒下,哄骗上级,糊弄群众,落实惠民政策缩水走样,机械执行、死板操作,好事办不好,把党的惠民利民政策当恩赐;工作方式简单粗暴,遇到矛盾绕着走;在编不在岗,天天"走读",上午忙下村,下午忙回城,"机关化"现象严重;不愿在条件艰苦的乡镇干,想方设法往机关调等问题。村(社区)等基层组织主要解决班子软弱无力,服务群众意识不强,群众工作经验缺乏,执行村(社区)"1234工作法"不到位,优亲厚友,中饱私囊,办事不公,侵犯群众利益,克扣群众财物,拖欠群众钱款,打白条、耍赖账;家长式作风,个人说了算,听不进群众意见,思想保守、不思进取,不说实情,不讲真话,报喜不报忧,掩盖矛盾和问题,不谋发展集体经济,不思为群众谋福利,自身要求不严,对群众咨询敷衍了事、甚至教唆生事;发展党员把关不严,"近亲繁殖",不注重培养后备干部等问题。非公有制经济组织和社会组织主要解决不重视党建工作,党组织形同摆设,党员发展把关不严,制度机制不健全,党组织及党员作用发挥不理想等问题。教育系统党组织主要解决党性观念淡薄,追求部门利益,重"教"轻"育"、学生课业负担重,为招生源恶性竞争,违规收费等问题。卫生系统党组织主要解决党性不强、医德缺失,态度生硬、漠视患者和群众疾苦,收受红包、唯利是图,责任心不强、业务不精等问题。

(二)着力解决群众反映强烈的切身利益问题。坚持为民利民便民,本着尽力而为、量力而行的原则,解决好事关群众切身利益的具体问题,解决好长期积累的遗留问题。要大力解决与民争利的问题,坚决杜绝乱摊派、乱罚款、乱收费,侵占、挪用、截留惠民物资和资金,违规处置集体资产,农村土地承包流转环节损害农民利益,违规插手工程项目等损害群众利益的不正之风。要认真落实各项民生工程,建立民生投入增长机制,不断拓展为民办实事的领域,解决好上学难、大班额,就业难、收入低,住房难、房价高,看病难、看病贵,出行难、烂路多,增收难、项目少等与群众生产生活息息相关的现实问题;解决好社会保障、生态环境、食品药品安全、安全生产、社会治安、执法司法、征地拆迁补偿、扶贫开发等群众关注的具体问题;解决好群众文化活动少、城镇缺水缺电缺气、环境污染严重、交通拥堵、市场秩序混乱、物价高、保障性住房建设、老城区改造和农村危房改造等群众关注的热点问题;解决好五保老人无条件集中供养,空巢老人、孤寡老人无人陪伴照料,留守儿童、孤儿无人看管、无学可上，病残人员、受灾群众、低收入家庭无生活来源等特殊困难群体的生产生活问题。要不断畅通群众诉求表达渠道，加强与群众真诚沟通，做好矛盾纠纷排查化解工作，让群众办事更加便利、得到更多实惠，增强安全感、提高满意度，切身感受到社会公平正义。

（三）着力解决联系服务群众"最后一公里"问题。以建设基层服务型党组织为目标，以农村"10 分钟服务圈"、村（社区）"1234 工作法"、社区民情传递制度、"五清五联五直"社区大党委志愿服务等为载体，切实解决部分党组织覆盖和工作覆盖不全，不适应城镇化、工业化和农业现代化发展形势要求的问题。抓书记，采取县上示范培训、乡镇全员培训等办法，对换届后的村（社区）党组织书记进行全面培训，不断提高服务群众的能力，建设一支服务意识好、服务能力好、服务作风好的基层党组织书记队伍，解决部分基层党组织书记服务手段单一，带头致富和带领群众致富能力弱的问题，解决集体经济薄弱、"空壳村"现象严重等问题。抓队伍，实施"走基层""百千万大走访"等活动，推行机关党员社区"双报到"制度，建设一支创先争优热情高、服务群众水平高、群众满意度高的党员干部队伍，切实解决机关党员干部直接联系服务群众制度机制不健全、不落实的问题，解决活力不足的问题。抓激励，完善关爱基层干部政策，全覆盖开展干部谈心谈话，评选表彰一批优秀基层干部，选塑一批乐于奉献的基层干部先进典型，优先提拔使用扎根基层、敢于担当的好干部。完善困难党员群众关怀帮扶机制，建立帮扶基金，对 70 岁以上、无固定收入、家庭困难的党员实行定额补助；对因自然灾害、意外事故、重大疾病等造成生活特别困难的党员实行一次性补助，对在抢险救灾、见义勇为中作出重大贡献的党员给与奖励。抓保障，加快村（社区）活动阵地提档升级，加大基层党组织运行经费投入，确保村（社区）工作经费逐年递增，在常住人口 5000 人以上的社区党组织配备 1 名具体负责群众工作的专职副书记，解决乡镇和村（社区）便民服务中心（站、点）不健全、运行管理制度不完善，基层群众办事难、办事不方便的问题。让群众话有地方说、事有地方办、困难有人帮、问题有人管。

三、抓好关键环节步骤

教育实践活动要坚持问题导向，坚持知行合一，边学边查边改，把学习教育贯穿始终，把解决问题贯穿始终，把"走基层"活动贯穿始终，充分调动党员干部和广大群众两个积极性，打牢学习教育和查摆问题两个基础，抓住整改落实和建章立制两个关键，抓好教育实践活动各个环节的落实。

（一）学习教育、听取意见

1. 结合实际抓学习教育。（1）在学习目的上，通过全覆盖抓好动员部署，深入开展马克思主义群众观点和党的群众路线专题学习讨论，解决好世界观、人生观、价值观"总开关"的问题，解决好入党为什么、当干部为什么、为后人留什么的问题，解决好权力观、地位观、利益观的问题，解决好为了谁、依靠谁、我是谁的问题，使党的群众路线在全体党员、干部中深深扎根，使践行党的根本宗旨成为党员、干部的普遍自觉，切实增进与人民群众的感情。（2）在学习内容上，坚持"四个方面必学"，党章、党的十八大和十八届三中全会精神必学，习近平系列讲话和中省市重要文件会议精神必学，《论群众路线——重要论述摘编》《党的群众路线教育实践活动学习文件选编》《厉行节约、反对浪费——重要论述摘编》《邓小平论党的群众路线选辑》《邓小平为民务实清廉故事选辑》五本书必学，中国特色社会主义理论、党的光辉历史和优良传统必学。同时要深入开展理想信念、党性党纪党风、道德规范教育，切实加强党的组织制度、组织规范、组织纪律教育。（3）在学习方式上，要紧密联系行业、领域和本单位实际，集中开展理论宣讲教育、先进典型引导教育、贫困山区帮扶实践教育、反腐倡廉警示教育、红色教育基地党性教育"五项专题教育"；开展群众观点怎么看、群众路线怎么走、改进作风怎么办、五好干部怎么做、争先升位怎么干"五个专题讨论"。建立群众路线理论辅导专家库，遴选20名本土专家联系实际，确定“如何办好人民满意教育”等10个群众工作课题，开展学习研讨、专题辅导活动。组建“群众工作先进经验及为民务实清廉先进典型”宣讲团，分片区开展“巡回宣讲经验、学习身边典型”活动，学习推广浙江省“枫桥经验”、南充“文建明工作法”、中江县“三本台账”、我县“廉政110服务为人民”“坝坝法庭真情为民”“干群同坐一条凳，争当民爱好干部”等群众工作经验；深入宣传北川县原副县长兰辉、广安区人民调解委员会主任郭太平、广安区方坪乡磨盘村村支书邓德勤、我县黄龙乡党委书记杨淑芹等先进典型。要充分利用县（乡）党校、远教站点、党建网站、手机短信等平台，通过领导干部讲党课、专家作辅导报告、播放专题教育片、专题研讨、参观现场、典型引导、个人自学、知识竞赛等多种方式，丰富学习载体，妥善处理工学矛盾。村（社区）、非公有制经济组织和社会组织等基层党组织要运用灵活多样、务实管用的方式，抓好学习教育。要组织开展群众路线知识抽查测试，检验学习效果，测试成绩在适当范围公开。在教育实践活动各环节，凡是出现要求不达标、任务不过关的领导班子和个人，倒查学习教育情况，并在规定时间内“补课”。

2. 深入群众听取意见。结合“走基层”“三联五帮”等活动，把“面对面”与“背靠背”结合起来，把“个别听”与“集体谈”结合起来，把“走进群众听”与“组织群众评”结合起来，把聚焦“四风”问题与找准发展、民生问题结合起来，直接到群众中去听取意见，特别要听取工作对象和服务对象的意见。坚持问计于民、问需于民、问政于民，围绕感恩奋进怎么干、改革开放怎么走、川渝合作示范区怎么建、统筹发展怎么办深入开展调查研究，直接到基层、到群众中去找问题、找原因、找办法。要结合本地、本单位实际，借鉴运用第一批活动“主动纳谏”“开门评风”“百姓听音”“基层问症”“躬身自省”等听取意见的经验做法，采取民主评议、个别走访、电台访谈、市民热线、信函、网络等多种方式，依托政务服务中心、信访接待中心、党群服务中心、网格化服务管理信息系统等平台，畅通群众利益诉求表达渠道。防止相互征求意见“公文旅行”“函来函往”，防止“一窝蜂”下基层、重复征求意见。同时结合征集到的意见建议，在党员干部中广泛开展“四风”具体表现大讨论。坚持边学边听边改，认真落实“四风”突出问题专项整治方案，从一开始就让群众感受到新变化、新气象。

（二）查摆问题、开展批评

1. 找准抓住突出问题。坚持为民务实清廉要求，学习和对照党章，对照廉政准则，对照改进作风要求，对照群众期盼，对照先进典型，结合岳池实际，通过群众提、自己找、上级点、群众评、互相帮、集体议等方式，深入查找本地本单位和党员干部队伍中存在的党性不强、能力不足、要求不高、约束不严、为政不廉等问题，注重从关系群众切身利益的问题中查找“四风”问题。认真梳理汇总，在一定范围内公开，接受社会和群众的监督。各级机关和企事业单位、党员领导干部要对照《党政机关厉行节约反对浪费条例》、中央“八项规定”及省市县相关规定、《中国共产党党员领导干部廉政准则》进行检查，乡镇、村（社区）还要对照《农村基层干部廉洁履行职责若干规定（试行）》进行检查。

2. 认真撰写对照检查材料。县级领导班子、县级机关、乡镇领导班子和学校、医院等单位领导班子和领导干部要撰写对照检查材，做到“一列出、四剖析、两明确、三审核”。（1）一列出，即列出“四风”问题的具体表现、典型事例，对“三公”经费支出、职务消费、人情消费、公务用车、办公用房和住房、家属子女从业等情况要作出说明；（2）四剖析，即从理想信念、宗旨意识、党性修养、政治纪律等方面剖析根源；（3）两明确，即明确努力方向和整改措施。（4）三审核，即上级党组织、党委（党组）负责同志和督导组要严格审核把关，主要负责同志要主持起草领导班子对照检查材料，并在一定范围征求意见。班子成员要自己撰写个人对照检查材料。领导班子和党委（党组）主要负责同志的对照检查材料，要报县委教育实践活动领导小组办公室备案。党员领导干部的对照检查材料，还要按照干部管理权限上报。

3. 开好专题民主生活会和组织生活会。县级领导班子、县级机关、乡镇领导班子和国有企业、学校、医院等企事业单位领导班子要召开专题民主生活会。会前，要普遍开展谈心交心。对反映存在问题较多的班子成员，由县委督导组会同党委（党组）主要负责同志进行谈话提醒；对其他班子成员也要进行个别谈话提醒。会上，要坚持做到“五要五不”：要直奔主题、要揭短亮丑、要动真碰硬、要实事求是、要出以公心，不评功摆好、不绕弯兜圈、不避重就轻、不发泄私愤，不搞无原则纠纷。会后，要在一定范围内进行通报和评议，可邀请党代会代表、人大代表、政协委员和党员群众代表参加民主评议。基层党组织要召开专题组织生活会，开展民主评议党员和处置不合格党员工作，针对存在问题提出改进措施和办法。对问题矛盾比较集中、反映问题较多的基层单位，上级党组织要专门派人到会指导。基层党支部（总支）班子、支部（总支）书记、机关党员干部的对照检查情况由所在支部（总支）组织全体党员进行民主评议。上级机关党员领导干部要参加下级单位领导班子的专题民主生活会，党员领导干部要以普通党员身份参加所在支部的组织生活会。各部门、各单位召开专题民主生活会，上级纪检机关和党委组织部门要派员参加，县委督导组要全程参与联系督导单位的专题民主生活会，并对开展批评和自我批评的情况要进行点评。

（三）整改落实、建章立制

1. 上下联动抓整改。坚持即知即改、立行立改，各级领导班子、领导干部要从群众最期盼的事抓起、从群众最不满意的事改起，认真制定整改方案，明确整改责任；领导班子成员要制定个人整改措施；村（社区）和非公有制企业、社会组织及其他基层组织可列出问题清单，明确整改措施。实行开门整改，向群众作出整改承诺，及时公布整改情况，请群众评价和监督。重点部门、重点项目整改要通过媒体或其他方式在一定范围承诺、公示。要把整改的问题和需要上级帮助解决的问题衔接起来，以上带下、以下促上，动真碰硬、攻坚克难，持续用劲、步步为营，确保整改成效让群众看得见、感受得到、大多数人满意。

2. 深入开展专项整治。不折不扣地落实中央、省委确定的专项整治任务，坚持下猛药、出重拳，一项一项整治。（1）整治文山会海、检查评比泛滥等问题；（2）整治吃拿卡要、“门难进、脸难看、事难办”和侵害群众利益行为等问题；（3）整治公款送礼、公款吃喝、奢侈浪费、接受会员卡、商业预付卡等问题；（4）整治超标配备公车、滥建楼堂馆所、多占办公用房问题；（5）整治“三公”经费开支过大等问题；（6）整治“形象工程”“政绩工程”、各类节庆和论坛泛滥等问题；（7）着力查纠思想懈怠、纪律涣散、干部“走读”、上班时间休闲娱乐等问题；（8）着力对从严管理干部情况进行专项检查，深入整治选人用人上的不正之风等问题。同时，各乡镇、各部门、各单位要结合职能职责和作风建设实际，确定专项整治重点，尤其要把解决群众反映强烈的突出问题、整治侵害群众利益行为作为重中之重，不达目的不罢休。

3. 强化正风肃纪。坚持严字当头，坚决查处发生在群众身边的不正之风和腐败问题，坚决整治特权病、冷漠病、懒散病。对有问题不整改、大问题小整改、边整改边再犯的，要严肃批评教育，必要时采取组织措施和纪律措施。要加强领导班子建设和严格教育管理干部，对软、懒、散、庸的领导班子进行整顿；对存在一般性作风问题的干部，立足于教育提高，促其改进；对群众意见大、不能认真查摆问题、没有明显改进的干部，要进行组织调整。在活动中发现的重大违纪违法问题，要及时移交纪检监察机关或有关方面严肃查处。要加强基层党组织建设和党员教育管理，对软弱涣散的基层党组织，进行集中整顿；对长期不起作用甚至起负作用的党员，进行严肃教育，不合格的要严肃党纪、给予组织处理。

4. 加强和改进群众工作。认真贯彻执行《中央办公厅、国务院办公厅关于创新群众工作方法解决信访突出问题的意见》和《中共四川省委关于进一步加强和改进党的群众工作的意见》,建立健全县级领导联系指导基层工作制度,拓展区域化、网格化的党组织组建方式和活动载体,广泛开展争创基层服务型党组织和争当为民务实清廉党员干部"双争"活动,改进窗口单位直接面向群众的服务方式,推行代办式服务、预约式服务、上门式服务、一站式服务、延时服务,健全党员干部服务群众承诺践诺制度,严格执行基层党建三级联述联评联考制度,全面落实基层党建责任制,不断提高服务群众的能力和水平。

5.健全落实制度规定。按照于法周延、于事简便的原则,围绕解决"四风"方面突出问题和规范资源分配权、财政资金管理权和人事权,区分"废、改、立"三种类型,建立健全行得通、指导力强、能长期管用的制度规定,构建群众合法权益保障机制、党员干部直接联系服务群众机制、干部作风状况考核评价机制,推动改进作风、密切联系群众常态化长效化。要承接、贯彻好第一批教育实践活动中出台的制度和办法。坚决纠正有令不行、有禁不止、无视制度的问题。

教育实践活动结束前,要结合实际对活动的效果进行民主测评,认真开展"回头看"并进行总结。总结的主要内容包括:开展活动的基本做法、基本成效、基本经验、意见和建议等。

四、强化分类指导

各级党组织要针对参加单位类型多,党组织情况差异较大,党员数量多,行业分布、职业构成多样等特点,坚持从实际出发,根据不同层级、不同领域、不同对象提出不同目标要求,采取不同方法措施,有针对性地加强指导,防止"一锅煮""一刀切"。

(一)压茬有序推进。全县采取统一部署、梯次推进、压茬进行的办法,县级领导班子、县级机关及直属单位2月底3月初全面动员,乡镇、学校、医院3月中旬全面动员,村(社区)、国有企业、非公有制经济组织和社会组织3月下旬全面动员。各单位要统一部署,坚持时间服从质量,结合实际,统筹协调、灵活安排时间进度。

(二)注重分层分类实施。针对本次教育实践活动单位的不同特点,分类制定实施方案,明确具体任务和推进措施,扎实抓好"规定动作",鼓励创新"自选动作"。坚持从实际出发,县级领导班子和领导干部要紧紧扭住解决"四风"问题不走神、不散光,在找准和解决突出问题上下功夫、见实效。根据县级机关、乡镇、村(社区)等不同层面,窗口单位、执法监管、教育、医疗卫生等不同领域,在职党员、离退休党员、无职党员、流动党员等不同对象,找准各自需要解决的突出问题,提出适合各自特点的目标要求,采取相应的方法措施,稳步推进,有序实施。流动党员一般应在流入地党组织参加活动,各级党组织要利用流动党员返乡时机、采取电话、短信、座谈、寄送学习资料等方式组织流动党员学习。对离退休职工党员及年老体弱党员,可采取送学上门等方式组织学习。非中共党员领导干部可参加活动。在活动中要注意听取非中共党员领导干部意见建议,发挥其作用。

(三)加强行业系统指导。统战、民政、工商联等部门单位,要发挥职能作用,指导非公有制经济组织和社会组织采取小型、业余、分散的方式开展教育实践活动。政法、教育、医疗卫生、国土、环保、住建、交通、农业、工商、税务、安监、食品药品监管等关系群众切身利益的部门,要发挥条条指导作用,上下联动开展专项整治,切实纠正行业不正之风。

五、切实加强组织领导

各级党组织要把开展教育实践活动作为一项重大政治任务,加强领导、落实责任、细化措施、强化监督,确保取得实效。

(一)落实领导责任。全县教育实践活动在县委常委会领导下开展。成立县委教育实践活动领导小组,县委主要负责同志担任组长,县委副书记和县纪委、县委组织部、县委宣传部、县委政法委主要负责同志担任副组长。领导小组下设办公室，负责日常工作，办公室主任由县委组织部主要负责同志兼任。各部门、各单位要成立相应的领导机构和工作机构，具体负责教育实践活动，领导机构由党委（党组）主要领导同志负责。县级领导干部要加强对分管联系单位教育实践活动的引领和指导，切实履行职责；乡镇党委主要抓好班子自身的教育实践活动，负责组织村、社区等基层党组织和党员的教育实践活动。党组织负责人要把教育实践活动紧紧抓在手上，特别是对需要着重解决的问题，要做到心中有数；对可能发生的复杂情况，进行分析预判，提出有效的预防和解决对策。要坚决把好各个关口，做到规定动作未完成、质量效果不合格“两个绝不放过”。对教育实践活动走了过场的，要追究一把手的责任。分管领导为直接责任人，其他班子成员要认真履行“一岗双责”，加强对分管部门（单位）的工作指导。要用好的作风组织开展教育实践活动，防止文山会海，力戒形式主义。

（二）强化示范带动。结合“走基层、解难题、办实事、惠民生”活动，落实好县级领导联系点，努力把联系点建成示范点，以点促面，示范带动，推进教育实践活动深入开展。各级领导机关和领导班子要学在先、走在前、作表率，教育引导党员干部结合工作实际、联系岗位实际开展活动。县级领导干部要重点指导联系点和联系分管单位做好征求意见工作，参加领导班子专题民主生活会，审阅领导班子及其主要负责同志的对照检查材料、整改方案和整改措施，督促搞好整改落实特别是集中专项治理工作。上级领导机关和领导干部要先学先行、先查先改，作出表率和示范，下级机关及党员干部及时跟进、联动开展，形成上级带下级、一级抓一级、层层抓落实的工作局面。

（三）加强指导督查。县委成立11个督导组，对活动全程督查和巡回指导。从活动一开始就做到高标准严要求，做到操作程序不变通、执行政策不走样、目标效果不降低，深入找问题、逗硬抓整改。督导组要认真审阅活动实施方案、对照检查材料、整改方案，全程参与所督导单位的专题民主生活会，督促抓好每个环节各项工作落实，采取组织评判、反向测评、万人评议、专项述职、重点抽查和督导评价等方式检验活动效果。突出重点对象、重点任务，抓住关键环节、关键节点，严肃督导、严格把关，防止降格以求，做到活动基本环节不能少、不变通，也要结合各自实际，灵活安排各个环节的工作，在解决问题上下功夫，确保活动质量和效果，确保活动不虚、不空、不偏、不走过场。

（四）加强宣传引导。新闻媒体要通过新闻报道、先进典型宣传、言论评论、工作综述、专题专访等形式，充分反映教育实践活动进展和成效。创新宣传形式和载体，重视发挥网站、微博、微信等新兴媒体的作用，加强正面宣传和舆论引导，为教育实践活动顺利开展营造良好舆论氛围。强化舆论监督，通过以案说法、典型曝光、事件评述等方式，发挥监督警示作用，促进教育实践活动深入开展。

（五）坚持统筹安排。坚持两手抓、两不误、两促进，强化“五个结合”，用推动岳池跨越发展的成果检验教育实践活动的成效。把教育实践活动与开展“感恩小平·我为小平家乡发展作贡献”活动相结合，引导党员干部积极参与小平同志诞辰110周年纪念活动和为小平家乡发展作贡献；与落实中央和省委、市委决策部署相结合，积极改革、锐意创新，推动岳池跻身全省发展第一方阵；与深入推进“走基层”活动相结合，引导广大党员、干部用心用情服务群众，努力为人民群众带来更多福祉；与加强基层组织建设相结合，深化争创基层服务型党组织、争当为民务实清廉型党员干部“双争”活动，打造“民得实惠、党得民心”的服务型基层党建工作品牌；与建立健全为民务实清廉长效机制紧密结合，把活动中的好做法好经验上升为制度性成果，用制度约束干部、规范行为。

县委教育实践活动领导小组办公室要根据活动单位的不同特点，提出分类指导意见。各乡镇、各部门、各单位党委（党组）要根据实际，结合本实施意见，制定具体实施方案，报县委教育实践活动督导组审核，并报领导小组办公室备案。

中共岳池县委　岳池县人民政府 2014 年安全生产工作意见

岳委发〔2014〕4 号　2014 年 2 月 20 日

根据省、市安全生产工作的总体要求，结合我县实际，现就 2014 年安全生产工作提出如下意见。

一、工作思路

深入学习贯彻十八届三中全会精神，牢固树立以人为本、安全发展理念，自觉坚持"安全第一，预防为主，综合治理"方针，以强化和落实企业主体责任、部门监管责任为重点，不断加强安全生产基层基础；以事故预防为主攻方向，建立完善以隐患排查治理为核心的安全生产长效机制；以规范安全生产为保障，不断推进企业安全标准化建设；以科技进步为支撑，不断提升企业安全生产水平；认真落实安全生产各项措施，标本廉治、综合治理，有效防范各类生产安全事故，坚决遏制较大及以上事故，为岳池的经济社会发展创造安全稳定的环境。

二、总体目标

（一）各类生产安全事故伤亡人数不突破市政府下达的控制指标数。

（二）减少一般伤亡事故，杜绝较大及以上事故。事故总量、受伤人数、死亡人数、直接经济损失同比有所下降。

（三）亿元 GDP 安全生产事故死亡率、工矿商贸从业人员 10 万人安全生产事故死亡率、道路交通万车安全生产事故死亡率、10 万人火灾安全生产事故死亡率、特种设备万台安全生产事故死亡率控制在市下达的指标内。

（四）市、县挂牌督办的安全隐患整治率达 100%。

（五）完成市政府下达的其他安全生产工作目标。

三、工作重点

围绕"统筹兼顾、协调发展，依法治安、综合治理，突出预防、落实责任，依靠科技、创新管理"的总体要求，不断提升安全保障能力和安全管理水平，推动安全生产工作规范、有序、高效开展。

（一）提升安全生产保障能力，夯实筑牢安全基层基础。

1. 提升科技保障能力。一是提高安全信息化水平，建设安全生产综合监管平台，年内建立和整合码头、客运车辆、化工、非煤矿山、重大危险源等高危行业（领域）视频监管平台，实现政府和企业互联互通、资源共享。二是加强技术支撑体系建设，在建筑、危化、非煤矿山、烟花爆竹等行业建立安全生产专家库，充分发挥专家的积极作用，为安全生产提供技术服务。三是加大对企业落后设备设施、生产工艺技术改造，完成宙龙化工自动控制技术改造和升级。

2. 提升制度保障能力。一是建立安全生产警示教育制度。凡发生生产安全责任事故的，所在乡镇和部门要向县政府述职，并对主要领导和分管领导进行警示教育，对不履行监管职责导致生产安全事故发生的，由纪检监察等相关部门从严追究责任。二是建立部门安全生产会商制度和乡镇片区联席安全会议制度。每半年召开 1 次乡镇片区联席会议，了解工作开展情况、相互交流学习、商讨工作举措，在重要时段、重大活动前召开部门协调会，通报工作情况，共同研究解决安全生产工作中的重大事宜。三是建立企业安全生产诚信制度。县发展改革、经济和信息化、公安、财政、国土资源、住房城乡规划建设、交通运输、安全监管、税务、工商、商务、金融等部门要建立企业安全生产奖惩、激励机制，对安全生产条件好、未发生安全生产事故的企业，给予政策激励；对安全生产条件差、发生生产安全事故的企业，一律纳入“黑名单”进行重点监管，并在项目核准、用地审批、投资融资等方面实施政策性制约。

3. 提升基层基础保障能力。以巩固深化规范化活动、标准化创建达标活动、安全社区建设活动为载体，完善安全生产监管体系，逐步改善安全生产条件，落实安全生产监管人员津贴，保证装备和经费投入，县财政将安全生产罚没收入全额返还，用于安全生产日常监管。在乡镇按月开展以宣传教育培训、隐患排查整治、打非治违为重点的“十个一”活动。出台《岳池县部门、乡镇安办安全生产目标考核暂行管理办法》，建立对基层安管人员的激励奖惩机制，各企事业单位、村(居)委会要聘请1—3名安全生产义务监管员，经培训后开展工作。县安办每半年对乡镇、部门、企业安全生产工作例会、检查督促、隐患排查整治、宣传教育培训等12项制度的落实情况进行专项检查。

4. 提升队伍保障能力。县工业园区管委会和负有安全生产管理职责的部门要成立安全生产管理办公室，配备必需的安全生产监管工作人员；各乡镇要依法依规足额配备安全监管员、船管员。矿山、危化、建筑、交通等风险较高的企业必须依法设立安全生产管理机构和配备专职安全生产管理人员，从业人员在300人以上的其他企业要设立安全生产管理机构和配备必需的专职安全生产管理人员；300人以下的企业落实安全生产专(兼)职人员。要保持安全生产监管队伍的相对稳定。各乡镇、部门确需调整安全监管人员的，应征求县安全监管局意见并报县安办备案。在全县安全监管队伍中开展以“理性抓安、强管促安”为主题的创先争优活动，加强安全监管队伍的培训与教育，提升安全管理人员的综合素质，加强思想、作风、廉洁自律建设，努力打造一支勤政廉洁、甘于奉献、作风优良、能打硬仗的安全生产监管队伍。

5. 提升应急救援保障能力。各乡镇、各部门、各企事业单位要结合自身实际，完善应急救援预案，组建应急救援队伍，配备必要的救援装备，并适时开展生产安全事故应急救援演练，不断提高应急处置的能力，确保在最短时间内组织领导到位、救援人员到位、技术指导到位。严格执行现场紧急救人避险制度，对不讲科学、冒险实施应急处置导致人身伤亡或财产损失扩大的，要依法依规追究相关责任人员的法律责任。严格落实节假日值班制度，确保信息畅通。严格按照相关规定报送各类生产安全事故，不得迟报、漏报、谎报、瞒报。

(二)加强安全生产监督管理，全面落实安全防范措施。

1. 深化标准化建设。在交通运输、建筑施工、非煤矿山、危险化学品、烟花爆竹等重点行业领域开展以“岗位达标，专业达标和企业达标”为内容的安全生产标准化建设，提升企业安全程度和管理水平。2014年各类企业安全标准化达标率要达到100%。县级有关部门要分类指导，对在规定期限内未实现达标的企业，要依据有关规定暂扣其生产许可证、安全生产许可证，责令其停产整顿，对整改仍未达标的，要依法予以关闭。

2. 推进和深化安全社区建设。已经启动安全社区建设的乡镇要高度重视安全社区建设工作，切实加强领导，提供有力保障，严格按照《安全社区建设基本要求》(AQ/T9001－2006)和《四川省省级安全社区评定标准》等有关法规标准，扎实有序地推进安全社区建设工作，并在2014年10月前向省、市申报现场评定，力争创建成功。已被命名为“省级安全社区”的顾县镇、白庙镇要继续巩固和深化安全社区建设。

3. 狠抓安全隐患排查治理。牢固树立“隐患就是事故”的预防理念，坚持隐患排查整治制度化、常态化。各乡镇、各部门、各企事业单位每月要开展不少于1次的隐患排查，并于每月20日前将排查情况报县安办或主管部门，由县安办或主管部门挂牌督查，实行整改验收销号。对排查出的隐患，严格按照“五落实”的要求，强力整改。各单位要建立隐患排查治理数据库，实行台账式管理，对未能按期完成隐患整治的责任单位、对责任人进行问责。

4. 强力开展重点行业专项整治。完善重点行业监管制度，集中力量对重点行业有针对性地实施专项整治，县上成立以县级领导任组长的17个专项治理小组，定期开展专项整治行动（详见附件）。一是开展水陆交通安全整治。以深入实施道路交通综合整治攻坚年行动为契机，以“交通安全示范乡镇”“交通安全文明村（社区）、文明学校”“红旗交通管理服务站”创建活动为载体，强化源头管理、宣传教育、隐患排查整治、路面巡查管控和劝导，严厉整治超载、超速、酒后驾驶、疲劳驾驶、无证驾驶以及长安车、农用车非法载客和摩托车超载且不戴头盔等违法行为。各乡镇、县交管大队、派出所交管中队要在事故多发路段、危险路段、赶集日、重大节假日、学生上（放）学时段安排足够的警力和人员上路巡查和劝导。继续开展水上交通安全“救生衣”行动，认真落实2个100%，严格执行“七不发航”制度。二是开展建筑施工安全整治。深入开展防坍塌、防坠落等专项整治，加强施工许可和现场安全监管，强化建筑施工从业人员的教育培训，快查重处非法违法建设行为。三是开展消防安全专项整治。重点整治易燃易爆单位，对人员密集场所、高层、地下空间、“九小场所”“三合一”场所及森林防火等火灾隐患，完善防控网络，全面提高火灾预警和处置能力。四是开展非煤矿山、危险化学品、烟花爆竹、特种设备、校车、水利工程、电力和机械等行业安全整治。各乡镇、各部门要严格按照《岳池县安全生产委员会关于在全县深入开展安全生产专项整治工作的通知》（岳安委〔2013〕6号）要求，制定整治方案，落实工作责任，有效开展专项整治活动。

5. 加大安全宣传教育培训力度。以学习贯彻党的十八届三中全会精神为契机，认真组织开展好第13个“全国安全生产月”活动。县委组织部要将安全生产管理纳入干部培训内容；县安办要对乡镇、部门、企事业单位主要领导、分管领导和安全监管人员进行集中培训，并充分发挥安全生产短信平台的作用；县电视台要在每天的《岳池新闻》结束后播放安全生产公益广告，加大对生产事故、隐患、违章违规行为曝光力度；各中小学校每周要开设1堂安全知识教育课；各乡镇要充分利用会议、明白纸、板（墙）报、广播等形式开展安全文化进农村、进社区、进学校、进企业、进家庭活动，每月开展1次安全街头宣传咨询活动和车（船）主、经营业主培训会；有关部门要加大企业各类人员持证上岗的监督检查力度，依法实行强制性全员培训，企业主要负责人、安全监管人员和特种作业人员必须依法接受专门的安全培训，经考核合格取得安全资格证书后，方可任职和上岗；危险化学品等高危行业的人员必须持证上岗，新招工人（轮岗、转岗、复岗）和企业采用新技术、新工艺和使用新材料，必须进行安全技术培训，经考试合格后方可上岗。

6. 加强职业病防治工作。严格执行《职业病防治法》，深入落实职业病危害防护设施“三同时”制度，切实抓好粉尘、噪声、高温、有毒物质等职业危害治理。对可能产生职业病危害的建设项目，必须严格进行职业病危害预评价，未提交预评价报告或预评价报告未经审核同意的，一律不得建设；各企业必须建立从业人员职业健康监护档案，对职业病危害防控措施不到位的企业，要依法责令其整改，情节严重的要按有关规定予以关闭。要切实做好职业病诊断、鉴定和治疗，保障职工安全健康权益。

（三）严格安全生产条件，依法规范安全生产秩序。

1. 严格执行准入条件。要按照《四川省建设项目安全设施监督管理办法》（省政府令第254号）的要求，严格执行安全设施“三同时”审查制度，把住“入口”，坚决控制不具备安全生产条件的建设项目进入我县，对未按规定实施“三同时”制度的，相关部门不得办理行政许可手续。对涉及安全生产的项目，县发展改革局要报县安全监管局备案。

2. 严格安全生产监察执法。一是深入开展安全生产领域“打非治违”活动。各执法部门要采取日常执法、专项执法、联合执法等方式，加大对非法违法生产经营建设行为的打击力度，从严从快查处违章违规行为；各乡镇人民政府在县安全监管局授权下，按简易程序开展安全生产执法。二是提高监察执法的执行力、公信力，理顺执法与许可、执法与管理、执法与监督的关系，做到“执法过程零差错、执法为民零距离”，推行“首查不罚、整改不罚、不改必罚”举措。三是从严查处安全生产事故，严格按照“四不放过”和“科学严谨、依法依规、实事求是、注重实效”的原则，依法查处各类生产安全事故，从严追究企业的主体责任、政府和部门的监管责任和企业法人、实际控制人的直接责任。

（四）逗硬落实安全生产责任，严格安全生产考核奖惩。

1. 全面落实安全生产责任。一是进一步强化乡镇安全监管责任，各乡镇要健全完善安全生产各项制度，切实履行属地管理职责，对本辖区内的各类生产经营建设活动实行严格的安全生产监督检查和管理，每月要深入研究分析本区域安全生产形势，认真解决安全生产工作中存在的问题，党政主要领导必须把安全与生产放在同等重要的位置，亲自抓、负总责，建立健全领导班子成员安全生产“一岗双责”和“三包”责任制，按月进行督促考核。二是全面落实企业安全生产主体责任，企业必须严格遵守和执行安全生产法律法规、规章制度与技术标准，依法依规加强安全生产，足额保障安全投入，加强安全技术改造，确保各项安全系统和安全设备、设施完好有效。要落实好企业负责人跟班作业制度，把安全生产措施落实到经营决策中、落实到生产计划中、落实到每个职工的作业过程中。三是各行业主管部门要切实履行安全生产监督管理职责，坚持安全生产“谁主管，谁负责”“管生产必须管安全”的原则，把安全生产纳入行业管理的主要内容，督促指导本行业生产经营建设单位开展安全生产工作，按计划开展专项执法检查。县安办要加强对乡镇、部门安全生产工作的指导、协调和监督检查，及时将结果通报全县。

2. 严格责任追究。坚持责任追究与督事、查人、考纪结合起来，与年终目标考核结合起来。对安全生产工作不力且安全生产形势严峻的乡镇、部门主要负责人进行约谈；对不执行县委、县政府关于安全生产的决定、命令、指示，或不能全面履行安全生产监督管理职责，打击非法违法行为不力，安全生产防范措施落实不到位、安全隐患排查治理不彻底的乡镇、部门、企业负责人，按照有关规定严肃处理。

3. 严格安全生产目标考核。县委、县政府对各乡镇、县级有关职能部门及其领导干部履行安全生产职责情况实施定量控制和考核。凡在本年度内发生了较大及以上安全生产责任事故、突破了县政府下达的死亡考核控制指标、年度安全生产目标考核得分在90分（含90分）以下的乡镇和部门，一律实行“一票否决”。将考核结果通报组织人事、纪检监察等部门，作为干部选拔任用、奖励惩戒和责任追究的重要参考依据。各乡镇、各部门要结合实际，制定和完善对下属企事业单位、村（居）委会的安全生产目标考核奖惩办法，增加综合目标考核中安全生产的权重，加大考核力度。

4. 加大督查力度。继续实行县级领导联系乡镇、部门和生产经营单位制度，聘请县、乡镇人大代表、政协委员为安全生产义务监督员，经培训后持证开展工作。县安办每季度对各乡镇、各部门执行安全生产法律法规和安全生产制度的落实情况进行督导检查，并将结果通报全县。各乡镇、县级相关部门也要成立安全生产督导组，按月开展对下属企事业单位、村（居）委会的监督检查，确保安全生产各项措施落实到基层层面、落实到操作者层面。

中共岳池县委　岳池县人民政府
2014年农业农村工作意见

岳委发〔2014〕6号　2014年3月6日

2014年是认真贯彻党的十八届三中全会精神、全面深化改革的开局之年,是贯彻落实县委十一届十二次全会精神的奋进之年,更是邓小平同志诞辰110周年,做好2014年农业农村工作对于缩小城乡差距、全面建成小康社会具有十分重要的意义。现就2014年农业农村工作提出如下意见:

一、发展思路

坚持以中央1号文件精神为指引,全面贯彻中、省、市委农村工作会议决策部署,抢抓邓小平同志诞辰110周年新机遇,以全面深化农村改革为抓手,以成片推进产村相融为重点,以粮增产、钱增收为目标,围绕"2+1+3+6"(两园一线、三带六片)农业产业发展布局,进一步夯实农业农村基础,大力发展多点多极效益农业,加快建设幸福美丽新村,深入推进扶贫开发,努力推动"三农"工作再上新台阶。

二、目标任务

实现粮食总产52.22万吨,增长0.6%;蔬菜总产71.7万吨,增长3.9%;出栏生猪98.7万头,增长2%;出栏家禽660万只,增长2.6%;转移农村剩余劳动力39.8万人,实现劳务收入40.5亿元,增长2.84%;农业总产值达到61.65亿元;农业增加值达到36.98亿元,增长3%,力争达到3.5%;农民人均纯收入增长13.5%,力争达到15.4%;建设现代农业产业基地8个、18万亩;农机化综合水平达49%;人口自然增长率控制在5‰以内。

三、产业布局

建设"两园"、深化"一线"、壮大"三带"、发展"六片"。

建设"两园":一是建设现代农业核心示范园区。巩固朝阳、乔家现代农业示范区,实施精品农业3万亩。新拓展东至石垭(大城、红庙)、大石、镇龙广南高速公路,西至九龙、白庙广高路沿线村组,构筑"一体两翼"发展格局,园区面积达到15万亩。二是建设乡村旅游产业园区。以石垭玉屏湖、乔家乡约园、花园农家乐产业带为重点,科学布局经果林、精品农业采摘体验园、花果山等乡村旅游特色产业,逐步构建30平方公里乡村旅游产业园。

深化"一线":进一步拓展规模、提升品质,将石普路沿线特种水果向红庙延伸,建成20公里水果示范长廊。

壮大"三带":壮大南广高速公路沿线东板、顾县、苟角、石垭(红庙)等乡镇优质粮油产业示范带;壮大石垭、花板、普安、裕民、大佛、伏龙等乡镇优质畜禽产业示范带;壮大粽粑、恐龙、秦溪、黄龙、兴隆、长田、北城等乡镇优质干果产业示范带。

发展"六片":发展渠江流域生态林业产业片;发展全民水库库区特色水果产业片;发展东南部山区草食牲畜养殖示范片;发展坪滩、西板、镇裕优质油菜产业片;发展同兴、酉溪、白庙优质果桑产业片;发展裕民、大佛、赛龙、伏龙渝郊型果蔬产业片。

四、工作重点

(一)以深化改革为突破,着力健全发展体系。一是加快实施农村集体土地承包确权颁证,全年完成50%的工作任务;统筹推进集体土地、林地、宅基地和农村房屋"多权同确"。探索农村土地承包经营权、农村民房和宅基地、林地林木以资本的方式投资、抵押、入股、转让,建立统一的城乡建设用地市场,盘活农村资源。二是建立有序的土地流转机制,探索建立土地流转中心(合作社)服务平台,鼓励土地向种田能手、种养大户集中,发展适度规模经营。三是拓宽融资渠道。鼓励组建农民资金互助组织,探索合作社内部融资管理办法。试点发展规范的民间借贷,建立按市场规则运行的金融新秩序。四是改革农业招商模式。借助渝洽会、珠洽会、西博会等省内外大型招商引资平台,深化合作,重点突出"银岳池"稻米、优质畜禽、乡村旅游等重点特色产业项目,实现农产品深加工升级和农业产业招商引资新突破,2014 年力争实现农业招商引资增速 15%以上。五是探索农业补贴新机制。合理配置资源,探索形成农业的粮食直补、良种补贴、农资综合补贴与粮食生产挂钩新机制,充分调动农民种粮积极性,确保口粮绝对安全。

(二)以农民增收为核心,大力发展优势产业。一是大力发展粮油产业。认真落实县委政府关于《大力发展稻米产业的意见》,全面加快粮油产业发展,全县粮食种植面积达 135 万亩,发展优质稻面积 10 万亩,企业订单收购优质稻 5 万吨,共建"银岳池"稻米品牌,促进"黄龙贡米""老井""岳池米粉"等品牌升级,销售"银岳池"大米 3 万吨。油料作物种植面积达 24.78 万亩,创建优质粮油品牌 5 个。二是大力发展蔬菜产业。共创共用"银特""科野"蔬菜品牌,以 5000 吨气调保鲜库、5 万吨泡菜加工厂为依托,大力推行订单种植、蔬菜储藏、深加工,全年种植优质蔬菜 63 万亩。三是大力发展现代畜牧业。以生猪、家禽、草食牲畜等优势产业为重点,积极推行种养结合、循环农业模式,发展适度规模养殖,促进现代畜牧业健康发展。四是大力发展劳务产业。积极开展农民工技能培训,有序组织农村劳动力转移就业并提升质量,着力打造劳务品牌。五是大力发展特色产业。大力发展优质血橙、蜜柚、核桃、花椒、中药材等特色产业,建成各类特色产业基地 5 万亩。六是大力发展乡村旅游产业。以石垭玉屏湖、乔家乡约园乡村旅游为重点,加快推进 30 平方公里乡村旅游产业园区建设,着力打造岳池旅游品牌。

(三)以园区建设为重点,奋力建设产业基地。一是加快推进现代农业园区建设。将石垭(大城、红庙)、大石、镇龙广南高速公路和九龙、白庙广高路沿线村组纳入现代农业园区整体打造,进一步拓展现代农业核心示范园区规模。着力加强现代农业园区管理,大力推行"两新"战略,强化规模化、设施化、科学化发展,进一步提升园区发展效益。二是加快推进优质粮油、蔬菜基地建设。以"千万工程"建设为重点,加快推进南广高速公路沿线、广高路沿线产业基地建设,新建粮经复合基地 3.5 万亩、蔬菜基地 2 万亩,优质粮油基地达 56 万亩,优质蔬菜基地达 23 万亩。三是稳步推进畜禽产业基地建设。坚持集约节约用地原则,强化规模化畜禽养殖场标准化建设,按照"种养结合、规范建设、污染可控、建管并举"的思路,合理布局标准化规模养殖场,新建标准化规模养殖场 23 个。四是奋力推进经果林基地建设。以石垭、普安、粽粑、兴隆、黄龙、秦溪等乡镇为重点,着力加强基础配套,加快推进优质血橙、核桃、花椒基地建设,新增林果产业基地 8 万亩,新建柑桔基地 3 万亩。

(四)以产村相融为路径,有序推进农民新村建设。按照"产村相融、美丽乡村、田园风光、休闲生态"的理念,大力推进农民新村建设。全年完成新(改、扩)建新村 104 个,重点抓好石垭、苟角、顾县等 4 个重点农民新村建设,打造精品新村 2 个,建幸福美丽新村 1 个。围绕农民新村点加快发展特色配套产业,新发展优质产业项目 18 个,建优质规模种植业基地 2 万亩、优质畜禽养殖场 30 个。同时,以建设"美丽岳池"为主题,大力开展农村生态建设和乡村环境整治,完成"四改三治"2 万户,治理水土流失面积 8000 亩、种植"四旁"树 200 万株,显著改善农民新村环境。

（五）以项目工作为抓手，全力夯实农业基础。一是加强项目争取。继续实施项目攻坚年活动，围绕中省农业农村投入方向和全县发展布局，着力抓好项目争取，拟新包装储备涉农项目110个，争取到位中省项目80个、资金5亿元以上。二是抓好项目管理。研究涉农项目资金使用管理办法，强化涉农项目深度整合，规范项目资金分配、拨付监管和项目实施管理，最大限度发挥项目资金的整合效益。三是抓好项目建设。开工建设回龙寺水库，全面完成回龙集中供水工程、渠江罗渡段堤防工程，着力提高抗洪减灾能力。以项目实施带动农田水利基本建设，全年新建高标准农田2.5万亩；整治山坪塘160口、渠系配套75千米；新建通村水泥路100公里、碎石泥结路100公里、机耕道250公里；新建机电提灌5处，新增有效灌面3000亩，新增农机具5000台（套），农机总动力达46.6万千瓦。

（六）以龙头培育为依托，着力提升产业化水平。一是大力培育产业龙头。以“银丰”“特驱”等龙头企业为重点，着力增强龙头企业带动能力，新培育规模以上龙头企业2户。二是大力培育新型农业经营主体。新发展规范化农民专合组织25个、家庭农场100个、种养专业大户150户、农产品运销大户35户，指导新型农业经营主体使用农副产品合同示范文本，实施合同“三解”（解码、解忧、解法），助推合同帮扶，减少涉农企业损失。着力抓好三安联合社、淦香合作社、久田合作社等重点合作社引领发展，有效提升示范效益。三是着力加快市场体系及营销网络建设。2014年全县新（改）建农贸市场2个，加速构建集产品分级、包装、储藏、加工、销售于一体的营销网络，加强农资市场及农产品质量安全监管，严肃查处农资违法案件。四是加快推进“一村一品”建设。新建“一村一品”或“多村连片一品”专业村10个。五是延伸产业链。依托优质稻、干果基地建设和100万头生猪深加工项目，加快大米、核桃、花椒深加工产业链建设和生猪全产业链建设，提高产业附加值和抗风险能力。六是创新利益联结机制。进一步完善“公司＋基地＋农户”、订单生产、“寄养”“代养”“联养”等经营模式，积极带动农民持续增收。

（七）以机制创新为带动，扎实抓好扶贫攻坚。认真落实扶贫开发纲要，以秦巴山区扶贫连片开发、整村推进扶贫项目为重点，推进基础、产业、新村、能力、和生态“五大扶贫工程”，帮助1.2万贫困群众脱贫。一是实施精准扶贫。户建卡、村造册、乡立簿、县归档，逐户制定帮扶措施，改“大水漫灌”为“精确滴灌”。二是强化社会扶贫。广泛开展干部驻村帮扶和“结对认亲、爱心帮扶”活动，激发全社会扶贫帮困的积极性。三是健全考核体系。逐步加大减贫、增收、生态建设、公共服务等方面的考核权重，建立适应新形势下的扶贫考核体系。着力加强扶贫资金项目监督管理，用活用好项目资金，确保项目发挥最大效益。

（八）以政策惠民为目标，加快推进农村社会事业。一是抓好农村社会事业。发展农村文化卫生事业，健全农村三级卫生服务网络，完善大病救助和新农合保险制度，新农合参合率保持在98%以上。实施农村广播村村响200个行政村，完成电视户户通2000户，新建乡镇、村（社区）文体设施30个。落实新型农村养老保险政策，逐步建立城乡一体的养老保险制度。二是继续坚持计划生育国策不动摇。切实规范社会抚养费征管秩序，稳步提升计生优质服务能力。三是全面落实惠农政策。及时兑付各项惠农强农富农政策，促进农民增收。

（九）以政府投入为促进，切实加强“三农”工作保障。一是加大投入力度。建立政府投入稳定增长的长效机制，鼓励社会、个体投入农村公益事业，探索以政府投入为引领，社会资本、工商资本共同投入“三农”的有效方式。力争财政投入“三农”达到5.7亿元，信贷支农投入达到3.3亿元，社会资本投入达到6亿元，分别比上年增长10%以上。二是加大科技应用力度。全年引进新品种10个、新技术5项，新创农产品知名商标3个、著名品牌1个。三是加强农村基层组织建设。探索建立以党组织为核心，农村合作经济组织、村民自治组织和村党组织“三位一体”的农村基层组织，发展壮大农村集体经济，强化农村社会管理，维护农民群众合法权益，保障农村社会公共安全，确保农村社会稳定。

中共岳池县委　岳池县人民政府
关于创建“无信访乡镇、无信访村（社区）”的
实施意见

岳委发〔2014〕11号　2014年4月1日

为进一步夯实信访工作基层基础，提高基层信访工作水平，确保“无信访乡镇、无信访村（社区）”创建工作扎实有效推进，根据《中共岳池县委岳池县人民政府关于加强和改进群众工作方法解决信访突出问题的意见》（岳委〔2014〕22号）精神，现提出如下实施意见。

一、指导思想

以邓小平理论、“三个代表”重要思想和科学发展观为指导，深入贯彻落实党的十八大和十八届三中全会精神，紧紧围绕全县“保增长、保民生、保稳定”工作大局，紧密结合党的群众路线教育实践活动，进一步畅通信访渠道，维护群众权益，促进社会和谐，努力形成信访问题依法按政策及时就地解决、群众信访依法有序的良好局面，为“四县”建设创造更加和谐稳定的社会环境。

二、创建目标

从2014年起，在全县开展“无信访乡镇、无信访村（社区）”创建活动。以“五个注重”（注重源头预防，从根本上减少社会矛盾；注重“事要解决”，切实维护群众合法权益；注重机制制度创新，提升整体水平；注重方式方法，依法妥善处置群体性事件和非正常上访；注重强化责任，确保工作落到实处）为原则，以“五个提高”（提高初信初访处理率，提高案件办结率，提高积案化解率，提高上访老户稳控率，提高重要信息上报率）为重点，以“五个落实”（落实组织机构，落实办公地点，落实规章制度，落实工作人员，落实工作经费）为保障，以“五个确保”（确保无进京赴省到市越级上访，确保无历史遗留信访积案，确保无信访群体恶性事件，确保无到中省市县集访，确保无中省挂牌督办信访投诉件）为标准，力争实现“一控制一下降一提高”（进京上访有效控制、信访总量明显下降、群众满意度逐步提高）的工作目标。

三、工作措施

（一）强化工作责任。各乡镇党政主要领导是本单位信访工作的第一责任人，对本单位信访工作负总责；分管信访工作的领导对本单位信访工作负具体责任，其他班子成员负责抓好所分管领域（地域）的信访工作。各村（社区）党支部书记是本辖区信访工作的第一责任人，对本辖区信访工作负直接责任。由县级机关管理的驻乡镇（片区）派出机构，要根据信访工作需要，切实配合乡镇，指导村（社区）做好信访工作，履行信访职责；由县级机关和乡镇共同管理的驻乡镇（片区）派出机构，按《岳池县信访工作奖惩办法》（岳委办〔2014〕24号）相关规定履行信访职责。从而形成一级抓一级、一级对一级负责的信访工作责任体系。各乡镇要指导和督促辖区内各村（社区）建立矛盾纠纷调处小组，配齐配强专（兼）职工作人员，扎实有效做好信访工作，确保实现“小事不出村（社区），大事不出乡镇”。

（二）深入排查纠纷。各乡镇要对近年来本辖区群众越级上访情况以及具有上访倾向人员的相关情况进行调查摸底，准确掌握群众到各级上访的具体情况，对至今仍未息诉息访的案件要及时上报县委群工局。要坚持全面排查和重点排查相结合的原则，结合乡镇工作实际及群众信访热点、难点问题，对辖区内的矛盾纠纷和不稳定因素开展经常性排查，全面掌握重点村（社区）、重点村（居）民小组、重点人员的基本情况，不留死角和盲点；对敏感时期及重大节会期间可能越级上访的重点人员，要进行重点排查，做到底数清、情况明、控得住。

（三）注重初信初访。各乡镇要高度重视群众来信来访尤其是初信初访，把群众来信、网上信访（包括人民网地方领导留言版面，省长、市长、县长信箱，12345 热线电话，电子邮件等）纳入办理范围。健全完善来信受理、办理工作程序，落实办信工作责任制，健全呈送领导阅批包案制度、信访事项受理告知办理回复制度、反馈回执制度、定期分析报告制度、抽查回访制度、复查复核制度。各乡镇要结合排查出的苗头性、倾向性、突出性初信初访问题，逐件按原因、时间、地点、单位、涉及人数、重点人员、事态发展、调处情况等要素登记建档、建立台账，区别不同情况，实施分类化解。对群体性、敏感性初信初访，各乡镇要及时向县委群工局报告，由县委群工局汇总整理以《信访专报》形式报告县委县政府主要领导及分管领导，经领导审批后进行交办处理。各乡镇党政主要领导对初信初访要亲自过问，亲自签批，亲自部署、亲自督办，指派专人专班化解，确保初信初访及时办结并息访息诉。要充分发挥信访、维稳、综治、民政、司法、工会、共青团、妇联等职能部门和社会团体的作用，综合运用政策、法律、经济、行政等手段和教育疏导、协商调解、听证会诊等办法，努力提高初信初访的办结率、化解率，着力把可能引发信访突出问题及群体性事件的苗头隐患消除在萌芽状态，把矛盾化解在基层，把问题解决在当地。

（四）全力化解积案。各乡镇要按照岳委〔2014〕22 号文件要求，对辖区内正在办理或已经办结但尚未息诉息访的重信重访案件进行认真分析，采取领导包案、一案一策、分类化解等办法和信访听证、辩法析理、公众评议等方式，严格实行挂牌督办和销号制度。逐件落实责任单位和责任人并进行交办，逐件明确化解要求和时限。对重大重信重访、信访积案难案和信访老户问题，采取“一件案子、一名领导、一套班子、一个方案、一抓到底”专案专办的办法全力化解。

（五）畅通信息渠道。各乡镇要认真做好群众来信来访工作，采取领导开门接访、主动下访及深入群众走访等方式，进一步畅通民意诉求表达渠道，完善信息协调沟通机制，多渠道、全方位地发掘掌握重点人员、高危对象和不稳定群体的内幕性、苗头性、行动性情报信息，加强预警预测，做到未动先知、超前防范、妥善处理。同时，要及时将辖区内信访事件的预警、处置、化解、稳控等工作情况书面报送至县委群工局。

（六）强化风险评估。各乡镇要建立常态化的信访稳定评估机制，将信访稳定风险评估作为重大决策、重点项目、重大改革的前置程序，每月对信访形势进行一次分析研判和风险评估，对群众信访及工作落实情况进行每月一通报，敏感时期每天一研判、一上报，第一时间发布风险预警信息，防止出现“政策一出台、矛盾跟着来”“一边施政、一边制造矛盾”的问题。

（七）妥处集访非访。要主动、全面收集掌握群体动态信息，发现集访行为，及时启动应急预案，并在接到上级信访工作机构或有关领导的通知后，迅速有效开展工作，做到矛盾不激化、人员不滞留、事态不失控，及时控制和处置上访事件。同时，要积极引导辖区内上访群众依法理性表达诉求，对缠访闹访和“非访”行为要加强法制教育，对以上访为名制造事端、煽动闹事的，要及时收集固定证据，积极配合公安机关依法予以打击。特别是对涉法涉诉信访的，要严格按照《中共中央办公厅、国务院办公厅关于依法处理涉法涉诉信访问题的意见》精神，引导信访问题在法治轨道内解决。

（八）健全工作机制。各乡镇要进一步规范、理顺信访工作机制，完善工作机构，充分整合司法、综治、人民调解等资源，积极调动村（社区）党支部、村（居）委会、村（居）民小组等力量，形成横向到边、纵向到底的矛盾纠纷调处网络体系。各乡镇要完善便民服务中心，村（社区）要建立信访便民接待站，村（居）民小组要配备信访接待员，实行村（居）民小组日排查日报告、村（社区）周排查周报告、乡镇月排查月报告制度，努力实现群众诉求无障碍。各乡镇对法律和政策有明确规定，能够解决的问题，要迅速落实责任单位和责任人限期解决；对情况复杂、短期内难以解决的问题，要耐心地给群众做好解释工作，并落实好稳控措施，防止出现越级上访。

（九）强化督查指导。由县信访联席会议办公室（以下简称县信联办）牵头，县信访联席会议成员单位（以下简称县信联成员单位）、县委县政府督查办、县绩效办参与，由各单位主要领导带队，抽调熟悉信访维稳工作的人员深入基层，对各乡镇、各村（社区）信访维稳工作进行督促指导，及时总结成功经验，帮助解决存在的问题。对工作薄弱、问题较多的乡镇、村（社区），成立专门工作组，对其进行面对面、点对点的重点督促指导。

（十）建立长效机制。各乡镇、各村（社区）要以创建活动为抓手，不断深化对基层信访工作规律的认识，针对基层信访工作的重点、难点问题，研究制定符合实际、切实可行的解决办法和推进措施；持续深入开展初信初访、重信重访、集访非访处置等工作；充分发掘和调动一切积极因素，积极营造良好的舆论氛围，对一些切实可行且成效明显的办法和措施，要及时总结经验，进行全面推广，促进基层信访工作健康发展。

四、组织保障

（一）强化组织领导。各乡镇要成立以党委书记任组长，乡镇长及分管信访维稳工作的领导任副组长，相关职能部门负责人、各村（社区）党支部书记和主任为成员的创建工作领导小组。并设立领导小组办公室，负责日常事务处理。同时，各乡镇要加强对本辖区各村（社区）创建工作的指导和督促，确保创建工作落到实处、取得实效。

（二）转变工作作风。各乡镇要按照中、省、市、县关于开展党的群众路线教育实践活动的要求，按照“走基层、解难题、办实事、惠民生”和“将心比心换位体验，转变作风提升效能”等活动的要求，践行群众观点，落实党的群众路线方针，切实转变工作作风，为民务实清廉，以优良的作风、形象取信于民，密切党群、干群关系，从根本上降低信访总量。

（三）加强自身建设。各乡镇要选派政治素质过硬、政策水平高、群众工作经验丰富、协调处置能力强的同志充实到信访工作岗位，并定期不定期组织教育培训，提升基层信访工作队伍整体素质。信访工作人员要强化“把群众的来信当家书、群众的事当家事、来访的群众当家人”的理念，热情服务，规范办理，为党分忧，为民解难；同时要加强政治理论、法律法规等知识的学习掌握，灵活方式方法，提升调解能力。

五、考评奖惩

年底，由县信联办按照创建目标要求，牵头组织对各乡镇、各村（社区）创建工作进行考核考评。对达到创建标准的乡镇和村（社区），由考核组提出建议，经县联席会议研究评定，报县委、县政府审定后，以县委、县政府的名义进行表彰，颁发奖牌和奖金，并对已创建成功的无信访乡镇、村（社区）实行动态管理，一年一评定。对创建工作开展不力尤其是信访问题突出的乡镇，将严格按照岳委办〔2014〕24 号的规定逗硬惩处。

中共岳池县委　岳池县人民政府 关于2014年工业工作的意见

岳委发〔2014〕12号　2014年4月1日

2014年,是全面贯彻落实党的十八大和十八届三中全会精神的开局之年,也是再造一个岳池工业、打造四川省医药产业强县的关键之年。为转变我县工业经济发展方式,促进工业又好又快发展,现就2014年工业工作提出如下意见。

一、指导思想

以党的十八大和十八届三中全会精神为统领,以纪念邓小平同志诞辰110周年为契机,坚持"工业主导、两化互动、产城一体"发展理念,突出"园区配套、产业提升、项目推进、企业培育、投资促进"五大重点,强化科技创新和节能降耗,加快工业化、信息化融合,着力解决制约工业发展的瓶颈问题,促进工业结构转型和产业升级,努力构建工业经济多点多极支撑发展新格局。

二、总体目标

2014年全县工业工作总体目标是:规上工业实现总产值187亿元以上、同比增长18%以上,增加值增长12%、力争达到13%;新增规上企业10户以上、亿元产值企业7户以上;万元工业增加值综合能耗控制在省市下达目标之内;确保不发生重特大安全生产事故。

三、工作重点

(一)夯实园区基础,增强发展承载能力。

加大财政对工业园区基础设施的投入,努力将岳池城南经济技术开发区(以下简称城南经开区)和罗渡高新技术产业开发区(以下简称罗渡高新区)打造成省级示范园区,力争培育成全省"51025"重点产业园区。力争全年新拓展园区面积10平方公里以上,新增园区建成面积1.5平方公里以上,新建标准化厂房30万平方米以上,新入驻投资亿元以上工业项目20个以上。

1. 加快推进道路建设。全面完成城南经开区科伦周边烂路整治、火盆山路延伸段、玉竹路延伸段、滨河路道路和科创路过河桥等工程。城南经开区新增10平方公里骨架道路、罗渡高新区高新大道2014年6月底前要形成道路雏形,12月底前全部建成。

2. 加快完善功能配套。6月底前,完成城南经开区金融中心、展示厅、标志性牌坊、商贸服务中心建设,建成医药污水处理厂及100亩垂直流人工湿地公园并投入使用。督促天然气分布式能源、朝阳35KV变电站等项目加快启动,力争12月底前建成并投入试运营。同步推进城南经开区和罗渡高新区新增骨架道路配套管网、绿化、亮化等工程建设,加强园区治安管理及环境治理,安装公安联网摄像头,实现园区监控全覆盖。

3. 加快征地拆迁安置。4月底前,完成城南经开区新增10平方公里骨架道路沿线,九龙镇白塔村8组和9组、新平桥社区5组和6组(科创和大米厂两侧)拆迁安置补偿工作;石垭建材产业园石平社区8组及双河口村1组;罗渡高新区新增695亩土地及高新大道沿线征地拆迁安置补偿工作。6月底前完成城南经开区310亩土地拆迁安置补偿工作;抓紧安置房选址和建设工作。

(二)调优产业结构,扩大项目投资规模。

狠抓项目投资拉动,着力推进一批项目开工、投产,一批项目加快建设。瞄准国家产业扶持政策,筛选包装一批技改扩能、技术创新、节能改造、污染治理等重大工业项目和园区项目,助推产业园区提档升级。力争全年完成工业固定资产投资35亿元以上,17个市列重大工业项目完成投资20亿元以上、技改投资完成23亿元以上,三大主导产业实现总产值100亿元以上、同比增长12%以上，争取中、省、市项目资金1000万元以上。

1. 突出发展医药产业。力争全年医药产业实现产值25亿元以上、税收1.8亿元以上。加快医药项目建设。力争6月底前，印度阿拉宾度、普锐特气雾剂和喷雾剂、宏益制药、龙舵制药等重大项目开工建设，美泰包材、爱赛特医疗器械、五星金方、道福堂、仁安药业一期、科创空心胶囊等项目竣工投产；9月底前，正全药业、多丰药业、特凌制冷等项目竣工投产；12月底前，科创厂房扩建、光电科技产业园等项目竣工投产，全面提升产业集群竞争力。大力实施创新驱动发展战略。鼓励企业建设医药技术研发中心，研究开发自主知识产权产品，提升产业综合竞争力。积极向上争取。加大向中、省、市食品药品监管部门的争取力度，努力在品种转移、备案、GMP认证等方面得到政策支持，打造省级药用辅料药用包装材料标准化规范化生产示范基地。大力发展中药材种植。精选中药材种苗，力争全年新增中药材种植面积5万亩以上。

2. 加快发展机电产业。力争全年机电产业实现产值15亿元以上。以罗渡高新区为核心，努力引进高新技术产业项目，着力打造岳池副中心、广安南组团、川渝桥头堡，确保6月底前入驻项目2个以上，12月底前入驻项目10个以上。支持现有机电企业加大技改创新力度，督促在建项目加快建设，4月底前，电梯整梯、广力汽配生产项目开工建设，精工机械坦克自动引擎技改项目、摩托车轮辋等项目竣工投产。

3. 积极发展食品酒类产业。着力推动产业升级，力争全年食品酒类产业实现产值60亿元以上。鼓励食品酒类企业、农产品加工企业通过技改扩能、产品创新、品牌打造等手段提高产品附加值和市场竞争力，帮扶岳池特曲、银丰食品等老牌食品加工企业，从产品代加工向自主研发转变，从薄利产品输出到品牌创建营销转变，不断开拓产品市场。力争6月底前，玖华大米厂、100万头生猪屠宰深加工项目开工建设。

（三）加强培育引导，增强企业发展活力。

以培育规上企业为重点，积极引导支持企业加强管理，提升企业竞争力。力争新增规上企业10户以上、小微企业205户以上、亿元产值企业7户以上，注册工业商标20件以上。

1. 培育龙头企业。深入实施大企业大集团培育计划，积极引导科创凯瑞集团、仁安药业、普锐特药业等企业延伸产业链条，建立现代企业制度，实施品牌战略，全年力争发展上市辅导企业2户以上。引导同行业企业按照现代企业制度实施兼并重组计划，提升企业和产业的整体市场竞争能力和抗风险能力，促进企业做大做强。

2. 培育规上企业。尽早筛选培育对象，细化培育目标和责任，实施重点帮扶，督促新建企业完善证照办理，帮助正常运行的规下企业扩大规模、规范统计制度，协助在建企业完善证照、手续，精心组织申报，加大向上争取汇报力度，确保全面完成规上企业培育任务。

3. 培育小微企业。认真研究制定支持小微企业发展的办法，严格落实小微企业发展优惠政策，及时兑现新增小微企业奖励。各乡镇和部门要对照目标任务，充分调动广大群众创业积极性，推动小微企业集聚发展。

4. 培育企业品牌。积极为企业争创“三名”商标，支持现有名牌产品进一步做大做强；积极为企业申报名优特产品、示范企业等荣誉；组织企业参加渝洽会、西博会等重大节会，帮助企业做好产品、项目的包装宣传，打造岳池工业名片。

（四）强化投资促进，提高对外开放水平。

深入开展“全民招商引资”活动，强化全民招商、领导招商、以商招商、驻点招商，力争引进投资亿元以上工业项目20个以上、到位资金60亿元。

1. 强化全民招商。完善全民招商新机制，建立岳池知名乡友信息库，充分调动各乡镇、部门及社会各界力量，积极收集招商信息，纵深推进“全民招商”活动，进一步掀起大招商、招大商的热潮。

2. 强化产业招商。坚持“招主业、引集群，招龙头、引链条”思路，围绕医药、机电等主导产业，重点承接优势产业转移，着力引进产业带动能力强、产品附加值高、税收贡献大的医药和机电项目，延伸主导产业链条，提升产业链条集聚能力，促进产业集群发展。

3. 强化驻点招商。充分发挥驻外投资促进分局作用，选派精兵强将，奔赴成渝、沿海等重点区域，广泛收集招商信息，积极与企业搞好对接，努力提升驻外招商实效。

4. 强化活动招商。积极参加渝洽会、西博会等节会重大招商活动，突出感恩主题，精心举办自主招商活动，广泛宣传推介岳池投资环境，以签约重大项目向邓小平同志诞辰110周年献礼，提升岳池发展内动力，扩大岳池对外影响力。

（五）破解要素制约，优化工业发展环境。

加强工业经济运行监测预警，破解能源瓶颈制约，抓好企业安全生产，保障企业正常生产、项目顺利建设。

1. 加强要素保障。加大工业用地报征力度，力争新报征工业用地2000亩以上；加强能源调度监管，保证工业生产和项目建设的用水、用电、用气、用煤、用油安全；积极搭建融资平台，引导金融机构支持地方工业经济发展，力争新增工业融资贷款1亿元以上。

2. 狠抓运行监管。抓好节能降耗工作，全面推进节能减排，指导和督促重点用能企业加大节能改造力度，落实节能措施，提高节能水平；继续加大对企业节能改造项目资金的争取力度，推进资源和工业“三废”综合利用，加快淘汰落后产能，实现清洁、节能生产。落实企业减负，组织涉企部门研究制定涉企年度检查计划；发挥好企业减负监督员作用，组织开展好日常监督工作；县减负办要会同县纠风办、县委县政府督查办加强对企业减负工作落实情况的督促检查。

3. 强化服务管理。各乡镇、各部门要加强对所辖企业的监管，督促企业落实安全建设生产各项规章制度，杜绝重大及以上事故的发生。要加强效能建设，为企业提供优质、高效的服务，县工业园区管委会、罗渡高新区管委会要积极协调县住房城乡规划建设局、县公安局、县人力资源社会保障局、县城管局、县工商局、县国税局、县地税局等涉企服务管理单位，做好相关服务工作的统筹，将“一站式”“保姆式”服务落到实处。

四、工作要求

（一）加强组织领导。继续实行县级领导和部门定点联系重大工业项目、重点企业制度，快速推进项目建设。县工业工作领导小组作为全县工业工作的领导机构，要及时研究工业工作发展面临的新形势和妥善解决存在的新问题。县工业工作领导小组办公室（以下简称县工领办）要充分发挥好统筹协调作用，加强工作督办、工作通报等日常工作。各乡镇、各部门要通力协作，全力配合，共同推动全县工业经济又好又快发展。

（二）细化目标责任。加强涉工乡镇、部门绩效目标中工业工作的权重。相关乡镇和部门要对照目标，把任务细化到具体领导、具体责任人、具体时间节点，定期分析研究，定期督促检查，确保县委、县政府各项安排落实到位，各项目标任务全面完成。

（三）营造发展氛围。各乡镇、各部门要充分发挥舆论宣传鼓舞斗志、凝聚力量、增强共识的积极作用，广泛宣传县委、县政府加快工业强县的决策部署和实际行动，总结提炼各乡镇、各部门大抓工业、抓大工业的经验做法，努力为全县工业经济健康发展营造良好的舆论环境。

（四）严格考核奖惩。县委县政府督查办、县绩效办、县工领办要加大对责任单位工作的督查力度，实行动态监管、每月定期通报。县委、县政府对各责任单位实施严格的考核奖惩，对发展好、综合排位靠前和支持工业发展成效突出的单位及个人予以奖励，对消极懈怠、不作为、工作推动缓慢的单位及个人予以通报批评。

中共岳池县委
关于全面深化改革工作的实施意见

岳委发〔2014〕14 号　2014 年 10 月 22 日

为深入贯彻落实党的十八届三中全会、省委十届四次全会和市委四届七次全会精神，按照《中共中央关于全面深化改革若干重大问题的决定》《中共四川省委关于贯彻落实党的十八届三中全会精神全面深化改革的决定》和《中共广安市委关于全面深化改革加快县域经济跨越发展的决定》的总体部署和要求，结合岳池实际，特制定本意见。

一、指导思想

高举中国特色社会主义伟大旗帜，以马克思列宁主义、毛泽东思想、邓小平理论、“三个代表”重要思想、科学发展观为指导，贯彻落实习近平系列讲话精神，坚持社会主义市场经济改革方向，以促进社会公平正义、增进人民福祉为出发点和落脚点，进一步解放思想、解放和发展社会生产力、解放和增强社会活力，统筹推进“五位一体”改革和党的建设制度改革，坚决破除各方面体制机制弊端，为推进“两个跨越”和岳池经济社会科学发展、加快发展提供强大动力。

二、总体目标

按照“完善和发展中国特色社会主义制度，推进国家治理体系和治理能力现代化”的总目标，探索符合岳池实际的改革开放之路。加快创新驱动、转型升级步伐，努力使经济发展更有活力、更有效益、更有质量；规范权力运行，发展人民民主，把各项事业全面纳入法治化轨道；培育和践行社会主义核心价值观，充分激发文化创造活力，推动文化大发展大繁荣，提升文化软实力；更好保障和改善民生、促进社会公平正义，让发展成果更多更公平惠及全县人民；不断提高科学执政、民主执政、依法执政水平，永葆党的先进性和纯洁性，把全县各级党组织和党员干部队伍建设得更加坚强有力。到 2020 年，形成系统完备、科学规范、运行有效的制度体系。

三、基本原则

——解放思想、先行先试原则。解放思想是全面深化改革的前提。要发扬敢为天下先的精神，勇于自我革新，跳出条条框框，大胆试大胆闯，在实践中不断探索改革的新路子。

——简政放权、松绑减负原则。最大限度的为乡镇、企业等放权，激发基层、企业活力。同时注重放管结合，重视配套措施的落实，增强改革的配套性、协同性、实效性。

——改善民生、让利于民原则。以改善民生作为全面深化改革的出发点和落脚点，深化教育、就业、社会保障、医疗卫生和居住环境等方面的改革，倡导社会公平正义，让改革红利最大限度惠及于民。

——强基固本、凝心聚力原则。结合党的群众路线教育实践活动，创新工作思路，着力统一思想、队伍建设、能力提升，建强战斗堡垒，凝聚全面深化改革的强大合力。

四、组织领导

成立中共岳池县委全面深化改革领导小组，由县委书记李永平任组长，县委副书记、县长汤才勇，县人大常委会党组书记、主任张永辉，县政协党组书记、主席曾邦才，县委副书记张艳萍、李国生任副组长，县委常委、副县长欧彦，县委常委、政法委书记谢帮勇，县委常委、县纪委书记李廷远，县委常委、组织部部长廖和民，县委常委、宣传部部长陈莉，县委常委、副县长张学谦，县委常委、人武部部长付全林，县委常委、总工会主席钟爱平，县政府副县长任仕金、姚长琼、汪勇、胡成毅、杜宇、王雪飞为成员，负责全县改革总体设计、统筹协调、整体推进和督促落实。领导小组下设办公室及15个专项工作组。

(一)深化改革领导小组办公室

主　任：县委副书记　张艳萍

常务副主任：县委常委、副县长　欧　彦

专职副主任：县发展改革局党组成员、纪检组长　谢春燕

工作职责：负责领导小组日常工作；负责及时传达贯彻中省市县全面深化改革总体要求和安排部署；负责组织召开全县全面深化改革工作领导小组工作会、协调会；负责收集、审核、汇总各专项小组工作方案；负责对各专项工作小组的统筹、协调、督促、检查、推动；负责领导小组的资料管理、动态信息收集、整理、上报等工作；负责完成县委和领导小组交办的其他事项。

(二)绩效考核激励机制改革工作组

组　长：县委副书记　张艳萍

副组长：县委常委、副县长　欧　彦

责任单位：县绩效办

工作职责：负责制定《岳池县绩效考核激励实施方案》，充分调动各级党员干部干事创业热情。

(三)商贸服务业改革工作组

组　长：县委副书记　张艳萍

副组长：县政府副县长　汪　勇

责任单位：县商务局、县贸促会、县旅游局

工作职责：负责制定《岳池县商贸及现代服务业综合改革实施方案》，健全市场体系，培育壮大旅游业，积极发展总部经济，加快发展现代物流业，打造川东北商贸重镇。

(四)农村产权制度改革工作组

组　长：县委副书记　李国生

副组长：县政府副县长　姚长琼

责任单位：县委农工委、县农业局、县农机局、县林业局、县国土资源局、县畜牧局、县水务局、县旅游局

工作职责：负责制定《岳池县农村产权制度改革实施方案》，大力发展现代农业，做好农旅结合文章，深化农村产权改革，增加农民收入。

(五)行政审批制度改革工作组

组　长：县委常委、副县长　欧　彦

责任单位：县法制办、县政务服务中心

工作职责：负责制定《岳池县深化行政审批制度改革实施方案》，指导相关单位规范行政审批事项，建立健全相关制度。

(六)财税金融体制改革工作组

组　长：县委常委、副县长　欧　彦

责任单位：县财政局、县金融办、县国税局、县地税局

工作职责：负责制定《岳池县财税金融体制改革实施方案》，明确财税金融改革目标和重点，着力为县域经济发展提供财力保障和金融服务。

(七)招投标制度改革工作组

组　长：县委常委、副县长　欧　彦

责任单位：县发展改革局、县公共资源交易中心

工作职责：负责制定《岳池县招投标制度改革实施方案》，指导各单位做好招投标相关准备工作。

(八)社会保障体制改革工作组

组　长：县委常委、副县长　欧　彦

责任单位：县人力资源社会保障局、县民政局、县卫生局

工作职责：负责制定《岳池县深化社会保障体制改革实施方案》，创新就业创业激励政策和扶持政策，进一步扩大社会保障覆盖面，提高社会保障质量。

(九)预防和化解社会矛盾机制改革工作组

组　长：县委常委、政法委书记　谢帮勇

副组长：县政府副县长、公安局局长　胡成毅

责任单位：县委政法委、县公安局、县委群工局、县司法局，县大调解中心

工作职责：负责制定《岳池县创新有效预防和化解社会矛盾机制实施方案》，健全社会稳定风险评估机制，及时就地解决群众合理诉求，全力维护

社会稳定。

（十）纪律法制保障机制改革工作组

组 长：县委常委、纪委书记 李廷远

责任单位：县纪委、县监察局、县检察院

工作职责：负责制定《岳池县深化纪律法制保障机制改革实施方案》，加大执纪执法机关监督检查力度，竭力为全县深化改革工作保驾护航。

（十一）推进领导班子和干部队伍建设改革工作组

组 长：县委常委、组织部部长 廖和民

责任单位：县委组织部、县人才办

工作职责：负责制定《岳池县深化领导班子和干部队伍建设改革实施方案》，创新干部选拔任用方式，改进和完善政绩考核制度，建立聚集人才的体制机制，广纳社会贤才，着力打造一支素质过硬的干部队伍。

（十二）教育领域综合改革工作组

组 长：县委常委、宣传部部长 陈 莉

副组长：县政府副县长 任仕金

责任单位：县教育局

工作职责：负责制定《岳池县教育领域综合改革实施方案》，提升教育教学质量，办人民满意教育。

（十三）医疗卫生体制改革工作组

组 长：县委常委、宣传部部长 陈 莉

副组长：县政府副县长 任仕金

责任单位：县卫生局、县人口计生局

工作职责：负责制定《岳池县深化医疗卫生体制改革实施方案》，指导全县医疗卫生机构加快完成相关改革工作。

（十四）工业转型升级工作组

组 长：县委常委、副县长 张学谦

副组长：县政府副县长 杜 宇、王雪飞

责任单位：县经济和信息化局、县经开区管委会、县投资促进局、罗渡高新区

工作职责：负责制定《岳池县加快工业转型升级实施方案》，大力发展生物医药产业，支持发展小微企业，创新园区管理发展机制，推动我县向全省医药产业强县迈进。

（十五）规范城乡用地改革工作组

组 长：县委常委、总工会主席 钟爱平

副组长：县政府副县长 汪 勇

责任单位：县国土资源局、县住房城乡规划建设局

工作职责：负责制定《岳池县规范城乡用地改革实施方案》，统筹全县土地利用总体规划编制、修改、调整，深化城乡建设用地增减挂钩试点，建立高效土地利用机制。

（十六）加快推进新型城镇化改革工作组

组 长：县委常委、总工会主席 钟爱平

副组长：县政府副县长 汪 勇

责任单位：县国土资源局、县住房城乡规划建设局、县公安局

工作职责：负责制定《岳池县加快推进新型城镇化实施方案》，加快户籍制度改革，大力实施城镇危旧房和棚户区改造，建设“幸福美好家园”，推进以人为核心的新型城镇化进程。

五、工作要求

（一）强化领导。各工作组要充分认识全面深化改革工作的重要性，主动作为，增强改革意识。要把改革工作作为当前的一项重点工作，加强组织领导，明确责任分工，认真抓好落实。

（二）统筹推进。各工作组要结合各自实际，细化分解深化改革工作方案的目标任务、任务分工和工作要求，深入调研，科学制定改革实施方案，并于 11 月 20 日之前报县改革领导小组办公室。

（三）广泛宣传。各工作组要做好公众咨询，广泛征集公众意见和建议，形成政府主导、公众参与的良好互动局面。县委宣传部要加强对深化改革工作进展的宣传报道，做到人人知晓、人人参与，凝聚深化改革发展的正能量。

岳池县人民政府
关于加快推进旅游产业发展的实施意见

岳府发〔2014〕7 号　2014 年 3 月 28 日

为深入贯彻落实《广安市人民政府关于加快建设旅游经济强市的实施意见》(广安府发〔2013〕33 号)精神,加快推进岳池旅游产业健康发展,现提出如下实施意见。

一、总体要求

(一)工作思路。

以邓小平同志诞辰 110 周年、川渝合作示范区建设为契机,围绕广安市旅游发展迈入全省第二方阵总体目标,贯彻落实全市旅游多点多极发展战略,坚持政府推动、市场主导、产业融合,以“一园三带”(一园:乡村旅游产业园;三带:采摘体验带、特色旅游带、休闲度假带)建设为中心,重点加快乡村旅游产业园发展,推进“三带”内景区建设,规划发展城市旅游,通过健全旅游发展机制,着力旅游资源开发、旅游市场主体和产品培育,提升旅游服务质量,促进旅游业全面快速发展。

(二)发展目标。

到 2017 年,全县旅游收入达到 50 亿元,培育国家 4A 级景区 1 个,3A 级景区 1 个,乡村旅游示范点 1 个,三星级及以上农家乐 5 家,星级饭店 2 家,旅行社 1 家。

二、主要任务

(一)推进项目建设,打造旅游精品。

1. 推进乡村旅游产业园区建设。聘请专业机构科学编制乡村旅游产业园区发展规划,依托现有采摘体验带、特色旅游带、休闲度假带 3 个乡村旅游带,深入挖掘乡村旅游的潜力和内涵。尽早打通园区骨架道路,加快推进玉屏湖等景区建设,提档升级一批农家乐,引进有实力的项目业主积极发展乡村旅游,着力打造石垭玉屏湖——乔家乡约园——花园农家乐乡村旅游环线,使之成为广安精品旅游线路的重要节点。

2. 加快重点旅游项目建设。坚持以项目促旅游、以旅游带项目的发展思路。加快玉屏湖景区建设,力争 2014 年完成景区环湖核心区建设,配备旅游基础设施,形成初步接待能力;到 2017 年,完成景区全部景点打造,成功创建为国家 4A 级景区、乡村旅游示范点。加快乔家现代农业观光园、金果生态园建设,力争到 2017 年成功创建国家 3A 级景区。推进顾县古镇、姜山寺、桃花沟等旅游资源开发,力争 2017 年形成初步接待能力。

(二)推动产业融合,增强发展后劲。

1. 打造城市旅游综合体。坚持城旅一体化发展,把旅游发展全方位融入城市整体发展的综合布局,在城市规划、建设和管理中统筹考虑旅游功能,彰显旅游特色。充分挖掘农家文化和曲艺文化资源,打造餐饮、娱乐、购物等特色旅游功能街区。依托景区发展,实施石垭镇、顾县镇的重点旅游城镇景观化与标识化工程。

2. 大力发展乡村旅游。注重与农业产业化发展、新农村建设等工作的有机衔接、相互协调、相互促进,统筹推进乡村旅游发展。根据我县农村产业布局特点、农家文化资源,以新农村建设为契机,发展高品位、有特色的乡村旅游。将乔家镇现代农业示范基地、玉屏湖新村等打造成旅游发展与富农增收的样板景区。到 2017 年,打造 2—3 户规模大、区位优的新农村综合体并创建成 3A 级以上景区,带动全县乡村旅游发展。

3. 积极开发文化旅游。深度挖掘岳池农家文化和曲艺文化资源,打造“既有魅力又具活力”兼具旅游、文化品位的复合型文化旅游产品,精心筹办“岳池杯”中国曲艺之乡曲艺大赛等国内一流曲艺赛事,把岳池农家文化旅游节办成西南一流、全国知名的地方节会,吸引游客“住农家、赏曲艺”。

4. 注重旅游与商贸产品的开发。发挥我县名优特产品较多的优势，延伸旅游产业发展链条。商务、科技等部门主动加强引导，依托顾县豆干、赛龙黑花生、莲桥米粉、特色水果等土特农产品，着重开发旅游小食品、特色果品系列；依托川北灯戏、苟角竹编、川东民俗特色文化资源、乌木资源等，侧重开发旅游工艺美术品、纪念品等，将我县特色商品推向旅游市场。

（三）优化旅游环境，提升服务水平。

1. 加强旅游基础设施建设。因地制宜加快乡村旅游产业园区路网规划建设，配套完善景区及周边基础设施。加强县城风貌、卫生综合治理和城市精神文明建设，充分挖掘农家文化和曲艺文化资源，新建一批特色街区、主题广场和主题公园，提升城市整体形象。加快发展星级饭店，将天羿酒店、豪庭假日酒店等建成三星级以上饭店，改造升级一批经济型酒店，倡导发展主题酒店、特色酒店，提升现有服务能力和水平。

2. 提升旅游服务质量。深入贯彻实施《旅游法》，建立旅游执法队，开展旅游市场专项整治，加强对旅行社、景区景点和宾馆饭店的管理；健全行业管理制度，积极推进旅游市场管理法制化、规范化建设，加强旅游安全应急管理，努力营造优质、文明、安全、有序的旅游市场环境，有效提升旅游服务质量，不断提高游客满意度。

（四）加强宣传营销，拓展客源市场。

1. 主动营销。积极筹办曲艺大赛和农家文化旅游节等活动。策划开展乔家草莓采摘、镇龙葡萄采摘等活动吸引游客。在县内重要交通干线、城市出入口和公共场所设置旅游形象宣传公益广告、旅游宣传栏、旅游导向标识等营造浓厚旅游氛围。创作、拍摄岳池旅游宣传片，建设完善岳池旅游网站，鼓励涉旅企业在“四季七节”推出优惠活动等加强营销，吸引多方游客，提升岳池旅游影响力。

2. 借力营销。利用参加国内的会展、节会契机，加强对外宣传，深度拓展重庆、南充、达州等周边省市旅游市场，积极开拓新兴旅游市场，实现与兄弟区市县共同宣传、互送客源、共同开拓市场。

三、保障措施

（一）加强组织领导。充分发挥旅游产业发展领导小组作用，进一步明确旅游发展的主体责任，及时研究解决影响和制约旅游产业发展的突出问题，牢固树立全县旅游工作“一盘棋”思想和人人参与“大办旅游、办大旅游”的责任意识，相关部门和单位要各司其职、密切配合，积极支持旅游业发展，形成“政府主导、部门联动、企业主体、社会参与”的良好局面。

（二）加大财政投入。逐年递增旅游发展专项资金，加大对旅游基础设施、公共服务、形象推广、执法监督、人员培训和促进旅游就业等方面投入。各部门在安排项目建设资金时应注重与旅游产业发展相结合，使新农村建设、林业、交通、水利、公路等项目资金在支持旅游产业发展上发挥综合使用效益。

（三）强化规划引领。将旅游业发展纳入国民经济和社会发展规划，科学编制乡村旅游产业园总体规划和重点旅游项目专项规划，进一步健全旅游发展规划体系。严格旅游规划评审程序，强化规划监管，确保全县旅游产业发展布局合理，产品互补。

（四）强化人才保障。建立旅游执法队伍，引进旅游专业人才，开展对旅游从业人员的技能培训，提高旅游行业管理水平和从业人员整体素质，为全县旅游业发展提供人才支撑。

（五）抓好督查落实。建立旅游发展考核制度，将旅游产业发展主要工作任务纳入相关乡镇和相关部门年度绩效考核内容。建立督查机制，促使各乡镇、部门优化旅游发展环境，促进旅游产业快速发展。

岳池县人民政府
岳池县投资促进优惠政策

岳府发〔2014〕41号 2014年10月10日

第一章 总则

第一条 为进一步加大投资促进力度,鼓励外来投资者投资兴业,推动岳池经济又好又快发展,根据国家法律法规和中、省、市有关政策规定,结合我县实际,制定本优惠政策。

第二条 在岳池县境内投资的企业、单位和自然人,只要符合国家法律法规和相关产业政策等,可享受本政策。

第二章 工业生产型项目投资促进优惠政策

第三条 在符合土地利用总规、园区发展规划及工业项目建设用地控制指标的前提下,工业用地一般以挂牌方式出让土地使用权,挂牌出让起始价格按国土资源部《全国工业用地出让最低价标准》执行。

第四条 工业园区内,新办工业企业在“七通”(即通道路、给水、排水、电力、燃气、通讯、电视)的条件下,以现状供地。企业自行平场,县政府给予适当补助,补助标准按照《岳池县人民政府办公室关于印发岳池县工业园区新入驻企业自行平整场地补助办法(试行)的通知》(岳府办发〔2013〕38号)执行。

第五条对固定资产投资总额和投资强度达到相应标准的工业生产型项目,县政府一次性给予该企业财政补助,支持企业用于基础设施建设和做大做强。具体标准为:固定资产投资3000—5000万元(含3000万元,不含5000万元,下同),且投资强度达180万元/亩以上的,财政补助2万元/亩;0.5—1亿元且投资强度达180万元/亩以上的,财政补助3万元/亩;1—2亿元且投资强度达180万元/亩以上的,财政补助4万元/亩。固定资产投资2亿元以上或推动形成新兴产业集群的核心项目或龙头企业,财政补助实行“一事一议”。

第六条 鼓励工业企业修建多层厂房,提高土地利用效率。对修建多层厂房的工业企业,新建的第2层厂房按50元/平方米给予企业补助;新建的第3层及以上厂房按80元/平方米给予企业补助。对企业修建多层厂房的补助,原则上不得超过企业实际缴纳的土地出让金总额。

第七条 主营业务凡符合《西部地区鼓励类产业目录》中规定的产业项目,且其当年度主营业务收入占企业收入总额70%以上的企业,经企业书面申请、主管税务机关审核确认,可减按15%的税率征收企业所得税。

第八条 对建成投产后的工业生产型项目,连续3年亩平税收达6—10万元/年的,可一次性按2万元/亩的标准给予财政扶持;连续3年亩平税收达10—15万元/年的,可一次性按3万元/亩的标准给予财政扶持;连续3年亩平税收15万元/年以上的,可一次性按4万元/亩的标准给予财政扶持。除以上情况外,对生产规模大、税收贡献多、带动作用强的企业,可采取“一企一策”“一事一议”,给予更大扶持。

第九条 对符合条件的小型微利企业减按20%的税率征收企业所得税。

第十条 企业公司股份制改造、股权重组,企业合并、分立、出售、关闭破产等符合相关条件的,减征或免征契税。

第十一条 工业生产型项目在审批、建设过程中的行政事业性收费,除工本费和代国家、省、市收取的部分外,属于县政府有权减免的建设规费以及行政事业性收费一律免收,属县内自收自支单位收取的费用按低限减半征收。

第十二条 对符合国家产业政策的新引进项目,用电电压等级在110千伏及以上的用电大户,争取纳入直购电试点。

第十三条　企业购置并实际使用《环境保护专用设备企业所得税优惠目录》《节能节水专用设备企业所得税优惠目录》《安全生产专用设备企业所得税优惠目录》规定的环境保护、节能节水、安全生产等专用设备的，该专用设备投资额的10%可以从企业当年应纳税额中抵免；当年不足抵免的，可在以后5个纳税年度结转抵免。

第十四条　工业园区内，新办工业企业给排水、电力、燃气等管网建设安装费用，红线外由县政府督促相关要素供应企业负责，红线内由新办企业负责，如果企业建用电双回路及供水、供气专线的，根据投资规模情况，可实行“一事一议”。

第十五条　对建设噪声、废气、废水、废渣、粉尘等污染治理设施投资大的企业给予补助。

第十六条　对获得自营出口权的企业，给予专项补贴。

第十七条　有下列情形的，分别给予一次性奖励：

（一）企业产品获生产专利、自主创新品牌，自发研发产品并在岳池生产的。

（二）入园企业成功上市的。自项目建成投产之日起3年内在我县完成上市的企业，一次性给予500万元奖励；5年内完成上市的，一次性给予300万元奖励；5年以上完成上市的，一次性给予200万元奖励。

（三）企业引进国家级或省部级科技进步奖获得者、享受国务院特殊津贴或获得“有突出贡献的中青年专家”、获得国家级或省部级科技项目专项经费资助、海外高层次留学归国等人才，且在岳池工作3年以上的，一次性给予100万元奖励。

（四）对建立省级及以上科技研发检测中心的企业，一次性给予100万元奖励。

第十八条　医药企业生产的产品，县内公立医院在同等条件下优先采购，并积极争取市上支持，提高全市公立医院采购份额。

第三章　现代农业投资促进优惠政策

第十九条　现代农业投资主体（龙头企业、专业合作社、家庭农场、种养大户等）在县内投资发展核桃、花椒（租赁或流转土地10年以上，连片种植500亩以上）、休闲观光农业（租赁或流转土地5年以上，规模500亩以上）、优质水稻（租赁或流转土地5年以上，连片规模500亩以上）、优质水果（租赁或流转土地15年以上，连片规模200亩以上）、中药材（租赁或流转土地5年以上，连片种植500亩以上）产业，按规定享受国家、省、市、县关于支持鼓励相关产业发展的扶持优惠政策，花椒、核桃种植规模达2000亩以上及中药材种植达1000亩以上的优先安排相关涉农项目资金，用于产业基地基础设施建设。除上述情况外，对投资规模大、投资强度高、科技含量高、产出效益好、引领性和带动性强的农业重大投资项目，县上采取“一事一议、一企一策”方式明确扶持优惠政策。

第二十条　现代农业投资主体在县内投资发展现代农业及特色效益农业进行规模化生产及产业化经营的，依照《岳池县现代农业奖励扶持办法》（岳委办〔2013〕147号）、《岳池县中药材种植奖励扶持办法》（岳委办〔2013〕112号）等文件给予产业发展资金补助及龙头企业和农产品品牌等相关奖励。

第二十一条　现代农业投资主体直接用于或服务于农业生产的设施用地，按农用地管理。直接用于现代农业产业发展的生产用地，免征城镇土地使用税。经批准用于现代农业整治的土地和改造的工矿废弃土地，从使用当月起免缴城镇土地使用税5—10年。经批准占用耕地进行农业生产经营管理及农产品包装、加工、贮藏、销售等的永久性建筑用地，耕地开垦费按法定标准低限交纳。

第二十二条　现代农业投资主体的用电变压器容量在315千伏安以上的，其生产用电执行大宗工业用电电价政策。对符合农业生产用电规定的现代农业投资主体，执行农业生产用电电价政策。

第二十三条　现代农业投资主体从事下列项目的所得，免征企业所得税：核桃、花椒，农作物新品种的选育，中药材种植，林木培育和种植，农产品初加工等项目。

农业生产者销售的自产农业产品免征增值税。批发和销售的种子、种苗、化肥、农药、农机免征增值税。

第二十四条　现代农业投资主体从事现代农业产业化经营的，且符合国家《外商投资产业目录(2011年版)》和《中西部地区外商投资优势产业目录(2013年版)》(四川部分)鼓励类的投资项目，享受相应的鼓励类外商投资项目支持、国家减免税收等优惠政策。

第二十五条　鼓励农业专业技术人员参与现代农业示范建设，享受农业业主相关政策；鼓励农业龙头企业聘请中、高级农艺师为技术顾问，按农业专家对待。

第二十六条　支持有条件的农业经营主体，在符合政策规定的前提下，自主实施农业项目。

第二十七条　金融政策优惠。

(一)充分发挥农业发展银行、农业银行、农村信用社、邮储银行在农村金融中的骨干和支柱作用，引导各类金融机构增加对发展现代农业的信贷投放。

(二)市级以上重点龙头企业的贷款，可由政府贴息或由县中小企业担保公司提供信贷担保。

(三)建立健全多种形式的担保机制，通过财政以奖代补和风险补助方式，加快推进农业信贷担保体系建设。

(四)支持农业产业化重点龙头企业发行债券、上市融资。

(五)对符合国家产业政策、适应市场需求、产品适销对路、效益好的特色农产品加工企业，金融机构要积极给予信贷支持，并根据特色农产品特点适当延长贷款期和宽限期。鼓励和引导金融机构对企业、农村房屋等固定资产、产品销售额、产品销售订单或企业信誉度进行贷款。

(六)大力发展农村小额信用贷款、农村联保贷款和涉农资产担保贷款等业务。

(七)扩大农业保险和森林保险覆盖区域，增加试点险种，积极探索发展农村家庭财产保险、农村小额人身保险、农村综合保险等涉农保险，支持开展农村商业保险。

第四章　现代服务业投资促进优惠政策

第二十八条　对固定资产投资2亿元以上的现代服务业企业(含商品交易市场：工业品、农副产品、生产资料、专业市场等)，商业用地以土地成本价或不低于出让地块基准地价70%的价格作为挂牌起始价出让。

第二十九条对符合国家《外商投资产业目录(2011年版)》和《中西部地区外商投资优势产业目录(2013年版)》(四川部分)鼓励类投资项目，享受相应的鼓励类外商投资项目支持、国家减免税收等优惠政策。

第三十条　国家鼓励类服务业企业用水、用电、用气按一般工商业企业的价格政策执行。工业园区内的现代物流企业经营用水价格按工业生产用水价格执行，经营用电价格按非普工业用电价格执行，经营用气价格按非居民用气价格执行。属于生活用水、用电、用气的按居民生活用水、用电、用气价格执行。

第三十一条　国家鼓励类服务业企业建设期间，属于县本级收取的行政事业性收费按相关规定减免。

第三十二条　鼓励发展服务外包企业。在县内新成立的服务外包企业，可按市场价优惠购买或租用政府修建的办公用房。

第三十三条　鼓励发展文化创意产业。建立文化产业发展专项资金500万元/年，采取项目补助、贴息、奖励等方式，大力扶持龙头文化企业、重点文化产业园区、重点文化产业基地、重大文化产业工程和具有重大发展前景的文化产品生产、文化服务项目等；对提高岳池知名度和文化影响力的原创影视、动漫等文化艺术作品，以及文化领军人物予以奖励。

第三十四条　建立文化企业向中省争取专项奖励补助资金，县级按相关政策据实配套专项奖励资金。

第三十五条　允许文化事业单位在转企改制

中以经审计评估后的净资产作为注册资本(金)进行出资。

第三十六条　文化企业通过收购、兼并、重组扩大经营规模,涉及存量土地、房产转让的,由相关部门依法变更权属等有关手续时,涉及的有关税费享受国家制定的企业改制、改组、改造优惠政策。

第三十七条　文化企业享受县政府有关工业企业申报技术改造、大企业大集团、中小企业、科技创新、园区(基地)建设方面的优惠政策,按国家规定享受工业企业在用电、用水、用气、用电等方面的价格政策。

第三十八条　对符合西部大开发税收优惠条件的文化企业给予减按15%的优惠税率征收企业所得税。对被认定为高新技术企业的文化企业,给予减按15%的优惠税率征收企业所得税。对符合国家支持文化企业发展若干税收政策规定的文化企业,按规定给予增值税、企业所得税税收优惠。对文化企业开发新技术、新产品、新工艺发生的研究开发费用,允许按国家税法规定,在计算应纳税所得额时加计扣除。对符合国家税法规定的小型微利企业条件的文化企业,给予小型微利企业所得税优惠等税收优惠政策。

第三十九条　支持以划拨方式取得土地的单位利用工业厂、仓储用地、可利用的民舍院落区域、传统商业街和历史文化保护街区等存量房产兴办文化产业项目,以划拨方式取得的土地的用途和使用权人可暂不变更。

第四十条　在县登记机关登记的文化企业集团,控股子公司放宽至3个,母公司注册资本(金)放宽至1000万元,母子公司合计注册资本(金)放宽至2000万元。

第四十一条　鼓励发展总部经济。对投资达到相应额度的工业生产型项目,可按不低于出让地块所在地级别基准地价的70%作为挂牌起始价配套供给一定的总部建设用地。固定资产投资10—20亿元的,总部配套用地原则上不超过20亩;固定资产投资20—50亿元的,总部配套用地原则上不超过50亩;固定资产投资50—100亿元的,总部配套用地原则上不超过100亩;固定资产投资100亿元以上的,总部配套用地原则上不超过200亩。对新引进企业(地区)总部或研发中心、销售中心、采购中心、结算中心,上市公司及固定资产投资10亿元以上且年纳税1亿元以上,上述三条件符合其一的企业,可按市场价优惠购买或租用政府修建的总部用房。

第四十二条　城市综合体土地可按县政府审定的规划方案,以拍卖或挂牌方式出让,按规划具体建设性质确定土地使用性质。城市综合体商业商务建筑面积不小于51%,居住建筑面积不大于49%。

第四十三条　对新建城市商业综合体项目土地成交价款首付款比例可降至50%,其余土地成交价款可实行分期付款办法,自土地出让之日起6个月内缴清。

第四十四条　对新建城市商业综合体,其商业项目的基础设施配套费、墙改基金按相关规定减免;房地产项目的基础设施配套费、墙改基金按我县现行标准执行。

第四十五条　鼓励传统服务业提档升级。对落户我县的世界500强、全国100强、全省50强服务业企业,当年实际进资2000万元以上或外资当年现汇进资300万美元以上的,可采取“一事一议”方式给予重点扶持。

第四十六条　对商贸龙头企业在集镇新建连锁超市,经营点达3个以上且每个点经营面积达300平方米以上的,经审核后按60元/平方米进行一次性奖励。

第四十七条　鼓励科技研发、创业服务中心、电子商务、创意设计、中介服务、文化体育、租赁类等服务业企业入驻县域。

第五章　社会事业投资促进优惠政策

第四十八条　鼓励发展民办教育事业。设立民办教育发展专项资金,主要用于补助管理规范的民办学校办学;扶持农村贫困地区义务教育民办学校和普惠性民办幼儿园改善办学条件;提供专项补贴、购买教育服务、建设民办教育公共管理信息服务平台;扶持发展有特色、高质量的民办学校;表彰、奖励为民办教育作出突出贡献的集体和个人等。

第四十九 条民办学校用水、用电、用气等与公办学校同价。捐资举办和出资人不要求取得合理回报的民办学校执行与公办学校同等的税收政策。出资人要求取得合理回报的民办学校和经营性教育培训机构的税收,按有关规定低限收取。出资人将房产设备投入到民办学校的,不征营业税、土地增值税。

第五十条 将民办学校建设用地纳入城镇土地利用总体规划和年度用地规划。对开办学历教育的民办学校,其新建、改扩建用地纳入当地城乡发展规划,优先安排用地指标。对具有一定规模的民办学校教育教学用地,可按公益事业用地及建设有关规定给予优惠,其用地量根据教育主管部门核定的办学规模经国土部门预审确定。

第五十一条 在制定和调整区域规划、新增卫生资源时,优先考虑社会资本。鼓励社会资本在重点领域举办医疗机构,社会资本可自主申办营利性或非营利性医疗机构,执行相应的财务、税收等政策。鼓励和引导社会资本设立上规模、上档次的专科医院和特需医院,重点支持社会资本在城乡结合部、城市新区和农村等医疗资源相对薄弱的区域举办医疗机构。支持举办一定规模的老年病、康复护理、医疗美容、中医等专科医疗机构。

第五十二条 鼓励社会资本参与公立医院改制。支持社会资本以联合、托管、兼并、购买等多种方式参与公立医院改制,促进公立医院合理布局,形成多元化办医格局。

第五十三条 积极引进外资举办医疗机构。支持境外资本以独资、合资、合作、合伙形式举办或参与举办医疗机构,申请举办外商独资或者中外合资、合作、合伙医疗机构的外方及中方应当是能够独立承担民事责任的自然人、法人或其他经济组织。积极鼓励境外资本举办或参与举办的医疗机构提供国际先进的医疗机构管理经验、管理模式和服务模式,提供具有国际领先水平的医学技术和设备,促进我县医疗卫生事业科学发展。

第五十四条 社会资本举办的非营利性医疗机构提供的医疗服务项目价格和药品价格执行价格主管部门制定的政府定价或指导价格,用电、用水、用气与公立医疗机构同价,并按国家规定享受税收优惠政策;社会资本举办的非营利性医疗机构自用的房产、土地,免征房产税、城镇土地使用税。享受与公立医疗机构相同的土地使用政策。

第五十五条 社会资本举办的营利性医疗机构提供医疗服务项目价格根据实际成本和市场供求自主定价,按规定报物价和卫生部门备案,并向社会公布;按国家规定缴纳企业所得税,其合法取得的收入,直接用于改善医疗卫生条件的,自其取得执业登记之日起,3 年内对其自用的房产、土地免征房产税、城镇土地使用税;社会资本举办的营利性医疗机构发生的公益性捐赠支出,符合税法规定的,准予在计算应纳税所得额时扣除。

第五十六条 非公立医疗机构凡执行政府规定的医疗服务和药品价格政策、符合医保定点相关规定的,人力资源社会保障、卫生和民政部门应按程序将其纳入城乡基本医疗保险、医疗救助、工伤保险、生育保险等社会保障的定点服务范围,签订服务协议进行管理,并执行与公立医疗机构相同的报销政策。鼓励公立医院和民营医疗机构建立双向转诊关系,医院评审、120 急救网络准入等方面与公立医院同标准、同条件、同监管。

第五十七条 非公立医疗机构在技术职称考评、科研课题招标及成果鉴定、临床重点学科建设、医学院校临床教学基地及住院医师规范化培训基地资格认定等方面与公立医院同等对待,支持社会办医疗机构在临床重点学科、重点专科方面的建设,在继续教育、职业技能培训、全科医生培训、住院医师规范化培训等专业人员教育培训等方面,享有与公立医疗机构同等待遇。

第五十八条 鼓励兴办养老服务机构。民办的营利性养老服务机构的建设用地,采取招标拍卖、挂牌出让方式供地,乡镇、村公益性养老服务机构的建设用地,经依法批准可使用集体所有土地。研发养老服务产品的生产性项目用地，实行与工业项目用地同等的供地方式。

第五十九条　对营利性、非营利性养老服务机构提供的养老服务免征营业税；符合税法规定条件的非营利性养老服务机构，可依法享受企业所得税优惠；非营利性养老服务机构的自用房产、土地，暂免征收房产税、城镇土地使用税；企事业单位、社会团体和个人等社会力量通过公益性社会团体和县级以上人民政府及其部门，对非营利性养老服务机构的捐赠支出，在缴纳企业所得税和个人所得税前予以限额扣除。

第六十条　经批准的非营利性养老服务机构，新建或改扩建新增床位给予一次性建设补助。用房自建的，根据建设规模、投资总额等因素，给予每张床位3000—4000元的建设补贴，补贴资金在该机构建成投入使用后3年内每年按1/3拨付；租用房屋（包括公建民营）且租期在5年以上的，给予每张床位1000元建设补贴，补贴资金在该机构建成投入使用后5年内每年按1/5拨付。新建、改建和租赁房屋，兴办固定服务老年人30位以上的非营利性居家养老服务中心（站）和社区日间照料中心的，在该机构建成投入使用后5年内，每年按3000元的标准给予建设补贴。

第六十一条　按实际收住本地户籍人数给予非营利性养老服务机构运营补贴，根据养老服务机构的设施设备和等级规模等情况，每人每月补贴40—60元。营利性、非营利性养老服务机构收住本地户籍低保老人、“五保”老人、“三无”老人、失能或半失能老人的，除政府按规定标准拨付相关生活、医疗等费用外，按实际入住人数，每人每月分别按100元、200元、200元、400元的标准给予补贴。收住老人具有多重身份的，按其中最高标准给予补贴。

第六十二条　对自主招用下岗失业人员并委托培训机构进行再就业岗前培训的非营利性养老服务机构给予培训补贴，按我县家政专业培训补贴400元/人。

第六十三条　对招用就业困难人员（须经过县本级或户籍所在地公共就业服务机构认定）签订1年以上劳动合同并缴纳社会保险费的非营利性养老服务机构给予岗位补贴和社会保险补贴（单位缴纳部份），补贴期限除对距法定退休年龄不足5年的人员可延长退休外，其余人员最长不超过3年。

第六十四条　凡具有本县户籍、符合下岗失业人员小额担保贷款条件的个人或合伙兴办非营利性养老服务机构的，可申请小额担保贷款，贷款额度和期限参照四川省小额担保贷款政策执行。

第六十五条　按出让方式取得土地，总投资在2000万元以上的新建或扩建的社会力量兴办的养老服务机构，其项目银行贷款按同期银行贷款基准利率贴息50%，自项目贷款之日起贴息3年。贴息资金由批准兴办养老服务机构的政府财政负担，财政部门每年与金融部门结算1次。

第六十六条　具备医护专业人员和设施条件的社会办养老服务机构，经卫生行政管理部门审批后，可内设医院、门诊等医疗机构。养老服务机构内设医疗机构经医疗保险行政管理部门审批后，纳入城镇职工（居民）基本医疗保险和新型农村合作医疗定点范围。养老服务机构不具备自办医疗机构条件的，可与附近医院签订合作协议，由协议医院提供医疗服务。

第六十七条　新建或改扩建营利性养老服务机构行政事业性收费按有关规定执行，设置有收费幅度的，按最低标准收取。新建或改扩建非营利性养老服务机构，经审批登记后，享受以下优惠政策：免收城市基础设施配套费；教育附加费、残疾人保障金、人防工程建设等费用按国家有关规定执行；机构使用水、电、燃气、有线电视、固定电话，按居民用户标准收取费用，初装费（配套费）减半收取；生活垃圾、粪便清运和排污等费用，在污染物达标排放的前提下，经有关部门核准后免缴排污费、减免垃圾清运费等费用。

第六章　旅游业投资促进优惠政策

第六十八条　对符合土地利用总体规划的保护自然生态环境的旅游成片绿化用地，在不改变土地性质和用途且承包农户自愿的前提下，其非基本建设部分的土地可由用地者依法与集体土地的承包方通过签订土地承包经营权流转合同方式租赁使用。若涉及林权的，应依法按程序申办有关手续。

第六十九条　对旅游公共设施用地划拨供地，对没有改变土地性质的绿地或没有永久建筑的公共设施用地，免交城市建设配套费等。对固定资产（不含土地）投资2亿元以上的旅游项目，需征用土地建永久性设施的，按土地成本价作为挂牌起始价出让。投资总额5亿元以上的旅游项目用地指标优先统筹安排；经申报并批准纳入省重点旅游项目的，用地争取在省预留建设用地指标中解决。

第七十条　利用以划拨方式取得土地的废弃厂房和库房、民舍院落、传统商业街、历史文化保护街区等存量房产兴办旅游项目，其用途和使用权人可暂不变更。

第七十一条　2011年1月1日至2020年12月31日，主营业务符合《西部地区鼓励类产业目录》中规定的产业项目，且其主营业务收入占企业收入总额70%以上的设在西部地区的鼓励类产业旅游业企业，可减按15%的税率征收企业所得税。

对符合国家《外商投资产业目录（2011年版）》和《中西部地区外商投资优势产业目录（2013年版）》（四川部分）鼓励类投资项目，享受相应的对外商投资项目支持、国家减免税收等优惠政策。

第七十二条　符合条件的小型微利旅游业企业，减按20%的税率征收企业所得税。

第七十三条　对持“就业失业登记证”下岗失业人员和毕业年度内高校毕业生自主创业从事旅游景区开发、星级旅游酒店、星级农家乐（乡村酒店）经营、旅游商品（生产商品经质检、工商等部门认证合格后，到旅游部门认定备案，方可使用旅游商品标识，享受相关优惠补助）生产销售的，对持《就业失业登记证》（注明“自主创业税收政策”或附着《高校毕业生自主创业证》）人员从事个体经营的，在3年内按每户每年8000元为限额依次递减当年实际应缴纳的营业税、城市维护建设税、教育附加和个人所得税。旅游景区、星级旅游酒店、星级农家乐（乡村酒店）、旅游商品生产销售企业，在新增加的岗位中，当年新招用持《就业失业登记证》人员，与其签订1年以上期限劳动合同并依法缴纳社会保险费的，3年内按实际招用人数予以定额依次扣减营业税、城市维护建设税、教育附加和企业所得税，定额标准为每人每年4000元，可以上下浮动20%。

第七十四　条纳入市级以上的重大旅游项目，政策规定县本级的行政事业性收费、服务性收费、政府性基金，按下限减半收取。

第七十五条　星级旅游饭店执行一般工商业用电、用气、用水价格。

第七十六条　凡投资开发建设A级旅游景区、星级酒店，将用地出让收入划出一定比例，用于该项目基础设施建设。其中投资额3000万元—5000万元的项目为10%，投资额5000万元—1亿元的项目为20%，投资1亿元以上的项目为30%。

第七章　基础设施投资促进优惠政策

第七十七条　引资建设投资规模5000万元以上的重大城市基础设施项目、交通项目、保障性安居工程（廉租房、棚户区改造房、经济适用房）等属政府应承担的基础性项目，可采用BT方式运作，并招标确定投资人。

第七十八条　通过公开招标方式确定的BT、BOT项目投资人依法具有生产、建设资格能力的，可以由投资人直接组织施工。投资人不具备生产、建设资格能力的应当邀请具备相应资格能力的企业组成联合体参与投标，签订《联合体投标协议书》，以确定双方的权利、义务和责任。联合体成员原则上不超过2家，以投资人为牵头人。

第七十九条　BT项目投资回报率上限为15%。以10%为评标基准价。投标方案由县政府确定。投资回报以经审计机关审计的工程结算价为基准进行计算，并实行投资回报总包干的办法，投资人及其联合体在BT项目规定建设期内产生的账务费用、管理费用、工程费用、国家税费等由投资人自行承担,不再另行计算。

第八十条 BT项目投资者,投入项目的自有资金不低于项目总投资(经财政评审的预算控制价)的35%,并提供银行存款证明、银行本票或银行汇票;其余资金应当提供市(州)级以上金融机构出具的中长期贷款承诺。

第八十一条 BT项目回购期自工程竣工验收合格之日起开始计算,回购期限最短不少于3年,最长不超过5年。具体期限和回购支付比例由县政府研究决定。

第八十二条 引资建设总投资规模1000万元以上的公路建设、城市垃圾(污水)处理、城市公交和供水供电供气、旅游景点等关系本地区经济发展和民生民利,能够依法取得收费或者经营权限的营利性质项目,可以BOT方式建设,BOT项目特许经营期最长不超过30年。BOT项目采取公开招标的方式确定投资人,技术复杂,有特殊要求或受自然环境限制,只有少量潜在投标人可供选择的,可邀请招标。

第八十三条 投资基础设施和市政公用项目,原则上以划拨方式供地。特许经营期满后,生产经营设施设备必须经大修检测保证正常运行,所使用的土地连同地上物一并无偿移交政府。涉及一体化建设的项目,分情况采取协议出让、租赁、招标拍卖挂牌出让等方式供地。鼓励土地使用权人在符合规划的前提下利用自有土地建设市政基础设施。

第八十四条 BOT项目竣工验收合格后,投资人应当依法取得经营、收费许可。经营期间投资人应当向项目业主缴纳营业保证金。经营保证金以工程总造价的5%为计算依据,按经营年限平均分摊后逐年上缴。项目经营期限满并完成移交工作后予以无息退还。

第八十五条 企业从事《公共基础设施项目企业所得税优惠目录》规定的公共基础设施项目和符合条件的环境保护、节能节水项目的投资经营所得,自项目取得第一笔生产经营收入所属纳税年度起,第1年至第3年免征企业所得税,第4年至第6年减半征收企业所得税。

第八十六条 除法律、法规明确规定不得减免的收费外,属于县级收取的行政事业性收费按相关规定予以减免。

第八章附则

第八十七条 对获得各行业组织地理标志证明商标、著名商标、驰名商标称号的企业,分别一次性奖励3万元、5万元、8万元。

第八十八条 对固定资产投资5000万元以上的企业,由县人力资源社会保障局、农业局、扶贫移民办等单位整合相关项目资金,给予企业员工培训适当补贴。

第八十九条 对新办企业,实行“一对一”保姆式服务。固定资产投资5000万元以上的企业,由县级领导定点联系。

第九十条 凡到岳池兴办企业的投资者,其子女入托、入学,由教育部门按本地居民同等待遇统筹安排。投资者及其直系亲属、企业引进的各类管理和技术人才,经本人申请,可办理城镇居民户口,公安部门办理手续时只收取工本费。

第九十一条 除环保、安全等确需检查外,未经县政府批准,其他单位和个人不得随意对企业进行检查。企业有权拒绝各种不合理负担和摊派。

第九十二条 政法机关依法保障投资者合法权益,免费提供法律咨询和培训。公安、交通运输等部门积极为企业购入原料、输出产品等交通运输活动提供便利。

第九十三条 本政策若与中省市新出台的有关文件相抵触的,以中省市文件为准。

第九十四条 本政策由岳池县投资促进局负责解释。

第九十五条 本政策自印发之日起执行。原《岳池县工业招商引资优惠政策》(岳府发〔2012〕2号)、《岳池县医药产业招商引资优惠政策》(岳府发〔2013〕11号)同时废止。

索 引

SUO YIN

A

B

C

D

F

G

H

J

K

L

M

N

P

Q

R

S

T

W

X

Y

Z